KB039504

民法論攷 Ⅶ

尹眞秀

博英社

머 리 말

이번에 민법논고 6권과 7권을 같이 펴낸다. 여기 실린 글들은 2007년 하반기부터 2013년 상반기까지 발표된 것들이다. 그 동안 민법논고 후속편이 언제 나오는가 묻는 분들도 있었는데, 저자가 부지런하지 못하여 이제야 나오게 되었다. 민법논고 5권까지는 각 권을 재산법 1-3, 친족법, 상속법으로 구분하여 발간하였으나, 6권부터는 그렇게 구분하지 않기로 하였다. 분량 자체는 재산법과 친족·상속법이 얼추 비슷하기는 하지만, 7권에 실린 "2007년도 주요 民法 관련 판례 회고"와 "李容勳 大法院의 民法判例"는 재산법과 친족·상속법을 모두 다루고 있어서 위와 같은 구분이 큰 의미가 없기 때문이다.

그리고 필자와 공동으로 집필한 논문을 민법논고에 싣는 것을 선뜻 허락해 준 이동진 교수(6권의 "계약법의 법경제학")와 현소혜 교수(7권의 "부모의 자녀 치료거부 문제 해결을 위한 입법론")에게 사의를 표한다.

끝으로 발간을 수락해 주신 박영사 안종만 회장님과 연락을 도맡아 주신 조성호 이사님, 교정을 꼼꼼하게 봐 주신 김선민 부장님께도 감사의 인사를 드린다.

2015. 5.

윤 진 수

차 례

* 현소혜 교수와 공동집필.

세부차례

進化心理學과 家族法

改名許可의 要件

― 대법원 2005. 11. 16.자 2005스26 결정(공 2006상, 35) ―

성전환자의 인권 보호에 있어서 법원의 역할

― 한국과 독일·영국의 비교 ―

性別訂正 許可가 있기 전의 性轉換者의 法的 地位

― 대상판결: 대법원 2009. 9. 10. 선고 2009도3580 판결 ―

혼인과 이혼의 법경제학

事實婚配偶者 一方이 사망한 경우의 財産問題

— 解釋論 및 立法論 —

補助生殖技術의 家族法的 爭點에 대한 근래의 動向

부모의 자녀 치료거부 문제 해결을 위한 입법론

美國 家庭法院의 現況과 改善 論議

法律解釋의 限界와 違憲法律審査

― 遺言者의 住所가 기재되지 않은 自筆證書遺言을 중심으로 ―

遺留分 侵害額의 算定方法

유류분의 반환방법

2007년도 주요 民法 관련 판례 회고

李容勳 大法院의 民法判例

財産法과 비교한 家族法의 特性

I. 서 론

　종래 「가족법과 재산법」이라는 주제에 관하여는 여러 가지 측면에서 논의가 있었다. 첫째, 재산법과 가족법 사이에 어떠한 차이점과 공통점이 있는가, 양자를 규율하는 원리는 서로 다른 것인가, 예컨대 일부 논자가 주장하듯이 가족법관계는 비합리적, 맹목적이고 재산법관계는 합리적, 타산적이라고 말할 수 있는가 하는 점이다. 둘째, 재산법, 그 중에서도 특히 민법총칙의 여러 규정들은 가족법에도 적용될 수 있는가 하는 점이다. 마지막으로 가족관계를 둘러싸고 발생하는 재산적인 문제가 가족법의 특수성을 고려하여 처리되어야 하는가 하는 점이다.

　이들 문제는 이론적으로는 어느 정도 구별할 수 있지만, 실제로는 서로 밀접하게 연관되어 있다. 가령 둘째의 문제를 해결함에 있어서는 첫째의 문제를 어떻게 보는가에 따라 달라질 수 있다.

　그러나 여기에서는 주로 첫째의 문제점, 즉 가족법은 재산법과 비교하여 어떠한 특성을 가지는가 하는 점을 살펴본다. 이 점을 해명하는 것만으로도 가족법 문제의 해결에 상당한 도움을 줄 것이기 때문이다. 이 글에서 강조하고자 하는 것은 이타주의의 문제이다. 즉 가족관계에서는 이타적인 동기가 많이 작용하고, 법도 이를 고려하여야 하지만, 재산관계에서는 반드시 그렇지 않다는 것이다. 그렇지만 다른 한편으로 가족법에서 이타주의만을 강조하는 것도 일면적이고, 가족법에서도 이기주의가 작용하고 있다는 점도 간과하여서는 안 된다.

한 가지 미리 밝혀둘 것은 가족법의 개념에 관한 것이다. 종래 우리나라에서는 가족법을 친족법과 상속법 양자를 포함하는 개념으로 사용하는 것이 일반적이었다. 그러나 우리나라와 일본을 제외한 다른 나라에서는 가족법1)이라는 용어는 친족법만을 가리키는 것으로 이해하고 있을 뿐만 아니라, 우리나라에서도 근래에 이르러서는 상속법은 가족법 아닌 재산법에 속하는 것으로 보아야 한다는 주장이 제기되고 있다. 아래에서 살펴보는 것처럼 친족법과 상속법 사이에는 밀접한 연관이 있지만, 이 글에서는 가족법이라는 용어는 제1차적으로는 친족법만을 의미하는 것으로 사용하고자 한다. 그것이 논의의 초점을 명확하게 하는 데 도움이 되기 때문이다.

Ⅱ. 종래의 설명과 그 문제점

1. 종래의 설명

종래 우리나라에서는 가족법과 재산법의 차이를 강조하는 설명이 일반적이었다고 말할 수 있다. 예컨대 다음과 같은 설명이 대표적이다.

"혼인관계·친자관계·가족관계 및 친족관계는 반드시 그 시대, 그 사회에서 결정된 방식에 따라 존재한다. 이리하여 사회가 정립하는 방식에 따른 조직을 유지하는 것이 가족법의 주목적이다. 따라서 개인의 의사는 정형화된 조직을 전체적으로 받아들이느냐 받아들이지 않느냐의 자유밖에 없는 것이다. 뿐만 아니라 이러한 조직에 들어가는 것은 사람의 의사에 의하지 않는 경우가 많다.

여기에 재산법과 가족법의 구별의 표시를 얻을 수 있다. 즉 매매관계는 충분히 계산하고 고려한 후에 체결된 관계이나, 친자관계는 전혀 선택의 여지가 없이 성립한 관계이다. 즉 숙명적인 관계인 것이다. 혼인관계 등은 당사자의 의사에 기초하여 성립한 관계이기는 하나, 그 의사란 결코 매매와 임대차와 같은 타산적인 것은 아니고, 이른바 혼인의사는 애정을 주로 한 비타산적인 의사

---

1) Family Law(영어); Familienrecht(독일어); Droit Famille(프랑스어).

라고 말할 수 있는 것이다. 즉 초타산적인 의사라고 볼 수 있다.

　요컨대 재산법관계는 합리성을 가진 데 반하여, 가족법관계는 비합리성을 가진 것이라고 말할 수 있다.

　가족법은 이러한 성질의 관계를 규율하기 때문에, 일면에 있어서는 정형의 강제가 사회질서의 유지를 위해서 특히 요구되는 것이며, 또한 다른 일면에 있어서는 만약 사회가 뿌리 깊은 반항을 이 법적 고정형에 시도할 경우, 가족법은 아무리 제재를 배가하여도 막을 수 없는 약점을 지니고 있는 것이다."2)

　요컨대 재산법관계는 계산적(타산적), 합리적인 관계인데 반하여 가족법관계는 비타산적, 비합리적 관계라는 것이다. 이러한 설명은 다른 많은 민법 교과서에서도 쉽게 찾아볼 수 있다.3) 나아가 가족법의 특질로서 보수성 내지 습속성을 들기도 한다. 즉 재산법 특히 거래법이 사회경제사정의 변화에 민감하며 기술적이고 세계적 성질을 지니는 진보성을 가지는 데 반하여, 신분법은 습속·전통에 지배되는 경향이 강하기 때문에 보수적이고 진보성이 결핍되어 있으며, 실로 신분법은 관습에 의하여 인정되고 있는 관계를 법규범으로 승화시키는 경향이 현저하다고 한다.4)

　이러한 설명은 그 연원을 따지자면 일본의 中川善之助가 身分法을 재산법과 구별한 데서 유래한다고 보인다. 그는 신분법관계는 만들어진 관계가 아니라 주어진 관계라는 본질을 가지고 있으며, 그로 인하여 신분법관계는 또한 재산법관계에서는 보이지 않는 전인격적 특질을 갖추고 있고, 때로는 법률의 규정을 초월하여서까지 자연의 운행에 맡겨지지 않으면 안 되며, 재산법관계는 목적의 추구를 위하여 만들어지는 것이기 때문에 그 목적을 향한 인격적 일면에 있어서만 사람들이 결합하고, 그 성립은 계산적·합리적인 것이기 때문에 계산적·합리적인 법률에 의하여 충분히 규정되지만, 예컨대 근친혼이라든지 相姦婚의 금지와 같이 법률이 어떻게든 저지하려고 해도 신분법관계는 습속과 전통에 따라 성문법을 무시하고서도 이루어진다고 한다. 그러므로 재산법에 비하여 신분법은 실생활을 유도한다고 하는 점에 있어서는 심히 무력하고, 재산법은 재산법관계를 전부 규율하지만, 신분법은 신분법관계의 일부밖에 지배할

---

　2) 金疇洙·金相瑢, 親族·相續法, 제8판, 2006, 22면.
　3) 郭潤直, 民法總則, 제7판, 2002, 6-7면(다만 여기서는 상속관계는 순수한 재산관계라고 보고 있다); 金容漢, 親族相續法, 補訂版, 2003, 13-14면; 朴東涉, 親族相續法, 2003, 3-4면; 李庚熙, 家族法, 四訂版, 2004, 4면 등.
　4) 金容漢(주 3), 15면. 같은 취지, 郭潤直(주 3), 7면; 朴東涉(주 3), 4면; 李庚熙(주 3), 4면.

수 없고, 다른 대부분은 도덕이나 습속의 규율에 맡겨져 있다고 한다.[5][6]

2. 종래의 설명의 문제점

확실히 가족법이 재산법과 다른 특성을 가지고 있다는 것은 부인할 수 없는 사실이다. 우리나라가 가족법을 민법에 포함시키고 있는 것은 이른바 판덱텐 법학의 전통을 따른 것이다. 그러나 다른 나라들에서는 가족법을 민법전에서 분리하여 별도의 법으로 규율하기도 하고,[7] 가족법을 민법에 포함시키고 있는 나라에서도 가족법을 민법전에서 분리하여야 한다는 주장이 제기되고 있다.[8]

그렇지만 가족법관계의 비합리성을 강조하고 있는 종래의 설명에는 문제가 있다. 가족법관계라고 하여 비합리적이라고 볼 아무런 근거가 없는 것이다. 위와 같은 종래의 설명은 가족법관계가 가지는 이타주의적 속성을 비합리적인 것으로 오해한 데에서 기인하지 않았나 생각된다. 근대법, 그 중에서도 재산법의 인간상은 기본적으로 합리적 이기적 인간(der rationale egoistische Mensch)[9]을 전제로 하고 있다고 말할 수 있다.[10] 종래의 설명은 이를 전제로 하여, 자신의 이익을 극대화하는 것이 아니라 자신에게 손해가 가는데도 타인의 이익

---

5) 中川善之助, 身分法의 總則的課題, 1941(昭和 16), 2-3면. 또한 中川善之助, 身分法의 基礎理論, 1939(昭和 14), 특히 79면 이하; 同, 親族法, 1959(昭和 34), 6-8면 등 참조.

6) 오늘날 일본에서 이러한 中川善之助의 이론과 그의 이른바 身分行爲 이론은 많은 비판을 받고 있지만(예컨대 水野紀子, "比較法的にみた現在의 日本民法", 廣中俊雄·星野英一 編 民法典의 百年, 1998, 659면 이하; 前田陽一, "身分行爲와 公序良俗", 椿 壽夫·伊藤 進 編, 公序良俗違反의 研究, 1995, 363-364면 등 참조), 여전히 그 영향이 남아 있다고 보인다. 예컨대 中川高男, 親族·相續法講義, 新版, 1995, 25-26면은 위와 같은 中川善之助의 설명을 그대로 인용하고 있다.

7) 예컨대 舊 東獨의 1965년 家族法(Familiengesetzbuch).

8) 예컨대 中川高男(주 6), 27면. 독일에서의 논의에 관하여는 Gernhuber/Coester-Waltjen, Lehrbuch des Familienrechts, 4. Aufl., 1991, S. 7 ff.; Rauscher, Familienrecht, 2001, S. 41 f. 등 참조.

9) Schäfer·Ott, Lehrbuch der ökonomischen Analyse des Zivilrechts, 3. Aufl., 1999, S. 56. 경제학 문헌에서는 "rational maximizer of self-interest"라는 용어가 사용되기도 한다. 예컨대 Jeffrey L. Harrison, Law and Economics, Cases, Materials and Behaviorial Perspectives, 2002, p. 79 참조.

10) 郭潤直(주 3), 30면은 다음과 같이 서술한다. "… 근대 민법은, 우선 「인격절대주의」 또는 「자유인격의 원칙」을 전제로 하고 있으며, 이를 최고의 원칙으로 삼는다. 즉, 모든 개인을 세상에 태어날 때부터 봉건적·신분적 제한으로부터 완전히 자유이고 서로 평등하며, 한편으로는 이성적이면서 다른 한편으로는 이기적인 「추상적 개인」 즉 「인격자」(Person)로 보고, 이러한 개인을 출발점으로 하고 있다."

을 증진시키는 이타주의(altruism)는 비합리적인 것으로 보고, 따라서 가족관계에서 사람들이 이타적으로 행동하는 것은 비합리적인 것이라고 본 것으로 추측된다. 그러나 가족관계에서 사람들이 이타적으로 행동한다고 하여 이를 비합리적이라고 할 수는 없다. 이기적인 것은 합리적이고 이타적인 것은 비합리적이라고 볼 아무런 근거가 없기 때문이다.

뿐만 아니라 가족법관계에서의 합리성을 따질 때에는 개인의 합리성과 가족법 자체의 합리성을 구별하여 논할 필요가 있다. 가족법관계에서 개인이 합리적인지 여부와, 가족법 자체가 합리적인지 여부는 별개의 문제이기 때문이다. 종래의 설명은 이 점을 명확히 밝히고 있지 않다. 다른 한편 위와 같은 견해는 가족법과 재산법의 차이만을 강조하고 있으나, 가족관계에서도 인간은 이기적으로 행동하기도 하기 때문에 양자의 공통성에도 유의할 필요가 있다.

사견으로는 재산법과 비교하여 볼 때 가족법은 다음과 같은 특성을 가진다고 생각된다. 첫째, 가족법 관계에서는 사람들이 이타적으로 행동한다는 사실을 염두에 두어야 하고, 가족법도 이를 전제로 하고 있다. 이러한 측면은 재산법 관계에서는 찾아보기 어렵다. 둘째, 그렇다고 하여 가족법 관계에서 사람들이 이타적으로만 행동하는 것은 아니며, 이기적으로 행동하기도 한다는 것 또한 고려하여야 한다. 셋째, 가족법관계에서 개인이 합리적이 아니라고 볼 이유는 없고, 가족법 자체도 합리적이어야 한다. 넷째, 가족법관계에서는 법이 개입하는 영역이 상대적으로 작고, 각 가족 구성원의 자율적인 결정이나 관습과 같은 성문법 이외의 제도에 의하여 해결되는 영역이 상대적으로 크다. 다섯째, 상속법도 이타성이 중요하게 작용한다는 점에서 가족법(친족법)과 밀접한 관련이 있다.

아래에서 좀 더 상세하게 살펴보기로 한다.

Ⅲ. 가족관계에서의 이타성

1. 가족관계에서의 이타주의

가족관계에서 사람들이 이타적으로 행동한다는 것은 새삼 강조할 필요가 없을 것이다. 가령 부모는 반드시 어떤 보답을 바라지 않고서 자녀를 양육한다. 극단적인 상황에서는 부모가 자신의 목숨을 희생하면서까지 자녀의 목숨을 구하기도 한다. 근래에 언론에서 많이 다루어지고 있는 이른바 기러기 가족, 즉 남편만이 한국에 머물러 있고, 아내와 자녀들은 자녀들의 해외에서의 공부를 위하여 해외로 출국하는 현상도 이러한 부모의 이타주의의 발로라고 할 수 있다.

이러한 가족관계에서의 이타주의는 부모와 자녀 관계에 한정되지 않는다. 부부관계에서도 이러한 예를 쉽게 찾아 볼 수 있다. 가령 부부 중 일방이 회복될 수 없는 병에 걸렸다고 하여도 다른 일방은 그 간호를 위하여 최선을 다하는 예를 흔히 볼 수 있는 것이다. 가족관계에서 요구되는 사랑이란 이러한 이타주의의 다른 표현이라고 할 수 있다. 문학이나 다른 예술에서도 이러한 가족 간의 사랑을 다룬 예가 무수히 많다.

이처럼 가족관계에서 이타주의가 중요한 요소를 차지하고 있는 것은 재산관계와는 매우 대조적인 특성이다.11) 재산관계에서는 합리적 이기적 인간의 모델이 대체로 타당하다고 말할 수 있다. 이 점을 잘 보여주는 것으로서 계약의 엄격해석의 원칙을 들 수 있다. 즉 판례는 다른 사람을 위한 보증이나 채권의 포기 또는 채무의 면제와 같이, 자신에게는 손해가 되고 다른 사람에게는 이익이 되는 계약이 존재하는가 하는 점에 관하여, 당사자 일방이 주장하는 계약의 내용이 상대방에게 중대한 책임을 부과하게 되는 경우에는 그 문언의 내용을 더욱 엄격하게 해석하여야 한다고 보고 있다.12) 이를 다른 말로 한다면 재산관계에서 당사자가 보증이나 채권의 포기 또는 채무의 면제와 같이 이타적으로 행동하는 것은 이례적이므로, 이를 인정하기 위하여는 신중하게 판단하여야 한다는 것으로 이해할 수 있다. 물론 재산관계에서도 다른 사람에게 증여를 하는 것과 같이 이타주의적으로 이해될 수 있는 경우가 없지 않지만, 그러한 것이 재산관계에서 중요한 부분이라고 할 수는 없을 뿐만 아니라, 증여와 같은 무상행위도 그 상대방이 가족의 일원이어서 이 또한 가족관계의 연장으로 이해되

---

11) Gary S. Becker, A Treatise on the Family, 1981, p. 194는 이기성(selfishness)은 시장 거래에서 흔한 반면 이타주의는 가족 내에서 흔한데, 그 이유는 이타주의는 시장에서는 비효율적이고 가족 내에서는 효율적이기 때문이라고 한다. Becker는 1992년 노벨 경제학상 수상자이다.

12) 대법원 1993. 10. 26. 선고 93다3103 판결(공 1993하, 3167); 1995. 5. 23. 선고 95다6465 판결(공 1995하, 2239); 2001. 1. 19. 선고 2000다33607 판결(공 2001상, 507); 2002. 5. 24. 선고 2000다72572 판결(공 2002하, 1479) 등. 엄격해석의 원칙에 관하여 상세한 것은 尹眞秀, "契約解釋의 方法에 관한 國際的 動向과 韓國法", 比較私法 제12권 4호, 2005, 77면 이하(=民法論攷 I, 2007, 271면 이하) 참조.

어야 하는 경우가 많다.

　나아가 법도 이처럼 개인이 가족관계에서 이타적으로 행동할 것을 전제하고, 또 이를 명하기도 한다. 다시 말하여 가족 사이에는 서로 돕고 보호할 의무가 있다는 것이다. 가령 민법 제913조는 친권자는 자를 보호하고 양육할 권리의무가 있다고 규정하고 있다. 또 민법은 부부 사이에는 동거, 부양, 협조 의무가 있다고 규정하고 있을 뿐(제826조 제1항), 부부 사이의 보호 의무에 관하여는 명문으로 규정하고 있지는 않으나, 부부 사이에도 돕고 보호할 의무가 있음은 위 규정을 보아도 알 수 있다.

　판례는 정신병이 이혼사유가 되는가에 관하여, "부부는 서로 협조하고 애정으로서 상대방을 이해하며 보호하여 혼인생활의 유지를 위한 최선의 노력을 기울여야 하는 것이기 때문에 혼인생활 중 일방이 불치의 질환에 이환되었다 하더라도 상대방은 이를 보호하고 애정과 노력을 다하여 부양하여야 할 책임이 있다고 하여야 할 것임은 소론의 주장과 같으나 가정은 단순히 부부만의 공동체에 지나지 않는 것이 아니고 그 자녀 등 이에 관계된 모든 구성원의 공동생활을 보호하는 기능을 가진 것으로서 부부 중 일방이 불치의 정신병에 이환되었고 그 질환이 다른 질환처럼 단순히 애정과 정성으로 간호되거나 예후가 예측될 수 있는 것이 아니고 그 가정의 구성원 전체에게 끊임없는 정신적, 육체적 희생을 요구하는 것이며 경제적 형편에 비추어 많은 재정적 지출을 요하고 그로 인한 다른 가족들의 고통이 언제 끝날지 모르는 상태에 이르기까지 하였다면 온 가족이 헤어날 수 없는 고통을 받더라도 타방배우자는 배우자간의 애정에 터잡은 의무에 따라 한정없이 참고 살아가라고 강요할 수는 없는 것이라고 할 것이다"라고 판시하고 있다.13) 즉 부부 사이에는 보호할 의무가 있지만, 가정은 부부만의 공동체가 아니고 가정 구성원 모두의 공동생활을 보호하는 기능을 가졌기 때문에, 불치의 정신병은 경우에 따라서 이혼사유가 될 수 있다는 것이다.14)

---

13) 대법원 1991. 1. 15. 선고 90므446 판결(공 1991, 748).

14) 일본의 沼 正也 교수는 이러한 친족법의 보호기능에 착안하여, 모든 사람이 현실적으로 독립·평등·자유로운 존재로 높아진 완전한 사람 상호의 대항관계를 규율하는 민법의 영역이 재산법이고, 현실적으로 독립·평등·자유롭지 않은 이른바 要保護性의 補完法이 가족법(친족법)이라고 주장하고 있다. 그는 상속법은 재산법의 원리와 가족법의 원리가 교착하여 지배하고 있다고 한다. 沼 正也, 親族法의 總論的構造, 1955(昭和 30); 財産法의 原理와 家族法의 原理, 1960(昭和 35); 新版 注釋民法(21), 1989, 43면 이하 등 참조. 그가 가족법은 상호부조 위에 구축되어 있다고 하는 것(예컨대 財産法의 原理와 家族法의 原理, 135면 이하)은 뒤에서 설명할

또 부모가 자녀의 출산을 원하지 아니하여 의사의 도움을 받았으나, 의사의 과실로 인하여 건강한 자녀가 출생한 경우,[15] 부모가 의사에 대하여 자녀의 양육비 상당의 손해배상을 청구할 수 있는가에 관하여, 미국의 일부 주와 독일의 판례는 이를 긍정하고 있으나, 미국의 대부분의 주와 영국, 프랑스의 판례는 이를 부정하고 있다.[16] 이를 부정하는 판례의 밑바탕에는 부모가 자녀를 양육하는 것은 이타적인 행동이어야 하는데, 그 부담을 타인에게 전가하는 것은 이기적인 행동으로서 허용되어서는 안 된다는 생각이 깔려 있다고 말할 수 있다.

반면 재산관계의 경우에는 이타적인 행동을 하는 것은 권장할 만한 사항일지는 몰라도 법률적인 의무로 될 수는 없다. 위급한 상황에 빠진 사람에 대하여 구호의무를 부과하는 이른바 선한 사마리아인 법(Good Samaritan Law)은 우리나라에서는 원칙적으로는 인정되지 않고 있다.[17]

2. 이타주의의 근거

그러면 왜 가족관계에서는 사람들이 이타적으로 행동하는 것일까? 이에 관하여는 부모와 자녀와 같은 혈족 사이의 이타주의와, 부부 사이의 이타주의를 구분할 필요가 있다. 양자는 법적으로도 달리 취급되고 있는데, 여기에는 그럴 만한 근거가 있다.

먼저 혈족 사이의 이타주의는 우선적으로 혈족 선택(kin selection)의 이론에 의하여 설명될 수 있다.[18] 이 이론에 따르면 자신과 공통의 유전자를 가진

호혜적 이타주의와도 어느 정도 통하는 바가 있다. 李濬培, "現代家族法의 家族保護法性", 家族法研究 제8호, 1994, 25면 이하는 沼 正也의 영향을 받은 것으로 보인다.

15) 이른바 "원하지 않은 임신(wrongful conception or wrongful pregnancy)".

16) 상세한 것은 尹眞秀, "子女의 出生으로 인한 損害賠償責任", 2006년 1학기 연세대학교 보건대학원 의료와 법 고위자과정 강의안(=民法論攷 Ⅲ, 2008, 502면 이하) 참조.

17) 그러나 나라에 따라서는 그 피해가 중대한 반면 그 피해를 용이하게 방지할 수 있는 것과 같은 예외적인 경우에는 불법행위책임을 인정하기도 한다. H. Koziol(ed.), Unification of Tort Law: Wrongfulness, Principles of European Tort Law Vol. 3, 1998의 Case 10에 대한 각국 보고; H. Koziol 저, 신유철 옮김, 유럽손해배상법, 2005, 80-81면; J. Kortmann, Altruism in Private Law, 2005 등 참조.

18) 혈연주의(nepotism)도 대체로 같은 의미로 사용되기도 하지만(예컨대 S. Pinker, The Blank Slate, 2002, pp. 245 ff.), 진화심리학(evolutionary psychology)에서는 혈족 선택이라는 용어가 더 널리 쓰이는 것으로 보인다. 예컨대 Hudson Kern Reeve, "Acting for the Good of Others: Kinship and Reciprocity With Some New Twists", in: Crawford and Krebs(ed.), Handbook of Evolutionary Psychology, 1998, pp. 44 ff.; Barrett, Dunbar, Lycett, Human Evolutionary Psychology, 2002, p. 26 등 참조.

사람(친족)에 대하여 도움을 주면 그 유전자가 후대에 전해질 확률이 높아지기 때문에 그처럼 도움을 주게 되는 이타적 성향이 진화하게 되었다고 설명한다.[19] 그런데 자신과 공통의 유전자를 가진 사람은 반드시 자신의 직계 가족일 필요는 없다는 것이다.[20] 이는 일반인이 가지는 상식에도 대체로 부합한다.[21]

반면 부부 관계는 이러한 혈족 선택의 이론으로 설명하기는 어렵다. 양자 사이에 공통된 유전자가 있는 정도는 아무런 친족 관계가 없는 사람과 다를 바 없기 때문이다.[22] 그러면 이들 사이에도 이타주의가 작용한다고 할 때 이는 어떻게 설명될 수 있을까? 이는 호혜적 이타주의(reciprocal altruism)의 이론에 의하여 설명될 수 있을 것이다. 호혜적 이타주의란 한 사람이 다른 사람을 도우면, 나중에 도움을 받은 사람이 도움을 준 사람을 도울 수 있고, 따라서 처음에 도움을 준 사람도 나중에 도움을 받은 사람으로부터 도움을 받을 수 있다는 것을 예상하면서 도움을 준다는 것이다. 예컨대 두 명의 사냥꾼 A와 B가

---

19) 일반 대중을 위하여 이러한 주장을 설명한 책으로 리처드 도킨스 지음, 홍영남 옮김, 이기적 유전자, 최신판, 1993(원저: R. Dawkins, The Selfish Gene, 2nd ed., 1989)이 있다.

20) 이 점을 이론적으로 설명한 사람은 영국의 생물학자인 William D. Hamilton이다. 그는 1964년에 발표한 논문에서, 어떤 동물(반드시 사람에 국한되지는 않는다)이 자신과 공통의 유전자를 가지고 있는 동물을 도우면 도움을 받은 사람의 생존 가능성이 커지고 그 결과 자신의 공통의 유전자가 후대로 전파될 가능성도 커지는데, 이러한 성향을 자연 선택이 지지한다는 것이다. 그런데 자신과 공통의 유전자를 가진 사람은 반드시 자신의 직계 후손에 한정되는 것은 아니고, 형제 자매나 사촌 등 방계혈족이라도 상관없다. 그 이전에는 자신의 직계 후손에게 유전자를 전해주는 것만을 생각하였으나(이를 직접적 적응도, direct fitness라고 한다), 그 외에도 자신과 공통의 유전자를 가진 사람의 번식을 도움으로써 그 유전자의 전달 가능성을 높일 수도 있다는 것이다(이를 간접적 적응도, indirect fitness라고 한다). Hamilton의 이러한 이론은 직접적 적응도와 간접적 적응도를 포함한다는 의미에서 포괄적 적응도(inclusive fitness)의 이론이라고 한다. Hamilton의 이론은 다음의 공식으로 요약될 수 있다. rB>C. 여기서 B는 도움을 받은 사람이 받는 이익이고, C는 도움을 준 사람이 부담하는 비용이며, r은 도움을 준 사람과 도움을 받은 사람 사이의 친족관계의 係數이다. 이 친족관계의 계수(relatedness, 근친도)는 두 개인이 공통의 선조로부터 전달받은 공통의 유전자를 보유하고 있을 확률을 말한다. 한 사람은 그 유전자의 반을 아버지로부터 받고 다른 반을 어머니로부터 받으므로 부모와 자녀 사이의 계수는 0.5이고, 부모가 같은 형제 자매(일란성 쌍생아는 제외한다. 일란성 쌍생아 사이의 계수는 1이다) 사이의 계수도 0.5이며(아버지로부터 동일한 유전자를 물려받을 확률은 0.5×0.5이고 어머니로부터 동일한 유전자를 물려받을 확률도 0.5×0.5이므로 이를 합하면 0.5이다), 부모의 한쪽만이 같은 경우에는 그 계수는 0.25이고, 조부모와 손자도 마찬가지이며, 사촌의 경우에는 0.125가 된다. 도킨스(주 19), 141면 이하; Barrett et al.(주 18), pp. 26 ff.; David M. Buss, Evolutionary Psychology, 2nd ed., 2004, pp. 13 ff., 220 ff.(위 책의 번역: 김교헌·권선중·이홍표 역, 마음의 기원, 2005) 등 참조.

21) 다만 부모 자녀 관계와 형제 자매 관계의 근친도가 같다는 것은 다소 상식에 어긋나는 것처럼 보인다. 그러나 형제자매의 경우에는 그들이 자랄 때 부모의 애정과 보살핌에 관하여 경쟁하는 관계에 있음을 고려하여야 한다. Buss(주 20), pp. 223 f. 참조.

22) 근친상간의 금지(incest taboo)는 생물학적으로는 공통의 유전자를 많이 가진 사람끼리의 결합을 방지함으로써 유전적 질환을 가진 자녀가 태어나는 것을 막는 기능을 한다.

사냥을 나갔는데, A만 사냥에 성공하면 A는 B에게 자신이 사냥한 것의 일부를 주어 B가 굶주리지 않게 해준다. 그러면 나중에 반대로 B가 사냥에 성공하고 A가 사냥에 실패하였을 때에는 B가 A에게 자신이 사냥한 것의 일부를 줌으로써 전에 받았던 도움을 갚게 된다. 이를 돌이켜 생각하면 A가 B에게 도움을 준 것은 나중에 언젠가 자신도 B로부터 도움을 받을지도 모른다는 것을 예상하고 그렇게 한 것이라고 설명할 수 있다.23) 이러한 호혜적 이타주의 이론이 성립하기 위하여는 서로 도움을 줄 수 있는 상황이 되풀이된다는 조건이 갖추어져야 한다.24) 이 또한 우리가 일상적으로 경험하는 일이다. 예컨대 사람들은 일반적으로 나중에 다시 만날 가능성이 높은 사람, 다시 말하여 자기가 나중에 도움을 받을지도 모르는 사람에게는 쉽게 도움을 주지만, 전혀 낯설 뿐만 아니라 나중에 도움을 받을 일이 없는 것으로 보이는 사람에게는 쉽게 도움을 주지 않는다.

　부부 사이의 이타주의도 이러한 호혜적 이타주의의 이론에 의하여 설명될 수 있다고 생각된다. 그런데 이에 관하여는 두 가지의 반론이 있을 수 있다. 그 하나는 부부 사이의 사랑을 이처럼 상대방으로부터의 도움을 기대하면서 하는 것으로만 볼 수 있는가, 상대방으로부터의 도움은 기대하지 않는 무조건적인 사랑으로 이해하는 것이 옳지 않는가 하는 점이다. 물론 부부 사이의 이타주의가 아래에서 보는 것처럼 반드시 호혜적 이타주의의 이론만으로 설명되어야 하는 것은 아니다. 그러나 많은 경우에는 부부 사이의 이타주의는 호혜적 이타주의의 이론으로 설명할 수 있다고 생각된다. 이러한 호혜적 이타주의의 특징은 도움을 받아야 할 처지에 있는 상대방으로부터의 도움을 기대할 수 없으면 도움이 주어지지 않는다는 것이다. 날로 늘어나는 이혼은 이러한 관점에서 설명할 수 있을 것이다.

　또 다른 생각할 수 있는 반론은 부부 사이의 도움은 이타적이라기보다는 이기적인 동기에서 행하여진다는 것이다. 즉 부부는 이기적인 동기에서 혼인을 하고, 자녀를 낳아 키우는 등 공동의 목적을 가지고 맺어지는 관계에 있으므

---

23) 이러한 호혜적 이타주의의 이론은 미국의 생물학자인 Robert Trivers가 1971년에 체계적으로 제시하였다. R. Trivers, "The evolution of Reciprocal Altruism", The Quarterly Review of Biology 46(Mar.), pp. 35-57. Reprinted in: R. Trivers, Natural Selection and Social Theory, Selected Papers of Robert Trivers, 2002, pp. 18 ff. 참조. 호혜적 이타주의에 대한 보다 상세한 설명은 예컨대 Buss(주 20), pp. 253 ff. 참조.
24) 게임이론에서는 이러한 조건을 반복게임(repeated game)이라고 설명한다.

로, 그들 사이에 도움을 주고 받는 것은 이타적인 행동이라기보다는 이기적인 행동이라고 보아야 한다는 것이다. 사실 호혜적 이타주의와 이기주의 사이의 구별이 반드시 명확한 것은 아니다. 다시 말하여 나중에 도움을 받을 것을 기대하면서 도움을 주는 것은 일종의 이기주의적인 행태라고 할 수도 있다.25) 또한 일반적으로 드는 호혜적 이타주의의 예에서는 도움을 주는 사람과 받는 사람 사이에 특별한 관계가 존재하지 않는다. 그런데 부부관계에서는 부부라는 특별한 관계가 존재하고, 그들 사이에는 협조하고 보호하여야 할 법적인 의무가 존재한다. 따라서 부부관계는 통상적인 호혜적 이타주의의 경우와는 다르다고 할 수 있다.

뒤에서 보는 것처럼 부부 사이에도 이기적인 요소가 분명히 존재한다. 그렇지만 일반적으로 정상적인 부부관계의 경우에는 이기적인 요소보다는 이타적인 요소가 더 중요하다고 할 수 있다. 이 문제는 이타주의의 개념을 어떻게 파악하는가에 달려 있다. 물론 부부 사이에는 서로 도움을 주어야 할 의무가 있기는 하지만, 전형적인 쌍무계약에서처럼 부부 일방의 도움이 상대방의 도움에 일대 일로 대응하는 것은 아니다. 부부 일방이 상대방에게 도움을 주는 경우에 상대방이 다른 도움으로 보답하기는 하지만, 그 도움의 방법이 미리 결정되어 있는 것은 아니다. 다른 말로 한다면 부부 사이의 의무는 추상적이고 포괄적인 형태로 존재하며, 그 의무가 구체적으로 어떻게 실현되는가는 그때그때의 상황에 따라 다른 것이다. 예컨대 과거에는 남편이 돈을 벌고 아내가 가사일에 종사하는 패턴이 보편적이었으나, 남편이 건강상의 이유로 돈을 벌지 못하게 되면 아내가 돈을 벌어야 하는 상황이 전개될 수도 있다. 이러한 부부 관계의 특수성은 이기주의보다는 이타주의에 의하여 더 잘 설명될 수 있다고 생각된다.26) 그러므로 부부관계에서의 이타주의는 일종의 제도화된 이타주의라고 할 수 있다.

다른 말로 한다면 전형적인 이기주의적 행동과 호혜적 이타주의적인 행동은 처음의 도움과 그 도움을 받았던 사람의 답례가 직접적인가 아니면 간접적인가에 따라 구분될 수 있다고 생각된다. 처음의 도움에 대한 답례가 직접적이라면, 즉 그 답례의 구체적인 형태가 미리 예상될 수 있고, 또 그러한 구체적

---

25) 매트 리들리 저, 신좌섭 옮김, 이타적 유전자, 2001(원저: Matt Ridley, The Origins of Virtue, 1996), 122면은 호혜적 이타주의를 Damocles의 칼에 비유하고 있다.

26) John H. Beckstrom, "Sociobiology and Intestate Wealth Transfers", 76 Northwestern Law Review 216, 235 ff.(1981)은 배우자 사이의 유증을 호혜적 이타주의에 의하여 설명하고 있다.

인 형태의 답례가 요구되는 것이라면 이는 통상의 쌍무계약에서 흔히 볼 수 있는 것으로서 이기적이라고 설명할 수 있다. 반면 도움을 주는 사람이 그에 대한 답례를 기대하기는 하지만 그 답례가 어떤 형태로 이루어질 것인지는 명확하지 않고, 또 그러한 답례를 해야 할 명확한 의무가 존재하지 않는다면 이는 호혜적 이타주의에 의한 것이라고 설명할 수 있는 것이다.27)

　　그런데 이타주의에는 이러한 혈족 선택과 호혜적 이타주의 외에 다른 가능성도 있다. 예컨대 양부모와 양자 사이에 혈족관계가 없는 입양의 경우에는28) 이를 혈족 선택이나 호혜적 이타주의로 설명할 수는 없다.29) 그 외에도 이타적 행동을 반드시 혈족 선택과 호혜적 이타주의만으로 설명할 수 없는 경우가 많이 있을 수 있다.30) 그러나 가족법에서는 위와 같은 경우를 제외한다면 대체로 혈족 선택이나 호혜적 이타주의의 이론에 의하여 대부분의 이타적 행동을 설명할 수 있다고 생각된다.

Ⅳ. 가족관계에서의 이기주의와 이타주의의 갈등

1. 가족관계에서의 이기주의와 이타주의의 혼재

　　그러나 앞에서도 언급한 것처럼 가족관계에서 사람들이 이타적으로만 행동한다고 할 수는 없고, 이타적인 동기뿐만 아니라 이기적인 동기가 아울러 작용한다고 보아야 할 것이다.31) 먼저 부부관계에 관하여 살펴본다. 우선 혼인을

---

27) Reeve(주 18), pp. 65 f.는 의사적 호혜주의(pseudoreciprosity)에 대하여 설명하고 있다. 즉 한 개인이 다른 개인에게 도움을 주면 도움을 받은 개인이 이기적 동기에 의한 행동의 부산물로서 그 도움에 대한 보상을 한다는 것이다. 예컨대 인간을 포함한 동물이 짝을 얻기 위하여 혼인 선물(nuptial gift)을 주면 그 결과 짝을 얻을 수 있는데, 이 결과는 선물을 받은 짝의 훌륭한 짝을 얻기 위한 이기적인 추구의 산물이라는 것이다.

28) 입양이 이루어질 때 양부모와 양자 사이에 혈족관계가 있는 경우가 많다. 종래 우리나라에서 인정되고 있던 異姓不養의 원칙은 父系血族이 아닌 자를 양자로 하는 것을 허용하지 않고 있었다. 또한 입양이 인정되는 많은 문화권에서도 양자의 대부분은 양부모의 어느 일방과 혈족관계가 있는 경우가 많다. Barrett et al(주 18), pp. 50 f. 참조.

29) Barrett et al(주 18), pp. 50 f. 참조.

30) 최정규, 이타적 인간의 출현, 2004, 144면 이하는 혈족 선택이나 반복성의 조건이 갖추어지지 않은 경우에도 이타적 행동이 일어날 수 있음을 설명하는 여러 가지 이론에 대하여 설명하고 있다.

31) Milton C. Regan, Jr. Alone Together, 1999는 혼인관계를 내적 자세(internal stance)와 외적 자세(external stance)로 나누어 설명하고 있는데, 여기서 외적 자세란 개인이 자신의 약속과

하는 과정에서는 사람들이 혼인하는 것이 혼인하지 않는 것보다 자신에게 이익이 될 것인지, 혼인하는 경우에는 누구와 혼인하면 가장 자신에게 유리할 것인가를 따져서 상대방을 선택한다. 이 경우에는 배우자가 되려는 사람들이 이기적인 동기를 가지고 행동하는 것이라고 말할 수 있다. 이른바 혼인 시장(marriage market)이라는 표현은 이러한 성격을 잘 나타낸다.32)

뿐만 아니라 일단 혼인이 성립한 후에도 당사자들 사이의 행동은 많은 경우 이기적인 동기에 의하여 설명할 수 있다. 즉 혼인관계에서 부부 쌍방은 공통의 목적33)을 추구하는 결합이라고 할 수 있는데,34) 이러한 관계도 당사자들이 자기 스스로의 목적을 추구한다는 점에서는 이기적인 측면을 가진다고 할 수 있다.

만일 부부가 전적으로 이타적으로 행동한다면 부부 사이에 이해가 충돌하는 일은 없을 것이다. 그러나 현실은 그렇지 않다. 이혼은 부부 사이의 이해 충돌이 해결될 수 없는 경우에 일어난다고 보아야 할 것이다. 또 가정 폭력(domestic violence)도 그러한 관점에서 이해될 수 있다. 그러한 극단적인 예가 아니더라도 가령 가사에 관하여 부부가 어느 정도 서로 도와야 하는가에 관하여 의견 충돌이 생기는 경우는 쉽게 볼 수 있다.

다른 한편 부모와 자녀 사이에도 이해의 충돌은 일어날 수 있다. 가령 부모에게 여러 자녀가 있는 경우에, 부모는 자녀들 모두에게 골고루 신경을 쓰려고 하는 반면 각 자녀는 자신에게 더 관심을 두기를 원한다. 이러한 부모와 자녀 사이의 갈등은 자녀가 하나일 때에도 일어날 수 있다. 자녀는 부모가 가능한 최대의 자원을 자신에게 쏟아 붓기를 원하지만, 부모는 자녀 외에도 시간과

애착을 비판적으로 고려할 수 있는 능력을 말하고, 따라서 부부 각자는 별개의 인격인데 반하여, 내적 자세의 경우에는 혼인은 개인의 행동에서 행동의 전제가 되는 배경으로 작용하는 공유된 의미의 우주이고, 배우자는 혼인관계의 외부에 있는 관찰자가 아니라 혼인의 요구를 받아들이는 참가자라고 한다. 외적 자세에서는 배우자가 이기적으로 행동하는 반면 내적 자세에서는 배우자가 이타적으로 행동한다고 말할 수 있을 것이다.

32) Becker(주 11), pp. 38 ff.; Margaret F. Brinig, From Contract to Covenant, 2000, Ch. 2 참조. Lloyd R. Cohen, "Marriage: the Long-term contract", in: A. Dnes & R. Rowthorn ed., The Law and Economics of Marriage & Divorce, 2002, pp. 17 ff.는 재혼시장에서 왜 여자와 남자의 기치가 다른지에 관하여 설명하고 있다.

33) 예컨대 자녀의 출산과 양육.

34) Brinig(주 32)은 일단 형성된 가족을 회사(firm)에 비교한다. 다른 한편 中川善之助, 親族法(주 5), 15면은 신분법은 조합법적인 것이 아니라 사단법적이고, 계약법적인 것이 아니라 회사법적인 것이라고 하나, 그는 신분관계가 재산법적 관계와 같이 목적적인 관계가 아니고 이른바 자연적, 자기목적적인 관계라고 역설하고 있다. 위 책 7면; 身分法の基礎理論(주 5), 79면 이하 등 참조.

정력을 들여 해결해야 할 문제가 많은 것이다.[35]

2. 가족법에서의 이기주의와 이타주의의 갈등

이처럼 가족관계에서 이기주의와 이타주의는 동시에 존재하고 있으므로 이들 사이에는 갈등을 일으키는 경우가 많다.[36] 이러한 갈등을 어떻게 해소할 것인가 하는 것은 어려운 문제이고, 나라와 시대에 따라서 상이한 해결이 이루어지고 있다. 단순화시켜서 말한다면 이전에는 "부부는 일심동체"라는 말과 같이 이타주의적 요소가 강조되었던 반면, 현대에 올수록 이기주의적 요소도 아울러 고려되고 있다고 할 수 있다.

그러나 우리나라에서는 아직도 가족관계에서 이타주의적 요소가 강조되고 있고, 이기주의적 요소 내지 가족 사이에 이해관계가 충돌할 수 있다는 측면은 충분히 고려되고 있지 못하다고 생각된다. 가령 가정폭력의 문제에 관하여는 근래에 이르기까지 국가가 이에 개입을 자제하려는 태도를 보여 왔다. 다만 1990년대에 이르러 가정폭력범죄의 처벌 등에 관한 특례법과 가정폭력 방지 및 피해자보호 등에 관한 법률이 만들어지기는 하였으나, 일선 법집행기관의 의식이 얼마나 바뀌었는지는 의문이다.

이와 관련 있는 것으로서 이른바 배우자 강간(marital rape)의 문제를 들 수 있다. 대법원 1970. 3. 10. 선고 70도29 판결[37]은, 처가 다른 여자와 동거하고 있는 남편을 상대로 간통죄고소와 이혼소송을 제기하였으나 그 후 부부간에 다시 새 출발을 하기로 약정하고 간통죄고소를 취하하였다면, 그들 사이에 실질적인 부부관계가 없다고 단정할 수 없으므로 설사 남편이 강제로 처를 간음하였다 하여도 강간죄는 성립되지 않는다고 판시하였다. 이 판결이 일반적으로 배우자 사이에는 강간죄가 성립할 수 없다고 한 것은 아니지만, 지금까지 실무

---

35) 이 문제를 정식화한 사람은 Trivers이다. R. Trivers, "Parent-offspring conflict", American Zoologist 14: 249-264(1974). Reprinted in: Natural Selection and Social Theory(주 23), pp. 129 ff. 이러한 부모-자녀 갈등(parent-offspring conflict)에 대하여는 예컨대 Buss(주 20), pp. 212 ff. 참조.

36) Regan(주 31), p. 5는 혼인에 대한 법적 규제는 우리가 특정한 문맥에서 내적 자세와 외적 자세 각자에 부여해야 하는 상대적 중요성의 갈등이라고 이해할 수 있다고 한다. 大村敦志, 家族法, 第2版補訂版, 2004, 26면은 자유·평등과 연대는 가족법 전반에 관한 기본원리인데, 자유·평등과 연대는 상반되는 면을 가진다고 하는데, 이 또한 같은 의미로 이해할 수 있다.

37) 집 18권 1집 형33면.

에서는 이 판결의 영향으로 배우자 사이의 강간은 처벌할 수 없는 것으로 인식되어 왔다. 그리고 우리나라뿐만 아니라 다른 나라에서도 과거에는 배우자 사이에는 강간죄가 성립하지 않는다고 하였다. 그러나 근래에는 다른 나라에서도 배우자 사이의 강간을 처벌하는 방향으로 판례나 법률이 바뀌고 있을 뿐만 아니라, 우리나라에서도 배우자 사이의 강간을 처벌하여야 한다는 주장이 제기되고 있다.[38]

또한 부모와 자녀 사이의 관계에서도 마찬가지이다. 우리나라에서는 일반적으로 부모에게 자녀에 대한 포괄적인 권한을 인정하고 있고, 그에 대한 제한은 예외적으로만 허용한다고 말할 수 있다. 이는 부모는 자녀를 위하여 행동한다고 추정하기 때문이다.[39]

예컨대 민법은 부모와 미성년 자녀 사이에 이해가 상반되는 경우가 있음을 예상하고, 이해상반행위에 관한 규정을 두어 이러한 경우에는 특별대리인을 선임하도록 하였다(민법 제921조). 그런데 판례는 이른바 형식적 기준설에 의하여 이 규정을 매우 좁게 해석하고 있을 뿐만 아니라,[40] 이른바 대리권 남용의 법리에 의하여 이러한 형식적 기준설을 보완하려는 노력에 대하여도 이를 쉽게 인정하지 않고 있다. 즉 미성년자의 친권자인 모가 미성년자에게는 오로지 불이익만을 주는데도 자기 오빠의 사업을 위하여 미성년자 소유의 부동산을 제3자에게 담보로 제공하였고, 제3자도 그와 같은 사정을 잘 알고 있었다고 하더라도, 그와 같은 사실만으로 모의 근저당권 설정행위가 바로 '친권을 남용한 경우'에 해당한다고는 볼 수 없다는 것이다.[41] 위와 같은 판례를 지지하는 입장에서는 친권자와 子 사이의 관계에서 인격별개라는 법관념이 희박하고, 유교

---

38) 조국, "미국 강간죄 법리에 대한 반추: 한국 형법상 강간죄의 재구성을 위한 전설(前說)", 又凡李壽成先生華甲紀念 人道主義的 刑事法과 刑事政策, 2000, 167면 이하; 이명숙, "부부간 성폭력과 가정폭력 피해 아내의 남편 살해에 대한 고찰", 가족법연구 제20권 1호, 2006, 50면 이하 참조.

39) 대법원 1994. 4. 29. 선고 94다1302 판결(공 1994상, 1618)은 미성년자의 법정대리인의 법률행위는 미성년자를 위하여 한 행위로 추정된다고 한다. 미국연방대법원의 1979년의 Parham v. J. R., 442 U. S. 584(1979)는 부모가 자신의 자녀를 정신병원과 같은 시설에 수용하는 경우에 그 자녀에게 설차석 적법절자가 보장되어야 하는가가 문제되었는데, 연방대법원은 부모가 자녀에 대하여 가지는 권리를 강조하면서, 일부의 부모들이 그들의 자녀의 이익에 반하여 행동하기도 한다는 사실은 주의를 요하는 일이지만 그렇다고 하여 부모들은 일반적으로 자녀의 최선의 이익을 위하여 행동한다는 인류 역사의 경험을 일괄하여 폐기할 이유는 되지 못한다고 하여(442 U. S. 584, 602 f.), 절차적 적법절차가 보장될 필요가 없다고 하였다.

40) 물론 이는 거래안전을 고려한다면 수긍되는 면이 있다.

41) 대법원 1991. 12. 26. 선고 91다32466 판결(공 1992, 297). 결론에서 같은 취지, 대법원 1996. 11. 22. 선고 96다10270 판결(공 1997상, 22).

적 전통이 아직도 강한 우리의 현실에서는 子에게 명백하게 불이익이 아닌 이 상은 子를 포함한 가족 전체의 이익으로 되는 법정대리권의 행사로서 허용되어야 할 것이라고 주장한다.[42] 즉 이러한 경우에는 子는 가족 전체의 이익을 위하여 희생될 수도 있다는 것으로서, 말하자면 子에게 이타적 행동을 요구하는 것이 된다. 그러나 이러한 주장은 쉽게 받아들일 수 없다. 이 경우에는 子의 이익이 제1차적으로 고려되어야 한다.[43] "아동의 최선의 이익(The Best Interest of the Child)"이 우선적인 고려의 하나(a primary consideration)가 되어야 한다고 규정하고 있는 아동의 권리에 관한 협약(Convention on the Rights of the Child) 제3조 제1항에 비추어 보더라도 그러하다.[44]

또한 자녀가 치료를 받아야 하는가 여부의 판단에서도 우리 법은 이를 기본적으로 부모의 판단에 맡기고 있고, 부모가 부당하게 자녀의 치료를 거부하는 경우에도 국가가 유효·적절하게 개입할 수 있는 규정을 가지고 있지 않다. 이 또한 부모의 자녀에 대한 권리를 절대시하는 데 그 원인이 있다고 생각된다.[45]

이처럼 가족관계에서 이해관계의 충돌이 존재하는 상황에 대하여 법이 적절히 대처하지 못하고 있는 상황은 개선될 필요가 있다. 이는 아래에서 설명하는, 가족법의 합리성과도 관련이 있다.

V. 가족법의 합리성

1. 가족관계에서의 개인의 합리성

종래의 설명은 가족법 내지 가족관계는 기본적으로 비합리적이라고 보고 있었다. 그러나 그러한 설명은 일반적으로는 타당하다고 할 수 없다. 우선 가

---

42) 李均龍, "第3者의 債務를 擔保하기 위한 物上保證行爲와 利害相反行爲 등" 民事判例研究 XVI, 1994. 5, 283면.

43) 尹眞秀, "親權者와 子女 사이의 利害相反行爲 및 親權者의 代理權 濫用", 民事裁判의 諸問題 제12권, 2002, 758면(=民法論攷 IV, 2009, 412면 이하) 참조.

44) 이에 관하여는 尹眞秀, "兒童權利協約과 韓國 家族法", 國際人權法 제8호, 2005, 3-5면(=民法論攷 IV, 2009, 316-318면) 참조.

45) 尹眞秀, "美國法上 父母의 子女에 대한 治療 拒否에 따르는 法的 問題", 家族法研究 제18권 1호, 2004, 58-59면(=民法論攷 IV, 2009, 493-495면) 참조.

족관계에 있어서 개인이 합리적으로 행동하는가 하는 문제와, 가족관계를 규율하는 가족법이 합리적인가 하는 문제를 나누어 살펴보기로 한다.

그런데 여기서 먼저 합리성의 개념을 살펴볼 필요가 있다. 일반적으로는 실제적 합리성(practical rationality)46)을 목적과 수단이라는 관점에서, 절차적 실제적 합리성(procedural practical rationality)과 실체적 실제적 합리성(substantive practical rationality)으로 구분한다.47) 절차적 합리성이란 어떤 사람이 어떤 목적을 가지고 있는 경우에 그 목적을 달성할 수 있는 수단을 선택하는 것을 말한다. 만일 어떤 사람이 어떤 목적을 가지고 있으면서도 그 목적을 달성할 수 있는 수단을 선택하지 않는다면, 그는 절차적인 의미에서 합리적이라고는 할 수 없다. 예컨대 그 사람이 결혼하려는 의사를 가지고 있으면서도 결혼하려는 노력을 하지 않고 있다면, 그는 절차적인 의미에서는 합리적이라고 할 수는 없다.48)

반면 실체적 합리성은 그 목적 자체가 합리적인지를 묻는다. 예컨대 어떤 사람이 자신의 장래에 대하여 전혀 개의하지 않는다면 그는 실체적인 의미에서 비합리적이라고 할 수 있다.49)

경제학 분야에서는 합리성의 개념을 절차적 합리성으로 이해하는 경우가 많다.50) 이러한 관점에서는 범죄자도 그 범죄에 의하여 어떤 목적을 달성하려고 하는 한 합리적이라고 할 수 있다.51) 반면 정신병자나 정신능력이 발달하지 않은 어린아이와 같은 경우에는 이러한 의미에서의 합리성을 가졌다고 볼 수는 없다.

그러므로 가족관계에서 그 구성원이 이타적인 목적을 가지고 그 목적을 달성하기 위하여 행동한다고 하더라도, 그 이유만으로 이를 비합리적이라고 할

---

46) 실제적 합리성이란 이론적 합리성(theoretical rationality)과 대비되는 개념으로서, 후자는 어떤 것을 믿는 것이 합리적인가를 따지는 것인데 반하여, 전자는 어떤 행동을 하거나 의도하거나 의욕하는 것이 합리적인가를 논하는 것이다.

47) B. Hooker and B. Streumer, "Procedural and Substantive Practical Rationality", in: A. Mele and P. Rawling ed., The Oxford Handbook of Rationality, 2004, pp. 57 ff. 참조.

48) 이러한 절차적 합리성의 개념은 Hume으로부터 유래하는 것으로 알려져 있다. Hume의 합리성 개념에 대하여는 M. Smith, "Humean Rationality", in: A. Mele and P. Rawling ed.(주 47), pp. 75 ff. 참조.

49) 실체적 합리성의 대표자는 Kant라고 할 수 있다. O. O'Neil, "Kant: Rationality as Practical Reason", in: A. Mele and P. Rawling ed.(주 47), pp. 93 ff. 참조.

50) 예컨대 Richard A. Posner, Economic Analysis of Law, 6th ed., 2003, p. 17; Schäfer · Ott, Lehrbuch der ökonomischen Analyse des Zivilrechts, 3. Aufl., 2000, S. 57.

51) 물론 범죄자가 처벌될 가능성이 크다는 것을 알면서도 범죄를 저질렀다면 그가 처벌을 받기를 원하지 않는 한 그는 비합리적으로 행동하는 것이 된다.

수는 없다. 경제학에서는 자기의 이익(self-interest)을 극대화하는 것을 합리적인 것으로 보는데, 여기서의 자기의 이익은 반드시 자기 자신만의 이익을 의미하는 것은 아니고, 자신의 욕망(desire)을 만족시키는 것이 자기의 이익인데, 다른 사람을 도우려는 욕망을 만족시키는 것도 자기의 이익을 극대화하는 것이기 때문에 이타주의도 자기의 이익에 포함될 수 있다고 본다.[52] 뿐만 아니라 실체적 합리성의 관점에서 보더라도 가족관계에서의 이타적인 행위의 목적, 예컨대 혈족 선택이나 호혜적 이타주의 그 자체도 비합리적이라고 할 이유는 없다.

그런데 일반적으로 가족관계에서 사람들이 비합리적으로 행동한다고 생각하게 되는 것은 그 행동에 감정이 개입하기 때문이다. 즉 사랑, 질투와 같은 감정은 당사자의 합리적인 의사와 관계없이 생기는 것이므로 합리적이라고는 할 수 없다는 것이다. 그러나 이러한 감정이 반드시 합리적이 아니라고 할 수는 없다. 예컨대 배우자 선택에서 작용하는 사랑에 대하여 본다면, 이는 특정한 사람이 자신의 배우자로서 적합한가 아닌가 하는 판단에 근거한 것이라고 볼 수 있다. 그리고 그 판단의 기준은 물론 만인이 똑같은 것은 아니지만, 대체로 특정 문화의 남자 집단 또는 여자 집단에서는 공통된 점을 찾을 수 있다.[53] 그러므로 사랑의 감정이 반드시 비합리적인 것이라고 말할 수는 없는 것이다. 또한 질투에 관하여도 마찬가지이다. 질투는 남성의 경우에는 자신의 자녀가 아닌 자를 자신의 배우자가 낳아 자신이 양육하는 것을 막기 위한 것이고, 여성의 경우에는 자신과 자신의 자녀 외에 다른 여자와 그 자녀에 대하여 배우자가 투자하는 것을 막기 위하여 생긴 심리적 메카니즘으로 이해할 수 있는 것이다.[54]

물론 이러한 개인의 합리성을 너무 과대 평가할 필요는 없다. 가령 어떤 개인이 여러 가지 가능한 선택 가운데 최선의 합리적인 선택을 하기 위하여는 각각의 선택이 어떤 결과를 가져오는가에 대하여 완전한 정보를 가지고 있어야 하고, 또 이를 판단하기 위하여 충분한 시간을 가져야 한다. 그러나 대부분의 경우에는 이러한 조건은 갖추어져 있지 않다. 그러므로 사람들은 대

---

52) P. Weirich, "Economic Rationality", in: Mele and Rawling ed.(주 47), pp. 382 f. Posner도 self-interest를 이기성(selfishness)과 혼동하여서는 안 되며, 다른 사람의 행복도 자신의 만족에 포함될 수 있다고 지적한다. Posner(주 50), p. 3.

53) 예컨대 상대방의 신체적 매력, 사회적 지위, 富의 정도 등. 이 점에 관하여 남자와 여자 사이에 판단 기준의 차이가 있다는 연구들이 있다. Buss(주 20), Part Three; Barrett et al.(주 18), pp. 96 ff. 등 참조.

54) Buss(주 20), pp. 325 ff. 참조.

체로 제한된 시간과 정보 내에서 가장 최선의 선택을 하는 것이라고 할 수 있다.55) 예컨대 대부분의 사람들은 배우자를 구할 때 지상에 존재하는 가장 좋은 배우자를 찾지는 않는다. 그러나 이러한 문제점이 있다고 하여도 가족관계에서 사람들이 다른 경우보다 더 비합리적으로 행동한다고 말할 수는 없는 것이다.

2. 가족법의 합리성

다른 한편 가족관계에서 개인이 합리적으로 행동하는가 하는 문제와, 가족법 자체가 합리적인가 또는 합리적이어야 하는가 하는 문제는 별개의 문제이다. 가령 정신병자들이 합리적으로 행동한다고 할 수는 없지만, 그렇다고 하여 그러한 정신병자를 법적으로 규율하는 법 자체가 비합리적이어도 괜찮다고는 할 수 없는 것이다.

종래의 설명에서는 가족법 자체의 합리성 문제를 반드시 명백하게 언급하지는 않았다. 그러나 재산법 특히 거래법이 사회경제사정의 변화에 민감하며 기술적이고 세계적 성질을 지니는 진보성을 가지는 데 대하여, 신분법은 습속·전통에 지배되는 경향이 강하기 때문에 보수적이고 진보성이 결핍되어 있다거나,56) 재산법관계는 계산적·합리적인 법률에 의하여 충분히 규정되지만, 신분법관계는 습속과 전통에 따라 성문법을 무시하고서도 이루어진다고 하는 설명57) 등은 가족법은 재산법에 비하여 합리적이 아니라는 취지라고 할 수 있다. 그러나 앞에서도 언급한 것처럼 가족법이 합리적이 아니라야 할 이유는 없다. 모든 법은 합리성을 지향하여야 하기 때문이다.

그러면 여기서 문제되는 가족법의 합리성은 무엇을 말하는가? 우선 앞에서 언급한 절차적 합리성의 의미에서 이해할 수도 있다. 그러나 특정 법제도의 합리성에 관하여 이러한 절차적 합리성이 문제되는 경우는 많지 않다. 물론 이러한 경우가 전혀 없는 것은 아니다. 헌법재판소의 판례는 어느 법규범이 기본권을 침해하는 것으로서 위헌인가를 심사할 때 일반적으로 과잉금지의 원칙 내지 비례의 원칙을 적용하고 있다. 즉 기본권을 제한하는 법률이 합헌으로 인

---

55) 이른바 제한된 합리성(bounded rationality). 이 개념은 노벨 경제학상 수상자인 Herbert Simon이 창안한 것이라고 한다. 법경제학과 관련하여 제한된 합리성을 다루고 있는 것으로는 예컨대 Ch. Jolls, C. Sunstein and R. Thaler, "A Behavioral Approach to Law and Economics", in : Cass R. Sunstein ed., Behavioral Law and Economics, 2000, pp. 13 ff. 참조.

56) 위 주 4)의 본문 참조.

57) 위 주 5)의 본문 참조.

정되기 위하여는 입법목적의 정당성과 그 목적달성을 위한 방법의 적정성, 피해의 최소성, 그리고 그 입법에 의해 보호하려는 공공의 필요와 침해되는 기본권 사이의 균형성을 모두 갖추어야 하며, 이를 준수하지 않은 법률 내지 법률조항은 기본권제한의 입법한계를 벗어난 것으로서 헌법에 어긋난다는 것이다. 여기서 목적의 정당성이란 국민의 기본권을 제한하려는 입법의 목적이 헌법 및 법률의 체제상 그 정당성이 인정되어야 한다는 것을 의미하고, 방법의 적정성이란 그 목적의 달성을 위하여 그 방법이 효과적이고 적절하여야 한다는 것을 의미하며, 피해의 최소성이란 입법자가 선택한 기본권 제한의 조치가 입법목적 달성을 위하여 설사 적절하다 할지라도 가능한 한 보다 완화된 형태나 방법을 모색함으로써 기본권의 제한은 필요한 최소한도에 그치도록 하여야 한다는 의미이고, 법익의 균형성이란 그 입법에 의하여 보호하려는 공익과 침해되는 사익을 비교형량할 때 보호되는 공익이 더 커야 한다는 것을 의미한다.[58] 이러한 비례의 원칙 가운데 방법의 적정성은 그 수단이 목적을 달성하기 위하여 합리적인가를 묻는 것이므로 절차적 합리성을 의미하는 것이라고 이해할 수 있다. 그러나 헌법재판소의 판례 가운데 법률이 방법의 적정성에 어긋난다고 하여 위헌이라고 한 사례는 그다지 많지 않다.[59]

　　그러므로 법률의 합리성이 문제되는 대부분의 경우에는 실체적 합리성을 의미한다고 할 수 있다. 다시 말하여 그 법률의 목적이 합리적이라야 한다는 것이다. 만일 그 목적이 합리적이 아니고, 또 그 법률이 개인의 기본권을 제한하는 것이라면 이는 비례의 원칙 가운데 목적의 정당성을 결여하는 것이어서 위헌이라고 하게 될 것이다.[60] 다른 관점에서 본다면 위헌법률심사제도가 확립된 오늘날에는 법률의 합리성을 따지는 중요한 기준이 헌법상 보장된 기본권 규정이라고 할 수 있다.

　　다만 가족법이 비합리적이라고 하는 것이 과거의 가족법의 상태를 서술하는 것이었다면 이는 나름대로 타당성이 있다. 동성동본 금혼규정이 위헌이라고 한 위 헌법재판소 1997. 7. 16. 결정(주 60)의 반대의견은, 동성동본 금혼 규정

---

58) 헌법재판소 1992. 12. 24. 선고 92헌가8 결정(헌법재판소판례집 제4권 853면 이하) 등 다수. 최근의 판례로는 예컨대 헌법재판소 2005. 12. 22. 선고 2003헌가8 결정(헌법재판소판례집 제17권 2집 544면 이하) 참조. 이하 '헌법재판소판례집'을 '헌판집'이라고만 약칭한다.

59) 鄭宗燮, 憲法學原論, 2006, 296-297면 참조.

60) 동성동본 금혼 규정이 목적의 정당성이 없다고 한 헌법재판소 1997. 7. 16. 선고 95헌가6 내지 13 결정(헌판집 9권 2집 1면 이하)의 다수의견; 父姓主義가 목적의 정당성이 없다고 한 헌법재판소 2005. 12. 22. 선고 2003헌가8 결정(주 58)의 송인준, 전효숙 재판관의 별개의견 등 참조.

이 위헌이 아니라고 하면서, 다음과 같이 서술하였다. 즉 혼인관계는 그 사회 고유의 전통·풍속에 강하게 영향을 받고, 따라서 재산관계 특히 거래관계를 규율하는 법이 사회경제사정의 변화에 민감하게 반응하여 기술적·타산적이며 진보성을 가짐에 비하여, 혼인관계를 포함한 가족관계를 규율하는 법은 합리적으로만 형성되어 가는 것이 아니라 전통·풍속에 강하게 지배되는 보수적·역사적 성격을 띨 수밖에 없는 것이라고 하여 명시적으로 가족법은 합리성만을 가지고 판단할 것이 아니라고 주장하였다.[61)]

이 외에도 호주제도나 父姓主義 원칙의 고수를 주장하는 견해의 배후에는 이러한 생각이 깔려 있었다고 할 수 있다. 부성주의를 규정한 개정 전 민법 제781조 제1항 본문에 관하여 헌법불합치결정을 선고한 헌법재판소 2005. 12. 22. 선고 2003헌가8 결정(주 58) 가운데 권 성 재판관의 반대의견은 "문화가 항상 헌법에 선행하는 것은 아니다. 그러나 선행하는 경우도 있다. 가족제도, 그 중에도 부성주의(父姓主義) 같은 것은, 분명히 헌법에 선행하는 문화의 하나이다"라고 주장한다.[62)]

그러나 헌법재판소가 위와 같은 동성동본 금혼이나 호주제 등의 규정들이 위헌이라고 선고한 오늘날에는[63)] 위와 같은 주장은 더 이상 타당하다고 할 수는 없을 것이다.[64)]

VI. 가족관계에서의 법의 역할

1. 가족관계에서의 법의 제한된 역할

가족법의 특성에 관하여 일본의 中川善之助가, 재산법은 재산법관계를 전부 규율하지만, 신분법(가족법)은 신분법관계의 일부밖에 지배할 수 없고, 다른

---

61) 헌판집 9권 2집 21-22면.
62) 헌판집 17권 2집 567-568면.
63) 동성동본 금혼에 관한 헌법재판소 1997. 7. 16. 선고 95헌가6 등 결정(주 60) 외에도 호주제가 위헌이라고 한 헌법재판소 2005. 2. 3. 선고 2001헌가9 내지 15, 2004헌가5 결정(헌판집 17권 1집 1면 이하) 등 참조.
64) 그렇지만 부성주의의 위헌 여부를 판단한 헌법재판소 2005. 12. 22. 선고 2003헌가8 결정(주 58)과 같은 경우를 보면 여전히 전통으로 대표되는 비합리적인 요소가 중요하게 작용하고 있다고 하지 않을 수 없다. 이 결정에 대하여는 尹眞秀, "傳統的 家族制度와 憲法", 서울대학교 법학 제47권 2호, 161면(=民法論攷 Ⅳ, 101면 이하) 참조.

대부분은 도덕이나 습속의 규율에 맡겨져 있다고 주장한 점에 대하여는 앞에서 살펴보았다.65) 그런데 가족법 분야에서는 재산법에 비하여 법의 역할이 제한되어 있다고 있다는 점은 시인될 수 있다.

우선 현행법도 가족관계에 대하여는 법의 개입을 되도록 억제하고 있다고 말할 수 있다. 예컨대 민법 제803조는 약혼은 강제이행을 청구하지 못한다고 규정한다. 그리고 민법 제826조 제1항은 부부의 동거의무를 규정하고 있는데, 부부의 일방이 정당한 이유 없이 동거에 응하지 않는 경우에는 다른 일방은 동거에 관한 심판을 청구할 수 있으나,66) 동거를 명하는 심판에 대하여는 직접강제는 물론이고 간접강제도 허용되지 않는다고 보는 것이 일반적인 견해이다.67) 뿐만 아니라 실제로 동거를 명하는 심판이 청구되는 경우도 거의 없는 것으로 보인다.68) 결국 파탄되지 않은 혼인의 경우에는 법원이 개입하는 경우는 거의 없다고 하여도 과언이 아니다. 이러한 경우에는 당사자의 합의 내지 관습에 의하여 부부 사이의 문제가 해결되고 있다고 말할 수 있다.

이러한 점은 다른 나라에서도 지적되고 있다. 예컨대 일본의 학자는, 일상생활에서 생기는 분쟁을 모두 소송으로 해결하려고 하는 사고방식이 현실적이 아니라는 것은 말할 필요도 없고, 가족의 경우에는 더욱 그러하다고 한다. 분쟁은 법이 아니라 습속에 의하여, 소송이 아니라 합의에 의하여 해결되는 경우가 많은데, 가족의 문제의 모든 것을 국가법이 간섭·개입한다고 하는 것은 가족으로서도 바람직스럽지 않고, 국가로서도 불가능하다고 한다.69) 미국에서도 전통적인 가족은 법적 집행이 아니라 비법률적인 집행(nonlegal enforcement)에 의하여 유지되는 제도의 가장 명확한 예이며, 혼인법은 혼인에 들어오는 것과 혼인으로부터 이탈하는 것을 엄격하게 규제하지만, 혼인 내에서 일어나는 의무를 집행하거나 불법에 대하여 구제하는 것을 거부한다고 한다.70)71)

---

65) 위 주 5)의 본문 참조.

66) 가사소송법 제2조 제1항은 이를 마류 비송사건으로 하고 있다.

67) 金疇洙·金相瑢(주 2), 137면 등 참조. 독일 민사소송법 제888조 제2항은 명문으로 이 점을 밝히고 있다.

68) 이 점은 독일에서도 마찬가지이다. Dieter Schwab, Familienrecht, 13. Aufl., 2005, Rdnr. 127 참조.

69) 大村敦志(주 36), 25-26면. 여기서는 가족에 있어서는 법의 영역의 배후에 법이 사용되지 않거나 법이 들어가지 않는 거대한 '非法'의 영역이 존재한다고 한다.

70) Eric Posner, Law and Social Norms, 2000, p. 68. 또한 Brinig(주 32), pp. 1 ff.는 contract와 covenant를 구별한다. 여기서 contract는 법적으로 집행할 수 있는 합의를 말하는 반면, covenant는 법보다는 개인과 개인들의 사회조직에 의하여 집행되는 합의를 의미한다. 그리하여 혼인이나

왜 법이 가족관계에 개입하는 일이 제한되는가? 이 점에 대하여 中川善之助의 설명은, 신분법관계는 자연적 관계이고,[72] 뿐만 아니라 자연적 관계의 일부분일 뿐이므로 법이 규율하는 부분은 일부에 지나지 않는다고 하나,[73] 이러한 설명은 오늘날 별로 설득력이 없다.

이 점에 관한 또 다른 설명은 법이 가족 구성원의 프라이버시 내지 자율을 존중하여야 하기 때문이라고 하는 것이다.[74] 이러한 설명이 그 자체 틀린 것은 아니지만, 그것만으로는 충분하지 않다. 왜 법이 가족관계에서 특별히 가족 구성원의 프라이버시 또는 자율을 존중하여야 하는가는 명백하지 않기 때문이다.[75]

이 점에 대하여 미국의 학자 가운데에는 다음과 같이 설명하는 견해가 있다. 즉 혼인의 맹세는 커플의 감정적인 서약을 표현하고, 약속의 진지함을 강조하기 위하여 권고적인 언어를 사용하는데, 감정적인 서약은 양적으로 나타내기 어려운 행동의 표준이고, 약속의 위반에 대한 책임을 평가하는 것은 매우 어려우므로 법은 협력을 촉진하고 혼인 당사자 사이의 약속이 이행되게 위하여 사회적 및 관계적 규범에 의존한다는 것이다. 법적인 개입은 당사자들의 협력적인 균형을 손상시킬 위험이 있고, 궁극적으로는 지속적인 관계를 유지하려는 당사자들의 노력을 뒤엎게 되므로, 법적 집행은 협조의 규범을 매우 저버리는가를 감시하고, 혼인이 종료되는 경우의 경제적 및 친권에 관한 주장을 해결하는데 국한되어야 한다는 것이다.[76] 이러한 설명을 이타주의/이기주의의 관점에서 해석한다면, 양적으로 나타내기 어려운 감정적인 서약이 혼인의 법적 의무에 포함될 수 있는 것은, 그것이 이타주의에 근거한 것이기 때문이다. 혼인 관계가 단순히 이기적인 관계라면 이처럼 제3자가 평가하기 어려운 사항을 혼

부모 자녀와 같이 일단 형성된 가족관계는 covenant에 해당한다고 한다.

71) 영국에 관하여는 J. Herring, Family Law, 2nd ed., 2004, pp. 19 ff.; 독일에 관하여는 MünchKomm/Koch, 4. Aufl., Band 7, 2000, Einleitung, Rdnr. 48 ff. 참조.

72) 가령 親子關係는 다른 관계를 선택할 수 없기 때문에 친자로서의 관계에 들어선 것이 아니라, 부모와 자녀는 그 본래의 유기적 충동에 기하여, 고려와 선택을 초월하여, 흡사 궤도상을 자유로 질주하는 기차와 같이, 결정된 방향을 그렇지만 사유로 나아가는 것에 의히어 결합되었다고 하는 의미에서 자연적 관계라고 한다.

73) 身分法의 基礎理論(주 5), 98면 이하 참조.

74) Gernhuber/Coester-Waltjen(주 8), S. 5 참조.

75) 이는 공적인 영역에는 국가가 간섭할 수 있지만, 사적인 영역에 대하여는 국가가 간섭할 수 없다고 하는 이른바 public/private 구분론과 관련이 있다. 가족법에서의 public/private 구분론에 관하여는 Herring(주 71), pp. 14 ff. 참조.

76) E. S. Scott and R. E. Scott, "Marriage As Relational Contract", 84 Va. L. Rev. 1225, 1230(1998).

인의 법적 의무에 포함시킨다는 것은 별다른 의미가 없을 것이다.

이처럼 가족관계에 법이 직접 개입하는 것이 제한된다고 하더라도, 그것만
으로 가족관계에서 법이 가지는 중요성이 과소평가되어서는 안 된다. 이 점은
가족법의 상징적 내지 표현적 기능(expressive function)과 관련하여 살펴보아야
한다. 즉 가족법은 바람직한 가족관계가 어떤 것인가를 표현하고 이를 상징적
으로 나타내는데, 사람들은 이처럼 가족법이 제시하는 가치에 의하여 영향을
받는 것이다.77) 종래 호주제에 관하여 논란이 많았던 것도 그것이 직접 사람들
의 일상생활에 영향을 미쳐서라기보다는 호주제가 나타내는 가부장제적, 남성우
월적 사상에 대하여 반발하였던 것이라고 할 수 있다.78) 그러므로 가족 사이의
분쟁 해결에 관하여 가족법은 간접적으로는 큰 영향을 미친다고 할 수 있다.

2. 가족법관계에서의 의사의 중요성

이와 관련하여 설명하여야 하는 것이 가족관계에서의 의사의 중요성이다.
일반적으로 가족법상의 법률행위의 특성으로서 대리에 친하지 않다는 점을 든
다. 또 당사자의 의사를 최고로 하는 신분행위에 있어서는 비진의표시나 허위
표시 착오 등은 모두 무효라고 한다.79) 이에 관하여 신분행위론을 제창한 中川
善之助는 그 근거를 신분행위는 창설적이 아니라 선언적이고, 신분관계는 형성
적이 아니라 자생적이라는 데서 찾고 있다.80) 그러나 이처럼 선험적으로 신분
행위는 선언적이고, 신분관계는 자생적이라고 할 근거는 없다.81)

오히려 앞에서 살펴본 것처럼, 부부관계와 같은 계속적인 가족관계에 대하
여는 법의 개입이 제한되고, 그 당사자들의 의무 이행은 당사자들의 의사에 의

---

77) 가족법의 표현적 기능에 관하여는 Mary Ann Glendon, Abortion and Divorce in Western
   Law, 1987, pp. 8, 58 ff.; C. Weisbrod, "On the Expressive Function of Family Law", 22 U.
   C. Davis Law Review 991 ff.(1988-1989) 등 참조. Carl E. Schneider, "The Channelling
   Function In Family Law", 20 Hofstra Law Review 495, 497 ff.는 가족법의 기능을 보호적 기
   능(protective function), 촉진적 기능(facilitative function), 중재적 기능(arbitral function), 표현적
   기능(expressive function) 및 유도적 기능(channeling function)의 5가지로 설명한다.
78) 가부장제적 가족법의 상징적 기능에 대하여는 李和淑, "韓國家族의 變化와 家族法", 朴秉濠
   教授 還甲紀念 家族法學論叢, 1991, 11면 이하 참조.
79) 金疇洙·金相瑢(주 2), 25-26면.
80) 親族法(주 5), 28면 이하. 또한 身分法의 總則的課題(주 5), 162면 이하 등 참조.
81) 梁彰洙, "「가족법」상의 법률행위의 특성", 家族法研究 제19권 1호, 89면 이하는 中川善之助
   의 이른바 법규의 後位性 및 사실의 先行性이라는 이데올로기에 대하여 비판하고 있다.

하여 뒷받침될 수밖에 없으므로, 당사자들의 진정한 의사에 의하여 뒷받침되지
않은 가족관계는 법률적으로 승인되어서는 안 된다고 설명하여야 할 것이다.[82)
다른 말로 한다면 여기서도 가족관계의 이타적 성질이 고려된다고 할 수 있는
것이다.[83)

VII. 상속법의 법적 성격

1. 상속법과 가족법의 관계

종래에는 상속법도 가족법에 포함된다는 점에 대하여 큰 의문이 없었다.
그러나 근래에 이르러 상속법은 가족법이 아니라 재산법의 일부라고 보아야
한다는 주장이 제기되었다.[84)

우선 이러한 논쟁은 일본과 우리나라에서만 찾아볼 수 있는 것이고, 다른
나라에서는 찾아보기 어렵다. 일본이 상속법을 가족법으로 묶은 것은, 일본에
서 상속의 주된 형태가 家督相續으로서, 이 家督相續은 호주라는 친족법상의
지위의 승계로서 이해되었기 때문이라고 할 수 있다.[85) 다른 나라에서는 친족
법과 상속법을 묶어서 가족법이라고 하고 있지 않다. 또 우리 민법전과 체계가
거의 같은 독일에서도 상속법이 가족법인가 재산법인가에 관하여 논의하고 있

---

82) 梁彰洙(주 81), 88면도 같은 취지라고 생각된다.

83) 이러한 관점에서는 판례가 가장혼인과 달리 가장이혼을 유효라고 하고 있는 것(대법원
　　1975. 8. 19. 선고 75도1712 판결, 집 23권 2집 형76면 등 다수)도 이해될 수 있다. 金敏圭,
　　"離婚實態와 假裝離婚의 法理", 亞細亞女性法學 제4호, 2001, 136-137면은 혼인이나 입양과 같
　　은 신분관계를 창설하는 행위(창설적 신분행위)와, 이혼이나 파양과 같은 신분관계를 해소하는
　　행위(해소적 신분행위)를 구분하여 전자의 경우에는 그러한 신분관계를 실현하려는 적극적 의
　　사가 필요하지만, 후자의 경우에는 그러한 신분관계를 해소하고 부부관계라는 법적 구속에서
　　해방된다는 소극적 의사의 합치로 족하다고 주장한다.

84) 郭潤直, 相續法, 改訂版, 2004, 24면 이하 참조. 崔錦淑, "相續法 — 家族法인가 財産法인가",
　　家族法研究 제19권 1호, 2005, 425-426면은 현행 상속법은 재산법석인 성격을 강하게 가지고
　　있고, 다만 유류분 등에 의하여 전통적 의미에서의 가족법적 제한을 받고 있다고 보는 것이
　　타당할 것이라고 한다.

85) 郭潤直(주 84), 26면; 大村敦志(주 36), 14면; 鈴木祿彌, 相續法講義, 改訂版, 1996, 338-339면 등
　　참조. 鈴木祿彌, 위 책, 340면은 상속법은 상속의 요건면에서는 친족법과 불가분의 관계에 있지
　　만, 상속의 효과면에서는 재산권의 이전이 문제되므로 현행 상속법은 그 한 발은 친족법에, 다른
　　한 발은 재산법에 걸쳐 있다고 하고, 大村敦志, 위 책, 14면은 鈴木祿彌를 인용하면서 상속법을
　　재산법과 가족법의 교착영역이라고 한다. 또한 沼 正也 교수의 주장(위 주 14)도 참조.

는 문헌이 많지 않다.86)87)

　형식적으로만 본다면 상속법을 재산법의 일부라고 하는 주장이 그럴듯하게 보인다. 민법 제1005조는 상속의 대상을 피상속인의 재산에 관한 권리의무라고 규정하고 있기 때문이다. 그러나 상속법의 법체계 내에서의 지위를 논할 때에는 그러한 것만으로 충분하지 않다. 실질적으로 관찰하여 상속법과 친족법의 관련성을 따져 볼 필요가 있다. 이러한 관점에서는 상속법과 친족법이 깊은 연관이 있다고 하지 않을 수 없다.

　우선 유언이 없는 경우의 법정상속88)에서는 배우자, 직계존비속, 형제자매 등 일정한 범위 내의 친족이 상속인이 된다. 이 점에서 상속법과 친족법 사이에는 밀접한 관련이 있다. 반면 유언에 의한 재산의 死後承繼89)는 얼핏 보면 친족법과는 관련이 없는 것처럼 생각된다. 그러나 이 또한 그렇게 단순하지는 않다. 첫째, 유언의 자유도 친족의 보호를 위한 유류분제도에 의하여 제한된다. 둘째, 실제로 유언에 의하여 유증을 받는 사람은 대부분 배우자나 혈족과 같은 친족이고, 친족 이외의 사람들이 유증의 상대방이 되는 경우는 오히려 예외적이라고 할 수 있다.90)

　그러므로 상속법은 적어도 그 요건, 즉 상속재산이 누구에게 귀속되는가 하는 면에서는 친족법과 밀접한 연관이 있다고 하지 않을 수 없다.91) 독일의

---

86) 郭潤直, "相續法의 本質", 民事判例研究 XVIII, 1996, 653면은 Lange/Kuchinke의 상속법 교과서에서 '상속법의 본질'을 설명하면서, "오직 사람의 재산관계(nur die vermögensrechtlichen Verhältnisse)만을 규율하는 것이 상속법"이라고 함으로써, 상속법이 재산법임을 분명히 하고 있다고 서술하고 있으나, 이러한 Lange/Kuchinke의 설명이 상속법이 재산법이라는 의미라고 받아들이기는 어렵다. Lange/Kuchinke의 견해에 대하여는 아래 주 95)의 본문 참조.

87) 다만 Dnistrjanskyi, "Zur Grundlegung des modernen Privatrechts" JheringsJahrbuch Bd. 44, 1930, S. 142 f.는 상속법은 재산법의 일부문으로서 재산법과 직결하여 취급되어야 한다고 주장하였다고 한다. 沼 正也, 親族法の總論的構造(주 14), 39면에서 재인용.

88) 또는 無遺言相續(intestate succession).

89) 이를 가리켜 유언상속이라고 할 수 있는가에 관하여는 논란이 있으나, 이는 기술적인 문제이므로 여기에서 다루지 않는다.

90) 이 점에 관하여 국내의 실증적으로 조사한 자료를 찾지 못하였으나, 다른 나라의 경우에는 이 점이 지적되고 있다. 미국에 관하여는 Judith N. Cates and Marvin B. Sussman, "Family Systems and Inheritance", in: Judith N. Cates and Marvin B. Sussman ed., Family Systems and Inheritance Patterns, 1982; 영국에 관하여는 Janet Finch et al., Wills, Inheritance, and Families, 1996, pp. 97 ff.; 캐나다에 관하여는 Buss(주 20), pp. 232 ff. 등 참조.

91) Barrett et al.(주 18), pp. 203 ff.는 인간 역사의 대부분을 통하여 혼인 제도는 富를 가족 내에 집중시키거나 또는 가치 있고 강력한 동맹관계를 창설하는 방법이었고, 혼인체계와 상속의 패턴은 매우 얽혀 있어서 이를 분리하기가 어렵다고 한다. 즉 일부다처제(polygyny)에서는 재산을 남자 후손에게 물려주는 경향이 있고, 반면 父性의 불확실성(paternal uncertainty)이 높은 경우에는 母系血統主義(matrilinearity)와 결부되어 남자가 재산을 자신의 여자 형제의 자녀

학설도 상속법의 기본 원칙의 하나로서 가족 및 친족상속권(Familien- und Verwandtenerbrecht)을 들고 있다.[92] 미국에서도 상속법(inheritance law)이 가족 패러다임의 지배를 받고 있다고 하는 점이 지적되고 있다.[93]

반면 상속법은 상속이 재산상 권리의무의 승계 원인이라는 점에서 그 효과면에서는 재산법적인 색채를 띠고 있는 점도 부인할 수는 없다. 그러므로 결과적으로 상속법은 요건면에서는 친족법과 밀접한 관련이 있고, 효과면에서는 재산법과 유사성이 있다고 말할 수 있을 것이다.[94] 독일의 학설도 이와 비슷한 취지이다. 즉 상속법은 그 유래와 사회적인 임무에 있어서는 친족법에 근거를 두고 있지만, 그 기본 태도에 있어서는 피상속인의 자유를 기본으로 하고 있고, 이러한 관점에서는 상속법은 재산법의 마지막 章이고, 개인의 재산권의 자유, 의무부담의 자유 및 처분의 자유가 사망을 넘어서서 계속되는 것이라고 한다.[95]

2. 상속법과 이타주의

이처럼 상속법이 친족법과 밀접한 연관이 있다고 하는 것은 다른 말로 말한다면 상속법에서는 친족법과 마찬가지로 이타주의가 중요한 의미를 가진다고 하는 것과 통한다. 가령 유증과 같은 것은 무상행위로서 전형적인 이타적 행위에 속한다. 그리고 유언이 없는 경우의 법정유언의 경우에는 왜 친족이 상속을 받는가 하는 점에 관하여 여러 가지 설명이 있으나,[96] 피상속인은 자신의 혈족 및 배우자에게 재산을 남기려고 하는 의사를 가지는 것이 보통이므로, 그러한 피상속인의 의사를 추정하는 것이라는 설명이 비교적 설득력을 가진다고 생각된다.[97]

들에게 상속시키는 경향이 있다는 것이다.

92) 이 점에 대하여는 尹眞秀, "相續制度의 憲法的 根據", 憲法論叢 제10집, 1999, 175면(=民法論攷 V, 2011, 1면); Lange/Kuchinke, Erbrecht, 5. Aufl., 2001, S. 8 등 참조.

93) Frances H. Foster, "The Family Paradigm of Inheritance Law", 80 North Caroliana Law Review. 199 ff.(2001). 다만 이 글의 필자는 이 점을 비판하고 있다. 영국의 친족법 교과서에서도 노인의 보호와 관련하여 상속법의 문제를 다루기도 한다. Herring(주 71), pp. 632 ff. 참조.

94) 鈴木祿彌의 주장(위 주 85) 참조.

95) Lange/Kuchinke(주 92), S. 4.

96) 상세한 것은 崔錦淑(주 84), 395면 이하 참조.

97) 그런데 Lange/Kuchinke(주 92), S. 229는 법정상속인이 상속인이 되는 것은 피상속인과 긴밀한 관계에 있었는지, 사이가 나빴는지 하는 점을 묻지 않으므로 피상속인의 추정적 의사에

　문제는 왜 피상속인이 자신의 혈족 및 배우자에게 재산을 남기려고 하는
가 하는 점인데, 이 점은 앞에서 언급한 혈족 선택 및 호혜적 이타주의에 의하
여 설명이 될 수 있을 것이다. 다시 말하여 인간은 자신과 공통의 유전자를 가
지는 친족에게 재산을 남겨 줌으로써 그 유전자가 후대에 전해질 확률을 높이
고, 배우자에 대하여는 배우자로부터 받은 도움에 대한 대가로서 재산을 남긴
다는 것이다.[98] 물론 이는 매우 단순화한 설명이고, 실제로는 나라에 따라 혈
족에 대한 상속분과 배우자에 대한 상속분이 다르지만, 기본적으로는 위와 같
은 관점에 의하여 친족에 대한 상속을 대체로 설명할 수 있을 것이다.[99]

　이러한 상속법의 이타주의적 성격은 법률상으로도 고려되고 있다고 할 수
있다. 예컨대 유언은 대리할 수 없고, 또 유언은 피상속인이 사망할 때까지는
임의로 철회할 수 있다고 하는 것(민법 제1108조 이하)은 이타적인 유언자의 의
사를 최대한 존중하기 때문이라고 설명할 수 있다. 다시 말하여 유언자의 이타
적 행동은 유언자 자신의 의사에만 근거하여야 하고 다른 사람이 대신할 수
없으며, 또 일단 유언자가 유언을 하였더라도 그것은 이타적 성격을 가지기 때
문에 유언자의 의사가 바뀌면 유언의 구속력은 유지되지 않는다는 것이다. 이
외에 유언의 경우에는 일반 재산법의 경우와는 달리 동기의 착오도 취소사유
가 된다는 것[100]도 유언의 이타적 성격 때문이라고 할 수 있다.

　　근거한 것이 아니라고 한다. 그러나 이러한 경우에 피상속인이 법정상속인에게 상속재산을
　　넘겨주지 않고자 하였으면 유언에 의하여 다른 처분을 할 수 있었을 것이므로, 이러한 점을
　　들어서 피상속인의 추정적 의사에 근거한 것이 아니라고 할 수는 없다고 생각된다.
　98) Beckstrom(주 26) 참조.
　99) 물론 친족에 대한 유증이나 상속의 동기가 반드시 이타주의적인 것만은 아니다. 학자들은
　　유증의 동기에 관하여 우연한 또는 비계획적인 유증(accidental or unplanned bequest), 이타적
　　유증(altruistic bequest), 가부장적 유증(paternalistic bequest), 회고적 유증(retrospective bequest),
　　교환적 유증(bequest based on pure exchange), 전략적 유증(strategic bequest), 자본주의적 유증
　　(capitalist bequest) 등으로 분류한다. 가부장적 유증은 이타적 유증과 유사하지만 유증을 하는
　　사람이 유증을 받는 사람의 선호가 아니라 무엇이 유증을 받는 자녀에게 좋을 것인가 하는
　　유증자의 판단에 근거한다는 점에서 차이가 있다. 회고적 유증은 자신이 부모로부터 재산을
　　물려받았기 때문에 이를 자녀에게 물려준다는 것을 의미한다. 교환적 유증은 자녀가 부모를
　　돌보아 주는 데 대한 대가로서 재산을 물려준다는 것을 의미한다. 전략적 유증의 경우에는
　　자녀가 부모에게 관심을 기울일 수 있도록 하는 수단이 된다. 자본주의적 유증은 재산 그 자
　　체의 축적이 목적이라고 할 수 있다. André Masson and Pierre Pestieau, "Bequest Motives and
　　Models of Inheritance: A Survey of the Literature", in: Guido Erreygers and Toon Vandevelde
　　ed., Is Inheritance Legitimate?, pp. 55 ff. 실제의 유증은 이러한 여러 가지 동기가 혼합되어
　　있는데, 미국의 연구에 따르면 과거에는 이타주의가 주된 이유로 생각되었으나 근래에는 교
　　환적 유증이 점차 중시되고 있다고 한다. Luc Arrondel, André Masson and Pierre Pestieau,
　　"Bequest and Inheritance: Empirical Issues and France - U.S. Comparision", 위 책, pp. 119 f. 참조.
　100) 이에 대하여는 尹眞秀(주 92), 180면(=民法論攷 V, 4-5면) 주 19) 참조.

　　그러나 상속법상의 문제라고 하여도 피상속인과 상속인 또는 유언자와 受
遺者 사이의 관계가 아니면 그 법률관계의 규율 원리는 재산법과 큰 차이가
없다. 예컨대 상속인의 상속재산 승인, 포기, 한정승인 등은 법정대리인에 의하
여도 가능하고(민법 제1020조 참조), 상속재산 분할의 경우도 마찬가지이다. 또
한 상속의 포기가 채권자취소권에 의한 취소 대상이 되는가에 관하여 논란이
있는데, 이를 부정하는 견해는 상속의 승인 여부는 단순히 재산적 고려에 의하
여서만 행하여지는 것은 아니고 오히려 그것은 일반적으로 피상속인과 상속인
간의 인격적 관계를 전체적으로 판단하여 정하여지는 「인적 결단」으로 파악하
여야 한다고 주장한다.[101] 그러나 이 문제는 상속인과 상속인의 채권자 사이의
이해관계를 어떻게 조절하는가 하는 문제로서, 일반적인 채권자취소권의 문제
와 달리 취급할 특별한 이유가 없다.[102]

Ⅷ. 결　　론

　　종래에는 상속법을 포함한 가족법을 재산법과 극단적으로 대립시켜 이해하
려는 경향이 많았다. 그러나 이러한 현상은 일본이나 우리나라를 제외한 다른
나라에서는 찾아보기 어렵다. 다른 나라에서는 가족법의 비합리성에 대하여 특
별히 언급하고 있는 경우도 찾기 어렵다. 이러한 차이는 일본이나 우리나라에
서의 법 계수 과정의 특이성에 의하여 어느 정도 설명된다. 즉 일본에서는 재
산법은 독일법 및 프랑스법을 포괄적으로 계수하였지만, 친족편 및 상속편은
유럽의 여러 나라와는 매우 다른 내용으로 되었고, 특히 서양에서는 찾아볼 수
없는 이른바 "家 제도"를 바탕으로 하여 친족법과 상속법이 형성되었다.[103] 그
리하여 일본에서는 이러한 실정법을 가능한 한 근대적으로 해석하려고 하면서,
이러한 해석이 법문의 문리와는 거리가 있음을 은폐하기 위하여 身分法의 해석
은 재산법의 그것과는 다른 방법을 채용하지 않으면 안 되었다고 설명한다.[104]

---

101) 梁彰洙(주 81), 79면.
102) 이에 대하여 상세한 것은 尹眞秀, "相續法上의 法律行爲와 債權者取消權: 相續 抛棄 및 相續
　　財産 協議分割을 중심으로", 私法硏究 제6집, 2001, 1면 이하(=民法論攷 Ⅴ, 258면 이하) 참조.
103) 일본의 家 제도에 대하여는 예컨대 최대권, 윤진수, 김양희, 오정진, 호주제 개선방안에 관
　　한 조사연구, 여성부 정책자료 2001-21, 2001, 13-15면 참조.
104) 鈴木祿彌(주 85), 338-339면. 水野紀子(주 6), 651면 이하의 설명도 참조할 것.

　　이러한 점은 호주제도를 전제로 하고 있었던 우리 민법 제정 당시의 상황과도 어느 정도 비슷하기 때문에 위와 같은 일본의 학설이 우리나라에도 무비판적으로 답습되었다고 생각된다. 그러나 여러 차례의 민법 개정과 헌법재판소의 결정에 의하여 가족법의 비합리적인 요소가 어느 정도 해소된 이상은 위와 같은 종래의 사고방식은 더 이상 유지되어서는 안 된다고 생각된다.

　　그렇지만 가족법과 재산법 사이에 아무런 차이가 없다고 하는 그 반대의 극단론으로 나가는 것 또한 문제이다. 가족법과 재산법은 이타적 요소가 어느 정도 작용하는가 하는 측면에서는 큰 차이가 있는 것이다. 이 점을 제대로 인식하여야만 가족법을 제대로 이해할 수 있다고 생각된다.

〈민사법학 제36호, 2007〉

〈追記〉

　　1. Ⅳ. 2.에서 언급한 배우자 강간의 문제에 관하여는 근래에 판례 변경이 있었다. 대법원 2009. 2. 12. 선고 2008도8601 판결은 앞에서 언급한 대법원 1970. 3. 10. 선고 70도29 판결을 인용하면서, 혼인관계가 존속하는 상태에서 남편이 처의 의사에 반하여 폭행 또는 협박으로 성교행위를 한 경우 강간죄가 성립하는지 여부는 별론으로 하더라도, 적어도 당사자 사이에 혼인관계가 파탄되었을 뿐만 아니라 더 이상 혼인관계를 지속할 의사가 없고 이혼의사의 합치가 있어 실질적인 부부관계가 인정될 수 없는 상태에 이르렀다면, 법률상의 배우자인 처도 강간죄의 객체가 된다고 하였다. 그런데 대법원 2013. 5. 16. 선고 2012도14788, 2012전도252 전원합의체 판결은, 강간죄의 객체인 '부녀'에는 법률상 처가 포함되고, 혼인관계가 파탄된 경우뿐만 아니라 혼인관계가 실질적으로 유지되고 있는 경우에도 남편이 반항을 불가능하게 하거나 현저히 곤란하게 할 정도의 폭행이나 협박을 가하여 아내를 간음한 경우에는 강간죄가 성립한다고 하면서, 위 1970년 판결을 변경하였다.

　　2. 가족관계에서의 법의 제한된 역할(Ⅵ. 1.)에 관하여는 이 책에 같이 실린 "혼인과 이혼의 법경제학"도 참조.

　　3. 상속의 포기가 채권자취소권의 대상이 되는가(Ⅶ. 2.)에 관하여, 대법원 2011. 6. 9. 선고 2011다29307 판결은, 상속의 포기는 민법 제406조 제1항에서 정하는 "재산권에 관한 법률행위"에 해당하지 아니하여 사해행위취소의 대상이

되지 못한다고 판시하였다. 그러나 이는 파산선고 전에 채무자를 위하여 상속 개시가 있는 경우 채무자가 파산선고 후에 한 상속포기도 파산재단에 대하여 는 한정승인의 효력을 가진다고 규정하고 있는 채무자 회생 및 파산에 관한 법률 제386조와는 모순된다. 또한 民法論攷 V, 290-291면 참조. 이 문제는 다음에 별도로 다루어보려고 한다.

　4. 2014년 개정된 민법은 부모의 자녀 치료 거부 문제(주 45의 본문)에 대응하기 위하여 친권자의 동의를 갈음하는 재판(제922조의2), 친권의 일시정지(제924조), 친권의 일부 제한(제924조의2)과 같은 제도를 신설하였다.

進化心理學과 家族法*

I. 서   론

진화심리학(Evolutionary Psychology)이란 진화론에 입각하여 인간의 심리 내지 행동을 설명하려고 하는 학문이다.[1] 간단히 말하자면 현재 인류가 가지고 있는 심리적인 특성은 진화의 과정에서 환경에 대한 적응도를 높이기 위하여 갖추게 된 것이라고 하는 것이 진화심리학의 기본적인 출발점이라고 할 수 있다. 이러한 진화심리학은 비교적 최근에 생긴 학문으로서, 역사가 오래 되지는 않았지만, 지금까지 잘 설명되지 않고 있던 현상을 비교적 설득력 있게 설명하고 있다는 점에서 주목을 끌고 있다.

이 글에서는 가족법의 관점에서 이와 관련이 있는 진화심리학의 주된 내용을 소개해 보고자 한다. 가족법의 주된 관심 대상인 부부 관계 및 자식의 출산과 양육의 문제는 진화심리학의 주된 관심 대상과도 일치한다. 아래에서 보는 것처럼 진화의 핵심적인 주제인 성공적인 적응(adaptation)이란 자신의 유전자를 얼마나 잘 후대에 전달할 수 있는가 하는 관점에서 파악할 수 있기 때문이다.[2]

다만 미리 몇 가지 유보사항을 밝혀 두고자 한다. 첫째, 진화심리학은 과

* 이 글의 초고를 읽고 유익한 비평을 하여 주신 서울대 심리학과 김명언 교수님과 인류학과 박순영 교수님께 감사의 뜻을 표한다.

1) 엄밀히 말하자면 진화심리학은 인간뿐만 아니라 유인원과 같은 다른 동물도 대상으로 하며, 그러한 다른 동물의 연구에서 얻어진 결과를 인간에게 적용하려고 한다.
2) 필자는 "財産法과 비교한 家族法의 特性", 민사법학 제36호(특별호), 2007, 579면 이하(이 책 게재)에서도 진화심리학적인 관점을 도입하여 가족법의 특성을 설명하려고 시도한 바 있다.

학의 한 분야이고, 따라서 다른 과학과 마찬가지로 진화심리학으로부터 바로
법적으로 무엇이 옳고 무엇이 그르다고 하는 규범적인 결론을 이끌어낼 수는
없다.3) 예컨대 아래에서 보는 것처럼 유아살해(infanticide)라는 현상을 진화심리
학적으로 설명할 수 있다고 하여 유아살해가 정당화될 수 있는 것은 아니다.
그러나 진화심리학을 통하여 인간의 심리를 보다 잘 이해함으로써 법의 이해
에 도움을 줄 수는 있는 것이다. 둘째, 진화심리학은 앞에서 말했듯이 아직 역
사가 짧은 학문이고, 그 학문적인 위상에 대하여 비판도 적지 않다. 또 진화심
리학의 가치를 인정하더라도, 여러 가지 현상의 진화심리학적 설명에 대하여는
그것이 반드시 가장 설득력 있는 설명이라고는 할 수 없다는 비판도 있다. 그
러나 여기에서는 진화심리학의 현재까지의 연구 결과 중 비교적 확립되었다고
볼 수 있는 것을 소개하고자 한다. 셋째, 이 글의 필자는 법학을 전공하는 사
람으로서, 진화심리학의 여러 가지 주장에 대하여 그 당부를 평가할 능력은 가
지고 있지 않다. 그러나 진화심리학을 접하면서 그 주장이 우리의 일상적 경험
을 잘 설명할 수 있는 틀이 될 수 있다고 생각하여, 그 내용을 소개하고자 하
는 것이다.4)

　　이 글의 구성은 다음과 같다. Ⅱ.에서는 진화심리학의 기본적인 내용을 소
개하고자 한다. 이어서 Ⅲ.에서는 짝짓기 또는 남녀관계에 관하여 진화심리학
적 관점을 소개하고, 그것이 가족법에 어떤 함의를 가지는지 살펴보고자 한다.
그리고 Ⅳ.에서는 부모와 자녀 관계와 같은 혈족 사이의 관계에 관하여 진화심
리학적 관점을 소개하고 이를 가족법에 응용하여 보고자 한다.

---

3) Owen D. Jones, "Evolutionary Psychology and the Law", in: David M. Buss ed., The Handbook
of Evolutionary Psychology, 2005, pp. 955 f.; Owen D. Jones & Timothy H. Goldsmith, "Law and
Behavioral Biology", 105 Columbia Law Review. 405, 484 f.(2005).

4) 주로 참고한 것으로는 Charles Crawford, Dennis L. Krebs ed., Handbook of Evolutionary
Psychology, 1998; Louise Barrett, Robin Dunbar, John Lycett, Human Evolutionary Psychology,
2002; David M. Buss, Evolutionary Psychology, The New Science of Mind, 2nd ed., 2004
(데이비드 M. 버스 지음, 김교헌·권선중·이홍표 옮김, 마음의 기원: 진화심리학, 2005); David
M. Buss ed.(주 3) 등이다. 특히 Buss가 편집한 마지막 문헌이 진화심리학에 관한 최근까지의
연구 성과를 거의 빠짐없이 소개하고 있다고 보인다. 국내 문헌으로서는 최재천·한영우·김
호·황희선·홍승효·장대익, 살인의 진화심리학, 2003, 1면 이하가 진화심리학을 알기 쉽게
요약하여 설명하고 있다.

Ⅱ. 진화심리학이란 무엇인가

1. 진 화 론

현대의 진화론은 찰스 다윈이 창시한 것이라고 할 수 있다. 이러한 다윈의 진화론은 자연선택(natural selection)의 이론과 성 선택(sexual selection)의 이론으로 요약될 수 있다. 우선 자연선택 이론은 다음과 같은 내용이다. 첫째, 유기체는 모든 부분에서 변이(variation)를 일으키는데, 이러한 변이는 진화를 위한 원재료(raw material)에 해당한다. 둘째, 이들 변이 중 일부만이 유전된다. 셋째, 이 점이 가장 중요한데, 특정한 유전적 변이를 가진 유기체는 그렇지 않은 유기체에 비하여 더 많은 후손을 남기는데, 왜냐하면 이러한 속성이 생존이나 번식을 돕기 때문이다. 가령 주된 영양 공급의 원천이 乾果를 맺는 나무인 환경에서는 건과를 잘 깨뜨릴 수 있는 부리를 가지고 있는 핀치(finch)라는 새가 그렇지 않은 핀치 새보다 더 잘 살아 남는다.5) 이러한 과정을 통하여 유기체는 그 환경에 적응하는데, 어떤 특성이 장래의 세대에 증식하는 성공의 정도를 적합도(fitness)라고 부른다. 달리 말하여 적합도란 동일한 특성의 다른 변이와의 관계에서 번식에 성공하는 정도를 말한다.6)

성 선택 이론은 다음과 같은 점에 착안한 이론이다. 즉 유기체의 특정 형질은 그 생존에 도움이 되는 것 같지 않은데, 그러함에도 불구하고 진화하여 존속하고 있다. 예컨대 공작의 꼬리 깃털과 같은 것이다. 이를 설명하는 방법이 성 선택 이론이다. 즉 어떤 특성은 이성을 차지하기 위한 동성간의 경쟁(intrasexual competition)에 유리하기 때문에 살아남아서 존속할 수 있었다. 예컨대 수컷 바다사자는 몸집이 클수록 다른 수컷 바다사자를 물리치고 암컷을 차지하기에 유리하다. 그리고 다른 특성은 이성간의 선택(intersexual selection)에서 유리하기 때문에 존속할 수 있었다. 예컨대 수공작의 화려한 깃털을 암컷이 선호하게 되면, 그 깃털이 수공작의 생존 그 자체에는 도움이 되지 않고 오히려 부담이 되더라도, 이는 암컷과 짝짓기를 하여 자손을 남기는 데 유리하기 때문

---

5) Buss(주 4), pp. 5 f. 다윈의 자연 선택 이론은 1859년에 발간된 그의 책 The Origin of Species에서 전개되었다. Charles Darwin, The Origin of Species, Edited with an Introduction and Notes by Gillian Beer, 1996.
6) Barrett et al.(주 4), p. 3.

에 이러한 형질이 존속하게 된다는 것이다.[7]

2. 진화심리학

진화심리학은 인간의 마음을 진화 과정 중에 생존이나 번식과 관련된 특정의 문제를 지속적으로 해결해 주었기 때문에 지금의 형태로 존재하고 있는 진화된 심리적 메커니즘(evolved psychological mechanism)으로 파악한다.[8] 즉 진화심리학은 (a) 특정한 행동은 적응적이고 다른 행동은 비적응적인 것으로 만든 조상들이 살았을 환경에서의 조건과, (b) 자연 선택이 적응적인 행동을 산출하기 위하여 형성한 메커니즘 및 (c) 이러한 진화된 메커니즘이 오늘날 작동하는 방식을 연구하는 것이라고 개념화할 수 있다.[9]

이해를 돕기 위하여 한두 가지 예를 들어 본다. 오늘날 많은 사람들은 육류와 같은 지방을 좋아하는 경향이 있다. 이는 과거 지방을 섭취하기 어려웠던 우리 조상들의 환경에서는 적응적인 것이었다. 이때에는 지방을 섭취할 수 있는 기회가 오면 많이 지방을 섭취해 두는 것이 생존에 도움이 되었고, 그리하여 지방을 좋아하는 선호가 발달하게 되었다. 그러나 현대에 이르러서는 더 이상 지방이 부족한 자원이 아니고, 오히려 지방을 과도하게 섭취하는 것이 여러 가지 질병의 원인이 되고 있다. 그럼에도 불구하고 지방을 좋아하는 경향은 우리 마음에 깊이 뿌리박고 있기 때문에 쉽게 고쳐지지 않는다.[10]

다른 예로서는 두려움을 들 수 있다. 사람들은 어떤 것에 대하여는 본능적으로 두려움을 보이는데, 이는 그 대상이 우리의 생존에 해롭기 때문에 이로부터 벗어나도록 하는 기능을 가진다고 할 수 있다. 예컨대 사람들은 뱀은 두려워하지만 자동차는 두려워하지 않는다. 그러나 현대에는 뱀에 물려 죽는 사람

---

7) Buss(주 4), pp. 6 ff.; Barrett et al.(주 4), pp. 37 ff.; Charles Crawford, "The Theory of Evolution in the Study of Human Behavior: An Introduction and Overview", in: Crawford and Krebs ed.(주 4), pp. 10 ff.; Geoffrey F. Miller, "How Mate Choice Shaped Human Nature: A Review of Sexual Selection and Human Evolution", in: Crawford and Krebs ed.(주 4), pp. 87 ff. 다윈의 성 선택론은 1871년에 발간된 그의 책 The Decent of Man에서 전개되었다. Charles Darwin, The Decent of Man, With an introduction by H. James Birx, 1998. 성 선택 이론을 대중적으로 설명한 책으로는 매트 리들리 지음, 김윤택 옮김, 붉은 여왕, 2002(원저: Matt Ridley, The Red Queen, 1993)가 있다.
8) Buss(주 4), pp. 50 ff.
9) Crawford(주 7), p. 34.
10) Buss(주 4), p. 52.

보다 자동차에 치여 죽는 사람이 훨씬 더 많다. 그렇지만 과거에는 뱀이 생존에 큰 위험 요소였고, 따라서 뱀에 대한 두려움은 쉽게 배우는 반면, 자동차에 대한 두려움이 우리의 마음에 자리잡기에는 자동차가 출현한 기간이 너무 짧다.[11] 또 어린아이들은 생후 몇 개월이 지나면 낯선 사람에 대한 두려움(낯가림)을 나타내는데, 흥미있는 것은 낯선 여성보다는 낯선 남성을 더 두려워한다는 것이다. 이를 진화심리학자들은 어린아이들이 낯선 여자보다는 낯선 남자에 의하여 살해될 위험이 더 컸기 때문이라고 해석한다.[12]

　여기서 한 가지 유의하여야 할 것은 진화의 결과 우리가 가지게 된 마음의 경향성과 사람들의 의식적 의도를 혼동하여서는 안 된다는 것이다. 진화심리학에서는 개체의 의도와 그 상황에 대한 의미부여가 무엇이든 간에 생명체가 특정방식으로 행동한 결과가 확률적으로 번식에 유리하면 자연에 의하여 선택되고, 그러한 과정의 결과 우리들이 현재 지닌 심리과정과 행동방식도 확률적으로 번식적 이점을 가지도록 발현되게 된다고 보고 있으나, 이는 구체적으로 개인이 그러한 점을 의식하고 이를 달성하기 위하여 행동한다는 것을 의미하는 것은 아니다. 가령 뒤에서 보는 것처럼 남자들은 젊은 여자를 좋아하는 경향이 있는데, 이때 그러한 남자들이 항상 젊은 여자와 짝을 지으면 보다 많은 아이를 낳을 수 있다는 것을 의식하고 행동하는 것은 아니다. 물론 그러한 점을 의식하여 행동하는 것이 배제되지는 않지만, 개인의 심리적인 경향이 개인의 의도 내지 의식과 항상 일치하는 것은 아닌 것이다.

3. 진화심리학에 대한 비판

　그러나 이러한 진화심리학에 대하여는 여러 가지 비판이 제기되었다. 이러한 비판의 요지는 주로 진화심리학자들은 인간의 행동이 유전적으로 결정되어 있다고 믿고 있고(유전적 결정론, genetic determinism), 따라서 인간의 자유 의지를 부정하며, 진화심리학은 현존 질서를 정당화하는, 스펜서(Herbert Spencer)가

---

11) Buss(주 4), p. 92; 매트 리들리 지음, 김한영 옮김, 본성과 양육, 2004(원저: Matt Ridley, Nature via Nurture, 2003), 271면 이하 참조.

12) Buss(주 4), pp.92 f.; Joshua D. Duntley, "Adaptations to Dangers from Humans", in: Buss ed.(주 3), p. 240. 이들 문헌은 Heerwagen, J. H., & Orians, G. H. (2002), "The ecological world of children", in: P. H. Kahn, Jr. & S. R. Kellert (Eds.), Children and Nature: Psychological, socialcultural, and evolutionary investigations, 2002, pp. 29-64를 인용하고 있다.

주장하는 사회적 다윈주의(social Darwinism)의 한 형태이고, 진화심리학은 인간의 본성이 바뀌지 않는다고 믿기 때문에 사회의 변화를 부정한다고 하는 것이다.[13]

그러나 이러한 비판은 오해에 기인한 것이다. 첫째, 진화심리학은 인간의 본성(nature)이 존재한다고 하는 점을 전제로 하기는 하지만,[14] 그렇다고 하여 인간의 행동이 본성에 의하여만 결정된다고 하는 유전자결정론을 신봉하는 것은 아니고, 인간의 행동이 환경에 의하여도 영향을 받는다는 것을 당연한 전제로서 받아들이고 있다.[15] 다른 말로 한다면 본성은 어떠한 조건에서도 똑같은 방식으로 반응하는 고정된 것이 아니라, 주어진 조건에 따라 적절하게 반응할 수 있는 능력을 포함한다는 면에서 열려 있다고 할 수 있다. 즉 인간의 근본적 욕망의 내용은 보편적이라고 하더라도 개체마다 처한 조건이 다르면 적절한 반응의 내용도 달라지는 것은 당연하다는 점이다. 둘째, 진화심리학은 사회생물학과 마찬가지로 동물이나 인간의 사회 집단에 편재하는 사회적 위계질서를 설명하기는 하지만, 이를 정당화하는 것은 아니다.[16] 셋째, 환경이 달라지면 인간의 행동과 사회가 변화하는 것은 당연한 것이다.[17] 뿐만 아니라 진화심리학에 의하여 인간의 심리가 해명되면 될수록, 어떠한 행동이 인간이 본성에 뿌리박고 있어서 바꾸기 어려운가 하는 점을 알 수 있게 되고, 이것이 우리가 희망하는 사회의 변화를 가져오는데 도움이 되는 것이다.[18]

---

13) Edward H. Hagen, "Controversial Issues in Evolutionary Psychology", in: Buss ed.(주 3), pp. 168 ff.에 요약되어 있다. 이러한 비판은 Edward O. Wilson이 1975년에 Sociobiology라는 책을 발간하면서 처음 제기되었다. Edward O. Wilson, Sociobiology, 1975, Ch. 27(pp. 547 ff.). 이 논쟁의 경과에 대하여는 예컨대 매트 리들리(주 11), 340면 이하; 스티븐 핑커 저, 김한영 옮김, 빈 서판, 2004(원저: Steven Pinker, The Blank Slate, 2002), 200면 이하 참조. 사회생물학(sociobiology)과 진화심리학은 동일한 것이라고 하는 주장도 많으나, 진화심리학자들은 진화심리학은 사회생물학과 밀접하게 연관되어 있기는 하지만 이와는 독립된 별개의 학문이라고 강조한다. 예컨대 Hagen, 위 논문, p. 167; John Tooby and Leda Cosmides, "Conceptual Foundations of Evolutionary Psychology", in: Buss ed.(주 3), p. 15 Fn. 3 등 참조. 최재천 외 (주 4), 2면은 진화심리학의 일차적인 초점은 특정 행동을 일으키는 심리기제를 향해 있는데 비하여 사회생물학은 행동 자체에 우선적인 관심을 가진다고 한다.
14) 이 점에서 인간의 마음은 빈 서판(blank slate, tabula rasa)과 같다고 하는 견해와는 상반된다.
15) Tooby and Cosmides(주 13), pp. 30 ff.; Hagen(주 13), pp. 168 f.; Buss(주 4), p. 19; Jones & Goldsmith(주 3), pp. 485 ff. 등. 이른바 본성과 양육(nature and nurture) 논쟁에 대하여는 리들리(주 11) 및 핑커(주 13)의 책을 참조.
16) Hagen(주 13), p. 169; Jones & Goldsmith(주 3), pp. 492 f.
17) Hagen(주 13), pp. 170 f.; Buss(주 4), pp. 19 f.
18) 이것이 뒤에서 언급할 Owen Jones가 말하는 법의 지레 작용에 관한 법칙(law of law's leverage)이다.

Ⅲ. 진화심리학과 남녀관계

1. 짝짓기에 있어서 남성과 여성의 생물학적 차이

유성생식을 하는 종에서 중요한 것은 한 개체가 다른 이성의 개체를 만나 짝짓기를 함으로써 자신의 유전자를 후세에 전하는 것이다.[19] 반대로 어떤 개체가 짝짓기에 성공하지 못한다면 아무리 그 유전자가 생존에 유리한 자질을 갖추고 있다고 하여도 이는 진화의 관점에서는 의미가 없다. 그러므로 인간의 심리가 짝짓기에서 어떻게 유리하도록 진화하였는가 하는 것은 진화심리학에서 매우 중요한 주제이다.[20]

진화심리학 연구자들은 남성과 여성이 짝짓기에 있어서 서로 다른 행동을 보인다는 점을 여러 가지 조사에 의하여 확인하고 있다. 그런데 이는 크게 보아 생물학적으로 두 가지 이유에 근거한다. 그 하나는, 자손을 낳기 위하여 남성과 여성에게 요구되는 부담의 크기에 큰 차이가 있다는 점이다. 남성이 자녀 출산을 위하여 제공하는 것은 정자인데, 정자는 난자에 비하여 크기도 작을 뿐만 아니라, 남성은 한 번 성교에 수천만 개의 정자를 방출하고, 또 이는 얼마든지 보충될 수 있다. 반면 여성은 난자를 평생 몇백 개 정도밖에 생산하지 못한다. 뿐만 아니라 일단 수정에 성공하면 여성은 수정란을 자궁에 넣은 채 임신한 상태로 있어야 하고, 출산한 다음에도 몇 년 동안 수유를 하여야 한다. 그러므로 남성은 많은 여성과 성교를 할수록 자신의 자손을 많이 퍼뜨릴 수 있지만, 여성은 많은 남성과 성교를 한다고 하여 더 많은 자녀를 낳는 것은 아니다. 이러한 남녀의 차이는 짝짓기를 둘러싼 행동에 있어서 많은 차이를 가져오는 원인이 된다.

또 다른 남녀의 차이는 체내수정이라는 포유류의 특성에 기인한 것이다.

---

19) 왜 무성생식 아닌 유성생식이 발생했는가 하는 것은 이 글의 주제와는 직접 관련이 없으나 그 자체 흥미 있는 연구의 테마이다. 리들리(주 7) 참조.

20) 그런데 이와 관련하여 어려운 문제는, 왜 동성애가 존재하는가 하는 점이다. 배타적인 동성애자는 원칙적으로 그의 유전자를 후대에 전할 가능성이 없다고 할 수 있는데, 그렇다면 동성애자는 자연 선택에 의하여 배제되어야 할 것이다. 그럼에도 불구하고 현재 상당한 비율의 동성애자가 존재한다는 사실은 어떻게 설명할 수 있는가가 문제된다. 이 점에 대하여는 아직까지 만족할 만한 설명이 없다고 할 수 있다. Buss(주 4), p. 155; Barrett et al.(주 4), pp. 168 f.; 제프리 밀러 지음, 김명주 옮김, 메이팅 마인드, 2004(원저: Geoffrey Miller, Mating Mind, 2000), 331면 등 참조.

여성은 자기가 낳은 아이가 자신의 아이라는 것을 의심할 이유가 없다.[21] 반면 남성은 자신의 짝(배우자나 파트너)이 낳은 아이가 자신의 아이인지 100% 확신할 수는 없다.[22] 이는 남성과 여성의 자녀에 대한 관계에서 많이 문제되기는 하지만,[23] 남성과 여성 사이의 관계에서도 문제가 된다.

2. 남성과 여성의 상대방 선택 기준

앞에서 본 것처럼 자녀를 낳기 위하여서는 여성이 더 많이 투자를 하여야 하기 때문에, 여성이 자신의 짝을 잘못 선택하여 다시 자손을 낳을 수 있는 건강한 자녀를 낳지 못하거나, 또는 짝이 자신의 육아에 도움을 주지 않는다면 그러한 결과는 여성에게 매우 중대한 손실을 가져오게 된다. 따라서 여성은 자신의 짝을 선택할 때 매우 신중할 것이다. 반면 남성으로서는 자녀의 출산에 드는 부담이 그리 크지 않기 때문에, 짝을 신중하게 고르는 것보다는 되도록이면 많은 짝을 유혹하여 많은 자손을 낳는 것이 자신의 이익에 부합할 것이다. 이러한 추론은 여러 가지 경험적 연구에 의하여 뒷받침되고 있다.

우선 실험적 연구에 의하면 남성이 처음 보는 여성에게 성관계를 갖자고 제의했을 때 그 제의는 거의 100% 거부된다. 반면 여성이 처음 보는 남성에게 그러한 제의를 했을 때에는 75%의 남성은 그 제의를 받아들이며, 나머지 25%의 남성도 그 제의를 거부하는 다른 이유를 댄다고 한다.[24]

다른 한편 남성과 여성은 모두 짝을 선택할 때 상대방의 신체적 매력이나 건강과 같은 육체적 조건을 중요하게 생각한다. 우선 어떤 얼굴을 아름답다고 생각하는가 하는 점에 관하여는 상이한 문화 사이에도 비교적 기준이 일치한다. 즉 문화에 관계없이 다른 사람들의 평균적인 얼굴과 가깝고 좌우 대칭적인 얼굴이 더 매력적이라고 평가한다는 것이다.[25] 이러한 대칭과 같은 요소는, 그

---

21) 근래 의학기술의 발달에 의하여 수정된 다른 여성의 난자를 자신의 자궁에 착상시켜 출산하는 이른바 출산 대리모(gestational surrogate mother)가 출현하여 본문에서의 설명을 다소 약화시키는 면은 있으나 일반적으로는 본문과 같이 말할 수 있을 것이다.

22) 이른바 父性의 불확실(paternal uncertainty). "어머니는 언제나 확실하지만, 아버지는 혼인이 가리키는 자이다(mater semper certa est, pater est, quem nuptias demonstrant)"라는 라틴 어 법언은 이를 말한다.

23) 아래 Ⅳ. 참조.

24) Buss(주 4), p. 163. 여기서는 Clarke, R. D. & Hatfield, E.(1989), Gender differences in receptivity to sexual offers, Journal of Psychology and Human Sexuality, 2, 39-55를 인용하고 있다.

25) Buss(주 4), pp. 144 f.; Lawrence S. Sugiyama, "Physical Attractiveness in Adaptationist

것이 건강과 좋은 유전자를 가지고 있는 지표이기 때문에 이를 선호하는 심리적 메커니즘이 발전했다고 설명할 수 있다.[26] 앞에서 언급한 공작의 깃털과 같은 것도 이러한 측면에서 설명할 수 있다.[27]

그런데 다른 한편으로 남성과 여성은 상대방을 선택하는 기준에 있어서 차이가 있다는 점이 여러 문헌에서 강조되고 있다. 즉 문화의 차이에 관계없이 남성은 주로 여성의 연령[28]과 신체적 매력을 중시하는 반면, 여성은 남성의 연령이나 외모보다는 사회적 지위나 경제적 능력 및 자녀들에게 얼마나 관심을 기울일 것인가 하는 점을 더 중시한다.[29]

일반적으로 대부분의 문화에서는 결혼하는 남성의 연령이 여성의 연령보다 많은 것이 보통이다.[30] 뿐만 아니라 나이가 들수록 더 자신과 나이 차이가 많은 어린 여성을 선호한다. 미국과 같은 나라에서는 돈 많은 남성이 여러 차례에 걸쳐서 나이 든 처와 이혼하고 더 젊은 여성과 결혼하는 일이 흔하다.

반면 여성은 남성의 신체적 매력도 중시하지만[31] 그보다는 남성의 사회적 지위나 경제적 능력을 더 중요시한다. 즉 사회적 지위가 높거나 재산이 많을수록 더 매력적인 파트너가 될 수 있는 것이다. 또는 장래 높은 사회적 지위를

Perspective", in: Buss et al.(주 3), pp. 294, 310 ff.; Barrett et al.(주 4), pp. 111 ff. 등 참조.

26) 리들리(주 7), 196-197면 참조.

27) 그러나 실제로는 이 점에 관하여 두 가지의 서로 다른 이론이 주장되고 있다. 그 하나는 좋은 지표(good indicater) 이론으로서, 공작의 깃털과 같은 특정 형질은 좋은 유전자를 가졌다는 지표이므로 이성에게 매력을 가진다는 것이다. 이 이론에서는 이러한 형질을 핸디캡이라고 설명하는데, 수공작의 깃털이 생존에 장애가 되면 될수록, 그 수컷은 우수한 유전자를 가졌기 때문에 그러한 핸디캡에도 불구하고 살아남았다는 점을 암컷에게 더 믿을 만하게 전달한다는 것이다. 이러한 핸디캡 이론은 이스라엘의 Amotz Zahavi라는 학자가 처음 주장하였다고 한다. 반면 다른 이론은 미적 과시(aesthetic display) 이론이라고 불리는 것으로서 영국의 통계학자인 R. A. Fisher가 처음으로 주장하였다. 이 이론에 따르면 어떤 암공작이 긴 깃털을 가진 수공작을 좋아하여야 할 필연적인 이유는 없고, 다만 다른 암공작들이 긴 깃털을 가진 수공작을 좋아하기 때문에 이 암공작도 긴 깃털을 가진 수공작을 좋아한다는 것이다. 이 암공작이 짧은 깃털을 가진 수공작과 교미하여 짧은 깃털을 가진 수공작을 낳으면, 이 수공작은 다른 암공작으로부터 외면당하기 때문에 결국 긴 깃털을 가진 공작의 유전자가 진화 과정에서 살아남는다는 것이다. 그러나 근래에는 이 두 가지의 설명이 반드시 모순되는 것은 아니며, 상호 보완적이라고 설명한다. 리들리(주 7), 167면 이하; Miller(주 7), pp. 92 ff. 등 참조.

28) 여성이 젊을수록 남성에게 매력이 있다.

29) Barrett et al.(주 4), pp. 96 ff.; Schmitt, "Fundamentals of Human Mating Stratigies", Buss et al.(주 3), pp. 270 f. 등.

30) Buss(주 4), pp. 138 ff. 2005년도 우리나라 남자의 평균초혼연령은 30.9세이고 여자의 평균초혼연령은 27.7세이다. 통계청, 2005년 혼인·이혼통계 결과 참조.

31) 여성들은 키가 크고 신체적으로 강인한 남성들을 그렇지 않은 남성들보다 선호한다고 한다. 이는 여성이 자신을 보호할 수 있는 남성을 원하기 때문이라는 것이다. Buss(주 4), pp. 119 f. 참조.

이루거나 많은 재산을 얻을 가능성이 있는 사람을 더 매력적인 것으로 판단한다. 이 또한 문화에 상관없이 확인되는 패턴이고,[32] 이러한 현상은 여성이 자녀를 양육할 때 많은 경제적 자원을 필요로 한다는 점에서 설명할 수 있다.

국내의 한 결혼정보업체가 구축한 컴퓨터 중매 시스템에서도 마찬가지 현상이 나타난다. 우리나라의 선우라는 결혼정보업체는 하모니 매칭 시스템이라는 컴퓨터 중매 시스템을 만들었는데, 여기서는 결혼을 희망하는 사람이 자신의 조건을 입력하면 그에 맞는 후보자들이 떠오른다. 그런데 여기서 남성의 경우에는 연봉(직업)이, 여성의 경우에는 키와 몸무게 등을 조합해 만든 '외모지수'가 가장 큰 영향을 미친다고 한다.[33]

왜 이렇게 남자와 여자의 경우에 차이가 있을까? 우선 남성의 입장에서는 여성의 연령과 신체적 매력이 번식 능력과 밀접한 관계가 있기 때문이다. 남성의 생식능력은 나이가 들어도 크게 줄어들지 않는 반면, 여성의 생식능력은 나이에 따라 큰 변화를 겪는다. 그런데 남성은 자신과 혼인하는 여성이 아이를 낳을 수 있는가에 대하여 큰 관심을 가진다. 여성의 신체적 매력도 이와 관련이 있다고 설명된다. 즉 여성의 도톰한 입술, 깨끗하고 부드러운 피부, 맑은 눈, 윤기 있는 머릿결, 근육의 탄력성 등과 같은 신체적 외관과, 활기찬 걸음걸이 등과 같은 행동은 젊음과 건강을 암시하며, 이는 여성의 번식 능력을 나타내기 때문에 남성이 좋아하는 미의 기준이 된다는 것이다.[34] 진화심리학자들은 가장 매력 있는 여성의 허리–엉덩이 비율(waist-to-hip ratio)도 여성의 번식능력

---

32) Buss(주 4), pp. 109 ff.; David M. Buss, "The Physiology of Human Mate Selection: Exploring the Complexity of the Strategic Repertoire", in: Crawford and Krebs ed.(주 4), pp. 421 ff. 등 참조.

33) 서울 중위권 대학인 S대 출신, 연봉 3,000만원, 일반기업(30대 대기업을 제외한 기업군) 사무직원, 30세인 남자의 최적 후보자는 올해 29세로 전문대를 졸업한 10급 공무원으로, 연봉은 1,800만원이다. 그런데 남자의 조건 가운데 직업을 변리사로, 연봉은 7,000만원이라고 소개하자 소개된 여성의 나이는 28세로 한 살 더 어려졌고, 출신 대학은 전문대에서 서울 중위권 대학으로, 직업은 대기업 사무직이며 연봉은 2,600만원으로 바뀌었으며, 배우자감으로 선택된 여성의 인상 등급은 '좋음'에서 '매우 좋음'으로 한 단계 뛰었다. 여성의 경우에도 28세로 서울 중위권 대학을 졸업한 인상등급이 약간 나쁜 사람의 경우에는 최적의 후보자가 서울 중위권 대학을 졸업한 연소득 4,000만원의 대기업 전산직에 근무하는 33세 남자였으나, 인상등급을 매우 좋음으로 바꾸자 최적의 후보자가 명문 사립대 석사 출신의 연소득 4,500만원인 외국계 기업 컨설턴트인 32세 남자로 바뀌었다. 위 결혼정보업체 대표는 "평균적인 인식은 여전히 '남자는 돈, 여자는 외모'라는 데서 별로 벗어나 있지 않더라"고 말했다. 커플매니저는 옛말 컴퓨터가 짝 골라준다 '무정한 맞선'(조선일보 2006-11-01 기사. 조선일보 인터넷 홈페이지(www.chosun.com/culture/news/200611/200611010080.html/최종 방문 2007. 1. 27)).

34) Buss(주 4), p. 143.

과 관련하여 설명할 수 있다고 한다. 즉 날씬한 여성을 좋아하는지 좀 풍뚱한 여성을 좋아하는지는 문화에 따라 다소 차이가 있으나, 그 비율이 낮을수록 매력적이라고 하는 점에서는 일치하는데, 대체로 그 비율이 0.7 정도일 때 가장 높이 평가되며, 이러한 비율이 여성의 건강과 번식능력의 가장 좋은 지표라고 한다.[35]

반면 여성의 입장에서는 자녀를 임신하고 낳아 젖을 먹여 양육하는 동안 자신과 자녀에게 얼마나 많은 경제적 지원이 주어질 수 있을 것인가가 가장 중요하다. 과거에는 경제적 자원에 대한 지배권이 여성보다는 남성에게 더 많이 인정되었을 뿐만 아니라, 여성은 자녀를 임신하고 젖을 먹여 양육하는 동안에 자신과 자신의 자녀를 부양할 능력이 약화된다. 따라서 여성이 자신과 자신의 자녀를 잘 부양할 수 있는 남성에게 끌리는 것은 자연스러운 일이다.[36]

젊은 여성이 자신보다 나이가 많은 남성을 선호하는 것도 이와 관련이 있다. 일반적으로 남성의 연령이 증가함에 따라 경제적 능력이 증가하는 것이다.[37]

3. 혼인제도와 상속형태

인간은 왜 혼인을 하는가? 첫째, 인간의 어린 자녀는 다른 동물에서는 찾아볼 수 없을 정도로 긴 성장기간을 필요로 하며, 이 기간 동안에는 어머니만의 양육보다는 부모 공동의 양육이 성공적인 생존과 성장에 도움이 된다. 따라서 부모가 자녀의 양육에 협력하는 것이 자녀를 성공적으로 살아남게 하여 자손을 증식시키는 데 도움이 된다. 또한 여자로서는 자신과 그 자녀에게 이와 같은 배려를 할 수 있는 남자를 선호하게 된다. 다른 한편으로는 남성으로서는 혼인이라는 제도가 자신과 혼인한 여성이 낳은 아이가 자신의 자녀라는 믿음을 가지게 하는데 도움이 된다.[38]

인간의 혼인형태는 문화에 따라 일부일처제(monogamy), 일부다처제(poly-gyny),[39] 일처다부제(polyandry) 등 다양하지만, 압도적으로 우세한 것은 일부다

---

35) Buss(주 4), p. 147. 그러나 이는 영양 상태가 좋은 나라에서만 그러하다는 주장도 있다. Barrett et al.(주 4), p. 109 참조.
36) Barrett et al.(주 4), p. 96 참조.
37) Buss(주 4), pp. 116 f. 참조.
38) Buss(주 4), pp. 135 f.
39) polygamy라는 말도 많은 경우에는 일부다처제를 나타내는 말로 쓰이지만 엄밀히 말한다면 polygamy는 monogamy(단혼제)에 대응하는 複婚制를 가리키는 것으로서 일부다처제와 일처

처제 사회이고,40) 일처일부제 사회는 소수이며, 일처다부제 사회는 매우 드물
다.41) 일반적으로 일처다부제는 티베트와 같이 자원이 부족하여 생존하기에 가
혹한 사회에서 형제가 가족공동의 토지를 분할하는 것을 방지하기 위하여 한
여자와 결혼하기 때문에 나타나는 특수한 현상으로 이해되고 있다.42)

　남성의 입장에서는 되도록 많은 여자와 성관계를 가지는 편이 한 여자와
성관계를 가지는 것보다는 자신의 자손을 더 많이 퍼뜨리기에 유리하다. 이 점
에서 일부다처제가 인류의 역사상 더 많았던 것은 이해할 수 있다. 다른 한편
여성으로서는 남편으로부터 충분한 지원을 받을 수 있다면 반드시 일부다처제
가 불리한 것이라고는 할 수 없다. 즉 가난한 남편의 하나뿐인 아내가 되는 것
보다는 부유한 남편의 두 번째나 세 번째 아내가 되는 것이 자녀를 양육하는
데 더 유리할 수 있는 것이다.43)

　그러면 어떻게 해서 인간의 사회는 일부다처제에서 일부일처제로 변화하
게 되었는가? 이 점에 대하여는 여러 가지 주장이 있지만, 현재로서 가장 설득
력 있는 설명은 이는 남녀평등의 문제라기보다는 남자들 사이의 평등의 문제
라는 것이다. 즉 남성들 사이에 권력이나 부의 불평등이 심할수록 일부다처제
가 성행한 반면, 민주주의가 진행되어 남성들 사이에 그러한 불평등이 작아지
면 일부일처제가 정착되게 된다는 것이다.44) 이 이론에서는 많은 여자를 배우
자로 가질 수 있는 남성들이 배우자를 가질 수 없는 남성들의 불만을 두려워
한 나머지 묵시적인 타협을 하였다고 설명한다.

　다른 한편 혼인형태와 상속형태의 관련성에도 주목할 필요가 있다. 즉 일
부다처제의 경우에는 재산을 아들들에게만 물려주려는 경향이 있는데, 왜냐하
면 재산을 많이 가진 남자일수록 한 사람 이상의 여자를 처로 맞이하여 더 많
은 후손을 낳을 수 있지만, 재산을 딸들에게 물려준다고 해서 더 많은 후손을

　다부제를 포괄한다.
40) 물론 일부다처를 허용하는 문화에서도 대부분의 부부는 일부일처일 수밖에 없다.
41) 이에 관한 고전적인 연구인 머독(Murdock)에 따르면 그의 연구 대상인 사회 중에서 대다
　　수인 193개의 사회가 일부다처제로 분류되고, 43개의 사회가 일부일처제(단혼제)로 분류되며,
　　2개의 사회만이 일처다부제로 분류되고 있다. 조지 피터 머독 지음, 조승연 옮김, 사회구조,
　　2004(원저: G. P. Murdock, Social Structure, 1949), 55면.
42) Schmitt(주 29), p. 263; 韓相福, 李文雄, 金光億, 文化人類學槪論, 1985, 125-126면 등 참조.
43) 이른바 Polygyny Threshhold Model. Barrett et al.(주 4), pp. 132 f.; Schmitt(주 29), p. 261
　　참조. 또한 리들리(주 7), 235면 이하 참조.
44) 로버트 라이트 지음, 박영준 옮김, 도덕적 동물, 2003(원저: Robert Wright, The Moral Animal,
　　1993), 155면 이하; 데이비드 P. 버래쉬, 주디스 이브 립턴 지음, 이한음 옮김, 일부일처제의
　　신화, 2002(원저: The Myth of Monogamy, 2001), 234면 이하 참조.

낳을 수는 없기 때문이라는 것이다.45)

4. 혼외정사, 질투, 가정폭력

남자나 여자가 법률상의 배우자 이외의 사람과도 성관계를 가진다는 것은 어느 사회를 막론하고 흔히 찾아볼 수 있는 일이다. 남성의 경우에는 이는 어느 정도 쉽게 이해될 수 있다. 자신의 처 외의 사람과 성관계를 가짐으로써 자신의 자손을 더 많이 낳을 수 있기 때문이다. 그런데 여성의 경우에는 자신의 남편 이외의 사람과 성관계를 자주 가진다고 하여 그만큼 자식을 더 많이 낳을 수는 없다. 이에 대하여는 다음과 같은 설명이 현재 유력하다. 첫째, 혼외정사를 가지는 여성은 그 상대방으로부터 선물과 같은 물질적인 지원을 받을 수 있다.46) 둘째, 혼외정사를 가지는 여성은 남편과 같은 현재의 파트너보다 더 좋은 유전자를 가진 남자의 유전자를 가지는 아이를 낳음으로써 자신의 후손을 퍼뜨리는 데 유리하게 될 수 있다는 것이다.47) 셋째, 현재의 배우자에게 만족하지 못하는 여성은 단기적 짝짓기를 통해 현재의 배우자보다 더 나은 배우자를 찾거나, 현재의 배우자를 쫓는 수단으로 사용한다는 것이다.48)

그런데 이처럼 남성이나 여성이 현재의 배우자 아닌 다른 사람과 혼외정사를 가지는 것은 현재의 배우자에게는 매우 큰 손실을 가져올 수 있다. 남성의 입장에서는 자신의 배우자가 낳은 아이가 자신의 아이가 아닌데도 자신의 아이라고 믿고 이를 키우는 일이 생기게 되어, 자신의 아이를 낳고 키우는 데 들여야 할 노력을 낭비하는 것이 된다. 반면 여성의 입장에서는 자신이나 자신의 자녀에게 바쳐져야 할 남편의 자원이 다른 여성이나 다른 여성의 자녀에게 돌아가는 손실을 입게 된다. 이러한 손실을 방지하기 위하여 발달된 심리적 메커니즘이 질투(jealousy)라고 할 수 있다.49) 즉 남성이나 여성은 자신의 파트너

---

45) Barrett et al.(주 4), pp. 204 ff.

46) 이는 반드시 여성이 배우자를 가진 경우에 국한되는 것은 아니며, 짝짓기가 부부관계와 같이 장기에 걸치지 않는 단기인 경우(short-term mating)에도 마찬가지로 적용된다.

47) 이는 주 27)에서 언급한 미적 과시(aesthetic display) 이론과 관련이 있다. 따라서 이 이론을 매력적인 아들(sexy son) 가설이라고도 한다.

48) Buss(주 4), pp. 175 ff. 참조. 또한 Buss(주 32), pp. 424 f.; Schmitt(주 29), pp. 264 ff.; 데이비드 버스 지음, 이상원 옮김, 위험한 열정 질투, 2003(원저: David M. Buss, The Dangerous Passion, 2000), 247면 이하 등 참조.

49) 버스(주 48) 참조. 또한 Buss(주 4), pp. 325 ff.; Tooby and Cosmides(주 13), pp. 57 ff. 등 참조.

가 자신에게 이러한 손실을 끼칠지도 모르는 상황에 빠지게 되면, 이를 저지하려는 감정적인 반응을 보이게 되는 것이다.

그런데 흥미 있는 사실은, 어떤 상황에서 질투를 나타내는가에 관하여 남성과 여성 사이에 차이가 있다는 것이다. 남성은 자신의 파트너가 다른 남성과 육체적으로 접촉을 가지는 상황에 대하여 더욱 민감한 반응을 보이는 반면, 여성은 자신의 파트너가 다른 여성과 육체적 접촉을 가지는 것 그 자체보다는 그 여자와 정서적으로 밀착하게 되는 상황에 대하여 더욱 질투심을 느낀다고 한다.50) 이는 남성의 경우에는 상대방의 불충실이 가져올 수 있는 가장 큰 손실이 상대방이 낳은 아이가 다른 남자의 아이임에도 불구하고 이를 모르고 키우는 것인 반면,51) 여성의 경우에는 남편의 다른 여성과의 감정적 유대 없는 1회적 성관계만으로는 자신과 자신의 자녀에게 돌아가야 할 자원이 다른 여성과 그 자녀에게 돌아간다는 위험을 느끼지 않기 때문이라고 설명할 수 있다.

다른 한편 배우자간의 가정 폭력(domestic violence)의 문제, 그 중에서도 남성의 여성에 대한 가정 폭력의 문제도 상당 부분 진화심리학적으로 설명할 수 있다. 즉 가정 폭력은 여성이 자신을 떠나서 다른 남자와 관계를 가지는 것을 막으려는 남성의 여성 통제 수단으로 이해할 수 있는 것이다.52) 이러한 점은 그 극단적인 형태인 살인의 경우에 잘 나타난다. 일반적으로 살인 사건의 상당수는 남성의 질투가 동기가 된다. 즉 남성이 자신을 버렸거나 버리려고 하는 여성을 죽이는 것이다.53) 이를 뒷받침하는 것으로서는, 젊은 여자일수록 배

---

50) Buss(주 4), pp. 326 ff.; Barrett et al.(주 4), p. 102; Lorne Campbell and Bruce J. Ellis, "Commitment, Love, and Mate Retention", in: Buss ed.(주 3), p. 434; 버스(주 48), 18면 이하 등 참조. 이러한 결과는 다음과 같은 조사를 통하여 확인되었다. 즉 511명의 대학생으로 하여금 2가지 상황, 즉 파트너가 다른 사람과 성관계를 맺는 것과, 파트너가 다른 사람과 정서적 관계를 맺는 것을 비교하게 한 결과, 여성의 83%는 파트너가 정서적 배신을 할 때 더 많이 당황하고 힘들어한 반면, 남성의 40%만이 이런 반응을 보였다. 이와 반대로 남성은 60%가 파트너가 성적 배신을 할 때 당황하고 힘들어 한 반면, 여성은 17%만이 이러한 반응을 보였다는 것이다. 이는 남성과 여성을 상대로 한 생리학적 측정에서도 확인되었고, 또 미국뿐만 아니라 독일, 네덜란드, 한국, 일본 등 여러 나라에서 행한 조사에서도 확인되었다고 한다. 자세한 것은 Buss(주 4), pp. 326 ff.; 버스(주 48), 87면 이하 참조.

51) 많은 문화에서 결혼할 여자의 처녀성이 강조되고, 또 전통적으로는 배우자 있는 여성의 간통만이 처벌되었던 것도 이와 관련이 있는 것으로 생각된다.

52) Buss(주 4), pp. 335 ff. 참조.

53) Martin Daly and Margo Wilson, "The Evolutionary Social Psychology of Family Violence", in Crawford and Krebs ed.(주 4), pp. 447 ff.; Campbell and Ellis(주 50), p. 435; 데이비드 버스, 홍승효 옮김, 이웃집 살인마, 2006(원저: David Buss, The Murderer next Door, 2005) 등 참조. 최재천 외(주 4)는 조선 후기 형사사건의 자료들을 통하여 이러한 주장을 검증하고 있다.

우자나 전 남편 등에 의하여 살해당할 위험이 크고, 또 경제적이나 다른 면에서 여자를 자신에게 남아 있게 할 자원이 부족한 남자가 살인을 저지를 위험이 크다는 것이다. 젊은 여자의 경우에는 번식을 위한 가치가 크기 때문에 남성으로서는 그러한 여자를 잃는 것이 더 큰 손실을 가져온다. 또 자원이 부족한 남자로서는 폭력 외에 여자를 붙잡아 둘 다른 수단이 별로 없는 것이다.54)

물론 자신의 짝을 죽이는 것은 그 자체로서는 별로 가해자에게 도움이 되지 않는 역기능적(dysfunctional) 행동이지만, 이는 배우자에게 자신을 떠나면 죽이겠다는 위협이 구체화된 것으로 이해할 수 있다. 그러한 위협 자체는 위협을 하는 사람에게 배우자로 하여금 자신을 떠나지 못하게 하는 이익을 가져오는 것이고, 위협이 위협만으로 그친다면 위협으로서의 효과가 없기 때문이다.55)

Ⅳ. 진화심리학과 친족관계

1. 친족간의 이타주의

가족관계에서 사람들이 이타적으로 행동한다는 것은 새삼 강조할 필요가 없을 것이다. 가령 부모는 반드시 어떤 보답을 바라지 않고서 자녀를 양육한다. 극단적인 상황에서는 부모가 자신의 목숨을 희생하면서까지 자녀의 목숨을 구하기도 한다. 근래에 언론에서 많이 다루어지고 있는 이른바 기러기 가족, 즉 남편만이 한국에 머물러 있고, 아내와 자녀들은 자녀들의 해외에서의 공부를 위하여 해외로 출국하는 현상도 이러한 부모의 이타주의의 발로라고 할 수 있다. 이처럼 가족관계에서 이타주의가 중요한 요소를 차지하고 있는 것은 친족관계가 없는 사람들 사이의 관계와는 매우 구별되는 특성이다.56)

법도 이처럼 개인이 가족관계에서 이타적으로 행동할 것을 전제하고, 또 이를 명하기도 한다. 다시 말하여 가족 사이에는 서로 돕고 보호할 의무가 있다는 것이다. 가령 민법 제913조는 친권자는 자를 보호하고 양육할 권리의무가

---

54) Buss(주 4), 336 f.; Daly and Wilson(주 53), pp. 449 ff. 등 참조.
55) Buss(주 4), 336; Daly and Wilson(주 53), pp. 449 f. 등 참조.
56) Gary S. Becker, A Treatise on the Family, 1981, p. 194는 이기성(selfishness)은 시장 거래에서 흔한 반면 이타주의는 가족 내에서 흔한데, 그 이유는 이타주의는 시장에서는 비효율적이고 가족 내에서는 효율적이기 때문이라고 한다. 베커는 1992년 노벨 경제학상 수상자이다.

있다고 규정하고 있다. 또 민법은 부부 사이에는 동거, 부양, 협조 의무가 있다고 규정하고 있을 뿐(제826조 제1항), 부부 사이의 보호 의무에 관하여는 명문으로 규정하고 있지는 않으나, 부부 사이에도 돕고 보호할 의무가 있음은 위 규정을 보아도 알 수 있다.

그러면 왜 가족관계에서는 사람들이 이타적으로 행동하는 것일까? 여기서는 부모와 자녀와 같은 혈족 사이의 이타주의에 대하여 살펴본다.[57] 혈족 사이의 이타주의는 혈족선택(kin selection)의 이론에 의하여 설명될 수 있다.[58] 이 이론에 따르면 자신과 공통의 유전자를 가진 사람(혈족)에 대하여 도움을 주면 그 유전자가 후대에 전해질 확률이 높아지기 때문에 그처럼 도움을 주게 되는 이타적 성향이 진화하게 되었다고 설명한다. 이 점을 이론적으로 설명한 사람은 영국의 생물학자인 해밀턴이다. 그는 1964년에 발표한 논문[59]에서, 개미와 같은 동물(반드시 사람에 국한되지는 않는다)이 자신과 공통의 유전자를 가지고 있는 동물을 도우면 도움을 받은 개체의 생존 가능성이 커지고 그 결과 자신의 공통의 유전자가 후대로 전파될 가능성도 커지는데, 이러한 성향을 자연 선택이 지지한다고 주장하였다. 그런데 자신과 공통의 유전자를 가진 개체는 반드시 자신의 직계 후손에 한정되는 것은 아니고, 형제 자매나 사촌 등 방계혈족이라도 상관없다. 그 이전에는 자신의 직계 후손에게 유전자를 전해주는 것만을 생각하였으나,[60] 그 외에도 자신과 공통의 유전자를 가진 개체의 번식을 도움으로써 그 유전자의 전달 가능성을 높일 수도 있다는 것이다.[61]

해밀턴의 이러한 이론은 직접적 적응도와 간접적 적응도를 포함한다는 의미에서 포괄적 적응도(inclusive fitness)의 이론이라고 한다. 해밀턴의 이론은 다음의 공식으로 요약될 수 있다 rB > C. 여기서 B는 도움을 받은 사람이 받는

---

57) 사견으로서는 부부 사이의 이타주의는 이른바 호혜적 이타주의(reciprocal altruism)의 개념에 의하여 설명할 수 있다고 본다. 尹眞秀(주 2) 참조.

58) 혈연주의(nepotism)도 대체로 같은 의미로 사용되기도 하지만(예컨대 S. Pinker, The Blank Slate, 2002, pp. 245 ff.), 진화심리학(evolutionary psychology)에서는 혈족선택이라는 용어가 더 널리 쓰이는 것으로 보인다. 예컨대 Hudson Kern Reeve, "Acting for the Good of Others: Kinship and Reciprocity With Some New Twists", in: Crawford and Krebs ed.(주 4), pp. 44 ff.; Barrett et al.(주 4), p. 26 등 참조.

59) W. D. Hamilton, "The genetical evolution of social behaviour", Journal of Theoretical Biology, 1964, pp. 1-52. Eugene Burnstein, "Altruism and Genetic Relatedness", in: Buss ed. (주 3), p. 528에서 재인용.

60) 이를 직접적 적응도(direct fitness)라고 한다.

61) 이를 간접적 적응도(indirect fitness)라고 한다.

이익이고, C는 도움을 준 사람이 부담하는 비용이며, r은 도움을 준 사람과 도움을 받은 사람 사이의 혈족관계의 계수이다. 다시 말하여 도움을 준 사람이 부담하는 비용보다 도움을 받은 사람이 받은 이익에 혈족관계의 계수를 곱한 값이 클 때에만 이타적 행동이 일어날 수 있다는 것이다.

여기서 혈족관계의 계수(relatedness, 근친도)란 두 개인이 공통의 선조로부터 전달받은 공통의 유전자를 보유하고 있을 확률을 말한다. 한 사람은 그 유전자의 반을 아버지로부터 받고 다른 반을 어머니로부터 받으므로 부모와 자녀 사이의 계수는 0.5이고, 부모가 같은 형제 자매(일란성 쌍생아는 제외한다. 일란성 쌍생아 사이의 계수는 1이다) 사이의 계수도 0.5이며(아버지로부터 동일한 유전자를 물려받을 확률은 0.5×0.5이고 어머니로부터 동일한 유전자를 물려받을 확률도 0.5×0.5이므로 이를 합하면 0.5이다), 부모의 한쪽만이 같은 경우에는 그 계수는 0.25이고, 조부모와 손자도 마찬가지이며, 사촌의 경우에는 0.125가 된다.[62] 그런데 자신과 공통의 유전자를 가진 사람은 반드시 자신의 직계 가족일 필요는 없다. 이는 일반인이 가지는 상식에도 대체로 부합한다. 예컨대 형제 자매의 경우에도 부모가 같은 형제자매는 부모 중 한 쪽이 다른 경우보다 더 밀접한 관계를 유지한다.[63] 이는 부모가 같은 형제자매가 더 근친도가 높기 때문이다.

자녀 학대에 있어서 친부모에 의한 자녀 학대의 비율보다 계부나 계모와 같은 의붓 부모에 의한 자녀 학대의 비율이 엄청나게 높다는 것[64]도 이러한 혈족 선택의 강력한 힘을 거꾸로 뒷받침하는 예라고 할 수 있다. 부모와 자녀 사이의 이타주의를 보여주는 또 다른 예로서 자녀의 사망에 대한 부모의 반응을 들 수 있다. 이를 참척(慘慽)이라고 표현하는데, 자녀가 부모보다 먼저 사망하는 경우에 부모가 심한 심리적 고통을 받는 것은 동서양을 막론하고 일반적인 현상이다. 이 또한 진화심리학적 관점에서 설명할 수 있다. 자녀의 사망은

---

62) Barrett et al.(주 4), pp. 26 ff.; Buss(주 4), pp. 13 ff., 220 ff. 또한 Jeffrey A. Kurland and Steven J. C. Gaulin, "Cooperation and Conflict among Kin", in: Buss ed.(주 3), p. 449 참조.

63) Kurland and Gaulin(주 62), p. 461의 표 참조.

64) 미국에서 한 명 이상의 의붓부모와 살고 있는 아이들은 친부모 아동들에 비해 집에서 살해될 가능성이 40-100배까지 높고, 캐나다에서 1974년에서 1990년까지 발생한 자식 살해 사건을 대상으로 한 연구에서는 친부에게 아동이 구타당해 사망한 경우는 아동 100만명당 2.6명인 반면, 계부에게 아동이 구타당해 사망한 경우는 아동 100만명당 70.6명이었다고 한다. 버스(주 53), 258-259면에서 인용하고 있는 Daly and Wilson의 연구 참조. 또한 Daly and Wilson(주 53), pp. 440 ff.; Buss(주 4), pp. 199 ff.; Joshua D. Duntley, "Adaptations to Dangers from Humans", in Buss ed.(주 3), pp. 240 f.; Kurland and Gaulin(주 62), p. 464 등 참조.

자신의 유전자를 후대에 전해 줄 가능성을 감소시키기 때문이다.[65]

법도 이러한 친족 사이의 이타주의를 반영하고 있다. 예컨대 법정상속의 경우에는 배우자, 직계비속, 직계존속, 형제자매, 기타 4촌 이내의 방계혈족의 순서에 의하여 상속인이 된다. 직계혈족이 4촌 이내의 방계혈족에 우선하는 것은 근친도가 높은 사람이 낮은 사람에 우선한다는 것을 의미한다. 법정상속의 경우에 왜 친족이 상속을 받는가 하는 점에 관하여 여러 가지 설명이 있으나, 피상속인은 자신의 혈족 및 배우자에게 재산을 남기려고 하는 의사를 가지는 것이 보통이므로 그러한 피상속인의 의사를 추정하는 것이라는 설명이 비교적 설득력을 가진다.[66] 그런데 왜 피상속인이 자신의 혈족에게 재산을 남기려고 하는가 하는 것이 문제되는데, 이 점은 혈족 선택의 원리에 의하여 설명이 될 수 있을 것이다. 다시 말하여 인간은 자신과 공통의 유전자를 가지는 친족에게 재산을 남겨 줌으로써 그 유전자가 후대에 전해질 확률을 높이려고 한다는 것이다.[67][68] 이 경우에도 근친도가 낮은 먼 친족보다는 근친도가 높은 가까운 친족을 피상속인이 선호할 것임은 당연하다.

실제로 유언에 의하여 재산을 다른 사람에게 유증하는 경우에도 이와 유사한 패턴이 관찰된다. 유언에 의하여 유증을 받는 사람은 대부분 배우자나 혈족과 같은 친족이고, 혈족 가운데에도 자신과 유전적 관계가 가까운 사람들에게 그들의 재산을 더 많이 유증하였다.[69] 그런데 이 점에 대하여 김명언 교수

---

65) 그런데 사망한 자녀의 나이에 따라 부모의 슬픔의 정도가 달라진다는 연구가 있다. 즉 유아보다는 사춘기 직전의 자녀가 죽었을 때 가장 큰 슬픔을 느끼고, 자녀의 나이가 들면 점차 슬픔의 강도가 줄어드는데, 그 이유는 사춘기 자녀의 잠재적인 생식 가능성이 가장 크기 때문이라는 것이다. 라이트(주 44), 262면 이하 참조. 자녀의 연령에 따라 부모에게 주는 이익이 달라진다는 점에 대하여는 Catherine Salmon, "Parental Investment and Parent-Offspring Conflict", in: Buss ed.(주 3), pp. 508 f. 참조.

66) 그런데 Lange/Kuchinke, Erbrecht, 5. Aufl., 2001, S. 229는 법정상속인이 상속인이 되는 것은 피상속인과 긴밀한 관계에 있었는지, 사이가 나빴는지 하는 점을 묻지 않으므로 피상속인의 추정적 의사에 근거한 것이 아니라고 한다. 그러나 이러한 경우에 피상속인이 법정상속인에게 상속재산을 넘겨주지 않고자 하였으면 유언에 의하여 다른 처분을 할 수 있었을 것이므로, 이러한 점을 들어서 피상속인의 추정적 의사에 근거한 것이 아니라고 할 수는 없다고 생각된다.

67) John H. Beckstrom, "Sociobiology and Intestate Wealth Transfers", 76 Northwestern Law Review 216 ff.(1981) 참조.

68) 그런데 형제자매와 부모 자녀 사이는 유전적 근친도가 같은데 왜 형제자매보다 직계존비속이 우선할까? 이에 대하여는 나이가 든 형제자매보다는 자녀의 생식적 가치가 더 크기 때문이라고 설명할 수 있다. Kurland and Gaulin(주 62), p. 462; Buss(주 4), p. 232 참조. 직계비속이 직계존속보다 우선하는 것도 마찬가지로 설명할 수 있다.

69) 이 점에 관하여 국내의 실증적으로 조사한 자료를 찾지 못하였으나, 다른 나라의 경우에는

는 대안적 설명으로 familiarity-induced liking 가설이 적용될 수 있다고 지적하였다. 즉 동고동락을 해왔고 경험을 함께 해왔기 때문에 더욱 좋아하게 되어 재산을 주게 된다는 것이다. 이 문제는 이러한 요소를 통제하고 조사함으로써 어느 이론이 맞는지 경험적으로 판단할 수 있을 것으로 생각된다.

그런데 이러한 혈족 선택으로 설명할 수 없는 친족관계도 있다. 예컨대 양부모와 양자 사이에 혈족의 관계가 없는 입양의 경우에는 이를 혈족 선택과 같은 이론으로 설명할 수는 없다.[70]

2. 자녀의 부 및 모에 대한 관계

친족 중에서도 부모와 자녀가 가장 밀접한 관계를 가진다는 것은 위와 같은 혈족 선택의 관점에서 보면 별다른 설명을 요하지 않는다. 부모와 자녀는 일란성 쌍생아를 제외하면 가장 근친도가 높은 사이이기 때문이다. 그런데 여기서 아버지의 자녀에 대한 기여가 어머니의 자녀 양육에 대한 기여보다 못하다는 것이 일반적인 관찰이다. "모정이 부정보다 강하다"는 말은 이를 나타낸 것이다. 왜 모정이 부정보다 강할까?

진화심리학적으로는 이에 대하여 두 가지 설명이 가능하다. 그 하나는 父性의 불확실(paternal uncertainty) 때문이라는 것이다. 어머니는 자신이 낳은 자녀가 자신과 유전적으로 공통성을 가진다는 것을 100% 확신할 수 있고, 그렇기 때문에 그 자녀의 양육에 진력할 충분한 심리적 동기가 있지만, 그 어머니의 남편과 같은 파트너는 그 어머니가 낳은 자녀가 자신의 자녀라는 데 대한 확신을 가질 수 없으므로 그 자녀에게 충분한 애정을 쏟지 않는다는 것이다. 다른 하나는 짝짓기 기회비용 가설(mating opportunity cost hypothesis)이다. 부모

이 점이 지적되고 있다. 미국에 관하여는 Judith N. Cates and Marvin B. Sussman, "Family Systems and Inheritance", in: Judith N. Cates and Marvin B. Sussman ed., Family Systems and Inheritance Patterns, 1982; 영국에 관하여는 Janet Finch et al., Wills, Inheritance, and Families, 1996, pp. 97 ff.; 캐나다에 관하여는 Buss(주 4), pp. 232 ff. 등 참조. 또한 Kurland and Gaulin(주 62), p. 462 참조.

70) Barrett et al(주 4), pp. 50 f. 참조. 물론 입양에 있어서도 양부모와 양자 사이에 혈족관계가 있는 경우가 많다. 종래 우리나라에서 인정되고 있던 異姓不養의 원칙은 父系血族이 아닌 자를 양자로 하는 것을 허용하지 않고 있었다. 또한 입양이 인정되는 많은 문화권에서도 양자의 대부분은 양부모의 어느 일방과 혈족관계가 있는 경우가 많다. Salmon(주 65), p. 513은 인간 진화의 역사에서 혈족이 아닌 사람을 입양하는 예를 찾아보기 어렵다고 하면서, 강력한 생물학적 및 문화적 욕구가 혈족관계가 없는 사람을 입양하게 하는 것 같다고 추측한다.

가 자녀의 양육에 힘을 쏟으면 그만큼 다른 상대방과 짝짓기를 할 가능성이
줄어든다. 그런데 여성은 많은 남자와 짝짓기를 한다고 해도 번식률이 증가하
지 않지만, 남성은 많은 여자와 짝짓기를 하면 그만큼 많은 자손을 남길 수 있
는 것이다. 따라서 남성의 짝짓기 기회비용이 더 크다. 그러나 다른 한편으로
아버지가 자녀를 잘 돌보지 않으면 그만큼 자녀가 제대로 성장할 가능성이 줄
어들기 때문에 이는 아버지가 자녀를, 양육해야 할 계기를 제공한다.[71]

이와 관련하여 한 가지 흥미 있는 문제가 이른바 모계상속(matrilineal in-
heritance)의 문제이다. 모계상속이란 일반적으로 자녀가 자신의 아버지로부터는
상속을 받지 못하고, 자신의 어머니나 외삼촌으로부터 상속을 받는 것을 말한
다. 이러한 모계상속이 왜 발생하는가에 관하여, 진화심리학에서는 모계상속이
이루어지는 사회에서는 남자들의 부성 확실성이 낮기 때문이라고 설명한다. 즉
남자는 자신의 처가 낳은 아이가 자신과 유전자를 같이하는지 여부에 관하여
는 확실하지 않지만, 자신과 어머니를 같이 하는 누이가 낳은 아이가 자신과
유전자를 같이한다는 점에 대하여는 확신이 있기 때문이라는 것이다.[72]

그런데 이처럼 모정이 부정보다 강하다는 사실로부터 바로 어떤 법률적 결
론을 이끌어낼 수 있을까? 이 점에 관하여 이혼 후 양육자 지정에 관한 미국법상
의 '어린 시절의 추정(tender years presumption)' 내지 모 선호(maternal preference)
이론과, 父姓主義의 위헌 여부에 관한 헌법재판소 2005. 12. 22. 선고 2003헌가
5 · 6 결정[73])에서의 권 성 재판관의 반대의견을 살펴볼 필요가 있다.

먼저 미국법상의 어린 시절의 추정 이론은, 자녀가 어릴 때에는 어머니와
의 애착이 중요하므로, 이혼시의 양육자를 지정할 때에는 어머니가 부적합하다
는 입증이 없는 한 어머니를 양육자로 하여야 한다는 것이다.[74] 그 중요한 근

---

71) Buss(주 4), pp. 190 ff.; David C. Geary, "Evolution of Paternal Investment", in: Buss ed.(주 3),
    pp. 484 ff. 참조.
72) 상세한 설명은 Barrett et al.(주 4), pp. 207 ff. 참조. 이와는 약간 다른 설명으로는 모계 상
    속이 주로 농경원예사회(farming/horticular societies)에서 흔하고 목축을 주로 하는 사회에는
    드물다는 점에 착안한 것이 있다. 즉 농경원예사회에서는 여자들의 노동에 의존하는 비중이
    높고, 반대로 남자들은 큰 부를 축적하기가 어려운데, 이러한 상황에서는 여자들에게는 모계
    상속이 유리한 반면 남자들로서도 모계상속이 될 수 있는 한 많은 사람과 짝짓기를 하는데
    유리하므로 모계상속이 형성되었지만, 목축 사회의 경우에는 남자들이 그러한 전략을 택할
    수 없다는 것이다. Barrett et al.(주 4), p. 209 참조.
73) 헌판집 17권 2집 544면 이하.
74) 李賢宰, "子의 最善의 利益에 관한 연구: 미국을 중심으로", 전남대학교 법학석사 학위논문,
    2003, 49면 이하.

거는 어머니의 사랑이 아버지의 사랑보다 강하다는 것이었다.[75] 그러나 1970년대 이래로 이러한 어린 시절의 추정은 평등권 위반이라는 이유로 각 주 법원이 위헌이라고 하거나, 아니면 각 주가 이를 폐지하는 법률을 제정하였다.[76] 생각건대 자녀의 양육자를 결정함에 있어서 부와 모 가운데 누가 더 자녀에게 강한 애정을 가지고 있는가 하는 점은 중요한 고려 요소가 되어야 할 것이다. 따라서 부와 모가 다른 모든 점에서 동등하다면 모를 우선시키는 것은 나름대로 근거가 있는 것이다. 다만 미국법상의 어린 시절의 추정 이론은 모가 양육자로서 부적합하다는 것이 밝혀지지 않는 한 모를 양육자로 하여야 한다는 것이었으므로 지나치게 경직된 규율이라고 할 것이다.

그리고 위 헌법재판소 2005. 12. 22. 결정(주 73)은 子는 父의 姓과 本을 따르도록 한 개정 전 민법 제781조 제1항 본문은 헌법에 합치되지 아니한다는 헌법불합치결정을 선고하였는데, 위 결정에 대한 권 성 재판관의 반대의견은, 부성주의 문화에 합리성이 있음을 강조한다. 즉 모와의 혈통관계는 출산과 수유라는 자연적이고 객관적이며 외관상 확인가능한 일반적 사실을 통하여 대외적으로 명확히 인식됨에 반하여, 부와의 혈통관계는 대부분 추정에 근거하여 인식될 뿐이므로, 자(子)의 부가 누구인가를 한편으로는 사회에 대하여 인식케 하고, 다른 한편으로는 사회로부터 인정받게 하는 대외적 공시의 필요성이 대두되는데, 이러한 사회적 필요에 응하여 등장한 인류의 문화적 발명의 하나가 바로 부성주의라고 한다. 또한 모자관계에 비해 상대적으로 소원하거나 결속력이 약할 수 있는 부자관계는 자(子)가 부의 성을 사용함으로써 그 일체감과 유대감이 자연히 강화되고, 부(父)의 자(子)에 대한 책임의식이 더욱 고취되어 결과적으로 가족 전체의 통합과 결속이 강화될 수 있으므로, 부성주의는 나름대로 그 합리성을 충분히 인정할 수 있다고 한다. 이는 말하자면 부성주의가 부성의 불확실성을 보상하는 기능을 한다는 것으로 이해될 수 있다.

---

75) 미국 워싱턴 주 대법원이 1916년에 선고한 Freeland v. Freeland 판결(92 Wash. 482, 159 P. 698)은, "어머니의 사랑은 가장 약한 여성의 경우에도 지배적인 특성이며, 일반적으로 공통의 자녀에 대한 아버지의 애착을 능가하고, 뿐만 아니라 자녀는 아버지보다는 어머니의 보살핌을 필요로 한다. 이러한 이유들 때문에 법원은 어머니로부터 자녀의 양육권을 박탈하는 것을 꺼리며, 어머니에게 자녀의 양육권을 맡기는 것이 자녀의 복리를 위태롭게 할 정도로 부적합하고 부적당한 사람이라는 것이 명백하게 밝혀지지 않는 한 어머니로부터 양육권을 박탈하지 않는다"고 판시하였다.

76) 李賢宰(주 74), 55면 이하; John DeWitt Gregory, Peter N. Swisher, Sheryl L. Wolf, Understanding Family Law, 2nd ed., 2001, pp. 445 f. 등 참조.

그러나 부성주의의 근원이 부성의 불확실성에서 유래하였다고 하여 그것만으로 부성주의가 정당화된다고 할 수는 없다. 이는 가부장제를 이러한 이유에서 옹호할 수 없는 것과 마찬가지이다. 이처럼 부성의 불확실성이라는 사실에 근거하여 부계혈통주의라는 제도 내지 규범이 정당화된다고 하는 것은 이른바 자연주의적 오류(naturalistic fallacy)의 한 예이다. 뿐만 아니라 구체적으로 살펴보더라도 부성주의가 누가 아버지인가를 공시하는 기능을 하고 있다고 말할 수는 없다. 아들이나 딸이 아버지의 성을 쓴다고 하여 아버지가 누구인가가 공시되는 것은 아니다. 기껏해야 아들이나 딸이 그 성을 쓰는 부계의 집단에 속한다는 사실을 말해 줄 뿐이다. 부자관계의 공시는 신분등록제도에 의하여 이루어지는 것이고, 이는 모자관계의 경우에도 마찬가지이다. 모가 자녀를 낳았다고 하여 모자관계가 공시되는 것은 아니기 때문이다.

그리고 위 반대의견은 자(子)가 부의 성을 사용함으로써 그 일체감과 유대감이 자연히 강화되고 부(父)의 자(子)에 대한 책임의식이 더욱 고취된다고 하나, 그러한 주장에 근거가 있는 것인지는 알 수 없다. 과연 子가 父의 성을 사용하는 것이 부성의 불확실성을 더는 데 도움이 될 것인가?[77]

3. 부모와 자녀 사이의 갈등(Parent-Offspring Conflict)

다른 한편 부모는 자녀를 위하여 전적으로 희생하는 것은 아니고, 부모의 이익과 자녀의 이익은 대립할 수 있다. 가령 부모에게 여러 자녀가 있는 경우에, 부모는 자녀들 모두에게 골고루 신경을 쓰려고 하는 반면 각 자녀는 자신에게 더 관심을 두기를 원하는 것이다.[78] 이러한 부모와 자녀 사이의 갈등은 자녀가 하나일 때에도 일어날 수 있다. 자녀는 부모가 가능한 최대의 자원을 자신에게 쏟아 붓기를 원하지만, 부모는 자녀 외에도 시간과 정력을 들여 해결해야 할 문제가 많은 것이다. 부모와 자녀는 유전적인 근친도가 정확하게 1이 아니기 때문이다.[79]

---

77) 尹眞秀, "傳統的 家族制度와 憲法", 서울대학교 법학 제47권 2호, 2006, 181-182면 참조.

78) 이처럼 형제자매의 경우에는 그들이 자랄 때 부모의 애정과 보살핌에 관하여 경쟁하는 관계에 있기 때문에, 그들 사이의 근친도가 부모 자녀 사이의 근친도와 같더라도 그들 사이에는 갈등이 많이 나타난다. Buss(주 4), pp. 223 f.; Kurland and Gaulin(주 62), p.452 f. 참조.

79) 이 문제를 정식화한 사람은 Trivers이다. R. Trivers, "Parent-offspring conflict", American Zoologist 14: 249-264(1974), reprinted in: Natural Selection and Social Theory, Selected Papers of Robert Trivers, 2002, pp. 129 ff.

이러한 부모 자녀 사이의 갈등의 예로서 다음 두 가지를 살펴본다. 그 하나는 부 또는 모에 의한 유아살해(infanticide)이고, 다른 하나는 장자단독상속(primogeniture)의 문제이다.

우선 유아살해는 그 살해된 유아가 부 또는 모의 친자녀라면 진화론적 관점에서는 전혀 비합리적인 것으로 보일 수도 있다. 그러나 유아살해는 거의 모든 문화에서 찾아볼 수 있으므로 이에 대하여는 진화심리학적인 설명이 요청된다. 유아살해의 가장 큰 요인은 그 유아가 살인자의 친자인가 아닌가 하는 점에 달려 있지만,[80] 친부모라 하더라도 유아를 살해할 가능성이 있는데, 중요한 한 가지 요인은 자식이 건강한가 아닌가 하는 점이고, 다른 한 가지는 그 출산이 불리한 상황에서 이루어졌는가, 아이를 제대로 키울 만한 자원이 갖추어졌는가 하는 점이다.[81]

우선 장애가 있거나 매우 허약한 아이는 살해될 위험성이 높다. 이 경우에는 부모로서는 이러한 아이를 포기하고 다른 건강한 아이를 낳아 기르는 것이 유리하다고 판단할 개연성이 높다.[82] 그리고 불리한 환경에서 아이를 낳았을 때, 예컨대 산모가 미혼모여서 아이를 제대로 기를 수 없다고 판단하거나, 아니면 자녀가 너무 많아서 새로 낳은 아이를 제대로 기를 자신이 없을 때에는 유아살해가 일어날 확률이 높아진다.[83] 이때에도 불리한 환경에서 낳은 아이를 포기하고 더 좋은 환경에서 낳은 아이를 기르는 것이 유리하다고 판단할 수 있는 것이다. 그런데 여기서 주목하여야 할 것은 자녀의 나이가 어릴수록 유아살해의 위험이 높고,[84] 모의 경우에는 모의 나이가 어릴수록 유아살해의 위험성이 높다는 것이다.[85]

자녀가 나이가 들수록 살해의 위험이 낮아진다는 것은 자녀가 그만큼 자신을 방어할 능력이 커지기 때문이라고 생각할 수도 있지만, 살해자가 혈족이

---

80) 위 주 64) 참조.

81) Barrett et al.(주 4), p. 179; Kurland and Gaulin(주 62), pp. 467 등 참조. 이들 문헌은 Daly 와 Wilson의 연구를 인용하고 있다.

82) 장애를 가지고 태어나 치료를 요하는 신생아에 대하여 부모가 치료를 거부하는 것도 이와 마찬가지의 맥락에서 이해할 수 있다. 이 문제에 대한 미국의 논의를 소개한 것으로는 尹眞秀, "美國法上 父母의 子女에 대한 治療 拒否에 따르는 法的 問題", 家族法研究 제18권 1호, 2004, 9면 이하 참조.

83) Kurland and Gaulin(주 62), pp. 465 ff. 참조.

84) Buss(주 4), pp. 204 f.

85) Buss(주 4), p. 207; Barrett et al.(주 4). p. 186;. Kurland and Gaulin(주 62), pp. 467 f. 및 p. 468의 표 참조.

아닌 경우에는 오히려 나이가 들수록 살해의 위험이 높아진다는 점에서 이러한 설명은 반드시 타당하지 않다. 진화심리학에서는 자녀가 나이를 먹을수록 그 생식적 가치가 커지기 때문이라고 설명한다.[86] 다른 한편 모의 나이가 많을수록 유아살해의 위험이 줄어든다는 것에 대하여는, 나이를 먹을수록 다른 자녀를 가질 가능성이 줄어들기 때문이라고 설명할 수 있다.[87]

그리고 자녀가 여럿 있는 경우에, 그 중 한 자녀(대개는 장남)만이 상속하는가(장자단독상속, primogeniture), 아니면 여러 자녀들이 공동으로 상속하는가 하는 점은 나라에 따라 다르지만, 한 나라에서도 시대에 따라 변화를 보인다. 예컨대 포르투갈에서는 중세 초기에는 모든 아들들이 상속된 토지를 분할하여 공동으로 상속하였으나, 13세기 중엽 무렵 아랍인에 의하여 점령되었던 땅들을 모두 되찾자, 귀족들이 그 토지를 확장하는 것이 불가능하게 되었다. 그리하여 토지를 상속인들 사이에 분할하는 것이 가문의 경제적 및 정치적 영향력을 위협하게 되면서, 12세기 중엽 무렵부터 장자단독상속제도가 일반화되게 되었다. 이와 비슷한 현상은 프랑스와 영국에서도 찾아볼 수 있다.[88][89]

진화심리학에서는 이러한 장자단독상속[90]의 제도가 성립되게 된 것은, 환경의 변화에 따라 단순히 자녀를 많이 낳는 것보다는 한 자녀에게 재산을 모아 줌으로써 그 자녀가 더 많은 자녀를 낳도록 하는 것이 부모의 유전자를 후세에 퍼뜨리는데 유리하게 되었기 때문이라고 해석한다.[91][92] 이 경우에도 부모의 이익과 자녀의 이익이 충돌하는 것이다.

---

86) Buss(주 4), p. 204.

87) Buss(주 4), pp. 207 ff.; Kurland and Gaulin(주 62), pp. 466 f.

88) Barrett et al.(주 4), pp. 213 ff. 이하의 문헌 참조.

89) 우리나라에서도 조선 전기에는 자녀 균분상속이 원칙이었으나, 조선 후기에 들어가면서 장남을 우대하는 경향이 나타나게 되었다. 尹眞秀, "高氏 門中의 訟事를 통해 본 傳統 相續法의 變遷", 家族法研究 제19권 2호, 2005, 337면 이하 및 특히 340면 주 39)에 인용된 문헌들 참조.

90) 경우에 따라서는 말자단독상속(ultimogeniture).

91) Barrett et al.(주 4), p. 209 참조.

92) 우리나라에서 근래에 출산율이 유례 없이 저하되고 있는 것도 이러한 관점에서 설명할 수 있다고 생각한다. 즉 좋은 조건의 배우자와 결혼하기 위하여는 좋은 교육과 좋은 조건을 갖추어야 하는 상황에서는 부모들로서는 자녀를 많이 낳기보다 적게 낳아서 그 자녀의 양육에 전력을 쏟는 것이 유리하다고 생각하는 것이다.

V. 결 론

이제까지 진화심리학과 가족법에 대하여 간단히 살펴보았다. 위에서의 설명만으로도 진화심리학적인 관점이 가족법이나 인간의 친족관계에서의 행동을 이해하는 데 도움이 된다는 점을 알 수 있을 것이다. 물론 진화심리학은 성립한 지 얼마 되지 않았을 뿐만 아니라, 이를 법에 응용하는 연구는 아직 초창기에 있다고 해도 과언이 아니다. 그렇지만 이에 관하여는 좀더 심도 있는 연구가 필요하다고 생각된다.93)

그런데 논자에 따라서는 과학의 영역에 속하는 진화심리학은 규범의 영역에 속하는 법과는 관련이 없다고 하는 사람도 있을 수 있다. 이러한 사람을 위하여 진화심리학적 지식을 법에 응용하려는 학자 중 한 사람인 조운즈가 제창하는 법의 지레작용에 관한 법칙(law of law's leverage)을 소개하고자 한다. 그가 말하는 법의 지레작용에 관한 법칙은 다음과 같다.

"어떤 인간 행동의 빈도를 감소시키거나 증가시키기 위하여 필요한 법적 개입의 강도는 그러한 행동에 기여하는 소질이 과거의 환경에서 평균적으로 그러한 소질을 가지고 있는 사람에게 적응적이었던 정도와 적극적 또는 소극적으로 상관관계에 있다."94)

이를 다른 말로 표현한다면, 법이 인간의 행동을 과거 조상들의 환경에서 번식의 성공을 증진시켰던 방향으로 변경하고자 한다면 비용이 덜 드는 반면, 그와 반대 방향으로 변경하고자 할 때에는 비용이 많이 든다는 것이다.95)

몇 가지 예를 들어 본다. 예컨대 법이 혼외정사(간통)를 금지하고자 할 수는 있으나, 이를 제대로 수행하려면 매우 많은 비용이 들 뿐만 아니라 실제에 있어서는 거의 불가능에 가깝다고 할 수 있다. 왜냐하면 적어도 과거에는 혼외정사가 인간의 번식의 성공에 기여하였기 때문이다. 또 재산상속을 허용하지

---

93) 미국에서 진화심리학과 법에 관하여 연구하는 기관으로는 Gruter Institute for Law and Behavioral Research(인터넷 홈페이지: www.gruterinstitute.org)와 The Society for Evolutionary Analysis in Law(SEAL. 인터넷 홈페이지: www.sealsite.org)가 있다. 특히 후자의 홈페이지에는 진화심리학과 법에 관한 유용한 자료 목록이 있다.

94) "The magnitude of legal intervention necessary to reduce or to increase the incidence of any human behavior will correlate positively or negatively, respectively, with the extent to which a predisposition contributing to that behavior was adaptive for its bearers, on average, in past environment." Jones(주 3), p. 962.

95) Jones(주 3), p. 963.

않는 것도 마찬가지이다.[96] 그리고 우리나라에서 1980년대에 강력하게 실시되었던 과외금지의 조치가 결국 유지되지 못했던 것[97]도 이러한 관점에서 이해할 수 있다. 부모가 자녀의 교육을 위하여 투자하는 것은 진화심리학적으로 보아 매우 적응적인 현상으로서, 이에 대한 강력한 욕구가 존재하므로 법으로 이를 막는다는 것은 실효성을 기대하기 어려운 일이기 때문이다. 반면 인간에게 이타적 행동을 요구하는 것도 또한 쉽지 않다.[98] 1960년대에 우리나라에서 고아 문제의 해결을 위하여 고위 공무원들에게 고아의 입양을 의무화한 일이 있었다고 하는데, 그 결과가 어떠했을지는 쉽게 짐작할 수 있다.

이 글은 법의 영역에 진화심리학을 소개하기 위한 차원에서 쓰여진 초보적인 수준의 것이다. 이 글이 법률가들에게 진화심리학에 대한 흥미를 유발하는 계기가 된다면 다행으로 생각한다.

〈과학기술과 법, 서울대학교 기술과 법 센터, 박영사, 2007〉

〈追記〉

미국의 에드워드 윌슨(Edward O. Wilson)은 진화심리학과 밀접한 관련이 있는 사회생물학을 창시하였고, 해밀턴의 포괄적 적합도 이론을 널리 전파하는 데 중요한 역할을 하였다. 그런데 그가 최근에 포괄적 적합도 이론과 혈족 선택 이론을 버리고, 인류 진화의 원동력은 개체 선택과 집단 선택을 포괄하는 다수준 선택(multilevel selection)이라고 주장하여 많은 논란을 불러일으키고 있다. 에드워드 윌슨, 이한음 옮김, 지구의 정복자, 2013(원저: Edward O. Wilson, The Social Conquest of Earth, 2012) 참조.

---

96) 1917년의 러시아 혁명 후에 소련에서 일시 상속제도를 폐지한 일이 있었으나 1922년에 이르러 이를 다시 부활시켰다.

97) 헌법재판소 2000. 4. 27. 선고 98헌가16, 98헌마429 결정(헌판집 12권 1집 427면 이하)은 과외를 원칙적으로 금지하고 있던 당시의 학원의 설립·운영에 관한 법률 제3조를 위헌이라고 선언하였다.

98) 위급한 상황에 빠진 사람에 대하여 구호의무를 부과하는 이른바 선한 사마리아인 법(Good Samaritan Law)은 우리나라에서는 원칙적으로는 인정되지 않고 있다. 그러나 나라에 따라서는 그 피해가 중대한 반면 그 피해를 용이하게 방지할 수 있는 것과 같은 예외적인 경우에는 불법행위책임을 인정하기도 한다. H. Koziol (ed.) Unification of Tort Law: Wrongfulness, Principle of European Tort Law Vol. 3, 1998의 Case 10에 대한 각국 보고; H. Koziol 저, 신유철 옮김, 유럽손해배상법, 2005, 80-81면; J. Kortmann, Altruism in Private Law, 2005 등 참조. 선한 사마리아인 법에 대한 경제적 분석으로는 D. Wittman, Economic Foundation of Law and Organization, 2006, pp. 175 ff. 및 그곳에 인용되어 있는 문헌들 참조.

改名許可의 要件

— 대법원 2005. 11. 16.자 2005스26 결정(공 2006상, 35) —

[사실관계 및 대법원 결정]

1. 사실관계 및 1. 2심 결정

신청인은 1970. 2. 16.생 남자로서, 현재의 호적상 이름인 ○분회(○沐會)를 ○준회(○准會)로 개명하는 것을 허가하여 달라는 하는 개명신청을 하였다.

신청인은 "분회"란 이름 때문에 여자로 착각되는 경우가 많고, "沐"자가 너무 어렵고, 통상 사용되는 한자가 아니어서 호적공무원조차 "본"자로 잘못 알고 호적부상 한글 이름을 "○본회"로 등재하였다가 "○분회"로 직권정정할 정도로 혼선이 있으며, 통상 사용하는 컴퓨터 프로그램상 "沐"자가 등록되어 있지 않아 컴퓨터로 문서를 작성함에 있어 어려움이 있다는 점 등을 개명신청의 이유로 주장하였다.

그러나 제1심[1]은 신청인의 신청을 기각하였고, 원심[2]도 신청인의 이름, 나이 등 여러 가지 사정을 고려하여 볼 때 신청인이 주장하는 위와 같은 사유들은 이 사건 개명신청을 허가하여야 할 사유가 되기에 부족하고, 달리 이를 허가할 사정이 있다고 인정할 만한 자료가 없다고 하여 신청을 기각하였다.

2. 대법원의 결정

대법원은 다음과 같은 이유로 원심결정을 파기환송하였다.

---

1) 의정부지법 고양지원 2004. 7. 23.자 2004호파622 결정.
2) 의정부지법 2005. 2. 4.자 2004브11 결정. 공간되지는 않았으나 대법원 홈페이지 종합법률정보(glaw.scourt.go.kr)에서 검색할 수 있다.

"1. 호적법 제113조는 법원의 허가를 받아 개명을 할 수 있도록 규정하고 있으나 개명허가의 기준에 관해서는 아무런 규정을 두고 있지 아니한바, 이름 (성명)은 특정한 개인을 다른 사람으로부터 식별하는 표지가 됨과 동시에 이를 기초로 사회적 관계와 신뢰가 형성되는 등 고도의 사회성을 가지는 일방, 다른 한편 인격의 주체인 개인의 입장에서는 자기 스스로를 표시하는 인격의 상징으로서의 의미를 가지는 것이고, 나아가 이름(성명, 이하에서는 '이름'이라고 한다)에서 연유되는 이익들을 침해받지 아니하고 자신의 관리와 처분 아래 둘 수 있는 권리인 성명권의 기초가 되는 것이며, 이러한 성명권은 헌법상의 행복추구권과 인격권의 한 내용을 이루는 것이어서 자기결정권의 대상이 되는 것이므로 본인의 주관적인 의사가 중시되어야 하는 것이다. 따라서 개명허가 여부를 결정함에 있어서는 이름이 가지는 사회적 의미와 기능, 개명을 허가할 경우 초래될 수 있는 사회적 혼란과 부작용 등 공공적 측면뿐만 아니라, 개명신청인 본인의 주관적 의사와 개명의 필요성, 개명을 통하여 얻을 수 있는 효과와 편의 등 개인적인 측면까지도 함께 충분히 고려되어야 할 것이다.

그런데 이름은 통상 부모에 의해서 일방적으로 결정되어지고 그 과정에서 이름의 주체인 본인의 의사가 개입될 여지가 없어 본인이 그 이름에 대하여 불만을 가지거나 그 이름으로 인하여 심각한 고통을 받는 경우도 있을 수 있는데 그런 경우에도 평생 그 이름을 가지고 살아갈 것을 강요하는 것은 정당화될 수도 없고 합리적이지도 아니한 점, 이름이 바뀐다고 하더라도 주민등록번호는 변경되지 않고 종전 그대로 존속하게 되므로 개인에 대한 혼동으로 인하여 초래되는 법률관계의 불안정은 그리 크지 않으리라고 예상되는 점, 개인보다는 사회적·경제적 이해관계가 훨씬 더 크고 복잡하게 얽혀질 수 있는 법인, 그 중에서도 특히, 대규모 기업 등과 같은 상사법인에 있어서도 상호의 변경에 관하여는 관계 법령에서 특별한 제한을 두고 있지 아니할 뿐만 아니라 실제로도 자유롭게 상호를 변경하는 경우가 적지 아니한 점, 개명으로 인하여 사회적 폐단이나 부작용이 발생할 수 있다는 점을 지나치게 강조하여 개명을 엄격하게 제한할 경우 헌법상의 개인의 인격권과 행복추구권을 침해하는 결과를 초래할 우려가 있는 점 등을 종합하여 보면, 개명을 허가할 만한 상당한 이유가 있다고 인정되고, 범죄를 기도 또는 은폐하거나 법령에 따른 각종 제한을 회피하려는 불순한 의도나 목적이 개입되어 있는 등 개명신청권의 남용으로 볼 수 있는 경우가 아니라면, 원칙적으로 개명을 허가함이 상당하다고 할 것이다.

2. 이 사건 신청인의 개명신청 이유는, '분(沋)'자가 통상 사용되는 한자가
아니어서 '본'자로 잘못 읽히거나 컴퓨터 등을 이용한 문서작성에 있어 어려움
이 있고, '분회(沋會)'라는 이름이 여자 이름으로 착각되는 경우가 적지 않는
등 일상생활에 있어 많은 불편이 있다는 것으로서, 그 자체 개명을 허가할 만
한 상당한 이유가 있다고 보여지고(기록에 의하면, 호적공무원조차도 위 '분(沋)'자
를 '본'자로 잘못 알고 호적부상 신청인의 한글이름을 'ㅇ본회'로 잘못 등재하였다가
2002. 4. 17. 직권정정에 의해 이를 바로잡은 사실을 알 수 있다), 한편 기록에 의하
면, 신청인은 현재 신용불량자로 등록되어 있는 사실을 엿볼 수 있으나, 개명
이 될 경우 그로 인하여 향후 금융기관에서 신청인에 대한 금융거래나 연체내
역 등을 파악함에 있어 특별한 어려움이 있다거나 업무처리에 있어 차질이 빚
어질 우려가 있다고 볼만한 자료가 없으며, 나아가 신청인이 법령상의 제한을
회피하기 위한 목적에서 이 사건 개명신청을 하였다거나 다른 불순한 의도나
목적이 개입되어 있는 등 개명신청권의 남용에 해당한다고 볼 만한 사정도 찾
아볼 수 없다.

그럼에도 불구하고, 이 사건 개명을 허가할 만한 사유가 없다는 이유로 이
사건 신청을 배척한 원심결정은 개명허가의 기준에 관하여 필요한 심리를 다
하지 아니하였거나 그에 관한 법리를 오해하여 재판 결과에 영향을 미친 위법
이 있다고 할 것이다."

[연   구]

I. 서   론

이 사건 결정도 언급하고 있는 것처럼 종전의 호적법 제113조는 법원의
허가를 받아 개명을 할 수 있도록 규정하고 있으나, 개명허가의 기준에 관해서
는 아무런 규정을 두고 있지 않았다.3) 그리하여 종래 비교적 쉽게 개명허가를

---

3) 호적법을 대체하여 2007. 5. 17 법률 제8435호로 공포된 가족관계의 등록 등에 관한 법률
  제99조 제1항(2008. 1. 1. 시행)도 "개명하고자 하는 사람은 주소지(재외국민의 경우 등록기준
  지)를 관할하는 가정법원의 허가를 받고 그 허가서의 등본을 받은 날부터 1개월 이내에 신고
  를 하여야 한다"라고만 규정하고 있을 뿐 그 요건에 관하여는 별달리 규정하고 있지 않다.

인정하는 법원이 있는 반면, 잘 인정하지 않는 법원도 있는 등 실무에서의 처리가 통일되어 있지 않았다.[4]

이 사건 결정은 개명허가의 요건에 관하여 공간된 대법원의 두 번째 결정이다.[5] 이 결정은 기본적으로 개명을 폭넓게 인정하여야 한다는 전제에서, 개명을 허가할 만한 상당한 이유가 있다고 인정되고, 범죄를 기도 또는 은폐하거나 법령에 따른 각종 제한을 회피하려는 불순한 의도나 목적이 개입되어 있는 등 개명신청권의 남용으로 볼 수 있는 경우가 아니라면, 원칙적으로 개명을 허가함이 상당하다고 판시하고 있다. 판례의 이러한 태도는 기본적으로는 바람직한 것이다.[6] 그러나 사견으로서는 이러한 판례보다 한 걸음 더 나아가, 판례와 같이 개명의 요건으로서 "상당한 이유"를 요구할 필요도 없이 원칙적으로 개명을 희망하면 개명을 허가하여야 하고, 다만 예외적으로 개명을 불허할 사유가 있는 경우에 한하여 개명을 불허하여야 한다고 생각한다.

이 글은 제1차적으로는 성명을 구성하는 요소인 성과 이름(名) 가운데 이름의 변경(改名), 그 중에서도 당사자의 의사에 따른 이름의 변경을 주된 대상으로 하는 것이다. 우리 법은 기본적으로는 姓不變의 원칙에 따라 성의 변경(改姓)은 인정하지 않고 있다.[7] 다만 예외적으로 신분관계의 변동에 따른 성의 변경이 인정되는 외에,[8] 2005년에 개정된 민법 제781조 제6항은 子의 복리를

---

4) 이 사건 결정에 대한 대법원 재판연구관의 해설인 金仁謙, "개명허가의 기준", 대법원판례해설 2005년 하반기(통권 제58호), 42면에 의하면 2003년도의 경우 개명사건의 전국 평균허가율은 80.8%인데 최고 96.2%, 최저 34.4%이고, 2004년의 경우 평균 허가율은 84.4%인데, 최고 97.8%, 최저 34.8%로서, 법원별로 큰 편차를 보이고 있다고 한다. 또한 梁範錫, "改名의 許可基準", 裁判資料 제102집 家庭法院事件의 諸問題(下), 2003, 579면 주 10)도 참조.

5) 첫 번째 결정은 대법원 1990. 3. 2.자 89스10 결정(공 1990, 1066)으로서 "기록에 비추어 볼 때 원심이 큰며느리의 이름과 같다는 사정만으로는 재항고인의 호적상의 이름을 바꾸어야 할 상당한 이유가 없다고 판단한 데에 위법이 있다 할 수 없다"고 판단하였다.

6) 이 사건 결정에 대하여 언급하고 있는 문헌이 많지는 않으나 모두 이 결정에 찬동하고 있다. 위 金仁謙(주 4) 외에 梁彰洙, "子의 이름에 대하여", 民法散策, 2006, 147-149면; 鄭周洙, "改名許可事由와 基準에 관한 考察", 司法行政 2006. 2, 58면 이하; 김형석, "기본권이 한국 사법에 미친 영향", 변화하는 사회에서의 법의 변천, 제3회 서울법대—프라이부르그 법대 공동 심포지엄 자료집, 2006, 155-158면 등. 다만 鄭周洙, 위 글 68-69면은 이 사건과 같이 난해·난독의 이름과 성별에 따라 이름을 개명하려는 경우는 이 사건의 원심을 제외하고는 허가결정을 하고 있음이 모든 하급심 법원의 실무상 통례로 되어 있다고 한다.

7) 李垠廷, "姓의 변경", 재판자료 제102집(주 4), 723면 이하 참조. 대법원 1981. 5. 16.자 80스35 결정(공 1981, 14059)은 성 '박'을 한글인 '밝'으로의 정정을 구하는 호적정정허가신청은 호적정정사유나 개명사유의 어디에도 해당되지 아니하는 사유를 들어 호적상 기재의 정정을 요구하는 것이므로 받아들일 수 없다고 하였다.

8) 생부의 인지: 민법 제781조 제1항(2008. 1. 1.부터 시행될 제782조 제5항은 그에 대한 예외에 속한다). 양자: 입양촉진 및 절차에 관한 특례법 제8조 제1항. 친양자: 민법 제908조의 3, 제

위하여 子의 성과 본을 변경할 필요가 있을 때에는 법원의 허가를 받아 이를 변경할 수 있다고 하여 성의 변경이 인정될 수 있는 범위를 넓혔으나,[9] 성은 원칙적으로 변경할 수 없다고 하는 원칙 그 자체가 바뀐 것은 아니다. 그렇지만 아래에서 보는 바와 같이 외국의 입법례에서는 이름의 변경과 함께 성의 변경도 인정하고 있는 것이 일반적이고, 이론적으로도 이름의 변경을 인정한다면 성의 변경도 인정하여야 하지 않는가 하는 의문이 제기될 수 있으므로 성 변경의 문제에 관하여도 아울러 언급한다.

이 글에서는 Ⅱ.에서 이 문제에 관한 국내에서의 논의를 살펴보고, Ⅲ.에서 외국의 예를 살펴본다. 그리고 Ⅳ.에서 이 사건 결정 이유에 관하여 평가하여 본다. 그리고 Ⅴ.에서 여론으로 改姓의 문제에 대하여 언급하고자 한다.

Ⅱ. 국내의 논의

1. 이 사건 결정 이전의 논의

종래에는 이 문제에 관하여 그다지 많은 논의가 있었다고는 할 수 없다. 다만 1983년에 법원행정처에서 발간한 재판자료 제16집에 주로 개명허가기준의 실태를 분석한 세 편의 글이 실려 있다.[10]

개명허가의 기준에 관한 문제를 본격적으로 다룬 글은 2000년에 나왔다.[11] 이 글에서는 작명권(개명권 포함)은 표현의 자유(헌법 제21조)에 속하기 때문에 성명권은 자연법적인 인격권의 일부에 속한다고 하면서, 이 문제에 관한 프랑스와 일본의 예를 소개하였다. 이어서 우리나라의 실례를 검토한 다음, 결론으로서 개명의 허가기준은 사회질서와 안정의 유지라는 공익목적과 개명인의 개인적인 사정을 적절히 조화시킬 수 있는 방법을 찾아야 하는데, 자기의

781조 제1항(2008. 1. 1. 시행). 국적취득자의 창성신고: 호적법 제111조.

9) 또한 헌법재판소 2005. 12. 22. 선고 2003헌가5ㆍ6 결정(헌판집 17권 2집 544면 이하)의 다수의견 참조.

10) 南容熙, "戶籍法上의 改名許可 基準", 裁判資料 제16집, 民事損害賠償算定ㆍ刑事量刑基準의 調査分析(4), 1983, 283면 이하; 金建興, "改名許可基準에 관한 一考察", 같은 책, 321면 이하; 高永祺, "戶籍法上의 改名許可基準의 調査分析", 같은 책, 359면 이하. 또한 鄭周洙, "改名許可節次, 1", 法曹 1981. 12, 169면 이하는 개명이 허가되는 유형을 분류하고 있다.

11) 趙相根, "改名에 관한 小考", 새울법학 제4집, 2000, 3면 이하.

이름이 본인의 의사와는 관계없이 작명되었기 때문에, 당사자가 성인이 되어 그 이름으로 인하여 사회로부터 놀림감이 되거나 또는 개인적인 사회활동에 다대한 불이익이 초래된다면 가능한 한에서는 본인의 의사를 존중하여 개명을 허가하여 주는 방향으로 법적·제도적 장치가 마련되어야 한다고 하였다.

그리고 2003년에는 판사가 쓴 개명의 허가기준에 관한 논문이 발표되었다.12) 이 글에서는 기본적으로 호적법은 개명의 자유를 인정하고 있다고 하면서, 이름을 변경하는 것을 공권력으로 제한하는 것은 인격권을 구성하는 성명권을 제약하는 것이 되므로 엄격한 합리적인 기준과 필요불가결한 사유가 있는 경우에 한하여 허용되어야 한다고 해석함이 상당하고, 이 점에서 호적법 제113조의 합헌성이 문제될 수 있으나 결과적으로는 위 규정의 합헌성을 긍정하고 있다. 우선 규제목적의 정당성에 관하여는, 개명에 법원의 허가를 받도록 한 이유는 이름의 변경을 너무 용이하게 하면 개인에 대한 동일성의 인식을 해치고 사회일반에도 지장을 초래하기 때문이고, 이름을 용이하게 변경하는 것을 인정하는 것은 사회적으로 혼란의 원인이 되고 본인에 있어서도 불이익을 초래할 가능성이 있기 때문에 그 제한에 합리적 이유가 있다고 한다. 그리고 이러한 목적을 실현시키는 수단으로서 호적법 제113조가 규정하고 있는 허가제의 상당성에 관하여는 허가제보다 완만한 방법인 신고제를 도입하는 것도 고려해 볼 수 있을 것이지만, 신고제를 채용할 경우 개인에 대한 동일성의 특정이라는 이름의 사회적 목적을 달성할 수 없을 것이므로 호적법 제113조는 그 목적 달성의 수단에 있어서 상당성이 있다고 한다. 다만, 호적법 제113조가 그 목적, 수단 양면에 있어서 합헌성이 있다고 하더라도 구체적인 개명신청이 있는 경우 법원이 허가의 요건을 엄격하게 해석하여 허가를 하지 않는다면 적용위헌의 문제가 있을 수 있다고 한다.13) 그리고 성명권은 인격권의 내용을 이루는 것이므로 개명을 신청한 본인의 주관적 의사를 존중하여 개명의 허부를 결정하고, 개명을 인정하지 않는 이유를 엄격하게 규제하는 것은 이러한 인격권을 배려하는 조치이므로, 개명을 허가할 '상당한 이유'의 해석에 있어서 개명신청인 개인의 의사를 존중하여 해석하는 것이 개인의 인격권의 실현을 돕는 법해석이라고 한다.14)

---

12) 梁範錫(주 4) 참조.
13) 梁範錫(주 4), 599-601면.
14) 梁範錫(주 4), 602-603면.

종래 개명신청사유로서 문제되었던 것은 대체로 다음과 같은 것들이다.

① 출생신고서에 이름을 잘못 기재한 경우. ② 항렬자를 따르기 위한 경우. ③ 근친간이나 동일한 생활영역 내에 같은 이름을 가진 사람이 있는 경우. ④ 실제 통용되고 있는 이름과 일치시키기 위한 경우. ⑤ 일본식 성명의 경우. ⑥ 발음에 있어서 불편함이 있거나 글자가 혼동을 일으키는 경우. ⑦ 한글명과 한자명 상호간의 개명. ⑧ 외국식 이름을 한국식 이름으로 바꾸고자 하는 경우. ⑨ 성별에 따라 어울리지 않는 경우. 많은 경우에는 당사자들이 이러한 사유 중 여러 개를 같이 주장하고 있다.[15]

이외에 문제되는 것들로는 이른바 성명철학상의 이유로 개명하고자 하는 경우, 지나치게 흔한 이름의 경우 등이 있다. 그러나 성명철학상의 이유로 개명하고자 하는 경우에는 연소자의 경우에는 개명을 허가하지만 그렇지 않으면 이를 개명사유로 인정하지 않았던 것이 일반적이다.[16] 또 지나치게 흔한 이름이라는 것도 그것만으로는 개명사유가 되지 않는다고 보고 있었다.[17] 다만 근래에는 미성년자의 경우에는 되도록 개명을 넓게 인정하는 경향이 있는 것 같다.

2. 이 사건 결정

가. 이 사건 결정이유의 요지

이 사건 결정은 기본적으로 개명을 허가할 만한 상당한 이유가 있다고 인정되고, 범죄를 기도 또는 은폐하거나 법령에 따른 각종 제한을 회피하려는 불순한 의도나 목적이 개입되어 있는 등 개명신청권의 남용으로 볼 수 있는 경우가 아니라면, 원칙적으로 개명을 허가함이 상당하다고 하면서 그 이유를 다음과 같이 설명한다. 우선 이름(성명)은 고도의 사회성을 가지는 한편 성명권은 헌법상의 행복추구권과 인격권의 한 내용을 이루는 것이어서 자기결정권의 대상이 되는 것이므로, 본인의 주관적인 의사가 중시되어야 한다고 한다. 그러므로 개명허가 여부를 결정함에 있어서는 이름이 가지는 사회적 의미와 기능, 개명을 허가할 경우 초래될 수 있는 사회적 혼란과 부작용 등 공공적 측면뿐만 아니라, 개명신청인 본인의 주관적 의사와 개명의 필요성, 개명을 통하여 얻을

---

15) 梁範錫(주 4), 603면 이하. 그 외에 위 주 10)의 문헌들 및 鄭周洙(주 6), 趙相根(주 11) 등의 설명도 대체로 유사하다.
16) 梁範錫(주 4), 610-611면.
17) 梁範錫(주 4), 613면.

수 있는 효과와 편의 등 개인적인 측면까지도 함께 충분히 고려되어야 할 것
이라고 한다. 그런데 이름은 통상 부모에 의해서 일방적으로 결정되고 본인의
의사가 개입될 여지가 없다는 점, 이름이 바뀐다고 하더라도 주민등록번호는
변경되지 않고 종전 그대로 존속하게 되므로 개인에 대한 혼동으로 인하여 초
래되는 법률관계의 불안정은 그리 크지 않으리라고 예상되는 점, 법인이나 상
사법인에 있어서도 자유롭게 상호를 변경하는 경우가 적지 아니한 점, 개명을
엄격하게 제한할 경우 헌법상의 개인의 인격권과 행복추구권을 침해하는 결과
를 초래할 우려가 있는 점 등을 종합하여 보면, 개명을 허가할 만한 상당한 이
유가 있으면 개명을 허가하여야 한다는 것이다.

그리하여 이 사건에서는 이 사건 신청인의 이름 중 '분(沐)'자가 통상 사
용되는 한자가 아니라는 점, '분회(沐會)'라는 이름이 여자 이름으로 착각되는
경우가 적지 않다는 점 등이 그 자체 개명을 허가할 만한 상당한 이유가 되고,
신청인은 현재 신용불량자로 등록되어 있기는 하나, 개명이 될 경우 그로 인하
여 특별한 문제점이 있는 것도 아니며, 나아가 신청인이 법령상의 제한을 회피
하기 위한 목적에서 이 사건 개명신청을 하였다거나 다른 불순한 의도나 목적
이 개입되어 있는 등 개명신청권의 남용에 해당한다고 볼 만한 사정도 찾아볼
수 없다고 하여 개명허가신청을 기각한 원심결정을 파기환송하였다.

나. 대법원 재판연구관의 해설

이 결정에 대한 대법원 재판연구관의 해설[18]은 다음과 같이 설명하고 있
다. 즉 개명허가의 일반적인 기준에 관하여는 원칙적으로 폭넓게 개명을 허가
해야 한다는 견해(완화설)와 부득이한 이유가 있는 경우에 한하여 개명을 허가
해야 한다는 견해(엄격설)의 대립이 있을 수 있는데, 본인이 불리고 싶은 이름
을 스스로 결정하겠다는 것을 막기 위해서는 분명하고도 확실한 명분이 있어
야만 하지만, 엄격설이 제시하는 논거들은 그러한 명분으로는 미흡하고 막연한
우려만으로 개명을 제한하는 것은 타당하지 않다고 한다. 본인이 절실하게 개
명을 원하고 있음에도 불구하고 이를 엄격하게 제한하는 것은 개인의 인격권
내지 자기결정권, 나아가 헌법상 보장된 행복추구권을 침해하는 결과를 초래할
이유가 있으므로 완화설의 입장이 타당하다고 한다.

---

18) 金仁兼(주 4).

　　그리하여 완화설의 입장에서 구체적 기준을 설정할 필요가 있는데, 현재
실무에서 적용하는 기준은 적극적 요건으로서 "합리적인 이유가 있는 경우"
또는 "정당한 이유가 있는 때" 정도로 정리할 수 있고, 현재로서는 누가 보아
도 납득할 만한 사유가 있는 경우에 한하여 개명을 허가하는 식으로 엄격하게
실무운용이 되고 있으므로 소극적 요건은 특별히 문제되지 않는다고 한다.

　　그러나 소극적 요건에 해당하지 않는 한 본인이 원하기만 하면 무조건 허
가를 해준다는 식으로의 방향 설정은 곤란하므로 어떤 형식으로든 적극적 요
건을 설정할 필요가 있는데, 적극적 요건을 지나치게 좁게 설정하는 것은 변화
의 의미를 반감시키는 결과가 될 것이므로 거의 대부분의 경우를 포섭할 수
있도록 포괄적으로 요건을 설정하는 것이 바람직하고, 이렇게 볼 때 "개명을
허가할 만한 상당한 이유가 있는 때"를 그 기준으로 제시할 수 있다고 한다.
그리하여 단순히 이름이 마음에 들지 않는다는 정도만으로는 위 요건을 충족
한다고 볼 수 없겠지만, 미신적인 이유의 경우에도 본인의 의사를 1차적으로
중시한다는 입장에서는 이에 해당하는 것으로 볼 여지가 있고, 실무상 장기복
역 후 출소하거나 보호감호를 마치고 나온 사람이 새로운 각오로 새 출발을
한다는 차원에서 개명신청을 하는 사례가 종종 있는데, 이 경우에도 소극적 요
건에 해당하지 않는 한 상당한 이유가 있는 것으로 볼 수 있다고 한다.

　　그리고 소극적 요건으로서는 현재와 같이 불순한 의도나 목적이 있다고
의심할 만한 사유가 있는 경우로 볼 경우 법관의 자의적인 판단에 따라 허가
의 폭이 지나치게 좁아지는 문제가 있으므로, 단순한 의심의 차원을 넘어 "불
순한 의도나 목적이 개입되어 있는 경우"가 된다고 한다. 구체적으로는 범죄를
기도 또는 은폐하기 위한 경우, 각종 법령에 따른 규제나 제한을 회피 또는 면
탈하기 위한 경우 등을 들 수 있고, 나아가 포괄적·일반적인 소극적 요건으로
서 "개명신청권의 남용" 개념을 채용할 필요가 있다고 한다.

3. 개명허가신청사건 사무처리지침

　　이 사건 결정이 있은 후 대법원은 2005. 12. 23. 호적예규 제707호로 개명
허가신청사건 사무처리지침을 제정하였다. 이 지침은 제2조에서 개명허가의 심
사기준으로서 "개명을 허가할 만한 상당한 이유가 있다고 인정되고, 범죄를 기
도 또는 은폐하거나 법령에 따른 각종 제한을 회피하려는 불순한 의도나 목적

이 개입되어 있는 등 개명신청권의 남용으로 볼 수 있는 경우가 아니라면, 원칙적으로 개명을 허가함이 상당하다(대법원 2005. 11. 16.자 2005스26 결정)"라고 규정하고 있다.

그리고 제3조에서는 법원은 개명허가신청사건을 처리함에 있어 개명신청권의 남용으로 보이는 불순한 의도나 목적을 판단하기 위하여 필요한 경우, 경찰관서에 전과조회, 출입국관리사무소에 출입국사실조회, 전국은행연합회에 신용정보조회 등을 하여 그 자료를 신청사건 등의 판단자료로 활용하여야 하고(제1항), 신청사건의 소명자료의 진실성이 의심스럽다고 인정되거나 제1항의 판단자료에 의하여 개명허가신청의 불순한 의도나 목적의 유무가 불분명한 경우에는 본인 또는 참고인의 심문을 적극 활용하여야 한다(제2항)고 규정하고 있다.

또한 제5조는 호적법 시행규칙 제37조의 인명용 한자의 범위를 벗어난 한자로의 개명은 허용되지 아니한다고 규정한다.

Ⅲ. 외국의 입법례[19]

개명에 관한 외국의 입법례로서는 독일과 오스트리아, 프랑스, 미국과 일본의 경우를 살펴보기로 한다. 그 결과를 미리 말한다면 독일과 프랑스, 미국의 일부 주와 일본의 경우에는 개명을 하기 위하여 일정한 사유가 있을 것을 요구하고 있는 반면, 오스트리아와 미국의 일부 주에서는 개명은 원칙적으로 허용되고 다만 개명을 허가하지 않을 사유가 있는 경우에 한하여 개명을 불허한다는 태도를 취하고 있다.

---

19) 유럽의 입법례에 관한 간단한 설명은 약간 오래되기는 하였으나, 유럽인권재판소(European Court of Human Rights)의 Stjerna V. Finland, 1994. 10. 24 판결. paras. 29, 30 참조. 유럽 인권재판소의 판결은 유럽인권법원 홈페이지의 판례 디베이스(http://www.echr.coe.int/ECHR/EN/ Header/Case-Law/HUDOC/HUDOC+database/)에서 찾아볼 수 있다. 이하에서 언급하는 유럽인권재판소의 다른 판례도 여기서 찾은 것이다. 그리고 이 판결에서 인용하고 있는 International Commission on Civil Status의 Guide pratique international de l'état civil은 위 기관의 홈페이지에서 찾아볼 수 있다(http://www.ciec1.org/GuidePratique/index.htm. 최종 방문: 2007. 5. 30).

1. 독   일

독일에서는 성명의 변경은 1938년에 제정되어 그 후 몇 차례 수정된 '姓名의 변경에 관한 법률(Gesetz über die Änderung von Familiennamen und Vornamen, NamÄndG)'에 의하여 규율된다.[20] 이 법은 제3조에서 改姓은 중요한 사유(wichtiger Grund)에 의하여 변경이 정당화될 때에만 변경될 수 있다고 규정하고, 제6조는 改姓은 상급행정관청(höhere Verwaltungsbehörde)이 관할한다고 규정한다. 그리고 제11조는 개명에 관하여는 제1 내지 3조, 제5조 및 제9조를 준용하고 있는데, 다만 이는 하급행정관청(untere Verwaltungsbehörde)이 관할한다고 규정하고 있다.

그리고 이 법의 시행을 위하여 '성과 이름의 변경에 관한 법률에 관한 일반행정규칙(Allgemeine Verwaltungsvorschrift zum Gesetz über die Änderung von Familiennamen und Vornamen, NamÄndVwV)이 제정되어 있다. 이 규칙은 행정관청을 구속할 뿐 법원을 구속하는 것은 아니지만,[21] 실제로는 매우 중요한 기능을 한다.

이 일반행정규칙은 우선 제28항에서, 改姓을 정당화하는 중요한 사유는 신청인의 성 변경에 관한 보호할 가치가 있는 이익이 다른 관계인이 대립하는 보호할 가치 있는 이익과, 법규정에 표현되어 있는 성 보유의 원칙보다 우월할 때에 존재하는데, 이러한 원칙에는 성의 사회적 整序機能(soziale Ordnungsfunktion)과 종전의 성을 유지할 공공의 이익이 포함된다고 한다.

제29항에서는 改姓 사유의 중요성 판단에 있어서는 제34항에서 제50항까지 전형적인 사례의 예시가 근거가 될 수 있는데, 가령 강제집행을 어렵게 하려는 것과 같은 불순한 사유는 보호될 수 없다고 한다.

그리고 제30항 제2호에서는 성은 원칙적으로 성을 보유하고 있는 사람이 자유롭게 처분할 수 없기 때문에, 가령 성이 그 보유자의 마음에 들지 않는다거나 다른 이름이 더 좋다는 이유만으로는 改姓할 수 없다고 한다. 그리고 제32항은 신청인의 전과나 그 밖의 비행이 성의 변경을 배제하는 것은 아니지만,

---

20) 이외에도 성전환자의 이름(Vorname) 변경에 대하여는 성전환법(Transsexuellengesetz)이 규정하고 있으나 이는 이 글에서 다루지 않는다.

21) Staudinger/Habermann, Kommentar zum Bürgerlichen Gesetzbuch mit Einführungsgesetz und Nebengesetzen, Neubearbeitung 2004, §12 Rdnr. 214.

동일인의 식별 가능성이라는 점에서 중대한 사유의 판단에서 고려되어야 한다고 규정한다.

　나아가 제34항에서 제50항까지 改姓이 허용되는 사례군을 예시하고 있는데,22) 예컨대 성이 혐오감을 주거나 우스운 경우, 동명이인이 있어서 혼동의 우려가 있는 경우, 이름이 쓰기 어렵거나 발음하기 어려운 경우 등이다. 특히 제39항에서는 드물거나 주의를 끄는 성이 범죄의 보도에 의하여 범죄 및 범죄자와 밀접하게 결부될 때에는 범죄자와 경우에 따라서는 그 친족의 성도 변경될 수 있다고 규정한다. 그러나 범죄자의 친족의 성은 그로 인하여 괴로움을 겪는다는 등의 객관적인 사유가 없는 한 범죄자로부터 멀어진다는 등의 희망만으로는 성의 변경을 정당화하지 못한다고 규정한다.

　마지막으로 제60항 이하에서는 이름의 변경에 관하여 규정하고 있는데, 제62항에서는 이름은 중요한 사유가 그 변경을 정당화할 때에만 변경할 수 있고, 성의 변경에 관한 규정들은 준용되지만 종전 이름의 유지에 관한 공공의 이익은 성의 변경의 경우보다 낮게 평가되어야 하며, 나이가 1살보다 많고 16세 미만의 아동의 이름은 중대한 사유가 있는 경우에만 아동의 이익을 위하여 변경될 수 있다고 한다.

　독일연방행정법원은 대체로 이 규정을 그대로 받아들이고 있는데, 특히 이름의 변경의 경우에는 구별 및 귀속의 표지로서 이름보다 더 폭넓게 기능하는 성의 변경의 경우보다는 종전의 이름을 유지할 공공의 이익이 낮게 평가되어야 한다고 한다.23) 독일연방헌법재판소도 성과 이름의 변경에 관한 법률 제3조와 제11조는 헌법적으로 문제가 없고, 위 규정상의 '중요한 사유'를 해석함에 있어서 종전 성의 유지에 관한 공공의 이익(이는 이름의 변경에는 낮게 평가하여야 한다)을 성의 변경에 관한 사적 이익과 비교 형량하고, 단순히 합리적인 근거만으로는 성의 변경을 위하여 불충분하다고 보아도 헌법적으로 문제가 없다고 한다.24)25)

---

22) 이는 예시적인 것이고, 사안에 따라서는 꼭 이에 따를 필요는 없다. 제33항 참조.

23) 독일연방행정법원 2003. 3. 26. 판결, BVerwG StAZ 240-242.

24) 독일연방헌법재판소 제1재판부 제1소부의 1989. 10. 10. 헌법소원 불수리 결정(BVerfG 1. Senat 1. Kammer, Kammerbeschluß vom 10. Oktober 1989, Az: 1 BvR 358/89). 인터넷 유료 사이트인 www.juris.de에서 검색할 수 있다.

25) 그러나 Michael Wagner-Kern, Staat und Namensänderung, 2002, 특히 S. 411 ff.는 이처럼 성의 변경을 제한적으로만 인정하는 것을 시대착오적이라고 비판하면서 뒤에서 살펴볼 오스트리아처럼 법을 바꾸어야 한다고 주장한다.

이름의 변경에 관하여 중요한 사유라고 독일의 판례가 인정한 것으로는 예컨대 세례명으로 이름을 변경하는 경우[26] 등이 있다. 반면 부모가 일단 정한 자녀의 이름이 그 아이에 맞지 않고, 그 이름을 싫어하게 되었다는 것, 너무 흔한 이름이라는 것, 죽은 대부(Taufpate)를 기억하기 위하여 이름을 바꾼다는 것 등은 중요한 사유라고 볼 수 없다고 한다.[27]

2. 오스트리아

오스트리아가 1938년에 독일에 합병되면서 1939년에 성명의 변경에 관한 독일의 법률이 오스트리아에도 적용되게 되었고, 1945년에 독립한 후에도 이 법이 계속 적용되었으며, 그 적용의 실제도 독일의 경우와 별로 차이가 없었다.[28] 그 후 1988년에 종전의 법은 "성명의 변경에 관한 연방법률(Bundesgesetz über die Änderung von Familiennamen und Vornamen)"에 의하여 대체되었다. 이 법은 종전과 마찬가지로 성명의 변경은 중요한 사유(wichtiger Grund)가 있어야만 가능한 것으로 규정하고 있었으나, 1995년에 이르러 특별한 경우가 아닌 한 성명의 변경은 허용되는 것으로 개정되었다.[29]

즉 제1조 제1항에서는 제2조의 사유[30]가 존재하고 제3조의 사유가 존재하지 않을 때에는 성명의 변경이 가능하다고 규정하고, 제2조 제1항에서는 제1호에서 제10호까지 성이 혐오감을 주거나 우스운 경우, 동명이인이 있어서 혼동의 우려가 있는 경우, 이름이 쓰기 어렵거나 발음하기 어려운 경우 등 改姓이 허용되는 사유를 열거하고 있으나, 제11호에서는 신청인이 그 밖의 사유로 다른 성을 원할 때[31]에도 改姓의 사유가 존재하는 것으로 규정한다. 그리고 제2항에서는 개명(Änderung von Vorname)의 경우에도 제1항의 사유 중 제11호를 포함한 상당부분을 적용하는 외에, 다음과 같은 사유를 추가로 규정하고 있다. 즉 미성년의 양자(Wahlkind)가 출생시의 이름과 다른 이름을 쓰려고 할 때, 개

---

26) 위 주 23)의 독일연방행정법원 2003. 3. 26. 판결.

27) Staudinger/Habermann, §12 Rdnr. 247 등 참조. MünchKomm/Schwerdtner, 4. Aufl., 2001, §12 Rdnr. 35는 하급심 판례를 인용하면서, 사적인 이익을 위한 단순히 합리적인 이유, 즉 이해할 수 있는 이유는 종전의 이름을 유지하는 공적인 이익보다 우월할 수 없다고 한다.

28) Bernhard Raschauer, Namensrecht, 1978, S. 192 ff.

29) Elisabeth Berger, Erwerb und Änderung des Familiennamens, 2001, S. 158 ff. 참조.

30) 종전의 "중요한 사유"가 "사유"로 바뀌었다.

31) der Antragsteller aus sonstigen Gründen einen anderen Familiennamen wünscht.

종의 경우 종교적인 의미가 있는 이름을 쓰거나 그와 같은 종전의 이름을 바꾸려고 할 때 및 이름이 신청인의 性과 일치하지 않을 때에도 개명이 허용된다는 것이다.

그런데 제2조 제1항 제11호의 사유(제2항에서 준용되는 경우 포함)와 그 외의 사유와의 차이는, 그 외의 사유의 경우에는 신청 수수료 등이 면제되는 반면, 제11호의 사유의 경우에는 수수료를 내야 한다는 것이다(제6조).

그리고 제3조에서는 예외적으로 改姓 또는 개명이 허가될 수 없는 사유를 열거하고 있는데, 改姓이 법규정을 회피하기 위한 것일 때, 신청된 새로운 성이 우습거나 혐오감을 유발하거나 사람을 지칭하는데 통상적이 아닐 때, 다른 사람과 혼동의 우려가 있을 때, 신청한 이름이 통상적인 것이 아니거나 신청인의 性과 일치하지 않을 때, 신청인 자신의 신청에 의하여 변경한 성 또는 이름을 10년 내에 다시 변경하려고 할 때 등이다.

3. 프 랑 스

프랑스는 프랑스 혁명 이래 전통적으로 개성과 개명을 인정하지 않았다. 공화력 제2년 열매의 달(fructidor) 6일[32])의 법은, 누구도 출생 당시의 성(nom)과 이름(prénom) 아닌 성과 이름을 사용할 수 없다고 규정하고 있었다.[33])

그러나 1955년에 개정된 민법 제57조 제3항은 정당한 이익(intérêt légitime)을 가진 자는 大審法院(tribunal de grande instance)[34])에 개명을 신청할 수 있다고 규정하였고, 이 규정은 1993년에 현재의 민법 제60조로 옮겨졌으며, 관할도 가사법관(juge aux affaires familiales)으로 옮겨졌다. 제60조의 규정은 다음과 같다.

"정당한 이익을 증명하는 자는 개명을 청구할 수 있다. 이 청구는 당사자의 신청에 의하여 가사법관에게 제기되며, 무능력자의 경우에는 그 법정대리인의 신청에 의한다. 이름의 부가 또는 삭제의 경우에도 또한 같다.

아동의 연령이 13세를 넘는 경우에는 아동 자신의 동의를 요한다."[35])

---

32) 서기 1794년 8월 23일.

33) 성 불변의 원칙(le principe de l'immutabilité du nom). 다만 아래(주 40)에서 살펴보는 것과 같은 예외가 인정되었다.

34) 이는 민형사사건에 관한 합의부로 구성된 제1심 법원을 말한다.

35) Toute personne qui justifie d'un intérêt légitime peut demander à changer de prénom. La demande est portée devant le juge aux affaires familiales à la requête de l'intéressé ou, s'il s'agit d'un incapable, à la requête de son représentant légal. L'adjonction ou la suppression de

    여기서 어떠한 경우에 개명의 요건인 "정당한 이익"이 있다고 인정되는
가? 예컨대 죽은 부모나 친구의 이름을 추억하기 위한 경우, 종교적 또는 사회
적 통합을 위한 경우, 종전의 이름이 우스운 경우, 종전의 이름이 통상 다른
性의 사람에게 쓰이는 경우 등이다.36)

    한편 프랑스의 학자들은 프랑스의 판례가 1993년의 개정 후에37) 쉽게 개
명을 인정하는 방향으로 바뀌었다고 지적한다. 즉 1955년 이후에도 이름을 바
꾸는 것은 예외로 취급되어, 예컨대 인종적인 박해를 가져오는 이름을 바꾸거
나 통합을 막는 이름을 바꾸는 것도 거부한 사례가 있었으나, 1993년 법의 자
유로운 정신은 이러한 엄격한 해석을 완화하였다고 한다. 그리하여 판례는 개
종을 이유로 한 경우나 바꾸려는 이름을 장기간 사용한 경우에는 정당한 이익
이 있다고 보고 있다고 한다.38)

    다음의 프랑스 파기원 판례39)는 이 점을 잘 보여주고 있다. 이 사건의 개
명 신청인인 Mohammed Taiebi는 1945년에 알제리에서 태어났는데 프랑스 국
적을 취득한 후 이름을 Daniel이라고 바꾸었으나, 1994년에 이르러 원래의 이
름으로 돌아가겠다는 개명신청을 하였다. 그 이유는 그가 이슬람교 신자인 여
자와 가정을 이루어 그 다섯 자녀도 모두 아랍식 이름을 가졌다는 것이다. 그
런데 원심법원은 프랑스 사회에 통합되기 위하여 프랑스 식으로 이름을 바꾼
다음 그 사회로부터 멀어지려는 것은 정당한 이익이 될 수 없다고 하였다. 그
러나 파기원은 그처럼 원래의 이름으로 돌아가려는 것이 정당한 이익이 될 수

---

    prénoms peut pareillement être décidée.

        Si l'enfant est âgé de plus de treize ans, son consentement personnel est requis.

        이 규정은 2007. 3. 5. 개정되었으나, '무능력자(un incapable)'를 '미성년자 또는 피후견인
    인 성년자(un mineur ou un majeur en tutelle)'로 바꾸었을 뿐이며, 개정법의 시행 시기도 2009
    년 1월 1일이다.

    36) Bernard Teyssié, Droit civil Les personnes, 8e édition, 2003, n° 179 참조.

    37) 이 전까지는 공화력 11년 파종의 달(germinal) 11일(서기 1803년 4월 1일)의 법률에 의하여,
        자녀의 출생시에 이름은 달력상 관행적인 이름 및 고대 역사상의 저명한 인물의 이름만을 쓸
        수 있도록 하였으나, 1993년 개정된 프랑스 민법 제57조는 이러한 제한을 없애고 부모가 자
        유로이 이름을 선택할 수 있도록 하였다.

    38) Philippe Malaurie, Droit Civil Les personnes Les incapacités, 2003, n° 156. Jean Carbonnier,
        Droit Civil 1/Les personnes, 21e édition, 2000, n° 49는 1993년의 법은 공화력 11년의 법을 정
        당한 이유를 쉽게 인정해서는 안 된다는 그 원칙과 함께 폐기하였다고 표현한다. 또한 Droit
        de la famille, sous la direction de Jacqueline Rubellin-Devichi, 2001, n° 1746(Pierre Murat et
        Michel Farge) 참조.

    39) 프랑스 파기원(Cour de Cassation) 민사 제1부 1999년 3월 2일 판결, Bulletin 1999 I N° 76
        p. 51; Semaine juridique, 1999, p. 975, note T. GARE; Répertoire du notariat Defrénois, 1999,
        p. 934, note J. MASSIP.

없는지를 따져 보지 않은 것은 잘못이라고 하여 원심 판결을 파기하였다.

다른 한편 프랑스 민법 제61조는 정당한 이익(intérêt légitime)이 있으면 改姓할 수 있고, 改姓은 데크레(décret)에 의하여 허가된다고 규정하고 있다. 그러므로 改姓은 사법절차가 아니라 행정절차에 의하여 이루어진다.[40] 改姓의 신청은 법무부장관에 대하여 하며,[41] 법무부 장관은 改姓을 허가할 것인지 여부에 관하여 결정을 할 때 필요한 경우 國事院(Conseil d'État)의 의견을 들을 수 있다.[42] 국사원의 판례와 법에 따르면 다음과 같은 경우에 정당한 이익이 인정된다.[43] 첫째, 청구인의 직계존속 또는 4촌 이내의 방계친족의 성이 소멸되는 것을 막기 위한 경우.[44] 둘째, 종전의 성이 불쾌감을 유발하거나, 기괴하거나, 우스운 경우. 셋째, 종전의 성이 이국적인 경우, 넷째, 필명(pseudonyme)을 새로운 성으로 사용하려는 경우[45] 등이다. 반면 단순한 허영심에서 이름을 바꾸려고 하거나, 전과를 숨기려고 하거나, 상업적 이익이나 금전적 이익을 위한 경우 등에는 정당한 이익이 인정되지 않는다. 국사원의 판례는 1993년 이후에도 이전과 마찬가지로 성의 변경을 위한 요건인 정당한 이익에 관하여 엄격한 태도를 취한다는 지적이 있다.[46][47]

---

40) 실제로는 이 규정이 신설되기 전에도 공화력 11년 파종의 달(germinal) 11일의 법률(주 37)에 의하여 改姓을 할 수 있는 어떤 이유(quelque raison)를 가진 사람은 改姓을 신청할 수 있었고, 그 절차는 1993년의 법과 유사하였다. 다만 1993년 전에는 뒤에서 보는 바와 같은 국사원의 의견 청취가 의무적이었다. Juris Classeur, Art. 61 à 61-4, 1994, par Éric Hirsoux, n° 12; Nicole Lapierre, Changer de nom, 2006, p. 97 et suiv.; Carbonnier(주 38), n° 34 등 참조.
41) DECRET n° 94-52 relatif à la procédure de changement de nom Art. 1. 원문에는 國璽尙書(garde des sceaux)라고 되어 있는데 이는 법무부 장관을 가리키는 전통적인 표현이다.
42) DECRET n° 94-52 Art. 4. 법무부장관은 거의 國事院의 意見을 따른다. Malaurie(주 38), n° 154 참조.
43) 이에 대하여는 Juris Classeur(주 40), Art. 61 à 61-4, n° 9 et suiv.; Malaurie(주 38), n° 154; Lapierre(주 40). p. 106 et suiv. 등 참조.
44) 이 점은 1993년 개정된 프랑스 민법 제61조 제2항이 명문으로 규정하고 있다.
45) 다만 이 경우에는 필명이 유명한 것이어야 한다.
46) Malaurie(주 38), n° 154.
47) 이 점에 관하여 유럽인권재판소(European Court of Human Rights)에까지 문제가 되었던 사례를 소개한다. 이 사건 당사자는 Gisèle Taieb라는 여자인데, 1951년에 Halimi라는 남자와 혼인하였으나 1959년에 이혼하였다. 그러나 이혼 후에 그녀는 다른 남자와 혼인하였으면서도 여전히 Halimi라는 이름으로 변호사 및 여성, 인권운동가로 활동하였다. 그런데 전 남편은 1962년에 그녀가 공식 문서상으로 Halimi라는 성을 쓰는 것을 반대하였으나, 직업상 및 공적으로 이 성을 쓰는 것은 반대하지 않았다. 1987년에 그녀는 법무부장관에게 자신의 성을 Taieb에서 Halimi로 바꾸어 달라고 신청하였으나, 전 남편의 반대로 허용되지 않았다. 그러자 그녀는 1996년에 자신의 성을 Gisèle-Halimi로 바꾸어 달라고 신청하여 법무부 장관의 허가 데크레를 받았으나, 전 남편이 이의를 제기하자(프랑스 민법 제61조의 1은 모든 이해관계인은 성씨변경의 데크레가 관보에 공표된 때로부터 2월 안에 국사원에 이의를 제기할 수 있다고 규

4. 미 국[48]

영국의 보통법(common law)상으로는 자신의 성명은 사해의 의사(fraudulent intent)가 없는 한 자유로 바꿀 수 있었다. 그러나 현재 미국 각 주의 성문법률은 실제에 있어서는 두 가지 유형으로 나눌 수 있는데, 그 한 가지 유형은 改姓 및 개명의 신청에 대하여 정당하고 충분한 이유가 있을 것을 요구하며, 법원은 이를 판단함에 있어서 재량을 가진다는 것이다. 이러한 경우에는 신청인이 새로운 성명으로 바꾸는데 단순한 변덕이나 개인적인 욕구 이상의 것이 있다는 것을 입증할 책임이 있다. 다른 한 가지 유형은 법원은 성명의 변경 신청을 거부할 정당하고 충분한 이유가 없는 한 그 신청을 허용하여야 한다고 규정하는 것이다. 이러한 경우에는 성명의 변경신청을 거부할 이유가 있다는 점에 대하여 이를 주장하는 자가 입증책임을 진다.

첫 번째 유형의 경우에 성명 변경의 사유로서 문제되는 것은 개종, 출신국이나 인종적 배경을 숨기는 것, 종전에 사실상 사용하던 이름을 법적으로도 승인받고자 하는 것 등인데, 이러한 것이 성명 변경을 정당화하는 사유가 되는지에 관하여는 각 주의 판례가 반드시 일치하지 않는다. 그러나 성전환의 경우에는 대체로 이름(first name)을 변경된 현재의 성에 맞게 변경하는 것이 인정된다. 반면 자신의 전 남편의 사망을 이유로 하는 손해배상청구소송(wrongful death action)에서 자신의 재혼 사실을 밝히지 않기 위하여 전 남편의 성으로 바꾸어 달라는 것,[49] 중동에서 휴가를 보내기 위하여 자신의 유태인 성을 신교

정하고 있다), 국사원은 1999. 3. 12. 판결(사건번호, Numéro de décision 179718)에 의하여 이의를 받아들여 위 데크레를 취소하였다. 이 사건에서 그녀는 유럽인권협약 제8조를 원용하였으나 국사원은 그 주장을 받아들이지 않았다. 이 결정문은 프랑스 입법부의 인터넷 사이트인 www.legivrance.gouv.fr.에서 찾아볼 수 있다(최종 방문 2007. 5. 27). 그러자 그녀는 다시 유럽인권재판소에 소원(application)을 제기하였다. 그러나 유럽인권재판소는 2001. 3. 20. 결정(decision)에서, 改姓 신청의 거부는 정부의 개입(ingérence)에 해당한다고 할 수 없고, 정부의 개입(ingérence)이 있다고 하더라도 그녀가 원하는 Gisèle-Halimi란 성은 전남편의 성과 혼동을 가져올 우려가 있으므로 이러한 개입은 필요한 것이었다고 하여 소원을 수리하지 않았다. Cour européenne des Droits de l'Homme, Gisèle Taieb dite Halimi contre la France, n° 50614/99, le 20 mars 2001. 결정 원문은 불어로만 되어 있다.

48) 이하의 설명은 79 A.L.R.3d 562를 주로 참조하였다. 또한 57 Am. Jur. 2d Name §§ 16 ff.; 65 C.J.S. Names §§ 21 ff. 등도 참조.

49) Appeal of Evetts(1965, Tex Civ App) 392 SW2d 781.

도 성으로 바꾸어 달라는 것,50) 자신의 성명을 숫자로 바꾸어 달라는 것51) 등
은 정당한 사유로 인정되지 않았다.

　　두 번째 유형의 경우에 신청을 거부할 수 있는 사유로서는 제3자에게 손
해를 입힐 수 있다는 것, 귀족이나 왕족 행세를 하려는 것, 자신이 외국인이라
는 사실을 숨기려는 것 등이다. 예컨대 유명인과 같은 이름을 쓰려는 것,52) 중
죄로 자유형을 받고 있는 사람이 이름을 바꾸려는 것,53) 두 여배우가 동일한
성명을 씀으로서 자신들의 경력에 도움이 되고자 한다는 것54) 등은 제3자에게
손해를 입히거나 입힐 우려가 있기 때문에 허용되기 어렵다.55) 또한 처와 별거
하고 있는, 자신이 동거하고 있는 남자의 성으로 바꾸려는 것을 허용하는 것은
위법한 행위를 인정하는 것이 되기 때문에 허용되지 않는다고 한다.56)

5. 일　　본

　　일본 호적법 제107조의 2는 "정당한 사유에 의하여 이름을 변경하고자 하
는 자는 가정재판소의 허가를 받아 그 취지를 신고하지 않으면 안 된다"57)고
규정하고 있다. 여기서 말하는 정당한 사유가 무엇인가에 관한 일본의 선례로
는 1948(昭和 23). 1. 31. 甲37號 最高裁民事部部長回答이 있다. 이에 따르면 다
음과 같은 사실의 유무를 참작하여야 한다고 한다.58)

　① 영업상의 목적으로 襲名할 필요가 있을 것.

　② 동성동명이 있어서 사회생활상 심한 지장이 있을 것.

　③ 神官 또는 승려로 되거나 이를 그만두기 위하여 개명할 필요가 있을 것.

　④ 진기한 이름, 외국인으로 오인되기 쉬운 이름, 심하게 난해, 난독의 문

---

50) Applications of Greenfield(1970) 66 Misc 2d 733, 322 NYS2d 27.
51) Petition of Dengler(1976, ND) 246 NW2d 758.
52) Re Weingand(1964) 231 Cal App 2d 289, 41 Cal Rptr 77.
53) Re Rouson(1983) 119 Misc 2d 1069, 465 NYS2d 155.
54) Application of Clark(1948, Sup) 85 NYS2d 667.
55) 그러나 제3자의 단순한 불편이나 감정의 손상 등만으로는 신청을 불허할 사유가 되지 못
　　한다는 판례들도 있다. 79 A.L.R.3d 56 § 10 b 참조.
56) Application of B.(1975) 81 Misc 2d 284, 366 NYS2d 9; Hurley Name Case(1965) 38 Pa D
　　& C2d 14.
57) 第百七条の二　正当な事由によつて名を変更しようとする者は、家庭裁判所の許可を得て、その
　　旨を届け出なければならない。
58) 飯田　昭, "改名許可基準と手續", 判例タイムズ No. 747(1991. 3. 20), 384면 참조.

자를 사용한 이름 등 사회생활상 심한 지장이 있을 것.

⑤ 귀화한 자로서 일본식의 이름으로 바꿀 필요가 있을 것.

이외에도 직무관계나 일반사회생활상 오래 사용한 이름의 경우에는 개명을 허가하고 있다고 한다.[59]

이와 관련하여 소개할 것이 일본 최고재판소 1983(昭和 58). 10. 13. 결정[60]이다. 이 사건에서 항고인은 자신의 이름을 일본 호적법 제50조에 의하여 허용되는 常用漢子가 아닌 글자로 바꾸려고 하였으나 하급심에서 이 신청이 각하되자 최고재판소에 특별항고를 제기하면서, 위 호적법의 규정이 위헌이라고 주장하였다.

그러나 최고재판소는 다음과 같은 이유로 이 항고를 각하하였다.

"호적법에 정한 호적은 국민 각자의 민법상의 신분행위 및 신분관계를 공부상에 명확하게 하여 이를 일반적으로 공증하는 제도이고, 호적법이 위 신분행위나 신분관계상의 지위의 취득에 즈음하고 씨명을 붙여 신고를 요구함과 동시에, 그 씨명의 선택에 대해 종래의 전통이나 사회적 편의를 고려하면서 일정한 제한을 두고 있는 것도, 오로지 위 법의 취지·목적으로부터 나온 것으로 해석되기 때문에, 호적상의 성명에 관한 한, 호적법이 정하는 대로 따라 명명하지 않으면 안 되는 것은 당연하고, 이러한 규정에 관계없이 씨명을 선택하고, 호적상 그것을 공시해야 할 것을 요구할 수 있는 일반적인 자유 내지 권리가 국민 각자에게 존재한다고 해석할 수는 없다. 다른 한편 호적법은, 각자가 호적상의 씨명 이외의 관계에서 이와 다른 씨명을 호칭하는 것을 특별히 금지하고 있지는 않다. 그러므로 호적법 제50조의 규정이 아이의 이름에 대해 제한을 부과하고 있는 것이 개인의 씨명 선택의 자유를 제한하여, 헌법 제13조에 위반된다는 취지의 항고인의 주장은, 그 전제를 결여하기 때문에, 채용할 수 없다."

이 결정은 호적법의 규정과 관계없는 개인의 성명(氏名)선택권 자체가 헌법상의 권리로서 존재한다는 것을 부정한 것처럼 보이기도 한다. 그러나 이 결정에 대한 평석[61]은 새로운 인권으로서의 씨명선택권은 존재하고, 그 근거조문

---

59) 飯田 昭(주 58), 385면. 또한 金仁兼(주 4), 50-51면; 趙相根(주 11), 19-22면 참조.
60) 判例時報 1104, 66면.
61) 小林 節, "いわゆる「氏名選擇權」と憲法十三條", 判例時報 1117(判例評論 306), 1984, 205-206면.

은 행복추구권을 규정하고 있는 일본헌법 제13조라고 한다. 다만 호적법 제50조는 공공의 복지에 의한 제한으로서 정당화될 수 있고, 이름의 변경에 관하여 정당한 사유를 요구하는 호적법 제107조의 2[62])도 위헌이 아니라고 한다.

다른 한편 일본 호적법 제107조 제1항은 부득이한 사유에 의하여 씨를 변경하고자 하는 때에는, 가정재판소의 허가를 얻어 그 취지를 신고하지 않으면 안된다고 규정하여 씨의 변경을 인정하고 있다. 종래 改氏의 사유인 부득이한 사유의 예로서 인정된 것은 진기·난해·난독의 이름, 동성동명으로서 사회생활상 심한 지장이 있는 경우, 미해방부락민이라는 것을 나타내는 경우, 오랫동안 호적상의 씨와 다른 씨를 사용하여 온 경우 등이 있다.[63)64)]

6. 소   결

이상의 외국의 입법례를 살펴보면, 앞에서 언급한 것처럼 이름의 변경에 정당한 사유가 있음을 요구하는 입법례도 있고, 반대로 이름의 변경을 허가하지 않을 사유가 없는 한 이름의 변경을 허가하는 입법례도 있다. 그리고 정당한 사유를 요구하는 입법례 가운데에도 독일이나 프랑스에서는 이름의 변경의 경우에는 성의 변경의 경우보다는 더 완화하여 해석하고 있음을 알 수 있다.

Ⅳ. 이 사건 결정에 대하여

1. 전제적 논의

개명허가의 요건에 관한 해석론을 살펴보기 전에 그 전제로서 다음의 두 가지를 살펴볼 필요가 있다. 첫째, 개명권을 포함하는 성명권은 헌법상의 권리인가? 둘째, 부모의 자녀에 대한 명명권(작명권)이 인정되는 근거는 무엇인가?

---

62) 이 당시에는 제107조 제2항이었으나 昭五九年(1984) 法律第四十五号에 의하여 지금과 같이 제107조의 2로 바뀌었다. 이 점을 지적하여 주신 익명의 심사위원에게 감사의 뜻을 표한다.

63) 상세한 것은 谷口知平, 戸籍法, 1978(昭和 53), 240면 이하 참조.

64) 이외에 일본 민법 제791조는 子가 부 또는 모와 氏를 달리 하는 경우에는 가정재판소의 허가를 얻어 子의 부 또는 모의 氏를 칭할 수 있다고 규정하고 있다.

가. 성명권이 헌법상 권리인지 여부

성명권이 인격권의 일부로서 헌법상 보장되는 기본권이라는 점에 대하여
는 오늘날 이견이 없다고 보인다.[65] 이 사건 결정도 "성명권은 헌법상의 행복
추구권과 인격권의 한 내용을 이루는 것이어서 자기결정권의 대상이 되는 것
이므로 본인의 주관적인 의사가 중시되어야 하는 것이다"라고 판시하고 있다.
헌법재판소 2005. 12. 22. 선고 2003헌가5·6 결정[66]도, "헌법은 제10조에서
"모든 국민은 인간으로서의 존엄과 가치를 가지며 행복을 추구할 권리가 있다"
고 규정하여 모든 국민이 자신의 존엄한 인격권을 바탕으로 자율적으로 자신
의 생활영역을 형성해 나갈 수 있는 권리를 보장하고 있는데(헌재 1997. 3. 27.
95헌가14등, 헌판집 9권 1집 193, 204면 참조) 성명은 개인의 정체성과 개별성을
나타내는 인격의 상징으로서 개인이 사회 속에서 자신의 생활영역을 형성하고
발현하는 기초가 되는 것이라 할 것이므로 자유로운 성의 사용 역시 헌법상
인격권으로부터 보호된다고 할 수 있다"고 판시하고 있다.[67] 이는 외국에서도
마찬가지라고 보인다.[68] 그러므로 개명권도 자신의 성을 자유롭게 선택할 수
있는 권리로서 성명권에 포함되므로 헌법상 보장되는 기본권이라고 할 수 있
다.[69]

다만 국내의 학설이 성명권이나 개명권의 헌법적 근거를 헌법 제10조가
규정하고 있는 행복추구권으로만 보고 있는 데 대하여는 다소 의문의 여지가
있다. 이는 행복추구권뿐만 아니라 헌법 제17조에서 보장하고 있는 사생활의
자유에도 해당되지 않을까?[70] 다만 어떻게 보더라도 큰 차이가 있는 것은 아

---

65) 成樂仁, 憲法學, 제7판, 2007, 323-324면; 鄭宗燮, 憲法學原論, 제2판, 2007, 354, 356면; 趙相
根(주 11), 4-5면; 梁範錫(주 4), 584면; 金仁兼(주 4), 44면 등.

66) 위 주 9).

67) 위 결정은 성은 혈통을 상징하는 기호로서 개인의 혈통관계를 어떻게 성으로 반영할 것인
지의 문제이며 이는 가족제도의 한 내용을 이루는 것이라고도 설명하고 있다.

68) 독일에 관하여는 Murswiek, in: Sachs, Grundgesetz, 2. Aufl., 1999, Art. 2. Rdnr. 75. 133;
Raschauer(주 28), S. 94 ff.; 오스트리아에 관하여는 Raschauer, 위 책, S. 84 ff. 참조. 일본에
관하여는 예컨대 二宮周平, "子의 氏(名)의 變更", 民商法雜誌 111권 4·5호, 1995, 655면 이하
(다만 일본의 그때까지의 판례·학설에는 氏名이 인격권이라는 시점이 빠져 있다고 비판하고
있다).

69) 金仁兼(주 4), 54면 등 참조.

70) 유럽인권재판소의 판례{주 19)의 Stjerna V. Finland 판결; 주 47)의 Gisèle Taieb dite Halimi
contre la France 판결; Burghartz V. Switzerland, 1994. 2. 22 판결 등}는 성명권의 근거를 사
생활의 보장(respect for private life)을 규정하고 있는 유럽인권협약 제8조에서 찾고 있다. 다
만 유럽인권협약에는 우리 헌법상의 행복추구권과 같은 규정은 없다.

닐 것이다.

나. 부모의 명명권의 근거

사람이 출생하면 그 이름은 제1차적으로는 부모나 부모의 역할을 하는 사람이 짓게 되고, 그 과정에서 이름의 주체인 본인의 의사가 개입될 여지가 없다. 그 후 본인이 개명을 하고자 하는 경우가 대부분이기 때문에,[71) 부모의 명명권 내지 작명권은 어떤 근거에서 부여되는가 하는 점을 살펴볼 필요가 있다.

이 점에 관하여 국내에서는 일본의 논의를 소개하면서, 부모의 자녀에 대한 명명행위의 근거를 부모의 친권 자체의 권능에 기한 친권의 작용이라는 견해가 있는 반면, 자녀의 이름을 짓는 것은 본질적으로 자녀의 고유의 권한이지만, 출생 시점에서 자녀 스스로 이름을 짓는 것은 불가능하기 때문에 사무관리의 법리에 근거하여 친권자가 명명행위를 대행하는 것이라는 견해가 있는데, 후자가 일본의 통설이고, 이것이 타당하다고 하는 설명이 있다.[72)

생각건대 자녀의 이름에 관한 권한이 기본적으로는 자녀의 고유의 권한이지만 출생 시점에서 자녀 스스로 이름을 짓는 것은 불가능하기 때문에 친권자가 이름을 짓는다는 것은 수긍할 수 있다. 그러나 그렇다고 하여 이를 사무관리라고 부를 필요는 없고, 친권의 작용이라고 설명하는 것이 무난하다고 생각된다.[73) 원래 친권이라는 것의 상당수가 자녀가 하여야 하는 일을 부모가 대행한다는 성질을 갖는 것이고, 또 사무관리라고 한다면 이를 반드시 부모가 하여야 한다는 법은 없는 것이다.

다만 친권 일반에 있어서와 마찬가지로 부모의 명명권은 자녀의 복리를 위하여 행사되어야 한다는 점을 염두에 두지 않으면 안 된다(민법 제912조 참조). 따라서 예컨대 자녀의 이름을 발음상 욕설로 들리게 하거나 치욕감을 느끼게 하는 경우 또는 사물의 이름과 비슷하여 그 자녀가 놀림감이 되게 한다든지 하는 것은 곤란할 것이다.[74) 일본에서는 자녀에게 '惡魔'라는 이름을 짓

---

71) 물론 미성년자의 경우에는 부모가 개명을 하려고 하는 경우도 있다.

72) 梁範錫(주 4), 589-590면; 金仁兼(주 4), 44-45면 등. 일본의 문헌으로는 二宮周平(주 68), 656면 참조.

73) 梁彰洙(주 6), 136-137면도 같은 취지라고 생각된다. 독일에서도 자녀의 명명권은 친권(elterliche Sorge)에 근거한다고 한다. 예컨대 Staudinger/Habermann, §12 Rdnr. 204 참조.

74) 구체적인 내용은 梁彰洙(주 6), 141면 이하 참조.

는 것이 허용되는가 하는 점이 문제된 사례가 있었는데, 일본의 재판소는 이는 명명권의 남용이라고 하였다.75)

2. 개명허가의 기본적 요건에 대하여

앞에서 다른 나라의 예에서 본 것처럼, 개명을 어느 범위에서 허가할 것인가에 관하여는 크게 두 가지의 방법을 생각할 수 있다. 그 하나는 개명을 허가할 이유가 있는 경우에만 개명을 허가하는 것이고, 다른 하나는 개명을 불허할 이유가 없으면 개명을 허가한다는 것이다.

사견으로는 후자의 방식이 타당하다고 생각한다. 그 이유는 다음과 같다.

첫째, 형식적인 이유이기는 하지만, 현행법은 개명허가의 실체적 요건에 관하여는 아무런 규정이 없다. 그렇다면 개명은 원칙적으로 자유이어야 하고, 개명을 위하여는 특별한 사유가 있어야 한다고 주장한다면 이에 대한 법적 근거를 제시하여야 할 것이다.

둘째, 보다 중요한 이유는 개명권은 헌법상의 기본권으로서, 개명에 관하여는 본인의 의사를 존중할 필요가 있다는 점이다. 헌법상의 기본권은 이를 자유로 행사할 수 있는 것이 원칙이고, 다만 국가안전보장·질서유지 또는 공공의 복리를 위하여 필요한 경우에 한하여 법률로써 제한할 수 있는 것이다(헌법 제37조 제2항). 이 사건 결정도, 성명권은 헌법상의 행복추구권과 인격권의 한 내용을 이루는 것이어서 자기결정권의 대상이 되는 것이므로 본인의 주관적인 의사가 중시되어야 하는데, 이름은 통상 부모에 의해서 일방적으로 결정되어지고 그 과정에서 이름의 주체인 본인의 의사가 개입될 여지가 없다는 점을 개명을 폭넓게 인정하여야 하는 이유로서 들고 있다.

그런데 이에 대한 반론으로는 개명을 허가할 경우 초래될 수 있는 사회적 혼란과 부작용이 있으므로 그처럼 쉽게 개명을 인정할 수는 없고, 개명을 허가할 만한 사유가 있는 때에 한하여 개명을 인정하여야 한다는 점을 들 수 있다. 이 사건 결정도 그와 같은 점을 언급하고 있다.

물론 개명의 자유도 무제한일 수는 없고, 개명으로 인하여 사회 질서를 혼란하게 한다든지 다른 사람에게 피해를 입히는 경우에는 개명의 자유의 남용

---

75) 東京家裁 八王子支部 1994(平成 6). 1. 31. 審判(判例時報 1468, 56면).

으로서 허용될 수 없음은 당연하다. 결국 문제는 개명을 원하는 당사자의 의사와 그로 인한 사회적 혼란의 방지를 어떻게 비교 형량할 것인가 하는 점이다.

그런데 이에 관하여 검토해 본다면, 저울추는 압도적으로 개명을 원하는 당사자의 의사를 존중하여야 한다는 쪽으로 기운다. 우선 명명권은 1차적으로는 본인에게 귀속되어야 하는데, 출생 당시에는 본인이 이를 행사할 수 없기 때문에 부모와 같은 사람이 대신 행사하였다고 한다면, 본인에게 적어도 한 번은 스스로 본인의 의사에 따라 명명권을 행사할 수 있는 기회를 주어서 이름을 바꿀 수 있게 하여야 한다고 보는 것이 자연스럽다.76) 성명권 또는 개명권이 헌법상의 행복추구권 또는 사생활의 자유에 포함된다는 것도 결국 이러한 의미라고 생각된다.

반면 개명으로 인한 사회적 혼란의 방지라는 것은 일반적으로는 그다지 문제된다고 할 수 없다. 이 사건 결정이 설시하는 것처럼, 이름이 바뀐다고 하더라도 주민등록번호는 변경되지 않고 종전 그대로 존속하게 되므로, 개인에 대한 혼동으로 인하여 초래되는 법률관계의 불안정은 그리 크다고 할 수 없다. 다른 한편으로 개명으로 인하여 느끼는 불편은 다른 사람보다는 개명을 한 사람 자신이 제일 클 것이다. 그런데 본인이 그러한 불편을 감수하면서도 개명을 하겠다고 한다면 다른 특별한 사유가 없는 한 이를 들어주는 것이 합리적일 것이다.77) 이 점은 오스트리아나 미국의 일부 주와 같이 개명을 특별한 사유가 없이도 허용하고 있는 나라가 있다는 점에서도 알 수 있다. 이러한 나라나 주의 경우에 이로 인한 별다른 혼란이 있다는 이야기는 없다.

뿐만 아니라 사회적 혼란을 방지할 필요가 있다면 그처럼 사회적 혼란을 방지할 필요가 큰 경우에 한하여 개명 허가를 제한하는 것이 타당하지, 개명을 할 객관적인 이유가 있는 경우에만 개명을 인정한다고 하는 것은 적절한 방법이 될 수 없는 것이다.78)

---

76) 金仁兼(주 4), 52면도 작명권의 본질이 사무관리라는 전제에서 볼 때, 본인에게 불리하거나 본인의 의사에 반하는 것이 명백한 경우에는 사무관리가 성립하지 않는다는 법리에 비추어 보면, 부모가 결정한 이름이 본인의 의사에 반하는 경우 이는 올바른 사무처리라고 할 수 없고, 따라서 본인에게 시정의 기회를 부여하는 것이 마땅하다고 한다. 작명권의 본질을 사무관리라고 하는 것은 다소 문제가 있으나, 그 결론은 수긍할 수 있다.

77) 金仁兼(주 4), 52면도, 개명으로 인해 초래될 수 있는 부작용이나 사회적 혼란이라는 것이 구체적으로 무엇인지 분명하게 말하기 어렵고, 개명으로 인한 불이익은 1차적으로 본인이 먼저 지게 되는 것이며, 본인이 속한 조직이나 사회의 범주 내에서는 어차피 개명사실이 알려지게 될 것이므로 특별한 문제가 생긴다고 볼 수도 없다.

78) 金仁兼(주 4), 52-53면도, 악용이나 부작용이 있을 수 있다는 막연한 우려만으로 일률적으

이러한 점에서 이 사건 결정 이유를 다시 분석해 보면, 개명을 허가할 만한 상당한 이유가 있어야 한다고 하는 결론이 개명에 있어서는 본인의 의사를 존중하여야 한다고 하는 앞 부분의 판시와는 다소 조화되지 않는다고 보이고, 왜 상당한 이유가 있어야 하는가에 대한 논증이 부족하다는 느낌이 든다.[79]

결국 개명 허가가 있으면 이를 허가하여서는 안 될 만한 적극적인 이유가 없는 한, 개명을 허가하는 것이 당사자의 인격권을 보장하는 것이 될 것이다.

3. '상당한 이유'의 의미에 관하여

그런데 이 사건 결정은 개명 허가를 위하여 개명을 허가할 만한 상당한 이유가 있을 것을 요구하고 있다. 그러므로 이 사건 결정에 대한 이론적인 비판은 별론으로 하고, 여기서 말하는 상당한 이유가 무엇인지를 따져 보는 것이 중요할 것이다.

이 사건 결정 자체는 어떤 경우에 상당한 이유가 있다고 볼 것인지에 관하여 별다른 기준을 제시하고 있지 않다. 이는 앞에서 살펴본 호적예규의 경우에도 마찬가지이다. 물론 이 사건 결정처럼 통상 사용되는 한자가 아니어서 잘못 읽히거나 컴퓨터 등을 이용한 문서작성에 있어 어려움이 있고, 이름이 여자 이름으로 착각되는 경우에는 상당한 이유가 있다고 하지 않을 수 없다. 종전에도 이러한 경우에는 개명을 허가하여 왔다.[80] 그런데 이 밖에 판례가 종전에도 개명을 허가하여 왔던 경우들[81] 이상으로 개명이 허가되는 범위를 넓히려고 하는 것인지는 반드시 명백하지 않다.

가장 문제될 수 있는 것은 이름이 이른바 성명철학상 좋지 않으니 개명하겠다는 것을 어떻게 취급할 것인가 하는 점이다. 실제로 종전의 서울가정법원의 경우에는 실질적으로 80% 정도의 사건이 미신적인 이유로 개명신청을 하

로 개명허가를 제한하는 것은 개명신청인들을 잠재적 범죄자로 취급하는 셈이 되어 결코 타당하다고 볼 수 없으며, 오히려 대부분 선량한 개명신청인들의 정당한 권리를 침해하는 결과만을 초래할 뿐이라고 한다.

79) 이 사건 결정을 뒷받침하였다고 생각되는 金仁兼(주 4)은 56면에서 negative 방식을 채택한다 하더라도 소극적 요건에 해당하지 않는 한 본인이 원하기만 하면 무조건 허가를 해준다는 식으로의 방향 설정은 곤란하고, 어떤 형식으로든 적극적 요건을 설정할 필요가 있다고 하나, 왜 그러한 방향 설정은 곤란한지에 대한 근거 제시가 없다.

80) 위 주 6) 참조.

81) 위 주 15)의 본문 참조.

고 있었는데,[82] 법원에서는 연소자를 제외하고는 이러한 사유를 이유로 하여서는 개명을 허가하지 않고 있었다고 한다.[83]

그런데 이 사건 결정에 대한 대법원 재판연구관의 해설은, 단순히 이름이 마음에 들지 않는다는 정도만으로는 상당한 이유가 있다고 볼 수 없겠지만, 미신적인 이유의 경우에도 본인의 의사를 1차적으로 중시한다는 입장에서는 이에 해당하는 것으로 볼 수 있다고 한다.[84]

그러나 단순히 이름이 마음에 들지 않는다는 것과, 미신적인 이유로 이름을 바꾸려고 한다는 것 사이에 얼마나 차이가 있는지는 의문이다. 그러므로 미신적인 이유로 이름을 바꾸는 것이 허용된다면, 판례가 상당한 이유를 요구하는 것은 결국 별다른 의미가 없는 것이 아닌가 생각된다. 그럼에도 불구하고 판례가 상당한 이유를 요구하고 있는 것은 실무상 불필요한 혼란만을 가져오게 되어 문제라고 하겠다.

4. 개명을 허가하지 않을 사유

이처럼 개명을 허가하여야 할 상당한 사유라는 것이 큰 의미를 가지지 않는다면, 결국 실제로는 어떤 경우에 개명을 허가하면 안 되는가 하는 사유가 문제로 될 것이다. 이 점에 관하여 이 사건 결정은, 범죄를 기도 또는 은폐하거나 법령에 따른 각종 제한을 회피하려는 불순한 의도나 목적이 개입되어 있는 등 개명신청권의 남용으로 볼 수 있는 경우에는 개명을 허가하여서는 안 된다고 하였고, 호적예규도 이를 받아 그대로 규정하고 있다.

위 결정이 들고 있는 것처럼 범죄를 기도 또는 은폐하거나, 법령에 따른 각종 제한을 회피하려고 하는 개명허가신청은 원칙적으로는 허용되어서는 안 될 것임이 분명하다. 물론 실제로는 그 판단에 어려움이 따를 수 있다.[85]

이외에도 앞에서 본 오스트리아나 미국의 경우를 참고한다면, 새로운 이름이 혐오감을 주거나 우스운 경우, 가령 유명인의 이름이나 다른 특정인의 이름

---

82) 金仁兼(주 4), 46면 주 14) 참조.
83) 주 16)의 본문 참조.
84) 金仁兼(주 4), 56면.
85) 필자가 들은 바에 의하면 외국에서 범죄를 저질러 추방되고 다시 입국할 수 없는 사람이 한국에서 개명하여 새로운 여권을 발부받아 다시 당해 외국에 입국하는 사례가 있는데, 이는 현실적으로 파악하기 어렵다고 한다.

과 같이 개명하려고 하는 것 등 혼동의 우려가 있는 경우, 새로운 이름이 쓰기 어렵거나 발음하기 어려운 경우, 개명으로 인하여 다른 사람에게 직접적인 피해를 줄 염려가 있는 경우 등은 개명의 불허가 사유가 될 것이다.

  다음과 같은 경우가 개명의 불허가 사유가 되는지는 특히 따져 볼 필요가 있다. 첫째, 범죄로 인하여 형사처벌을 받은 전과자가 이러한 전과를 숨기기 위하여 개명을 신청하는 경우에는 어떻게 할 것인가? 종전에는 이러한 경우에는 개명을 잘 허가하지 않았던 것으로 보인다. 그러나 그러한 사람이라도 과거를 떨쳐 버리고 새출발을 하기 위하여 개명신청을 하는 경우에는, 그것이 누범가중을 면하기 위한 경우처럼 다른 특별한 이유가 없는 한 개명을 허가하는 것이 타당할 것이다.[86]

  둘째, 일단 법원의 허가를 얻어 개명을 한 사람이 다시 개명하려는 경우에는 어떻게 할 것인가? 앞에서 살펴본 오스트리아 법에서는 신청인 자신의 신청에 의하여 변경한 성 또는 이름을 10년 내에 다시 변경하려고 할 때에는 이를 허가하지 않도록 규정하고 있고, 우리나라에서는 종전에는 한 번 개명을 한 후 다시 개명을 신청하는 경우에는 개명을 허가해 주지 않았던 것이 일반적이었다.[87] 일단 본인에게 개명의 기회를 주어 개명이 이루어진 이상 또다시 개명을 허가할 필요는 없다고 생각할 수도 있겠으나, 새로운 이름이 마음에 들지 않는다면 그것이 개명권의 남용이라고 판단될 경우가 아닌 이상 허용해 주어야 하지 않을까?

V. 改姓의 문제

  이처럼 개명을 원칙적으로 자유롭게 인정하여야 한다면, 성의 변경도 인정하여야 하지 않는가 하는 문제가 제기되게 된다. 앞에서 보았듯이 외국에서는 이름의 변경과 함께 성의 변경도 인정하고 있다.

---

  86) 같은 취지, 梁範錫(주 4), 601면. 金仁兼(주 4), 47면 주 15) 및 56면 주 24)는 과거 부천서 성고문 사건의 피고인이었던 사람이 개명신청을 하였다가 기각된 예를 들면서, 이러한 경우 개명을 불허하는 것은 형사처벌의 정도를 넘어 평생 범죄자로 낙인이 찍힌 상태로 살아갈 것을 강요하는 결과가 될 것이라고 한다. 또한 앞에서 살펴본 독일의 성과 이름의 변경에 관한 법률에 관한 일반행정규칙 제32항 참조.
  87) 梁範錫(주 4), 620면.

이 문제는 좀더 따져 보아야 할 문제이겠으나, 우리나라에서는 당사자의 의사에 의한 姓의 변경을 인정할 실익이 별로 없다고 생각된다. 다른 나라에서 성의 변경이 문제되는 것은 주로 성이 읽기 어렵거나 진기한 경우, 또는 성 때문에 다른 사람의 놀림이 되는 경우 아니면 희귀한 성인데 유명한 범죄자와 동일시되는 경우 등이다. 서구나 일본에서는 우리나라보다 성이 훨씬 다양하여 이런 현상이 생긴다고도 볼 수 있다.88) 그러나 우리나라에서는 성이 한정되어 있어서,89) 이러한 문제점이 생길 여지가 별로 없고, 현실적으로 성의 변경을 인정할 필요를 인정할 수 있는 경우를 생각하기 어렵다.

뿐만 아니라 이름과는 달리 성은 원래 선택의 대상이 아니다. 다시 말하여 성은 특정 가계에 속한다는 것을 나타내는 것이기 때문이다. 그러므로 가족의 성은 원래 부 또는 예외적으로 모의 성을 따라야 하고, 제3의 성을 따를 수 있는 것은 아니다. 물론 2005년 개정되어 2008년부터 시행될 민법 제781조는 종래의 엄격한 父姓主義의 원칙을 완화하여 부모가 혼인신고시 모의 성과 본을 따르기로 협의한 경우에는 모의 성과 본을 따를 수 있도록 하고(제1항), 자의 복리를 위하여 필요한 경우에는 법원의 허가를 받아 이를 변경할 수 있도록 하였으나(제6항), 이는 예외적인 것이고, 근본적으로 성은 당사자의 의사에 따라 바꿀 수 없다는 원칙이 무너진 것은 아니다.90)

그러므로 우리나라에서는 현행법 이상으로 당사자의 의사에 따라 성을 바꿀 권리를 인정할 필요는 없을 것이라고 생각된다. 그러나 이 문제에 대하여는 좀더 논의할 여지가 있다고 보인다.91)

---

88) 梁彰洙(주 6), 133면 참조.

89) 한국의 姓이 몇 가지나 되는가에 관하여는 자료마다 다소 차이가 있으나, 대체로 200여개라고 알려져 있다.

90) 최근에 호적상 이(李)·유(柳)·나(羅)씨 등의 성씨를 두음법칙을 적용하지 않고 '리·류·라'씨로 쓸 수 있는가에 관하여 이를 받아들여 호적정정을 허가한 하급심의 판례가 있고(예컨대 충주지방법원 2007. 4. 27. 선고 2007브2 판결, 대법원 홈페이지 전국법원 주요판결란에서 검색할 수 있다), 대법원에서도 이를 위하여 호적예규 등의 개정을 검토하고 있는 것으로 알려져 있다. 법률신문 2007. 6. 1.자 참조. 그러나 이는 엄밀히 말하여 호적정정의 문제이지 改姓의 문제는 아니다.

91) 유럽인권재판소의 Stjerna v. Finland 판결(주 19)은, 정부가 특정한 새 성을 쓰는 것을 거부하는 것은 유럽인권협약 제8조에서 규정하고 있는 사생활에의 개입(interference)이라고는 할 수 없고, 다만 국가가 성의 변경을 허용하여야 하는 적극적 의무(positive obligation)가 있는가가 문제되는데, 이는 개인과 공동체의 이익 사이에 이루어져야 하는 공정한 균형을 고려하여 결정되어야 하며, 이 점에 관하여는 유럽인권협약의 체약국에게는 넓은 판단의 재량(margin of appreciation)이 인정되어야 한다고 하였다. 그러나 국가가 改姓의 신청을 거부하는 것이 공권력에 의한 사생활에의 개입(우리 법상 공권력에 의한 기본권의 제한)에 해당하

VI. 結   論

이 사건 결정의 기본 취지는 개명신청권의 남용으로 볼 수 있는 경우가
아니라면 원칙적으로 개명을 허가하여야 한다는 데 있다고 이해된다. 이는 개
명의 자유의 폭을 넓혔다는 점에서 환영할 만하다. 그러나 여전히 기본적으로
는 개명을 허가할 만한 상당한 이유가 있어야 한다는 점을 요구하고 있어, 반
드시 일관성이 있다고 하기 어려울 뿐만 아니라, 실무상으로도 혼선을 초래할
우려가 있다. 앞으로 실무상으로는 이러한 '상당한 이유'를 요구하지 않는 방
향으로 운영되는 것이 바람직할 것이다.

〈追記〉

이 글은 2007. 5. 28. 서울가정법원에서 개최된 한국가족법학회와 서울가
정법원 공동발표회에서 발표하였던 것을 보완한 것이다. 당시 이호원 가정법원
장으로부터 들은 바에 의하면 서울가정법원의 개명사건 처리 실제는 다음과
같다고 한다.

첫째, 개명신청에 신청이유를 기재하지 않으면 이유를 기재할 것을 요구하
기는 하지만, 미신적 이유에 의한 개명신청이라도 개명을 허가하고 있으므로
현재 개명 이유가 될 수 없다고 하여 개명이 불허되는 사례는 거의 없고, 개명
허가사유로서의 "상당한 이유"는 별로 의미가 없다.

둘째, 현재 누범기간 중이거나 집행유예기간 중인 경우에는 원칙적으로 허
가하지 않고 있다.

셋째, 한 번 개명을 한 사람은 개명 후 1년 이내에는 개명을 허가하지 않
는다.

___

는 것이 아니라 적극적 의무(우리 법상 이른바 기본권 보호의무)의 문제로 보고 있는 것은
다소 의문이다. 이 점에 관하여 Gisèle Taieb dite Halimi contre la France 판결(주 47)은 위
Stjerna 판결의 판시를 반복하면서도, 정부의 개입(ingérence)이 있다고 하더라도 그녀가 원하
는 Gisèle-Halimi란 이름은 전남편의 이름과 혼동을 가져올 우려가 있으므로 이러한 개입은 필
요한 것이었다고 하는 판단을 덧붙였다. 다른 한편 위 헌법재판소 2005. 12. 22. 결정(주 9)은
성의 사용에 관한 규율에는 폭넓은 입법형성의 자유가 인정된다고 하였으나, 그 사건에서는
父姓主義가 남녀평등에 위반하는가가 문제되었으므로 입법형성의 자유를 강조하는 것은 의문
이다. 이 점에 대하여는 尹眞秀, "傳統的 家族制度와 憲法", 서울대학교 법학 제47권 2호, 2006,
177면 이하 참조.

넷째, 신용불량자로서 채무가 연체된 사람이라도 연체액이 소액인 경우(예컨대 500만원 정도인 때)에는 개명을 허가하고 있다.

그리고 改姓의 문제와 관련하여, 부모 성 같이쓰기 운동의 취지를 살려 모의 성을 이름의 일부로 하는 개명신청(예컨대 원래의 성명이 홍길동인데 모의 성이 박씨이면 이름을 박길동으로 개명하여 성명이 홍박길동이 되는 경우)의 사례가 있는데 특별한 사정이 없는 한 개명을 허가한다고 한다.

〈가족법연구 제21권 2호, 2007〉

〈追記〉

대법원 2009. 10. 16.자 2009스90 결정은, 개명의 상당한 이유의 유무를 판단함에 있어서는, 이름에 대한 권리가 인격권의 한 내용을 이루고 그 선택이 기본적으로 각자의 기호에 좇아 자유롭게 정할 수 있는 영역에 속한다는 점이 무겁게 고려되어야 한다고 하면서, 개명신청을 하는 사람이 신청이유로 제시하는 바가 개인적인 평가 또는 판단에서 나왔다고 하더라도 그것이 일시적·즉흥적인 착상이 아니고 신중한 선택에 기하였다고 판단되는 한 현저히 불합리한 것이 아니라면 그것만으로 이를 개명의 상당한 이유에 해당하지 않는다고 볼 수 없다고 판시하였다. 이 결정은 또한, 신청인이 개명신청이유의 하나로 파산선고 및 면책결정을 받았음을 스스로 밝히면서 이제 새로운 이름으로 새 삶을 도모하고자 한다는 뜻을 표명하고 있는 이 사건에서 신청인이 개명신청권을 남용하였다고는 쉽사리 말할 수 없다고 하였다. 이는 대체로 이 글과 같은 취지라고 생각된다.

2. 주 90)과 관련하여, 호적예규 제722호 「호적에 성명을 기재하는 방법」 2.는 2007. 7. 20 다음과 같이 개정되었다.

"한자로 된 성을 한글로 기재할 때에는 한글맞춤법(두음법칙)에 따라 표기한다. 다만, 일상생활에서 한자 성을 본래의 음가로 발음 및 표기하여 사용하는 등 성의 한글 표기에 두음법칙 적용의 예외를 인정할 합리적 사유가 있는 경우에는 그러하지 아니하다."

위 예규를 이어받은 현재의 가족관계등록예규 제37호 「가족관계등록부에 성명을 기록하는 방법」(2007. 12. 10. 제정) 2.도 같은 내용이다.

성전환자의 인권 보호에 있어서 법원의 역할*
— 한국과 독일 · 영국의 비교 —

I. 序　　論

한국 대법원 2006. 6. 22.자 전원합의체 결정[1]의 다수의견은, 성전환 수술을 받은 사람은 호적법에서 정하는 정정의 방법[2]에 의하여 호적의 성별란에 기재된 성을 수정할 수 있다고 판시하였다. 대법원의 이와 같은 획기적인 결정은 한국에서 커다란 사회적 논란을 불러일으켰다.

2002년 7월의 Goodwin v. United Kingdom 및 I. v. United Kingdom 사건에 대한 유럽인권재판소(European Court of Human Rights)의 판결[3] 이래, 국제적 차원에서는 성전환자가 법률적으로 전환된 성에 속하는 것으로 인정되어야 한다는 점에 대한 일반적 합의가 이루어졌다고 볼 수 있다.[4] 한국 대법원의 위 결정에서도, 다수의견과 반대의견은 모두 성전환자의 인권이 보호될 필요가 있다는 점은 인정하고 있다. 그러나 성전환자의 인권 보호를 위해 어떤 방법이 적합한지에 대해서는 양 의견이 견해를 달리하고 있다. 다수의견은 성전환자의

---

　* 김수인 역.
　1) 대법원 2006. 6. 22.자 2004스42 전원합의체 결정(공 2006하, 1341). 본 결정의 영문 번역은 http://library.scourt.go.kr/jsp/html/decision/2_67.2004seu42.htm(마지막 방문: October17, 2007)에서 찾아볼 수 있다.
　2) 호적법 제120조: 호적의 기재가 법률상 허용될 수 없는 것 또는 그 기재에 착오나 유루가 있다고 인정한 때에는 이해관계인은 그 호적이 있는 지(地)를 관할하는 가정법원의 허가를 얻어 호적의 정정을 신청할 수 있다.
　3) 뒤의 Ⅲ. 2. a) 참조. 유럽인권재판소의 판례(decisions and judgments)는 http://cmiskp.echr.coe.int/tkp197/search.asp?skin=hudoc-en.dptj에서 찾아볼 수 있다.
　4) Basedow and Scherpe (ed.), Transsexualität, Staatsangehörigkeit und Internationales Privatrecht, Mohr Siebeck, Tübingen, 2004 참조.

성별 변경의 문제에 대하여 성문법이 침묵하고 있다 하더라도 법원은 성전환자의 호적상 성별 정정을 허가할 수 있다고 한 반면, 반대의견은 성전환자의 성별 정정은 입법자인 국회의 결단으로 해결되어야 할 문제라고 하였다.

본 논문에서는 성문법상의 규정이 없는 상황에서, 성전환자의 인권 보호를 위해 법원이 어떤 역할을 해야 하는지에 대해 살펴볼 것이다. 이를 위해서는 한국의 판례를 독일5) 및 영국6)의 판례 법리와 비교해 보는 것이 의미가 있을 것이다.

Ⅱ. 이하에서는 한국 대법원의 위 결정에 대해 좀 더 구체적으로 소개하고, Ⅲ. 이하에서는 독일 및 영국 판례에 대해 살펴보며, Ⅳ. 이하에서는 이들 판례를 비교분석해 보고자 한다.

참고로 기억해 둘 것은, 이번 기념논문집을 헌정받는 Rainer Frank 교수가 서울대학교 방문교수로 한국에 머물 당시 한국의 위 대법원 결정에 상당한 기여를 했다는 점이다. 위 사건이 대법원에 계속 중이었던 2005년 9월 당시 Frank 교수는 대법원이 지원하는 연구 모임에서 독일과 유럽에서의 성전환자의 법적 지위에 대해 발표했는데,7) 이 발표는 대법원이 위와 같은 결정을 내리는 데 일조하였다.

Ⅱ. 한국 대법원의 결정

1. 대법원 결정 이전의 상황

한국 법원에는 1990년대 초반부터 성전환자의 법적 지위가 문제된 사건이 제기되어 왔는데, 이 중 대부분이 호적상의 성별란에 기재된 성의 정정을 구하는 사건이었다. 이에 대한 하급심의 결정은 갈라져 있어서, 어떤 결정에서는 성별 정정을 허가한 반면 이를 불허한 결정도 있었다.

한국 대법원은 성전환자의 법적 지위에 대하여 1996년에 의견을 밝히게

---

5) 독일연방헌법재판소 1978. 9. 11. 결정(BVerfGE 49, 286).

6) *Bellinger v. Bellinger* [2003] 2 W.L.R. 117(영국 귀족원 2003. 4. 10).

7) 이 발표문은 국내에서 출간되었다. R. Frank, "Die Änderung der Geschlechtszugehörigkeit in Europa, insbesondere in Deutschland"(국문 번역: 김재형, "유럽, 특히 독일에서의 성별의 변경"), 판례실무연구 [Ⅷ], 박영사, 서울, 2006, 569면 이하.

되었다. 이 형사사건8)에서는 성전환 수술에 의해 여성의˙ 외관을 갖추게 된 남성이 강간죄의 객체가 될 수 있는지가 문제가 되었다. 한국 형법에 의하면 부녀만이 강간죄의 객체가 될 수 있다.

대법원은 위 판결에서 성별을 결정하는데 있어 참작되어야 할 다양한 요소들을 열거했는데, 여기에는 성염색체의 구성을 기본적인 요소로 하는 태생적 성, 신체의 외관, 심리적·정신적인 성, 사회생활에서 수행하는 주관적·개인적인 성역할 및 이에 대한 일반인의 태도 등이 포함된다. 그러나 대법원은 결론적으로는 당해 사건에서 성전환자를 강간죄의 객체인 부녀로 인정하지 않았다. 앞에서 열거한 다양한 요소들, 즉 성염색체의 구성이나 본래의 성기의 구조, 피해자가 정상적인 남자로서 생활한 기간, 성전환 수술을 한 경위와 시기 및 사회 일반인의 태도 등을 종합적으로 고려해 봤을 때 당해 사건에서의 성전환자는 사회통념상 여자로 볼 수는 없다고 판단한 것이다.

대법원의 이와 같은 입장은 성전환자의 성별을 판별함에 있어 성염색체의 구조와 같은 생물학적 요소의 중요성을 강조하는 것으로 평가되어 왔으나, 그럼에도 성전환자의 법적 지위에 관한 논란은 계속되었다.

2002년에는 인천지방법원이 성전환 수술에 의해 여성이 된 한 유명 트랜스젠더 가수에 대해 호적상의 성별 정정 허가 결정을 내렸다. 언론에 의해 널리 보도된 이 결정으로 인해 많은 한국인들이 성전환자에 대한 인식을 바꾼 것으로 보인다.

2002년 11월에는 성전환자의 성별 변경을 허가하는 내용의 법안이 한국 국회에 제출되었으나, 이 법안은 2004년 국회 회기 만료로 폐기되었다.

2. 다수의견

대법관 8인의 다수의견의 요지는 다음과 같다. 성전환자도 대한민국 헌법 제10조9)에 의해 보장된 인간으로서의 존엄과 가치를 향유하며 행복을 추구할 권리를 가진다. 자신의 생물학적 성과는 다른 성에 대한 지속적인 귀속감을 느끼고, 의학적 수술을 통해 성기나 외관의 측면에서 생물학적 성에서 반대의 성

---

8) 대법원 1996. 6. 11. 선고 96도791 판결(공 1996하, 2264).
9) 대한민국 헌법 제10조: 모든 국민은 인간으로서의 존엄과 가치를 가지며, 행복을 추구할 권리를 가진다. 국가는 개인이 가지는 불가침의 기본적 인권을 확인하고 이를 보장할 의무를 진다.

으로의 전환이 이루어졌으며 전환된 성에 부합하는 활동을 하고 있음에도 법적으로는 여전히 종전의 성에 따른 취급을 받고 있다면, 이러한 성전환자는 결국 사회적으로 비정상적인 사람으로 취급되고 취업에 있어서도 많은 제한과 편견에 부딪치게 될 것이다. 그런데도 법령상 명문의 절차가 미비함을 이유로 이들의 호적상 성별 변경을 불허하는 것은 헌법 정신에 반하는 것이다. 호적법에 성전환자의 호적상 성별란 기재 변경에 대한 명문의 규정이 없는 것은 입법자가 이를 허용하지 아니할 의도였기 때문이 아니고, 단지 입법 당시 이러한 절차의 가능성이나 필요성을 상정하지 못했기 때문이다.

호적법 제120조의 정정은 일반적으로 호적 기재 당시부터 존재한 착오나 유루에 대한 수정으로 해석되고 있다. 그러나 호적 기재 후의 법령의 변경 등 사정변경에 의해 수정하는 경우를 반드시 제120조에서 말하는 "법률상 허용될 수 없는 경우"에서 배제해야 할 필요는 없다. 오히려 호적법 제120조의 근본취지가 부적법하거나 진실에 반하는 호적상 기재를 법원의 판결에 의하지 아니한 간이한 절차에 의해 수정하고자 하는 데 있다는 점을 감안한다면, 동 규정에서 정하는 절차에 의하여 성전환자의 호적상 성별을 변경할 수 있도록 함으로써 호적상 기재가 현재의 진정한 신분관계에 합치하도록 하는 것이 호적법 제120조의 입법 취지에 부합하는 합리적인 해석이다.

3. 반대의견

반면, 대법관 2인의 반대의견은 "착오"와 "정정"의 사전적 의미를 강조하였다. 반대의견에 의하면, 호적법 제120조에 규정된 착오와 정정은 그 의미가 명확하며, 동 규정의 입법취지 역시 호적 기재 당시에 존재했던 착오나 유루를 정정하고자 하는 데 있다.

반대의견은 다수의견의 견해를 호적법 제120조에 대한 해석이 아니라 유추로 이해하며, 이는 입법자에 의해 허용된 유추해석의 한계를 벗어난 것이라고 하였다.

한편, 반대의견은 나아가, 성전환자에 관한 문제는 법원에서 결정할 것이 아니라 입법적 차원에서 해결해야 한다고 주장하였다. 반대의견에 의하면, 의학과 생물학의 발전으로 인해 발생하는 이와 같은 새로운 문제에 대해서는 입법절차를 통한 민주적인 방식으로 대처해야 한다는 것이다. 즉 남녀 간 성의 결정은 공동생활의 핵심적 요소이고 윤리적·철학적·종교적 의미를 가지는 것이므로, 성별의 변경을 허용하는 기준은 반대의 성으로서 활동한 기간, 성의 재전환 가능성 여부, 정신과 의사의 진단, 가족의 의사 등에 대한 검토를 거쳐 국민의 대의기관인 입법부에 의해 정해져야 하며, 위와 같은 고려 사항들은 모두 입법 과정에서 상세히 규정되어야 한다는 것이다. 반면 법원은 성전환자의 진정한 의사나 신청인의 최소 연령 등에 대한 요건을 충분하고 명확하게 정하는 기준을 마련할 수 있는 위치에 있지 아니하다는 것이 반대의견의 견해였다.

　　이에 의하면 법원으로서는 명확하고 합당한 기준에 근거하여 성별을 변경할 수 있는 법적·제도적 방안이 있어야 하고, 입법부는 여론을 수렴하여 새로운 법을 만들어야 한다는 점을 지적하는 정도밖에는 할 수 없다는 것이다. 이러한 방법을 따를 경우 당해 사건의 신청인과 같은 성전환자에게 즉각적인 구제를 주지 못한다는 점은 반대의견도 인정하였다. 그러나 성전환자의 성별 변경과 같은 중요한 문제는 다소 시간이 걸리더라도 한국의 헌정질서에 부합하는 방식에 따라 포괄적으로 해결하는 것이 바람직하다는 것이 반대의견의 결론이다.

4. 다수의견에 대한 보충의견

　　다수의견을 낸 대법관 중 한 명인 김지형 대법관은 다수의견을 보충하는 별도의 의견을 밝혔다. 그 핵심은 다음과 같다.

　　첫째, 법원에 의한 법규의 해석 및 적용은 헌법합치적인 방향으로 이루어져야 한다. 합헌적 헌법해석[10]은 당해 법률규정의 문언이 갖는 일반적인 의미를 넘어서거나 입법목적에 어긋나서는 안 되며, 입법형성권을 침해하는 정도에 이르러서는 아니 된다는 점에서 한계를 가지지만, 이러한 한계를 벗어나지 않는 이상 합헌적 헌법해석은 입법자의 권한을 최대한 존중하며 국민주권의 원리에도 부합하는 해석 방식이다. 만약 합헌적 헌법해석이 가능함에도 불구하고 법원이 이에 부합하는 해석을 하지 않았다면 그것은 당해 법규의 위헌적 법률공백 상태를 방치함과 동시에 법원에게 주어진 권한과 의무를 위반하는 것이 된다.

　　호적법 제120조상의 "정정"의 의미는 반대의견에서 주장하는 바와 같이 해석될 여지도 있다. 그러나 합헌적 법률해석에 따른다면 정정의 정의에는 성

---

10) 이는 독일의 "verfassungskonforme Auslegung"에 상응하는 개념이다.

전환자의 호적상 기재 성별 변경도 포함된다고 할 것이며, 입법자가 이러한 해석을 금지했다고 보기는 어렵다. 이와 같은 성별 변경이 정정의 의미에서 제외된다고 한다면, 헌법에 의해 보장된 성전환자의 기본권이 침해될 소지가 있다.

물론 가장 이상적인 방법은 입법에 의해 성별 변경의 요건 및 효과를 구체적으로 정함으로써 이와 같은 문제를 해결하는 것이다. 개별 사건에서의 법원의 결정에 의존한 해결 방식은 성전환자 보호의 측면에서 충분치 못할 수도 있다. 그러나 그렇다고 해서 새로운 입법이 행해질 때까지 법원은 기다릴 수밖에 없다는 반대의견의 주장은 받아들여질 수 없다. 이와 같은 입법이 가까운 장래에 이루어지기를 기대하기는 어렵다는 점을 감안한다면, 법원은 합헌적인 법규해석을 통해 사법부 차원의 구제책을 제공해야 한다.

보충의견은 또한 본 문제에 대한 독일을 비롯한 유럽국가 및 미국 등 다른 나라 법원의 접근법을 참고하고 있는데, 특히 독일연방헌법재판소의 결정[11]과 2002년 내려진 유럽인권재판소의 일련의 판결들[12]이 성전환자의 성별 변경을 허용했다는 점을 강조하였다.

Ⅲ. 독일 및 영국의 판례법리

1. 독일 판례

가. 베를린 고등법원 및 독일 연방대법원의 결정

독일에서는 1978년 남성에서 여성으로의 성전환수술을 받은 성전환자의 헌법소원[13]에 대한 연방헌법재판소의 결정[14]이 내려진 바 있다.

이 사건에서 청구인은 출생부에 기재된 자신의 성별을 남성에서 여성으로 바꾸고자 신청을 제기하였고, 베를린 고등법원(Kammergericht)은 이 신청을 허가하였다. 고등법원은 우선, 출생부의 기재사항은 법원의 명령에 의해 정정(berichtigt)될 수 있다고 규정한 독일 신분등록법(Personenstandsgesetz) 제47조는

---

11) 주 5.
12) 주 4의 본문 내용.
13) 독일어로는 "Verfassungsbeschwerde."
14) 주 5.

기재 당시 존재했던 오류에만 적용되는 것이므로 본 사안에 있어서 이 규정의 직접적인 적용은 불가하다고 보았다. 따라서 이는 입법상 공백이 있는 경우에 해당하므로, 이러한 공백은 신분등록법 제47조의 유추에 의해 보충되어야 함을 밝힌 후, 독일 기본법(Grundgesetz) 제1조와 제2조 제1항15)을 유추의 근거로 들었다.

그러나 독일 연방대법원(Bundesgerichtshof)은 고등법원의 결정과는 다른 태도를 보였다.16) 성전환자가 전환 후의 성으로 취급되어야 할 법적 필요성이 인정된다고 하더라도 이러한 성별 변경의 허가는 명문의 법규정이 없는 이상 불가하다는 것이다.

연방대법원은 성전환자의 성별 변경은 단순히 신분 등록의 문제에 그치는 것이 아니라 다른 영역에도 상당한 영향을 주는 것이므로, 다양한 법적 영역에서의 포괄적 조정이 필요하다고 보았다. 연방대법원의 견해에 의하면, 혼인 생활과 같이 특정 성에 귀속되는 것이 요건인 영역에서는 성전환자의 성별 변경 허가가 많은 문제를 초래할 것인데, 이러한 문제의 해결에 대해 법은 아무런 규율도 하고 있지 않으며, 이에 의해 야기되는 법적 불확실성은 법원에 의한 법 창설(judicial lawmaking)만으로는 극복될 수 없다는 것이다. 연방대법원은 특히 성별 변경의 구체적 시점을 확정하는 것이 필요하다고 하였다.

나. 독일 연방헌법재판소의 결정

위 연방대법원의 결정에 대하여 당사자인 성전환자는 독일 연방헌법재판소에 헌법소원을 제기했고, 연방헌법재판소는 연방대법원의 결정이 독일 기본법 제1조 제1항과 관련된 제2조 제1항에 근거한 인권을 침해했다는 이유로 이를 파기하고 연방대법원으로 환송하였다. 연방헌법재판소 결정의 요지는 아래와 같다.

---

15) 독일 기본법
　　제1조(인간 존엄의 보호): (1) 인간의 존엄성은 침해될 수 없다. 인간의 존엄성을 존중하고 보호하는 것은 모든 국가권력의 의무이다. (2) 독일국민은 불가침·불가양도의 인권을 세계의 모든 공동체, 평화 및 정의의 기초로서 인정한다. (3) 이하의 기본권은 직접 효력을 갖는 권리로서 입법·행정권 및 사법을 구속한다.
　　제2조(자유권): (1) 누구든지 타인의 권리를 침해하지 않고 헌법질서나 도덕률에 반하지 않는 한 자신의 인격을 자유로이 발현할 권리를 갖는다. (2) 누구든지 생명권과 신체를 훼손당하지 않을 권리를 가진다. 인간의 자유는 침해될 수 없다. 이들 권리는 법률에 의해서만 제한될 수 있다.
16) 1971. 9. 21. 결정(BGHZ 57, 63).

독일 기본법 제1조 제1항과 관련된 동법 제2조 제1항은 인간의 능력과 힘을 자유로이 발현할 권리를 가짐을 보장하고 있다. 자신의 정신적·신체적 구조에 의거한 성별에 부합하도록 개인의 신분을 기재하는 것은, 이러한 인간 존엄성과 자유로운 인격 발현에 관한 기본권 실현을 위한 필수적 요소이다. 성전환자에 대하여 출생부에 기재된 성별 정정을 불허하는 것이 이와 같이 기본법 제1조 제1항과 관련된 동법 제2조 제1항을 위반하는 것이라면, 이러한 헌법적 요구에 의한 법원의 의무는 명문 규정이 없음을 이유로 부인될 수는 없다. 정정의 요건에 대한 법률 규정이 없다면 법원은 기본법 제1조 제1항 및 제2조 제1항에서 직접 도출되는 의무에 의해 합헌적 해석을 해야 한다.

따라서 신분등록법 제47조는 이미 완료된 출생부상 성별 기재를 정정할 수 있는 권한을 법원에 부여한 것으로 해석될 수 있으며, 이러한 해석은 법규의 문언이나 입법자의 의도에 반하는 것이 아니다. 기존의 판례와 학설은 출생부 기재사항의 정정 시 그 기준 시점은 (잘못된 사항의) 기재 당시가 되어야 한다고 보아왔고, 통설 역시 성전환자의 경우에는 신분등록법 제47조의 직접적 적용이 불가하다는 입장이었다는 것은 사실이다. 그러나 정정(Berichtigung)이라는 개념은 처음부터 오류가 있을 것을 전제하는 것은 아니며, 잘못된 기재 사항의 사후적 수정도 이에 포함될 수 있다고 할 것이다.

신분등록법 제47조는 이미 완료된 기재 사항에 대한 정정 권한을 법관에게 부여하고 있고, 따라서 본 조항은 성전환자의 출생부 기재 성별 변경에 있어서 장애로 작용하는 것이 아니라 오히려 이러한 정정의 절차적 방법을 제시하고 있다고 볼 수 있다.

명문의 규정 없이 법원에 의한 법 창설만으로는 성별 변경의 문제를 해결할 수 없다고 한 연방대법원 결정의 견해는, 현존하는 법규정에 입법상 공백이 있더라도 전술한 헌법상의 요청에 의해 합헌적 해석이 가능한 경우에는 법적 규율이 존재하지 않는다고 말할 수는 없다는 점을 간과하고 있다. 물론 법적 확실성 확보의 측면에서는 입법에 의해 성별 변경의 문제가 규율되는 것이 바람직할 것이다. 그러나 현재의 상황이 그렇지 아니한 이상 그것은 이제 법원의 과제가 되며, 법원은 헌법과 기본권 보호의 요청에 직접 구속되기 때문에, 위 과제의 수행을 위해서는 성전환자의 성별 변경을 무조건 불허해서는 안 될 것이다.

더군다나 청구인의 경우에는 연방대법원에서 말하는 바와 같이 명문의 규정에 의해 해결하지 않을 경우 초래될 수 있는 법적 문제들을 낳지 않는다. 청구인은 이혼한 상태이고 자녀도 없으며 1964년 이미 성전환수술을 받아 현재 46세이기 때문이다. 또한 헌법적 시각에서 본다면 신분등록법에 의한 등록 사항은 확인적·선언적 효과밖에 가지지 않는다는 원칙은 별 문제가 되지 않는다. 성별 기재 정정의 효과가 장래를 향해서만 발생하는지의 쟁점은 헌법 차원에서 해결할 문제는 아닌 것이다.

2. Bellinger v. Bellinger 사건에 대한 영국 귀족원 판결

가. Bellinger 판결 이전의 상황

성전환자의 법적 지위에 대한 영국의 대표적인 판례는 Corbett v. Corbett otherwise Ashley 사건에 대해 1970. 2. 2. 선고된 영국 고급법원의 판결이었다.[17] 이 사건에서는 신청인(남편)과 피신청인(부인) 간의 혼인이 무효인지 여부가 재판상 문제되었는데, 피신청인은 남성에서 여성으로 성을 전환한 사람이었다. Ormrod 판사는 피신청인이 여성이 아니므로 위 혼인은 처음부터 무효라고 하면서, 성의 결정은 염색체, 생식선 및 생식기 등이 일치하는 한 그것이 기준이 되어야 하고, 외과적 수술과 같은 요인이 고려되어서는 안 된다고 판시하였다. 성을 결정함에 있어 이와 같이 생물학적 기준을 적용하는 방식은 항소법원(Court of Appeal)의 R. v. Tan 판결에서도 승인되었다.[18]

Corbett 판결 이후인 1971년의 혼인무효법(Nullity of Marriage Act 1971)에는 1조 c항이 신설되었고 이 조항은 이후 1973년의 혼인사건법(Matrimonial Causes Act 1973) 11조 c항으로 편입되었는데, 여기서는 혼인 당사자가 "각각 남성 및 여성이 아니면" 그 혼인은 무효라고 규정하고 있다.

성전환자의 법적 지위에 대한 위와 같은 영국 법원의 입장은 1998년까지 유럽인권재판소의 여러 판결에서 유지되었다.[19] 유럽인권재판소는 사후적 수술로 인해 성을 전환한 자의 성별 변경에 있어서, Corbett 판결에 나타나는 성별 결정 기준을 적용함으로써 결국 성별 변경을 인정하지 않는 결과를 낳더라도, 이는 사생활 존중에 관한 유럽인권협약 제8조 및 혼인의 자유에 관한 동 협약

---

17) [1970] 2 WLR 1306.
18) [1983] QB 1053.
19) *Rees v. United Kingdom*(1986) 9 EHRR 56, *Cossey v. United Kingdom*(1990) 13 EHRR 622, *Sheffield and Horsham v. United Kingdom*(1998) 27 EHRR 163.

제12조를 위반하는 것이 아니라고 판시하였다.[20]

　　그러나 2002년 7월 유럽인권재판소는 Goodwin v. United Kingdom[21] 및 I. v. United Kingdom[22] 사건에서 만장일치로 종래의 판례를 변경하여, 영국에서 성전환자의 지위를 법적으로 인정하지 않은 것은 유럽인권협약 제8조 및 제12조를 위반한 것이라고 결정하였다.

　　한편 영국에서는 1998년 유럽인권협약을 국내법으로 수용하여 인권법(Human Rights Act 1998: 이하 "HRA"라 함)을 제정하였다. HRA는 2000. 10. 2.부터 효력을 발생하게 되었고, 이에 의해 유럽인권협약 제8조 및 제12조에 의해 부여된 권리를 포함하여 동 협약 상 보장된 권리는 영국에서도 보호받을 수 있게 되었다. HRA 제3조는 법원으로 하여금 "가능한 한" 유럽인권협약상의 권리와 합치되는 방식으로 법을 해석하고 효력을 부여하도록 하고 있다. 나아가 HRA 제4조는, 국내의 특정 규정이 유럽인권협약상의 권리와 합치하지 아니한다고 판단될 경우에는 법원이 그 규정에 대해 불합치선언을 할 수 있다고 규정하고 있다. 이러한 불합치선언은 당해 법규의 효력이나 계속 적용 및 집행에는 영향을 미치지 않으며, 불합치선언이 이루어진 당해 소송의 당사자에 대해 구속력이 있는 것도 아니다. 그러나 HRA 제10조에 의하면, 불합치선언이 있는 경우 장관은 명령으로써 불합치 상태를 제거하기 위해 필요한 방식으로 대상 법규를 수정할 수 있다.

나. Bellinger v. Bellinger 판결

　　Bellinger 사건에서 신청인 Bellinger 부인은 남성으로 태어났으나 성전환수술[23]을 받은 후 1981년 남성인 Bellinger(Mr. Bellinger)와 혼인하였다. 신청인은 본 사건에서 위 혼인이 유효하다는 확인을 구하였는데, 1심에서 Johnson 판사는 신청인의 청구를 기각하였다.[24] 이에 대한 항소법원(Court of Appeal)의 판결은 유럽인권재판소의 Goodwin v. United Kingdom 및 I. v. United King-

---

20) 유럽인권협약
　　제8조 제1항: 모든 사람은 그의 사생활, 가정생활, 주거 및 통신을 존중받을 권리를 가진다.
　　제12조: 혼인적령의 남녀는 본 권리의 행사에 관한 국내법에 따라 혼인을 하고 가정을 구성할 권리를 가진다.
21) (2002) 35 EHRR 18.
22) (2002) 36 EHRR 53.
23) 외부성기전환수술(sex reassignment surgery)이라고도 함.
24) [2001] 1 FLR 389.

dom 판결이 있기 전인 2001. 7. 17. 선고되었는데, 여기서도 법관 2인의 다수
의견에 의해(반대의견 1인) 청구는 역시 기각되었다.25)

귀족원에서 신청인은 1973년의 혼인사건법 제11조 c항이 유럽인권협약 제
8조 및 제12조에 합치되지 않는다는 불합치선언을 구하였다.

귀족원은 전원 일치의 의견으로 혼인사건법 제11조 c항에서 규정하는 "여
성"에 성전환으로 인해 여성이 된 자는 포함된다고 볼 수는 없다고 하면서도,
위 조항은 유럽인권협약상 사생활의 존중에 관한 제8조와 혼인의 자유에 관한
제12조와 합치하지 않는다는 불합치선언을 하였다.

이 판결의 주된 의견을 집필한 Lord Nicholls는 성전환자들의 처지에 공감
하면서도, 법적으로 신청인을 혼인사유법 제11조 c항에서의 "여성"으로 보게
된다면 이는 "남성"과 "여성"의 관념 자체를 새로이 넓게 정의하는 것이라고
판시하였다. 나아가 그는 성전환의 인정 여부와 관련하여 객관적이고 공적으로
입수할 수 있는 기준이 마련되어야 한다고 보았다. 혼인의 목적을 위해 성전환
을 인정하는 것은 보다 큰 사회적 문제의 일부이므로 전체적으로 고려되어야
할 것이고, 개개 사안별로 다룰 문제는 아니라고 하였다. 즉 성전환자의 성별
변경 인정과 관련된 법적 변화는 입법에 의하여 토론되고 결정되어야 할 문제
라는 것이다. 그러면서도 그는 혼인과 관련하여 성전환을 인정하지 않는 것은
유럽인권재판소가 2002년 Goodwin 판결에서 설시한 유럽인권협약 제8조 및
제12조의 취지에 부합하지 않으므로, 이에 대해서는 불합치선언을 하여야 한다
는 결론을 내렸다.

Bellinger 판결에서 문제된 혼인사건법 제11조 c항에 대하여 유럽인권협약
에 합치하는 방향으로 해석하는 것26)을 거부하는 이유로 제시한 것이 앞서 살
펴본 한국 대법원 판결의 반대의견 및 독일 연방대법원의 판시 내용과 거의
동일하다는 점은 흥미롭다.

---

25) [2001] Fam 150.

26) 영국의 경우에는 "합헌적 해석"이라는 표현보다는 "협약 합치적 해석(the convention-compatible
   interpretation)"이라는 표현이 더 적합할 것이다. Aileen Kavanagh, "The Elusive Divide Between
   Interpretation and Legislation under the Human Rights Act 1998", Oxford Journal of Legal Studies
   2004, 265면 등; Alison L. Young, "Ghaidan v Godin-Mendoza: Avoiding the Deference Trap",
   Public Law 2005, 31면 이하; R(on the application of Hurst) v. Commissioner of Police of the
   Metropolis [2007] UKHL 13, 제14문단(Lord Rodger of Earlsferry) 등 참조. Ghaidan v Godin-Mendoza
   판결([2004] 2 AC 557) 제32문단에서 Lord Nicholls는 "협약에 부합하는 해석(convention-compliant
   interpretation)"이라는 표현을 사용했다.

Ⅳ. 검 토

1. 합헌적 해석인가 또는 유추를 통한 법적 공백의 보충인가?

한국 대법원 결정의 다수의견과 독일 연방헌법재판소 결정은 호적(출생부) 상 성별란에 기재된 성을 정정의 방법으로 변경할 수 있다고 하는 결정을 정당화하는 근거로 합헌적 해석을 들고 있다. 그러나 독일 베를린 고등법원에서는 그 근거를 허용 가능한 범위 내의 유추라고 한 반면, 한국 대법원의 반대의견과 독일 연방대법원 결정에서는 이를 허용될 수 없는 유추로 보았다.

합헌적 해석의 방법은 다른 법역(法域)에서도 법규 해석의 원칙으로 인정되고 있으며,[27] HRA 제3조에서도 명시적으로 이를 채택하였다. 그러나 합헌적 해석에도 고유한 한계가 있다. 첫째, 법원은 법 문언의 일반적 의미를 넘어서는 해석을 해서는 아니 된다. 둘째, 합헌적 해석의 결과가 입법자의 의도 내지 입법 목적에 반하는 것이어서는 아니 된다.[28]

이에 의하면, 한국 대법원 결정과 독일 연방헌법재판소 결정에서의 합헌적 해석이 정당한 것인지는 매우 의심스럽다. 이들 결정에서 나타나는, 한국 호적법 제120조 및 독일 신분등록법 제47조상의 "정정"이라는 개념에 대한 해석은, 당해 개념에 대해 일반적으로 받아들여지고 있던 의미, 즉 "기재 당시에 존재하는 착오 및 유루에 대한 수정"에 정면으로 배치되기 때문이다. 이들 법원이

---

27) 예를 들어 미국에서는 이것을 헌법적 회피 또는 회피 원칙(constitutional avoidance or avoidance canon)이라고 부른다. *Ashwander v. Tennessee Valley Authority*, 297 U.S. 288, 341, 348 (1936)(Brandeis 대법관의 보충의견); William N. Eskridge, Jr, Philip P. Frickey, Elizabeth Garrett, Legislation And Statutory Interpretation, 2nd ed., 2006, 360면 이하 등 참조.

28) 2006. 6. 22.자 한국 대법원 결정에서 김지형 대법관의 보충의견(위의 Ⅱ. 4. 이하) 및 독일 연방헌법재판소 결정(위의 Ⅲ. 1. b. 이하) 참조. 다만 영국의 Ghaidan v Godin-Mendoza 판결 (주 26)에서 귀족원의 Lord Nicholls는, HRA 제3조에 의하면 법원은 유럽인권협약에 합치하는 해석을 위해, 입법의 본질적 취지에 반하지 아니하는 이상 법규 문언의 의미를 변경하여 해석을 할 수도 있다고 판시하였다(제29문단 이하). 이어서 Regina(Wilkinson) v. Inland Revenue Commissioners 판결([2005] UKHL 30; [2005] 1 WLR 1718)에서도 Lord Hoffman은, HRA 제3조는 법원으로 하여금 당해 법규의 문언을 사용함으로써 입법부가 의도하였으리라고 합리적으로 이해되는 것을 확정할 것을 요구하고 있다고 하였다(제17문단). Lord Hoffman은 Ghaiden 판결을, 법규정은 입법자가 사용하고 있는 표현에서 명시되지는 않았더라도 함축된 일반적인 관념에 의존하거나 그에 의하여 제한되도록 해석하는 것으로 이해하고 있다(제18문단). Jan van Zyl Smit, "The New Purposive Interpretation of Statutes: HRA Section 3 after *Ghaidan v Godin-Mendoza*", Modern Law Review, 2007, 294면 이하 참조.

이러한 문제를 간과한 것은 아니다. 그러나 독일 연방헌법재판소는 신분등록법 제47조를, 단지 이미 기재가 완료된 부분에 대한 정정을 허용할 권한을 법원에 주는 것으로 해석함으로써 이 문제를 회피하려 하였다. 그러나 기재 당시 존재한 오류가 아니었다면 그것은 변경의 대상일 뿐이지 정정의 대상은 아니다.

　　따라서 한국과 독일 법원은 해석이 아니라 유추를 행했다고 하는 것이 보다 솔직한 설명일 것이다. 애초에 입법자는 성전환의 문제가 제기될 것을 전혀 예상치 못했으므로 이에 대한 법적 규율을 하지 않았고, 따라서 결과적으로 공백이 생겨나게 되었다. 한국 대법원과 독일 연방헌법재판소는 이러한 공백을 메우기 위해 합헌적 해석이라는 이름 아래 실질적으로는 유추를 한 것이다. 해석과 유추의 중요한 차이점의 하나는 유추의 경우에는 본래의 의미의 해석과는 달리 더 큰 정당화가 필요하다는 것인데, 유추는 어떤 의미에서는 법원에 의한 법 창설에 해당하기 때문이다. 따라서 본 사안에서의 유추가 과연 정당화될 수 있는지에 대해 살펴보아야 할 것이다.

2. 사법자제 또는 사법적극주의

　　반면 Bellinger 판결에서의 쟁점은 유럽인권협약에 합치되는 방향의 법해석이 이루어질 수 있는지 여부였다. 귀족원은 혼인사건법 제11조 c항에서 말하는 "남성"과 "여성"은 그 의미가 모호한 경우에 해당하지 않는다고 했지만,[29] 성전환에 대한 사회적·의학적 접근법의 변화에 비추어 봤을 때 "여성"이라는 개념의 일상적 의미가 명시적 또는 함의에 의하여 사후적 성전환자를 반드시 제외한다고 할 수는 없을 것이다.[30] 그러므로 신청인이 주장하는 해석이 혼인사건법 제11조 c항의 문언의 일반적 의미를 넘어선다고 단정하는 것은 그리 설득력이 없다. 오히려 귀족원에서 위와 같은 판시를 한 것은 이 문제는 법원보다는 의회에서 해결하는 편이 나을 것이라고 판단했기 때문일 것이다. 이것은 사법자제 또는 사법적 존중의 표현이라고도 볼 수 있는데,[31] 이와 관련하여

---

29) *Bellinger* 판결(주 6), 제65문단(Lord Hope of Craighead).

30) Ulele Burnham, "Bellinger v Bellinger(or Transsexual Marriage): When Compliance in Incompatible", European Human Rights Law Review 2003, 152면 이하. Aileen Kavanagh, "Statutory Interpretation and Human Rights after Anderson: A More Contextual Approach", Public Law 2004, 541면; Tom R. Hickman, "Constitutional Dialogue, Constitutional Theories and The Human Rights Act 1998", Public Law 2005, 330면 등 참조.

31) *K. v. Health Division, Dept. of Human Resources*, 560 P.2d 1070, 1072면(오레곤주 대법원 전

법규의 문언이 합헌적 해석을 배제하고 있지 아니함에도 불구하고 법원이 사법 자제를 근거로 그 법규에 대하여 합헌적 해석을 하지 않을 수 있는지가 문제된다. 이는 상당히 의심스럽고 적어도 논쟁의 여지가 있는 문제인데, 일단 사법 자제 자체가 항상 논란이 많은 개념이다. 또한 사법자제를 이유로 합헌적 해석을 회피하는 것은, 법원이 인권 보호를 위한 헌법적 의무를 이행하지 못한다는 위험도 내포하고 있다.[32]

　　Bellinger 판결에 대한 보다 현실적인 설명은, 판결 당시 이미 의회에서는 새로이 취득한 성을 등록하는 완전히 새로운 방안에 대해 규정한 젠더승인법안 처리가 논의되고 있었다[33]는 점이 될 것이다. 이것이 귀족원이 위 사건에서 유럽인권협약에 합치하는 해석을 하지 않기로 한 실제 이유일 수 있다.[34]

　　한국 대법원과 독일 연방헌법재판소에서의 해석이 실질적으로는 유추라는 전제하에서 생각해 보았을 때, 한국과 독일의 경우에도 사법자제의 논거가 타당하게 적용될 수 있는지 문제된다. 여기에 사법자제가 적용될 수 있다고 할 경우 그 장점도 분명히 있다. 입법상의 공백을 보충함에 있어서 해석의 방법에 의할 경우보다 유추에 의할 경우 법원이 보다 신중해야 한다는 점은 분명 수긍이 간다. 유추에 의해 입법상의 공백을 메우는 것은 애초에 입법부에 귀속되는 권한을 법원이 행사하는 것이 될 수 있기 때문이다. 또한 Bellinger 판결에서 귀족원이 밝혔듯이, 성별 변경 신청 중 허용되는 것과 허용되지 않는 것을 구분하는 것 역시 매우 까다로운 정책적 고려를 필요로 한다. 즉, 사법자제에 의할 경우에는 사법적극주의를 따르는 것보다 권력분립의 원칙이 더 엄격하게 준수되는 것이다.

　　그러나 성전환자의 성별 변경 문제에 있어서 유추의 방법을 지지하는 사법적극주의의 입장도 전혀 설득력이 없는 것은 아니다. 첫째, 한국과 독일 외

　　원합의체, 1977); Detlev Witt, "Vereinigten Staaten von America", in: Basedow and Scherpe(ed.) (주 4), 112면 참조. *Bellinger* 판결에서 귀족원은 유럽인권협약에 합치하는 해석을 하지 않고 대신 불합치선언을 하였다. 그러나 불합치선언 자체는 의회를 구속하지 않는다.

32) Young(주 26), 28면 참조. 같은 맥락에서 유럽인권재판소의 *Cossey v. United Kingdom* 판결(주 19)에 나타난 Martens 판사의 반대의견(제3.6.3문단) 참조.

33) 이 법안은 2004년 젠더승인법(Gender Recognition Act 2004)으로 제정되었다.

34) Brice Dickson, "Safe in their hands? Britain's Law Lords and human rights", Legal Studies Vol. 26, 338면(2006); Kavanagh(주 30), 541면. Hickman에 의하면, 만약 당시 의회에서 젠더승인법안을 고려하지 아니하고 기존법을 고수하기로 하였다면 귀족원에서 이 문제를 법원보다는 의회에서 해결하는 것이 나을 것이라는 판단을 하지는 않았을 것이다. Hickman(주 30), 332면.

에 다른 법역의 법원에서도 명문의 규정이 없음에도 불구하고 성전환자 성별 변경의 합법성을 인정한 사례가 다수 있다. 예를 들어 프랑스의 파기원(Cour de cassation)은 1992. 12. 11. 두 개의 충원합의부(Assemblée plénière) 판결35)에 서, 성전환자의 경우 그 민사상 신분을 외관상 드러나는 성으로 인정하는 것은 사생활 존중의 원칙에 의해 정당화된다고 하였다.36) 또 호주 법원도 여성에서 남성으로 성을 전환한 사람과 여성 사이의 혼인이 유효하다고 판시한 바 있으 며37) 미국에서도 다수의 주 법원은 명문의 규정 없이도 성전환자의 성별 변경 을 인정하였다.38)

둘째, 많은 사안에서 성전환자의 성별 변경을 인정할 것인지를 결정하는 문제는 사법자제론자들이 주장하는 것처럼 그리 까다로운 것이 아니다. 물론 그 결정이 매우 어려운 경우도 있다. 예를 들어 성전환 수술을 거치지 않은 성 전환자의 성별 변경을 허용할지 여부는 정책적으로 결정될 문제이지 명문 규 정에 의한 근거 없이 법원에 의해 결정될 사안이 아니다.39) 혼인하여 자녀가 있는 성전환자의 성별 변경을 허용할 경우에도 역시 많은 문제가 야기될 수 있다. 그러나 한편 성별 변경이 허용되어야 함이 명백한 경우, 예컨대 오랜 기 간 성적 혼란을 겪은 후 다시 예전 성으로의 전환이 불가능한 성전환 수술을 거쳤으며, 미혼이고 자녀도 없으나 전환 후 성으로의 귀속을 인정받지 못함으 로 인해 고통받고 있는 경우도 많다.40) 더군다나 사법적극주의에 의할 경우에는 입법에 의한 해결을 기다릴 필요 없이 즉각적인 구제책을 제공할 수 있다는 장점 이 있다.

사법적극주의와 사법자제 중 어떤 것을 따를지를 결정하는 것이 쉬운 일 은 아니다. 이는 곧 권력분립의 원칙과 인권 침해에 대한 실효성 있는 구제책

---

35) Bulletin 1992 A. P. no. 13, 7; Semaine juridique, 1993-02-03, no. 5, 41, conclusions et note M. Jéol et G. Memeteau.

36) 이 판결은 프랑스 대법원의 기존 판례(예를 들어 cour de cassation, civile 1, 1990-05-21, Bulletin 1990, I, no. 117, 83)의 입장을 변경하는 것이었다. 이러한 판례 변경은 유럽인권재판 소의 B. v. France 사건에 대한 판결(Application no. 13343/87)의 영향에 의한 것으로, 여기서 유럽인권재판소는 프랑스에서 성전환자에 대한 성별정정을 불허하는 것은 유럽인권협약 제8 조(사생활의 존중)에 대한 위반이라고 선언하였다.

37) Re Kevin, [2001] FamCA 1074; Attorney-General (Cth) v. Kevin, [2003] FamCA 94.

38) 예컨대, M.T. v. J.T., 355 A.2d 204(App. Div. 1976)(뉴저지주 고등법원 항소부). 미국법에 대한 더 자세한 사항은 Detlev Witt(주 31), 92면 이하 참조.

39) 영국의 젠더승인법은 젠더 승인 신청인이 반드시 성전환 수술을 거쳤을 것을 요구하지 않 는다.

40) 독일 연방헌법재판소 결정(주 5) 참조.

제공에 대한 필요성이 충돌하는 것이기도 하다. 그러나 개인적인 의견으로는 성별 변경을 허용하도록 하는 유추에 의한 해결책을 지지하고 싶다. 보통의 사안에서라면 이와 같이 법에 중대한 변화를 초래할 수 있는 유추는 입법부의 몫으로 남겨두어야 할 것이다. 그러나 현 상황에서 권력분립의 원칙을 준수하기 위하여 법원이 성전환자의 성별 변경을 허가하지 못한다고 한다면, 이는 인권 침해에 대한 구제를 거부하는 셈이 된다. 특히 한국의 대법원은 이와 같은 인권 보호를 위하여 새로운 입법을 할 것을 국회에 요구할 권한이 없기 때문에 더욱 그러하다.41) 따라서 이런 예외적인 상황에서는 권력분립의 원칙이 한발 물러서고, 인권 침해에 대한 효과적인 구제책 제공이 우선해야 할 것이다. 즉 이런 경우에는 성적 혼란으로 인해 극심한 고통을 겪은 성전환자에 대한 연민이 다른 고려 사항보다 우선시되어야 할 것이다.42)

V. 결　　론

이 문제에 대해 정답(right answer)이 있는지는 잘 모르겠다. 이 문제에 대한 각 개인의 입장은, 순수한 법논리가 아니라 본인의 세계관(Weltanschauung)에 달려 있다. 또한 각 국가의 상황 역시 고려되어야 할 것이다. 한국의 경우에는 대법원 결정의 다수의견이, 비록 그 이유는 다소 만족스럽지 못하지만 결론에 있어서는 정당하다고 판단된다. 한편, 한국, 독일, 영국의 판례는 같은 문

---

41) 엄밀히 말해서, 한국에서는 개인의 인권 보호를 위해 필요한 입법이 없는 경우에는 헌법재판소가 이러한 입법부작위에 대해 헌법불합치 선언을 할 수 있다. 그러나 이러한 불합치 선언의 효과는 분명하지 않다. 나아가 한국 대법원에는 이러한 불합치 선언의 권한조차 없다.

42) *Cossey v. United Kingdom* 판결(주 19)에서 Martens 판사의 반대의견(제2.7문단)은 이러한 연민을 매우 열정적으로 드러내고 있다. "인간의 권리의 근간이 되고 협약에 명시되어 있는 다양한 구체적 권리의 기초가 되는 원칙은 인간의 존엄성과 자유에 대한 존중이다. 인간의 존엄성과 자유는, 개인은 자신의 인격에 가장 적합하다고 판단되는 방향으로 그 자아와 운명을 형성할 수 있어야 한다는 것을 내포한다. 성전환자 역시 이러한 매우 근본적인 권리를 행사하여 자신의 자아와 운명을 개척한 것이다. 그 과정에서 그는 자신이 귀속된다고 믿는 성에 부합하는 생식 기관을 갖추기 위하여 인간적으로 가능한 한계 내에서 길고 위험하며 고통스러운 의학적 시술을 거쳤다. 이러한 시련 후에 성전환자는 비로소, 그가 만든 기성 사실(*fait accompli*)을 인정해 줄 것을 법에 호소하는 것이다. 이는 자신을 그가 획득한 성의 일원으로서 법적으로 인정하고 취급해 달라는 요청이며, 아무런 차별 없이 다른 여성 또는 남성과 동등하게 대우해 달라는 요청이다. 법은 진정으로 강력한 이유가 있는 경우가 아니면 이러한 요청을 거부할 수 없다. 위의 제2.2문단과 2.4문단에서 밝힌 바와 같이 이를 거부하는 것은 잔인한 일이기 때문이다. 그러나 이와 같은 강력한 이유를 찾아볼 수 없다."

제에 대하여 각각 다른 접근 방법을 보여 주었으며, 같은 국가 내에서도 각 법원에 따라 의견이 갈리는 모습이 나타났다. 이는 비교법학과 법해석방법론의 측면에서도 매우 흥미로운 현상이라고 생각된다.

〈원전: Jinsu Yune, "The Role of the Courts in the Protection of Transsexuals' Human Rights: A Comparison of Korea with Germany and the U. K.." in: Tobias Helms und Jens Martin Zeppernick (hrsg.), Lebendiges Familienrecht, Festschrift für Rainer Frank zum 70. Geburtstag am 14. Juli 2008, Verlag für Standesamtwesen, Frankfurt am Main · Berlin, 2008, S. 409-422〉

〈서울대학교 법학 제52권 1호, 2011〉

〈追記〉
　이 글은 위의 원전 표시에도 나와 있는 것처럼, 2008년 발간된 독일의 프라이부르크 대학교 명예교수인 라이너 프랑크 교수 70세 기념논문집에 영문으로 실렸던 것을, 당시 서울대학교 법학전문대학원 재학 중이던 김수인 변호사가 번역한 것이다.

性別訂正 許可가 있기 전의 性轉換者의 法的 地位

― 대상판결: 대법원 2009. 9. 10. 선고 2009도3580 판결 ―

Ⅰ. 사실관계 및 판결이유

1. 사실관계

제1심 판결[1]이 인정한 사실은 대체로 다음과 같다.

피고인은 2008. 8. 31. 08:10경 남자에서 여자로 성전환 수술을 받은 바 있는 피해자 A(58세)의 집에서, 잠겨져 있지 않은 화장실 문을 열고 집안으로 들어 가 방안에 있던 피해자의 가방에서 현금 10만원 상당을 꺼내어가 이를 절취하였고, 이어서 부엌으로 가 그곳에 있던 흉기인 식칼을 들고 다시 방안으로 들어가 인기척에 깨어난 피해자를 식칼로 위협하여 반항을 억압한 다음 피해자의 음부와 항문에 피고인의 성기를 삽입하고, 피해자로 하여금 피고인의 성기를 빨게 하는 등으로 피해자를 1회 간음하여 강간하였다.

피해자 A는 원래 1950. 7. 3. 남성으로 태어났으나, 성장기부터 남성에 대한 불일치감과 여성으로서의 귀속감을 나타내었고, 사춘기에 이르러 여성으로서의 분명한 성정체성이 형성되기 시작하였으며, 24세이던 1974년경 정신과 병원에서 정밀진단과 심리치료, 관찰을 거쳐 성전환증이라는 확진을 받은 다음, 몇 차례에 걸쳐 남성의 성기와 음낭을 제거하고 여성의 질 등 외부성기를 형성하는 수술과 가슴성형수술, 가슴보강수술 및 질확장술을 받은 바 있다.

---

[1] 부산지방법원 2009. 2. 18. 선고 2008고합669 판결.

2. 재판의 경과

가. 공소의 제기 및 공소장 변경

검사는 당초 피고인의 위 범행을 성폭력범죄의 처벌 및 피해자 보호 등에 관한 법률 제5조 제1항에 정한 주거침입강제추행죄로 기소하였다. 그런데 제1심 법원은 이 점에 관하여 의문을 가지고 피해자를 증인으로 법정에 소환한 다음, 성전환수술과 그 전후의 사정을 비롯한 피해자의 진정한 성정체성에 대한 조사를 하였고, 이후 피해자는 전문의가 작성한 성전환수술 확인서를 법원에 제출하였다.2) 그러자 검사는 주거침입강간죄를 주된 공소사실로, 주거침입강제추행죄를 예비적 공소사실로 하는 공소장 변경허가신청을 하였고, 제1심 법원은 이를 허가하였다.

나. 제1심 및 제2심 판결

제1심은 대체로 뒤에서 살펴볼 평석 대상인 대법원 판결과 같이 사실인정을 한 다음 아래와 같은 이유로 주거침입강간죄를 유죄로 인정하였다.

즉 대법원 1996. 6. 11. 선고 96도791 판결과 2006. 6. 22.자 2004스42 전원합의체 결정을 인용하여, 사람의 성(性)을 구분함에 있어 생물학적인 요소와 함께, 개인의 성별에 대한 귀속감, 사회적으로 승인된 그 성별에 고유한 행동과 태도, 성격상의 특징으로 드러나는 성역할상의 문제 등 정신의학적, 심리적, 사회적 요소를 종합적으로 고려하여 사회통념에 따라 합리적으로 남녀를 구분하여야 한다는 것이 확립된 견해가 되었다.

그런데 현재 남성으로 된 피해자의 공부상 성별기재는 출생 당시 신고된 성으로서, 이후 성적 귀속감의 발현에 따른 일련의 과정을 거쳐 최종적으로 확인한 피해자의 진정한 성을 표상하지 못하고 이는 성별정정 대상에 해당되는 것이므로, 피해자를 위와 같이 강간죄의 객체인 부녀로 인정함에 장애가 되는 것이 아니며, 공부상 성별을 정정하는 것은 피해자가 남녀 양성체제로 편성된 우리 사회의 엄연한 한 사람의 여성임을 사후적으로 확인하는 조처에 불과

---

2) 제1심 법원 재판장인 고종주 부장판사는 과거에 남성에서 여성으로 성전환을 한 사람도 강간죄의 피해자가 될 수 있다는 글을 발표한 바 있다. 高宗柱, "性轉換者(transsexual)에 대한 法的 認識과 處遇: 트랜섹슈얼의 法律上 地位에 관한 先例와 理論의 檢討", 司法論集 제35집, 2002, 371면 이하, 특히 460면 이하 참조.

할 뿐 그 결정으로 피해자의 성별이 비로소 여성으로 변경되는 것도 아니다.

그리하여 성전환자가 특별히 성범죄의 피해자가 된 경우에는 공부상 성별 기재의 정정 여부를 확인하기보다는, 문제의 성격상 피해자가 진성의 성전환자로서 공인된 절차를 거쳐 성전환수술을 받고, 상당기간을 다른 성으로 살아온 사정이 인정되는 등의 실질적 요건을 구비한 상태에서, ① 피해자가 보통의 여성과 다름없이 남성과 성행위가 가능한가, ② 이에 근거하여 피해자의 성적 자기결정권을 인정함에 문제가 될 만한 장애사유는 없는가, ③ 범인의 고의적 행위에 의하여 피해자의 질에 범인의 성기가 삽입되는 등의 명백한 성적 침탈행위가 있었는가 하는 성전환자인 피해자의 성적 자기결정권의 침해여부가 더 중요한 확인사항인데, 이 사건의 피해자는 위 각 항목의 사정을 모두 충족함으로써 피고인에 의한 강간죄의 피해자로 봄에 아무런 문제가 없다.

그리하여 제1심 법원은 절도[3]와 주거침입강간죄를 유죄로 인정하고, 징역 3년에 4년간의 집행유예와 120시간의 사회봉사 명령을 선고하였다.

제1심 판결에 대하여는 검사가 항소를 제기하였다. 그러나 제2심 판결은 검사의 사실오인 주장과 양형부당 주장을 배척하고 항소를 기각하였으며, 강간죄의 성립 여부에 대하여는 따로 언급하지 않았다.

위 판결에 대하여 검사가 다시 상고를 제기하였다.[4]

다. 대법원 판결

대법원은 검사의 상고를 기각하였는데, 성전환자가 강간죄의 피해자(객체)가 될 수 있는지에 관하여는 다음과 같이 판시하였다.

"강간죄의 객체는 부녀로서 여자를 가리키는 것이므로(대법원 1996. 6. 11. 선고 96도791 판결 참조), 강간죄의 성립을 인정하기 위하여는 피해자를 법률상 여자로 인정할 수 있어야 한다.

종래에는 사람의 성을 성염색체와 이에 따른 생식기·성기 등 생물학적인 요소에 따라 결정하여 왔으나 근래에 와서는 생물학적인 요소뿐 아니라 개인이 스스로 인식하는 남성 또는 여성으로의 귀속감 및 개인이 남성 또는 여성으로서 적합하다고 사회적으로 승인된 행동·태도·성격적 특징 등의 성역할

---

3) 현금 10만원 부분에 대하여 검사는 강도죄로 기소하였으나, 제1심 법원은 절도죄만을 인정하였다. 이 부분은 이 글의 검토 대상에서 제외한다.
4) 검사가 피고인의 이익을 위하여 상고한 것으로 보인다.

을 수행하는 측면, 즉 정신적 · 사회적 요소들 역시 사람의 성을 결정하는 요소 중의 하나로 인정받게 되었으므로, 성의 결정에 있어 생물학적 요소와 정신적 · 사회적 요소를 종합적으로 고려하여야 한다(대법원 2006. 6. 22.자 2004스42 전원합의체 결정, 1996. 6. 11. 선고 96도791 판결 참조).

(중략) 성전환증을 가진 사람의 경우에도, 남성 또는 여성 중 어느 한쪽의 성염색체를 보유하고 있고 그 염색체와 일치하는 생식기와 성기가 형성 · 발달되어 출생하지만 출생 당시에는 아직 그 사람의 정신적 · 사회적인 의미에서의 성을 인지할 수 없으므로, 사회통념상 그 출생 당시에는 생물학적인 신체적 성징에 따라 법률적인 성이 평가될 것이다. 그러나 출생 후의 성장에 따라 일관되게 출생 당시의 생물학적인 성에 대한 불일치감 및 위화감 · 혐오감을 갖고 반대의 성에 귀속감을 느끼면서 반대의 성으로서의 역할을 수행하며 성기를 포함한 신체 외관 역시 반대의 성으로서 형성하기를 강력히 원하여, 정신과적으로 성전환증의 진단을 받고 상당기간 정신과적 치료나 호르몬치료 등을 실시하여도 여전히 위 증세가 치유되지 않고 반대의 성에 대한 정신적 · 사회적 적응이 이루어짐에 따라 일반적인 의학적 기준에 의하여 성전환수술을 받고 반대 성으로서의 외부 성기를 비롯한 신체를 갖추고, 나아가 전환된 신체에 따른 성을 가진 사람으로서 만족감을 느끼며 공고한 성정체성의 인식 아래 그 성에 맞춘 의복, 두발 등의 외관을 하고 성관계 등 개인적인 영역 및 직업 등 사회적인 영역에서 모두 전환된 성으로서의 역할을 수행함으로써 주위 사람들로부터도 그 성으로서 인식되고 있으며, 전환된 성을 그 사람의 성이라고 보더라도 다른 사람들과의 신분관계에 중대한 변동을 초래하거나 사회에 부정적인 영향을 주지 아니하여 사회적으로 허용된다고 볼 수 있다면, 이러한 여러 사정을 종합적으로 고려하여 사람의 성에 대한 평가기준에 비추어 사회통념상 신체적으로 전환된 성을 갖추고 있다고 인정될 수 있는 경우가 있다 할 것이며, 이와 같은 성전환자는 출생시와는 달리 전환된 성이 법률적으로도 그 성전환자의 성이라고 평가받을 수 있을 것이다(대법원 2006. 6. 22.자 2004스42 전원합의체 결정 참조).

원심이 유지한 제1심판결의 이유에 의하면, (중략) 피해자는 성장기부터 남성에 대한 불일치감과 여성으로의 귀속감을 나타내었고, 성인이 된 후 의사의 진단 아래 성전환수술을 받아 여성의 외부 성기와 신체 외관을 갖추었고, 수술이후 30여 년간 여성으로 살아오면서 현재도 여성으로서의 성정체성이 확고하여 남성으로 재전환할 가능성이 현저히 낮고, 개인생활이나 사회생활에서도 여성으로 인식되어, 결국 사회통념상 여성으로 평가되는 성전환자에 해당한다고 봄이 상당하고, 이 사건 피고인도 피해자를 여성으로 인식하여 강간범행을 저질렀다.

　따라서, 위와 같은 제반사정을 고려하여 성전환자인 이 사건 피해자를 법률상 여성으로 보고 강간죄의 객체가 된다고 한 제1심판결을 유지한 원심의 판단은 적법하고, 거기에 강간죄의 객체인 부녀의 해석에 관한 법리오해의 위법이 없다.”

II. 연　　구

1. 들어가는 말

　성전환자의 성별정정을 허용할 것인가에 관하여는 이제까지 국내에서나 외국에서 상당한 논의가 있었다.5) 그런데 대법원 2006. 6. 22.자 2004스42 전원합의체 결정6)은 법원의 허가가 있으면 성전환자의 호적상 성별 정정이 가능하다고 판시하였다. 이 결정에 대하여도 찬반 양론이 있으나, 필자는 위 결정의 결론은 지지될 수 있다고 생각한다.

　그런데 위와 같은 법원의 허가 내지 그에 따른 호적상 또는 가족관계등록부상 성별정정이 이루어지기 전에는 성전환자는 법적으로 어떠한 지위를 가지는가가 문제된다. 다시 말하여 전환된 성을 가진 자로 보아야 하는가, 아니면 전환되기 전의 성을 가지는 것으로 보아야 하는가?

　대상 판결에서는 남성에서 여성으로 성전환 수술을 받은 사람을 법원의 성별정정 허가가 있기 전에도 강간죄의 피해자인 부녀로 볼 수 있는가가 문제되었다. 그러므로 대상판결을 계기로 하여 법원의 성별정정 허가가 있기 전의

---

5) 국내 문헌의 소개는 閔裕淑, “성전환자에 대한 호적정정의 가부(可否)”, 대법원판례해설 60호(2006년 상반기), 561면 주 2) 참조. 외국에서의 논의에 관하여는 Jinsu Yune, “The Role of the Courts in the Protection of Transsexuals' Human Rights: A Comparison of Korea with Germany and the U.K.”, in: Tobias Helms/ Jens Martin Zeppernick(Hrsg.), Lebendiges Familienrecht, Festschrift für Rainer Frank, 2008, S. 409 ff. 참조.
6) 공 2006하, 1341. 이하 ‘2006년 결정’이라고만 한다.

성전환자의 법적 지위를 따져 볼 필요가 있다.

여기서는 우선 대상판결과 종래의 선례와의 관계를 살펴볼 필요가 있다(아래 2. 및 3.). 이어서 성전환자가 강간죄의 피해자가 될 수 있는가에 관한 외국에서의 논의를 살펴본다(아래 4.). 마지막으로 필자의 잠정적인 견해를 밝힌다(아래 5.).

2. 종전의 선례

성전환에 관한 대법원의 선례로는 대상판결도 인용하고 있는 대법원 1996. 6. 11. 선고 96도791 판결[7]과, 위 2006년 결정이 있다.

가. 1996년 판결

이 판결에서는 대상판결과 같이 남성에서 여성으로 성전환수술을 받은 사람이 강간죄의 피해자가 될 수 있는가 하는 점이 쟁점으로 되었다. 이 사건의 피해자는 1989년경부터 수년간 여장남자로서의 행세를 하여 오다가, 1991년과 1992년 일본에 있는 병원에서 자신의 음경과 고환을 제거하고 그 곳에 질(膣)을 만들어 넣는 방법으로 여성으로의 성전환 수술을 받음으로써 여성으로서의 질 구조를 갖추고 있고, 유방이 발달하는 등 외관상으로는 여성적인 신체구조를 갖추게 되어 보통의 여자와 같이 남자와 성생활을 할 수 있으며 성적 쾌감까지 느끼고 있으나, 여성의 내부성기인 난소와 자궁이 없기 때문에 임신과 출산은 불가능한 상태였다. 그런데 이 사건의 피고인들은 1995. 4. 24. 폭행과 협박을 가하여 성기를 위 피해자의 음부에 삽입하여 강간하였다. 검사는 피고인들을 강간죄로 기소하였으나, 법원은 제1심부터 대법원에 이르기까지 강간죄의 성립을 부정하였다.

이 사건에서 대법원은 우선 강간죄를 규정한 형법 제297조는 객체를 부녀에 한정하고 있는데, 부녀라 함은 곧 여자를 가리키는 것이라고 하였다. 이어서 여자에 해당하는지 여부의 판단기준에 관하여 다음과 같이 설시하였다.

"형법 제297조에서 말하는 부녀, 즉 여자에 해당하는지의 여부도 위 발생학적인 성인 성염색체의 구성을 기본적인 요소로 하여 성선, 외부성기를 비롯

---

7) 집 44(1) 형1049; 공 1996하, 2264. 이하 '1996년 판결'이라고만 한다.

한 신체의 외관은 물론이고 심리적, 정신적인 성, 그리고 사회생활에서 수행하는 주관적, 개인적인 성역할(성전환의 경우에는 그 전후를 포함하여) 및 이에 대한 일반인의 평가나 태도 등 모든 요소를 종합적으로 고려하여 사회통념에 따라 결정하여야 할 것이다.”

그리하여 결론적으로는 피해자를 여자로 볼 수 없다고 하여 강간죄의 성립을 부정하였다. 즉 피해자가 비록 어릴 때부터 정신적으로 여성에의 성귀속감을 느껴 왔고, 위의 성전환 수술로 인하여 남성으로서의 내·외부성기의 특징을 더 이상 보이지 않게 되었으며, 남성으로서의 성격도 대부분 상실하여 외견상 여성으로서의 체형을 갖추고 성격도 여성화되어 개인적으로 여성으로서의 생활을 영위해 가고 있다 할지라도, 기본적인 요소인 성염색체의 구성이나 본래의 내·외부성기의 구조, 정상적인 남자로서 생활한 기간, 성전환 수술을 한 경위, 시기 및 수술 후에도 여성으로서의 생식능력은 없는 점, 그리고 이에 대한 사회 일반인의 평가와 태도 등 여러 요소를 종합적으로 고려하여 보면 위 피해자를 사회통념상 여자로 볼 수는 없는 것이다.

나. 2006년 결정

이 결정에서는 여성에서 남성으로의 성전환 수술을 받은 사람의 호적상 性의 기재를 여성에서 남성으로 정정할 수 있는가 하는 점이 문제로 되었다. 이 점에 관하여는 다수의견과 반대의견의 대립이 있었으나, 다수의견은 이를 긍정하였다.

다수의견은, 현행 호적법에는 출생시 호적에 기재된 성별란의 기재를 위와 같이 전환된 성에 따라 수정하기 위한 절차 규정이 따로 마련되어 있지 않지만, 성전환자도 인간으로서의 존엄과 가치를 향유하며 행복을 추구할 권리와 인간다운 생활을 할 권리가 있고 이러한 권리들은 질서유지나 공공복리에 반하지 아니하는 한 마땅히 보호받아야 하며, 호적법 제120조에 의한 호적정정 절차를 둔 근본적인 취지가 호적의 기재가 부적법하거나 진실에 반하는 것이 명백한 경우에 그 기재 내용을 판결에 의하지 아니하고 간이한 절차에 의하여 사실에 부합하도록 수정할 수 있도록 함에 있다는 점을 함께 참작하여 볼 때, 구체적인 사안을 심리한 결과 성전환자에 해당함이 명백하다고 증명되는 경우에는 호적법 제120조의 절차에 따라 그 전환된 성과 호적의 성별란 기재를 일치시킴으로써 호적기재가 진정한 신분관계를 반영할 수 있도록 하는 것이 호

적법 제120조의 입법 취지에 합치되는 합리적인 해석이므로, 성전환자에 해당
함이 명백한 사람에 대하여는 호적정정에 관한 호적법 제120조의 절차에 따라
호적의 성별란 기재의 성을 전환된 성에 부합하도록 수정할 수 있도록 허용함
이 상당하다고 한다.

　위 다수의견은 호적정정을 규정한 당시의 호적법 제120조의 해석상 성전
환자의 성별정정을 인정할 수 있다고 하였다. 그러나 위 판결의 반대의견이 지
적하는 것처럼, 다수의견에 의하더라도 성전환자에 대한 호적정정의 효과가 기
존의 신분관계에는 영향을 미치지 않는다고 하는데, 이는 본래 호적정정절차가
예정하는 법적 효과의 범위를 벗어나는 것이라고 하지 않을 수 없다. 그러므로
위 결정은 실질적으로는 호적법 제120조의 헌법합치적 해석(보충의견에서의 김
지형 대법관의 표현)이라기보다는 위 규정을 유추적용한 것이라고 보는 것이 정
확할 것이다. 다만 그 결론의 타당성은 수긍될 수 있는 여지가 있다.8)

3. 판례들 사이의 관계

　그런데 우선 생길 수 있는 의문은, 1996년 판결의 경우에는 강간죄의 성
립을 부정한 반면 대상판결은 강간죄의 성립을 긍정하였으므로, 양자 사이에
모순이 있지 않은가 하는 점이다. 뿐만 아니라 1996년 판결과 2006년 결정 사
이에도 모순이 있는 것이 아닌가 하는 논의가 있다.9)

가. 대법원의 이해

　대법원은 위 판례들과 대상판결 사이에는 모순이 없는 것으로 파악하고
있다. 2006년 결정도 1996년 판결에 대하여, "대법원은 이미 '사람의 성은 성
염색체의 구성을 기본적인 요소로 하여 내부 생식기와 외부 성기를 비롯한 신
체의 외관은 물론이고 심리적·정신적인 성과 이에 대한 일반인의 평가나 태
도 등 모든 요소를 종합적으로 고려하여 사회통념에 따라 결정하여야 한다'고
판시함으로써(대법원 1996. 6. 11. 선고 96도791 판결 참조) 성의 결정에 있어 생물
학적 요소와 정신적·사회적 요소를 종합적으로 고려하여야 한다는 점을 명백

---

　8) 이 점에 대하여는 Jinsu Yune(주 5), S. 418 ff. 참조.
　9) 尹眞秀, "2006년도 주요 民法 관련 판례 회고", 民法論攷 Ⅲ, 2008, 753면, 764-765면(처음
　　발표: 서울대학교 법학 제48권 1호, 2007).

히 하였다"고 언급하고 있다. 대상판결도 마찬가지로 성의 결정에 있어 생물학적 요소와 정신적·사회적 요소를 종합적으로 고려하여야 한다고 하면서, 그 근거로서 2006년 결정과 1996년 판결을 인용하고 있다.

결국 대법원의 이해에 의하면, 1996년 판결의 의미는 사람의 성을 결정함에 있어서 생물학적 요소뿐만 아니라 정신적·사회적 요소 내지 사회 통념을 고려하여야 한다는 점에 있고, 이 점은 2006년 결정이나 대상판결에서도 마찬가지이므로 판례들 사이에는 서로 모순이 없다는 것이 된다. 그렇다면 1996년 판결이 강간죄의 성립을 부정한 반면, 대상 판결이 강간죄의 성립을 긍정한 것은 구체적인 사실관계에 따라 정신적·사회적 요소 내지 사회 통념상 다르게 판단되기 때문이라고 설명할 수 있을 것이다.

나. 1996년 판결과의 비교

위 각 판례의 추상적인 문언만 본다면 판례들 사이의 관계를 그와 같이 설명할 수도 있을 것이다. 그러나 구체적으로 살펴보면 그러한 설명의 설득력에 의문을 가지게 된다.

우선 1996년 판결과 대상판결의 사실관계 사이에 중요한 차이가 있는가? 두 사건에서 모두 피해자는 남자에서 여자로의 성전환 수술을 받은 사람이고, 외관상으로는 여성적인 신체구조를 갖추게 되어 보통의 여자와 같이 남자와 성생활을 할 수 있으며 성적 쾌감까지 느끼고 있으나, 여성의 내부성기인 난소와 자궁이 없기 때문에 임신 및 출산은 불가능한 상태라는 것이다. 구태여 차이를 찾자면, 1996년 판결의 경우에는 성전환 수술을 받은 때부터 범행이 있을 때까지 4-5년 정도밖에 차이가 나지 않은 반면, 대상판결의 경우에는 최초로 성전환 수술을 받은 때부터 약 34년이라는 긴 시간이 흘렀다는 점을 들 수 있다. 1996년 판결도 이러한 점을 중시한 것으로 보인다. 즉 성의 판단 요소로서 정상적인 남자로서 생활한 기간과 성전환 수술을 한 시기를 들고 있는 것이다.

그러나 과연 이러한 점을 가지고 중요한 차이가 있는 것이라고 볼 수 있을까? 1996년 판결의 피해자도 비록 남자 중학교를 졸업하기는 하였지만, 어릴 때부터 여자 옷을 즐겨 입거나 고무줄놀이와 같이 여자가 주로 하는 놀이를 즐겨하는 등 여성으로서의 생활을 동경하고 여성으로서의 성에 귀속감을 느꼈다는 것이고, 이 점에서는 대상판결의 피해자와 별다른 차이가 없다. 그러므로 단순히 성전환 수술을 받은 때로부터의 시간상의 차이만을 가지고 강간죄의 성립 여부를 달리하는 것은 그다지 설득력이 없다.

　보다 근본적으로는 과연 1996년 판결이 생물학적인 요소 외에 정신적·사회적 요소 내지 사회 통념을 고려하여 성을 결정하여야 한다고 본 것인가도 분명하지 않다. 이 점에 대하여 위 판결의 선고 과정에 관여한 것으로 보이는 당시 대법원 재판연구관의 해설에 의하면, 남녀의 구별은 의학적, 생물학적인 기준이 아니라 사회통념상 기준에 의하는 것이라고 한 대법원판결의 기본 입장은 지극히 타당하고, 사회통념은 위 판결이 적시하는 바와 같이 성염색체 구성을 기본적인 요소로 하여 신체의 외관, 심리적, 정신적인 성, 그리고 주관적, 개인적인 성역할 및 이에 대한 일반인의 평가나 태도 등 모든 요소를 종합적으로 고려하여야 하며, 이는 성염색체만을 기준으로 하는 각국의 초기 판례에 비추어 진일보한 이론이라고 한다.[10]

　그러나 과연 1996년 판결이 사회 통념을 고려하면 성전환자의 법률적인 성 변경을 인정할 수 있다는 입장일까? 이 점은 의문이다. 일반적으로는 위 판결에 대하여, 이는 일견 각국 입법, 판례의 최근 추세에 발맞추어 성전환자의 성변경에 대하여 전향적인 기준을 제시한 것으로 보이나, 실질적으로는 성전환자의 성변경을 인정하지 아니하고 있다고 보아서 비판하는 견해가 많다.[11] 위 재판연구관의 판례해설에 의하더라도 성전환수술 자체에 대하여 상당히 부정적인 태도를 보이고 있다.[12]

　위 판결에 대한 또 다른 설명으로는, 위 판결은 형벌법규의 해석에 관한 것으로서, 죄형법정주의 원칙에 따라 형벌법규를 엄격히 해석하고 유추해석을 금지하여야 한다는 이념에 비추어 성전환수술을 받았더라도 호적정정을 하기 전까지는 여성으로 취급할 수 없다는 결론이라고 볼 여지는 있을 것이라고 하

---

10) 曺喜大, "성전환수술을 받은 자가 강간죄의 부녀에 해당하는가", 대법원판례해설 25호(96년 상반기), 653-654면 등.

11) 문유석, "성전환수술을 받은 자의 성별", 人權과 正義 2002. 7, 93면. 高宗柱(주 2), 463면 은 대법원판결이 일반론에 있어서만 이론적인 진전이 있었을 뿐 성전환수술을 받은 자를 그 수술의 정당성 여부를 논함이 없이 일률적으로 부녀가 아니라고 단정함으로써 결과적으로 생물학적 결정론(biological determinism)에 치우쳤다고 한다. 또한 金日秀, "合同强姦致傷罪의 不能未遂", 판례연구 8집, 1996, 101면 이하; 정현미, "性轉換手術者의 强姦罪의 客體 與否", 刑事判例硏究 6호, 1998, 177-179면 등 참조.

12) 曺喜大(주 10), 654면은 우리에게는 성전환수술을 감당할 만한 의료기술이나 인적, 물적 설 비를 갖추고 있다고 할 수가 없고, 우리 현행법상 속칭 성전환수술이 형사상 처벌 없이 허용 되는 것인지의 여부도 확실하지 아니하며, 우리 사회 일반인들의 성전환수술자에 대한 평가 나 태도도 그다지 호의적이거나 긍정적이라고 할 수는 없다고 한다.

는 주장이 있다.13)

　　이 점과 관련하여서는 구체적으로 성전환으로 인한 성별정정이 가능한 기준이 무엇이 되어야 하는가를 따져 볼 필요가 있을 것이나, 이 문제의 검토는 다른 기회로 넘기고자 한다. 다만 필자의 사견으로는, 의학적인 필요에 의하여 성전환수술을 받아 반대 성으로서의 외부 성기를 비롯한 신체를 갖추고, 나아가 자신이 전환된 성에 속한다는 확고한 정체성을 가지고 있다면 그것만으로 성별정정을 허용하여야 하고, 그 외에 주위 사람들로부터도 그 성으로서 인식되고 있는지의 여부, 전환된 성을 가진 사람으로서 살아간 기간 등은 고려할 필요가 없다고 생각한다.

다. 2006년 결정과의 비교 ― 성전환의 효력 발생 시점과 관련하여

　　과연 성전환자의 성은 법률적으로는 언제 변경되는 것일까? 다시 말하여 가족관계등록부(과거의 호적부)의 성별정정 시점에 비로소 성이 변경되는 것인가, 아니면 그와는 관계없이 성전환 수술을 받은 시점에 바로 성이 변경되는 것인가?

　　대상판결의 제1심 판결은, 공부상 성별을 정정하는 것은 피해자가 남녀 양성체제로 편성된 우리 사회의 엄연한 한 사람의 여성임을 사후적으로 확인하는 조처에 불과할 뿐, 그 결정으로 피해자의 성별이 비로소 여성으로 변경되는 것도 아니라고 한다. 그러나 대상판결은 이 점에 관하여 명시적인 태도를 밝히지 않고 있다.

　　그런데 2006년 결정의 다수의견은, 성전환자에 대하여 성별을 정정하는 호적정정이 허가되고 그에 따라 전환된 성이 호적에 기재되는 경우에, 위 호적정정 허가는 성전환에 따라 법률적으로 새로이 평가받게 된 현재의 진정한 성별을 확인하는 취지의 결정이므로 호적정정허가 결정이나 이에 기초한 호적상 성별란 정정의 효과는 기존의 신분관계 및 권리의무에 영향을 미치지 않는다고 해석함이 상당하다고 하였다. 다른 말로 한다면 이는 호적정정허가 결정 및

────────────

13) 関裕淑(주 5), 593-594면. 여기서는 그와 같이 해석하지 않는 한 "당시 피해자의 신체가 사회통념상 여성으로서 기능하지 않았더라면 어떻게 강간이라는 사실행위가 이루어질 수 있었겠는가"라는 소박한 의문을 피하기 어려울 것이라고 주장한다. 그러나 대상판결의 제1심 판결은, 의심스러울 때는 피고인의 이익으로 판단한다는 형사절차법상의 준칙을 들어 성전환자를 강간죄의 객체로 볼 수 없다는 견해가 있으나, 이는 관련 법리와 이 사건의 구체적인 사실관계를 고려하지 아니한 막연하고 추상적인 단정에 불과한 것일 뿐, 위에서 본 바와 같이 피해자의 성별을 여성으로 봄에 무슨 의심이 있는 것이 아니라고 한다.

그에 따른 호적상 성별란 정정이 있으면 기존의 신분관계 및 권리의무가 달라
지는 일종의 창설적 효과가 인정되지만, 이는 장래효만을 가질 뿐이므로 기존
의 권리의무관계에는 영향을 미치지 않는다는 의미로 이해된다. 만일 호적정정
허가 결정이 확인적인 의미만을 지닌다면, 호적정정이 기존의 신분관계에 영향
을 미친다는 문제는 처음부터 생기지 않기 때문이다.[14]

　2006년 결정이 참고한 것으로 보이는 독일 연방헌법재판소 1978. 10. 11.
결정[15]도, 성전환이 법률적으로 효력을 가지게 되는 시점을 결정하여야 한다
면, 헌법적인 관점에서는 신분등록부에의 기재는 단순히 선언적인 효력만을
가진다는 견해를 고집할 필요는 없고, 성전환의 부기(Beischreibungsvermerk)에
장래효만을 인정하고, 그 한도에서는 창설적인 효력을 가지게 하는 해결방법도
헌법적으로 문제가 없다고 한다.[16]

　성전환을 인정하고 있는 외국의 입법례도 대체로 성전환으로 인한 성 변
경의 법적 승인에 장래효 내지 창설적 효력을 인정하고 있다. 영국의 2004년
성 승인법(Gender Recogmition Act 2004) 제9조도, 성전환자가 완전한 성 승인
증명서(full gender recognition certificate)를 발급받으면 그는 새로운 성을 취득하
게 되지만, 이는 증명서가 발급되기 전에 행해진 행위나 발생한 사실에 영향을
주지 아니한다고 규정하고 있다.[17] 독일의 성전환법(Transsexuellengesetz, TSG)[18]
제10조도 신청인이 다른 性에 속함을 인정하는 재판이 확정된 때부터 다른 性
에 따른 권리와 의무를 가지게 된다고 규정하고 있다.

　이처럼 성전환에 따른 호적 내지 가족관계등록부의 성별정정이 창설적 효
력 내지 장래효만을 가지게 된다면, 그러한 성별정정이 없는 경우에는 물리적
인 성전환이 있었다는 것만으로 법률적으로 성의 변경이 있었다고 보기는 어

---

14) 위 결정의 해설인 関裕淑(주 5), 614면도 호적정정은 장래효를 가진다고 한다.
15) BVerfGE 49, 286 ff. 이 결정에서는 민사신분등록부의 정정(Berichtigung)을 허용하고 있는
　　당시의 신분등록법(Personenstandsgesetz) 제47조는 원래의 신고 이후에 발생한 성전환의 경우
　　에도 적용될 수 있다고 판시하였다. 2006년 결정 중 김지형 대법관의 보충의견도 이 판례에
　　대하여 언급하고 있다.
16) 위 사건에서 연방대법원(Bundesgerichtshof)은 민사신분등록부의 정정은 선언적인 효력만을
　　가지므로 성전환의 경우에 민사신분법 제47조에 의한 정정은 허용되지 않는다고 하였으나,
　　연방헌법재판소는 민사신분등록부의 정정이 반드시 선언적인 효력만을 가져야 하는 것은 아
　　니라고 보았다.
17) 다만 영국의 성 승인법은 성전환자에게 성승인 증명서를 발급하기 위한 요건으로서 성전
　　환 수술을 반드시 요구하고 있지는 않다. Gender Recognition Act 2004 제2조 참조.
18) 정식 명칭은 Gesetz über die Änderung der Vornamen und die Feststellung der Geschlechts-
　　zugehörigkeit in besonderen Fällen.

려울 것이다.

그런데 구체적으로 법률상 성의 변경이 있는 시기를 법원의 성별정정 허가가 있는 때로 볼 것인가, 아니면 그러한 허가에 기하여 실제로 가족관계등록부상 성별정정이 이루어진 때로 볼 것인가에 대하여는 견해가 나누어질 수 있다. 2006년 결정도 이 점에 대하여 반드시 명백한 태도를 취한 것으로는 보이지 않는다. 그러나 성별정정 허가 결정 자체에 창설적 효력을 인정할 수 있다면 법원의 허가가 있으면 바로 성이 변경되는 것으로 보아야 하지 않을까? 이 문제는 좀더 생각해 볼 필요가 있다.

다만 예컨대 남자에서 여자로 성전환 수술을 받은 자를 성별정정이 있기 전에는 병역법상 남자로 취급할 것인가 하는 문제를 생각할 수는 있으나, 이 경우에는 대상자의 법적인 성별이 문제되는 것이 아니라 실제의 신체적 상태가 중요하므로, 법적인 성별정정 절차를 밟지 않았다고 하더라도 병역법상 남자로 취급할 것은 아니라고 생각된다. 2006년 결정이 있기 전에도, 남→여 성전환자의 경우에는 성전환수술을 받지 않았어도 징병검사 결과 현역병으로 입대하지 못하고 제2국민역으로 편입되거나 병역면제처분을 받는 경우가 대부분이어서, 실무상 크게 문제되지 않았다고 한다.[19]

4. 外國에서의 論議

이 문제는 다른 나라에서는 어떻게 다루어지고 있는가? 실제로 이 문제를 다룬 외국의 논의가 많지는 않다. 그 이유는 아마도 근래 다른 나라에서는 법률의 규정에 따라 강간죄의 피해자를 여성에 한정하지 않고 있기 때문이 아닌가 한다.[20] 아래에서는 영국과 오스트레일리아의 판례를 살펴본다.

가. 英 國

영국은 2004년에 이르러 성 승인법(Gender Recognition Act 2004)을 공포하여 성전환을 법적으로 인정하였다.[21] 그런데 위 법이 만들어지기 전에는 영국

---

19) 関裕淑(주 5), 611, 615면 등 참조.
20) 이에 대하여는 예컨대 한상훈, "최근 독일의 성폭력범죄에 대한 입법과 성적 자기결정의 보호성", 又凡 李壽成 先生 華甲紀念 人道主義的 刑事法과 刑事政策, 2000, 198면 이하 등 참조. 또한 아래 영국에서의 논의 참조.
21) 이는 성전환을 인정하지 않는 것이 유럽인권협약 위반이라는 유럽인권재판소(European

의 판례는 성전환으로 인한 성의 변경을 인정하지 않고 있었다. 즉 1970. 2. 2. 선고된 영국 High Court의 Corbett v. Corbett 판결22)은, 남성에서 여성으로 성전환한 사람이 다른 남성과 맺은 혼인은 무효라고 하면서, 성의 결정은 염색체, 생식선 및 생식기에 의하여 결정되어야 하고, 외과적 수술은 고려될 수 없다고 하였다.

이러한 판례는 영국 항소법원(Court of Appeal)의 R. v. Tan 판결23)에서도 재확인되었다. 여기서는 남성에서 여성으로 성전환한 사람이 다른 사람에게 돈을 받고 성적 서비스를 제공한 것이 남성으로서 성매매한 것으로 처벌되는가 하는 점이 문제되었다. 이 사건에서 항소법원은 성적 범죄 처벌에 관하여는 Corbett 판결의 기준이 적용되지 않아야 한다는 피고인들의 주장을 배척하고, 여기에서도 위 기준이 적용되어야 한다고 판시하였다.

그런데 1996년 영국 Reading 형사법원(Crown Court)의 Hooper 판사는, 남성에서 여성으로 성전환 수술을 받은 사람의 인공적인 질에 강제로 남자의 성기를 삽입하는 것은 강간이 된다고 판시하였다.24)25) 1956년 제정되고 1994년 개정된 영국의 성범죄법(Sexual Offences Act) 제1조 제2항은, 동의하지 않는 사람(person)과 질 또는 항문 성교를 한 사람은 강간죄를 범한 것이라고 규정하고 있었다.26) Hooper 판사는, 인공적인 질을 가진 사람이 남자와 혼인할 수 있는가 하는 문제는 그 질에 삽입하는 것이 강간이 되는가 하는 문제를 해결함에는 도움이 되지 않는다고 하면서, 생물학적인 남성의 인공적인 질에 남성의 성기를 삽입하는 것은 강간에 해당한다고 하였다.

다만 유의할 것은 영국 형사법원의 판결은 High Court 이상 법원의 판결과는 달리, 형사법원 자신이나 그 하급법원인 치안판사법원(Magistrates' Courts)

Court of Human Rights)의 2002년 판례에 따른 것이었다. 위 유럽인권재판소의 판례에 대하여는 현소혜, "성전환자의 민사상 법적 지위", 家族法研究 제16권 2호, 2002, 307면 이하 참조.

22) [1970] 2 WLR 1306.

23) [1983] QB 1053.

24) R v. Mathews(1996). 이 판결은 공간되지 않았으나, 다음 인터넷 홈페이지에서 찾아볼 수 있다. http://www.pfc.org.uk/node/322(마지막 방문: 2009. 10. 28).

25) 형사법원(Crown Court)은 정식기소된 형사사건의 공판을 관할하는 제1심 법원인데, 일부 항소심 권한도 행사한다. 현재 잉글랜드와 웨일즈에 약 90개가 설치되어 있다. 李柱榮, "영국의 사법제도 현황과 법관인사제도", 裁判資料 제66집, 1994, 40면 이하 참조.

26) A man commits rape if (a) he has sexual intercourse with a person, whether vaginal or anal, who at the time of the intercourse does not consent to it, and (b) at the time he knows the person does not consent to the intercourse or is reckless as to whether that person consents to it.

에 대하여 구속력이 있는 것으로 취급되지 않는다는 점이다.27)

나. 오스트레일리아

오스트레일리아에서는 오스트레일리아 가정법원(Family Court of Australia)28) 이 2003년에 여성에서 남성으로 성전환한 사람과 여성 사이의 혼인이 유효하다고 함으로써,29) 성전환이 법적으로 인정되게 되었다. 그런데 이 판결이 선고되기 전인 1989년에, 빅토리아 주 대법원은 남성에서 여성으로 성전환한 사람에 대하여 강간미수죄가 성립할 수 있다고 하였다.30) 이 사건에서는 피고인이 자동차 안에서 남성에서 여성으로 성전환한 피해자를 폭행하여 상해를 입히고 강간하려고 하였으나, 피해자가 달아나서 미수에 그쳤다.

이 사건의 원심법원 판사는 이 사건 피해자는 질을 가지고 있으므로 여성으로 보아야 한다고 판시하였다. 그러나 빅토리아 주 대법원은, 이 사건에서 피해자를 남자로 볼 것인가 여자로 볼 것인가에 관계없이 강간 미수31)는 성립한다고 하였다. 즉 강간 미수의 경우에는 피해자가 남자인지 여자인지, 그 외관이 어떠한지는 중요하지 않고, 그 고의가 가상적인 범죄가 아닌 실제의 범죄(a real and not an imaginary crime)에 관한 것이면 피해자가 질을 가진 여성이 아니라는 것은 문제되지 않는다고 하였다. 육체적 외관, 실제의 해부학적 구조 및 심리적 특성 등은 고의가 있었는가 하는 점과 관련하여서는 문제가 될 수 있지만, 그러한 범행이 가능할 수 있는가 하는 문제에 관하여는 고려될 사항이 아니라는 것이다.32)

---

27) Rupert Cross, Precedent in English Law, 3rd ed., 1977, p. 6.
28) 오스트레일리아의 가정법원에 대하여는 尹眞秀, "美國 家庭法院의 現況과 그에 대한 改善論議", 가족법연구 제22권 3호, 2008, 192면 이하 참조.
29) Attorney-General v. Kevin, [2003] FamCA 94.
30) R v. Cogley, [1989] VR 799; 1989 WL 927547.
31) 엄밀히 말하면 강간을 의도한 폭력행위(assault with intent to rape).
32) 이 부분 판시는 우리나라에서의 이른바 불능미수 문제에 상당하는 것이다. 과거 영국의 귀족원은 특정의 범죄를 저지를 수 없다는 것은 그 범죄 미수의 공소사실에 대한 완전한 항변이 된다고 하였으나(Haughton v. Smith [1975] AC 476), 빅토리아 주 대법원은 이러한 판례를 따르지 않고, 그러한 범죄의 기수가 불가능하다는 것은 고의의 대상인 범죄가 법률상 인정되지 않는 범죄가 아닌 한 문제되지 않는다고 하였다(Britten v. Alpogut [1987] VR 929). 이 판결도 선례로서 Britten v. Alpogut 판결을 인용하고 있다.

5. 대상판결에 대하여

가. 대상판결의 문제점

이 사건 제1심 판결은 공부상 성별을 정정하는 것은 피해자가 여성임을 사후적으로 확인하는 조처에 불과할 뿐 그 결정으로 피해자의 성별이 비로소 여성으로 변경되는 것도 아니라고 한다. 같은 취지에서 대상판결을 지지하는 견해도 있다.[33] 대상판결은 이 점에 대하여 명백한 태도를 밝히지 않았으나, 대상판결의 결론을 받아들이기 위하여는 성별정정 결정이 확인적 의미만을 가진다고 보아야 할 것이다. 그러나 이는 앞에서 본 것처럼 2006년 결정이 성별정정은 장래효만을 가진다고 본 것과는 조화되지 않는다.

뿐만 아니라 대상판결에 따를 때에는 형사법원이 법률적으로 성이 변경되었는지 여부를 판단하여야 하게 된다. 그런데 이는 기본적으로 가정법원이 판단할 사항으로서, 이를 형사법원이 판단하는 것은 문제가 있다. 가령 형사법원은 법률적으로 성이 변경되었다고 판단하였으나 가정법원은 이를 부정하는 경우도 생각할 수 있고, 그 반대의 경우도 마찬가지이다.

이처럼 형사법원이 성별정정을 허용하는 재판 전에 법률적인 성의 변경 여부를 판단하게 하는 것에는 또 다른 실제적인 문제점도 지적할 수 있다. 대법원의 예규인 성전환자의 성별정정허가신청사건 등 사무처리지침[34]은 성별정정의 허가기준에 관하여 다음과 같이 규정하고 있다.

제6조(성별정정의 허가기준) 법원은 심리결과 신청인에게 다음 각 호의 사유가 있음을 인정한 경우에는 성별정정을 허가할 수 있다.
1. 신청인이 대한민국 국적자로서 만 20세 이상의 행위능력자이고 혼인한 사실이 없으며, 신청인에게 자녀가 없음이 인정되어야 한다.
2. 신청인이 성전환증으로 인하여 성장기부터 지속적으로 선천적인 생물학적 성과 자기의식의 불일치로 인하여 고통을 받고 오히려 반대의 성에 대하여 귀속감을 느껴온 사정이 인정되어야 한다.
3. 신청인에게 상당기간 정신과적 치료나 호르몬요법에 의한 치료 등을 실시하였으나 신청인이 여전히 수술적 처치를 희망하여, 자격있는 의사의 판단과 책임

---

33) 김방호, "강간죄 객체에 관한 새로운 시각", 法律新聞 2009. 9. 24.자(제3780호).
34) 제정 2007. 12. 10. 가족관계등록예규 제256호, 개정 2009. 1. 20. 가족관계등록예규 제293호.

아래 성전환수술을 받아 외부성기를 포함한 신체외관이 반대의 성으로 바뀌었음이 인정되어야 한다.

4. 성전환수술의 결과 신청인이 생식능력을 상실하였고, 향후 종전의 성으로 재 전환할 개연성이 없거나 극히 희박하다고 인정되어야 한다.

5. 신청인에게 범죄 또는 탈법행위에 이용할 의도나 목적으로 성별정정허가신청을 하였다는 등의 특별한 사정이 없다고 인정되어야 한다.

대법원의 예규에 대하여는 이러한 기준이 지나치게 엄격한 것이 아닌가 하는 비판이 있으나,[35] 이는 별론으로 하더라도 그 판단이 실제상 반드시 쉬운 것은 아니다. 가령 1996년 판결과 대상판결 사이에는 큰 차이가 없는 것으로 보임에도 불구하고 1996년 판결에서는 강간죄의 성립이 부정된 반면, 대상판결에서는 강간죄의 성립이 인정되었다. 2006년 결정의 반대의견도 다수의견을 비판하는 근거의 하나로서, 재판에 의하여 성 변경의 허가요건과 기준을 충분하고도 명확하게 정한다는 것은 사실상 불가능한 일이라고 주장하고 있다.[36]

이처럼 성이 변경되었는지를 판단하는 것이 어렵고 애매한 문제라면, 특히 죄형법정주의의 대원칙이 지배하는 형사법에서 이처럼 불확실한 기준에 의하여 강간죄의 성부를 판단하는 것은 문제라고 하지 않을 수 없다.

나. 해결책의 모색

이러한 문제점을 해결하기 위하여는 해석론상 다음과 같은 두 가지 방법을 생각해 볼 수 있다.

그 하나는 형법상 강간죄의 성립 여부를 민사상 성 변경의 문제와는 별도로 취급하는 것이다. 즉 민사상 성이 변경된 것인지와는 무관하게, 형사법상으로는 남자에서 여자로 성전환 수술을 받은 사람의 인공적인 질에 성기를 삽입하는 것은 강간죄로 취급해야 한다는 것이다. 종래의 견해 가운데, 호적정정은

---

35) 예컨대 혼인한 사실이 없어야 하고, 자녀가 없어야 한다는 것 등. 김중권, "'성전환자의 성별정정허가신청사건 등 사무처리지침'의 문제점", 법률신문 2006. 9. 25.자(제3493호); 尹眞秀 (주 9), 752면 등 참조. 개정 전의 가족관계등록예규 제256호는 성별정정의 허가요건으로서 남자에서 여자로의 성전환(MTF)인 경우에는 신청인이 병역법 제3조에 따른 병역의무를 이행하였거나 면제받았어야 한다고 규정하고 있었으나, 위 예규가 2009. 1. 20. 개정되면서 이 요건은 삭제되었다.

36) 이러한 문제를 해소하는 방법 중 한 가지는 성전환 수술을 실시하기 전에 법원에서 일정한 절차에 따라서 예비심사를 하도록 하는 것이다. 2006년 결정의 반대의견도 이에 대하여 언급하고 있다.

기존의 신분관계 및 권리·의무에 영향을 미치지 않는 장래효만을 가지지만 구체적인 효과발생 시기는 다시 문제될 수 있다고 하면서, 그 예로서 사회통념상 성전환자로 인정된 자가 호적정정 허가(또는 허가에 따른 호적의 정정) 전에 강간당한 경우 그를 강간죄의 객체인 부녀자로 해석할 것인지 여부를 들고 있는 것이 있는데,[37] 이러한 주장도 이러한 문맥에서 이해할 수 있다.

그러나 우리 형법은 강간죄의 피해자를 부녀로 한정하고 있으므로 해석론으로 이러한 견해를 취하기는 어렵다. 대상판결도 강간죄의 성립을 인정하기 위하여는 피해자를 법률상 여자로 인정할 수 있어야 한다고 하여, 강간죄에 관하여만 성전환자를 여자로 보는 것은 아님을 명백히 하고 있다.

다른 한 가지 방법은, 성별정정을 허가하는 법원의 재판이 있고, 그에 따른 성별정정이 이루어진 후에 비로소 법률적으로 성의 변경이 있는 것으로 취급되어야 하기 때문에, 남자에서 여자로 성전환한 사람은 그때부터 강간죄의 피해자가 될 수 있다고 보는 것이다. 사견으로는 이러한 해결책이 성별정정을 허용하는 재판 내지 그에 따른 성별정정은 장래효만을 가진다는 원칙에 부합하는 것일 뿐만 아니라, 법적 안정성을 유지하고, 실제상의 어려운 문제도 회피할 수 있다는 점에서 가장 타당하다고 여겨진다.

그런데 이처럼 강간죄의 성립을 성별정정이 있은 후에만 인정되는 것으로 보게 된다면, 그 전에 이루어진 강간행위는 강제추행으로 처벌할 수밖에 없어서[38] 성전환자의 보호에 충분하지 못하다는 비판이 있을 수 있다. 그러나 이 경우에는 강간행위를 한 자를 강간죄의 불능미수범으로 처벌하면 된다. 형법 제27조는 "실행의 수단 또는 대상의 착오로 인하여 결과의 발생이 불가능하더라도 위험성이 있는 때에는 처벌한다. 단 형을 감경 또는 면제할 수 있다"고 규정하고 있는 것이다. 이 경우에 형의 감면은 필요적인 것이 아니고 임의적인 것에 불과하다. 1996년 판결에 대하여도, 강간죄의 불능미수를 인정하였어야 한다는 유력한 견해가 있다.[39]

이에 대하여는 피해자가 성전환수술에도 불구하고 여전히 남자라고 한다면 과연 형법 제27조에서 말하는 위험이 있다고 할 수 있는지 의문이라는 반론이 있다.[40] 여기서 불능미수의 요건에 관한 형법해석상의 문제에 대하여 상

---

37) 閔裕淑(주 5), 614면.
38) 1996년 판결의 경우에는 실제로 피고인이 강제추행죄로 처벌되었다.
39) 金日秀(주 11), 104면 이하, 116면 이하; 정현미(주 11), 180면 이하 참조.
40) 曺喜大(주 10), 618면.

론하기는 어렵다. 그러나 앞에서 살펴본 오스트레일리아의 R v. Cogley 판결에 비추어 보더라도, 불능미수의 성립을 인정하는 것은 충분히 가능하다고 생각된다.

6. 結　　論

대상판결은 성전환자가 강간죄의 피해자가 될 수 있다는 점을 인정하였다는 점에서는 성전환자의 보호를 위하여 진일보하였다고 평가될 수 있다. 그러나 법원에 의한 성별정정의 허가가 있기 전에도 강간죄가 성립할 수 있다고 본 것은 앞에서 살펴본 것과 같은 이론상 및 실제상의 문제점이 있는 것이다.

기본적으로 이 문제는 입법적으로 해결해야 할 성질의 것이다. 성전환에 관하여는 재판에 의한 해결보다는 입법적인 해결이 낫다는 점은 2006년 결정의 다수의견도 시인하고 있다. 다른 한편 형법상으로는 강간죄의 피해자를 여성으로 제한하지 않는 입법도 고려할 필요가 있다.

〈가족법연구 제23권 3호, 2009〉

〈追記〉

2012. 12. 18. 개정된 형법 제297조는 "폭행 또는 협박으로 사람을 강간한 자는 3년 이상의 유기징역에 처한다"고 규정하여, 강간죄의 객체를 부녀에서 사람으로 바꾸었다.

혼인과 이혼의 법경제학

I. 서   론

    다른 법분야에 비하여 가족법(family law)에 대한 법경제학적 연구는 많지 않은 편이다. 필자가 확인한 범위 내에서는 법경제학의 개설서 가운데 가족법에 대하여 간략하게나마 다루고 있는 것이 3개 정도 있을 뿐이다.[1] 2000년에 나온 Encyclopedia of Law and Economics에는 혼인계약에 관한 글이 2편 실려 있고,[2] 비교적 최근의 문헌인 Handbook of Law and Economics는 가족법을 다루지 않고 있다.[3]

    사실 종래에는 혼인이나 가족제도에 대한 경제학적 연구 자체가 별로 없었고, 이 문제에 대한 관심은 베커(Becker)에 의하여 비로소 촉발되었다고 하여도 과언이 아니다.[4] 그럼에도 불구하고 외국에서는 그 동안 가족법에 대한 법경제학적 연구 성과가 어느 정도 축적되었다.[5] 그러나 아직도 이 문제에 관하여 다수의 지지를 받는 지배적인 의견이 확립되었다고 하기는 어렵고, 서로 상반되는 주장들이 대립하고 있다. 특히 뒤에서 보는 것처럼 이 문제에 관하여는

---

1) Posner(2003), pp. 145 ff.; Dnes(2005), pp. 189 ff.;Wittman(2006), pp. 218 ff.
2) Brinig(2000b); Dnes(2000). Dnes(2011)은 Dnes(2000)이 업데이트된 것이다.
3) Polinsky and Shavell ed.(2007).
4) Becker(1991).
5) 논문집으로서 Dnes and Rowthorn ed.(2000); Cohen and Wright eds.(2011)가 있다. Brinig ed.(2007)은 기존에 발표되었던 논문들을 모은 것이다. 그리고 법경제학적 방법론을 가족법에 응용하고 있는 연구서로는 Brinig(2000a); Carbone(2000) 등이 있다.

실증적인 조사 연구가 필요한데, 그 결과에 대하여도 서로 다른 해석이 존재한다. 그러나 가족법의 어떤 부분에 대하여 경제학적 연구가 필요한지에 관하여는 대체로 의견이 모아진 것으로 보인다. 다른 한편 국내에서는 이에 관한 그동안의 연구는 거의 없다고 하여도 과언이 아니다.6) 더군다나 실증적인 연구는 거의 찾아볼 수 없었다.

이하에서는 이러한 그 동안의 연구를 바탕으로 하여, 혼인과 이혼에 대하여 법경제학적으로 분석하여 보고자 한다. 그러나 현실적으로는 국내의 연구가 부족한 상황에서 주로 영미에서의 논의에만 의존할 수밖에 없었다. 뒤에서 보는 것처럼 현재 영미법상의 이혼제도는 유책주의에서 파탄주의로 바뀌었고, 가족법에 대한 경제학적인 연구도 이러한 변화 때문에 활성화된 측면이 있다. 그런데 우리나라에서는 아직도 유책주의가 유지되고 있으므로 영미의 경우와는 차이가 있다. 그러나 필자의 견해로는 우리나라에서도 유책주의에서 파탄주의로의 변화는 필요하기 때문에, 영미에서의 논의를 소개하는 것도 많은 도움이 되리라고 생각한다. 이외에 부분적으로는 프랑스와 독일의 자료도 참고로 하였다. 그리고 우리나라의 제도를 법경제학적인 관점에서 어떻게 이해해야 할 것인가에 대하여도 언급하였다.

이 논문의 구성은 다음과 같다. 우선 제도로서의 가족의 기능과 가족에 관한 법률문제를 규율하는 가족법의 기능에 대하여 살펴본다. 이러한 기능에 대한 이해가 전제되어야만 혼인과 이혼제도의 법경제학적 의미를 제대로 파악할 수 있다. 그리고 혼인을 계약, 그 중에서도 계속적·관계적 계약으로 파악하고, 이러한 관점에서 당사자 사이의 기회주의적인 행동을 어떻게 방지할 것인가, 혼인 계약 위반에 대하여 어떠한 구제수단이 적합한가 하는 점을 생각하여 본다. 그리고 혼인의 해소 수단으로서의 이혼법을 어떻게 구성하는 것이 경제적인 관점에서 효율적인가를 따져 본다.

---

6) 강신일(2010) 정도가 눈에 뜨일 뿐이다. 또한 안태현(2008)도 이에 관한 미국의 실증연구를 간략하게 소개하고 있다.

II. 가족의 기능과 가족법의 기능

1. 가족의 기능

가. 가족의 순기능과 역기능

이른바 구조기능주의의 관점에서는 제도로서의 가족은 일반적으로 다음과 같은 기능을 가진다고 보고 있다. 즉 성행위의 규제, 사회 구성원의 재생산, 자녀의 양육과 사회화, 사회적 보호와 정서적 지원, 사회적 정체부여와 지위귀속, 경제적 기능 등이다.[7] 이를 좀더 자세히 살펴본다. 우선 종래 성행위는 부부 사이에서만 허용되는 것으로 보았고, 부부 이외의 사람이 성행위를 하는 것은 허용되지 않았다. 그리고 출산에 의하여 자녀를 생산하고 양육하며 사회화하는 것은 예나 지금이나 가족의 핵심적인 기능이라고 할 수 있다. 가족의 사회적 보호기능은 가족의 구성원이 병이나 장애 또는 고령 등의 사유로 스스로 자신의 문제를 해결할 수 없을 때 다른 가족이 이러한 사람을 보호하는 기능을 한다는 것을 말한다. 다른 한편 어떤 사람이 어떤 가족에 속하였는가는 그 사람의 사회적 정체 부여와 지위 귀속에서 중요한 의미를 가진다. 그리고 경제적 기능으로서는 우선 가족들이 함께 협력하여 농업에 종사하거나 또는 가게를 경영하는 것과 같은 생산적 기능을 들 수 있다. 뿐만 아니라 가족들의 경제적 필요를 충족시킴에 있어서 가족 구성원들이 가사를 분업한다는 것도 중요한 기능이다. 종래 많이 예로 들었던 것은 가령 남편이 돈을 벌어오는 대신 아내는 전업주부로서 자녀를 양육하고 가사노동을 전담한다는 것이다.

그런데 근래에는 이른바 갈등이론 또는 여성주의(feminism)적인 관점에서 이러한 구조기능주의적인 설명을 비판하는 주장이 늘어가고 있다. 이에 따르면 가족관계에서는 남녀가 불평등하고, 남편이 아내를 억압한다는 것이다.[8]

그러나 이러한 두 가지 관점 중 어느 한 가지가 맞고 다른 한 가지는 틀리다고 이분법적으로 생각할 필요는 없다. 가족제도가 이제까지 존속하여 온 것은 앞에서 열거한 순기능을 수행하고 있기 때문이라고 할 수 있다. 그러나

---

7) 金璟東(1997), pp. 217-218 참조.
8) Abbott, Wallace and Tyler(2005), pp. 147 f.; Giddens, Duneier, Appelbaum and Carr(2009), pp. 464 f. 등 참조.

그렇다고 하여 가족이 이러한 순기능만을 수행하는 것은 아니고, 가족 구성원들 사이에서는 한 사람의 행동으로 인하여 다른 사람이 고통을 겪는 일도 자주 발생한다. 가정 폭력(domestic violence)과 같은 것은 그 극단적인 예라고 할 수 있다. 그러므로 가족법의 목적은 가족의 순기능을 조장하고, 역기능을 억제하며, 불가피한 경우에는 가족관계를 해소시키는 데 있다고 할 수 있다.

나. 가족의 기능 변화

그런데 이러한 가족의 기능도 시대에 따라 변화하여 왔다. 특히 현대에 이르러서는 가족의 기능 내지 순기능이 점차 약화되는 경향이 있다. 먼저 성행위는 더 이상 부부 사이에서만 이루어져야 한다고 보지 않게 되었다. 이는 피임 기술의 발달로 인하여 성관계가 반드시 출산으로 이어지지 않는다는 점과도 관계가 있다고 생각된다. 그리고 자녀의 출산과 양육이 가족의 핵심적인 기능이라는 것은 예전과 마찬가지이지만, 여기에도 변화가 없지 않다. 오늘날에는 어린이집이나 유치원과 같이 부모의 양육을 도와주는 시설도 늘어나고 있고, 사회화의 기능도 학교와 같은 교육기관이 상당 부분을 담당한다. 또한 가족의 사회적 보호 기능 내지 부양적 기능은 오늘날 국가의 사회보장 기능이 증대함에 따라 상대적으로 줄어들게 되었다. 가족의 생산적 기능도 가정과 일터가 분리됨에 따라 오늘날은 그다지 의미를 가지지 못한다. 다른 한편 남편과 아내의 역할 분담도 이전처럼 현저하지는 않다. 현대에는 여성도 직업을 가지고 가사노동 외의 다른 일을 맡는 것이 흔하기 때문이다.

이처럼 가족의 기능이 약화됨에 따라 가족제도가 각 개인에게 가지는 중요성도 줄어들게 되었다. 현재 혼인이 줄어들고, 이혼이 늘어나는 현상이 나타나게 된 것도 이처럼 가족제도의 중요성이 줄어든 때문이라고 설명할 수도 있다. 그리하여 과거에는 가족 구성원보다는 가족 그 자체의 성립과 유지가 더 중요하다고 하는 인식이 지배적이었던 반면, 근래에는 가족 구성원 개개인의 행복 내지 복리를 더 중요시하는 경향이 늘어나고 있다.

2. 가족법의 기능

그러면 가족법은 어떠한 기능을 하는가? 아주 단순화시켜서 말한다면, 가족법의 기능은 가족관계의 승인기능과 분쟁 해결 기능 두 가지로 나누어 볼 수 있다.[9] 첫째, 가족법은 다양한 생활관계 가운데 특정한 것만을 법률적으로 보호받을 수 있는 가족관계로 승인하고, 나아가 그 가족관계의 내용도 결정한다. 이러한 승인기능은 법이 어떠한 관계를 가족관계로서 보호할 것인가의 전제가 될 뿐만 아니라, 사회적 승인의 전제가 되어, 일반인에게도 행동규범의 기초가 된다.

　　가족법의 분쟁해결 기능은 가족 구성원들 사이에 분쟁이 생긴 경우에 이를 해결하는 기능이다. 이혼, 가정폭력 또는 파양과 같은 것이 그 주된 예라고 할 수 있다. 그런데 가족 사이의 분쟁 해결은 그 방법에서 그렇지 않은 사람들 사이의 분쟁 해결과는 차이가 있다. 이에 대하여는 뒤에서 다시 언급한다.

　　이 글에서 다루고자 하는 것은 주로 가족법의 분쟁해결(또는 그 예방) 기능에 관한 것이다. 이는 앞에서 언급한 가족의 기능 변화와도 관련이 있다. 종전에는 가족의 기능이 개인에게 매우 중요하였고, 따라서 국가나 사회에서도 가족 그 자체의 유지에 주로 관심을 기울였으며, 가족 구성원들 사이의 분쟁 해결은 부차적인 문제였다고 할 수 있다. 그러나 현대에 이르러서는 가족의 기능이 약화됨에 따라 가족 구성원들의 행복 내지 복리가 보다 중요한 문제로 떠올랐고, 따라서 가족법에서도 이러한 관점에서 사전에 가족 구성원들 사이에 분쟁이 생기지 않도록 하고, 생긴 경우에는 구성원들의 복리가 최대화되거나 아니면 그에 대한 피해가 최소화될 수 있는 방향으로 해결하여야 한다는 것이다.

Ⅲ. 혼　　인

1. 계약으로서의 혼인

　　우선 혼인(법률혼)의 개념을 정의할 필요가 있다. 일반적으로는 혼인이란 법률적으로 승인된 남녀의 생활공동체적 결합관계라고 정의된다.[10] 그러나 여

---

9) 이는 회사법의 기능과 비교할 수 있다. Armour, Hansmann and Kraakman(2009), p. 35는 회사법의 기능으로 회사형태의 구조와 이를 유지하는데 필요한 관리규칙을 설정하는 것과, 회사구성원, 즉 지배주주나 경영자 등 내부인(insiders)과 소수주주 및 채권자 등 외부인(outsiders) 간의 이익충돌(conflict of interests)을 조정하는 것의 두 가지를 들고 있다.

10) 金容漢(2003), p. 98; 申榮鎬(2010), p. 82 등.

기서 법률적으로 승인되었다는 말의 의미는 다소 모호하다. 논자에 따라서는 법률뿐만 아니라 도덕 또는 관습에 의하여 정당한 남녀의 결합관계여야 한다고 하나, 이는 혼인의 자유라는 측면에서는 받아들이기 어렵다. 실제적인 문제는 혼인과 사실혼을 개념적으로 어떻게 구별할 것인가 하는 점이다. 법적인 의미에서의 혼인, 즉 법률혼 아닌 사실혼도 오늘날에는 법적으로 승인되어 있다고 말할 수 있다. 그러므로 여기서는 혼인을 당사자 일방의 의사표시만으로는 해소될 수 없는, 법률적으로 승인된 남녀의 생활공동체적 결합관계라고 정의하고자 한다.11) 이러한 정의의 구체적인 의미에 대하여는 아래에서 다시 살펴본다.

혼인은 양 당사자 사이의 의사의 합치에 의하여 이루어진다. 민법 제815조 제1호는 당사자간에 혼인의 합의가 없는 때에는 혼인은 무효로 한다고 규정하여 이 점을 명백히 하고 있다. 따라서 혼인은 계약으로서의 성질을 가진다.12) 그런데 미국에서는 혼인에 계약으로서의 성질을 인정할 것인가에 관하여 논쟁이 있다.13) 전통적인 견해는 혼인에 따른 권리와 의무 등은 국가의 법률에 의하여 규정되고 당사자들에 의하여 발생하는 것은 아니므로 혼인은 계약(contract)이라기보다는 신분(status)이라고 한다. 이 견해는 혼인으로 인한 당사자의 의무를 특정할 수 없다는 점을 강조한다. 최근에는 혼인을 계약으로 파악하는 것은 혼인 당사자, 특히 여성의 보호에 불충분하다거나, 자녀에게 불리한 결과가 생길 수 있다는 주장이 있다.14)

그러나 이러한 점이 혼인을 계약으로 파악하는 데 장애가 되는 것은 아니다. 계약의 당사자가 구체적으로 어떠한 행동을 해야 할 의무가 있는지를 사전에 확정하지 못한다는 점은 근로계약이나 조합계약과 같은 다른 계약에서도 찾아볼 수 있는 것으로서, 이는 아래에서 보는 것처럼 혼인이 계속적·관계적 계약의 성질을 가진다는 점에서 충분히 설명할 수 있다.15) 그리고 계약이 당사

---

11) 이른바 동성혼인(same sex marriage) 또는 동성결합(same sex partnership)에 대하여도 경제적으로 분석할 필요가 있으나, 이 글에서는 다루지 않는다. 이에 대하여는 Rowthorn(2002), pp. 149-153 참조. 그는 결론적으로 이성애자에 대하여는 혼인을 인정하는 한편 동성애자에 대하여는 등록된 파트너십(registered partnership)이라는 별개의 제도를 인정하는 것이 바람직하다고 보고 있다.

12) 李庚熙(2008), pp. 41-42.

13) Hillman(1997), pp. 79 ff.가 이에 대한 논의를 비교적 상세하게 소개하고 있다. 또한 Katz(2003), pp. 35 ff. 참조.

14) Brinig(2000a), pp. 130 f 등. Brinig는 혼인은 계약이라기보다는 법 아닌 개인과 사회 조직에 의하여 집행되는 서약(誓約, Covenant)이라고 한다.

15) Cohen(1987), pp. 56 ff; Scott and Scott(1998), pp. 1233 ff. 등. 또한 Cohen(2000), pp. 10-11

자 일방에게 지나치게 부당하거나, 또는 제3자에게 부정적인 외부효과(negative externalities)를 미칠 때에는 계약의 자유는 제한될 수 있고, 이 점에 관하여는 혼인도 예외가 아니다. 혼인관계가 제3자에게 부정적 외부효과를 미치는 대표적인 예로서는 이혼으로 말미암아 자녀들이 피해를 입게 되는 것을 들 수 있다. 이 문제에 대하여는 아래 Ⅳ. 3. 참조.

독일에서도 1900년에 시행된 독일 민법에서는 혼인을 당사자의 의사와는 독립된 강행적 도덕질서(zwingende sittliche Ordnung)라고 파악하였으나, 몇 차례의 법 개정을 거치면서 현재에는 이를 계약으로 파악하는 데 별다른 논란이 없다고 한다.16)

2. 혼인계약의 계속적·관계적 성격

혼인계약은 계속적 계약(dauerndes Vertragsverhältnis) 또는 관계적 계약(relational contract)으로서의 성격을 가지고 있다. 우선 계속적 계약 내지 계속적 계약관계란 일시적 계약과 대비되는 것이다. 일시적 계약은 급부의 실현(계약의 이행)이 어느 시점에서 단번에 행해지는 것인데 반하여, 계속적 계약은 급부의 실현이 어느 기간 동안 계속해서 행해지는 것으로서 급부의 실현이 「시간적인 계속성」을 가진다고 한다. 임대차, 고용, 위임, 조합 계약 등이 계속적 계약의 전형적인 예이다. 계속적 계약에 기한 계속적 채권관계의 특질로서는 시간적인 한계가 존재하고, 당사자간의 상호 신뢰성이 강하게 요구되며, 장기간의 계약 기간 동안에 사정이 변동되므로 사정변경의 원칙이 적용될 필요성이 크다는 점17) 및 경제적 약자를 보호할 필요성이 있다는 점 등을 든다. 그리고 일방에 의한 계약의 종료사유로는 일반적으로 계약관계를 소급적으로 소멸시키는 해제(Rücktritt)가 아니라, 장래에 향하여서만 계약의 효력을 상실시키는 해지(Kündigung)가 인정된다.18)

다른 한편 최근 미국에서는 이러한 계속적 계약과 유사하지만 다소 구별되는 것으로서 관계적 계약(relational contract)이라는 개념이 주장되고 있다. 이 개념을 간단히 설명하기는 쉽지 않지만, 대체로 계약에서 교환되는 재화 외에

참조.

16) Hofer(2005), pp. 1 ff. 참조.

17) 민법 제286조와 제628조는 지상권의 지료와 임차권의 차임에 관하여 경제사정이 변동될 때에는 그 증감을 청구할 수 있다고 규정하고 있다.

18) 金曾漢·金學東(2006), pp. 17-19; 金大貞(2007), pp. 18-21 등.

계약 당사자들 사이의 관계도 중요하다는 것이 핵심적인 내용으로 보인다. 이 개념의 주창자인 맥네일(MacNeil)에 따르면, 고립된 계약(discrete contract)[19]의 경우에는 당사자들 사이에 하나의 재화 교환 외에는 아무런 관계가 존재하지 않는데 반하여, 관계적 계약의 경우에는 재화의 교환 외에도 관계가 포함된다고 한다. 가령 고속도로 옆의 주유소에서 기름을 구입하는 경우에는 당사자들 사이에 과거의 관계도 없고, 미래의 관계도 없을 것이며, 현재의 관계는 그 기간이 짧고, 범위도 제한되어 있다고 한다. 반면 혼인 관계는 고립된 거래의 연속이 아니라 과거에 일어났던 것과, 현재 벌어지고 있는 것 및 앞으로 일어날 것으로 예상되는 것으로 이루어져 있다고 한다.[20]

맥네일은 관계적 계약의 특징을 여러 가지 열거하고 있는데, 특히 이 글의 주제와 관련하여 중요하다고 생각되는 것들로는 다음과 같은 것이 있다. 즉 인격적 개입의 면에서는 전인격적이고, 무제한적이며, 독특하고, 양도될 수 없다; 만족의 대상 면에서는 경제적인 것과 함께 복잡한 인간관계도 대상이 되고, 비경제적인 만족도 매우 중요하다; 교환 및 기타의 요소는 금전으로 환산하거나 측정하기가 어렵다; 사회경제적 지원은 외재적인 것뿐만 아니라 관계 내재적인 것도 포함된다; 시간적인 지속의 면에서는 장기간이고, 확정적인 시기(始期)도 없고, 당사자의 사망 외에는 종기(終期)도 없다; 관계의 출발과 종료는 점진적인 경우가 많고, 개별적인 관계에의 진입은 출생에 의하여, 관계의 종료는 사망에 의하여 이루어질 수도 있다; 계획의 제1차적 초점은 교환 대상 그 자체보다는 관계의 구조와 과정에 있다; 계획은 구속력을 가질 수도 있지만, 어느 정도는 잠정적이다; 계약의 성립 후에는 관계의 성공은 전적으로 이행과 장래의 계획에 있어서의 협력에 전적으로 의존한다; 이익과 부담은 분할하지 않고 공유한다; 의무와 제재는 특정되지 않고, 측정할 수 없으며 위반이 종료를 가져오지 않는 한 복구적이고, 다만 종료시에는 본질적으로 거래적(transactional)[21]이다; 이타적인 행동이 기대된다.[22]

이러한 관계적 계약이 반드시 계속적 계약(long-term contract)과 일치하는

---

19) 일본과 우리나라에서는 이를 단발적(單發的) 계약이라고 번역하기도 한다. 內田 貴(1990), pp. 150-151; 김재완(2011), p. 154 등.

20) MacNeil(1974). pp. 720-721. 또한 Campbell ed.(2001), pp. 134-135 참조. 관계적 계약 이론을 비교적 자세히 언급하고 있는 국내의 문헌으로는 김재완(2011)이 있다.

21) 맥네일은 많은 경우 "거래적(transactional)"이라는 용어를 고립된 계약의 특성을 가리키는 것으로 사용한다.

22) MacNeil(1974), pp. 738-740. 또한 Campbell ed.(2001), pp. 196-199.

것은 아니지만,23) 많은 경우에는 양자가 겹친다. 다만 계속적 계약 개념은 주로 시간적인 지속을 중요시하는 반면, 관계적 계약 개념은 당사자들 사이의 관계를 중요시한다는 점에서 관점의 차이가 있다고 할 수 있다. 다른 한편 관계적 계약의 개념을 당사자들이 중요한 계약의 내용을 잘 정의된 의무로 환원할 수 없다는 것으로 정의하는 경우도 있다. 이 견해에서도 관계적 계약과 계속적 계약은 구별된다고 한다.24)

어쨌든 관계적 계약의 개념을 어떻게 정의하든지, 계속적 계약과의 관계를 어떻게 구별하는지 여부에 관계 없이 혼인 계약은 계속적 계약과 관계적 계약의 특성을 모두 갖추었다고 할 수 있다.25) 즉 혼인은 원칙적으로 당사자 일방이 사망할 때까지 계속되는 것을 목적하고 있고, 인격적 개입의 면에서는 전인격적이고, 무제한적이다. 또한 혼인은 경제적인 것보다는 매우 복잡한 인간관계가 주된 내용이 된다. 그리고 혼인관계의 유지를 위하여는 외재적인 제재보다는 관계 자체에서 나오는 것이 중요하다. 나아가 혼인에서의 제1차적인 초점은 혼인관계를 어떻게 맺고 유지하는가에 달려 있다. 다른 한편 혼인관계의 유지를 위하여는 부부의 협력이 필수적이고, 혼인의 이익과 부담은 공유하여야 한다. 마지막으로 혼인 계약에서 발생하는 의무는 구체적으로 특정하기 어렵고, 의무와 제재는 이혼하게 되는 상태에 이르지 않는 한 별다른 의미가 없으며, 부부 상호간에는 이타적인 행동이 기대된다.

3. 혼인에서의 기회주의

그런데 이러한 혼인계약의 특성 때문에 혼인관계에서는 기회주의의 문제가 심각하다. 즉 혼인계약은 장기간에 걸친 계속적·관계적인 계약으로서, 부부 사이의 협력 내지 신뢰가 매우 중요하다. 여기서 부부 사이의 협력과 신뢰는 보통 말하는 애정에 기반을 둔 것이라고 할 수도 있고, 이른바 호혜적 이타주의(reciprocal altruism)의 발로라고도 할 수 있을 것이다. 호혜적 이타주의란

---

23) Eisenberg(2000), p. 814는 기간이 장기간이라는 것만으로 계속적인 계약이라고는 할 수 없고, 반대로 2주간의 방 리모델 계약이나 하루 동안의 사진사와 사진 모델 간의 계약도 관계적 계약일 수 있다고 한다. 또한 內田 貴(1990), pp. 162 ff. 참조.

24) Goetz and Scott(1981), p. 1091.

25) Scott and Scott(1998) 참조. 앞에서 본 것처럼 맥네일도 관계적 계약의 전형적인 예로서 혼인을 들고 있다.

한 사람이 다른 사람을 도우면, 나중에 도움을 받은 사람이 도움을 준 사람을 도울 수 있고, 따라서 처음에 도움을 준 사람도 나중에 도움을 받은 사람으로부터 도움을 받을 것을 기대하면서 도움을 준다는 것이다. 부부간의 관계는 이러한 호혜적 이타주의가 지배하는 전형적인 사례라고 할 수 있다. 부부가 서로 도와야 하는 협조의무를 부담한다는 것은 당연한 것으로 받아들여진다. 민법 제826조 제1항은 부부는 동거하며 서로 부양하고 협조하여야 한다고 규정하고 있다. 그런데 이 경우에 부부 일방이 다른 사람을 부양하고 협조할 때 상대방이 그에 직접적으로 상응하는 부양과 협조를 하여야 할 의무가 있는 것은 아니지만, 적어도 일방은 상대방이 그와 같이 행동할 것을 기대한다고 할 수 있다.26)

그런데 이처럼 신뢰와 협조가 필요한 혼인관계에서는 일방이 이타주의적으로 행동하는데 반하여 다른 일방은 기회주의적으로 행동할 가능성이 항상 존재한다. 가령 남편이 변호사(또는 의사)가 되기 위하여 공부를 하는 동안 아내가 직장생활을 하면서 뒷바라지를 하였는데, 그 후 변호사(또는 의사)가 된 남편이 아내를 버리고 다른 여자와 혼인하는 경우를 생각해 볼 수 있다.

이러한 당사자의 기회주의적 행동을 억제하는 것은 혼인과 이혼법에서 가장 중요한 문제라고 할 수 있다. 바로 아래에서 살펴보는 것처럼 혼인제도 자체가 이러한 기회주의적 행동을 억제하기 위하여 성립하였다고 할 수 있다.27)

4. 혼인의 구속력과 사실혼의 법적 취급

앞에서 혼인을 당사자 일방의 의사표시만으로는 해소될 수 없는, 법률적으로 승인된 남녀의 생활공동체적 결합관계라고 정의하였다. 여기서 중요한 것은 당사자 일방의 의사표시만으로는 해소될 수 없다는 것이다. 다시 말하여 혼인에는 당사자가 혼인관계에서 일방적으로 벗어날 수 없는 구속력이 인정된다는 것이다. 그런데 이처럼 구속력 있는 혼인은 왜 인정되어야 하는가? 앞에서 본 것처럼 혼인 및 가족제도의 기능으로는 성행위의 규제, 사회성원의 재생산, 자녀의 양육과 사회화, 사회적 보호와 정서적 지원, 경제적 기능 등이 있다.28) 그

---

26) 부부 사이의 호혜적 이타주의에 대하여는 尹眞秀(2007a), pp. 587-589 참조.
27) 가령 Cohen(1987), pp. 268-271; Brinig and Crafton(1994); Cohen(2002), pp. 12-17; Rowthorn (2002), pp. 132-133; Dnes(2011), pp. 123 ff. 등.
28) 위 Ⅱ. 1. 가. 참조.

러나 이러한 기능은 혼인 아닌 사실혼29)에서도 찾아볼 수 있다. 그런데 이러한 사실혼은 당사자 일방의 의사에 의하여 해소될 수 있고, 다만 정당한 사유 없이 해소된 때에는 유책자가 상대방에 대하여 손해배상의 책임을 지는 데 지나지 않는다.30) 그렇다면 당사자가 일방적으로 해소할 수 없는 혼인이라는 제도를 인정할 필요가 있는 것인가라는 의문이 제기될 수 있다. 나아가 일부 논자는 법적인 범주로서의 혼인을 인정할 필요가 없고, 남녀의 공동생활에서 생기는 문제는 계약, 소유권, 불법행위 및 형법에 의하여 규율되면 충분하다고 주장한다.31)

　이에 대한 해답은 법적인 구속력을 가지는 혼인이 당사자의 기회주의적인 행동을 억제한다는 데서 찾아야 할 것이다. 혼인을 위하여는 부부 쌍방이 이를 위한 투자를 하여야 하는데, 당사자 일방이 임의로 혼인관계에서 빠져나갈 수 있다면 다른 일방은 혼인을 위한 투자를 하는 데 주저하게 될 것이고, 따라서 혼인관계는 불안정하게 될 것이다. 이것이 법경제학자들로부터 보통 듣게 되는 설명이다.32) 이와 비슷한 것으로 혼인이 신호(signal)의 기능을 한다는 설명도 있다. 즉 쉽게 빠져나갈 수 있는 사실혼이 아닌, 쉽게 빠져나가기 어려운 혼인을 할 의사가 있다는 것을 보여줌으로써, 상대방으로 하여금 자신이 믿을 수 있는 사람이라는 것을 알린다는 것이다.33)

　그러면 사실혼의 경우에는 법률혼에 비하여 당사자들이 기회주의적인 행동을 할 가능성이 더 높은가? 이 점은 단언하기 어렵다. 미국이나 유럽에서의 실증적인 조사에 의하면, 사실혼 당사자들의 관계가 깨어지는 비율은 법률혼보다도 높고, 사실혼 기간을 거친 법률혼의 경우에도 파탄이 일어나는 비율이 그렇지 않은 법률혼보다 높으며, 사실혼 내에서의 가정폭력이 벌어지는 비율도 높다고 한다.34) 그러나 이러한 현상이 당사자들이 법률혼 아닌 사실혼을 택하였기 때문에

---

29) 사실혼이란 명칭은 일본과 한국에서 쓰이는 것으로, 이 자체가 남녀 사이의 혼인이 아닌 동거관계는 혼인에 준하여 보호되어야 한다는 것을 암시하는 명칭이다. 독일에서는 혼인 외의 생활공동체(nichtehelicher Lebensgemeinschaft)라고 부르고, 영미에서는 cohabitation이라는 용어를 사용하며, 프랑스에서는 concubinage라고 한다.

30) 대법원 2009. 2. 9.자 2008스105 결정 참조.

31) Fineman(1995), pp. 228-229; 오정진(2009), pp. 207-209.

32) 위 주 27)의 문헌 참조.

33) Trebilcock(1999), pp. 248-255; Rowthorn(2002), pp. 132-140.

34) Rowthorn(2002), pp. 144-145; Brinig & Nock(2004), pp. 408-422 등. 이러한 조사는 우리나라에서도 해 볼 필요가 있지만 우리나라에서는 사실혼이 행해지는 빈도나 숫자 등에 대한 기본적인 자료도 찾기 어렵다.

일어난 것인지, 아니면 이렇게 될 가능성이 높은 사람들이 사실혼을 택하는 것이기 때문인지[35])에 관하여는 반드시 의견이 일치하지 않는다. 그렇지만 적어도 법률혼이 헌신과 안정성의 신호 역할을 할 수 있다는 점은 인정될 수 있을 것이다.[36])

　좀더 어려운 문제는 법적으로 법률혼과 사실혼을 어느 정도 다르게 취급할 것인가 하는 점이다. 우리나라에서는 사실혼 배우자에게는 법률혼 배우자와는 달리 상속권이 인정되지 않고, 소득세법상의 배우자공제도 인정되지 않는다. 다만 각종 사회보장 관련 입법에서는 사실혼 배우자에게도 유족으로서의 권리를 인정하고,[37]) 주택임대차보호법에서도 사망한 임차인이 가지고 있던 주택 임차권을 사실혼 배우자가 승계하는 것을 인정하고 있다(제9조). 나아가 판례는 사실혼이 부당파기된 경우에 손해배상청구권도 인정하고,[38]) 사실혼이 사실혼 당사자 쌍방이 생존하고 있는 동안에 해소된 경우에는 재산분할청구권을 인정한다.[39])

　일부 논자들은 사실혼과 법률혼은 기능적으로 동일하고, 사실혼을 법률혼과 달리 취급하면 사실혼 부부 가운데 약한 사람이 보호되지 못한다고 주장한다. 반면 사실혼 당사자들은 그 의사에 따라 법률혼을 선택하지 않았고, 법률관계의 명확성을 위하여는 법률혼제도가 필요하므로 사실혼에 법률혼과 같은 보호를 줄 필요는 없다는 주장도 유력하다.[40]) 법경제학적으로는 사실혼이 법률혼보다 훨씬 불안정하므로 정책적으로 사실혼을 맺는 것을 조장할 이유가 없고, 대부분의 사람들이 사전에 합의하리라고 생각되는 것과는 다른 초기설정규칙(default rule)을 당사자에게 강요할 이유가 없다는 설명도 있다.[41])

　앞에서 살펴본 것처럼 사실혼이 법률혼보다 불안정한 것이 현실이고, 또 법률혼이 사실혼에 비하여 당사자의 기회주의적 행동을 억제하는 기능이 더 크다면, 국가가 사실혼을 법률혼과 같이 취급하지 않는 것이 불합리하다고는

---

35) 이른바 selection effect 또는 selection bias.
36) Rowthorn(2002), p. 147.
37) 예컨대 공무원연금법 제3조 제1항 제3호 가. 등.
38) 대법원 1989. 2. 14. 선고 88므146 판결 등.
39) 대법원 1995. 3. 10. 선고 94므1379, 1386 판결 등. 다만 판례는 사실혼관계가 일방 당사자의 사망으로 인하여 종료된 경우에는 그 상대방에게 재산분할청구권을 인정할 수 없다고 한다. 대법원 2006. 3. 24 선고 2005두15595 판결.
40) 이 점에 대한 논의의 소개는 윤진수(2007b), pp. 27-31 참조.
41) Brinig & Nock(2004), pp. 106-112. 또한 Rowthorn(2002), pp. 145-149 참조.

할 수 없을 것이다. 당사자들이 법률혼과 같은 혜택을 받기를 원한다면 법률혼 성립을 위한 절차를 밟으면 된다. 다만 구체적인 상황에 따라서는 사실혼에 법률혼에 준하는 효과를 인정할 필요가 있을 수 있다. 가령 사실혼 해소의 경우에 재산분할을 인정하지 않는다면 사실혼 배우자의 기여에 의한 재산 형성을 무시하는 것이고, 다른 당사자가 사실혼을 일방적으로 파기하고도 상대방의 재산 형성의 기여로 인한 이익을 독점하는 것이 되어, 기회주의적인 행동을 조장하는 것이 될 수 있는 것이다.

그러나 사실혼을 어느 정도 법률혼과 유사하게 보호할 필요가 있는가 하는 점은 법률혼의 기회주의 억제 기능과 관련하여 생각할 때 반드시 쉽지 않은 문제이다. 사실혼을 법률혼과 유사하게 보호할수록 법률혼은 그 해소를 위해 양 당사자의 합의 내지 재판을 필요로 한다는 절차적 불편함을 제외하고는 그 구속력의 측면에서 사실혼과 별다른 차이가 없게 되므로 당사자로서는 굳이 법률혼을 선택할 유인이 약해질 것이다. 실제로 사실혼이 해소되는 경우에 재산분할까지 인정하는 나라는 그다지 많지 않은데, 이 점도 이와 같은 법률혼의 기회주의 억제 기능과 관련된 것이라고 생각할 수도 있다.

그리고 법적인 범주로서의 혼인을 인정할 필요가 없고, 남녀의 공동생활에서 생기는 문제는 계약, 소유권, 불법행위 및 형법에 의하여 규율되면 충분하다는 주장은 비현실적이다. 당사자 사이의 계약에 의하여 남녀관계에서 생기는 모든 문제를 규율한다는 것은 거래비용 때문에라도 가능하지 않다.[42] 그리고 소유권법, 불법행위법 및 형법 등에 의하여 남녀 사이의 문제를 규율하더라도 이것만으로는 충분하지 않고, 남녀간의 특수한 관계에 부합하는 규율을 필요로 할 것인데, 이는 결국 현재의 혼인법과 별로 다르지 않을 것이다.

---

42) 우리나라에서는 부부 사이에 혼인 전에 법정재산제인 부부별산제와는 달리 부부재산계약을 체결할 수 있으나(민법 제829조), 그 적용 범위가 제한되어 있고, 실제로도 거의 이용되지 않는다. 미국에서는 婚姻前 合意(prenuptial agreement, premarital agreement, antenuptial agreement) 제도가 있는데, 전통적으로 혼인전 합의가 부유한 사람들이 자신의 재산을 보호하거나, 나이 들어서 재혼하는 사람들이 前婚에서 출생한 자녀들의 경제적 이익을 보호하기 위하여 사망시의 상속관계를 규율하는 것을 내용으로 하여 체결되었지만, 1970년 이후부터는 이 제도가 이혼시의 재산 문제를 규율하기 위하여도 이용된다. Katz(2003), pp. 30-34 참조. 그러나 이에 의하여 특히 혼인 해소시의 재산분할과 같은 문제를 규율하기는 쉽지 않다. 구체적인 액수 등은 혼인 해소시의 사정에 영향을 받기 때문이다. Cohen(1987), pp. 82-84 참조. 그는 장래에 대한 불완전한 지식은 극복될 수 없다고 한다.

5. 법에 의한 구제의 한계와 보상규칙(liability rule)의 적용

그러나 법이 혼인 당사자의 기회주의적인 행동을 억제하기 위하여 개입하는 데에는 한계가 있다. 우선 혼인 당사자 사이에 비록 약간의 갈등이 있다고 하더라도 그런대로 유지되고 있을 때에는 법이 개입하는 것 자체가 혼인관계의 유지에 지장을 주게 된다. 혼인관계는 당사자 사이에 신뢰와 협조가 있어야만 원만하게 유지될 수 있는데, 부부 중 일방이 법에 호소한다는 것 자체가 상대방을 신뢰하지 못한다는 것을 나타내는 것이 되어, 혼인관계를 유지하는 데 장애 요인이 된다. 그리하여 혼인이 유지되고 있을 때에는 부부관계에 법이 개입하는 것을 꺼리게 되고, 따라서 부부 사이의 분쟁은 자연히 법 아닌 사회규범과 같은 비공식적 메커니즘에 의하여 해결되게 된다.[43]

가령 민법은 부부 사이의 동거의무를 규정하면서, 부부의 동거의무는 부부의 협의에 따라 정하고, 협의가 이루어지지 아니하는 경우에는 당사자의 청구에 의하여 가정법원이 이를 정한다고 규정하고 있다(제826조 제1, 2항). 이처럼 부부 사이의 동거 장소에 관하여 법원이 개입하도록 한다는 것 자체가 이례적이라고 할 수 있다. 설령 법원이 개입하여 동거장소를 정하였다고 하더라도, 그 강제 이행은 인정되지 않는다. 판례[44]는 부부의 일방이 상대방에 대하여 동거에 관한 심판을 청구한 결과로 그 심판절차에서 동거의무의 이행을 위한 구체적인 조치에 관하여 조정이 성립한 경우에 관하여, 부부의 동거의무는 인격존중의 귀중한 이념이나 부부관계의 본질 등에 비추어 일반적으로 그 실현에 관하여 간접강제를 포함하여 강제집행을 행하여서는 안 된다고 하였다. 다만 이 판결은 동거의무를 상대방이 유책하게 위반하였다면 그에 대하여 비재산적 손해의 배상을 청구할 수 있다고 하였다. 이는 바로 아래에서 언급하는 것처럼 부부관계상의 의무 위반에 대하여 동의규칙 아닌 보상규칙에 의한 구제만을 허용하는 한 예라고 할 수 있다.[45]

법이 부부관계에 개입할 필요성이 있는 것은 주로 부부관계가 파탄되었을

---

43) 尹眞秀(2007), pp. 599-601 참조. 또한 Scott and Scott(1998), pp. 1285 ff.; Posner(1999); Brinig(2010) 등.

44) 대법원 2009. 7. 23. 선고 2009다32454 판결.

45) 이 사건에서는 부부가 서로 상대방을 상대로 하여 이혼을 청구하였으나 기각된 경우였으므로 부부관계는 사실상 파탄된 경우였다고 보인다.

때이다. 그런데 이때에도 법이 제공할 수 있는 구제 수단은 제한되어 있다. 다시 말하여 동의규칙에 의한 구제는 배제되고, 보상규칙에 의한 구제만이 고려될 수 있는 것이다. 동의규칙(property rule)과 보상규칙(liability rule)[46]의 구별은 칼라브레시(Calabresi)와 맬러매드(Melamed)가 1974년에 발표한 유명한 논문에서 처음 주장한 것이다.[47] 여기서 동의규칙이란 그 권리를 권리자로부터 취득하고자 하는 자는 그 권리의 가치가 당사자 사이의 합의에 의하여 결정되는 자발적인 거래에 의하여서만 권리를 취득할 수 있는, 그러한 권리의 보호방법을 말한다. 따라서 권리자의 동의를 받지 않고 권리를 침해하는 경우에는 권리자는 그 침해행위 자체를 막을 수 있다. 가령 토지 소유자의 동의를 받지 않고 타인이 그 지상에 건립한 물건에 대하여 토지 소유자가 그 철거를 청구할 수 있을 때에는 토지 소유자는 동의규칙에 의하여 보호되는 셈이다. 특히 염두에 두어야 할 것은, 계약 위반에 대하여 계약상 의무 자체의 이행을 명하는 것(특정이행, specific performance)은 결과적으로 상대방의 동의가 없으면 채무를 이행하지 않는 것이 허용되지 않는다는 점에서 위와 같은 동의규칙이 적용되는 한 예이다.

　　반면 보상규칙이란 권리자 아닌 타인이 그 권리에 대하여 객관적으로 결정되는 가격만을 지급하면 그 권리를 침해할 수 있는 권리의 보호방법을 말한다. 여기서는 권리의 가격은 당사자에 의하여 결정되는 것이 아니라 법원 등 제3자에 의하여 결정되며, 권리의 침해가 있는 경우에 권리자는 그 침해행위 자체를 막을 수는 없고, 다만 그 권리의 객관적인 가액만을 청구할 수 있을 뿐이다. 예컨대 정부가 개인의 토지를 공원으로 사용하기 위하여 수용하면, 소유자는 그 수용 자체를 막을 수는 없고, 다만 그에 대한 보상만을 청구할 수 있다.

　　앞에서 살펴본 동거의무 불이행에 대한 구제수단으로서 동거의무 그 자체를 강제하는 것은 허용되지 않지만 손해배상을 청구할 수는 있다고 하는 것은, 전형적으로 동의규칙을 배제하고 대신 보상규칙을 적용하는 것이라고 할 수 있다.

　　이처럼 부부관계에서는 동의규칙 아닌 보상규칙에 의한 구제만이 인정되

---

46) property rule과 liability rule을 우리나라에서 어떻게 번역하여야 하는지에 관하여는 용례가 통일되어 있지 않으나, 전자를 물권적 보호원칙, 후자를 손해배상원칙이라고 부르는 예가 많다. 그러나 특정이행(specific performance)과 같이 물권 아닌 채권의 경우에도 property rule이 적용될 수 있고, 또 손해배상은 위법한 행위를 전제로 한다는 점에서 반드시 정확하지 않다. 필자는 property rule의 경우에는 권리자의 동의가 요구된다는 점에서 동의규칙이라고 부르고, liability rule에서는 권리자에 대한 보상이 필요하다는 점에서 보상규칙이라고 번역하는 것이 정확하다고 생각한다.

47) Calabresi and Melamed(1972).

어야 한다는 점은 Ⅲ.에서 살펴보는 것처럼 이혼법에서 특히 중요한 의미를 가지지만, 그 외의 경우에도 여전히 의미를 가진다.

왜 부부관계에서는 동의규칙 아닌 보상규칙이 적용되어야 하는가? 이 점에 대하여는 다음과 같이 설명할 수 있을 것이다. 즉 부부관계가 원만히 유지되려면 협조와 신뢰가 중요한데, 이는 자발적인 의사에 기하여서만 가능하고, 강제적인 이행에 의하여는 그러한 협조와 신뢰를 얻는 것이 불가능하다. 강제적인 이행의 결과는 권리자에게도 만족스러운 것이 되지 못한다. 다른 한편 부부관계에서는 상대방이 부담하여야 할 의무를 구체적으로 특정하기 어려우므로, 그 의무를 제대로 이행하였는가를 제3자가 판정하는 것도 쉽지 않다.[48]

아래에서는 이혼의 경우 외에도 혼인관계에서 동의규칙 아닌 보상규칙이 적용되는 사례를 살펴본다.

6. 보상규칙에 의한 구제의 실례

가. 약혼, 혼인빙자간음죄

이와 같이 부부관계에서는 동의규칙 아닌 보상규칙이 적용되어야 한다는 것은 혼인 성립의 전단계인 약혼 단계에서도 적용된다. 민법은 약혼은 강제이행을 청구하지 못한다고 하면서(제803조), 다른 한편 당사자가 정당한 이유 없이 약혼을 해제하였다면 손해배상의무는 부담하여야 한다고 규정한다(제806조). 이는 약혼에서 발생하는 혼인하여야 할 의무에 관하여는 동의규칙은 적용되지 않고, 보상규칙만이 적용된다고 하는 전형적인 사례이다. 이러한 규정의 존재 이유를 이해하기란 어렵지 않다. 강제에 의하여 성립한 혼인이 행복을 가져오리라고 기대할 수는 없다. 민법은 강박으로 인하여 혼인의 의사표시를 한 것을 혼인의 취소사유로 규정하고 있다(제816조 제3호). 그렇지만 혼인하여야 할 의무의 강제이행을 청구할 수는 없다고 하더라도, 그 의무의 위반으로 인한 손해의 배상은 인정하는 것이 당사자의 기회주의적인 행동을 예방하는 데에는 도움이 될 것이다. 그렇지만 아래 이혼에 관하여 보듯이, 과연 법원이 약혼의 해제에 대하여 누가 책임이 있는가를 가릴 수 있는 능력을 가지는가는 다시 생각하여 볼 문제이다.

---

48) Dnes(2011), p. 124 참조.

　　이와 관련하여 흥미 있는 것이, 왜 미국에서 약혼 예물로 다이아몬드 반지를 주게 되었는가 하는 점에 관한 브리니그의 분석이다. 전통적으로 미국에서는 약혼한 사람이 혼인하겠다는 약속을 지키지 않은 경우에 상대방에게 약속 위반 소송(breach of promise action)을 제기할 수 있는 권리가 인정되었다. 그런데 점차 이러한 소송은 스캔들을 불러일으키고 협박수단으로 악용된다는 비판이 제기되어, 1935년 인디애나 주를 시작으로 하여 각 주에서 이러한 소송을 금지하는 법률49)이 제정되기에 이르렀다. 그러자 이에 대한 대응책으로 다이아몬드 반지를 받음으로써 파혼된 경우에 입게 될 손해를 보상받으려고 하게 되었다는 것이다.50)

　　과연 이러한 분석이 얼마나 정확한 것인지는 좀더 검토할 필요가 있지만, 우리나라에서도 약혼 예물의 교환은 어느 정도 이러한 의미를 가진다고 생각된다. 판례는 약혼예물의 수수는 혼인 불성립을 해제조건으로 하는 증여와 유사한 성질의 것이므로, 혼인이 성립되지 않으면 그 반환을 청구할 수 있지만,51) 약혼의 해제에 관하여 과실이 있는 유책자로서는 그가 제공한 약혼예물을 적극적으로 반환청구할 권리가 없다고 한다.52) 즉 우리나라의 경우에도 약혼예물을 주는 것은 약혼이 해제된 경우에 약혼 해제에 책임이 있는 당사자가 보상을 하는 기능을 하고 있는 것이다.

　　또한 위와 같은 맥락에서 헌법재판소의 혼인빙자간음죄에 관한 위헌결정을 살펴볼 필요가 있다. 형법 제304조는 "혼인을 빙자하거나 기타 위계로써 음행의 상습없는 부녀를 기망하여 간음한 자는 2년 이하의 징역 또는 500만원 이하의 벌금에 처한다"라고 규정하고 있다. 그런데 이 규정에 대하여는 위헌이라는 논란이 많았고, 드디어 헌법재판소 2009. 11. 26. 선고 2008헌바58, 2009헌바191 결정53)은 위 규정 중 "혼인을 빙자하여 음행의 상습없는 부녀를 기망하여 간음한 자" 부분이 남성의 성적자기결정권 및 사생활의 비밀과 자유를 침해하므로 위헌이라고 하였다.54) 이 결정의 다수의견은 헌법상 과잉금지의 원칙 내지 비례의 원칙을 적용하여, 위 처벌 규정은 목적의 정당성도 인정되지

---

49) 이른바 "heart balm act".
50) Brinig(1990).
51) 대법원 1994. 12. 27. 선고 94므895 판결; 1996. 5. 14. 선고 96다5506 판결.
52) 대법원 1976. 12. 28. 선고 76므41, 42 판결.
53) 헌판집 21권 2집 하 520면.
54) 이 결정은 위 조문이 위헌이 아니라고 하였던 종전의 헌법재판소 2002. 10. 31. 선고 99헌바40 결정을 변경한 것이다.

않고, 수단의 적절성 및 피해최소성도 갖추지 못하였으며, 법익의 균형성도 상실하였다고 보았다. 헌법적으로는 위 결정이 과잉금지 원칙을 적용한 것이 타당한가 하는 점이 중요한 문제이지만,[55] 경제학적으로는 이러한 행위에 대하여 민사적 제재 외에 형사적 제재가 필요한가 하는 점이 관심의 대상이 된다. 일반적으로 민사상의 불법행위에 해당하는 것을 범죄로 정하여 처벌하는 것이 경제학적으로 정당화되기 위하여는, 민사상의 구제수단만으로는 그러한 행위를 억제하기에 부족한 경우라야 한다.[56] 그러한 경우가 아님에도 불구하고 국가가 개입하여 형사처벌한다는 것은 그 자체 비효율적이다.[57] 그런데 혼인빙자간음의 경우가 민사상의 구제수단만으로 불충분한지는 반드시 명확하지 않다. 또한 이 사건의 다수의견은, 장차 결혼생활의 불행이 예상됨에도 불구하고 남성이 혼인빙자간음죄에 의한 처벌이 두려워 혼인한다면, 결국 형법이 파탄이 자명한 혼인을 강요하는 것과 다름이 없으므로 이를 법률로 강제하는 것은 부당하다고 판시하고 있는데, 이는 앞에서 언급한 것처럼 부부관계에서 동의규칙을 적용하면 불합리한 결과를 낳는다는 것을 보여주는 것이다.

다른 한편 민사상의 구제수단만으로는 충분하지 않은가 하는 것이 형벌법규의 위헌 여부를 판단하는 유일한 기준이 될 수는 없고, 그 형벌법규가 보호하려고 하는 법익이 얼마나 중요한 것인가도 고려할 필요가 있다. 그런데 위 결정은 과거 우리 사회에서 혼인빙자간음죄의 존재가 여성을 보호하는 역할을 수행하였지만, 오늘날 여성의 사회적 · 경제적 활동이 활발하여짐에 따라 여성의 생활능력과 경제적 능력이 향상됨으로써 여성이 사회적 · 경제적 약자라는 전제가 모든 남녀관계에 적용되지는 않게 되었다고 보고 있다. 다시 말하여 이 결정은 여성의 경제적 지위가 향상되었기 때문에 더 이상 혼인빙자간음죄의 존재 이유가 없게 되었다고 보고 있는 것이다.

나. 간통죄의 위헌 여부

형법 제241조 제1항은 배우자 있는 자가 간통한 때에는 2년 이하의 징역에 처하고, 그와 상간(相姦)한 자도 같다고 규정하고 있다. 이 간통죄가 위헌인가에 관하여는 종래부터 많은 논란이 있었다. 헌법재판소는 4차례에 걸쳐 간통

---

55) 尹眞秀(2011), pp. 35-39는 과잉금지의 원칙 내지 비례의 원칙을 법경제학적으로 분석하였다.
56) 신도철(2011), pp. 314-316 참조.
57) 이러한 점에서 우리나라에서 많이 일어나고 있는 민사사건의 형사화는 바람직스럽지 못하다.

죄가 위헌이 아니라고 하였으나, 모두 반대의견이 있었다.[58] 특히 가장 최근에 선고된 2007헌가17 결정에서는 위헌의견이 4인, 헌법불합치 의견이 1인으로서 합헌을 주장한 4인의 재판관보다 많았으나, 위헌결정의 정족수인 6인에 미치지 못하여 위헌선고가 내려지지 않았다.

이 문제에 관하여는 종래 많은 논의가 있었다.[59] 여기서는 과연 간통죄를 유지하는 것이 경제적인 관점에서 효율적인가를 따져 본다. 우선 간통을 한 사람을 처벌하는 것은 혼인생활의 유지에는 전혀 도움을 주지 못한다. 간통죄는 친고죄로서 상대방 배우자의 고소가 있어야 할 뿐만 아니라, 간통에 대하여 고소를 하려면 혼인이 해소되거나 이혼소송을 제기하여야 하기 때문이다(형법 제241조 제2항, 형사소송법 제229조 제1항).[60] 다른 한편 간통죄를 두지 않으면 피해자의 보호에 충분하지 못한지도 의문이다. 간통은 민사상 불법행위에 해당하고, 그 손해배상청구권을 행사하는 데 특별한 어려움이 있다고 보이지는 않는다. 이 점에 대하여 위 2000헌바60 결정의 합헌의견은, 간통을 군이 형사처벌의 방법에 의하여 해결하기보다는 민사상의 손해배상·이혼 등의 방법에 의하여 처리하는 것이 보다 합리적이라고 볼 여지가 없지도 않다고 하였고, 2007헌가17 결정의 합헌의견은 간통죄에 대하여 비형벌적 제재나 가족법적 규율이 아닌 '형벌'의 제재를 규정한 것이 지나친 것인지 문제될 수 있으나, 어떠한 행위를 불법이며 범죄라 하여 국가가 형벌권을 행사하여 이를 규제할 것인지의 문제는 그 사회의 시대적인 상황·사회구성원들의 의식 등에 의하여 결정될 수밖에 없으며, 기본적으로 입법권자의 의지 즉 입법정책의 문제로서 입법권자의 입법형성의 자유에 속한다고 하였다.

다른 한편 간통죄를 두는 것이 간통 행위의 억지 기능이 있는가도 문제되는데, 이 점에 관하여 위 2007헌가17 결정의 위헌의견은, 간통의 유형 가운데 애정에서 비롯된 경우에는 어떤 의미에서 확신범 내지 양심범적인 측면이 없지 않아서 통제가 어려운 성격을 가지고 있고, 애정에서 비롯된 경우가 아닌 때에는 온갖 형태로 무수히 저질러지고 있는 남성들의 성매수에서 보듯이 그 역시 현실적으로 범죄의식이 크지 않으므로, 이를 형사적으로 처벌한다고 하여

---

58) 헌법재판소 1990. 9. 10. 선고 89헌마82 결정; 1993. 3. 11. 선고 90헌가70 결정; 2001. 10. 25. 선고 2000헌바60 결정; 2008. 10. 30. 선고 2007헌가17 결정.
59) 예컨대 허일태(2008).
60) 위 2007헌가17 결정에서의 재판관 김종대, 재판관 이동흡, 재판관 목영준의 위헌의견도 이 점을 지적하고 있다.

간통을 억지하는 효과를 기대하기 어렵다고 보고 있다.

이러한 이론적인 논쟁을 떠나서, 간통죄가 실제로 어떠한 기능을 해 왔고, 현재는 어떠한 기능을 하고 있는가를 따져 볼 필요가 있다. 원래 간통죄는 역사적으로 배우자 있는 남자가 간통을 하는 것을 처벌하기보다는 배우자 있는 여자가 다른 남자와 간통을 하는 것을 처벌하는 것이 일반적이었다. 다른 말로 한다면 남자의 배우자에 대한 권리를 다른 남자가 침해하는 것을 방지하기 위한 것이었다고 할 수 있다.61) 우리나라도 1953. 10. 3. 형법이 시행되기 전까지는 배우자 있는 여자가 다른 남자와 간통한 경우에 두 사람이 간통죄로 처벌되었을 뿐, 배우자 있는 남자가 배우자 없는 여자와 간통하는 것은 처벌 대상이 아니었다. 그런데 형법 제정 과정에서 간통죄를 규정할 것인가에 관하여 논란이 많다가, 결국 배우자 있는 남자와 여자 모두의 간통을 처벌하는 것으로 규정되었다.62)

다른 한편 간통죄는 현실적으로 민사적 구제에 의하여 받을 수 있는 것보다도 많은 금액을 간통한 배우자나 그 상간자로부터 받아내는 기능을 하고 있다.63) 위 2007헌가17 결정의 위헌의견은, 간통죄가 건전한 혼인제도 및 부부간 성적 성실의무보호와는 다른 목적을 위하여 악용될 가능성도 배제할 수 없다고 하면서, 간통고소 및 그 취소가 사실상 파탄상태에 있는 부부간에 이혼을 용이하게 하려는 수단으로, 사회적으로 명망있는 사람이나 일시적으로 탈선한 가정주부를 공갈하는 수단으로, 상간자로부터 재산을 편취하는 수단으로 악용되는 폐해도 종종 발생한다고 지적하고 있다.

Ⅳ. 이 혼

1. 이혼제도의 유형

이혼을 인정할 것인가, 인정한다면 어떤 경우에 인정할 것인가에 관하여는

---

61) 2000헌바60 결정에서의 권 성 재판관의 위헌의견 참조.

62) 허일태(2008), pp. 121-125 참조.

63) 대법원 1997. 3. 25. 선고 96다47951 판결은, 유부녀와의 간통죄로 피소될 처지에 놓인 사람이 유부녀의 배우자에게 고소를 하지 않는 조건으로 금 170,000,000원의 약속어음공정증서를 작성한 행위가 불공정한 법률행위에 해당한다고 볼 수 없다고 하였다.

나라에 따라, 또 시대에 따라 많은 변화를 거쳤다. 머리 속에서 단순하게 생각하여 본다면 대체로 다음과 같은 5가지로 분류할 수 있다.

첫째, 이혼 자체를 허용하지 않는 경우.

둘째, 부부 중 어느 일방이라도 아무런 제약 없이 이혼을 선언할 수 있는 경우.

셋째, 부부의 합의에 의하여서만 이혼할 수 있는 경우

넷째, 부부 중 일방에게 잘못이 있을 때에만 이혼할 수 있는 경우(유책주의)

다섯째, 혼인관계가 파탄되면 이혼할 수 있으나 보상이 따르는 경우(파탄주의).

첫째, 과거 카톨릭 국가에서는 이혼 자체를 허용하지 않았다. 그러나 이는 명백히 불합리하다. 쌍방이 모두 이혼을 원함에도 이혼을 허용하지 않을 이유가 없기 때문이다. 이는 말하자면 칼라브레시와 맬러매드가 말하는 양도불능(inalienability)에 해당할 것인데,[64] 충분한 판단능력을 가진 성인이 이혼하겠다는 것을 금지할 이유가 없다. 이혼이 제3자, 특히 자녀에게 부정적인 외부효과를 미칠 수도 있지만, 그것만으로 이혼 자체를 허용하지 않을 이유는 되지 못한다. 실제로 과거 카톨릭에서도 혼인의 무효가 부분적으로는 이혼을 대신하는 수단으로 쓰였고, 카톨릭이 국민의 다수를 차지하는 스페인, 이탈리아, 아일란드 같은 나라들에서도 1980년대 이후에 모두 이혼을 허용하기에 이르렀다. 유럽에서 가장 최근까지 이혼을 허용하지 않고 있던 나라는 지중해의 말타가 유일하였는데, 말타도 지난 2011. 5. 국민투표에 의하여 이혼을 허용하기로 하였다.

둘째, 부부의 일방이 아무런 제약 없이 이혼을 선언할 수 있는 경우. 이 글에서의 개념 정의에 의하면 이러한 경우에는 혼인이 성립하였다고 할 수 없을 것이고, 따라서 따로 다룰 필요는 없다. 가령 얼핏 보기에는 부부의 일방이 아무런 제약 없이 이혼할 수 있는 것처럼 보이는 경우에도, 실제로는 이혼을 제약하는 메커니즘이 존재한다고 보인다.[65]

셋째, 부부의 합의에 의해서만 이혼할 수 있는 경우.[66] 이는 당사자의 혼인관계를 엄격한 의미의 동의규칙에 의하여 보호하는 것이 된다. 그러나 실제

---

64) Calabresi and Melamed(1972), pp. 1092-1093, 1111-1115.

65) 흔히 이슬람 국가에서는 남자가 세 번 이혼을 선언하면 이혼할 수 있다고 설명하고 있으나, 실제로는 그보다 더 복잡하다. 부부간에 갈등이 생길 경우 남편과 아내는 집안에서 한명씩 중재인을 지명하고, 중재인은 쌍방을 화해시키려고 노력하는데, 이는 남편이 마음대로 이혼제기를 할 수 있는 것이 아님을 시사한다고 한다. 그리고 부부가 의견차를 극복하지 못해 결국 이혼을 선택하게 되더라도, 이슬람 율법에 따르면, 이혼은 일정한 유예기간이 지나야만 그 효력이 발생한다고 한다. 반면 여자가 남자에게 이혼을 청구하려면 남편으로부터 부당한 대우를 받고 있다는 사실을 증명해야 한다고 한다. 김정명(2004), pp. 120-122.

66) 강신일(2010), pp. 55-57이 이러한 취지로 보이나 명백하지는 않다.

이러한 경우가 있는지는 알 수 없다. 당사자가 이혼을 합의한 경우에는 다른 특별한 사정이 없는 한 이혼을 허용하여야 하지만, 이혼이 허용되는 경우를 그와 같이 한정할 이유는 없다. 그렇지 않으면 가정폭력으로 피해를 입고 있는 부부 일방도 상대방이 원하지 않으면 이혼을 할 수 없게 될 뿐만 아니라, 상대방이 원하는 경우에도 두 사람은 일종의 쌍방독점(bilateral monopoly) 상태에 있게 되어 이혼의 조건에 관하여 버티기(hold out)를 하게 될 가능성이 높아진다.[67]

넷째, 이혼을 청구하는 상대방에게 혼인이 파탄에 이르게 된 데 책임 있는 사유가 있는 경우에만 이혼이 허용되는 유책주의(fault divorce). 기독교 국가에서 이혼이 허용되게 된 이후에는 근래에 이르기까지 이러한 입법례가 지배적이었다. 우리나라의 경우에는 다음에서 살펴보는 것처럼 협의이혼이 인정되고, 또 예외적으로는 파탄주의가 적용되기도 하지만, 기본적으로는 유책주의를 택하고 있다.

다섯째, 부부관계가 파탄되면 그것이 누구의 잘못 때문인지를 가리지 않고 이혼을 허용하되, 이혼에 따른 보상적 급부(재산분할, 이혼 후 부양) 등을 하여야 하는 파탄주의(no fault divorce). 서구에서는 1970년대 이래 거의 대부분 종전의 유책주의를 버리고 파탄주의로 전환하였다.[68]

현재 우리나라에서 중요한 문제는 입법적으로 유책주의를 택할 것인가, 아니면 파탄주의를 택할 것인가 하는 점이다. 이하에서 자세히 살펴본다.

2. 유책주의와 파탄주의의 비교

가. 유책주의

서구에서는 종래 당사자 의사의 합치만에 의한 이혼을 허용하지 않았고, 재판에 의한 이혼만이 인정되었으며, 재판에 의한 이혼도 상대방에게 학대, 유기, 간통 등의 사유가 있는 경우에만 허용되었다. 그리하여 당사자들이 이혼하기로 합의하였어도 그것만으로는 이혼할 수 없었기 때문에, 당사자가 간통이 있었다고 조작하여 이혼 판결을 받는 일까지 있었다.[69]

---

67) Parkman(2002), pp. 63 ff.는 상호 합의에 의한 이혼이 1차적인 이혼 사유가 되어야 하지만, 파탄주의에 의한 이혼은 혼인이 오래 지속되지 않은 경우에 허용되어야 하며, 그 외에 유책을 이유로 한 혼인도 인정되어야 한다고 주장한다.

68) 이에 대하여는 Glendon(1989), pp. 148-196 참조.

69) Katz(2003), p. 79 참조.

우리나라에서는 재판상 이혼 외에도 협의상 이혼이 인정되고 있고(민법 제
834조), 실제 이혼에서는 협의상 이혼이 대다수를 차지한다.[70] 그러나 당사자
사이에 이혼에 관한 합의가 이루어지지 않는 경우에는 재판상 이혼에 의할 수
밖에 없고, 재판상 이혼이 인정되려면 민법이 규정하는 이혼 원인이 있어야 한
다. 민법 제840조는 재판상 이혼 원인으로서 부정한 행위(제1호), 악의의 유기
(제2호), 배우자 또는 그 직계존속의 심히 부당한 대우(제3호), 자기의 직계존속
에 대한 심히 부당한 대우(제4호), 배우자의 3년 이상 생사 불명(제5호) 및 기타
혼인을 계속하기 어려운 중대한 사유(제6호)를 들고 있다. 이 중 제1호에서 제4
호까지의 원인은 상대방에게 책임이 있는 경우이므로 유책주의에 기초한 것이
고, 제5호와 제6호는 상대방에게 책임이 있는지 여부를 묻지 않으므로 파탄주
의에 기초한 것이라고 할 수 있다.[71]

가장 문제되는 것은 스스로 부정행위를 한 것과 같이 혼인 파탄에 책임이
있는 유책배우자가 이혼을 청구할 수 있는가 하는 점인데, 판례는 원칙적으로
이를 허용하지 않는다. 즉 혼인생활의 파탄에 대하여 주된 책임이 있는 배우자
는 원칙적으로 그 파탄을 사유로 하여 이혼을 청구할 수 없고, 다만 상대방도
그 파탄 이후 혼인을 계속할 의사가 없음이 객관적으로 명백한데도 오기나 보
복적 감정에서 이혼에 응하지 아니하고 있을 뿐이라는 등 특별한 사정이 있는
경우에만 예외적으로 유책배우자의 이혼청구가 허용된다고 보고 있다.[72]

다른 한편 우리 민법은 협의상 이혼과 재판상 이혼 모두에 관하여 이혼에 따
르는 재산분할을 인정하고 있는데(제839조의2, 제843조), 판례는 혼인관계의 파탄에
대하여 책임이 있는 배우자라도 재산의 분할을 청구할 수 있다고 보고 있다.[73]

우리나라에서 인정하고 있는 이러한 유책주의는 기본적으로 동의규칙을
따르면서, 상대방이 동의하지 않는데도 일방만이 이혼을 청구하는 것은 기회주
의적 행동이 아닌 때에 한하여 예외적으로 허용하는 것으로 이해해야 할 것이
다. 즉 원칙적으로 양 당사자의 합의가 있으면 이혼을 허용하기 때문에 동의규

---

70) 2010년에는 협의상 이혼이 92,394건, 재판상 이혼이 24,994건이었다. 법원행정처(2011), p. 983.
71) 그러나 학설상으로는 제1호에서 5호까지의 이혼원인은 유책주의에 기초하고 있고, 제6호도
   불치의 정신병과 같은 예외를 제외하고는 실질적으로 유책주의의 기조에 서 있다고 하는 설
   명도 있다. 김주수·김상용(2011), p. 179.
72) 대법원 1987. 4. 14. 선고 86므28 판결(법원공보 1987, 810) 등. 다만 근래에는 부부 사이
   의 별거기간이 긴 경우에는 다소 너그럽게 이혼청구를 인용하는 경향이 있다. 대법원 2009.
   12. 24. 선고 2009므2130 판결(판례공보 2010상, 248); 2010. 6. 24. 선고 2010므1256 판결(판
   례공보 2010하, 1456) 등.
73) 대법원 1993. 5. 11.자 93스6 결정(법원공보 1993, 1400).

칙이 적용되는 것이지만, 예외적으로 상대방에게 혼인 파탄에 책임이 있으면 이혼을 청구하는 자의 행동은 기회주의적인 것은 아니기 때문에 허용되어야 하고, 혼인 파탄에 책임 있는 당사자가 이혼을 청구하는 것은 기회주의적인 행동으로서 허용되어서는 안 된다고 보는 것이다. 그리고 혼인을 계속하기 어려운 중대한 사유가 있는가 하는 점도 이처럼 당사자가 기회주의적으로 행동하는가 아닌가에 따라서 결정된다고 볼 수 있다.

그러나 이처럼 유책주의가 당사자들의 기회주의적인 행동을 억제하는 효과가 있다고 하더라도, 부부 관계에 동의규칙을 적용함으로써 생기는 문제가 있다. 즉 혼인 파탄에 책임이 있는 부부의 이혼 청구를 기각한다고 하여도 일단 파탄되었던 부부관계가 회복될 수는 없는 것이다. 부부 사이의 협력 내지 이타주의는 법에 의하여 강제될 수 없기 때문이다.

나. 파탄주의

반면 파탄주의는 보상규칙을 따르는 것으로 이해되어야 한다. 파탄주의가 구체적으로 어떻게 실현되는가는 나라에 따라 다르지만,[74] 미국의 경우를 본다면 대체로 다음과 같다.[75] 즉 부부관계에 파탄이 있으면 부부 일방이 이혼을 청구할 수 있다. 따라서 오늘날에는 이혼에 관하여 누구에게 책임이 있는가 하는 것은 더 이상 문제되지 않고, 이혼재판에서는 재산분할과 이혼 후 부양 그리고 미성년 자녀의 양육자 지정이 주로 문제된다. 여기서는 재산분할과 이혼 후 부양(alimony)에 대하여 살펴본다.

재산분할은 원칙적으로 부부의 특유재산(separate property) 아닌 혼인재산(marital property)[76] 또는 공동재산[77]을 대상으로 하며, 그 비율에 관하여는 일반적으로 균등분할을 적정한 출발점으로 보고, 재산 형성에 대한 기여, 각 배우자가 별도로 가지고 있는 재산, 혼인 기간, 재산 분할 후의 각 배우자의 경제적 상황 등을 고려한다. 상당수의 주에서는 혼인 중의 잘못된 행동(marital misconduct)을 재산분할에서 고려하고 있다.

다른 한편 미국에서는 전통적으로 이혼하면 혼인 파탄에 책임이 있는 남편이 아내에게 부양료를 지급하였으나, 현재에는 누구에게 책임이 있는지와는 관

---

74) 한복룡(2006)은 영국, 프랑스, 독일, 스웨덴, 미국의 예를 소개하고 있다.
75) 간단한 소개로는 尹眞秀(2008), pp. 154 ff. 참조.
76) 보통법상의 재산제도(부부별산제)를 택하고 있는 주의 경우.
77) 혼인 중에 취득한 재산은 부부의 공동소유로 하는 공동재산제를 채택하고 있는 주의 경우.

계없이, 또 처뿐만 아니라 남편도 부양을 청구할 수 있게 되었으며, 용어상으로
도 alimony 대신 support 또는 maintenance라는 용어가 더 많이 쓰이게 되었다.

　　그러나 이러한 파탄주의는 실질적으로 자유로운 해소가능성을 혼인의 속
성으로 만드는 결과를 가져왔다고 지적되었고,[78] 또 당사자의 기회주의적인 행
동을 조장한다는 비판도 많다.[79] 실제로도 미국에서는 파탄주의 이혼이 도입된
후에 이혼율이 늘어났다. 이것이 파탄주의 때문인지에 관하여는 논란이 있으
나, 이를 긍정하는 연구가 많다.[80] 그리고 파탄주의 이혼에 의하여 여성의 이
혼 후 경제적 상황이 열악해졌다는 유력한 비판이 있다.[81]

　　이러한 파탄주의 이혼법에 대한 대응으로서, 미국의 일부 주[82]에서는 이른
바 서약 혼인(covenant marriage)을 도입하였다.[83] 이 제도는 혼인 전에 당사자
가 이혼 방법에 관하여 유책주의에 따를 것인지 아니면 파탄주의를 따를 것인
지를 선택할 수 있게 하는 것이다. 전자의 경우가 서약혼인이다. 미국의 학자
가운데에는 이를 긍정적으로 평가하는 사람도 있다.[84] 그러나 이미 서약혼인을
도입한 3개 주 외에 다른 주에서 이를 도입하려는 노력은 성공하지 못하였고,
실제로 서약혼인의 이용률도 높지 않으며, 이를 이용하는 사람들은 주로 개신
교 신자들이라고 한다. 이는 서약혼인제도 자체를 잘 몰라서이기도 하지만, 이
른바 낙관편향(optimism bias) 때문일 수도 있다. 즉 혼인하는 사람들은 거의 자
신들의 혼인이 행복하게 유지되리라고 생각하기 때문에, 이러한 서약혼인을 택
할 필요를 느끼지 못한다고 생각해 볼 수 있다.

다. 파탄주의의 경제적 분석

　　이처럼 파탄주의에 대하여는 비판이 있으나, 경제적인 관점에서는 파탄주
의의 채택을 검토할 충분한 가치가 있다. 앞에서 살펴본 대로 유책주의는 혼인
에서의 기회주의를 억제하는 효과는 있을 수 있으나, 이미 파탄된 혼인을 되살

---

78) Glendon(1989), pp. 191 ff.

79) 예컨대 Brinig and Crafton(1994); Dnes(2011), pp. 122-124 등.

80) Friedberg(1998), pp. 608-627. 그런데 Mechoulan(2006), pp. 143-174는 파탄주의 이혼법은
　　파탄주의 이혼법이 도입되기 전에 혼인한 사람들의 이혼율은 높였지만, 그 후 혼인한 사람들
　　은 배우자를 찾는 데 신중해졌기 때문에 파탄주의 이혼법이 이혼율을 높이지는 않았고, 대신
　　여자의 혼인 연령이 늦어졌다고 주장한다.

81) Clark(1988), p. 621 f. 또한 Weitzman(1985), pp. 143 ff. 참조.

82) 루이지애나, 아리조나, 아칸소 주.

83) 이에 관한 국내 문헌으로는 金水晶(2003)이 있다. Nock, Sanchez and Wright(2008)는 이 제
　　도의 시행 성과에 대한 미국 사회학자들의 연구이다.

84) Margaret F. Brinig(1999), pp. 275-279.

리지는 못하기 때문이다. 유책주의는 동의규칙에 따르는 것인데, 일반적으로 동의규칙은 거래비용이 작은 경우에 효율적이고, 거래비용이 큰 경우에는 그렇지 못하다. 유책주의에 의하더라도 거래비용이 낮다면, 이혼을 원하는 당사자는 자신이 이혼으로 인하여 얻게 되는 이익이 상대방이 이혼으로 인하여 입게 되는 손실보다 큰 때에는 그러한 손실을 보상하고서라도 상대방의 동의를 얻어 이혼하려고 할 것이다. 그러나 혼인이 파탄된 경우는 전형적으로 거래비용이 큰 경우라고 할 수 있다. 이익과 손실, 특히 상대방의 손실은 객관적으로 판정하기 어렵고, 따라서 상대방은 자신의 손실을 과장하기 쉬우며, 경우에 따라서는 보상 여부에 관계 없이 이혼을 거부하는 전략적 행동을 할 가능성이 많다.

그러므로 경제적인 측면에서는 상대방에게 법원과 같은 객관적인 제3자가 정하는 충분한 보상이 이루어진다면 파탄주의를 택하는 것이 효율적이다. 문제는 어떻게 하는 것이 충분한 보상이 될 것인가 하는 점인데, 이에 관하여는 재산분할, 이혼 후 부양 및 손해배상의 3가지를 생각할 수 있다. 이 중 앞의 두 가지는 파탄주의를 취하는 입법례에서는 거의 채택되고 있으나, 손해배상을 인정하는 나라는 많지 않다.

(1) 재산분할

혼인 후 부부가 취득한 재산은 그것이 한 배우자의 명의로 되어 있더라도 그 재산 형성에 다른 배우자의 기여가 있는 경우가 많을 것이다. 따라서 이혼으로 인한 혼인의 해소시에는 그러한 기여를 재산분할의 형태로 청산하는 것이 타당하다. 그렇지 않으면 다른 배우자는 기여를 하는 것을 꺼리게 될 것이고, 반대로 재산 명의인은 이혼을 하더라도 부담이 크지 않으므로 기회주의적인 이혼을 선택할 가능성이 많아지게 된다.

우리나라의 판례[85]도 이혼에 따른 재산분할은 혼인 중 쌍방의 협력으로 형성된 공동재산의 청산이라는 성격에 상대방에 대한 부양적 성격이 가미된 제도라고 보고 있다. 그러나 실제로 법원이 재산분할을 결정함에 있어서 부양적 요소를 얼마나 고려하고 있는지는 명확하지 않다.

그런데 현실적으로는 일방 배우자의 재산 형성에 상대방 배우자가 얼마나 기여했는지를 양적으로 측정한다는 것은 쉽지 않다. 우리나라의 종래 실무상으로는 처의 경우에 전업주부였는지, 맞벌이를 하였는지 등에 따라 전자의 경우

---

85) 대법원 2000. 9. 29. 선고 2000다25569 판결(판례공보 2000하, 2207) 등.

에는 처가 취득하는 비율을 낮게 책정하는 경우가 많았는데, 현재에는 전업주
부의 경우에도 균등분할을 하는 예가 과거보다 늘어나고 있는 것으로 보인
다.[86] 이 점에 관하여 미국에서는 당사자가 사전에 재산분할에 관하여 약정하
였더라면 균등한 분할을 약정하였을 것이라고 하면서, 다만 법원에 상당한 정
도의 재량을 인정하여야 한다는 주장이 있다.[87] 국내에도 균등분할을 원칙으로
하여야 한다는 주장이 있고,[88] 2006년에 국회에 제출되었던 법무부의 민법개정
안 제839조의 2 제2항에서도 "당사자 쌍방의 협력으로 이룩한 재산은 균등하게
분할함을 원칙으로 한다"는 규정이 들어 있었으나, 입법화되지는 못하였다.[89]

또 다른 어려운 문제는 앞에서 예로 들었던, 부부 일방이 의사나 변호사
등과 같은 전문적인 자격증을 취득한 경우에 이를 재산분할의 대상으로 할 것
인가 하는 점이다. 이 점에서는 미국에서 비교적 많은 논의가 있으나, 실제로
인정하고 있는 주는 많지 않다.[90] 우리나라의 판례는 이 점에 대하여 소극적이
어서, 박사학위를 소지한 경제학교수로서의 재산취득능력은 청산의 대상이 되
는 재산에 포함시킬 수는 없고, 다만 재산분할의 액수와 방법을 정할 때 '기타
의 사정'으로 참작하면 된다고 한다.[91]

경제적인 관점에서는 이러한 전문적인 자격증도 재산분할의 대상으로 삼
아야 할 필요가 있겠지만,[92] 현실적으로는 이를 어떻게 평가할 것인지가 문제
된다. 향후에 자격증 소지자가 얼마만큼의 수입을 얻게 될 것인지, 얻게 될 수
입 중 어느 정도가 자격증 소지자의 노력에 기한 것이고 어느 만큼이 배우자
의 기여에 의한 것인가를 미리 알기 어렵기 때문이다. 이러한 현실적인 어려움
때문에 미국에서도 대부분의 주는 전문적인 자격증을 재산분할의 대상으로 인
정하지 않고 있다.

한 가지 대안은 이러한 자격증 취득에 의하여 얻게 되는 수입을 이혼시에
일괄하여 평가할 것이 아니라, 이혼 후 현실적으로 수입을 얻게 될 때 구체적
으로 평가하여 정기적으로 지급하게 하는 것이지만, 이 또한 현실적으로는 상

---

86) 재산분할 비율의 실태에 관한 조사로는 김용원(2009), pp. 143-150이 있다.
87) Scott and Scott(1998), pp. 1308-1309.
88) 예컨대 金相瑢(2002), p. 152 등. 閔裕淑(2001a)은 이에 관한 일본 및 미국의 실태를 비교
    적 상세하게 소개하고 있다.
89) 국회 홈페이지 의안정보(http://likms.assembly.go.kr/bms_svc/bill/doc_10/17/pdf/175283_100.HWP.
    PDF) 참조(최종방문 2011. 10. 10).
90) 이에 대하여는 閔裕淑(2001c), pp. 140-148 참조.
91) 대법원 1998. 6. 12. 선고 98므213 판결(판례공보 1998, 1888).
92) Scott and Scott(1998), pp. 1318 ff. 참조.

당한 어려움이 있을 것이다.

이와 유사한 문제가 퇴직금이나 연금 등 상대방 배우자가 앞으로 받을 수 있지만 현재는 받지 않은 재산적 이익도 분할 대상이 되는가가 문제된다. 이러한 퇴직금이나 연금을 받을 수 있게 된 데 상대방 배우자가 기여하였다면 이는 분할 대상으로 되어야 할 것이다. 그러나 현재 대법원의 판례는, 부부 중 일방이 이혼 당시에 이미 퇴직금 등의 금원을 수령하여 소지하고 있는 경우에는 이를 청산의 대상으로 삼을 수 있지만, 부부 일방이 아직 퇴직하지 아니한 채 직장에 근무하고 있을 때에는 그의 퇴직일과 수령할 퇴직금이 확정되었다는 등의 특별한 사정이 없다면, 그가 장차 퇴직금을 받을 개연성이 있다는 사정만으로 그 장래의 퇴직금을 청산의 대상이 되는 재산에 포함시킬 수 없고, 다만 기타 사정으로 참작하면 족하다고 한다.[93] 그러나 이러한 경우에는 퇴직금이나 연금 등의 현가(現價)를 이혼 당시를 기준으로 하여 환산하는 등의 방법으로 이를 재산분할의 대상으로 포함시키는 방법을 모색할 필요가 있다.[94] 국민연금법 제64조 제1항 제2호는 혼인 기간이 5년 이상인 자가 60세가 된 이후에 노령연금 수급권자인 배우자와 이혼한 때에는 배우자였던 자의 노령연금액을 전 배우자와 균등하게 받을 수 있다고 규정하고 있다.

그리고 대법원 2006. 7. 13. 선고 2005므1243, 1252 판결은 일방 배우자가 그 퇴직 다음 달부터 원심 변론종결일까지 수령한 퇴직연금은 그 합계액을 분할대상에 포함시킨 반면, 향후 수령할 퇴직연금에 대해서는 그 배우자의 여명을 확정할 수 없다는 이유로 재산분할대상에 포함시키지 않은 원심판결을 받아들였다고 한다.[95] 그러나 서울가정법원 2011. 8. 25. 선고 2010드합10979, 2010드합10986 판결(미공간)은 이혼 당시 일방 배우자가 받고 있던 공무원 퇴직연금은 분할 대상이 된다고 보아, 매월 지급받는 퇴직연금액 중 40%의 비율에 의한 돈을 매달 말일에 지급하라고 명하였다.

(2) 이혼 후 부양

현재 파탄주의를 채택하고 있는 국가에서는 거의 이혼 후 부양이 인정되

---

93) 대법원 1995. 3. 28. 선고 94므1584 판결(법원공보 1995, 1752); 대법원 1995. 5. 23. 선고 94므1713, 1720 판결(법원공보 1995, 2265) 등.

94) 이 문제에 대한 미국 및 일본의 상황을 포함한 연구로는 関裕淑(2001b, 2001c); 裵寅九 (2011)가 있다. 또한 차선자, "재산분할 대상으로서 연금에 관한 고찰", 2011. 10. 5. 한국가정법률상담소 세미나 발표 원고(미공간) 참조.

95) 미공간. 裵寅九(2011), pp. 234-235에서 재인용.

고 있다.96) 다만 역사적으로는 유책주의 하에서도 파탄에 책임 있는 배우자가 상대방에게 부양 의무를 부담하기도 하였다.

경제적인 관점에서 본다면, 이혼 후 부양은 일방 배우자(주로 처)가 혼인하지 않았으면 얻을 수 있었을 지위 내지 수입을 혼인에 의하여 포기하였다는 점에서 그 근거를 찾을 수 있을 것이다. 말하자면 이는 배우자가 혼인에 대하여 투자하는 기회비용에 대한 보상 또는 보험(insurance)이라고 말할 수 있다.97) 그러한 보장이 없다면 혼인에 대한 투자가 줄어들 것으로 예측할 수 있다.

이혼 후 부양을 어떤 기준에서 책정할 것인가에 관하여는 이를 혼인을 계속하였더라면 유지할 수 있었을 생활수준을 확보할 수 있는 이익, 즉 기대이익(expectation interest)이 아니라 신뢰이익(reliance interest), 즉 혼인 때문에 포기한, 혼인하지 않았더라면 얻었을 이익을 보상하는 방향으로 운용하여야 한다는 주장이 있다. 이에 따르면 기대이익을 보상하게 된다면 배우자는 이혼하는 것과 이혼하지 않는 것 사이에 차이가 없기 때문에 쉽게 이혼을 선택하게 되고, 이혼 후 스스로 취업하여 수입을 얻으려는 노력을 방해하게 된다고 한다.98)

실제로 파탄주의를 택하고 있는 나라들도 이혼 후 부양을 축소하려고 하는 움직임을 보이고 있다. 미국에서는 과거에 일방 배우자가 사망하거나 또는 부양청구권자가 재혼할 때까지 부양료를 지급하는 항구적 부양(permanent alimony, permanent support)이 많았으나, 오늘날은 항구적 부양은 일방 배우자가 나이가 많거나 기타 독립적으로 생계를 유지할 능력이 없는 경우, 특히 혼인 기간이 긴 경우에 한하여 예외적으로 인정된다. 그 대신 부양료 지급이 인정되는 경우는 대부분 일시적 부양(temporary support) 내지 재활적 부양(rehabilitative support)으로서, 이혼 후 한시적으로만 부양을 명하고 있다. 이처럼 이혼 후 부양의 의미가 감퇴된 것은 과거에는 여성이 혼인하면 따로 수입을 얻는 활동을 하지 않았으나, 근래에 이르러서는 여성의 경제활동에 참여하는 비율이 높아졌다는 것이 중요한 이유이고, 또 일시적 부양만을 제공함으로써 여성이 스스로 생계를 꾸려나가게 하는 동기를 제공한다고 하는 이유도 작용한다.99)

---

96) Glendon(1989), pp. 197 ff. 참조.
97) Scott and Scott(1998), pp. 1272-1274.
98) Scott and Scott(1998), pp. 1273, 1312 ff. Trebilcock(1999), pp. 246-247도 이러한 견해를 지지한다.
99) 尹眞秀(2008), pp. 158-160 참조.

이러한 경향은 2007년 개정된 독일 민법에서도 나타났다. 여기서는 이혼 후에 각각의 배우자는 스스로 자신의 생계를 돌볼 의무가 있다는 것을 명문으로 규정하고(제1569조), 부양의 범위도 전체적으로 낮추려고 하고 있다.[100]

(3) 손해배상과 유책사유의 고려

우리 민법은 당사자가 이혼한 경우에 배우자 일방이 과실 있는 상대방 배우자에 대하여 이혼으로 인한 손해배상을 청구할 수 있도록 규정하고 있다(민법 제843조에 의한 제806조의 준용). 그러나 파탄주의를 채택하고 있는 나라들은 거의 이혼으로 인한 손해배상을 인정하지 않고 있다.[101] 또한 재산분할과 이혼 후 부양에서도 배우자의 유책 여부는 고려되지 않는 것이 일반적인 경향이다. 미국에서는 재산분할과 이혼 후 부양에 관하여는 유책(fault) 여부를 고려하는 주도 있다.[102] 그러나 모범 혼인 및 이혼법(Uniform Marriage and Divorce Act, UMDA)[103]은 재산분할에서 혼인 중의 잘못(marital misconduct)을 고려하지 말도록 규정하고 있고,[104] 2000년에 발표된 미국법학원(American Law Institute)의 가정 해소에 관한 원칙(Principles of the Law of Family Dissolution: Analysis and Recommendations)도 이러한 사유를 고려하지 말도록 권유하고 있다.[105]

이처럼 파탄주의 이혼법에서는 어느 배우자가 파탄에 관하여 책임이 있는가 하는 문제는 더 이상 고려되지 않고 있다. 그 이유는 과실(fault)의 개념은 인위적인 조작물로서 누구의 행동이 나빴는가를 법원에서 가리는 것은 매우 어렵고, 혼인이 파탄에 이르는 것은 어느 일방의 잘못 때문만은 아니라고 하는 현대의 인식 때문이라고 한다.[106]

---

100) 안경희(2008), pp. 149-156 참조.

101) 예외적으로 프랑스 민법 제266조는 이혼으로 인한 손해배상을 인정한다. 그러나 프랑스 민법은 파탄주의 이혼 외에도 유책으로 인한 이혼도 아울러 인정하고 있음을 유의하여야 한다. 프랑스의 이혼법에 대하여는 한복룡(2006), p. 92 참조.

102) American Law Institute(2002), pp. 42 ff. 참조.

103) 이는 통일주법을 위한 위원들의 전국 회의(National Conference of Commissioners on Uniform State Laws)가 만든 모범법안(Uniform Acts)의 일종으로서, 각 주가 이를 채택할 수 있고, 실제로도 많이 채택되었다.

104) 尹眞秀(2008), p. 158 참조.

105) American Law Institute(2002), pp. 50 ff. 미국법학원은 각종의 Restatement나 모범상법전(UCC) 등을 제정하는 권위 있는 기관이다. 이 Principles는 Restatement와 유사한 것이기는 하지만 법조문의 형식을 취하지는 않고 있는데, 그 이유는 이 문제에 관하여는 각 주에서 제정법을 가지고 있기 때문이다.

106) Scott and Scott(1998), pp. 1304-1305. American Law Institute(2002), pp. 50 ff.도 어느 배우자가 혼인의 파탄을 가져왔는가 하는 것은 "원인(cause)"이라고 하는 객관적인 평가로 보이는 단어로 도덕적 심문을 감추는 것이고, 법원이 인과관계(causation)라고 하는 중립적인 용어를

이와 같이 이혼의 효과에서 당사자의 책임 여부를 고려하지 않는 것은 어떻게 본다면 파탄주의 이혼제도를 따름으로써 도출되는 자연스러운 결과일 수도 있고, 다른 한편으로는 부부 당사자 일방의 책임을 따짐으로써 기회주의적인 행동을 방지할 수 있다는 이익이 그에 따르는 비용보다 크지 않다는 판단에 근거한 것일 수도 있다.

3. 이혼과 자녀

이혼이 많은 경우에 자녀들, 그 중에서도 특히 미성년 자녀들에게 부정적인 영향을 미친다는 것은 일반적으로 알려진 사실이다. 이는 부부의 이혼이 자녀들에게 부정적인 외부효과(negative externalities)를 미친다는 것을 의미한다. 부정적인 외부효과는 경제적인 것일 수도 있고, 심리적인 것일 수도 있다. 이러한 부정적인 외부효과를 방지하기 위하여는 이혼을 고려하는 부모들이 외부효과를 내부화(internalization)하는 것이 필요하다. 즉 이혼 여부의 결정에 있어서도 자녀들이 입게 될 피해를 고려하여야 하고, 이혼하더라도 자녀들이 입게 되는 피해를 보상하여야 한다.

우리나라의 법은 어느 정도 이 문제에 대하여 배려를 하고 있다. 즉 민법은 협의상 이혼을 하려는 사람들이 이를 위하여 필요한 가정법원의 이혼의사확인을 받기 위하여는 확인신청 후 어느 정도의 기간(이른바 숙려기간)을 기다려야 하는데, 양육하여야 할 자녀가 없는 경우에는 1개월을 기다리면 되지만, 그러한 자녀가 있는 경우에는 3개월을 기다려야 한다(제836조의2). 이는 양육하여야 할 자녀를 가진 부부의 경우에는 좀더 신중히 하여야 한다는 것을 의미한다. 또한 2007년과 2009년 개정된 민법과 가사소송법은 이혼한 부부의 일방이 자녀에게 지급하여야 할 양육비를 제대로 지급받을 수 있도록 몇 가지의 개선조치를 취하였다. 즉 부모가 협의상 이혼을 할 때에는 양육비용의 부담 등을 포함하는 사항을 협의하여야 하고, 이러한 협의를 확인하는 가정법원의 조서는 집행권원이 되어, 별도의 재판을 거치지 않아도 바로 강제집행을 할 수 있다(민법 제836조의2). 또 가정법원은 양육비채무자가 정당한 사유 없이 2회 이

써서 더 비난받아야 하는 배우자에게 혼인 해소의 비용을 전가시키는 것이며, 비난가능성(blameworthiness)이라고 하는 불명확한 기준을 가지고 불법행위에 해당하지 않는 행위에 책임을 돌림으로써 많은 문제가 생길 수 있다고 한다.

상 양육비를 지급하지 아니한 경우, 양육비채권자의 신청에 의하여 양육비채무자에 대하여 정기적 급여채무를 부담하는 소득세원천징수의무자에게 양육비채무자의 급여에서 정기적으로 양육비를 공제한 다음 양육비채권자에게 직접 지급하도록 명할 수 있고, 이 명령은 압류명령 및 전부명령을 동시에 명한 것과 같은 효력이 있다(가사소송법 제63조의2). 자녀들에 대한 부정적인 효과를 최소화하기 위한 또 다른 방법은 이혼 문제, 특히 이혼에 따르는 양육자 지정과 같은 문제에 관하여 자녀의 의사를 묻고, 그 의견을 재판에 반영하는 것이다.[107]

　　그러나 이러한 것만으로는 자녀의 피해를 방지하기에 충분하지 못하다. 기본적으로 부모가 이혼으로 인하여 자녀가 입게 될 부정적 외부효과를 내부화한다는 것은 일종의 이타주의의 발로라고 할 수 있다. 부모와 자녀 사이에는 이른바 혈족 선택(kin selection) 내지 혈연주의(nepotism)가 강력하게 작용한다. 혈족 선택이라는 개념은 혈족 관계에 있는 사람들의 이타주의적 행동을 설명하기 위한 것으로서 자신과 공통의 유전자를 가진 사람(혈족)에 대하여 도움을 주면 그 유전자가 후대에 전해질 확률이 높아지기 때문에 그처럼 도움을 주게 되는 이타적 성향이 진화하게 되었다고 설명한다.[108] 그러나 혈족 선택이 작용한다고 하여 부모가 항상 자녀에게 이익이 되도록 행동하는 것은 아니다. 이혼으로 말미암아 자녀가 피해를 입는 것은 말하자면 부모와 자녀 사이의 갈등(parent-offspring conflict)의 한 예이다. 이 경우에도 법이 개입할 수 있는 것은 제한된 범위에 한정될 수밖에 없고, 그 실효성도 크지 않다.[109] 가령 이혼한 부부 중 자녀를 양육하지 않고 있는 사람은 자녀의 양육비를 지급하여야 하는데, 현실적인 지급 비율은 상당히 낮다고 한다.[110]

V. 결　론

　　이 글에서는 혼인과 이혼의 법을 경제학적인 시각에서 분석하여 보고자 하였다. 그 주된 내용을 요약한다면 다음과 같다.

　　혼인은 계속적, 관계적 계약의 성격을 가지고 있어서, 당사자 사이의 복잡

---

107) 尹眞秀(2009), pp. 349 ff. 참조.
108) 尹眞秀(2007c), pp. 168 ff. 참조.
109) Brinig(2000b), pp. 258-259 참조.
110) 정현수(2005), p. 261; Weiss and Willis(1985), p. 269 등 참조.

한 인간관계를 다루고 있고, 혼인관계의 유지를 위하여는 부부 사이의 협력 내지 이타적 행동이 필수적이며, 혼인계약에서 나오는 의무는 구체적으로 사전에 특정하기 어렵다는 특질을 가지고 있다. 혼인의 이러한 특질 때문에 당사자들이 기회주의적으로 행동할 가능성이 많고, 이를 방지하는 것이 혼인법에서 중요한 과제이지만, 이에 법이 관여하는 데에는 한계가 있고, 법이 관여하더라도 동의규칙에 의하기보다는 보상규칙에 의할 수밖에 없는 경우가 많다. 이혼에 관하여는 현재의 추세는 유책주의에서 파탄주의로 넘어가고 있는데, 유책주의는 동의규칙에 바탕을 두고 있는 반면 파탄주의는 보상규칙에 근거한 것이라고 설명할 수 있다. 유책주의는 당사자들의 기회주의적인 행동을 방지하는 측면은 있지만, 그에 의하여 일단 파탄되었던 부부관계가 회복될 수는 없다는 문제점이 있다. 반면 파탄주의는 혼인의 구속력을 약화시킨다는 비판을 받기는 하지만, 그에 따른 경제적 보상을 잘 설계한다면 효율적인 제도가 될 수 있다. 그러나 경제적 보상을 잘 설계하는 것이 쉽지만은 않다.

이 문제에 관하여는 다른 분야에 비하여 법경제학적인 연구가 많이 축적되어 있지 않고, 국내에서의 연구는 거의 없다시피 하기 때문에 주로 미국에서의 논의를 소개하는 정도에 머무르고 말았다. 그렇지만 이 글이 법경제학적인 관점에서 볼 때 중요한 문제점이 무엇인가 하는 점은 어느 정도 밝혔다고 생각된다.

[참고문헌]
〈국내〉
법원행정처, 2011 사법연감, 2011, 서울: 법원행정처.
강신일, "결혼·이혼에 대한 법·경제 시각", 시장경제연구 Vol. 39 No. 1, 2010, pp. 37-68.
金璟東, 現代의 社會學, 新訂版, 1997, 서울: 博英社.
金大貞, 契約法(上), 2007, 서울: Fides.
金相瑢, "夫婦財産制 改正을 위한 하나의 代案", 法曹 2002. 11, pp. 131-172.
金水晶, "美國 婚姻法상의 Covenant Marriage", 서울大學校 大學院 석사학위논문, 2003.
김용원, "판례에 나타난 부부재산 분할제도의 운용실태 분석", 家族法研究 제23권 2호, 2009, pp. 127-156.
김정명, "아랍인의 혼례 풍습", 中東研究 제22권 2호, 2004, pp. 107-128.
김재완, "현대 계약법상 신의칙의 법규범성과 그 적용의 확장에 관한 고찰", 외법논집 제35권 2호, 2011, pp. 139-163.

김주수·김상용, 친족·상속법, 제10판, 2011, 서울: 法文社.

金曾漢·金學東, 債權各論, 제7판, 2006, 서울: 博英社.

金容漢, 親族相續法, 補正版, 2003, 서울: 博英社.

閔裕淑, "財産分割에 있어서 分割比率算定-比較法的 考察", 저스티스 제34권 2호, 2001, pp. 47-85(2001a).

閔裕淑, "財産分割 對象이 되는 財産의 確定에 관한 몇 가지 問題點 (1)", 法曹 50권 3호, 2001. 3, pp. 103-126(2001b).

閔裕淑, "財産分割 對象이 되는 財産의 確定에 관한 몇 가지 問題點 (2)", 法曹 50권 4호, 2001. 4, pp. 125-152(2001c).

裵寅九, "연금의 재산분할 대상성에 대한 검토", 사법논집 제50집, 2010, pp. 225-269.

신도철, "범죄와 형벌의 법경제학", 김일중·김두얼 편, 법경제학 이론과 응용, 2011, 서울: 해남, pp. 311-346.

申榮鎬, 로스쿨 가족법강의, 2010, 서울: 세창출판사.

안경희, "2007년 개정 독일부양법의 주요내용", 국민대학교 法學論叢 제20권 2호, 2008, pp. 120-165.

안태현, "결혼과 이혼의 경제학: 미국의 실증연구를 중심으로", 국제노동브리프 Vol. 6 No. 11, pp. 52-58.

오정진, "동성혼으로 말해 온 것과 말해야 할 것", 家族法研究 제23권 1호, 2009, pp. 187-212, pp. 207-209.

尹眞秀, "財産法과 비교한 家族法의 特性 — 家族法의 利他性과 合理性", 민사법학 특별호(제36호), 2007, pp. 579-612(2007a).

윤진수, "事實婚配偶者 一方이 사망한 경우의 財産問題: 解釋論 및 立法論", 저스티스 100호, 2007. 10, pp. 5-39(2007b).

윤진수, "진화심리학과 가족법", 서울대학교 기술과법 센터, 과학기술과 법, 2007, 서울: 博英社(2007c).

尹眞秀, "美國 家庭法院의 現況과 改善 論議", 家族法研究 제22권 3호, 2008, pp. 151-204.

尹眞秀, "兒童의 司法節次上 聽聞", 民法論攷 Ⅳ, 2009, 서울: 博英社, pp. 315-348(初出 2003).

尹眞秀, "법의 해석과 적용에서 경제적 효율의 고려는 가능한가?", 심일중·김두얼 편, 법경제학 이론과 응용, 2011, 서울: 해남, pp. 3-44.

李庚熙, 家族法, 全訂版, 2008, 서울: 法元社.

정현수, "離婚時 子女養育費 確保方案에 관한 研究", 家族法研究 제19권 1호, 2005, pp. 255-308.

차선자, "재산분할 대상으로서 연금에 관한 고찰", 2011. 10. 5. 한국가정법률상담소 세
      미나 발표 원고(미공간).
한복룡, "歐美離婚法 比較硏究", 충남대학교 法學硏究 Vol. 17 No. 1, 2006, pp. 77-101.
허일태, "간통죄의 위헌성", 저스티스 제104호, 2008. 6, pp. 118-135.

〈국외〉
內田 貴, "契約の再生, 1990, 東京: 弘文堂.

Abbott, Pamela, Wallace, Claire and Tyler, Melissa, An Introduction to Sociology,
      Feminist Perspective, Third Edition, London and New York: Routledge.

American Law Institute, Principles of the Law of Family Dissolution: Analysis and
      Recommendations, 2002, Philadelphia: American Law Institute.

Armour, John/Hansmann, Henry/Kraakman, Reinier, "Agency Problems and Legal Stra-
      tegies", in Reinier Kraakman et al., The Anatomy of Corporate Law, Second
      Edition, 2009, Oxford: Oxford University Press.

Becker, Gary S., A Treatise on the Family, enlarged edition, 1991, Cambridge: Harvard
      University Press.

Brinig, Margaret F., "Rings and Promises", Journal of Law, Economics, and Organization,
      Vol. 6 No. 1, 1990, pp. 203-215.

Brinig, Margaret F., "Contracting around No — Fault Divorce", in Buckley, F. H. ed., The
      Fall and Rise of Freedom of Contract, 1999, Durham and London: Duke
      University Press, pp. 275-279.

Brinig, Margaret F., From Contract to Covenant, Beyond the Law and Economics of the
      Family, 2000, Cambridge: Harvard University Press(2000a).

Brinig, Margaret F., "Parent and Child", in Bouckaert, Boudewijn and Gerrit De Geest
      (eds), Encyclopedia of Law and Economics, Vol. Ⅱ, 2000, Cheltenham: Edward
      Elgar, pp. 230-273(2000b).

Brinig, Margaret F. ed, Economics of Family Law, Vol. Ⅰ, Ⅱ, 2007, Cheltenham:
      Edward Elgar.

Brinig, Margaret F., Family, Law, and Community, 2010, Chicago and London, The
      University of Chicago Press.

Brinig, Margaret F. and Crafton, Steve M., "Marriage and Opportunism", The Journal of
      Legal Studies, Vol. 23, 1994, pp. 869-894.

Brinig, Margaret F. and Nock, Steven L., "Marry Me, Bill: Should Cohabitation Be the
      (Legal) Default Option?", Louisiana Law Review Vol. 64 No. 3, 2004, pp. 403-
      442.

Calabresi, Guido and Melamed, A. Douglas, "Property Rules, Liability Rules, and Inalienability: One View of Cathedral", Harvard Law Review Vol. 85, 1972, pp. 1089-1128.

Campbell, David ed., The Relational Theory of Contract: Selected Works of Ian MacNeil, 2001, London: Sweet and Maxwell.

Carbone, June, From Partners to Parents, 2000, New York: Columbia University.

Clark, Homer H. Jr., The Law of Domestic Relations In the United States, Second Ed., 1988, St. Paul, Minn.: West Group.

Cohen, Lloyd, "Marriage, Divorce, and Quasi Rents; Or, 'I Gave Him the Best Years of My Life'", Journal of Legal Studies, Vol. XVI, 1987, pp. 267-303.

Cohen, Lloyd R., "Marriage: the Long-term Contract", in Dnes, Anthony W. and Rowthorn, Robert ed., The Law and Economics of Marriage & Divorce, 2002, Cambridge: Cambridge University, pp. 10-34.

Cohen, Lloyd R. and Wright, Joshua D. (eds), Research Handbook on the Economics of Family Law, 2011, Cheltenham: Edward Elgar.

Dnes, Anthony W., "Marriage Contracts", in Bouckaert, Boudewijn and Gerrit De Geest (eds), Encyclopedia of Law and Economics, Vol. III, 2000, Cheltenham: Edward Elgar, pp. 864-886.

Dnes, Anthony W., "Marriage Contracts", in Gerrit De Geest (ed), Contract Law and Economics, 2011, Cheltenham: Edward Elgar, pp. 360-383.

Dnes, Anthony W., The Economics of Law, 2005, Mason, Ohio: Thompson South-Western

Dnes, Anthony W., "Partnering and incentive structures", in Cohen, Lloyd R. and Wright, Joshua D. (eds), Research Handbook on the Economics of Family Law, 2011, Cheltenham: Edward Elgar. pp. 122-131.

Dnes, Anthony W. and Rowthorn, Robert ed., The Law and Economics of Marriage & Divorce, 2002, Cambridge: Cambridge University.

Eisenberg, Melvin A., "Why there is No Law of Relational Contracts", Northwestern University Law Review, Vol. 94, No. 3, 2000, pp. 805-821.

Fineman, Martha Albertson, The Neutered Mother, the Sexual Family and Other Twentieth Century Tragedies, 1995, New York London: Routledge.

Friedberg, Leora, "Did Unilateral Divorce Raise Rates? Evidence from Panel Data", American Economic Review, Vol. 88 No. 3, 1998, pp. 608-627.

Giddens, Anthony, Duneier, Mitchell, Appelbaum, Richard P. and Carr, Deborah, Introduction to Sociology, Seventh Edition, 2009, New York and London: Norton and Company.

Glendon, Mary Ann, "The Transformation of Family Law", 1989, Chicago and London; Chicago University Press.

Goetz, Charles J. and Scott, Robert E., "Principles of Relational Contracts", Virginia Law Review, Vol. 67 No. 6, 1981, pp. 1089-1150.

Hillman, Robert A., The Richness of Contract Law, 1997, Dordrecht, The Netherlands: Kluwer Academic Publishers.

Hofer, Sibylle, "Privatautonomie als Prinzip für Vereinbarungen zwischen Ehegatten", in Hofer, Sibylle/Schwab, Dieter/Henrich, Dieter (Hrsg.), From Status to Contract? — Die Bedeutung des Vertrages im europäischen Familienrecht, 2005, Bielefeld: Verlag Ernst und Werner Gieseking, pp. 1-16.

Katz, Sanford N., Family Law in America, 2003, Oxford: Oxford University Press.

Mechoulan, Stephane, "Divorce Laws and the Structure of the Family", Journal of Legal Studies, Vol. 35, 2006, pp. 143-174.

MacNeil, Ian R., "The Many Futures of Contracts", Southern california law review Vol. 47, 1974, pp. 691-816.

Nock, Steven L., Sanchez, Laura Ann and Wright, James D., Covenant marriage: the movement to reclaim tradition in America, 2008, New Brunswick and London: Rutgers University Press.

Parkman, Allen M., "Mutual consent divorce", in Dnes, Anthony W. and Rowthorn, Robert ed., The Law and Economics of Marriage & Divorce, 2002, Cambridge: Cambridge University, pp. 57-69.

Polinsky, A. Mitchell and Shavell, Steven (eds.), Handbook of Law and Economics. Vol. I & II, 2007, Amsterdam et al.: North Holland.

Posner, Eric, "Family Law and Social Norms", in Buckley, F. H. ed., The Fall and Rise of Freedom of Contract, 1999, Durham and London: Duke University Press, pp. 256-274.

Posner, Richard A., Economic Analysis of Law, 6th ed., 2003, New York: Aspen Publishers.

Rowthorn, Robert, "Marriage as a signal", in Dnes, Anthony W. and Rowthorn, Robert (eds.), The Law and Economics of Marriage & Divorce, 2000, Cambridge: Cambridge University, pp. 132-156.

Scott, Elizabeth S. and Scott, Robert E., "Marriage as Relational Contract", Virginia Law Review, Vol. 84 No. 7, 1998, pp. 1225-1334.

Trebilcock, Michael J., "Marriage as s Signal", in Buckley, F. H. ed., The Fall and Rise of Freedom of Contract, 1999, Durham and London: Duke University Press, pp.

245-255.

Weiss, Yoram and Willis, Robert J., "Children as Collective Goods and Divorce Settlements", Journal of Labor Economics, Vol. 3 No. 3, 1985, pp. 629-679.

Weitzman, The Divorce Revolution, 1985, New York: Free press.

Wittman, Donald, Economic Foundations of Law and Organization, 2006, New York: Cambridge University Press.

〈법경제학연구 제9권 1호, 2012 =
김일중·김두얼 편, 법경제학 이론과 응용[Ⅱ], 2013〉

〈追記〉

1. 이 글의 문헌 인용방법 등은 이 글이 실린 책의 편집 방침에 따랐기 때문에, 저자의 다른 논문들과는 차이가 있다.

2. 연금 등의 분할{Ⅳ. 2. 다. (1)}에 대하여: 대법원 2014. 7. 16. 선고 2013 므2250 전원합의체 판결은 판례를 변경하여, 이혼 당시 부부 일방이 아직 재직 중이어서 실제 퇴직급여를 수령하지 않았더라도 이혼소송의 사실심 변론종결 시에 경제적 가치의 현실적 평가가 가능한 재산인 퇴직급여채권 중 이혼소송의 사실심 변론종결시를 기준으로 그 시점에서 퇴직할 경우 수령할 수 있을 것으로 예상되는 퇴직급여 상당액의 채권은 재산분할의 대상에 포함시킬 수 있다고 하였다. 그리고 대법원 2014. 7. 16. 선고 2012므2888 전원합의체 판결은 연금수급권자인 배우자가 매월 수령할 퇴직연금액 중 일정 비율에 해당하는 금액을 상대방 배우자에게 정기적으로 지급하는 방식의 재산분할도 가능하고, 공무원 퇴직연금수급권과 다른 일반재산을 구분하여 개별적으로 분할비율을 정할 수도 있다고 하였다.

3. 헌법재판소 2015. 2. 26. 선고 2009헌바17 결정은 간통죄를 처벌하는 형법 제241조가 위헌이라고 선고하였다.

事實婚配偶者 一方이
사망한 경우의 財産問題

― 解釋論 및 立法論 ―

I. 서   론

    작년에 선고된 대법원 2006. 3. 24. 선고 2005두15595 판결[1]은, 사실혼관계
가 일방 당사자의 사망으로 인하여 종료된 경우, 그 상대방에게 재산분할청구권
을 인정할 수 있는지에 관하여 판단하였는데, 결론적으로 이를 부정하였다. 그
근거로서는 법률상 혼인관계가 일방 당사자의 사망으로 인하여 종료된 경우에
도 생존 배우자에게 재산분할청구권이 인정되지 아니하고 단지 상속에 관한 법
률 규정에 따라서 망인의 재산에 대한 상속권만이 인정된다는 점을 들고 있다.
다만 이 판결은 사실혼관계가 일방 당사자의 사망으로 인하여 종료된 경우에
생존한 상대방에게 상속권도 인정되지 아니하고 재산분할청구권도 인정되지 아
니하는 것은 사실혼 보호라는 관점에서 문제가 있다고 볼 수 있으나, 이는 사실
혼 배우자를 상속인에 포함시키지 않는 우리의 법제에 기인한 것으로서 입법론
은 별론으로 하고 해석론으로서는 어쩔 수 없다고 하는 판시를 덧붙였다.
    이 판결에 접하면 여러 가지의 생각을 하게 된다. 우선 이 판결에 따른다
면 사실혼관계가 당사자 일방의 사망이 아닌 사유로 인하여 해소된 경우에는

---

1) 공 2006상, 745.

재산분할청구권이 인정되는데, 사실혼관계가 사망으로 인하여 해소된 경우에는 재산분할청구권이 인정되지 않게 되어 형평에 어긋나는 것이 아닌가 하는 점이다. 그러나 이에 대하여는 반대로 법률상 혼인관계가 일방 당사자의 사망으로 인하여 종료된 경우에도 생존 배우자에게 재산분할청구권이 인정되지 아니한다는 점에서, 사실혼에 있어서 일방 당사자가 사망한 경우에 재산분할청구권을 인정한다는 것은 체계에 어긋난다는 반론이 바로 제기될 수 있다. 위 판결도 바로 이러한 점을 근거로 하고 있다.

　　그러나 이러한 반론에 대하여는 다시 법률혼의 경우에는 당사자 일방이 사망하면 상대방 배우자가 상속권을 가지지만, 사실혼의 경우에는 사실혼 배우자에게 상속권이 인정되지 않으므로 법률혼과 사실혼을 단순하게 비교할 수 없다는 재반론이 가능할 것이다. 나아가 좀더 근본적으로는 사망 이외의 사유로 사실혼이 해소된 경우에 재산분할청구를 인정하는 것은 과연 어떤 근거에 의한 것인가 하는 점도 따져 볼 필요가 있다.

　　그리고 이처럼 현행법 해석상 사실혼이 사망에 의하여 해소된 경우 생존 배우자에게 상속권도 인정되지 않고 재산분할청구권도 인정되지 않는다면, 입법론적으로는 이러한 사람을 어떤 방법에 의하여 보호할 것인가 하는 점도 생각해 볼 필요가 있다.

　　이 글에서는 이러한 여러 가지 점을 아울러 따져 보고자 한다. 다시 말하여 사실혼이 사망에 의하여 해소된 경우에 해석론상 또는 입법론상 생존 배우자에게 어떠한 재산상의 권리를 인정하여야 할 것인가 하는 점이다. 다만 논의의 필요상 사실혼이 사망에 의하지 않고 해소된 경우에도 일방이 상대방의 재산에 대하여 어떠한 권리를 가지는가 하는 점도 아울러 살펴본다.

　　반면 이러한 재산상의 권리 외의 문제는 원칙적으로 다루지 않는다. 예컨대 산업재해보상보험법 등 각종 사회보장에 관한 법률이나 주택임대차보호법 등과 같이 성문법에 의하여 사실혼 배우자가 보호되는 경우는 위와 같은 성문법의 해석 문제이므로 이 글에서 다룰 필요가 없다. 또 외국에서는 사실혼 배우자가 다른 사람의 불법행위로 인하여 사망한 경우에 생존 사실혼 배우자에게 손해배상청구권을 인정할 수 있는가 하는 점도 논의되고 있으나, 이 문제는 여기서 다루고자 하는 문제와는 다소 성질이 다를 뿐만 아니라, 이를 손해배상청구권의 상속 문제로 다루고 있는 우리나라의 현재의 판례나 통설을 전제로 한다면 별다른 논의의 실익이 없다. 이외에 사실혼을 세법상 어떻게 취급할 것

인가 하는 문제도 중요하기는 하나,2) 이 점도 논외로 한다.3)

　　이 글의 순서는 다음과 같다. Ⅱ.에서는 사실혼의 개념에 대하여 살펴보고, Ⅲ.에서는 이 문제에 대한 우리나라에서의 종래의 논의를 개관하여 본다. Ⅳ.에서는 이 문제를 다른 나라들은 어떻게 다루고 있는가 하는 점을 살펴본다. Ⅴ. 에서는 기본적으로 법률혼과 사실혼을 달리 취급하여야 할 이유가 있는가 하는 점에 대하여 생각해 본다. 그리고 Ⅵ.에서는 해석론상 이 문제를 해결할 가능성이 있는가 하는 점을 따져 본다. 이어서 Ⅶ.에서는 입법론적인 구제방법을 모색한다.

Ⅱ. 사실혼의 개념

　　일반적으로 우리나라의 학설은 사실혼을 사실상 부부로서 혼인생활을 하고 있지만 혼인신고를 하지 않았기 때문에 법률혼으로 인정되지 않는 관계를 말한다고 정의한다.4) 다시 말하여 사실혼으로 인정되기 위하여는 당사자 사이에 혼인의사의 합치가 있어야 하고, 부부공동생활의 실체가 존재해야 한다는 것이다.5) 판례도 "사실혼이란 당사자 사이에 혼인의 의사가 있고, 객관적으로 사회관념상으로 가족질서적인 면에서 부부공동생활을 인정할 만한 혼인생활의 실체가 있는 경우"라고 정의하고 있다.6)

---

2) 위 대법원 2006. 3. 24. 판결에서도 실제로 문제된 것은 사망한 사람의 상속인이 법원의 조정에 따라 사망한 사람과 사실혼 관계에 있었다고 주장하는 사람에게 재산을 양도한 것이 재산분할에 해당하여 증여세 부과 대상이 아닌가 하는 점이 문제되었고, 위 판결은 증여세 부과가 타당하다고 하였다.

3) 이 문제에 대하여는 李相信・朴薫, "사실혼 배우자에 대한 일관된 과세방식 도입방안", 租稅法研究 2, 2006, 216면 이하 참조.

4) 金疇洙・金相瑢, 親族・相續法, 제8판, 2006, 242면. 같은 취지, 金容漢, 新親族相續法論, 新版, 2002, 158면; 李庚熙, 家族法, 五訂版, 2006, 138-139면; 裵慶淑・崔錦淑, 親族相續法講義, 改訂增補版, 2004, 214면; 朴東涉, 親族相續法, 2002, 183면.

5) 金疇洙・金相瑢(주 4), 242면.

6) 대법원 1995. 3. 10. 선고 94므1379, 1386 판결(공 1995상, 1752); 1995. 3. 10. 선고 94므 1379, 1386 판결(집 43권 1집 민116면) 등. 다만 근래의 학설 가운데에는 대법원 1995. 9. 26. 선고 94므1638 판결(공 1995하, 3531)이 법률상의 혼인을 한 부부의 어느 한쪽이 집을 나가 장기간 돌아오지 아니하고 있는 상태에서, 부부의 다른 한쪽이 제3자와 혼인의 의사로 실질적인 혼인생활을 하고 있다고 하더라도, 특별한 사정이 없는 한, 이를 사실혼으로 인정하여 법률혼에 준하는 보호를 허여할 수는 없다고 한 점을 들어 판례는 사실혼이 성립하기 위해서는 혼인의사라는 주관적 요건, 혼인생활의 실체라는 객관적 요건 외에 선량한 풍속 기타 사회질서에 반하지 않을 사회적 정당성의 요건을 갖추어야 한다고 보는 것으로 이해하는

　　이러한 종래의 정의는 사실혼의 성립요건으로서 당사자 사이에 혼인의 의
사가 있을 것을 요구하고 있다. 그리하여 혼인의 의사가 없는 경우는 사통관계
내지 비혼인동거로서 사실혼의 보호범위에서 제외된다고 한다.[7] 그러나 과연
사실혼의 성립요건으로서 부부공동생활의 실체가 존재할 것 외에 별도로 혼인
의 의사를 요구할 필요가 있는지는 의문이다.

　　주지하는 바와 같이 혼인의 요건으로서의 혼인의 의사에 관하여는 형식적
의사설, 실질적 의사설, 법적 의사설 등 여러 가지의 학설 대립이 있는데, 종래
에는 실질적 의사설이 통설이었다.[8] 사실혼의 요건으로서 혼인의 의사를 요구하
는 학자들도 대체로 실질적 의사설을 지지하고 있다. 그런데 여기서 말하는 실
질적 의사란 알반적으로 부부로서 정신적·육체적으로 결합하여 생활공동체를
형성할 의사 내지 사회통념에 따라 사회습속상의 부부관계를 형성하려는 의사를
의미한다고 한다.[9] 그런데 부부공동생활의 실체가 존재하기는 하지만 이러한 의
미에서의 실질적 의사는 없는 경우가 있을 것인가? 부부공동생활의 실체가 존재
한다면 이는 당사자의 의사에 기한 것일 것이고, 그렇다면 사회통념에 따라 사
회습속상의 부부관계를 형성하려는 의사는 존재한다고 보아야 할 것이다.

　　그런데 종래의 실질적 의사설은 대체로 당사자 사이에 부부관계로서 인정
되는 정신적·육체적 결합이 생기게 할 의사가 있으면, 당사자 사이에 혼인신
고를 하지 않기로 약정하였거나 혼인의사를 철회하지 않는 이상은 당연히 법
률상 유효한 혼인을 성립시킬 의사, 즉 혼인신고의사가 있다고 설명한다.[10] 이
러한 설명에 따른다면 정신적·육체적 결합이 생기게 할 의사는 있지만 당사
자 사이에 혼인신고를 하지 않기로 약정하였다면 사실혼으로서 인정받지 못하
게 될 것이다.[11]

　　견해도 있다. 朴 徹, "事實婚의 成立要件", 民事判例研究 XIX, 1997, 326면 참조.

　7) 李庚熙(주 4), 140면. 일본의 학자 가운데에도 혼인의사가 있는 경우를 내연 커플, 혼인의
　　사가 없는 경우를 자유결합 커플로 나누어 설명하는 경우도 있다. 大村敦志, 家族法, 第2版補
　　訂版, 2004, 224면 이하 참조.

　8) 이에 관한 최근의 문헌으로서 이화숙, "家族法上 法律行爲에 있어 意思와 申告", 민사법학
　　특별호(제36호), 2007, 613면 이하, 특히 620면 이하가 있다.

　9) 金疇洙·金相瑢(주 4), 94면; 이화숙(주 8), 620면 등.

　10) 金疇洙·金相瑢(주 4), 97면 주 34).

　11) 필자는 개인적으로는 혼인의 의사는 실질적 의사 외에 혼인신고를 하겠다는 형식적 의사
　　가 별도로 요구되며, 외형적으로 부부처럼 보이는 공동생활이 존재하면 혼인신고를 하겠다는
　　형식적 의사의 존재는 추정될 수 있지만, 그렇다고 하여 정신적·육체적 결합이 생기게 할
　　의사 속에 당연히 혼인신고의사가 포함되어 있는 것으로 볼 것은 아니라고 생각한다. 대법원
　　2000. 4. 11. 선고 99므1329 판결(공 2000상, 1190)은 혼인의 합의란 법률혼주의를 채택하고

　　그러나 사실혼으로서 보호할 필요가 있는가 하는 점은 객관적으로 부부와 같은 공동생활을 하고 있는가, 상호간에 얼마나 기여를 하는가 하는 점이 기준이 되어야 하지, 단순히 혼인신고를 하겠다는 의사가 있었는가의 유무에 따라 당사자들의 보호가 달라진다는 것은 합리적이라고 할 수 없다.12) 현실적으로는 남녀가 혼인하지 않고 동거하는 데에는 여러 가지의 형태가 있을 수 있고, 이러한 다양한 형태를 모두 포괄하여 법률적으로 일률적으로 다루는 것이 적절한지는 생각해 볼 필요가 있다.13) 그러나 그렇다고 하여 단순히 혼인의 의사 유무만을 기준으로 하여 이러한 혼인 외의 동거를 사실혼과 그렇지 않은 것으로 나누는 것이 반드시 적절한지는 의문이다.

　　종래 사실혼의 개념을 정의함에 있어서 혼인의 의사 유무를 기준으로 삼았던 것은, 과거에는 실질적 혼인의 의사뿐만 아니라 혼인신고를 하려는 의사도 있지만 현실적으로 여러 가지의 장애 때문에 혼인하지 못했던 사람이 대부분이었다고 보아 이러한 경우를 혼인에 준하는 이른바 準婚으로서 보호하려는 의도가 있었다고 보인다. 그러나 근래에 이르러서는 이러한 의미의 혼인 의사를 가졌음에도 불구하고 혼인신고를 하지 못하는 경우가 얼마나 있는지, 있다 하여도 그 비율이 높은지 하는 점에 의문이 있다. 오히려 현재에는 당사자 사이에 부부와 같이 동거하려는 의사는 있지만 혼인신고는 기피하는 사람들이 혼인 외의 동거관계에서 대다수가 아닌가 추측된다. 물론 이 점에 관하여는 좀 더 실증적으로 조사할 필요가 있지만, 법률상 혼인을 성립시키려는 의사가 있을 것을 사실혼의 요건으로서 요구한다면, 실제로 혼인 외의 동거관계를 이루고 살고 있는 사람들 대다수를 사실혼의 범주에서 배제하는 것이 될 것이다.

　　그러므로 사실혼을 반드시 혼인에 준하는 이른바 準婚關係로 파악함으로써 혼인과 마찬가지로 혼인의 의사를 요구할 필요는 없고, 이를 혼인과는 다른

　　있는 우리나라 법제하에서는 법률상 유효한 혼인을 성립하게 하는 합의를 말하는 것이므로 비록 사실혼관계에 있는 당사자 일방이 혼인신고를 한 경우에도 상대방에게 혼인의사가 결여되었다고 인정되는 한 그 혼인은 무효이지만, 상대방의 혼인의사가 불분명한 경우에는 혼인의 관행과 신의성실의 원칙에 따라 사실혼관계를 형성시킨 상대방의 행위에 기초하여 그 혼인의사의 존재를 추정할 수 있다고 보고 있다.

12) 朴 徹(주 6), 337면은 남녀가 성적으로 결합된 공동체를 형성하여 생활하면서도 혼인의 의사가 없거나 사회적 정당성의 요건을 갖추지 못하여 사실혼으로서 보호받지 못하는 남녀의 결합관계를 혼외동거관계라고 정의하면서, 혼외동거관계에 대하여도 혼인에 준하는 보호를 할 필요가 있다고 주장한다. 같은 취지, 장창민, "事實婚과 婚外同居에 關한 一考", 家族法硏究 17권 2호, 2003, 67면 이하.

13) Muscheler, Familienrecht, 2006, Rdnr. 491 f.; Herring, Family Law, 3rd ed., 2007, p. 71 등 참조.

독자적인 생활형태로 이해하여 그 동거관계의 실태를 중요시할 필요가 있다.[14) 다른 말로 표현한다면 사실혼에서 문제되는 것은 경제적으로나 사회적으로 약자의 지위에 있는 일방 당사자를 어떻게 보호할 것인가 하는 점인데, 이 점은 반드시 혼인의 의사 유무에 따라 달라지는 것은 아니므로, 사실혼의 개념은 객관적, 외형적으로 보아 법률혼과 마찬가지의 공동생활을 영위하는 것으로 이해하면 충분하다고 보인다. 예컨대 중년에 상처한 남자가 다른 여자를 만나서 재혼하려고 하였으나, 전 부인과의 사이에서 낳은 자녀들이 재혼을 반대하여 새로 만난 여자와 혼인신고를 하지 않기로 합의하고 10년 이상 동거를 하였다고 할 때, 이러한 관계는 사실혼이 아니라고 하여 보호받을 필요가 없다고 단정할 수 있을까? 다만 처음부터 단기간의 공동생활만을 의도하는 경우는 사실혼에서 배제되어야 한다.[15)

외국에서도 혼인 외의 동거관계를 다룸에 있어서 반드시 혼인의 의사 유무에 따라 차이를 두고 있지는 않다. 독일의 경우에는 독일 연방헌법재판소의 판례[16)가 혼인외의 생활공동체(nichteheliche Lebensgemeinschaft)를 다음과 같이 정의하고 있다. 즉 혼인외의 생활공동체란 지속적인 관계를 지향하는 남자와 여자의 생활공동체로서, 동일한 종류의 다른 생활공동체를 허용하지 않으며 내적인 결속에 의하여 특징지어지고, 상호간에 파트너를 위한 책임을 발생시키는 것으로서, 단순한 가계공동체와 경제공동체를 넘어서는 것이라고 한다. 독일의 학설도 대체로 이러한 판례의 정의를 받아들이고 있다.[17)

또 1999. 11. 15. 신설된 프랑스 민법 제515조의 8은 "혼외동거(concubinage)란 이성 또는 동성의 2인 사이에 짝을 이루어 생활하는 안정적이며 지속적인 공

---

14) 종래의 準婚理論에 대하여도 그 발상지인 일본에서는 근래 비판이 제기되고 있다. 예컨대 二宮周平, 事實婚の現代的課題, 1990, 31면 이하는 종래의 準婚理論이 현재의 내연의 실태와도 맞지 않고, 획일적이라고 비판하고, 水野紀子, "事實婚の法的保護", 石川稔, 中川淳, 米倉明 編, 家族法改正への課題, 1993, 73면은 일본의 판례 학설이 구축한 準婚理論이라고 하는 내연보호의 법리는 다른 외국에서는 볼 수 없는 특징적인 법리라고 한다.

15) 그러나 당사자가 장기간의 공동생활을 의도한 것만으로 충분하고, 실제로 공동생활이 얼마나 지속되었는가 하는 것은 중요하지 않다. Grziwotz, Nichteheliche Lebensgemeinschaft, 4. Aufl., 2006, S. 14 참조.

16) BVerfGE 87, 234, 264.

17) Hausmann, "Einführung" in: Hohloch/Hausmann(Hrsg.), Das Recht der nichtehelichen Lebensgemeinschaft, 2. Aufl., 2004, S. 48 f. Grziwotz(주 15), S. 14 f.는 혼인 외의 생활공동체를 ① 공동생활의 어느 정도의 지속, ② 주거공동체, 경제공동체 및 性的 공동체(Geschlechtsgemeinschaft)로 구성된 포괄적인 생활공동체 ③ 혼인이라는 법률형식의 결여라는 세 가지 기준에 의하여 정의하고 있다. 좀더 상세한 것은 Burger, in: Familienvermögensrecht, 2003, Rdnr. 7. 2 ff. 참조.

동생활에 의하여 특징지어지는 사실상의 결합"이라고 정의하고 있고, 영국의 Family Law Act 1996 s 62(1)은 婚外同居(cohabitation)를 "서로 혼인하고 있지는 않으나 남편과 아내로서 또는 (동성인 경우에는) 그에 상당한 관계로 함께 살고 있는 두 사람"이라고 정의하고 있다. 이처럼 다른 나라에서는 사실혼 내지 혼외 동거의 정의에서 혼인의 의사를 따로 요구하고 있지 않다.

물론 뒤에서 보는 것처럼 혼인의 의사 없는 동거관계는 법률혼과 마찬가지로 보호할 필요가 없다는 주장이 없는 것은 아니다. 혼인 의사 유무는 구체적으로 사실혼을 어떻게 보호할 것인가 하는 점에서는 고려 요소의 하나로 작용할 수 있을 것이다. 그러나 그렇다고 하여 혼인의 의사가 없는 경우에는 처음부터 사실혼이 아니므로 보호받을 필요가 없다고 일률적으로 말할 수는 없는 것이다.

그러므로 이 글에서는 사실혼을 법률적으로 혼인하고 있지는 않으나 객관적으로 보아 혼인과 같은 공동생활을 상당 기간 유지하고 있는 상태로 정의하고, 혼인의 의사 유무는 원칙적으로 고려하지 않는다.[18] 이하에서 외국에서 사용되고 있는 혼인 외의 생활공동체(nichtehelicher Lebensgemeinschaft) 내지 혼외동거(cohabitation, concubinage) 등의 용어도 단순히 사실혼이라고만 표현한다.

Ⅲ. 우리나라에서의 종래의 논의

우리나라에서의 종래의 논의는 사실혼 당사자 雙方의 생존 중에 사실혼이 해소된 경우와 당사자 일방의 사망으로 사실혼이 해소된 경우로 나누어 살펴볼 필요가 있다.

1. 사실혼 당사자 雙方의 생존 중에 사실혼이 해소된 경우

이때에는 사실혼 당사자 일방이 상대방을 상대로 하여 법률혼이 해소된 경우와 마찬가지로 재산분할을 청구할 수 있는가 하는 점이 주로 문제된다.[19]

---

18) 그러나 權純漢, "相續法의 未來의 課題", 家族法硏究 14호, 2000, 376-377면은 사실혼은 혼인의 의사라는 규범적 요건을 갖출 것이 요구되므로 혼인법의 구속을 피하기 위해 혼인신고 없이 공동생활을 하는 것에 대해서는 사실혼으로 보호하는 것이 쉽지 않다고 한다.

19) 이 글에서는 위자료 청구 등의 문제는 논외로 한다.

학설상은 이를 긍정하는 것이 거의 대부분이다.[20] 그 논거로서는 법률혼에 대한 민법의 규정 중 혼인신고를 전제로 하는 규정은 사실혼에 유추적용될 수 없지만, 부부재산의 청산의 의미를 갖는 재산분할에 관한 규정은 부부의 생활공동체라는 실질에 비추어 인정되는 것이므로 사실혼관계에도 준용 또는 유추적용하는 것이 타당하다는 점을 든다.[21]

반면 반대설은 "자에 대한 양육자지정청구는 법조문의 명문상 이혼이나 혼인의 무효 또는 취소의 판결을 하는 경우에 한하여 신청할 수 있으며, 사실혼관계나 일시적인 정교관계로 인하여 출생한데 대하여 위 규정을 확대해석할 수는 없다"고 하는 대법원판례[22]의 태도로 미루어, 가사소송법상 사실혼해소의 경우에 재산분할청구를 할 수 있다는 명문의 규정이 없는데도 이를 인정하는 것이 받아들여질지는 의문이라고 한다.

판례는 "사실혼이라 함은 당사자 사이에 혼인의 의사가 있고, 객관적으로 사회관념상으로 가족 질서적인 면에서 부부공동생활을 인정할 만한 혼인생활의 실체가 있는 경우이므로 법률혼에 대한 민법의 규정 중 혼인신고를 전제로 하는 규정은 유추적용할 수 없다고 할 것이나 부부재산의 청산의 의미를 갖는 재산분할에 관한 규정은 부부의 생활공동체라는 실질에 비추어 인정되는 것이므로 사실혼관계에도 준용 또는 유추적용할 수 있다"고 하여,[23] 긍정설을 따르고 있다.

2. 사실혼 당사자 일방의 사망으로 사실혼이 해소된 경우

사실혼 당사자 일방의 사망으로 사실혼이 해소된 경우에 그 사망자의 재산에 관하여 생존 당사자가 어떠한 권리를 가지는가는 상속과 재산분할의 두 가지 면에서 살펴볼 필요가 있다.

먼저 이러한 경우 생존한 사실혼 배우자가 상속권을 가지는가에 관하여는 이를 부정하는 것이 통설이다.[24] 그 근거는 사실혼은 이를 확정하기 어렵고,

---

20) 金容漢(주 4), 161면; 金疇洙·金相瑢(주 4), 254면; 朴東涉(주 4), 183면; 裵慶淑·崔錦淑(주 4), 214면; 李庚熙(주 4), 145-146면 등. 반대설로는 李尙勳, "離婚에 따른 財産分割請求事件의 裁判實務上 問題點에 대한 考察", 法曹 1993. 6, 91면이 있다.
21) 李庚熙(주 4), 146면; 閔裕淑, "財産分割의 具體的 認定範圍", 裁判資料 62집, 1993, 449면; 李羲榮, "事實婚關係解消의 경우와 財産分割", 대법원판례해설 23號(95년 상반기), 109면 등.
22) 대법원 1979. 5. 8. 선고 79므3 판결(공 1979, 11993).
23) 대법원 1995. 3. 10. 선고 94므1379, 1386 판결(공 1995상, 1612); 1995. 3. 28. 선고 94므1584 판결(공 1995상, 1752) 등.
24) 金容漢(주 4), 161면; 金疇洙·金相瑢(주 4), 252면; 朴東涉(주 4), 190면; 郭潤直, 相續法,

상속에 의한 재산의 귀속은 거래질서와 관련되며, 배우자상속인인지의 여부는 호적상 명확한 기준에 의하여 구별될 필요가 있기 때문이라고 한다.[25] 반면 긍정설은 이혼시의 재산분할이나 배우자상속권은 모두 부부재산의 청산이나 배우자의 생활보장이라는 공통의 근거를 가지고 있는데, 사실혼관계가 해소되는 경우에 재산분할청구권의 규정을 유추적용하면서 상속만을 배제하는 것은 균형을 잃은 해석이라고 하여 사실혼 배우자 사이에도 상속을 인정하여야 한다는 견해도 있다.[26]

다만 사실혼 배우자라도 상속인이 없는 경우에는 特別緣故者에 대한 分與 (민법 제1057조의 2)의 규정에 의하여 분여를 받을 수 있음은 일반적으로 인정되고 있다.

다른 한편 이처럼 사실혼 배우자에게 상속권이 인정되지 않는 경우에 재산분할청구권이 인정될 수 있는가 하는 점은 이제까지는 그다지 활발하게 논의되지 않았다. 다만 아래에서 보는 바와 같은 일본에서의 논의를 소개하면서 결론적으로 이를 부정하는 견해가 있는 반면,[27] 생전의 사실혼 해소에 대해 재산분할청구권을 유추적용할 수 있다면 사망에 의한 사실혼 해소의 경우에도 이를 인정할 수 있다는 견해도 있다.[28] 그러나 서론에서 언급한 대법원 2006. 3. 24. 판결(주 1)은 이를 부정하였고, 이를 지지하는 대법원 재판연구관의 판례해설이 있다.[29]

그런데 이와 달리 사실혼 배우자에 대하여 상속권을 인정하지 않더라도 잔존 사실혼 배우자에 대한 어떤 부양적 요소의 고려는 분명히 필요한 것이므로, 부부재산의 형성과정에서 잔존배우자의 기여 정도나 가사노동의 본질에 대한 정확한 평가, 부양적 요소를 고려한 잠재적 지분의 축적을 인정하고, 그 사실혼관계의 사별해소에 의하여 그 잠재적 지분이 현재화되어 상속인들과 일종의 공동소유관계에 놓이게 된다는 해석 방법을 취할 경우, 그러한 공유지분권

改訂版, 2004, 55면; 孫丞珌, "사실혼관계 해소와 관련한 문제점", 裁判資料 제101집, 2003, 339- 341면 등. 金容漢 교수는 이전에는 사실혼 배우자의 상속권을 인정하였으나(親族相續法論, 全訂重版, 1988, 203면) 나중에 부정하는 것으로 견해를 바꾸었다.

25) 郭潤直(주 24), 55면.
26) 李庚熙(주 4), 142-143면.
27) 정 원, "재산분할과 관련한 몇가지 실무상 문제점", 實務研究 [Ⅷ], 2002, 104면 이하; 金俊模, "재산분할제도의 성격", 裁判資料 제101집, 2003, 248면; 孫丞珌(주 24), 341면 이하.
28) 權純漢(주 18), 378면.
29) 金時徹, "일방 당사자의 사망으로 인하여 사실혼관계가 종료된 경우 그 상대방에게 재산분할청구권을 인정할 수 있는지", 대법원판례해설 2006년 상반기(통권 제61호), 481면 이하.

확인 또는 공유물분할청구의 방식에 의하여 잔존 사실혼 배우자의 권리를 인
정해 줄 수 있는 길도 있다고 하는 견해도 주장된 바 있다.[30] 현행민법상의 해
석론으로서 이 문제를 어떻게 보아야 할 것인가는 아래에서 좀더 자세하게 살
펴보기로 한다.

그리고 입법론으로서 이러한 사실혼 배우자를 어떻게 보호하여야 하는가
에 대하여도 논의가 있다. 이 점에 관하여는 입법론적으로 사실혼배우자에게
상속권을 인정할 필요가 있다는 견해가 있다.[31] 그러나 이에 대하여는 이는 현
행법이 취하는 법률혼주의를 그대로 지켜야 한다는 견지에서는 도저히 받아들
일 수 없고, 다만 사실혼의 부부에게도 상속의 법리 이외의 방법으로 어떤 보
호가 필요하므로, 특별연고자에 대한 재산분여나 기여분 제도를 수정하거나 이
들 제도와 비슷하면서 보호되어야 한다고 생각되는 사실혼의 부부에게 실질적
으로 상속재산의 일부를 귀속시킬 수 있는 제도 또는 적어도 상속재산으로부
터 부양을 받을 수 있도록 하는 제도를 두는 것은 필요하고, 앞으로 연구되어
야 할 과제라고 하는 견해도 있다.[32]

Ⅳ. 다른 나라에서의 논의

1. 개　　　관[33]

다른 나라들에서 사실혼이 어떻게 보호되는가는 매우 다양하다. 크게 보아

---

30) 金尙遠, "婚外家族의 法律問題", 民事判例研究 ⅩⅧ, 1996, 536-537면.
31) 金疇洙·金相瑢(주 4), 249면; 金俊模(주 24), 248면; 權純漢(주 18), 379면 이하 등. 裵慶
淑·崔錦淑(주 4), 228면은 사실혼 배우자는 법률상 배우자와 마찬가지로 상속권이 있다고
해야 한다고 서술하고 있으나, 다른 한편 민법개정시 상속순위에서 사실혼의 배우자를 포함
하도록 하여야 한다고 하고 있어(229면), 해석론 아닌 입법론으로 상속권을 인정하여야 한다
는 취지로 이해된다.
32) 郭潤直(주 24), 55-56면. 孫丞瑢(주 24), 340-341면은 생존 사실혼 배우자에 대한 어떤 부양
적 요소의 고려는 분명히 필요한 것이고, 따라서 사실혼 배우자의 경우에는 상속법리 이외의
법리에 의하여 피상속인의 유산 중 존재하는 잠재적 지분의 현실화를 시도해야 할 필요성이
여전히 남아 있는 것이라고 하여 비슷한 취지로 보이나, 해석론을 주장하는 것인지 입법론인
지가 분명하지 않다.
33) 이들을 개관하고 있는 것으로는 Jens M. Scherpe, "Rechtsvergleichende Gesamtwürdigung und
Empfehlungen zur Rechtsstellung nichtehelicher Lebensgemeinschaften", in: Sherpe/Yassari(Hrsg.),
Die Rechtsstellung nichtehelicher Lebensgemeinschaften, 2005, S. 571 ff. 참조.

이에 관하여 법률 규정을 두는 나라들도 있고, 특별한 법규정 없이 판례가 기존의 다른 재산법적 법리를 사실혼의 경우에 적용하는 나라들도 있다. 이하에서는 성문법에 의한 사실혼의 보호와, 판례에 의한 사실혼의 보호로 나누어 살펴본다. 어떤 나라의 경우에는 일부에 관하여는 성문법이 있지만, 다른 분야에 관하여는 성문법이 없어 판례에 의하여 보호가 이루어지는 경우도 있다. 그리고 독일과 영국에 관하여는 별도로 살펴본다. 이 나라들의 경우에는 비교적 쉽게 접할 수 있는 자료가 많을 뿐만 아니라, 근래 입법론적인 논의가 활발하게 이루어지고 있어서 우리에게 참고가 되기 때문이다.34)35)

다른 한편 이들 나라에서는 사실혼 당사자 사이에 계약이나 유언 등의 방식에 의하여 자신들의 재산문제나 상속문제를 정할 수 있는 가능성이 있으나, 이들에 대하여는 따로 살펴보지 않는다.

2. 성문법에 의한 사실혼의 보호

일부의 국가들은 법률혼과 사실혼을 거의 똑같이 다루고 있다. 예컨대 오스트레일리아의 각 주는 다소 차이가 있기는 하지만, 사실혼(de facto relationship)이 해소된 경우에 법원이 법률혼과 비슷하게 당사자의 재산을 분할할 수 있고, 또 사실혼 당사자 일방이 사망하면 생존 당사자는 법률혼의 경우와 마찬가지로 상속권을 가진다.36) 이는 뉴질랜드의 경우에도 거의 비슷하다.37) 또 크로아티아와 슬로베니아도 마찬가지이다.38) 이 두 나라의 경우에는 헌법에 법률혼과 사실혼

---

34) 일본의 경우에는 기본적인 법 상황이 우리나라와 크게 다르지 않기 때문에 아래 V.에서 우리나라의 해석론을 논함에 있어서 아울러 살펴본다.

35) 다른 한편 다른 나라에서는 주로 동성 커플을 대상으로 하여 일정한 등록(registration)과 같은 절차를 밟으면 사실상 법률혼 부부에 준하여 보호하여 주는 경우가 많다. 가령 독일의 등록된 생활동반자(Eingetragene Lebenspartnerschaft) 제도 등. 이에 대하여는 金玟中, "독일의 새로운 가족법상의 제도로서의 同性 사이의 「生活同伴者關係」", 家族法研究 제15권 2호, 2001, 393면 이하; 鄭鉉珅, "同性 사이의 生活共同體", 司法論集 제40집, 2005, 597면 이하 등 참조. 그러나 이러한 제도는 등록이라는 공시방법을 갖춘 경우이기 때문에 여기서 문제되는 사실혼의 경우와는 다르다. 이하에서는 이들에 대하여는 언급하지 않는다.

36) Owen Jessup, "Legal Status of Cohabitatants in Australia and New Zealand", in: Sherpe/Yassari(Hrsg.)(주 33), S. 535 ff.

37) 2001년에 개정된 뉴질랜드의 Property(Relationships) Act 1976은 재산분할과 상속에 있어서 사실혼(de facto relationship)을 법률혼과 마찬가지로 다루고 있다. 다만 여기서 사실혼은 원칙적으로 3년 이상 계속된 것이라야 한다. Jessup(주 36), S. 542 ff.

38) Dubravka Hrabar, "Legal Status of Cohabitans in Croatia", in: Sherpe/Yassari(Hrsg.)(주 33), S. 399 ff.; Vesna Rijavec und Suzana Kraljić, "Die Rechtsstellung nichtehelicher Lebensgemeinschaften", in: Sherpe/Yassari(Hrsg.)(주 33), S. 375 ff.

은 법률에 의하여 규율되어야 한다는 규정이 있다.[39] 또한 캐나다의 새스캐치완 주도 재산문제와 상속에 관하여 법률혼과 사실혼을 동등하게 취급하고 있다.[40]

다른 한편 중남미의 여러 나라들도 사실혼을 법률혼과 동등하게 다루는 경향이 있다. 예컨대 브라질은 사실혼 부부를 일반적인 부부재산제에 따르지 않는 부부와 마찬가지로 취급하고 있고, 따라서 사실혼 부부 일방이 사망하면 생존 배우자는 상속재산의 일부에 대한 용익권을 가지거나, 피상속인의 직계비속이나 직계존속이 없는 때에는 전 재산에 대한 상속권을 가진다.[41] 멕시코에서는 5년 이상 동거하였거나 자녀가 있는 사실혼 부부에게는 상속권이 인정된다.[42]

다른 나라들은 사실혼에 대하여 법률로 법률혼과 같지는 않지만 어느 정도 보호하는 규정을 두고 있다. 예컨대 스웨덴은 1987년에 사실혼 부부 사이의 재산분할제도를 도입하였고, 2003년에는 그 분할되는 재산의 범위를 넓혔다. 즉 사실혼의 일방이 다른 사람과 혼인하거나, 사실혼 관계를 이탈하는 등의 경우에는 사실혼 배우자는 사실혼 해소 후 1년 내에 그 재산의 분할을 청구할 수 있다. 이 경우에는 재산이 원칙적으로 반분된다. 일방 당사자가 사망한 경우에는 다른 일방에게 상속권이 인정되는 것은 아니지만, 상속재산으로부터 일정한 가액을 받을 권리가 인정된다.[43] 또 포르투갈에서는 사실혼 배우자 일방이 사망하고 남은 배우자에게 부양의 필요가 있을 때에는 그가 상속재산으로부터 부양을 청구할 수 있도록 규정하고 있고,[44] 캐나다의 대부분의 주도 비슷한 규정을 두고 있다.[45] 캐나다의 주들은 또한 사실혼 파탄의 경우에 이혼의 경우와 유사하게 상대방으로부터 부양을 청구할 수 있다는 규정도 두고 있다.

3. 판례에 의한 사실혼의 보호

사실혼 해소의 경우에 이에 관한 특별한 규정을 두지 않고 있는 나라에서

---

39) Hrabar(주 38), S. 400; Rijavec und Kraljić(주 38), S. 378 f.

40) Winifred Holland, "Legal Status of Cohabitants in Canada", in: Sherpe/Yassari(Hrsg.)(주 33), S. 501 f., 511.

41) Staudinger/Strätz, Dreizehnte Bearbeitung, 2000, Anh zu §1297 ff. Rdnr. 31; Schmidt-Burbach, Die nichteheliche Lebensgemeinschaft und ihre erbrechtlichen Verfügungsmöglichkeiten, 2004, S. 89.

42) Schmidt-Burbach(주 41), S. 89.

43) Eva Rysretedt, "Legal Status of Cohabitants in Sweden", in: Sherpe/Yassari(Hrsg.)(주 33), S. 415 ff.

44) Cristina González Beifuss, "Spanien und Portugal", in: Sherpe/Yassari(Hrsg.)(주 33), S. 270.

45) Holland(주 40), in: Sherpe/Yassari(Hrsg.)(주 33), S. 511.

는 판례가 일반 재산법상의 제도, 즉 조합이나 부당이득 등의 규정을 사실혼에
관하여 적용함으로써 사실혼 배우자의 보호를 꾀하고 있다.

우선 프랑스의 경우를 본다.46) 프랑스 파기원(cour de cassation)은 경우에
따라 사실혼 당사자 사이에 사실상의 조합(société créée de fait)이 존재한다고
보아 사실혼 당사자가 재산의 분할을 청구할 수 있다고 보고 있다.47) 이는 주
로 사실혼 당사자의 일방이 타방이 가지고 있는 기업의 운영에 적극적으로 참
여했을 때 주장되지만, 파기원은 이러한 사실상의 조합이 인정되는가 하는 점
을 사실심 법원이 인정할 사실문제로 보고 있으므로 전체적인 경향을 파악하
기는 어렵다.48)

사실혼 배우자의 보호를 위하여 원용되는 또 다른 방법은 부당이득(l'enri-
chissement sans cause)의 법리이다. 즉 사실혼 배우자 일방이 가정이나 상대방
배우자의 기업에 대가를 받지 않고 기여를 했고, 그로 인하여 자신이 어떤 직
업적인 활동을 하지 못했다면 이 사실혼 배우자는 상대방이 얻은 이익을 부당
이득으로서 반환청구할 수 있다는 것이다. 이는 사실상의 조합이나 근로계약
등이 인정될 수 없을 때 주장된다.49) 그러나 법원은 이를 인정하기를 주저하여
왔다. 그렇지만 일부 법원은 전용물소권(action de in rem verso)의 법리에 의하
여 부당이득 반환 청구를 인정하였다.50) 대표적인 판례로서 프랑스 파기원 제1
민사부 1996. 10. 15. 판결51)을 들 수 있다. 이 사건에서는 사실혼의 배우자인
남자가 경영하는 카페의 운영을 사실혼 배우자인 여자가 도왔는데, 사실혼이
해소되자 여자가 남자를 상대로 소송을 제기하였다. 이 소송에서 사실상의 조

---

46) 프랑스에서는 1999. 11. 15. 공동생활약정에 관한 법률(la Loi n° 99-944 여 15 novembre
   1999 relative au pacte civil de solidarité)이 제정되어 이성 또는 동성의 성년이 혼인에 의하
   지 않고 동거하는 약정(pacte civil de solidarité, PACS)을 법률상 보호하는 제도가 창설되었
   다. PACS가 성립하기 위하여는 일정한 절차에 따른 신고와 등록이 필요한데(프랑스 민법 제
   515조의 3), PACS는 그러한 절차를 필요로 하지 않는 사실혼(concubinage)과는 구별된다. 상
   세한 것은 南孝淳, "프랑스民法상의 同居契約에 관한 研究", 서울대학교 법학 제44권 1호,
   2003, 47면. 이하에서는 PACS에 대하여는 다루지 않는다.
47) Sylvie Ferré-André, Droit de la famille, Sous la direction de Jacqueline Rubellin-Devichi, n°
   1139; Frédérique Ferrand, "Die Rechtsstellung nichtehelicher lebensgemeinschaften in Frank-
   reich", in: Sherpe/Yassari(Hrsg.)(주 33), S. 229. 또한 Malaurie/Fulchiron, Droit civil la famille,
   2004, n° 331 참조.
48) Ferré-André(주 47), n° 1140. 여기서는 하급심을 포함한 상세한 판례를 소개하고 있다.
49) 프랑스의 판례는 경우에 따라 사실혼 배우자 사이에 근로계약(contrat de travail)이 체결된
   것으로 보아 보수를 청구할 수 있다고 하고 있다. Ferré-André(주 47), n° 1144 et s.
50) Ferré-André(주 47), n°ˢ 1144 et s. 또한 Malaurie/Fulchiron(주 47), n° 332 참조.
51) Cass. 1ʳᵉ civ., 15 oct. 1996, Bull. 1996, Ⅰ, n° 357.

합 또는 근로계약의 주장은 받아들여지지 않았으나 부당이득의 주장은 파기원에 의하여 받아들여졌다. 항소심은 남자에게 봉급을 받는 직원이 필요하다는 것이 확실하지도 않고, 남자의 이익이나 여자의 손해를 확정할 수도 없으며, 여자의 도움이 가사의 부담에의 기여의 범위를 넘어서지도 않았다고 하여 부당이득의 주장을 받아들이지 않았다. 그러나 파기원은 여자가 상업의 운영에 보수 없이 협력하였는데, 이는 혼외동거의 공통의 지출에 참여한 것과는 달리 그 자체로 여자의 손실이자 남자의 이득이라고 하여 항소심 판결을 파기하였다.[52]

　다른 나라에서도 이와 비슷한 방법으로 사실혼 배우자를 보호하려고 한다. 네덜란드에서는 부당이득이나 묵시적 약정에 근거하여 보상청구권을 인정한다.[53] 노르웨이에서도 부당이득에 근거한 보상청구권을 인정하고 있다.[54] 이는 덴마크의 경우에도 비슷하다.[55] 또한 캐나다의 많은 주에서도 부당이득 내지 그에 근거한 의제신탁(constructive trust)[56]의 법리에 의거하여 사실혼 배우자의 보상청구권을 인정하고 있다.[57]

---

52) 또한 Cass. 1re civ., 4 mars 1997, JCP G 1998, Ⅰ, 151도 참조.

53) Katharina Boele-Woelki und Wendy Schrama, "Die nichteheliche Lebensgemeinschaft im niederländischen Recht", in: Sherpe/Yassari(Hrsg.)(주 33), S. 342. 다만 네덜란드에는 이 문제에 관한 판례가 많지 않고, 또 많은 경우가 사실심 법원의 판례여서 명확한 방향을 알기는 어려우며, 법관이나 변호사도 당사자들 사이의 관계를 어떻게 평가하여야 할지 잘 모른다고 한다.

54) Eva Ryrstedt, "Legal Status of Cohabitants in Norway", in: Sherpe/Yassari(Hrsg.)(주 33), S. 446-447. 노르웨이 대법원은 심한 알코올 중독자가 사망한 후 그 생존 사실혼 상대방에게 오랜 기간의 특별한 개호와 간호를 이유로 하여 부당이득의 원칙에 따라 40만 노르웨이 크로네(약 48,000 유로)의 보상청구권을 인정한 바 있다고 한다.

55) Ingrid Lund-Andersen, "Legal Status of Cohabitants in Denmark", in: Sherpe/Yassari(Hrsg.) (주 33), S. 460 ff. 덴마크 대법원은 1980년의 판결에서 사실혼 관계에 있는 남자가 집을 자신의 이름으로 샀으나 그 구입비용과 생활비용의 상당부분을 상대방 배우자가 부담한 경우에 관하여, 그 집이 쌍방의 공동소유라는 것은 인정하지 않았으나 부당이득의 법리에 근거하여 위 집을 매각하여 얻은 이익의 약 1/5은 여자가 청구할 수 있다고 하였다. 근래의 판례에 따르면 이러한 청구는 사실혼이 적어도 3년 이상 계속된 경우에 인정되며, 상당한 정도의 간접적 기여가 있는 경우에는 그 보상액은 상대방 재산의 약 1/5 정도가 된다고 한다.

56) 의제신탁이란 신탁관계가 당사자 사이의 약정에 의하여 성립하는 것이 아니라, 법원이 부당한 행위에 의하여 재산을 취득한 자가 그 취득에 의하여 부당한 이득을 얻지 못하게 하려는 공평의 이유에서 신탁관계를 당사자들에게 부과하는 것을 말한다. Black's Law Dictionary, 2nd Pocket ed., 1996 참조.

57) Holland(주 40), S. 502 ff. 그러나 사실혼 당사자는 그들이 혼인하였더라면 받았을 수 있는 금액을 받을 수 있는 것이 아니고, 입증되는 실제의 손실과 이익에 따라 보상을 받는다고 한다. 대표적인 판례로는 캐나다 대법원의 Pettkus v. Becker, [1980] 2 S. C. R 834가 있다. 그런데 Peter v. Beblow, [1993] 1 S.C.R. 980 판결에서 캐나다 대법원은, 통상적으로는 금전적 보상이 충분한 구제수단이 되고, 의제신탁의 법리는 기여와 재산 사이에 연결이 인정되고, 금전보상은 충분한 구제수단이 되지 않을 때에만 고려된다고 하였다. 다른 한편 캐나다 대법

미국의 일부 주는 이른바 보통법상의 혼인(common law marriage)을 인정하여 혼인의 의식이나 공적인 인증절차가 없더라도 남자와 여자가 다른 혼인의 요건을 갖추고 동거하고 있으면 법률혼으로서 인정하기도 한다. 그러나 이러한 보통법상의 혼인에서는 그 성립 여부를 둘러싸고 다툼이 생기는 경우가 많고, 근래에는 이를 인정하는 주가 축소되고 있다.58) 이러한 보통법상의 혼인이 인정되지 않는 경우에 사실혼(cohabitation) 배우자의 재산문제에 관하여는 성문법상의 규율이 없는 것이 일반적이다. 이러한 경우에 법률혼 배우자의 재산문제에 관한 법규정이 사실혼에 관하여 유추적용될 수 있는가에 관하여 일부 주의 법원은 이를 긍정하기도 하지만, 대부분의 주에서는 이를 부정한다.59) 이러한 상황에서 당사자의 구제를 위하여 동원될 수 있는 이론이 묵시적인 계약 등의 일반적인 법리이다.

이 점에 관하여 많이 인용되는 것이 캘리포니아 주 대법원이 1976년에 선고한 마빈 대 마빈(Marvin v. Marvin) 판결60)이다. 이 판결에서 캘리포니아 주 대법원은 다음과 같이 판시하였다. 첫째, 혼인에 관한 법규정은 비혼인관계(non-marital relationship) 동안에 취득된 재산의 분배를 규율하지 않는다. 둘째, 이러한 당사자 사이에 명시적인 계약이 있으면 이 계약이 불륜의 성적 서비스를 위한 것이 아닌 한 법원은 그 이행을 명하여야 한다. 셋째, 명시적인 계약이 없으면 법원은 당사자들의 행동이 묵시적인 계약, 동업이나 조인트 벤처 등의 묵시적인 합의를 나타내는지를 탐구하여야 하고, 또한 사실관계가 뒷받침할 때에는 quantum meruit의 법리61)나 의제신탁 또는 결과신탁(resulting trust)62)의 법리

원이 2002. 12. 19. 선고한 Nova Scotia(Attorney General) v. Walsh 판결, 2002 SCC 83, [2002] 4 S.C.R. 325에서는 법률상 부부에 한하여 이혼 후 재산분할을 인정하고 사실혼의 경우에는 이를 인정하지 않는 노바 스코시아 주의 부부재산법(Matrimonial Property Act)이 평등에 어긋나서 캐나다의 헌법(Canadian Charter of Rights and Freedoms)에 위반되는가 하는 점이 문제되었는데, 다수의견은 원심판결과는 달리 이를 부정하였다. 이에 대하여는 아래 V. 2에서 다시 살펴본다.

58) 이를 인정하고 있는 주는 2001년 현재 12개 주에 이른다. Sanford N. Katz, Family Law in America, 2003, pp. 23 ff. 보통법상의 혼인에 관한 상세한 설명은 Homer H. Clark Jr., The Law of Domestic Relations in the United States, second ed., 1988, pp. 45 ff. 참조. 국내의 문헌으로는 韓琫熙, "婚外同棲의 法理", 民事法學 제6호, 1986, 359면 이하 참조.

59) Gregory, Swisher and Wolf, Understanding Family Law, 2nd ed., 2001, p. 26 f.

60) 18 Cal. 3d 660, 134 Cal.Rptr. 815, 557 P.2d 106.

61) 준계약(quasi-contract) 관계에 있어서 당사자가 행한 서비스에 대한 합리적인 보상을 의미한다. Black's Law Dictionary(주 56) 참조.

62) 결과신탁은 의제신탁과 유사한 개념으로서 재산이 다른 사람에게 이전되었으나 이전한 사람은 이전받은 사람이 그로 인한 이익을 얻을 것을 의도하지 않았을 것으로 보이는 상황에

를 적용할 수도 있다.63)

이 판결은 우선 종래 혼인외 관계에서 이루어진 약정을 모두 불륜의 성관계를 조장하는 것으로서 무효로 보았던 것에서 벗어나, 일정한 범위의 약정은 유효한 것으로 인정한다는 이른바 절단의 법리(severance doctrine, severability prin-ciple)를 인정하였다는 점에서 중요한 의미를 가진다.64) 다른 한편 이 판결은 명시적 계약뿐만 아니라 묵시적 계약에 의한 사실혼 배우자의 구제도 인정하였다는 점에서도 많은 주목을 끌었다.

그러나 이 판결의 파급효는 처음에 이 판결이 선고될 무렵에 예상되었던 것처럼 크지는 않다. 예컨대 일부 주의 법원들은 마빈 판결과는 달리 사실혼 관계에 있는 당사자 사이의 명시적인 약정만을 인정할 수 있을 뿐 묵시적 약정은 인정할 수 없다고 하였고,65) 다른 주의 법원들은 혼인외의 관계에서의 계약은 주의 공공 정책(state public policy)에 어긋나거나, 또는 절단의 법리를 인정할 수 없다고 하여 마빈 판결을 전면적으로 부정하였다.66) 이처럼 많은 법원들이 마빈 판결을 전면적으로 따르지 않고 있는 데 대하여는, 만일 마빈 판결을 따른다면 혼인에 따르는 부양, 위자료, 재산분할, 상속 등과 같은 여러 가지의 문제에 대하여 수많은 소송이 발생하기 전에는 아무도 결과를 예측할 수 없기 때문에 많은 주의 판례들이 혼인하지 않은 커플에 대하여도 혼인으로 인한 이익의 일부를 인정하지만 그러한 이익의 전부가 인정된다고 한 법원이 없다고 하는 설명이 있다.67)

서 법이 신탁을 의제하는 것을 말한다. Black's Law Dictionary(주 56).

63) 이 판결에 대한 국내의 문헌으로는 韓琫熙(주 58), 372면 이하; 金惠淑, "美國法上 非婚姻 同棲(COHABITATION) 解消時의 財産淸算", 南松韓琫熙敎授華甲紀念. 現代民法의 課題와 展望, 1994, 283면 이하가 있다.

64) Gregory, Swisher and Wolf(주 59), p. 25; 韓琫熙(주 58), 373면; 金惠淑(주 63), 294면 참조.

65) 예컨대 뉴욕 주 대법원(Court of Appeal)의 Morone v. Morone, 50 N.Y.2d 481, 413 N.E.2d 1154(1980) 판결은, 사실혼 당사자의 묵시적인 약정은 인정될 수 없고, 명시적인 약정은 법적으로 인정될 수 있으며, 이러한 명시적 약정이 서면에 의할 필요는 없다고 하였다.

66) 예컨대 일리노이주 대법원의 Hewitt v. Hewitt, 77 Ill.2d 49, 394 N.E.2d 1204(1979) 판결은, 이 문제는 단순한 계약법상의 문제는 아니고, 이 문제의 해결은 법원이 아닌 주의 입법부에 맡겨져야 한다는 이유로 당사자 사이의 명시적 약정에 근거하여 재산 분할을 인정한 원심판결을 파기하였다. 그러나 위스컨신 주 대법원의 Watts v. Watts, 137 Wis.2d 506, 405 N.W.2d 303(1987) 판결은 Hewiit 판결의 이론을 거부하고, 사실혼의 일방 당사자는 타방 당사자에 대하여 계약, 의제신탁과 같은 부당이득, 공유물분할(partition) 등의 법리에 의하여 재산의 분할을 청구할 수 있다고 하였다.

67) Clark(주 58), pp. 61 f.

4. 독   일

가. 판례와 학설

독일 민법에는 사실혼에 관한 규정을 찾아볼 수 없다.[68][69] 그러나 독일의 판례는 여러 가지의 법리에 의하여 사실혼이 해소된 경우에 사실혼 당사자를 보호하려고 한다.[70] 독일의 판례는 기본적으로는 사실혼 당사자 사이에 행하여진 출연은 보상될 수 없다고 보고 있다.[71] 판례가 그 근거로 내세우는 것은, 혼인 외의 생활공동체에서는 인격적인 관계가 전면에 나서므로 공동체의 재산에 관한 당사자의 행동은 인격적인 관계에 의하여 결정되고, 따라서 인격적인 측면뿐만 아니라 경제적인 측면에서도 원칙적으로 법적 공동체가 존재하지 않는다는 것이다.

그러나 다른 한편 판례는 예외적인 경우에는 조합계약(Gesellschaftsvertrag)의 법리를 적용하여, 사실혼 관계가 종료한 경우에는 조합 해산의 법리에 따라 일방이 타방에게 상환을 청구할 수 있다고 한다.[72] 이러한 조합의 법리가 적용

---

68) 독일 기본법 제6조 제1항이 규정하고 있는 혼인과 가족의 보호 규정 때문에 사실혼이 금지되는 것은 아니지만, 사실혼을 법률혼과 완전히 동일하게 취급하는 것은 허용되지 않는다고 보는 것이 독일의 일반적인 견해이다. 상세한 것은 Vogelgesang, "Verfassungsrecht", in: Hohloch/Hausmann(주 17), S. 202 ff. 및 거기서 인용하고 있는 문헌 참조.

69) 다만 독일 민법 제1969조 제1항은 상속인은 피상속인의 사망 당시에 피상속인과 동일한 가계에 속하였고 피상속인으로부터 부양을 받았던 가족(Familienangehörigen)에게 상속 개시 후 30일 동안 피상속인이 행했던 것과 동일한 범위의 부양을 하고, 주택과 가재도구를 사용하게 할 의무를 부담한다고 규정하고 있는데, 여기서 말하는 가족에는 혼인외의 생활공동체를 이루었던 사람도 포함한다고 보는 것이 일반적인 견해이다. Staudinger/Strätz, Anh zu §§ 1297 ff. Rdnr. 150 참조. 또한 독일 민법 제563조는 배우자나 생활동반자, 가족 등뿐만 아니라 임차인과 지속적으로 공통의 가계를 이룬 사람도 임차인의 사망과 함께 임차인이 된다고 규정하고 있는데, 여기에는 사실혼의 당사자도 포함된다고 보는 것이 판례(BGHZ 121, 126 ff.=NJW 1993, 999. 다만 여기서는 2001년 개정 전의 제569조의 가족에 관한 규정이 사실혼 배우자에게도 유추적용될 수 있다고 하였다) 및 다수설이다. MünchKomm/Häublein, BGB 4. Aufl., 2004, §563 Rdnr. 14 참조.

70) 이에 대하여 상세한 것은 Hausmann, "Vermögensrechtliche Ausgleichsansprüche nach Auflösung der Lebensgemeinschaft", in: Hohloch/Hausmann(주 17), S. 228 ff.; Burger(주 17), Rdnr. 7. 12 ff. 참조.

71) 독일연방대법원 1980. 3. 24. 판결(BGHZ 77, 55) 이래 확립된 판례이다.

72) 독일연방대법원 1982. 7. 12. 판결(BGHZ 84, 388); 2000. 1. 10. 판결(WM 2000, 522) 등은 이를 위하여 반드시 명시적 또는 묵시적인 조합계약이 존재할 필요는 없다고 한다. Hausmann(주 70), S. 268 f.; Hausmann, Nichteheliche Lebensgemeinschaften und Vermögensausgleich, 1989, S. 242 ff.는 이러한 판례를 지지하면서 (당사자들의 계약에 의한 것이 아니라) 조합계약의 원칙이 유추적용되어야 한다고 주장한다.

되기 위한 요건은 당사자들이 재산의 취득에 의하여 경제적인 면에서라도 공
동의 가치를 창출하고 이를 지속적으로 공동으로 사용할 뿐만 아니라, 그들의
관념에 의하면 그들에게 공동으로 귀속하여야 한다는 목적을 추구하였다는 것
이라고 한다.[73] 실제적으로 이러한 원칙이 적용되기 위한 요건은 (1) 부동산이
나 기업과 같이 상당한 가치를 지니는 재산이 창출되었을 것, (2) 쌍방 당사자
로부터 상당히 많은, 어느 정도는 비슷한 정도의 기여가 있었을 것, (3) 공동의
가치창출이라는 당사자의 주관적인 의도가 존재하였을 것의 3가지로 분석할
수 있다.[74]

　　그러나 이러한 판례에 대하여는, 가사에 종사하는 당사자에게 불리하고 출
연이 상당한 정도에 이르러야만 보상이 가능하며, 다른 한편으로는 공동의 목
적이 없으면 상당한 정도의 출연이 있더라도 보상이 부정되고, 또 결과의 예측
가능성이 없다는 비판이 제기되고 있다.[75]

　　다른 한편 학설상으로는 사실혼 관계가 해소된 경우에 목적부도달(Zweck-
verfehlung)을 이유로 하는 부당이득반환청구권을 인정하여야 한다는 주장이 제
기되고 있으나,[76] 연방대법원의 판례는 이를 인정하지 않는 것으로 보인다.[77]

　　나아가 학설상으로는 사실혼의 파탄을 행위기초의 상실(Wegfall der Geschäfts-
grundlage)에 해당하는 것으로 보아 보상청구권을 인정하자는 주장이 있다.[78]
그러나 연방대법원의 판례는 사실혼 관계가 파탄된 경우에 그들의 인격적 및
경제적 급부가 서로 상계될 수 없다는 원칙은 사실혼관계의 파탄이 이제까지
의 급부의 행위기초의 상실을 가져온다고 보는 데 장애가 되고, 행위기초는 계
약의 체결 당시에 나타난, 상대방이 인식할 수 있었으나 상대방이 이의를 하지

---

73) 독일연방대법원 1980. 3. 24. 판결(BGHZ 77, 55); 1982. 7. 12. 판결(BGHZ 84, 388) 등 확
　　립된 판례이다.
74) Wellenhofer, "Rechtsprobleme bei Auflösung der nichtehelichen Lebensgemeinschaften- unter
　　Lebenden und im Todesfall", in: Sherpe/Yassari(Hrsg.)(주 33), S. 112 참조.
75) Wellenhofer(주 74), S. 112 ff. MünchKomm/Wacke, 4. Aufl., 2000, Nach §1302 Rdnr. 18은
　　혼인의 경우와는 달리 사실혼의 경우에는 조합계약을 넓게 인정하여야 하고, 따라서 공동생
　　활 그 자체가 조합계약의 목적이 될 수 있다고 한다.
76) 예컨대 MünchKomm/Wacke, Nach §1302 RdNr. 57. Staudinger/Strätz, Anh zu §1297 ff.
　　Rdnr. 58, 110 ff.는 우선적으로 조합계약에 관한 규정이 적용되고, 예외적으로 당사자들의 목
　　적에 관한 합의가 있을 경우에만 부당이득 규정이 적용될 수 있다고 한다.
77) 독일연방대법원 1996. 7. 8. 판결(NJW-RR 1996, 1473). Hausmann(주 70), S. 312 ff.는 사
　　실혼의 경우에는 교환이라는 목적이 결여되어 있고, 당사자 사이의 목적에 관한 합의를 인정
　　하기 어렵기 때문에 이러한 부당이득을 인정할 수 없다고 한다.
78) 예컨대 Hausmann(주 70), S. 323 ff.; Wellenhofer(주 74), S. 125 f. 독일 판례는 이혼의 경
　　우에는 행위기초의 상실을 이유로 하여 출연재산의 반환을 인정한다. BGHZ 84, 368 등.

않았던, 또는 쌍방이 공통으로 가지고 있던 특정의 사정이 존재한다는 점 내지 미래에 발생할 것이라는 점에 대한 관념인데, 두 사람이 혼인 외의 생활공동체를 결성하는 것만으로는 계약이 존재한다고 할 수 없고, 이는 법적 공동체가 아닌 순수한 사실상의 과정에 불과하다고 하여 이를 부정한다.[79]

나. 입법론적 논의

사실혼을 입법적으로 어떻게 규율할 것인가 하는 점은 1988년의 제57차 독일 법률가대회(Juristentag)의 주제로 다루어졌다. 여기서 퀼른 대학교의 리브(Lieb) 교수는 사실혼관계가 해소된 경우의 재산 청산 문제에 관하여, 원칙적으로는 보상이 필요하지만 그렇다고 하여 모든 출연에 대한 청산이 필요한 것은 아니며, 일상적인 출연은 보상이 필요하지 않다고 한다. 따라서 당사자의 전 재산 취득에 대한 청산은 요구되지 않고, 개별적인 큰 규모의 출연에 대하여만 청산의 필요가 있다고 한다. 그런데 종래 이 문제를 해결하기 위하여 제안되었던 여러 제도로는 이 문제를 적절하게 해결할 수 없고, 이 문제의 해결을 위하여는 입법자의 개입이 필요하다고 한다.[80]

반면 스트래츠(Strätz)는 법률로 사실혼 전반을 규율하는 것은 필요하지 않고, 특히 재산상의 문제는 법원에 맡겨야 구체적인 사안에 맞는 해결이 가능하지만, 신분법적 및 사회보험법적 문제는 입법자나 필요하면 연방헌법재판소가 필요한 결론을 이끌어내야 한다고 주장한다.[81]

그리고 사실혼 해소의 경우에는 약한 당사자나 자녀 보호의 필요성이 가장 크다고 하여, 재산적 문제에 관하여는 사실혼의 경우에도 혼인과 마찬가지로 재산분할을 인정하여야 하며, 다만 부당한 결과가 생기는 경우에만 재산분할의 액수를 감액하면 된다는 견해도 있다. 이 견해는 사실혼 배우자 일방의 사망의 경우에는 다른 배우자에게 상속권을 인정하는 방법과 상속재산에 대한 청구권을 인정하는 방법이 있는데, 포괄적으로 상속분을 인정하지 않는 후자의 방법은 생존 배우자의 곤궁함을 고려할 수 있는 장점이 있지만 다른 상속인들이 생존 배우자의 권리를 더 쉽게 다툴 수 있어서 생존 배우자의 보호를 수포

---

79) 독일연방대법원 1996. 7. 8. 판결(NJW 1996, 2727).

80) Lieb, Empfiehlt es sich, die rechtlichen Fragen der nichtehelichen Lebensgemeinschaft gesetzlich zu regeln? Gutachten A zum 57. Deutschen Juristentag, 1988, S. 28 ff. 다만 그는 사실혼에 대한 포괄적인 법적 규율은 필요하지도 않고 적절하지도 않다고 한다. S. 107.

81) Staudinger/Strätz, Anh zu §1297 ff. Rdnr. 19 ff. 참조.

로 돌아가게 하거나 아니면 지체시킬 수 있는 문제점이 있다고 한다.[82][83]

5. 영 국

가. 개 관

영국[84]에서는 사실혼이 쌍방 생존 중에 파탄된 경우의 재산적 문제에 관하여는 직접적인 법규정이 없어서, 판례가 일반적인 법리에 의하여 당사자를 보호하려고 하고 있다. 반면 사실혼 당사자 일방이 사망한 경우에는 성문법상 특별한 규정이 있다. 그리고 근래 영국에서는 이 문제에 관하여 활발한 입법론적 내지 정책론적 논의가 벌어지고 있다. 이하에서는 우선 성문법 규정이 있는 사망의 경우를 먼저 살펴보고, 이어서 파탄의 경우에 관하여 살펴본다. 마지막으로 입법론적 논의가 어떻게 전개되고 있는지를 알아보기로 한다.

나. 당사자 일방이 사망한 경우

영국에서 사실혼 당사자 일방이 사망한 경우에는 다른 일방에게 상속권이 인정되지는 않는다. 그러나 1975년의 법률[85]은 이른바 가족 분배분(family provision)이라고 하는, 대륙법상의 유류분과 유사한 제도를 규정하고 있다.[86] 이에 따르면 유언이나 무유언상속에 따른 법 또는 양자의 결합에 의한 피상속인의 상속재산의 처분이 이 법에 규정된 일정한 범위의 청구권자들에게 합리적인

---

82) Scherpe(주 33), S. 589 ff.

83) 2004년 2월 3, 4일 독일 함부르크의 막스 플랑크 외국사법 및 국제사법 연구소에서 "Die Rechtsstellung nichtehelicher Lebensgemeinschaften — The legal Status of Cohabitants"를 주제로 하여 개최된 회의에서도 여러 가지의 의견이 제기되었다. 마그누스(Ulrich Magnus)는 사실혼 해소의 경우에 청산을 위한 포괄적인 해결책이 필요하고, 독일에서 법정부부재산제인 부가이 익공동제(Zugewinngemeinschaft)가 모델이 될 수 있으며, 채권법적인 해결책은 만족스러운 결과를 가져오지 못한다고 한다. 반면 지르(Kurt Siehr)는 이러한 포괄적인 해결책에 반대하면서, 행위기초론으로 해결하는 것이 낫다고 하였고, 폰 모렌펠스(Winkler von Mohrenfels)도 이러한 주장에 찬동하였다. 반대로 바제도브(Basedow)는 사실혼의 해소와 이혼은 평행하게 다루어져야 하고, 해석론상으로는 조합법에 의한 해결이 가장 나은데, 다만 판례가 필요한 조합의 목적을 너무 좁게 인정하는 것은 지양되어야 한다고 하였다. 모렌펠스도 해석론으로서는 조합법에 의한 해결이 가상 바람직하지만, 혼인의 유추는 거부되어야 한다고 하였다. Anatol Dutta, "Die Rechtsstellung nichtehelicher Lebensgemeinschaften: Reformbedarf in Deutschland-Modell für Europa? Ein Diskussionbericht", in: Sherpe/Yassari(Hrsg.)(주 33), S. 167 ff.

84) 여기서 말하는 영국은 스코틀랜드와 북아일랜드를 제외한 잉글랜드와 웨일즈만을 의미한다.

85) Inheritance(Provision for Family and Dependants) Act 1975.

86) 이 제도가 처음 창설된 것은 1938년의 Inheritance(Provision for Family and Dependants) Act 1938에 의한 것이었다.

재정적 배려(reasonable financial provision)가 되지 못할 때에는, 이 청구권자는 부양을 위하여 법원에 상속재산으로부터 돈을 지급하거나 재산을 이전하라는 등의 명령을 청구할 수 있다고 규정하고 있다.[87]

위 법상의 청구권자는 피상속인의 배우자, 재혼하지 않은 피상속인의 전 배우자, 피상속인의 자녀 등 외에 피상속인이 사망하기 직전 2년 동안 피상속인의 처 또는 夫와 마찬가지로 생계를 같이 하고 있었던 사람을 포함한다.[88] 이는 사실혼 배우자를 포함시키기 위한 것으로서, 원래의 1975년 법에는 없었는데 법제위원회(Law Commission)[89]의 1989년 권고에 의하여 1995년에 추가된 것으로서, 1996. 1. 1. 이후에 개시된 상속에 관하여만 적용된다.[90]

다른 한편 위 조항이 추가되기 전부터 피상속인의 사망 직전에 피상속인에 의하여 전부 또는 일부의 부양을 받고 있던 사람도 청구권자에 포함되고 있고,[91] 이 규정에 의하여도 사실혼 배우자가 포함될 수 있다.[92] 그러나 이 규정에 의할 때에는 사실혼 배우자가 피상속인으로부터 부양을 받기는 하였으나 사실혼 배우자도 피상속인에게 기여한 바가 많은 경우에는 해당되지 않는다는 문제점이 있어서 사실혼 배우자를 직접 포함시키게 된 것이다.[93]

사실혼 배우자가 위 추가된 규정에 의하여 청구하는 경우에는 사실혼 배우자에 해당하는지 여부는 합리적인 사람이 이들이 부부인 것으로 인식하는 것이 기준이 된다. 따라서 50대에 사실혼을 시작한 사람들이 성적 관계를 가지지 않았거나 피상속인이 사망 전 수주일 동안 병원에 입원하고 있었더라도 청구권을 가지고,[94] 또 25년 동안 동거하였던 사실혼 처가 피상속인이 사망하기 3개월 전에 피상속인이 술을 끊어야 돌아오겠다고 하면서 집을 나갔어도 청구할 수 있다고 한다.[95]

이 법에 의하여 법원이 명할 수 있는 것은 합리적인 재정적 배려인데, 이

---

87) Inheritance(Provision for Family and Dependants) Act 1975 s. 1, 2.
88) S. 1(1A).
89) 법제위원회는 1965년 법률에 의하여 창설된 독립된 기구로서 잉글랜드와 웨일즈의 법 개혁을 담당하고 있다. 우리나라에서는 법률위원회 또는 법개정위원회라고 번역되기도 한다. 법제위원회가 제출한 보고서는 입법에 반영되는 경우가 많다. 법제위원회의 홈페이지(www.lawcom. gov.uk) 참조.
90) Parry and Clark, The Law of Succession, 11. ed., 2002, by Roger Kerridge, p. 189.
91) S. 1. (1) (e).
92) Parry, The Law Relating to Cohabitation, 1993, pp. 210 ff.; Herring(주 13), p. 688 f.
93) Parry and Clark(주 90), pp. 187 f., 189 참조.
94) Re Watson [1999] 1 FLR 878.
95) Gully v Dix [2004] 1 FLR 453.

는 생존에 필요한 최소한의 수준 이상이지만 다른 한편으로 청구인의 일반적인 복리를 위하여 바람직한 모든 것을 의미하지는 않는다.[96] 일반적으로는 청구인이 배우자가 아닌 경우에는 합리적인 재정적 배려란 사건의 모든 상황을 고려하여 청구인이 부양을 받기에 합리적인 것을 말한다.[97]

구체적으로 법원이 명령을 내림에 있어서는 다음과 같은 사항을 고려하여야 한다.[98] 즉 청구인과 다른 청구인 및 상속재산의 수익자(beneficiary of the estate)[99]의 재정적 자원과 필요, 피상속인이 청구인과 다른 수익자에 대하여 부담하는 의무와 책임, 상속재산의 크기와 성질, 청구인의 육체적 또는 정신적 장애, 기타 청구인이나 다른 사람들의 행동을 포함하는 다른 사정 등이다.[100]

나아가 사실혼 배우자의 경우에는 법원은 청구인의 연령, 피상속인과 부부로서 생계를 같이하면서 동거한 기간, 가정과 가족을 돌봄으로써 기여한 것을 포함하여 청구인이 피상속인의 가족의 복리를 위하여 한 기여를 고려하여야 한다.[101]

이러한 청구는 원칙적으로 상속 개시 후 6개월 내에 이루어져야 한다.[102]

다. 당사자의 생존 중 사실혼이 파탄된 경우

이 경우에는 성문법상 직접 한 당사자가 다른 당사자에게 재산적인 보상을 청구할 수 있는 근거가 없다. 그리하여 판례는 묵시적 신탁(implied trust)과 소유의 금반언(proprietary estoppel)의 법리에 의하여 사실혼 당사자를 보호하고 있다.[103]

묵시적 신탁에는 결과신탁(resulting trust)과 의제신탁(constructive trust)의 두

---

96) Parry and Clark(주 90), p. 160 및 그곳에서 인용하고 있는 판례들 참조.
97) 이른바 부양기준(The maintenance standard). s. 1(2)(b). 청구인이 배우자인 경우에는 부양의 필요에 관계없이 그가 배우자로서 받기에 합리적인 것을 의미한다.
98) s. 3 (1).
99) 受遺者나 무유언상속의 경우의 법정상속인.
100) 1938년 법에서는 피상속인이 청구인에게 배려를 하지 않은 이유를 고려하도록 규정하고 있었으나 1975년 법은 이를 규정하지 않고 있지만, 피상속인의 그러한 이유가 충분한 근거가 있다면 법원은 이를 고려할 필요가 있다. Parry and Clark(주 90), p. 169 f.
101) s. 3 (2A).
102) s. 4.
103) 상세한 것은 The Law Commission, Cohabitation: The Financial Consequences of Relationship Breakdown(Consultation Paper No 179), 2006, paras. 3. 20 ff. 참조. 또한 Law Commission, Sharing Homes, Law Com No 278, 2002, paras. 2.53 ff. 참조. 이들 문서는 법제위원회의 홈페이지(주 89)에서 찾을 수 있다. 또한 Herring(주 13), pp. 109 ff.; Parry(주 92), 18 ff. 참조.

가지가 있다.104) 먼저 어떤 재산에 대한 법적 권리는 한 당사자에게 있지만, 다른 당사자가 그 구입비용의 전부 또는 일부를 부담하였다면 결과신탁이 추정되는데, 그에 따르면 수익적 소유권(beneficial ownership)이 각자가 부담한 구입비용의 비율에 따라 인정된다는 것이다. 결과신탁의 경우에는 특정한 종류의 기여가 있어야만 하는데, 예컨대 구입 자금에 대한 직접적 기여, 계약금의 지급 등이다.105)

　　반면 의제신탁의 경우에는 당사자들 사이에 수익적 소유권이 공유된다는 공통의 의사가 있고, 공유를 주장하는 당사자가 이를 신뢰하여 자신에게 손실을 가져오는 행동을 하였거나 자신의 입장에 변화를 가져왔을 때106) 인정된다. 먼저 공통의 의사(common intention)는 당사자들의 명시적 약정에 의하여 인정될 수도 있지만, 당사자들의 행동으로부터 추론될 수도 있다. 그러나 어느 경우에 행동에 의하여 공통의 의사가 인정될 수 있는가에 관하여는 판례가 매우 불분명하다.107)

　　그리고 이를 신뢰하여 당사자가 행동하였어야 하는데, 이 문제에 관하여도 판례가 혼란스럽다고 한다. 예컨대 직접 구입자금을 부담한 것이 아니라 집을 함께 짓거나, 가족을 양육하거나 또는 가계 관련 청구서를 나누어 지급하는 것만으로는 충분하지 않지만, 당사자가 가령 당사자의 性(gender)에 기대되는 것 이상을 하였다면 손실이 따르는 신뢰(detrimental reliance)를 인정할 가능성이 높다고 한다.108)

　　그리고 소유의 금반언도 의제신탁과 그 근거가 비슷한데,109) 일반적으로 이를 주장하는 사람이 문제되는 재산에 대하여 이익을 가지고 있다거나 가지게 될 것이라는 소유자의 표시 또는 보장이 있고, 그가 이러한 표시나 보장에 기하여 행동하였으며, 소유자가 주장자에게 부당한 손해를 가져오는 방식으로

---

104) 그러나 이들 용어도 반드시 명확하게 구분되어 사용하고 있지 않다. 예컨대 결과신탁만을 묵시적 신탁으로 설명하는 경우도 있다. 용어의 문제에 관하여는 Herring(주 13), pp. 111 f. 참조.

105) Consultation Paper No 179(주 103), paras. 3.21 ff.

106) the party seeking a share has relied on that intention to his or her detriment or otherwise made a change of position in reliance on it.

107) Consultation Paper No 179(주 103), paras. 3.29 f.; Herring(주 13), pp. 117 ff. 예컨대 당사자들이 명시적으로 이 문제에 대하여 토론한 경우뿐만 아니라 구입대금이나 mortgage를 지급한 경우에도 공통의 의사가 인정될 수 있다.

108) Consultation Paper No 179(주 103), paras. 3.31 f.

109) 양자의 관계에 관하여는 판례 및 학설상 논란이 많다. Sharing Homes(주 103), paras 2.101 to 2.104 참조.

주장자의 이익을 부정하려고 할 때 소유의 금반언이 인정되어, 법원은 형평 (equity)에 부합하는 조치를 취할 수 있다.110)

그러나 이러한 현행 판례의 상태는 매우 복잡하고 이해하기 어려울 뿐만 아니라, 결과를 예측할 수 없다고 하여 많은 비판을 받고 있다.111) 예컨대 간 접적인 재정적 기여가 있으면 권리가 인정될 수 있는지 불분명하고, 또 자녀의 양육과 같은 재정적이 아닌 기여만으로는 권리를 인정받을 수 없으므로 가사 에 종사하는 사람에게 불리하다고 한다.112) 또한 권리가 인정된다고 하더라도 어느 범위에서 권리가 인정될 수 있는지 하는 점도 확실하지 않다.

라. 입법론적 논의

이러한 상태를 어떻게 개선할 것인지에 관하여는 근래 영국에서 논의가 많은데, 여기서는 사실혼을 혼인과 마찬가지로 취급하여야 한다는 논의와, 사 실혼 배우자를 현재 상태보다는 더 보호하여야 하지만 법률혼과 같이 취급할 필요는 없다는 법제위원회의 제안을 중심으로 살펴보기로 한다.

먼저 사실혼을 혼인과 마찬가지로 취급하여야 한다는 논의는 다음과 같이 주장한다. 즉 성(sex)과 자녀 양육이라는 기능은 오늘날 혼인에 의하여만 수행 되는 것이 아니고 사실혼에 의하여도 마찬가지로 수행되므로, 형식(form)을 중 요시하여 혼인에 대하여 특혜를 베풀 것이 아니라 기능(function)을 중요시하여 사실혼에 대하여도 혼인과 마찬가지의 보호를 할 필요가 있다고 한다. 여기서 는 법 개정이 필요한 이유로 다음의 다섯 가지를 들고 있다. 첫째, 장기간에 걸쳐 사실혼 관계를 맺고 있는 사람들이 많고, 이는 가족을 혼인 중심으로 규 율하여야 한다는 근거를 약화시킨다. 둘째, 많은 사람들은 사실혼이 법률혼과 같다는 "보통법상의 혼인 신화(common law marriage myth)"를 믿고 있다. 셋째, 대다수의 사람들이 혼인한 사람과 사실혼을 맺고 있는 사람들을 기능적으로 동등하게 취급하여야 한다고 믿고 있다. 넷째, 많은 사실혼 당사자들은 그들 사이의 관계와 가족에 대하여 높은 정도의 헌신을 보이고 있고, 역으로 법률혼 그 자체가 지속적인 헌신을 보장하는 것은 아니다. 나섯째로 사람들이 정책 수

---

110) Consultation Paper No 179(주 103), paras. 3.34 ff.
111) 칸웨드 경(Lord Justice Carnwath)은 Stack v Dowden [2005] EWCA Civ 857, [2006] 1 FLR 254 판결에서 이러한 법상태를 마녀의 음료(witch's brew)에 비유하였다. 좀더 상세한 비판은 Consultation Paper No 179(주 103), paras. 4.1 ff. 참조.
112) Sharing Homes(주 103), paras. 2.105 ff.

립자가 생각하는 것처럼 법적으로 합리적(legally rational)인 것은 아니며, 혼인
할 것인가 사실혼을 맺을 것인가 여부의 결정은 각각의 법적 지위에 따라 거
의 영향을 받지 않고, 사람들이 사실혼 당사자의 법적 취약성을 알더라도 유언
을 하거나 하는 등의 조치를 취하지 않는다고 한다.[113]

　　이러한 문제의 해결책으로는 두 가지 가능성이 있는데, 그 한 가지는 사실
혼 당사자로 하여금 혼인 아닌 등록(registration)을 하게 함으로써 당사자들의
권리를 명확하게 하는 것이라고 한다. 그러나 이 방법은 당사자들이 반드시 법
적으로 합리적이지 않아서, 보통법상의 혼인 신화를 믿거나 또는 법률적인 차
이를 알더라도 혼인 여부의 결정에 고려하지 않을 뿐만 아니라 그에 대하여
사적으로 대비하지도 않기 때문에 결점이 있다고 한다. 그리하여 더 나은 방법
은 혼인과 사실혼을 동등하게 취급하고, 다만 당사자들이 이를 벗어날 선택권
(opting out)을 주는 것이라고 한다. 그리하여 가령 2년 이상 동거하였거나 또는
그들 사이에 자녀가 태어났으면 사실혼의 파탄이나 사망의 경우에 이들을 법
률혼 부부와 동일하게 취급하여야 한다고 한다. 다만 법률혼과 같이 대우받기
를 원하지 않는 당사자들의 자율과 선택의 자유를 보장하기 위하여, 당사자들
이 이러한 대우를 벗어날 수 있는 기회를 보장하여야 한다고 한다.[114]

　　반면 법제위원회가 2007년 7월에 발표한 보고서[115]는 법 개정의 필요성을
인정하기는 하지만, 이혼에 따라 혼인중의 재산을 당연히 분할하는 혼인소송법
(Matrimonial Causes Act 1973)의 규정을 그대로 사실혼에 적용하는 것은 반대한
다. 이 점을 의견청취 제안서(Consultation Paper)에서는 다음과 같이 설명한다.
즉 위 혼인법의 규정이 사실혼 당사자에 대한 관계에서는 적절하지 않다는 것
이다. 동등한 파트너십으로서의 혼인이라는 생각은 자주 법원이 이혼시에 자산
을 동등하게 분할하게 하는 결과를 가져오며, 이혼법원은 당사자의 필요에 상
당한 중점을 두어 자산을 불균등하게 분할하기도 하지만, 필요 그 자체는 별거

---

113) Barlow et al., Cohabitation, Marriage and the Law, 2005, pp. 95 ff.
114) Barlow et al.(주 113), pp. 106 ff. 또한 Barlow and James, "Regulating Marriage and Coha-
　　bitation in 21st Century Britain", Modern Law Review Vol. 67(2004), pp. 143 ff. 참조. 이외에
　　Consultation Paper No 179(주 103), p. 128 Fn. 5는 같은 취지의 여러 문헌들을 열거하고 있다.
115) Law Commission, Cohabitation: The Financial Consequences of Relationship Breakdown(Law
　　Com No 307), 2007. 이는 2006년 5월에 발표하였던 Consultation Paper No 179(주 103)에 기
　　초한 것으로서, 법제위원회는 위 의견청취 제안서(Consultation Paper)에서 사실혼이 별거나
　　사망으로 종료된 경우에 재산문제를 어떻게 규율할 것인가에 관하여 잠정적인 의견을 제시하
　　고, 2006년 9월까지 이에 관한 의견을 들었다. 위 의견청취 제안서에 대하여는 다양한 의견
　　이 제시되었고, 이를 종합하여 2007년 7월 말에 최종 보고서가 작성되었다.

시의 재정적 구제를 정당화하는 근거가 아니고, 파트너십 방식의 접근은 사실혼 당사자에게 적절한 것이 아니라고 생각하므로 사실혼 당사자에게 맞는 원리들을 찾는 것이 더 낫다고 한다.[116] 그리고 이를 위하여는 고정된 규칙(fixed rule) 대신 융통성 있는 재량(flexible discretion)이 인정되어야 하며, 구체적으로는 당사자들의 필요에 전적으로 근거한 체제나 동등한 분배의 체제 대신에 당사자의 기여(contribution)와 희생(sacrifice)에 근거한 체제를 제안한다고 한다. 즉 당사자들의 헤어질 때의 처지가 다른 당사자의 기여에 의하여 발생한 이익을 보유함으로써 경제적으로 더 나아졌는가(economic advantage) 또는 당사자가 사실혼 관계에 기여하거나 헤어진 후의 자녀 양육 책임으로 인하여 경제적으로 더 나빠졌는가(economic disadvantage)에 의하여 판단하여야 한다고 한다. 그리고 세 번째의 필터로서 법적인 개입은 구제를 하지 않으면 실질적으로 또는 현저하게 불공정할 때에만 법의 개입이 필요하다고 한다.[117]

　　최종 보고서도 기본적으로는 이러한 태도를 유지하고 있지만, 그 구체적인 내용에서는 다소 차이가 있다. 즉 사실혼 해소 후에 구제를 신청하는 당사자가 일정한 요건을 갖춘 기여(qualifying contribution)를 하였고, 그 결과 상대방이 이익을 보유하고 있거나 또는 신청인에게 경제적인 불이익이 있으면 법원이 구제를 명할 수 있다고 한다. 그리고 이러한 기여는 당사자들의 공동생활이나 가족 구성원의 복리에 이바지하는 것이라야 하며, 이는 재정적인 것에 국한되지 않는다고 한다. 이러한 요건이 갖추어지면 법원은 몇 가지의 재량적 요소를 고려하여 보유하고 있는 이익을 조정하는 명령을 내릴 수 있으며, 이익의 조정이 있은 후에도 당사자가 여전히 경제적 불이익을 부담하면 법원은 그 손실을 당사자가 똑같이 부담하도록 하는 명령을 내릴 수 있다고 한다.[118] 그리고 의견청취 제안서에서 제시하였던, 법원의 개입을 위하여 현저한 불공정이 존재하여야 한다는 요건은 재판상 복잡성을 증가시킨다고 하여 최종 보고서에서는 채택하지 않았다.[119]

　　다만 이처럼 사실혼 당사자들이 구제를 받기 위하여는 다음 두 가지 중 하나의 요건을 충족시켜야 한다. 첫째, 당사자 사이에 자녀가 있을 때[120]에는

---

116) Consultation Paper No 179(주 103), paras. 6.15 ff., 6.46 ff. 참조.
117) Consultation Paper No 179(주 103), paras. 6.32 ff. 참조.
118) Law Com No 307(주 115), paras. 4.26 ff.
119) Law Com No 307(주 115), para. 4.96.
120) 자녀가 이들 당사자 사이에서 출생한 것이 아니면 다음의 최소한의 동거기간 요건을 충족

사실혼의 지속 기간에 관계없이 구제를 받을 수 있다. 둘째, 당사자 사이에 자녀가 없을 때에는 법률이 정하는 기간[121] 이상의 동거가 있어야만 구제를 받을 수 있다.[122]

　　그리고 사실혼이 당사자 일방의 사망에 의하여 종료된 경우에 관하여, 의견청취 제안서에서는 사실혼 배우자가 유언이 없는 경우에도 상속인이 되게 하는 것은 규정의 단순성과 명확성을 저해하고, 사실혼 배우자가 누구인지를 탐구하여야 하며, 다른 배우자나 기타의 상속인들과의 사이에 누가 우선하는가 하는 문제가 생기고, 또 모든 사실혼 배우자가 동일한 몫을 받아서는 안된다는 강력한 주장이 있다고 하여, 현재의 가족 분배분 체제를 유지하되, 예컨대 사실혼 배우자로서 가족 분배분을 청구하기 위하여는 2년 이상 동거하여야 한다는 요건을 완화하여 자녀가 있는 경우에는 그러한 기간 제한을 요하지 않는다는 등의 수정을 고려할 필요가 있다고 하였다.[123] 최종 보고서도 이러한 태도를 유지하고 있다. 즉 여론 조사 결과는 다수가 유언이 없는 경우에도 사실혼 배우자가 당연히 상속권을 가지게 하는 것을 지지하지만, 의견을 제시한 많은 사람들은 의견청취 제안서의 태도를 지지하였다고 한다. 최종 보고서도, 사실혼이 포괄하는 관계의 범위는 무유언 상속의 규정에 의하여 적절하게 해결하기에는 너무 다양하고, 사실혼 당사자에게 유리한 변화를 가져오는 것은 그것이 피상속인의 다른 가족 구성원에게 영향을 주기 때문에 무유언 상속 규정의 전반적인 효과에 대한 평가를 필요로 한다고 하여, 현재의 체제를 유지하는 것이 적절한 방법이라고 하였다. 다만 사실혼 배우자로서 가족 분배분을 청구하기 위하여는 2년 이상 동거하여야 한다는 요건을 완화하여 자녀가 있는 경우에는 그러한 기간 제한을 요하지 않는다는 등의 수정을 고려할 필요가 있다고 한다.[124]

하여야 한다.

121) 보고서는 2년에서 5년 사이의 기간을 제안하고 있는데, 다만 그 기간이 2년보다 길게 결정된다면 법원이 동거기간이 그 기간에 미치지 못하더라도 구제를 명할 수 있는 재량이 인정되어야 한다고 주장한다. Law Com No 307(주 115), paras. 3.57 f.

122) Law Com No 307(주 115), paras. 3.23 ff.

123) Consultation Paper No 179(주 103), paras. 8.1 ff.

124) Law Com No 307(주 115), paras. 6.1 ff.

6. 소　　결

이상의 논의를 정리하여 보면 다음과 같다. 첫째, 사실혼이 파탄에 이르거나 또는 당사자 일방의 사망으로 인하여 해소된 경우의 재산문제를 법률로 규율하는 나라들이 있다. 그러나 이들 나라 중에서도 사실혼을 법률혼과 마찬가지로 취급하여 재산분할 또는 상속을 인정하는 경우도 있지만, 법률혼과는 다른 방식으로 사실혼 배우자를 보호하는 나라도 있다. 또 생존 중의 사실혼 해소와 사망으로 인한 사실혼 해소의 경우에 각각 다른 방식으로 사실혼 배우자를 보호하기도 한다.

둘째, 이러한 법률이 없는 나라들도 많은 경우 판례가 조합이나 부당이득과 같은 일반적인 재산법상의 법리를 동원하여 사실혼 배우자를 보호하고 있다. 그러나 이러한 경우에는 언제 보호될 수 있는지가 명확하지 않아서 예견가능성이 부족하고, 또 그것만으로는 충분한 보호가 되지 못한다는 비판이 있다.

V. 사실혼을 법률혼과 동등하게 취급하여야 하는가?

사실혼을 둘러싼 여러 가지 논의의 바탕에는 기본적으로 사실혼을 법률혼과 동등하게 취급하여야 하는가, 아니면 달리 취급하여야 하는가 하는 점에 대한 견해의 대립이 깔려 있다. 여기서는 사실혼을 법률혼과 동등하게 취급하여야 한다는 주장의 논거와, 양자를 달리 취급하여야 한다는 주장의 논거 및 각 그에 대한 비판의 내용을 살펴보고 잠정적인 결론을 내리고자 한다.[125]

1. 사실혼을 법률혼과 동등하게 취급하여야 한다는 주장의 논거

사실혼을 법률혼과 동등하게 취급하여야 한다고 주장하는 사람들이 내세우는 논거는 크게 세 가지가 있다. 첫째, 사실혼과 법률혼은 기능적으로 동일하다. 둘째, 사실혼과 법률혼을 달리 취급하는 것은 사실혼 부부 사이에서 태

---

125) 여기서의 논의는 Freeman and Lyon, Cohabitation without Marriage, 1983, pp. 145 ff.의 분석을 참조하였다. 또한 Herring(주 13), pp. 81 ff. 참조.

어난 자녀들을 차별하는 것이 된다. 셋째, 사실혼을 법률혼과 달리 취급하면 사실혼 부부 가운데 약한 사람이 보호되지 못한다.

첫째, 사실혼과 법률혼이 기능적으로 동일하다는 것은 사실혼과 법률혼을 동등하게 취급하여야 한다는 주장의 주된 논거라고 할 수 있다.126) 즉 종래 전통적으로 혼인의 기능으로 여겨졌던 자녀의 양육, 가정의 구축, 가족 내에서 정서적, 재정적 지원을 하는 것은 모두 사실혼 가정도 수행하고 있고, 따라서 사실혼도 법률혼과 마찬가지로 보호되어야 한다는 것이다.127)

생각건대 사실혼이 법률혼과 거의 동일한 기능을 수행하고 있다는 점은 시인할 수 있다. 그러나 법이 법률문제를 어떻게 다룰까 하는 점을 정함에 있어서 기능만을 가지고 판단하는 것은 아니다. 만일 기능 때문에 사실혼을 법률혼과 동등하게 취급하여야 한다면, 법이 법률혼을 인정하기 위하여는 혼인신고와 같은 형식을 요구하고 있는 것은 의미가 없는 것이 아닌가, 법이 그러한 형식을 요구하고 있을 때에는 그만한 이유가 있지 않겠는가 하는 반론이 제기될 수 있다.

둘째, 사실혼을 법률혼과 동등하게 취급하여야 한다는 근거로서 사실혼에서 출생한 자녀가 차별을 받지 않게 하여야 한다는 점이 주장된다.128) 그러나 사실혼에서 출생한 자녀에 대한 차별이 없어야 한다는 것은 중요한 문제이지만, 이것으로부터 바로 사실혼을 법률혼과 동등하게 취급하여야 한다는 결론이 도출될 수 있는지는 의문이다. 사실혼 문제를 건드리지 않고서도 사실혼 자녀에 대한 차별은 없앨 수 있기 때문이다.129)

셋째, 약한 당사자를 보호하여야 한다는 것.130) 이것이 현실적으로는 가장

---

126) Freeman and Lyon(주 125), pp. 148 ff.의 서술 참조. 또한 Barlow et al.(주 113), pp. 114 ff. 등 참조.

127) Barlow et al.(주 113), p. 105는 가족법이 경제적으로 약하고 주된 양육자인 사람을 이혼과 배우자 사별의 경우에 보호를 강화하는 것은 혼인의 기능과 효과 및 자녀의 최선의 이익 때문이며, 혼인계약(marital contract) 및 혼인에서 존재한다고 상정되는 헌신은 이러한 이유에 부가되는 것에 불과하므로, 이러한 접근의 정당화 근거는 가족이 무엇인가와 관련이 있고 가족이 취하는 형식에 관련되는 것은 아니며, 따라서 이러한 법적인 특혜가 법률혼을 맺은 사람들에게만 국한될 이유가 있는가 하는 의문을 제기하고 있다.

128) Freeman and Lyon(주 125), pp. 159 ff., 170 ff.의 서술 참조.

129) Freeman and Lyon(주 125), p. 161은 혼인이라는 특별한 지위가 없어져야 한다고 해도 이것이 혼외자라는 지위를 없앤다는 구실로 이루어져서는 안 되며, 그렇게 하여야 할 이유와 그 내용이 명백해야 한다고 서술한다.

130) Freeman and Lyon(주 125), pp. 161 ff., 173 ff.의 서술 참조. 또한 Barlow et al.(주 113), p. 105; Scherpe(주 33), S. 589 f. 등 참조.

중요한 문제라고 할 수 있다. 각국의 법이나 판례가 제한된 범위에서나마 사실혼 배우자를 보호하려고 하는 생각의 기본적인 동력은 이러한 약한 사실혼 배우자를 보호하려고 하는 데 있다고 말할 수 있다. 사실혼이 해소되는 경우에 경제적으로 약한 지위에 있는 사실혼 배우자의 보호가 필요하다는 점은 명백하다. 그러나 문제는 이러한 사람을 어느 정도로 보호할 것인가, 반드시 법률혼과 동일하게 보호하여야 하는가 하는 점이다. 이 문제는 근본적으로 왜 법률혼의 성립에 일정한 형식을 요구하는가 하는 문제와 맞닿아 있다.

　이외에 이 문제를 혼인상의 지위를 이유로 하는 차별은 금지되어야 한다는 관점에서, 사실혼 배우자에게 상속권을 인정하지 않는 것에 대하여 상속이란 생존배우자의 생활보장을 위해 인정되는 것이고, 사실혼 배우자는 혼인신고를 행정관청에 하지 않았을 뿐 실질적 혼인관계에 있다는 점을 고려해 보면 상속인에서 사실혼 배우자를 제외하는 것은 혼인차별이라고 하는 주장이 있다.131) 그러나 헌법 제36조는 혼인제도의 보장을 규정하고 있는데, 여기서 말하는 혼인이란 법률혼을 의미하는 것이고, 따라서 법률이 법률혼을 사실혼보다 우대한다고 하더라도 이를 가리켜 허용되지 않는 차별이라고 할 수는 없으며, 법률혼과 사실혼을 달리 취급하는 것이 혼인상의 지위를 이유로 하는 차별이라고 할 수는 없을 것이다.132)133)

2. 사실혼을 법률혼과 달리 취급하여야 한다는 주장의 논거

　사실혼을 법률혼과 달리 취급하여야 한다는 주장의 논거로서 과거에는 사실혼은 부도덕하다는 점이 주장되었다. 그러나 오늘날 이러한 주장은 별로 설득력이 없다.134) 또 다른 주장은 사실혼은 법률혼보다 깨지기 쉬워서 불안정하므로 당사자로 하여금 법률혼을 하도록 유도하여야 한다는 것이다. 이 문제에

---

131) 김엘림, "혼인차별과 법의 지배", 정인섭 편, 사회적 차별과 법의 지배, 2004, 37면.
132) 윤진수 발언, 정인섭 편(주 131), 53면 참조. 다만 여기서 어느 나라나 사실혼 배우자의 상속권을 인정하는 나라가 없냐고 한 것은 정확하지 않다. 이에 대한 김엘림 교수의 재반론은 위 책 56면 참조.
133) Consultation Paper No 179(주 103), paras. 4.59 ff.는 사실혼을 법률혼과 동등하게 취급하지 않는 것이 가족생활의 보호를 규정하고 있는 유럽인권협약 제8조 및 차별의 금지를 규정하고 있는 유럽인권협약 제14조에 위배되지 않는가를 검토하였으나, 종래의 유럽인권재판소의 판례에 비추어 위배되지 않는다고 보았다. 또한 Herring(주 13), p. 87 참조.
134) Freeman and Lyon(주 125), pp. 184 ff., 194 ff.; Barlow et al.(주 113), p. 102.

관하여는 우리나라에는 신뢰할 만한 실태조사가 없으나, 외국의 예를 보면 법률혼의 지속기간이 사실혼보다 길다는 연구가 있다. 그러나 이를 가지고 사실혼이기 때문에 불안정하다는 결론을 내릴 수는 없고, 사실혼을 선택하는 계층과 법률혼을 선택하는 계층이 다르기 때문에, 사실혼을 선택하는 것 자체가 불안정의 원인이 되는 것이 아니고, 법률혼을 선택하는 사람들이 전통적인 가치를 더 존중하기 때문에 오래 지속되며, 사실혼을 선택한 사람들이 법률혼의 형식을 밟았다고 하여 더 오래 지속되는 것은 아니라는 지적이 있다.[135]

오늘날 사실혼과 법률혼의 차이가 정당하다고 하는 주장의 근거로서 가장 유력한 것은 사실혼 당사자들은 그 의사에 따라 법률혼을 선택하지 않았다는 것과, 법률관계의 명확성을 위하여는 법률혼제도가 필요하다는 것이다.

우선 사실혼 당사자들은 법률혼을 선택하지 않았으므로 법률혼의 혜택을 부여할 필요가 없다는 주장은 여러 나라에서 제기되고 있다.[136] 독일의 학설은 사실혼을 법률로 규율하는 것은 그것이 아무리 법률혼과는 차이가 있어도 혼인의사 없는 자에게 부과되는 강제혼인(Zwangsehe)이고, 구속을 받지 않고 언제나 헤어질 수 있어야 한다는 당사자의 의사를 무시하는 것이라고 주장한다.[137] 일본에서도 일반적인 사실혼(내연)과는 달리 의도적으로 혼인신고를 회피하는 이른바 자유결합(union libre)의 경우에는 혼인이 아니므로 혼인과 마찬가지의 정형적인 보호를 줄 필요가 없는 것은 당연하고, 법률혼을 거부하는 자는 스스로의 관계를 스스로 디자인하여야 하며, 이를 희망하여 자유결합을 선택한 것이므로 혼인에 의한 보호를 줄 필요가 없다고 하는 주장이다.[138]

이 논거는 캐나다 대법원의 월쉬(Walsh) 판결(주 57)에서 다수의견의 주된 근거가 되었다. 이 사건에서는 법률상 부부에 한하여 이혼 후 재산분할을 인정하고 사실혼의 경우에는 이를 인정하지 않는 노바 스코시아주의 부부재산법(Matrimonial Property Act)이 평등에 어긋나서 캐나다의 헌법(Canadian Charter of Rights and Freedoms)에 위반되는가 하는 점이 문제되었는데, 원심인 노바 스

---

135) Herring(주 13), p. 83. 또한 Kreyenfeld und Konietzka, "Nichteheliche Lebensgemeinschaften —Demographische Trends und gesellschaftliche Strukturen—", in: Sherpe/Yassari(Hrsg.)(주 33), S. 50 참조.

136) 이러한 주장 가운데 많이 인용되는 것은 Ruth L. Deech, "The Case against Legal Recognition of Cohabitation", The International and Comparative Law Quarterly, Vol. 29(1980), pp. 480 ff.가 있다. 또한 Freeman and Lyon(주 125), pp. 189 ff. 참조.

137) Muscheler(주 13), S. 246; Hausmann(주 17), S. 69; Vogelgesang(주 68), S. 206 등.

138) 大村敦志(주 7), 238면 이하 참조.

코시아주 항소법원은 이를 긍정하였다. 그러나 캐나다 대법원은 이를 부정하여 원심판결을 파기하였다. 다수의견의 주된 논거는 사실혼 당사자는 자유 의사에 의하여 혼인하면 혼인 당사자가 누리는 모든 혜택을 누릴 수 있고, 따라서 부부재산법을 혼인한 당사자에게만 적용하는 것은 법률혼관계와 사실혼관계의 차이를 반영하는 것이고, 기본적인 개인의 자율과 존엄을 존중하는 것이므로 차별이라고 할 수 없다고 하였다.

　　그러나 이러한 주장에 대하여는, 사실혼 당사자가 법률혼을 맺지 않는 것이 반드시 법률혼에 따르는 결과를 회피하기 위한 것은 아니고, 반대로 법률혼을 맺는 당사자들이 반드시 법률혼의 효과 때문에 그렇게 행동하는 것은 아니라는 반론이 있다.[139] 위 월쉬 판결(주 57)에서 유일하게 반대의견을 제출한 뢰회–뒤베(L'Heureux-Dubé) 대법관은, 사람들은 혼인의 법률효과에 대하여 잘 알지 못하고, 혼인은 당사자 사이의 교섭에 의한 교환(bargained-for exchange)과는 다르며, 혼인의 효과는 당사자의 의사에 기하여 발생하는 것은 아니고, 많은 사람들에게는 선택이 가능한 옵션이 아니었으며, 선택을 할 수 있었던 사람도 특정한 법적 의무를 이용하거나 회피하기 위하여 혼인하거나 혼인하지 않을 것을 선택하지는 않는다고 한다.[140]

　　사실혼 당사자들이 왜 법률혼을 맺지 않는지에 관하여는 여러 가지의 이유가 있다. 독일에서는 그 이유를 다음과 같이 분석한다. 첫째, 서로를 알게 되기 위한 시험기간. 둘째, 이전의 실패한 혼인에 대한 부정적인 경험 때문에 혼인을 거부하는 것. 셋째, 혼인 자체가 시대에 뒤떨어진 것이라고 하여 거부하는 것. 넷째, 혼인으로 인하여 종전에 받던 부양료와 같은 혜택을 상실하지 않기 위한 것. 다섯째, 법률혼에 대한 법률적인 장애.[141] 영국에서는 사실혼의 이유로서 법률혼을 맺기 위한 전단계이거나, 혼인의 다른 형태라고 생각하거나 아니면 사실혼이 혼인에 대한 대안이라고 생각하기 때문이라는 분석이 있다.[142] 왜 법률혼을 맺지 않는가 하는 것은 나라에 따라서도 차이가 있을 수 있다. 2000년의 영국에서의 조사에 의하면 일반인의 56%가 법률혼을 맺지 않아도 법률혼과 마찬가지의 효력이 인정된다는 이른바 "보통법상의 혼인 신화

---

139) Herring(주 13), pp. 85 f.
140) 월쉬 판결(주 57), paras. 141 ff.
141) Hausmann(주 17), S. 54. 또한 Muscheler(주 13), S. 246 f.가 들고 있는 여러 가지의 유형들 참조.
142) Barlow et al.(주 113), pp. 65 ff.

(common law marriage myth)"를 믿고 있었고, 실제로 사실혼을 맺고 있는 사람들은 59%가 이와 같이 믿고 있다고 한다.[143]

우리나라의 경우에는 그 이유가 어디 있는지 정확하게 알 수는 없으나, 혼인신고를 해야만 법률혼으로서 보호된다는 것은 일반적으로 아는 사실이라고 여겨진다. 그러나 그렇다고 하여 과연 당사자들이 법률혼을 회피하기 위하여 사실혼을 맺는지는 좀더 따져 볼 문제이다. 나아가 설사 그렇다고 하여도 사실혼이 해소된 경우에 그러한 당사자의 보호의 필요가 전혀 부정될 수 있는가 하는 것은 또 다른 문제이다. 근본적으로는 왜 법률혼을 선택하지 않은 사람들을 보호할 필요가 없는가 하는 문제는 여전히 남아 있다.

결국 사실혼을 법률혼과 달리 취급하는 것이 정당화된다고 하더라도, 당사자들이 법률혼을 선택하지 않았다는 것이 그 주된 이유라고는 할 수 없고, 다만 당사자들이 혼인신고를 하지 않았기 때문에 그러한 다른 취급을 받는 데 대하여 책임이 없다고 할 수는 없다는 정도의 보조적인 의미를 가질 뿐이라고 생각된다.

현재 법률혼을 사실혼과 달리 취급하여 사실혼에는 부여되지 않는 여러 가지의 법률효과를 인정할 수 있는 가장 중요한 근거는 법률혼이 가지는 법적 명확성 때문이라고 생각된다. 만일 사실혼을 법률혼과 똑같이 취급한다면 더 나아가 법률혼의 성립에 혼인신고와 같은 형식적 요건을 요구할 필요도 없게 될 것이다. 그렇게 되면 혼인이 성립하였는지 아닌지를 객관적 요건에 의하여 제3자가 쉽게 판단하기 어렵게 되고, 예컨대 동거가 있었는지 없었는지 하는 점에 따라 판단하게 되나, 이는 반드시 판단하기 쉬운 문제는 아니다. 예컨대 하룻밤을 같이 잔 것만으로는 동거라고 할 수 없을 것인데, 그렇다면 몇 주 이상 동거하여야만 사실혼이라고 인정할 수 있을 것인가?[144] 우리나라의 판례상으로도 사실혼이 성립하였는지 여부가 다투어지고, 경우에 따라서는 심급에 따라 판단이 달라진 사례도 찾아볼 수 있다.[145]

---

143) Consultation Paper No 179(주 103), p. 42.
144) Herring(주 13), pp. 89 ff. 또한 왜 미국의 많은 주 법원들이 마빈 판결을 따르지 않고 있는가에 대한 Clark의 설명(주 67) 참조.
145) 대법원 1984. 8. 21. 선고 84므45 판결(집 32권 3집 특574); 1998. 12. 8. 선고 98므961 판결(공 1999상, 127); 2001. 1. 30. 선고 2000도4942 판결(공 2001상, 5860); 서울고등법원 2007. 3. 15. 선고 2006나53339 판결 등.

3. 소   결

결국 법률혼 제도가 가지는 법적 명확성이라는 이점을 포기할 수 없는 한 사실혼을 법률혼과 전면적으로 동일하게 취급할 수는 없다. 또 당사자들은 필요하다면 혼인신고를 함으로써 법률혼을 성립시킬 수 있었다는 점에서 이러한 차별이 반드시 부당하다고 할 수는 없다. 그러나 다른 한편 사실혼이 해소되는 경우에 경제적으로 약한 지위에 있는 사실혼 배우자의 보호가 필요하다는 점은 부정하기 어렵다. 그러므로 문제는 어느 정도로 사실혼 배우자를 보호하여야만 법률혼 제도의 의미를 깨뜨리지 않는 것이 될 것인가 하는 점이다.

Ⅵ. 해석론의 검토

과연 일방 당사자의 사망으로 인하여 사실혼관계가 종료된 경우에 해석론상 다른 당사자에게 재산상 구제를 해 주는 것이 불가능한가? 우선 이러한 경우 재산분할청구가 가능한 것인가 하는 점을 검토하고, 이것이 어려우면 다른 구제수단은 없는가 하는 점을 살펴본다.

1. 재산분할청구의 가부

앞에서도 살펴본 것처럼 대법원 2006. 3. 24. 판결(주 1)은 사실혼관계가 일방 당사자의 사망으로 인하여 종료된 경우에는 그 상대방에게 재산분할청구권이 인정되지 않는다고 보고 있다. 과연 이러한 결론은 불가피한 것인가?

원래 이 문제는 일본에서 하급심 판례와 학설상 논쟁이 많았던 문제인데,[146] 일본 최고재판소 2000(平成 12). 3. 10. 판결(민집 54권 3호 1040면)은 이를 부정하는 태도를 밝혔다. 이 판결의 이유는 다음과 같다.

"내연의 부부 일방의 사망에 의하여 내연관계가 해소된 경우에, 법률상의 부부의 이혼에 수반하는 財産分與에 관한 민법 768조의 규정을 유추적용 할

---

146) 상세한 것은 二宮周平, "內緣の死亡解消と財産の分配", 立命館法學 제271·271호, 2000, 1353면 이하; 孝橋 宏, 法曹時報 제55권 4호, 2003, 109면 이하 참조.

수는 없다고 해석하는 것이 상당하다. 민법은 법률상의 부부의 혼인해소시에는 재산관계의 청산 및 혼인해소 후의 부양에 관하여는 이혼에 의한 해소와 당사자 일방의 사망에 의한 해소를 구별하여, 전자의 경우에는 재산분여의 방법을 준비하고, 후자의 경우에는 상속에 의하여 재산을 승계시킴으로써 이를 처리하고 있다. 이 점에 비추어 보면 내연의 부부에 관하여는 이별에 의한 내연 해소의 경우에 민법의 재산분여의 규정을 유추적용하는 것은 준혼적 법률관계의 보호에 적합한 것으로서 그 합리성을 승인할 수 있어도, 사망에 의한 내연해소의 경우에 상속이 개시된 유산에 관하여 재산분여의 법리에 의하여 유산 청산의 길을 여는 것은 상속에 의한 재산승계의 구조 중에 異質의 계기를 집어넣는 것으로서 법이 예정하지 않고 있는 바이다. 또 사망한 내연 배우자의 부양 의무가 유산이 부담하는 것으로 되어 그 상속인에게 승계된다고 해석할 여지도 없다. 따라서 생존배우자가 사망한 내연배우자의 상속인에 대하여 청산적 요소 및 부양적 요소를 포함하는 재산분여청구권을 가진다고는 할 수 없다고 하지 않으면 안 된다."

　이 판결에 대하여는 일본에서도 찬반의 논의가 많으나,147) 이를 일일이 검토할 수는 없고 간단히 요점만 살펴본다.

　재산분할을 긍정하는 학설의 주된 근거는 내연 부부가 협력하여 취득한 재산은 가령 일방의 명의로 되어 있어도 실질적으로는 내연의 부부의 공유재산으로 해석하여야 하므로, 내연 부부의 일방이 사망한 경우에는 그 공유 재산의 분할청산이 행해질 필요가 있고, 이를 위하여는 사망에 의하여 내연이 해소된 경우에도 재산분여의 규정의 준용을 인정할 필요가 있다는 점이다. 반면 이를 부정하는 견해의 주된 근거는 현행법이 혼인이 이혼에 의하여 해소된 경우에는 재산분여 제도에 의하여, 사망에 의하여 해소된 경우에는 상속제도에 의하여 부부의 재산관계를 처리하는 것을 예정하고 있기 때문에, 내연이 사망에 의하여 해소된 경우에 재산분여의 규정을 준용 내지 유추적용하는 것은 각각 별개의 제도에 의한 처리를 생각하고 있는 현행법의 체계를 붕괴시킬 우려가

---

147) 이 판결의 평석 가운데 판례를 지지하는 것으로는 孝橋 宏(주 146); 渡邊泰彦, 法曹時報 2000. 6, 139면 이하; 中川 淳, 判例評論 No. 503(判例時報 No. 1728), 2001, 207면 이하 등이 있고, 반대하는 것으로는 二宮周平(주 146) 외에 同, 平成12年度 重要判例解說, ジュリスト No. 1202, 2001, 78면 이하; 同, 平成12年度 主要民事判例解說, 判例タイムズ No. 1065, 2001, 158면 이하 등이 있다. 大村敦志, 家族法判例百選, 第六版, 2002, 42면 이하도 판례를 지지하는 것으로 보인다.

있다는 것이다.[148] 이외에 근래에는 이별에 의한 내연 해소의 경우에도 재산분여를 유추적용할 것이 아니므로, 사망에 의한 경우에는 더욱 유추적용할 필요가 없다는 견해도 있다.[149]

국내의 학설로서는 사실혼배우자 사망의 경우에 재산분할청구권을 인정할수 없다는 판례를 지지하면서 그 근거로서 일본의 부정설이 드는 근거 외에, 당사자들의 생존 중에는 자신들의 주관적 의사 및 객관적인 행위를 토대로 한 사실혼관계가 그 당사자들의 내부관계에 직접적인 영향을 미친다고 해석하는 것이 항상 제3자의 권리를 침해하는 결과를 야기한다고 보기 어렵지만, 사실혼관계가 종료되지 아니한 상태에서 일방 당사자가 사망한 경우에는 법정상속인이나 受遺者 등과 같은 제3자가 상속재산에 대하여 직접적인 이해관계를 가지게 되고, 따라서 명문의 법률규정이 없는 상태에서 법원이 유추해석 등의 방법으로 사실혼 배우자에게 재산분할청구권을 인정하는 경우 법원이 자의적인 법률해석을 통하여 법률상 보장된 제3자의 권리를 침해한다는 비판을 피하기 어려우며, 결국 법률혼관계 내지 사실혼관계가 쌍방 당사자의 생존 중에 해소된 경우와 일방 당사자의 사망으로 인하여 종료된 경우를 비교하여 보면 후자의 경우에는 일방 당사자의 사망이 제3자인 상속인 내지 수유자의 법률상 권리관계에 직접적으로 영향을 미친다는 측면에서 전자와 본질적인 차이가 있다고 하는 설명이 있다.[150]

생각건대 사실혼이 쌍방 당사자의 생존 중에 파탄되어 해소된 경우에는 재산분할청구가 인정되는 반면, 사실혼이 일방의 사망으로 해소된 경우에는 타방 당사자에게 상속권뿐만 아니라 재산분할청구도 인정되지 않는다면 불균형이 있다고 할 수도 있다. 그러나 이러한 불균형을 해소하기 위하여 사실혼이 일방의 사망으로 해소된 경우에 타방 당사자에게 재산분할청구를 인정한다는 것은 민법 체계의 정합성을 깨뜨리는 것으로서 해석론의 범위를 벗어난다고 생각된다. 기본적으로 이러한 불균형은 파탄으로 인한 사실혼 해소의 경우에 재산분할청구를 인정하는 데에서 비롯된다. 앞에서 살펴본 것처럼 일본을 제외

---

148) 이상의 설명은 孝橋 宏(주 146), 109-110면 참조.
149) 渡邊泰彦(주 147), 140면. 大村敦志(주 7), 231면은 상속을 인정하지 않으면서 재산분여를 인정한다고 선을 긋는 것은 반드시 타당하지 않으며, 생존중의 해소인가 사망에 의한 해소인가에 관계없이 공유지분의 청산에 의하여 문제를 처리하여야 한다고 주장한다. 또한 大村敦志(주 147), 43면; 水野紀子(주 14), 84면도 참조.
150) 金時徹(주 29), 495-496면.

한 다른 나라들은 별도의 입법이 없는 한 사실혼이 해소된 경우에 이혼의 법리에 따른 재산분할을 인정하는 경우는 극히 예외적인 경우를 제외하고는 찾기 어렵다. 이 점에서 일본이나 우리나라의 판례가 이러한 경우 재산분할청구를 인정하는 것은 너무 과감한 것이 아닌가 볼 수도 있다.[151] 그런데 여기서 한 걸음 더 나아가 사실혼 배우자 일방이 사망한 경우에까지 재산분할청구를 인정한다면 입법자의 의사나 민법의 체계와는 너무 괴리되는 것이다.

다른 한편 이러한 경우에 재산분할청구를 인정하면 법률혼과의 관계에서 오히려 불균형이 생길 수도 있다. 즉 다른 공동상속인들이 많은 경우에는 배우자가 상속에 의하여 재산을 취득하는 액수가 이혼을 청구하고 재산분할을 받는 액수보다 더 적을 수도 있는 것이다. 그런데 사실혼이 일방의 사망으로 해소된 경우에 재산분할을 인정한다면, 이는 같은 상황에서 법률혼 배우자가 상속을 받는 것보다 더 유리하게 될 수도 있다. 이러한 결과는 쉽게 받아들이기 어렵다.[152]

결국 해석론으로 재산분할청구를 인정하는 것은 무리라고 볼 수밖에 없다. 나아가 입법론으로도 이러한 경우에 재산분할청구를 인정하는 것은 바람직하지 않다. 이에 대하여는 아래에서 다시 언급한다.

2. 일반 재산법상의 법리에 의한 구제

이처럼 사실혼 당사자 일방이 사망한 경우에 재산분할청구가 인정되지 않는다면, 이 경우 일반적인 재산법상의 법리에 의한 구제는 가능한지 여부를 검토할 필요가 있다. 실제로 일본이나 우리나라에서는 재산분할청구 부정설의 입장에서, 이러한 경우에는 일방의 재산은 실질적인 공유라고 하는 설, 당사자 사이에 고용 또는 도급의 관계가 있다고 보아 보수를 청구할 수 있다고 하는 설 및 부당이득의 반환을 청구할 수 있다고 하는 설 등이 주장되고 있다.[153] 앞에서 본 다른 나라의 예를 보면 재산분할청구가 인정되지 않더라도 사실상의 조합, 부당이득 등의 법리에 의하여 당사자의 구제를 꾀하려는 노력을 하고 있다.

---

151) 水野紀子(주 14), 73면도 유사한 취지이다. 다른 한편 金時徹(주 29), 495면 주 15)는 당사자들이 혼인할 의사가 전혀 없거나 객관적으로 공동생활을 하지 아니하는 경우 등과 같이 사실혼관계의 주관적 요건 및 객관적 요건 중 일부가 흠결된 관계에 대하여는 재산분할청구 등과 같은 가족법 규정을 유추적용하기는 어렵다고 한다.

152) 법률혼과 사실혼을 동등하게 취급하여야 한다고 주장하는 Basedow도 입법자는 독일 기본법 제6조 때문에 사실혼을 법률혼보다 더 우대할 수는 없다고 한다. Dutta(주 83), S. 168 참조.

153) 孝橋 宏(주 146), 114-115면의 소개 참조. 국내의 학설로는 金尙瑢(주 30), 536-537면.

이러한 주장이 현행법상 받아들여질 수 있는지는 별도의 검토를 필요로 하는 문제이다. 그러나 이러한 법리가 받아들여진다 하더라도 현실적으로 큰 기대를 하기는 어렵다. 다른 나라에서도 이러한 법리에 의하여 구제되는 경우는 그다지 많지 않을 뿐만 아니라 결과의 예측가능성이 없어서 매우 불확실하기 때문이다. 그러므로 이러한 법리에 의한 구제가 가능할 수도 있다는 점을 지나치게 강조할 필요는 없다.

다른 한편 이러한 경우에 생존 사실혼 배우자가 사망한 사실혼 배우자 명의의 재산에 대하여 자신이 명의신탁을 한 것이라고 주장하여 그 해지를 원인으로 재산반환을 청구하는 것도 생각해 볼 수는 있다. 그러나 부동산 실권리자 명의 등기에 관한 법률은 명의신탁을 원칙적으로 금지하면서 다만 배우자 명의의 명의신탁은 허용하고 있는데(제8조 제2호), 사실혼 배우자가 여기서 말하는 배우자에 해당한다고 보기는 어려울 것이다.154)

Ⅶ. 입법론적 모색

1. 입법론적 모색의 필요성

이처럼 현행법의 해석론상으로는 사실혼 배우자 일방의 사망으로 사실혼이 종료된 경우에 다른 배우자에게 재산상의 권리를 인정하는 것이 불가능하거나 가능하더라도 큰 실효성이 없다는 것을 확인하였다. 그렇다면 입법론적으로 이러한 당사자를 구제하는 법을 만들 필요가 있다.

우선 이러한 구제가 필요하다는 점에 대하여는 큰 이론이 없을 것으로 생각된다. 앞에서 살펴본 것처럼 사실혼이 파탄에 의하여 해소된 경우와 일방의 사망에 의하여 해소된 경우에 생기는 불균형은 어떤 형태로든 시정할 필요가 있기 때문이다. 또 이는 별론으로 하더라도, 사실혼 당사자 일방이 사실혼으로

---

154) 대법원 2002. 10. 25. 선고 2002다23840 판결(공 2002하, 2842)은 그러한 취지로 보인다. 洪起台, "명의신탁등기가 부동산실권리자명의등기에관한법률에 따라 무효가 된 후 신탁자와 수탁자가 혼인하여 그 등기명의자가 배우자로 된 경우, 같은 법 제8조 제2호의 특례가 적용되는지 여부(적극)", 대법원판례해설 제42호(2002 하반기), 900면 참조. 대법원 1999. 5. 14. 선고 99두35 판결(공 1999상, 1185)은 부동산실권리자명의등기에관한법률 제5조에 의하여 부과되는 과징금에 대한 특례를 규정한 같은 법 제8조 제2호 소정의 '배우자'에는 사실혼 관계에 있는 배우자는 포함되지 아니한다고 판시하였다.

인하여 자신의 직업적인 능력을 발휘하거나 별도로 수입을 얻는 데 지장을 받았다면, 사망으로 인한 사실혼 해소 후에 이 사람이 생계를 꾸려나갈 수 있도록 상속재산에 대하여 어느 정도의 권리를 인정하는 것이 형평에 부합한다. 앞에서 본 것처럼 많은 나라들이 이러한 당사자에 대하여는 상속재산에 대한 권리를 인정하고 있다.

2. 상속권 또는 재산분할청구권의 인정 여부

문제는 구체적으로 어떠한 방법이 적절할 것인가 하는 점이다. 이에 관하여 우선 생각할 수 있는 것은 이러한 사실혼 배우자에게도 상속권을 인정하는 것이다. 그러나 이는 바람직하지 않다. 상속권은 피상속인이 사망하면 다른 특별한 절차 없이 법률이 정한 사람에게 당연히 인정되는 것인데, 사실혼 배우자에게 상속권을 인정한다면 제3자가 누가 상속인이 되는가를 쉽게 확인할 수 없어 거래의 안전에도 위험을 가져올 뿐만 아니라, 앞에서도 살펴본 것처럼 사실혼 관계에 있었는지 여부는 쉽게 판단하기 어려우므로 분쟁을 조장하는 결과가 된다.[155] 그리고 이처럼 사실혼 배우자에게 상속권까지 인정한다면 사실혼과 법률혼의 차이는 거의 없게 된다.

다음으로 생각할 수 있는 것은 이러한 사실혼 배우자에게 이혼의 경우와 같은 재산분할청구권을 인정하는 것이다. 그러나 이 또한 문제가 있다. 앞에서 설명한 것처럼 이렇게 하면 법률혼 배우자보다 사실혼 배우자를 우대하게 되는 결과가 생길 수도 있는 것이다. 뿐만 아니라 그러한 법규정을 만든다면, 법률혼의 경우에도 왜 일방 당사자가 사망하면 타방 당사자에게 상속권만이 인정되고 재산분할은 인정되지 않는가 하는 의문이 제기된다.

지난 2004년 가족법 개정안을 마련하기 위한 법무부 가족법개정특별분과위원회에서도 법률혼이 당사자 일방의 사망으로 해소된 경우에 재산분할을 인정할 것인가가 논의된 바 있다. 위 위원회의 심의 과정에서 피상속인의 배우자는 상속재산에서 피상속인이 혼인중 취득한 재산에 대하여 균등한 비율로 기여분 청구를 할 수 있도록 하자고 하는 주장이 있었다.[156] 이는 결국 상속의

---

155) 大村敦志(주 7), 227면은 내연에는 객관적·일률적 제도는 적용되지 않는다고 하면서 그 예로 상호간의 상속권을 들고 있다.

156) 법무부, 가족법개정특별분과위원회 회의록, 2006, 355면. 또한 金相瑢, "부부재산제 개정을 위한 하나의 제안", 家族法硏究 Ⅱ, 2006, 99면; 김상용, "자녀의 유류분권과 배우자 상속분에

경우에도 재산분할을 먼저 하고 나머지 재산을 상속재산으로 하는 것과 마찬
가지가 된다. 그러나 위원회에서는 이러한 주장이 구체적 타당성은 있지만 배
우자 일방이 사망한 후에 혼인 중 취득한 재산이 무엇인가에 관하여 분쟁이
생길 여지가 많아서 상속관계의 명확성과 안정성을 해친다고 하여 이러한 제
안을 받아들이지 않고 대신 배우자 상속분을 높이는 것으로 결정하였고,[157] 이
것이 2006. 11. 7. 국회에 제출된 정부의 가족법 개정안에 반영되었다.

3. 부양적 청구권의 인정에 의한 해결

그러면 가장 좋은 방법은 무엇일까? 사견으로는 포르투갈, 캐나다의 몇몇
주 및 영국 등과 같이 생존 사실혼 배우자가 사망한 사실혼 배우자의 상속인들
에 대하여 기본적으로 부양을 위한 청구권을 행사할 수 있도록 하는 방법이 무
난할 것으로 보인다. 부양을 필요로 하는 사람이 부양을 받아야 한다는 것은 인
간으로서의 기본적인 생존을 위한 최소한의 요구이며, 어떤 면에서는 재산상의
손실을 입었기 때문에 이를 보상받아야 한다는 것보다 더 절실한 문제라고 할
수 있다. 물론 이러한 부양청구권을 인정한다면 상속인이나 수유자 등 상속재산
에 관하여 이해관계를 가진 다른 사람들의 이익을 침해하는 면이 있으나, 이러
한 정도의 사실혼 배우자에 대한 배려는 위와 같은 이해관계인도 용인하여야
할 최소한의 것으로서 사회 통념상 받아들일 수 있는 것이고 결코 무리한 요구
라고는 할 수 없을 것이다.

다른 한편 사실혼 배우자에게 인정되어야 할 청구권이 원칙적으로 부양적
인 성격의 것이라고 하여도, 이 배우자가 상대방 배우자에게 현저한 재산적 기
여를 하였을 때 이를 전혀 고려하지 않는다는 것은 형평에 어긋난다. 이러한
때에는 청산적인 성격도 가미되어야 할 것이다. 물론 청산적 성격을 고려한다
고 하여도, 사실혼 배우자의 기여를 전부 고려할 필요는 없다. 사소한 기여의
경우까지 전부 파악할 수도 없을 뿐만 아니라, 많은 경우에는 그 기여가 공동
생활의 유지에 이바지하였던 것으로서 기여자 자신에게도 이익으로 돌아갔을
것이기 때문이다. 그러나 사실혼 배우자의 현저한 기여까지 고려하지 않는 것

관한 입법론적 고찰", 우리 민법학은 지금 어디에 서 있는가?, 민사법학 특별호(제36호),
2007, 686면 이하 참조.
157) 가족법개정특별분과위원회 제18차 회의(2005. 10. 7). 법무부(주 156), 389면 이하, 특히 410면
이하 참조.

은 결과적으로 사실혼 배우자의 희생 하에 상속인 등이 부당한 이득을 얻는 것을 방치하는 것이기 때문에 문제가 있다.

결국 여기서 제안하는 제도는 부양적 요소가 제1차적이고, 청산적 요소는 부수적인 것이라고 할 수 있다. 이 점에서 청산적 요소에 중점을 두고 있는 재산분할청구권 제도와는 구별될 수 있다.

그런데 이와 같이 청산적 요소를 포함한다면 제도의 실제 운영에 있어서 사실혼 배우자 사망의 경우에 재산분할청구를 인정하는 것과 별 차이가 없지 않을까 하는 의문이 있을 수 있다. 그러나 양자는 실제의 운영 과정에서 상당한 차이를 보일 것으로 예상된다. 재산분할청구의 경우에는 분할의 대상이 되는 당사자 쌍방의 협력으로 이룩한 재산의 범위, 협력의 정도 등이 주로 문제가 되고, 이를 제대로 밝혀내기 위하여는 상당한 노력이 필요하다. 반면 부양적 청구의 경우에는 부양을 필요로 하는 정도, 현저한 기여의 유무 등 객관적으로 쉽게 파악할 수 있는 사항이 심리의 대상이 될 것이므로 심리에 많은 부담을 주는 것은 아니고, 당사자 사이에 분쟁이 생길 우려도 그다지 크지 않다.

이러한 부양적 청구권 제도를 창설한다면 이는 제도적으로 어떤 의미를 가지게 되는 것일까? 현행법상 이와 유사한 제도로는 기여분, 특별연고자에 대한 분여, 유류분 등이 있다. 이러한 제도들은 모두 여기서 제안하는 부양적 청구권과 일맥상통하는 면이 있다. 그러나 기여분과 유류분은 상속권이 있는 상속인에 대하여 인정되는 것이고, 특별연고자에 대한 분여는 상속인이 전혀 없을 때 인정되는 것이므로 상속인이 아닌 사실혼 배우자가 상속인에 대하여 부양적 청구권을 주장하는 것과는 같지 않다. 굳이 설명한다면 이러한 제도는 유증과 유사하다고 할 수 있다. 물론 이러한 부양적 청구권이 피상속인의 명시적 의사에 기하여 발생한 것은 아니지만, 그 법적인 취급에 있어서는 유증과 마찬가지로 이해하면 될 것이다.158)

나아가 이러한 제도가 인정되는 경우에 그 구체적인 내용은 어떻게 정할 것인가? 이 문제는 여러 가지의 정책적인 고려를 필요로 한다. 그러나 여기서는 잠정적인 사견을 제시해 본다.

첫째, 우선 이러한 청구권의 실현 방법을 법원에 대한 신청으로 국한할 것인가, 아니면 당사자 사이의 협의에 의하여도 가능하게 할 것인가 하는 점이

---

158) 그렇다고 하여 이것이 유류분반환청구의 대상이 될 수 있다는 의미는 아니다.

다. 민법상 기여분의 산정, 상속재산의 분할 등은 우선 당사자 사이의 협의에 의하고 협의가 이루어지지 않거나 협의할 수 없는 때에 한하여 법원이 정하도록 되어 있다. 그러나 사실혼 배우자의 부양적 청구의 경우에는 당사자들이 임의로 정할 수 있게 하면 증여세를 면탈할 수단으로 악용될 소지가 있는 등 부작용이 있을 수 있다.[159] 그러므로 이 청구권의 행사는 영국의 경우와 마찬가지로 원칙적으로 법원에 대하여 청구하는 방법으로 이루어져야 할 것이다.

둘째, 청구권자의 범위를 일정 기간, 예컨대 2년 이상 동거한 사람으로 한정할 것인가? 이에 대하여는 여러 가지의 견해가 있을 수 있겠으나 지나치게 단기간 동거한 사람까지 포함할 경우에는 동거 여부에 관하여 다툼이 많을 수 있고, 또 이러한 사람까지 보호할 필요가 있는가에 대하여도 의문이 있으므로 이러한 기간의 제한은 필요하다고 생각된다. 다만 사실혼 부부 사이에 자녀를 출산한 경우에는 예외를 인정하여야 하지 않겠는가 하는 점은 더 따져 볼 문제이다. 그리고 그 청구권 행사의 기간은 6개월 또는 1년 정도로 단기로 정하여야 할 것이다. 그 행사 여부에 따라 다른 상속인들이나 기타 이해관계인에게 미치는 영향이 크기 때문에 행사 여부는 조속한 시일 내에 확정할 필요가 있다.

셋째, 가장 중요한 문제로서 부양적 청구권을 구체적으로 어떠한 기준에서 산정할 것인가 하는 점이다. 이는 결국 부양을 필요로 하는 정도와 현저한 기여의 유무를 고려하여 정할 수밖에 없다. 이 문제에 관하여는 앞에서 살펴본 영국의 입법례가 참고가 될 수 있다. 구체적으로는 부양적 요소로서 청구인인 사실혼 배우자가 가지고 있는 재산 및 앞으로의 재산 취득 능력 등을 고려한 부양의 필요, 상대방인 공동상속인들이 가지는 재산 및 상속에 의하여 취득할 재산의 액수, 전체 상속재산의 액수, 청구인의 연령, 피상속인과 동거한 기간, 피상속인과의 관계, 자녀의 유무 등을 고려하여야 하고, 청산적 요소로서는 청구인이 상속재산의 증가 또는 유지를 위하여 얼마나 현저하게 기여하였는가 하는 점을 고려하여야 할 것이다.

그리고 피상속인이 청구인에게 생전증여나 유증 등을 하여 실제로 이러한 청구권이 전부 또는 일부 실현되었다고 볼 수 있다면 이러한 사실 또한 고려

---

159) 헌법재판소 1997. 10. 30. 선고 96헌바14 결정(헌판집 9권 2집 454면 이하)은 이혼시의 재산분할제도는 본질적으로 혼인 중 쌍방의 협력으로 형성된 공동재산의 청산이라는 성격에, 경제적으로 곤궁한 상대방에 대한 부양적 성격이 보충적으로 가미된 제도이므로 그에 대하여 증여세를 부과하는 것은 위헌이라고 하였는데, 이러한 법리는 여기서 다루고 있는 부양적 청구권의 경우에도 마찬가지라고 할 것이다.

에 넣어야 할 것이다.

넷째, 청구의 상대방은 원칙적으로 사망한 사실혼 배우자의 상속인이 될 것이다.160) 다만 공동상속의 경우에는 공동상속인들이 연대채무 또는 불가분채무를 부담하여야 하는지, 아니면 각자가 자신이 취득한 상속재산의 범위 내에서만 책임을 지게 할 것인지가 문제되는데, 사실혼 배우자를 두텁게 보호하기 위하여는 공동상속인들에게 불가분채무를 부담하게 하고 일부 공동상속인이 그 의무를 이행하면 다른 공동상속인을 상대로 구상하게 하는 것이 좋을 것으로 생각된다.

이외에도 이 제도를 인정한다면 생길 수 있는 실무적인 문제점이 많이 있을 것이나,161) 이러한 문제들에 대하여는 다른 기회에 살펴보기로 한다.

Ⅷ. 결　론

사실혼 배우자를 어느 정도로 보호할 것인가 하는 문제는 법률혼 제도가 가지는 의미와 맞물려서 어느 한 가지를 정답이라고 단정할 수는 없고, 각자의 가치관과 인생관에 따라 대답이 달라질 것이다. 앞에서 살펴본 것처럼 다른 나라에서도 다양한 태도를 취하고 있다.

여기서 제안하고 있는 입법론에 대하여도 한 쪽에서는 사실혼 배우자의 보호에 충분하지 않다고 하는 평가가 있을 수 있고, 다른 쪽에서는 지나치게 사실혼 배우자의 보호에 치중하여 법률혼 제도를 약화시키고 상속인들의 권리를 침해한다는 비판이 있을 수 있다. 이처럼 다양한 생각을 가진 사람들 모두를 만족시킬 수 있는 묘안은 없다. 그러나 현재로서는 사실혼 배우자를 법률혼과 완전히 동등하게 취급한다는 것은 법률혼 제도를 지나치게 약화시키는 것이고, 반대로 현재의 상태를 유지하는 것은 사실혼 배우자 일방이 사망한 경우에 생존 배우자의 보호를 방치하는 결과가 될 뿐이다. 따라서 사실혼 배우자를 법률혼 배우자와 똑같지는 않지만 그래도 어느 정도 보호하는 방법을 모색하는 것이 최선의 방안이 아닌가 생각하여 본다. 이는 앞에서 살펴본 외국의 대

---

160) 상속인은 아니지만 피상속인으로부터 유증을 받은 사람도 일정한 범위에서는 유류분의 경우와 마찬가지로 상대방으로 할 것인가도 고려해 볼 수는 있다.

161) 예컨대 청구권의 상속 및 양도를 인정할 것인지 여부 등.

체적인 경향에도 부합한다.

　여기서의 논의가 최종적인 결론이 될 수는 없다. 다만 이 글이 사실혼 배우자의 보호에 있어서 문제점이 어디 있는지를 인식하는데 도움이 되고, 앞으로의 논의를 위한 출발점이 되었으면 한다.

〈저스티스 제100호, 2007〉

〈追記〉
　1. 헌법재판소 2014. 8. 28. 선고 2013헌바119 결정은, 민법 제1003조 제1항이 사실혼 배우자에게 상속권을 인정하지 아니하는 것이 위헌이 아니라고 하였다. 즉 이 조항은 상속인에 해당하는지 여부를 객관적인 기준에 의하여 파악할 수 있도록 함으로써 상속을 둘러싼 분쟁을 방지하고, 상속으로 인한 법률관계를 조속히 확정시키며, 거래의 안전을 도모하기 위한 것이고, 제3자에게 영향을 미쳐 명확성과 획일성이 요청되는 상속과 같은 법률관계에서는 사실혼을 법률혼과 동일하게 취급할 수 없으므로, 이 사건 법률조항이 사실혼 배우자의 평등권을 침해한다고 보기 어려우며, 법적으로 승인되지 아니한 사실혼은 헌법 제36조 제1항의 보호범위에 포함되지 않는다는 것이다. 다른 한편 조용호 재판관의 보충의견은 사실혼 배우자에 대하여도 일정한 경우 상속에 관한 권리를 인정하도록 입법적 개선을 하는 것이 필요하다고 하였다. 그리고 김창종 재판관의 보충의견은 입법자로서는 다른 외국 입법례를 참조하여 생존 사실혼 배우자에게도 재산분할청구권을 인정하는 방안 등을 포함하여 생존 사실혼 배우자의 재산권 보호와 부양과 관련한 각종 제도를 조속히 정비하는 것이 필요하다고 하였다.

　2. 대법원 2009. 2. 9.자 2008스105 결정은, 사실혼관계의 당사자 중 일방이 의식불명이 된 상태에서 상대방이 사실혼관계의 해소를 주장하면서 재산분할심판청구를 한 사안에서, 위 사실혼관계는 상대방의 의사에 의하여 해소되었고 그에 따라 재산분할청구권이 인정된다고 보았다. 이 결정은, 판례는 당사자의 사망으로 인한 사실혼관계 해소의 경우에 재산분할청구권을 부인하는 태도를 취하고 있는데, 이러한 법상태를 전제로 하더라도 재산분할청구제도의 제반 취지를 살릴 방도는 무엇인지를 강구할 필요가 있다는 점도 고려되어야 한다고 판시하였다.

3. 필자는 이 글 주 11)에서 혼인의 의사는 실질적 의사 외에 혼인신고를 하겠다는 형식적 의사가 별도로 요구된다고 설명하였다. 그러나 이제는 혼인의 의사는 법적인 의사로 보아야 하지만, 이는 혼인을 성립시키려는 혼인신고의사와, 혼인의 효과를 발생시키겠다는 혼인효과의사로 이루어진다고 설명하는 것이 적절하다고 본다. 이 부분은 곧 출간될 주해가족법 중 필자 집필부분에서 상세하게 서술할 예정이다.

4. 이 글이 발표된 후의 독일에서의 판례 변화에 관하여는 이동수, "사실혼관계의 해소와 재산분할에 대한 최근의 독일판례의 동향," 가족법연구 제24권 3호, 2010 참조.

5. 영국의 법제위원회는 2011. 11.에 영국 정부에 사실혼 배우자 일방 사망 당시까지 5년 이상(두 사람 사이에 자녀가 있는 경우에는 2년 이상) 동거하였던 다른 사실혼 배우자에게 법률상 배우자와 마찬가지로 상속권을 인정하여야 한다는 법안의 초안{DRAFT INHERITANCE (COHABITANTS) BILL}을 제출하였다. 그러나 영국 정부는 2013. 3. 21. 이 법안의 제정을 추진하지 않겠다고 발표하였다. http://lawcommission.justice.gov.uk/areas/intestacy-and-family-provision-claims-on-death.htm; http://www.publications.parliament.uk/pa/ld201213/ldhansrd/text/130321-wms0001.htm#13032157000108 참조(최종 방문 2014. 3. 16).

6. 헌법재판소 2010. 12. 28. 선고 2009헌바400 결정은, 구 '부동산 실권리자명의 등기에 관한 법률'(2010 3. 31. 법률 제10203호로 개정되기 전의 것) 제5조에 의한 과징금 부과 특례대상을 부동산에 관한 물권을 법률혼 배우자의 명의로 등기한 경우로 한정한 같은 법 제8조 제2호 중 '제5조를 적용하지 아니한다'는 부분(이하 '이 사건 법률조항'이라 한다)이 사실혼 배우자 명의로 부동산에 관한 물권을 등기한 사람의 평등권을 침해하여 헌법에 위반되는 것이 아니라고 하였다. 주 154) 및 그 본문 참조.

7. Ⅶ. 2.에서 언급한, 2006. 11. 7. 국회에 제출된 정부의 가족법 개정안은 제17대 국회의 임기 만료로 폐기되었다.

補助生殖技術의
家族法的 爭點에 대한 근래의 動向

I. 서 론

의학 기술의 발전으로 인하여 과거에는 자녀를 낳지 못하던 사람들도 보
조생식기술(assisted reproductive technology)[1]의 도움으로 자녀를 낳을 수 있게
되었다. 이러한 보조생식은 여러 가지의 법적 문제점을 안고 있다. 그 중에서
도 가족법상의 문제는 종전에는 생각하지 못했던 여러 가지 어려움을 초래하
고 있다. 이 점에 관하여는 국내에서도 많은 연구 결과가 축적되어 있으나, 현
재 그에 관한 법적인 규율은 충분하다고 할 수 없다. 현행법상 생명의 윤리 및
안전에 관한 법률[2]이 이에 관한 단편적인 규제를 포함하고 있을 뿐이다. 다만
제17대 국회에서 이에 관한 3개의 법률안이 제출된 바 있다.[3] 이들 법은 2008.

---

1) 이는 남녀간의 성교라는 자연적 방법 이외의 생식을 통칭한다. 보조생식 외에 인공생식
(artificial reproduction)이라는 말도 쓰이지만 근래에는 보조생식이라는 용어가 더 많이 쓰인
다. 그러나 김향미, "비배우자간인공수태술에 대한 의학적·법적 문제점", 생명윤리 제8권 1
호, 2007, 29면은 '人工受胎術(artificial reproductive technology)'이라는 용어를 사용하면서, 보
조생식술이라는 용어로 통일하여야 한다는 주장이 있으나, 인공수태술이라는 용어가 이미 학
제적으로 널리 알려진 용어가 되었을 뿐만 아니라, 새로운 용어가 가져 올 수 있는 혼란도
고려해야 할 것으로 생각된다고 하여 이에 반대한다. 다른 한편 보조생시기술(Assisted
Reproductive Technology, ART)은 난소에서 직접 난자를 채취하여 불임 치료에 이용하는 시
술 방법을 총칭하는 말이고, 체내수정과 같이 난자 아닌 정자만을 이용하는 것은 배제된다고
이해하기도 한다. 김석현, "보조생식술의 현재와 미래", 대한산부인과학회 연수강좌 Vol. 45,
2003, 45면; 이인영, "체외수정에 관한 입법론적 고찰", 家族法研究 제19권 2호, 2005, 170면
등 참조. 등 참조.
2) 제정 2004. 1. 29. 법률 제7150호.
3) 체외수정 등에 관한 법률안(2006. 4. 29. 박재완 의원 대표발의); 의료보조생식에 관한 법률

5. 제17대 국회의 회기 만료와 함께 폐기되었지만, 장래의 입법에도 참고가 될 것으로 생각된다. 뿐만 아니라 외국에서는 최근에 이에 관한 여러 가지 입법이나 판례가 나오고 있는데, 아직까지는 이들이 국내에 잘 소개되어 있지 않다. 이하에서는 위 각 법률안의 골자를 살펴본 다음 보조생식의 가족법적 쟁점에 대한 근래의 국내외의 동향을 소개하고, 간단히 필자의 소견을 밝혀 보고자 한다.

　　보조생식은 의학적으로는 여러 가지로 분류할 수 있다.4) 예컨대 수정장소가 여성의 체내이냐 체외이냐에 따라 체내 인공수정5)과 체외 인공수정(IVF: in vitro fertilization)으로 구분되고, 체외수정과 구별되는 生殖子移植6) 등이 있다.7) 그러나 여기서는 가족법적인 문제에 초점을 맞추어, 비배우자간의 인공수정(Artificial Insemination by Donor, AID)과 대리모 및 死後受精(posthumous insemination)의 문제를 주로 다루고자 한다.8)

Ⅱ. 제17대 국회에 제출된 법률안들의 내용

　　앞에서 언급한 것처럼 제17대 국회에는 보조생식에 관한 법안들이 여러 개 제출되었다. 위 각 법안은 세부적인 면에서는 차이가 있으나, 기본적으로는 보조생식을 허용하는 것을 전제로 하여, 그에 대한 규제를 하고 있다. 여기서는 이들의 내용을 간략히 살펴보고, 자세한 것은 아래에서 다시 언급한다.

안(2006. 10. 19. 양승조 의원 대표발의); 생식세포 등에 관한 법률안(2007. 11. 6. 정부 발의).

4) 김재봉, "인공생식·배아발생과 형사규제의 범위", 법학연구 제11권 1호(충남대학교), 2000, 161면 이하 참조.

5) '人工受精'이라는 용어와 '人工授精'이라는 용어가 혼용되고 있다. 엄밀히 말하자면 受精(fertilization)은 체내 또는 체외의 구별없이 정자와 난자가 결합하여 하나의 접합체, 즉 수정란을 이루는 자연적인 현상을 표현하는 용어이며, 授精(insemination)은 정자가 난자를 향하여 움직여 갈 수 있도록 동기를 부여해 주는 인적 행위를 표현하는 용어라고 구분할 수 있다. 김향미(주 1), 28면 참조.

6) 생식자(정자·난자)를 체외로 채취한 후 함께 여성의 생식기 내에 주입하여 여성 체내에서 자연적으로 수정이 이루어지게 하는 것을 말한다.

7) 좀더 상세한 것은 이인영(주 1), 171면 이하 참조.

8) 이 이외에도 체세포를 이용한 인간개체복제(human individual cloning)의 문제도 학문적으로 논의되고 있으나, 아직 현실화된 바는 없는 것으로 보이므로 여기서는 언급하지 않는다. 이에 대하여는 예컨대 金天秀, "複製人間의 法的 地位", 比較私法 제8권 2호, 2001, 665면 이하 참조. 생명윤리 및 안전에 관한 법률 제11조는 체세포복제배아를 자궁에 착상시키는 행위와 착상된 상태를 유지하는 행위 및 출산하는 행위를 금지하고 있다.

1. 체외수정 등에 관한 법률안[9]

가. 체외수정관리본부의 설치

이 법안은 우선 보건복지부 장관 소속하에 체외수정관리본부를 두어 체외수정[10]에 관한 업무를 관리하도록 하고 있다(제3조).

나. 생식세포의 채취

체외수정을 위하여 생식세포를 채취할 경우, 생식세포 제공자 및 그 배우자의 서면동의를 얻어야 한다(제4조). 생식세포의 채취는 대통령령으로 정하는 횟수를 초과하지 못하고, 난자의 경우에는 연간 및 평생 빈도를 대통령령으로 정한다(제7조). 또 체외수정시술의 빈도도 대통령령으로 정한다(제12조).

다. 체외수정

체외수정의 수혜자[11]는 체외수정 이외의 방법으로는 출산이 불가능한 법률혼 부부 중 일방이어야 하고(제8조), 제공자와 수혜자가 6촌 이내의 혈족인 경우와 4촌 이내의 인척인 경우에는 체외 수정시술을 실시할 수 없다(제10조). 체외수정 또는 인공수정으로 인하여 출생한 자는 수혜자와 그 배우자의 혼인 중 출생자로 보며, 수혜자와 그 배우자는 친생부인의 소를 제기할 수 없고, 친생자관계 부존재확인의 소도 허용되지 않는다. 제공자의 인지나 제공자에 대한 인지청구도 허용되지 않는다(제21조).

라. 대리출산

대리출산은 체외수정관리본부의 허가를 얻어서 할 수 있고(제13조), 영리목적의 대리출산은 금지된다(제14조). 대리모는 1회 이상 정상적인 출산경험이 있는 여성이라야 하고(제15조), 대리출산은 1회에 한한다(제17조). 대리출산을 의

---

9) 이하 "체외수정 법률안"이라고 한다.
10) 이 법안 제2조 제1항은 체외수정(體外受精)을 난자를 난소에서 채취하여 정자와 체외에서 수정시킨 후, 그 수정란을 배양시켜 다시 자궁에 이식하는 것이라고 정의하고 있다.
11) "제공자"란 수혜자 또는 그 배우자의 임신을 위하여 생식세포를 무상으로 기증하는 자를 말하고, "수혜자"란 제공자의 생식세포와 자신의 생식세포의 체외수정을 통한 출산을 희망하거나, 출산을 한 자 또는 그 배우자를 말한다. 위 법률안 제2조 제5, 6호.

뢰할 수 있는 자는 대리출산 이외의 방법으로는 출산이 불가능한 부부이어야
하고, 부부의 생식세포만으로 수정란을 생성할 수 있어야 한다(제16조). 대리출
산으로 출생한 자는 대리출산을 의뢰한 부부의 혼인 중 출생자로 본다(제22조).

마. 정보의 제공

체외수정관리본부의 장은 체외수정시술로 출생한 만 20세 이상의 출생자
가 요구하는 경우 생식세포의 제공 및 체외수정에 관한 기록의 열람을 허용하
거나 사본을 교부하여야 한다(제20조).

2. 의료보조생식에 관한 법률안12)

가. 의료보조생식관리센터의 설치

국립의료원에 의료보조생식관리센터를 설치한다(제2조). 센터는 동일한 기
증자로부터 3인 이상의 자가 태어나지 않도록 하여야 하며, 동일한 난자기증자
로부터 5회 이상 기증을 받지 못한다(제12조).

나. 부부의 합의

의료보조생식을 이용할 수 있는 사람은 부부여야 하고, 미혼의 남녀는 이
용할 수 없다. 부부가 기증자로부터 제공받은 정자나 난자 등 생식세포를 이용
하여 부모가 되려면 합의를 하고 법원의 허가를 받아야 한다(제5조).

다. 정자 및 난자의 관리

정자기증자는 태어날 자의 모가 되려는 사람과 8촌 이내의 친족관계에 있
어서는 안 되고, 난자기증자는 태어날 자의 부가 되려는 사람과 8촌 이내의 친
족관계에 있어서는 안 된다. 그리고 제공자가 사망한 후에는 제공자의 정자 또
는 난자를 의료보조생식에 사용하여서는 안 된다(제7조).

라. 출생한 자의 지위

기증자를 매개로 한 의료보조생식의 경우 기증자와 출생한 자 사이에는 어떠

---

12) 이하 "의료보조생식 법률안"이라고 한다.

한 친자관계도 발생하지 아니하고, 인지도 허용될 수 없다(제8조). 그리고 난자를 기증받은 부(婦)는 모(母), 정자를 기증받은 부(夫)는 부(父)의 지위를 갖는다(제9조).

마. 대리모계약

대리모계약은 무효이지만, 대리모 출산에 의한 의료비 지급청구 등 보건복지부령이 정하는 금원을 실비보상 차원에서 지급하도록 하는 약정 부분은 일부 유효하다(제11조).

바. 정보의 제공

의료보조생식관리센터는 기증자의 익명성을 보장하여야 하며, 다만, 의료보조생식으로 태어난 자에게 중대하고 명백한 이익이 있을 경우에는 이에 관한 기록을 법원에 제출할 수 있다(제12조 제6항).

3. 생식세포 등에 관한 법률안[13]

가. 기증자의 의사 존중

생식세포를 기증(寄贈)하는 자의 의사는 자발적이어야 하며, 자기결정권이 부여되어야 한다(제3조, 제4조).

나. 생식세포의 유상 거래 금지

누구든지 금전 또는 재산상의 이익이나 그 밖의 반대급부를 조건으로 생식세포 또는 배아를 이용·제공하거나 이를 유인 또는 알선하여서는 아니 된다.(제6조).

다. 배아생성의료기관

배아생성의료기관이 되려는 의료기관은 보건복지부 장관으로부터 지정을 받아야 하고(제7조), 원칙적으로 배아생성의료기관만이 생식세포를 채취할 수 있고(제8조), 배아도 배아생성의료기관만이 생성할 수 있으며, 사망한 자의 난자 또는 정자로 수정시키는 행위는 금지된다(제10조 제3항 제2호).[14] 배아생성의

---

13) 이하 "생식세포 법률안"이라고 한다.
14) 다만, 배아생성의료기관에 등록한 기증자가 기증한 난자나 정자를 이용하여 수정하는 경우

료기관은 불임치료의 시술을 받는 자 및 그 배우자와 다른 사람의 불임치료를 목적으로 생식세포를 기증한 자로부터 배아 생성에 관한 서면동의를 받아야 한다(제11조).

라. 생식세포의 기증

신체적·정신적으로 건강한 20세 이상의 출산 경험이 있는 여성만이 난자를 채취하거나 기증할 수 있고,[15] 신체적·정신적으로 건강한 20세 이상의 남성만이 정자를 채취하거나 기증할 수 있다(제14, 15조). 그리고 불임부부의 친족이 기증하는 경우 외에는 특정인을 정하여 기증할 수 없고, 남편의 정자와 수정시킬 난자를 남편의 8촌 이내의 혈족인 여성이 기증하거나 부인의 난자와 수정시킬 정자를 부인의 8촌 이내의 혈족인 남성이 기증하는 것은 허용되지 않는다(제16조). 난자 채취의 기간 및 횟수는 제한된다(제17조).

마. 생식세포의 수증

불임치료 목적으로 수증하는 경우에는 생식세포의 수증 외에 다른 치료방법이 없거나 유전적 질환을 가졌어야 하고, 배우자의 동의서를 받아야 한다(제25조).[16] 생식세포를 제공받은 자는 생식세포를 제공받았다는 이유로 친생자관계(親生子關係)를 부인할 수 없다(제26조).

바. 생식세포 및 배아에 관한 정보의 보호 및 관리

제27조 이하에서는 생식세포 및 배아에 관한 정보의 보호 및 관리에 관하여 규정하고 있는데, 특히 제29조 제3항은 기증된 생식세포로 태어난 아이가 성인이 된 후 기증자에 대한 자료의 열람을 요청하는 경우에는 생식세포의 기증자가 공개에 동의한 정보에 한정하여 그 자료를 열람하게 하거나 사본을 발급할 수 있다고 규정한다.

는 제외한다.
15) 원칙적으로 출산 경험이 있어야 한다.
16) 연구 목적의 수증은 이와는 별도이다.

Ⅲ. 비배우자간의 인공수정

인공수정은 약 200년 전부터 행하여졌다고 하지만, 실제로 성행하게 된 것은 20세기 후반의 일이다. 현재에도 이러한 인공수정을 허용하여서는 안 된다는 견해가 없는 것은 아니지만,[17) 일반적으로는 허용되는 것으로 받아들여지고 있으며, 또 현실적으로도 많이 행하여지고 있다.

인공수정에 관하여는 법률적으로는 다음의 2가지 구분이 중요하다. 그 하나는 모의 夫의 정자에 의한 인공수정(Artificial Insemination by Husband, AIH; Homologous Artificial Insemination)이고 다른 하나는 모의 夫가 아닌 제3의 제공자에 의한 인공수정(Artificial Insemination by Donor, AID; Heterologous Artificial Insemination)이다. 전자의 경우에는 가족법상 별다른 문제가 생기지는 않는다. 법률적으로 문제가 많은 것은 후자이다.[18) 후자의 경우에도 모의 夫가 인공수정에 동의하지 않았다면, 이는 일반적으로 혼인관계에 있는 여자가 다른 남자의 아이를 낳은 경우와 별로 다를 것이 없다. 문제는 모의 夫가 AID에 동의를 한 경우이다.

1. 친생추정과 친생부인

우선 문제로 되는 것은 夫의 동의를 얻어서 행한 AID의 경우에, 나중에 그 夫가 출생한 자녀가 자신의 자녀가 아니라고 하여 이를 다툴 수 있는가 하는 점이다. 이 점에 관하여는 우선 민법상 친생추정의 법리를 살펴볼 필요가 있다. 일반적으로 모는 출산이라는 사실에 의하여 확정되지만,[19) 父가 누구인가는 객관적으로 확정하기 어렵다.[20) 그리하여 민법 제844조는 혼인 중의 여자

---

17) 예컨대 金天秀, "人工受精에 관한 法的 考察", 民事法學 제21권, 2002, 98면 등. 여기서는 그 근거로 인공수정 자체가 생명 탄생의 자연질서를 파괴하고, 시술과정에서 생식체나 수정란이 손상될 위험성이 있으며, 일정 수준 이상의 활동성을 가지고 있는 강한 정자만이 수정에 성공하는 시스템이 무너진다는 섬 능을 근거로 한다.

18) 한 보고에 의하면 2005년 대한산부인과학회에 보고된 비배우자간 인공수정의 사례는 758건이었다고 한다. 시사뉴스 피플 2007년 10월호 기사(http://www.inewspeople.co.kr/news/read.php?idxno=2279. 최종 방문 2008. 5. 19)에 인용된 대한산부인과학회 법제위원회 손영수 교수의 서면 인터뷰 참조.

19) 그러나 뒤에서 보는 것처럼 출산대리모의 경우에는 이 점이 문제된다.

20) '어머니는 항상 확실하지만, 아버지는 항상 불확실하다(mater semper certa est, pater semper

가 임신한 때에는 그 자녀는 남편의 자녀로 추정하고, 또 혼인 성립의 날로부터 200일 후, 혼인 종료의 날로부터 300일 이내에 출생한 자녀는 혼인 중에 임신한 것으로 추정한다. 이를 친생추정이라고 부른다. 이처럼 친생추정을 받는 경우에는 친생부인의 소를 제기하여 친생부인의 판결을 받기 전에는 그 남편은 아내가 다른 남자와의 관계에서 아이를 낳았더라도, 그 아이가 자신의 자녀가 아니라고 주장할 수 없다. 그리고 친생부인의 소를 제기할 수 있는 기간은 제한되어 있다. 2005년 개정된 민법 제847조는 친생부인의 소는 夫 또는 처가 그 사유 있음을 안 날(즉 태어난 아이가 남편의 아이가 아니라는 것을 안 날)부터 2년 내에 제기하여야 한다고 규정하고 있다. 반면 친생추정을 받지 않는 경우에는 이해관계 있는 사람은 시기의 제한이 없이 친생자관계부존재확인소송(민법 제865조)을 제기하여 부자관계가 없다는 것을 주장할 수 있다.

그런데 남편이 AID에 동의하였다면 그에 의하여 태어난 아이가 민법 제844조에 의하여 남편의 아이로 추정되는가? 이 점을 밝히기 위하여는 우선 제844조에 의한 친생추정의 범위를 따져 보아야 한다. 제844조 자체는 자녀의 출생시기가 언제인가에 따라 친생추정이 되는지 여부를 정하고 있으나, 종래부터 이 규정에 의한 친생추정의 범위를 제한하려는 의견이 많았다.[21] 그리하여 대법원 1983. 7. 12. 선고 82므59 전원합의체 판결은 종래의 판례를 변경하여 위 친생자 추정의 범위를 제한하였다. 즉 제844조는 부부가 정상적인 혼인생활을 영위하고 있는 경우를 전제로 가정의 평화를 위하여 마련한 것이므로 그 전제사실을 갖추지 아니한 경우, 즉 부부의 한쪽이 장기간에 걸쳐 해외에 나가 있거나 사실상의 이혼으로 부부가 별거하고 있는 경우 등 同棲의 결여로 처가 부의 자를 포태할 수 없는 것이 외관상 명백한 경우에는 그 추정이 미치지 않으며 따라서 이러한 경우에는 친자관계부존재확인소송을 제기할 수 있다고 한다. 이러한 판례의 입장을 외관상 명백한 경우에 한정한다고 하여 외관설이라고 부른다.

그러나 이보다 더 친생추정의 범위를 제한하려는 견해도 있다. 즉 객관

---

incertus est)'라는 法諺이 이를 나타낸다. "아버지는 항상 불확실하다"라는 표현 대신 "아버지는 혼인이 가리키는 자이다(pater est, quem nuptiae demonstrant)"라는 표현도 사용된다.

21) 이는 2005년 개정 전의 민법 제847조가 친생부인의 소를 제기할 수 있는 기간을 그 사유 있음을 안 날이 아니라 자녀가 출생한 것을 안 날부터 1년으로 제한하고 있었으므로, 남편이 그 자녀가 자신의 자녀가 아니라는 모른 채 위 기간이 지났으면 더 이상 이를 다툴 방법이 없는 가혹한 결과가 되는 것을 막기 위하여 주장된 것이다.

적·과학적으로 부자관계가 있을 수 없음이 증명된 경우에는 추정이 미치지
않는다는 혈연설, 당사자의 합의가 있으면 추정이 배제되어 친자관계존부확인
을 구할 수 있다는 합의설, 친생추정은 가정의 평화를 위한 제도인데, 지켜져
야 할 가정이 붕괴되어 파탄된 경우에는 혈연주의를 우선시켜 친생추정이 미
치지 않는다는 가정파탄설, 가정이 파탄되어 그 평화가 붕괴되고 있는 것만으
로는 부족하고, 母, 子, 진실의 父 등 子를 둘러싼 새로운 가정이 형성되어 있
어야 한다는 신가정형성설 등 여러 가지의 견해가 있다.22) 현재 대법원 판례가
따르고 있는 외관설에 따를 때에는 남편의 동의를 얻어 AID의 방법에 의하여
출생한 자녀는 친생추정을 받게 된다. 그러나 다른 학설에 의할 때에는 이러한
자녀의 친생추정을 배제하는 것이 가능하다.23)

　　하급심 판결 가운데 서울가정법원 2002. 11. 19. 선고 2002드단53028 판결
은 AID의 경우에 혈연설에 따라 친생추정을 부정하였다. 즉 남편이 생식불능
이어서 부부의 합의에 의하여 AID에 의하여 자녀가 태어났는데, 그 후 아내가
위 자녀의 법정대리인으로서 남편을 상대로 하여 위 자녀가 남편의 아이가 아
니라는 친생자관계부존재확인 소송을 제기한 데 대하여, 법원은 생식불능의 경
우에는 친생추정이 되지 않는다고 하여 위 소송을 받아들였다.24)

　　그러나 일반적인 견해는 AID의 경우에도 친생추정이 배제되는 것은 아니
라고 본다.25) 그러므로 문제는 이러한 경우 남편이 친생부인의 소를 제기할 수
있는가 하는 점이다.26) 이 점에 관하여는 남편이 동의를 하지 않았으면 그 자
녀가 출생하는 일이 없었을 것이므로, 일단 동의를 하고 나중에 친생부인의 주
장을 하는 것은 자신이 종전에 행한 인공수정에 대한 동의와는 모순되는 것으
로서 신의칙에 어긋나서 허용되지 않는다는 견해가 지배적이지만,27) 당사자의
의사에 의하여 친생부인권을 포기할 수는 없다는 반대설도 있다.28) 이 점에 관

---

22) 상세한 것은 李濟正, "親子關係確認訴訟의 審理上 主要 爭點", 裁判資料 101, 2003, 420면
　　이하 참조.
23) 金天秀(주 17), 105면 이하는 혈연설에 따라 친생추정을 부정하면서, AID에 대한 남편의
　　동의는 자신이 처분할 수 없는 혈연관계를 사실에 반하여 인정하는 것으로 해석될 수는 없
　　고, 그러한 것이 포함되어도 이는 무효라고 한다.
24) 이 사건에서는 사실상 부부 사이가 파탄된 것으로 보이므로 가정파탄설에 의한 것이라고
　　설명할 수도 있다.
25) 김상용, "인공수정으로 출생한 자의 법적 지위", 法律新聞 제3143호(2003. 2. 3), 14면 참조.
26) 만일 夫가 동의를 한 일이 없다면 친생부인권을 행사할 수 있음은 당연하다.
27) 예컨대 金疇洙·金相瑢, 親族·相續法, 제8판, 2005, 300면; 李庚熙, 家族法, 五訂版, 2006, 194
　　면; 맹광호, "인공생식에 관한 가족법상의 문제점", 家族法研究 제21권 3호(2007), 26-27면 등.
28) 梁壽山, 親族相續法, 1998, 380-381면.

한 우리나라 대법원의 판례는 보이지 않으나, 하급심 판결례로서는 친생부인의
소를 제기하는 것이 신의칙에 어긋나므로 허용될 수 없다고 한 것이 많다.29)

독일 연방대법원의 이전의 판례30)는 夫의 친생부인권 행사를 허용하면서
그 근거로서 법률행위에 의하여 친생부인권을 상실시킬 수는 없고, 이러한 친
생부인권의 행사가 신의칙에 반하거나 권리남용이라고 볼 수도 없다고 하였다.
그러나 2002년 4월에 신설된 독일민법 제1600조 제2항은 부가 제3자의 정액
제공에 의한 인공수정에 동의한 경우에는 夫 또는 母가 친생부인권을 행사할
수 없다고 규정하고 있다.

미국 캘리포니아 주 항소법원의 판례31)도 비슷한 태도를 보이고 있다. 이 사
건에서는 남편 존(John)과 아내 루앤(Luanne)가 자신들의 것이 아닌 제3자의 난자
와 정자를 수정시켜 또 다른 대리모의 자궁에 이식하였고, 이 대리모가 제이시
(Jaycee)라는 아이를 낳았다. 그러나 그 출산 전에 위 부부는 헤어지게 되었는데,
존이 혼인의 해소를 청구한 데 대하여, 아내 루앤은 남편 존을 상대로 자신들이
제이시의 법적 부모이며, 존은 그 부양 의무를 이행하여야 한다는 소송을 제기하
였다. 제1심 법원은 존이 아버지가 아니라고 판결하였다. 그러나 항소심은 루앤과
존이 그러한 합의를 하지 않았다면 제이시는 태어나지 않았을 것이고, 따라서 존
은 법적으로 제이시의 아버지로 취급되어야 하는데, 이는 기본적으로 금반언
(estoppel)의 법리에 근거한 것이라고 한다. 즉 이 사건처럼 자녀의 출생에 동의하
고 나서 책임을 부정하는 것과 같이 전후 모순되는 행동은 용납될 수 없다는 것
이다.32)

또한 민법 제852조는 자의 출생 후에 친생자임을 승인한 자는 다시 친생
부인의 소를 제기하지 못한다고 규정하고 있으므로, 이 규정 또한 夫의 친생부

---

29) 서울가정법원 1983. 7. 15. 선고 82드5110, 83드1266 판결(판례월보 제159호 51면); 서울가
    정법원 1983. 7. 15 선고 82드5134 판결(판례월보 제160호 31면); 대구지방법원 2006. 8. 23.
    선고 2006드단22397 판결(각공 2007, 2343) 등. 앞의 두 판결에 대하여는 鄭然彧, "人工授精
    과 그 法律問題", 法曹 1986. 5, 72면 이하 참조.
30) 독일연방대법원 1983. 4. 7. 판결(BGHZ 87, 169). 이 판결에 대하여는 梁壽山, "人工授精子
    와 관련되는 法律上의 問題點 研究", 家族法硏究 제3호, 1989, 107면 이하 참조.
31) In re Marriage of Buzzanca, 72 Cal.Rptr.2d 280(Cal. Court of Appeal, 1998. 3. 10).
32) 캘리포니아 주는 미국의 많은 주와 마찬가지로 통일친자법(The Uniform Parentage Act)을
    받아들여 인공수정에 동의한 남편은 아버지로 취급된다는 법규정을 가지고 있다. 그러나 이
    사건에서는 대리모가 개입되었기 때문에 문제가 좀더 복잡해졌고, 법원은 위와 같은 법규정의
    존재이유를 금반언의 원리로 설명한 것이다. 위 판결은 루앤이 제이시의 어머니라고도 선언하
    였다.

인을 부정하는 근거가 될 수 있을 것이다.

다른 한편 이러한 경우에 AID에 동의한 남편과 출생한 아이 사이에 양자관계33) 또는 친양자 관계34)를 인정하여야 한다는 견해도 있다. 그러나 만일 당사자가 양자 관계를 원하였다면 인공수정 아닌 입양이라는 방법을 택했을 것이다. 뿐만 아니라 인공수정에 대한 동의는 만일 그 동의가 없었다면 그 자녀가 출생하지 않았을 것이라는 점에서 단순한 입양에 대한 동의와는 그 의미가 다르다. 그리고 친양자제도는 2008. 1. 1.부터 시행되었는데,35) 친양자관계가 성립하기 위하여는 법원의 재판을 필요로 한다는 점에서(민법 제908조의2), 그러한 재판이 없이도 친양자관계를 인정한다는 것은 무리한 주장이다. 뿐만 아니라 입양관계가 성립한다면 파양이 인정될 수도 있는데, 이는 타당하다고 볼 수 없다.

국회에 제출된 법률안들도 모두 夫의 친생부인권 행사를 부정하고 있다. 즉 체외수정 법률안은 제21조 제1항에서 제공자와 수혜자 간의 체외수정 또는 인공수정으로 출생한 자는 수혜자와 그 배우자의 혼인 중 출생자로 본다고 규정하고, 제2항에서는 수혜자 또는 그 배우자는 제공자와 수혜자 간의 체외수정 또는 인공수정을 원인으로 하여 "친생부인의 소"를 제기할 수 없다고 규정하며, 제5항에서는 제공자와 수혜자 간의 체외수정 또는 인공수정을 원인으로 하여 "친생자관계부존재확인의 소"를 제기할 수 없다고 규정한다. 또한 의료보조생식 법률안 제9조는 부부 중 일방이 기증자의 정자나 난자를 이용하여 제5조의 규정에 따른 절차에 따라 의료보조생식을 한 경우 정자를 기증받은 부(夫)는 부(父)의 지위를 갖는 것으로 본다고 규정한다.36) 그리고 생식세포 법률안

---

33) 金天秀(주 17), 106면. 여기서는 남편의 친생자로 출생신고된 경우에는 무효행위 전환의 법리에 따라 입양의 법리가 적용된다고 한다.

34) 이은정, "人工受精에 대한 立法論的 考察", 家族法研究 제19권 2호, 2005, 90면 이하. 친생자관계로 인정하는 것보다는 친양자관계로 인정하는 것이 인공수정에 동의했던 夫가 인공수정자를 부당하게 대우하는 경우에 친자관계를 해소할 기회를 주는 것이 인공수정자의 복리에 더 적합할 수 있다는 점을 근거로 든다.

35) 친양자제도는 친생부모와의 친생자관계를 단절하여 버린다는 점에서 종래의 양자제도(보통양자제도)와는 다르다. 이 제도는 2005년의 민법 개정에 의하여 도입되었으나 2008. 1. 1. 부터 시행되었다.

36) 보건복지위원회 수석전문위원, "의료보조생식에 관한 법률안(양승조 의원대표발의) 검토보고"(2007. 4), 19면은 의료보조생식 법률안은 체외수정 법률안과는 달리 "친생부인의 소" 제기 금지규정을 두지 아니하여 친자관계를 해소할 수 있는 길을 열어 놓고 있는데, 이는 부(父) 또는 모(母)가 보조생식으로 인하여 태어난 자(子)에 대하여 애정을 상실하여 부당하게 대우하는 경우 친자관계를 해소할 수 있는 수단을 마련하여 놓는 것이 자(子)의 복리를 위하여 타당하기 때문인 것으로 보인다고 설명하고 있으나, 정자를 기증받은 夫가 父의 지위를 가진다고 하는 것은 친생부인 그 자체를 배제하는 것이라고 이해하여야 할 것이다.

제26조 제2항은 생식세포를 제공받은 자는 생식세포를 제공받았다는 이유로 친생자관계를 부인할 수 없다고 규정하고 있다.

2. 정자제공자에 대한 인지청구와 정자제공자의 정보 공개

인공수정과 관련하여 제기되는 또 다른 문제점으로는 인공수정에 의하여 출생한 자녀가 나중에 정자제공자를 찾아서 그를 상대로 인지청구를 할 수 있는가 하는 점이다. 이 점에 관하여는 이것이 자녀의 이익에 부합하는 것도 아니고, 제공자가 다수의 수정자로부터 예기하지 않은 형태로 인지청구를 받는 것은 불합리하다는 이유로 부정하는 견해가 많다.[37] 반면 모의 夫와의 부자관계가 부정되는 경우에는 이를 인정하여야 한다는 견해도 있다.[38]

생각건대 AID에 동의한 夫와 인공수정에 의하여 출생한 자녀 사이에 친생자관계가 인정되고, 친생부인도 허용되지 않는다면 따로 정자제공자에 대한 인지 청구는 법률상 불가능할 것이다. 이 문제에 관하여 입법을 한 다른 나라들의 경우에도 대체로 이를 부정하고 있다.

체외수정 법률안 제21조 제3, 4항은 제공자는 제공자와 수혜자 간의 체외수정 또는 인공수정으로 인하여 출생한 자를 인지할 수 없고, 제공자와 수혜자 간의 체외수정 또는 인공수정으로 인하여 출생한 자와 그 직계비속 또는 법정대리인은 제공자에 대하여 "인지청구의 소"를 제기할 수 없다고 규정한다. 그리고 의료보조생식 법률안 제8조는 기증자를 매개로 한 의료보조생식의 경우 기증자와 출생한 자 사이에는 어떠한 친자관계도 발생하지 아니하며, 기증자는 의료보조생식으로 태어난 자를 인지할 수 없고, 의료보조생식으로 태어난 자는 기증자에게 인지청구의 소를 제기할 수 없다고 규정하고 있다.[39]

그런데 이와는 별개로, 외국에서는 AID에 의하여 출생한 자녀에게 자신의 생물학적인 父, 즉 정자제공자가 누구인지를 알 권리를 인정하여야 할 것인가

---

37) 李庚熙, "人工受精子의 親子法上 地位", 家族法研究 제2호, 1988, 44면 이하; 이은정(주 34), 92면 이하; 맹광호(주 27), 33-34면 등 참조.

38) 李庚熙(주 27), 195면은 母의 夫와의 부자관계가 부정되는 경우에는, 제공자가 특정되고 부자관계가 증명된다면 인공수정자로부터의 인지청구를 인정하는 것이 자의 복지라는 측면에서 바람직한 경우도 있을 것이라고 한다.

39) 보건복지위원회 수석전문위원(주 36), 19-20면은 민법 제863조와 비교하면 보조생식으로 태어난 자의 직계비속 또는 그 법정대리인은 인지청구의 소를 제기할 수 있게 되어 보완의 필요성이 있는 것으로 보이므로 입법적인 보완이 필요하다고 한다.

하는 점이 논의되고 있다.[40] AID에 의하여 출생한 자녀들이 나중에 그 사실을
알게 되면, 자신의 생부가 누구인가를 알고 싶어하는 욕구를 가지게 된다.[41]
근래에는 이러한 자녀에게 정자제공자의 신원을 알 수 있게 하는 나라들이 늘
어나고 있다. 스웨덴은 1984년에 이를 최초로 인정하였고, 1992년에 오스트리
아와 스위스가 뒤따랐으며, 현재 오스트레일리아의 일부 주, 네덜란드 등이 이
를 인정하고 있다.[42] 영국은 2004년에 인간 수정 및 발생학에 관한 법률
(Human Fertilisation and Embryology Act 1990. 이하에서는 HFEAct라고 약칭한다)
의 시행령[43]을 개정하여, 2005. 4. 1.부터는 정자제공자의 성명, 주소 등을 등
록하고, 그 정자제공자의 정자에 의하여 출생한 자녀가 18세가 되면 청구에 의
하여 정보를 제공하도록 하였다.[44]

과연 이처럼 정자제공자의 신원을 알 수 있게 하는 것이 바람직한지는 어
려운 문제이다.[45] 그렇게 되면 정자제공자의 프라이버시가 침해될 뿐만 아니라
실제로 정자제공자가 줄어들 수 있기 때문이다.[46] 그러나 일반적으로 정자제공

---

40) 국내에서 이를 긍정하는 견해로는 金玟中, "生命工學의 發達에 따른 民事法的 課題", 民事
法學 제21호, 2002, 27면 이하; 김향미(주 1), 32면 등이 있다.

41) 이에 대하여는 2007. 8. 2.자 영국의 Guardian지에 "Time to stop lying"이라는 제목으로 실린,
AID에 의하여 출생한 변호사인 David Gollancz의 이야기(http://www.guardian.co.uk/society/
2007/aug/02/childrensservices.humanrights) 참조.

42) 이에 대하여는 Jennifer A. Baines, "Gamete Donors and Mistaken Identities: The Importance of
Genetic Awareness and Proposals Favoring Donor Identity Disclosure for Children Born from
Gamete Donations in The United States", Family Court Review, Vol. 45 No. 1, 2007, pp. 120 f.
참조.

43) The Human Fertilisation and Embryology Authority (Disclosure of Donor Information) Regulations
2004(2004. 6. 14.)

44) 독일에는 이에 관한 명문 법규정은 없으나, 독일 연방헌법재판소 1989. 1. 31. 결정(BVerfGE
79, 256)이 자녀에게 자신의 혈통을 알 권리(Recht auf Kenntnis der eigenen Abstammung)를 기본
권으로 인정한 것의 영향으로 인하여, 의사는 정자제공자가 누구인지를 등록하여야 하고, 자녀의
요구가 있으면 그에게 알려 주어야 한다고 해석되고 있다. Staudinger/Rauscher, Neubearbeitung
2000, Anhang zu §1592 Rdnr. 26; MünchKomm/Wellenhofer-Klein, 4. Aufl., 2002, §1600 Rdnr. 29;
Muscheler, Familienrecht, 2006, Rdnr. 562 등 참조.

45) Frank, "Rechtsvergleichende Betrachtungen zur Entwicklung des Familienrechts", FamRZ 2004,
S. 845; Mason and McCall Smith's Law and Medical Ethics, 7th ed., 2005, by Mason and
Laurie, pp. 86 f.는 이에 대하여 비판적이다.

46) 네덜란드가 정자제공자의 匿名性을 폐지한 결과 정자제공자가 감소하게 되어, 인공수정을
희망하는 부부는 정자제공자의 익명성이 보장되는 벨기에로 간다고 하고, 마찬가지로 익명
성이 보장되지 않는 스웨덴의 인공수정 희망자는 익명성이 보장되는 덴마크로 간다고 한다.
BBC 2002. 10. 15. 뉴스(http://news.bbc.co.uk/1/low/health/2329675.stm); BBC 2004. 8. 12. 뉴
스(http://news.bbc.co.uk/2/low/europe/3555202.stm) 참조. 이는 독일의 경우에도 마찬가지이다.
Rainer Frank(윤진수 譯), "獨逸 親子法의 가장 최근의 발전", 家族法研究 제19권 2호, 2005,
420면 참조. 한 보고에 의하면, 스웨덴은 정자제공자의 익명성이 보장되었을 때에는 매년 인
공수정에 의하여 250명의 아이가 태어났으나, 익명성을 폐지하는 법률이 시행된 1985년 이후

자의 신원을 공개할 것인지 여부는 더욱 논의를 필요로 한다고 하더라도, 자녀의 유전적 질병 등에 대비하기 위하여 의학적으로 필요한 경우에는 정자제공자의 인적 사항을 등록해 둘 필요가 있을 것이다.[47]

이 점에 관하여 체외수정 법률안 제20조는 체외수정관리본부의 장은 체외수정시술로 출생한 만 20세 이상의 출생자가 요구하는 경우 생식세포의 제공 및 체외수정에 관한 기록의 열람을 허용하거나 사본을 교부하여야 한다고 규정하고 있으나, 체외수정에 관한 기록의 기재사항은 보건복지부령이 정하도록 되어 있어, 생식세포 제공자의 신원을 특정할 수 있는 사항이 포함되는 것인지는 명확하지 않다.[48] 반면 의료보조생식 법률안 제12조 제6항은, "의료보조생식관리센터는 기증자의 익명성을 보장한다. 다만, 의료보조생식으로 태어난 자에게 중대하고 명백한 이익이 있을 경우에는 이에 관한 기록을 법원에 제출할 수 있다"고 규정하여 대조적인 태도를 보이고 있다. 그리고 생식세포 법률안 제29조 제3항은 기증된 생식세포로 태어난 아이가 성인이 된 후 기증자에 대한 자료의 열람을 요청하는 경우에는 생식세포의 기증자가 공개에 동의한 정보에 한정하여 그 자료를 열람하게 하거나 사본을 발급할 수 있다고 규정하여, 익명성을 유지할 것인지를 기증자가 결정할 수 있게 하고 있다.

3. 독신 여성 또는 사실혼의 당사자도 인공수정을 할 수 있는가?

근래 우리나라에서도 유명 방송인이 혼인하지 않은 상태로 인공수정에 의하여 임신을 하였다고 하여 화제가 된 바 있다. 그런데 우리나라의 많은 학자들은 인공수정은 법률상 배우자 있는 여자에게만 허용되어야 하고, 독신 여성에게는 허용되어서는 안 된다고 주장한다. 즉 독신 여성에 대한 인공수정은 자의 출생은 부모 쌍방의 협력 혹은 공동작업에 기인하여야 한다고 하는 원칙에

에는 국내에서는 약 60명 정도가 태어나고, 해외에서는 약 200명 정도가 태어난다고 한다. 그리고 국내의 인공수정 대기자는 몇 년을 기다려야 한다고 한다. House of Commons Science and Technology Committee, Human Reproductive Technologies and the Law, Fifth Report of Session 2004-05, Volume I, 2005, p. 70 참조.

47) Frank(주 45), S. 845도 같은 취지이다. 미국 캘리포니아 주 항소법원의 Johnson v. Superior Court, 95 Cal.Rptr.2d 86(2000. 5. 18.)은 AID에 의하여 태어난 아이가 유전적 질병이 있는 것으로 나타나자 그 부모와 본인이 유전자 은행을 상대로 제기한 소송에서, 정자제공자에 대하여 진술명령(deposition subpoena)을 내릴 수 있다고 판시하였다.

48) 보건복지위원회 수석전문위원, "체외수정 등에 관한 법률안(박재완의원 대표발의) 검토보고", 2007. 4, 35면은 체외수정시술로 인하여 출생한 자에게만 정보공개청구권을 인정하고 있으나 인공수정을 통하여 출생한 자도 포함하는 것이 필요할 것으로 보인다고 지적한다.

반하고, 원칙적으로 자는 가족에서 태어나야 한다고 하는 사실에도 위배되어 자녀의 복리에 어긋나므로 허용될 수 없다는 것이다.[49] 이외에 사실혼 부부의 경우에 인공수정을 허용할 것인가에 대하여도 논의가 있다.[50]

그러나 우선 현행법의 해석론으로는 이는 근거가 없는 주장이다. 이를 금지하는 법규가 없을 뿐만 아니라, 독신여성에게 인공수정을 시술하였다고 하여 그에 대한 책임을 물을 수도 없으므로, 독신 여성에 대한 인공수정이 허용되지 않는다는 것은 아무런 의미가 없다.

그러면 입법론적으로는 어떠한가? 제17대 국회에 제출된 각 법률안들은 모두 법률상 부부의 불임치료를 목적으로 하는 경우에 한하여만 이를 허용하고 있는데,[51] 이는 문제가 있다. 이에 관하여는 아래에서 다시 언급한다.

Ⅳ. 대 리 모

1. 대리모의 정의

과거의 대한의사협회의 의사윤리지침은 일반적으로 대리모(surrogate mother)란 '부인의 자궁에 이상이 있는 불임부부가 자녀를 갖는 것을 돕기 위하여 그 부인을 대신하여 자신의 자궁으로 태아를 양육하는 여성'이라고 정의하고 있었다.[52] 그러나 대리모에 의한 출산을 의뢰하는 여자가 반드시 혼인관계에 있는 여자인 것은 아니고, 또 그 의뢰의 동기가 반드시 자궁의 이상을 원인으로 하여야 하는 것은 아니므로, "출생한 자를 타인에게 인도할 것을 내용으로 하는 당사자 간의 합의에 의하여 夫 이외의 자의 정자로 수정한 후 임신 및 출산한 여성"이라고 정의하는 것[53]이 정확할 것이다. 일반적으로는 부부 가운데 처가 자신

---

49) 金玟中(주 40), 35면 이하. 같은 취지, 이승우, "인공수정자의 친자관계에 관한 연구", 比較私法 제11권 2호, 2004, 259면 이하; 이은정(주 34), 83면 등.

50) 허용된다는 견해: 金玟中(주 40), 34-35면. 허용되지 않는다는 견해: 이승우(주 49), 258-259면; 이은정(주 34), 83면 등.

51) 체외수정 법률안 제8조, 의료보조생식 법률안 제5조 제4항 등. 생식세포 법률안은 이 점에 관하여 명백히 규정하지는 않고 있으나, 제25조 제2항은 불임치료 목적으로 생식세포를 기증받으려는 경우에 배우자의 동의서를 요구하고 있다.

52) 2001. 11. 15. 제정된 의사윤리지침 제56조 참조. 이 규정은 2006. 4. 22. 개정된 현행 의사윤리지침에서는 삭제되었다.

53) 朴東瑱, "대리모계약에 의한 출산과 그 법적 문제", 醫療法學 제3권 1호, 2002, 58면 참조.

의 힘으로 임신, 출산할 수 없는 경우에 다른 여자로 하여금 夫의 자녀를 출산하게 하여 자기 부부의 자녀로 양육할 의도에서 대리모계약이 행하여진다. 우리나라에서도 대리모계약에 의한 출산이 행하여지고 있는 것으로 알려져 있다.[54]

이러한 대리모도 그 난자의 제공자가 누구인가에 따라 이른바 유전적 대리모(genetic surrogate mother)와 출산 대리모(gestational surrogate mother)의 두 가지로 나누어 볼 수 있다. 전자는 대리모의 난자에 의하여 임신이 이루어지는 것인 반면, 후자는 출산하는 여성의 난자가 아닌 다른 여성의 난자를 체외수정의 방법에 의하여 수정시킨 다음 이를 대리모의 자궁에 착상시켜 출산하게 하는 것이다.

2. 대리모 계약의 유효 여부

이러한 대리모에 관하여는 여러 가지의 법률문제가 있다. 우선 이러한 대리모계약이 유효한가 하는 점이 문제된다. 종래에는 이러한 대리모계약은 선량한 풍속 기타 사회질서에 어긋나는 것으로 무효(민법 제103조)라고 보는 견해가 많았다.[55] 이러한 무효설의 주된 근거는, 대리모계약은 금전적인 대가를 통하여 이루어지는 것이 일반적이므로 상업화될 우려가 있고, 여성의 생식기능과 출생한 자식을 계약의 급부 대상으로 여김으로써 인간의 존엄과 가치를 침해한다는 것이다.[56]

그러나 근래에는 그 유효를 인정하여야 한다는 견해가 늘어나고 있다. 가령 대리모가 친권을 사전에 포기하는 것은 인정되지 않지만, 이로 인하여 대리모계약 전부가 무효가 되는 것은 아니며, 혼외자에 대한 친권자를 결정할 때

---

54) SBS 2007. 9. 5. 8시 뉴스(http://news.sbs.co.kr/section_news/news_read.jsp?news_id=N1000307491) 참조. 국내 의학 문헌에서도 난자는 생산하지만 임신이 불가능한 여성에 대하여 출산대리모를 통하여 출산에 성공한 사례가 보고되고 있다. 박준철, 신소진, 김종인, 이정호, 김택훈, "선천성 질결여증 여성에서 신생질을 통한 난자채취에 의한 성공적인 대리모임신 1예", 대한산부인과학회지 제46권 3호, 2003, 681면 이하; 최준, 신종승, 박원일, 이진용, "선천성 질결여증 환자에서 대리모를 이용한 체외수정 임신 1예", 대한산부인과학회지 제47권 11호, 2004, 2264면 이하; 한미영, 허인정, 박현주, 이현진, 이은희, "뮬러관 형성 부전증 여성에서 성공한 대리모 임신 1예", 대한산부인과학회지 제48권 제6호, 2005, 1533면 이하.

55) 金疇洙·金相瑢(주 27), 302면; 李庚熙(주 27), 202, 204면 등. 註釋民法 제3판, 總則(2), 2001, 440면 주 118)(尹眞秀)은 이는 부부관계의 보호라는 측면뿐만 아니라 출산을 영리의 목적으로 이용하는 것이 대리모나 그 자녀의 존엄성을 침해한다는 측면에서도 허용될 수 없다고 설명한다.

56) 高貞明·申寬澈, "代理母契約의 母性推定에 관한 考察", 국민대학교 法學論叢 제10집, 1998, 12면. 맹광호, "대리모계약의 유효성 여부", 比較私法 제12권 2호, 2005, 86면에서 재인용.

우선 당사자의 협의에 의하도록 하고 있음(민법 제909조 제4항)에 비추어 볼 때, 사전에 친권자를 결정하는 것이 가능하므로 무효행위전환의 법리(민법 제138조)에 의해 친권자결정의 사전약정으로 그 효력을 인정할 수 있다고 주장하는 견해가 있다.57) 또 대리모에 의한 임신·출산이 절대적 불임부인의 불임극복을 위한 최후수단이고 유일한 방법인 때에는 대리모계약의 효력을 인정하여 종족보존과 子의 養育을 바라는 불임부부의 희망을 성취시켜 주어야 하며, 아기매매 혹은 입양암거래와 유사한 유상의 대리모계약은 민법 제103조의 반사회질서적인 법률행위로서 무효이나, 애타적인 감정에 의한 무상의 대리모계약은 그 유효성을 인정할 수 있다는 견해도 있다.58) 나아가 유상의 대리모계약도 그 효력을 인정하여야 한다는 견해도 주장된다.59)

프랑스, 독일 등의 나라에서는 대체로 법률이나 판례 또는 학설상 이를 무효로 보고 있으나, 영국, 이스라엘, 그리스 등 몇 나라에서는 엄격한 요건하에 이를 허용하고 있고, 미국의 경우에는 각 주에 따라서 이 문제를 달리 취급하고 있다.60) 미국의 판례 가운데 미국 뉴저지 주 대법원의 Matter of Baby M 판결61)은, 금전수수가 수반되는 대리모계약은 성문법에 어긋날 뿐만 아니라 공공의 정책(public policy)에도 어긋나므로 무효이고, 출산한 모의 친권을 계약에 의하여 종료시키는 것도 무효라고 하였다.62) 반면 캘리포니아 주 대법원의

---

57) 嚴東燮, "代理母契約", 저스티스 제34권 6호, 2001, 106면. 또한 嚴東燮, "代理母契約에 관한 外國의 立法例", 家族法研究 제19권 2호, 2005, 70면 이하 참조.

58) 金玟中(주 40), 45-46면. 백승흠, "代理母契約의 문제점과 유효성 여부", 比較法研究(동국대학교) 제6권 1호, 2005, 125-126면도 같은 취지로 보인다. 또한 金玟中, "代理母와 그 法律問題", 判例月報 제244호(1991. 1), 21면 등.

59) 맹광호(주 56), 93면 이하. 玄昭惠, "대리모계약을 둘러싼 基本權 衝突의 解決", 亞細亞女性法學研究 제8호, 2005, 376면 이하는 합헌적 계약해석의 법리에 따라 대리모계약은 대리모에게 해제권이 보장되는 한 유효하고, 이는 상업적 대리모 계약인지 여부를 불문한다고 한다. 다른 한편 裵成鎬, "代理母에 의해 出生한 子의 法的 地位", 인권과 정의 제345호(2005. 5), 12면은 허용되는 범위는 명확히 하지 않은 채로 불임 극복의 최후의 수단으로써 대리모 계약을 인정하여야 한다고 주장한다.

60) 상세한 것은 嚴東燮, 저스티스(주 57), 97면 이하; 洪春義, "현대 프랑스 親子法과 親權法의 發展과 動向", 家族法研究 제13호, 1999, 312-313면; 朴東瑱(주 53), 75면 이하 등 참조. 이스라엘에 관하여는 Pamela Laufer-Ukeles, "Gestation: Work for Hire or the Essence of Motherhood? A Comparative Legal Analysis", 9 Duke Journal of Gender Law and Policy, 95 ff. (2002) 참조.

61) 537 A.2d 1227(Supreme Court of New Jersey, 1988).

62) 그러나 뉴저지 주 대법원은 무상의 자발적인 대리모계약의 경우에는 대리모가 그 아이의 인도의무에 구속되지 않는 한 그 계약은 위법이 아니며, 이 판결이 의회로 하여금 헌법적 제약의 테두리 내에서 대리모계약을 허용하는 법개정을 금지하는 것도 아니라고 하였다. 537 A.2d 1235.

Johnson v. Calvert 판결[63]은 출산대리모 계약은 금전의 수수가 금지되는 입양
과는 달라서 그에 따른 규제를 받는 것은 아니고, 대리모가 받는 돈은 태아를
보유하고 출산하는 데 대한 보상이며 친권을 포기하는 데 대한 대가가 아니라
고 하여, 출산대리모계약이 성문법규나 공공의 정책에 어긋나지 않고 따라서
유효하다고 하였다.[64]

　　미국의 각 주 가운데 대리모계약에 관하여 법률을 제정한 주들은 대리모계약
의 유효성을 전혀 인정하지 않는 것,[65] 유상의 대리모 계약만을 금지하는 것,[66]
제한된 조건 하에서만 유효성을 인정하는 것[67] 등 다양한 태도를 보이고 있다.[68]

　　2005. 1. 1.부터 시행된 우리나라의 생명윤리 및 안전에 관한 법률 제13조
제3항은, "누구든지 금전 또는 재산상의 이익 그 밖에 반대급부를 조건으로 정
자 또는 난자를 제공 또는 이용하거나 이를 유인 또는 알선하여서는 아니된
다"고 규정하고 있다.[69] 그리고 체외수정 법률안 제14조는 영리목적의 대리모
계약을 금지하고 있다. 반면 의료보조생식 법률안 제11조 제1항은 대리모계약
은 무효라고 하면서도, 대리모계약 중 대리모 출산에 의한 의료비 지급청구 등
보건복지부령이 정하는 금원을 실비보상 차원에서 지급하도록 하는 약정 부분
은 일부 유효하다고 규정하고 있는데, 그 의미가 명백하지 않다. 일부 견해에
의하면 위 법안은 대리모계약을 무효로 함으로써 대리출산을 억제하려고 한다
고 보고 있으나,[70] 오히려 실비보상을 내용으로 하는 대리모계약은 유효한 것
으로 인정하고, 이를 넘는 내용의 대리모계약도 위 한도에서는 유효한 것으로
하려는 취지라고 이해된다.

3. 모의 확정

　　다음으로 출산대리모의 경우에 과연 모를 누구로 볼 것인가가 문제된다.

---

63) 5 Cal.4th 84, 851 P.2d 776, 19 Cal.Rptr.2d 494, 61 USLW 2721(Supreme Court of
　　California, 1993).
64) 851 P.2d 784.
65) 애리조나, 워싱턴 디시, 인디애나, 미시간, 뉴욕, 노스다코타, 유타 주.
66) 켄터키, 루이지애나, 네브래스카, 워싱턴 주.
67) 플로리다, 네바다, 뉴햄프셔, 버지니아 주.
68) 상세한 것은 Adam P. Plant, "With a Little Help from My Friends", 54 Alabama Law
　　Review 639, 650(2003) 참조. 또한 嚴東燮, 家族法研究(주 57), 37면 이하 참조.
69) 嚴東燮, 家族法研究(주 57), 36면은 이 규정은 출산대리모의 경우에는 적용되지 않는다고 한다.
70) 보건복지위원회 수석전문위원(주 36), 7면 이하 등.

유전적 대리모의 경우에도 모의 확정이 문제되지 않는 것은 아니지만, 일반적으로는 이 경우에는 생물학적으로 보아도 대리모가 자녀의 유전적 어머니임에 틀림없으므로 출산한 대리모를 법적으로 모로 보고 있다.[71] 그러나 출산대리모의 경우에는 그 자녀의 유전자는 난자를 제공한 사람과 연관되어 있고, 출산대리모와는 관련이 없다. 따라서 난자제공자(즉 유전학적 모)를 모로 볼 것인가, 아니면 출산모를 모로 볼 것인가 하는 문제점이 등장한다. 국내의 많은 견해는 출산한 사람을 모로 보고 있다. 그 이유로는 모자관계는 출산이라는 사실에 기인한다는 점, 부모는 유전적 관계보다는 자궁에서 시작하는 사회적 관계가 유전적 요소보다 존중되어야 한다는 점, 유전적 모를 법률상 모로 인정하게 되면 출산모는 단순히 아이를 출산하는 기구로 사용하게 되어 출산모의 인간의 존엄성을 침해하게 된다는 점, 10개월의 포태기간 중에 태교의 내용에 따라 성격형성과 지적 유전자의 결정이 가능하다는 점 등을 든다.[72] 반면 자녀의 복지를 염두에 둘 때에는 유전적인 모를 법률상의 모로 인정하여야 한다는 견해도 있다.[73]

다른 나라에서도 출산한 사람을 모로 보는 경우가 많다. 예컨대 1998. 7. 1.부터 시행된 독일 개정 민법 제1591조는, "자녀를 출산한 자가 모이다(Mutter eines Kindes ist die Frau, die es geboren hat)"라고 규정하고 있다. 그러나 일부 국가, 예컨대 이스라엘과 그리스에서는 일정한 요건을 갖춘 경우에 난자를 제공하고 출산을 의뢰한 여성을 모로 인정한다.[74]

그리고 영국은 다소 절충적인 태도를 취하고 있다. 영국의 HFEAct 제27조 제1항은 출산한 여성이 모로 간주된다고 규정하면서도,[75] 제30조에서는 일정한 요건을 갖춘 경우에는 정자 또는 난자를 제공한 부부가 자녀 출생 후 6개월 내에 법원에 청구하면 법원은 그 자녀를 그 부부의 법률상 자녀로 보도록 명

---

71) 裵成鎬, "대리모에 의해 출생한 자의 법적 지위: 生命倫理法의 改正 내지 生殖補助醫療에 관한 새로운 民事特別法의 制定을 위한 試論", 人權과 正義 제345호(2005. 5), 14면; Bernard Friedland, Valerie Epps, "The Changing Family and the U.S. Immigration Laws", 11 Georgetown Immigration Law Journal, 429, 452 ff.(1997) 등.

72) 嚴東燮, 저스티스(주 57), 109면; 李準永, "人工姙娠에 의해 出産한 子의 親生子關係에 관한 立法論的 考察", 家族法硏究 제11호, 1997, 122면 이하 등. 玄昭惠(주 59), 370면 이하는 대리모의 친권을 완전히 부인하는 것은 대리모의 권리의 본질적 내용을 침해하거나 과잉금지의 원칙에 반한다고 한다.

73) 朴東瑣(주 53), 90면; 218-220면 등. 李德煥, "代理母出産의 親子法上 問題", 한양대 法學論叢 제13집, 1996, 218-220면; 맹광호(주 27), 45-46면도 같은 취지로 보인다.

74) 嚴東燮, 家族法硏究(주 57), 48면 이하; Pamela Laufer-Ukeles(주 60), 95 f.

75) s. 27 (1) The woman who is carrying or has carried a child as a result of the placing in her of an embryo or of sperm and eggs, and no other woman, is to be treated as the mother of the child.

령(parental order)할 수 있다는 규정을 두고 있다.

미국의 경우에는 앞에서 언급한 미국 캘리포니아 주 대법원의 Johnson v. Calvert 판결(위 주 63)은 출산한 모와 유전적 모가 다를 때에는 자녀를 출산하려고 의도한 사람, 즉 자녀를 자신의 자녀로서 양육할 의도를 가지고 출산하도록 의도한 사람이 캘리포니아 주법상 생모(natural mother)라고 하여, 유전이나 출산이라는 사실 이외에 당사자의 의도를 중시하였다.[76] 미국의 많은 주는 이처럼 판례 또는 성문법에 의하여 출산한 여성이 아니라 출산을 의뢰한 여성을 모로 인정하고 있다.[77]

일본에서는 이 문제에 관하여 2007년에 일본 최고재판소가 태도를 밝혔다.[78] 이 사건의 당사자들은 탤런트인 무카이 아키(向井亜紀)와 전 프로 레슬러인 다카다 노부히코(高田延彦) 부부인데, 처인 무카이가 자궁경부암으로 자궁을 절제하여 임신을 할 수 없게 되었다.[79] 당시 처는 대리출산의 방법에 의하여 자녀를 낳을 생각으로 수술 후의 방사선 요법에 의한 손상을 피하기 위하여 난소를 골반 밖으로 옮기게 하였다. 그 후 위 부부는 미국 네바다 주에 사는 미국 여성과 대리모 계약을 체결하고, 처의 난소에서 난자를 채취하여 남편의 정자에 의하여 인공수정을 시킨 다음 위 미국 여성의 자궁에 이식하여 미국 여성이 2003. 11.에 쌍둥이를 낳았다. 위 부부는 네바다 주 법에 따라 네바다 주 법원에서 위 부부가 위 자녀의 부모라는 판결을 받은 다음, 일본에서 자신들이 부모라고 하여 출생신고를 하려고 하였으나, 그 출생신고가 거부되자 소송을 제기하였다.

이 사건의 쟁점은, 일본법상 출산대리모의 경우에 출산을 의뢰한 난자제공자를 모로 볼 수 있는가 하는 점 외에도, 위와 같은 네바다 주 법원의 확정판결을 일본에서 승인할 수 있는가 하는 점이었다. 일본 민사소송법 제118조는 외국 법원의 확정판결은 일본에서도 효력이 있지만, 판결의 내용 및 소송절차가 일본의 공공 질서 또는 선량한 풍속(公序良俗)에 어긋나지 않아야 한다고 규

---

76) 또한 앞에서 살펴본 Buzzanca 판결(주 31)도 참조.

77) 뒤에서 살펴볼 네바다 주가 성문법에 의하여 이를 인정하고 있다. Nev. Rev. Stat. §126.045 (2001).

78) 最高裁 2007(平成 19). 3. 23. 판결(判例タイムズ 1239, 120頁). 이 판결에 대한 국내의 간략한 소개로는 우병창, "과학기술의 발전과 일본가족법의 대응", 家族法硏究 제21권 3호, 2007, 99면 이하가 있다.

79) 読売新聞 2007년 7月 16日 기사. http://www.yomiuri.co.jp/iryou/medi/renai/20070716-OYT8T00074. htm(최종 방문 2007. 11. 17) 참조.

정하고 있다.80)

　　위 사건의 원심인 동경고등재판소는, 일본 민법의 해석상 법률상의 모자관계에 관하여는 자녀를 출산한 여성이 어머니라고 해석하여야 하고, 위 부부를 법률상의 부모라고 할 수는 없다고 하면서도, 위 네바다 주 법원의 판결이 일본의 공서양속에 어긋난다고 할 수는 없으므로, 위 출생신고는 수리되어야 한다고 판시하였다. 그러나 최고재판소는, 누구와의 사이에 친생자관계를 인정할 것인가는 일본의 신분법질서의 근간을 이루는 기본원칙 내지 기본이념에 해당하므로, 민법이 친생자관계를 인정하지 않고 있는 자들 사이에 친생자관계를 인정하는 내용의 외국 법원의 재판은 우리나라의 법질서의 기본원칙 내지 기본이념과 맞지 않는 것으로서, 일본 민사소송법 제118조 제3항이 규정하는 공공의 질서에 반한다고 하여, 위 결정을 파기하였다.81)

　　국회에 제출된 법안 가운데 체외수정 법률안 제22조는 대리출산으로 출생한 자는 대리출산을 의뢰한 부부의 혼인 중 출생자로 보고, 대리모는 대리출산으로 출생한 자를 인지할 수 없으며, 대리모에 대한 인지청구나 대리출산을 원인으로 하는 친생자관계 부존재 확인의 소도 금지하고 있다. 반면 의료보조생식 법률안은 이 점에 관하여는 규정을 두지 않고 있다.82) 그리고 생식세포 등에 관한 법률안도 이 점을 직접 규율하고 있는 것으로는 보이지 않는다.

Ⅴ. 死後受精(posthumous insemination/conception)

1. 사후수정의 허용 여부

　　근래 의학기술의 발달로 인하여 정자를 거의 반영구적으로 보관할 수 있

---

80) 한국 민사소송법 제217조도 같은 내용을 규정하고 있다.

81) 다만 위 결정의 補足意見은, 이러한 경우에 대리모의 동의가 있으면 특별양자(우리 민법상 친양자)가 성립할 여지는 있다고 하였다. 참고로 프랑스 파기원 1991. 5. 31. 充員合議部 (Assemblée plénière) 판결(Bulletin 1991 A.P. N° 4 p. 5)은 출산대리모 계약은 무효이고, 그러한 계약에 의하여 태어난 자녀를 의뢰한 부부의 양자로 하는 것도 양자 제도를 왜곡하는 것이어서 허용되지 않는다고 하였다.

82) 보건복지위원회 수석전문위원(주 36), 7면 이하 등은 위 법안이 대리모계약을 무효로 함으로써 대리출산을 억제하려고 한다고 보고 있으나, 위 법안은 난자를 제공한 자가 의료보조생식에 의하여 부모가 되는 경우를 예정하고 있으므로(제2조 제3호, 제8조 등), 이러한 설명은 정확하지 않다.

게 되었다. 이에 따라서 생겨나는 새로운 문제가 이른바 사후수정 내지 死後胞胎의 문제이다. 즉 정자제공자가 이미 사망한 후에 그 정자를 사용하여 임신, 출산을 하는 것이 의학적으로는 얼마든지 가능하게 되었다. 이러한 사후수정도 법률적으로 여러 가지의 복잡한 문제를 가져온다.

우선 이러한 사후수정이 허용되는가? 우리나라의 생명윤리 및 안전에 관한 법률 제13조 제2항 제2호는 사망한 자의 정자 또는 난자로 수정시키는 행위를 금지하고 있다.[83] 그러나 사망한 夫가 생전에 서면에 의하여 동의를 한 때에는 사후수정을 허용하여야 한다는 견해도 있다.[84]

외국에서도 이를 인정하지 않는 나라가 있는 반면,[85] 제한된 조건 하에 이를 인정하는 입법례도 없지는 않다. 우선 영국의 2003년 법률[86]은 1990년의 HFEAct 제28조에 (5A) 내지 (5I)항을 추가하여, 남자가 생전에 서면으로 사후수정 및 그에 의하여 출생한 자녀의 아버지가 된다는 데 동의를 하였으면, 그 남자는 그에 의하여 출생한 자녀의 아버지가 된다고 규정한다.[87][88] 정확히 말하면 위 법 이전에도 HFEAct은 사후수정을 금지하고 있었던 것은 아니다.[89] 그러나 이 이전에는 위 법률 제28조 제6항은 사후수정의 경우에 정액을 제공한 남자는 그에 의하여 출생한 자녀의 아버지로 보지 않는다고 규정하고 있었다. 이스라엘은 남편의 사망 후 1년 내에는, 남편의 동의가 없는 경우에도 그 처에 의한 사후수정을 인정한다고 한다.[90]

---

83) 위 법률조항이 타당하다고 하는 견해로는 맹광호(주 27), 8-9면. 다만 위 법률조항은 夫의 사후에 부의 냉동정자를 이용하여 먼저 시험관에서 수정란을 만들고 이를 여성의 자궁에 착상시켜 포태하는 경우에 적용되고, 夫의 사후에 부의 냉동정자를 이용한 전통적인 인공수정 방법(체내수정을 의미하는 것으로 보인다)에 의한 경우에는 적용되지 않는다는 견해가 있다. 이경희, "死後胞胎의 자기결정권에 관한 일고찰", 家族法研究 제21권 3호, 2007, 210면 주 8). 한편 의료보조생식 법률안 제7조, 생식세포 법률안 제10조도 사후수정을 금지하고 있다.

84) 金玫中, "死後受精(死後胞胎)의 立法論的 考察", 家族法研究 제19권 2호, 2005, 122면; 정현수, "亡夫의 凍結精子에 의한 人工受精子의 法的 地位", 成均館法學 제18권 1호, 2006, 352-353면; 이경희(주 83), 222면 이하 등.

85) 독일, 프랑스, 스위스, 오스트레일리아의 몇 개 주 등. 金玫中(주 84), 116면 이하; 정현수(주 84), 348면 이하; 이경희(주 83), 213면 이하 참조.

86) Human Fertilisation and Embryology(Deceased Fathers) Act 2003.

87) 이 규정은 반드시 남자와 여자가 혼인관계에 있는 경우에 한정하고 있지 않으며, 나아가 반드시 사망한 사람의 정자에 의하여 수정이 되었을 것도 요구하지 않고 있다.

88) 이 법의 탄생 경위에 관하여는 아래 2. 참조.

89) Mason and McCall Smith's Law and Medical Ethics(주 45), p. 77. HFEAct Sch 3, para 2(2)는 생식자나 배아를 기증하는 사람의 사용 승낙은 자신이 사망하거나 무능력이 되었을 때 생식자를 어떻게 할 것인지에 관한 내용을 포함하도록 하고 있다.

90) Margaret Ward Scott, "A Look at the Rights and Entitlements of Posthumously Conceived

한편 2002년에 개정된 미국의 통일친자법은 사망한 배우자가 생전에 서면으로 동의하였으면 사후수정에 의하여 출생한 자녀의 아버지가 된다고 규정한다.[91] 이를 주 법으로 받아들인 주는 델라웨어, 텍사스, 와이오밍 및 워싱턴 주이다.[92] 그리고 버지니아 주도 마찬가지의 규정을 가지고 있다.[93][94]

2. 사후수정에 의하여 출생한 자의 인지청구

나아가 사후수정이 금지된다고 하더라도, 그에 반하여 사후수정 및 그에 따른 출산이 이루어진 경우에는 그 출산한 자녀가 그 정자제공자의 자녀인 지위를 가질 수 있는가 하는 점이 문제된다.

민법 제844조 제2항은 앞에서도 언급한 것처럼 혼인관계 종료의 날로부터 300일 내에 출생한 자는 혼인 중에 포태한 것으로 추정하고 있으므로, 만일 夫 사망 직후에 그 夫의 정자에 의하여 사후수정이 이루어져 자녀를 출산한 경우에는 그 자녀는 夫의 혼인 중의 자녀로 추정될 수 있을 것이다.[95] 그러면 자녀의 출산이 夫 사망 후 300일이 경과한 후에 이루어졌거나, 또는 정자제공자와 모가 부부관계에 있지 않은 경우에는 어떠한가?

이 경우에 생각할 수 있는 것은 사후수정에 의하여 출생한 자녀나 그 법정대리인이 검사를 상대로 하여 인지청구를 하는 방법이다. 민법 제864조는 인지청구의 상대방이 될 父 또는 母가 사망한 경우에는 그 사망을 안 날로부터 2년 내에 검사를 상대로 하여 인지청구를 할 수 있다고 규정하고 있다.[96]

우선 이 규정이 사후인지의 경우까지 포함하는 것인지가 문제된다. 민법이 만들어질 당시에는 이러한 사후수정은 문제되지 않았으므로 민법의 입법자들이 이러한 것을 고려하였다고는 볼 수 없다. 따라서 위 규정은 원래는 父 생존

Children: No Surefire Way to tame the Reproductive Wild West", 52 Emory Law Journal 963, 970(2003).

91) Uniform Parentage Act §707(2000)(amended 2002).

92) Del. Code Ann. tit. 13, §8-707(2004); Tex. Fam. Code Ann. §160.707; Wyo. Stat. Ann. §14-2-907 (2004); Wash. Rev. Code §26.26.730(2002).

93) Va. Code Ann. §20-164.

94) 미국 주법의 자세한 상황에 대하여는 金玟中(주 84), 120면 이하; Kristine S. Knaplund, "Postmortem Conception and a Father's Last Will", 46 Arizona Law Review 91, 97 ff.(2004) 참조.

95) 金玟中(주 84), 139면; 李庚熙(주 37), 49면. 독일의 학설도 이와 같다. MünchKomm/Seidel, 4. Aufl., §1593 Rdnr. 14; Staudinger/Rauscher, Anhang zu §1592 Rdnr. 7.

96) 2005년 개정되기 전에는 그 기간이 사망을 안 날로부터 1년이었다.

중에 출생하였거나, 父 생존 중에 포태되었으나 父 사망 후에 출생한 자녀를 위한 것이고, 사후수정의 경우를 포함하는 것은 아니라고 보아야 한다는 견해가 있을 수 있다.[97] 반면 이 경우에도 자녀의 복리 측면에서 인지청구를 할 수 있게 하는 것이 옳다는 견해도 있다.[98] 이 설에서는 인지청구를 할 수 있는 기간인 '사망을 안 날로부터 2년'의 의미를, 사망 사실을 알고서 인지청구와 같은 행위를 할 수 있는 의사능력이 있는 자가 사망 사실을 안 때로부터 2년이라는 의미로 해석하면 된다고 한다.

이 점에 관하여 일본과 영국의 법원은 매우 대조적인 태도를 보이고 있다. 우선 일본 최고재판소 2006(平成 18). 9. 4. 판결[99]은 이러한 경우에 인지 청구가 허용되지 않는다고 하였다. 이 사건에서는 백혈병에 걸려 골수이식을 받아야 하는 남자가 정자를 냉동보존시켰으나 1999년에 사망하였다. 그러자 그 처가 이 정자를 이용하여 2001년에 체외수정의 방법으로 이 사건 원고를 출산하였다. 원고는 검사를 상대로 인지청구를 하였으나, 제1심법원은 이러한 사후수정은 타인의 정자에 의한 인공수정(AID)과는 차이가 있고, 이러한 경우에 친자관계를 인정하는 데 대하여 사회적 인식이 없다는 등의 이유로 이를 인정하지 않았다.[100] 그러나 항소심은 제1심 판결과는 달리 인지청구를 받아들였다. 항소심 판결은, 인지청구가 인정되기 위한 요건은 자연 임신의 경우에는 子와 사실상의 父 사이에 자연혈연적인 친자관계가 존재하는 것만으로 충분하고, 인공수정의 방법에 의하여 임신한 경우에는 인지를 인정하는 것이 상당하지 않은 특단의 사정이 존재하지 않는 한, 자와 사실상의 부 사이에 자연혈연적인 친자관계가 존재하는 것 외에 사실상의 부가 당해 임신에 관하여 동의가 있을 것이라고 하는 요건이 충족될 필요가 있는 것으로 충분하며, 임신 당시에 사실상의 부가 생존하고 있을 것을 인지 청구를 인정하기 위한 요건으로 할 수는 없다고 하면서, 이 사건에서는 그러한 인지의 요건이 갖추어졌다고 하였다.[101]

97) 李庚熙(주 37), 49면.

98) 金玟中(주 84), 146면 이하; 정현수(주 84), 361면 이하. 맹광호(주 27), 11면 등. 독일에서는 사후수정을 금지하고 있지만, 일단 사후수정에 의하여 자녀가 출생하면 그 자녀는 독일 민법 제1600e조 제2항의 규정에 의하여 가정법원이 정자제공자를 父로 확정할 수 있다고 보는 것이 일반적이다. MünchKomm/Seidel, §1600e Rdnr. 50; Staudinger/Rauscher, Anhang zu §1592 Rdnr. 7 등.

99) 民集 60권 7호 2563면. 위 판결에 대한 국내의 간략한 소개로는 우병창(주 78), 90면 이하 참조.

100) 松山地裁 2003(平成 15). 11. 12. 판결(判例時報 1840, 85면).

101) 高松高裁 2004(平成 16). 7. 16. 판결(判例時報 1868, 69면). 이 판결은 인지를 인정하게 되

그러나 최고재판소는 이러한 인지청구는 허용되지 않는다고 하였다. 즉 민법의 친생자에 관한 법제는 사후회태자(死後懷胎子)와 사망한 父와의 사이의 친자관계를 상정하고 있지 않은 것은 명백하고, 이러한 경우 父가 사후회태자의 친권자가 될 수 있는 여지도 없으며, 사후회태자가 父로부터 감호, 양육, 부양을 받을 수도 없고, 상속이나 대습상속을 받을 수도 없는 등 사후회태자와 사망한 父와의 관계는 민법이 정하고 있는 법률상의 친자관계에 있어서의 기본적인 법률관계가 생길 여지가 없다고 보았다. 그렇다면 위 양자 사이의 법률상 친자관계 형성에 관한 문제는 생명윤리, 자녀의 복지, 관계자의 의식, 사회 일반의 견해 등 다각적인 관점에서 검토를 행하여 입법에 의하여 해결할 문제이고, 그러한 입법이 없는 이상 사후회태자와 사망한 父 사이의 법률상의 친자관계를 인정할 수는 없다고 하였다.[102)103)]

반면 영국에서는 이와 반대로 사태가 진행되었다.[104)] 이는 다이앤 블럿(Diane Blood)이라는 여자가 주도한 것이다. 다이앤의 남편인 스티븐 블럿(Stephen Blood)은 1995년에 뇌막염에 걸려 사망하였는데, 그가 의식을 잃고 있을 때 다이앤의 요구에 의하여 전기적 방법으로 남편의 정액을 추출하였다. 그 후 남편이 사망하자 다이앤은 남편의 정액을 달라고 요구하였으나, 이 정액을

면 父의 친족과의 사이에 친족관계가 생기고, 부의 직계혈족과의 관계에서는 대습상속권이 발생하므로 인지청구를 인정할 실익이 있다고 하였다.

102) 이 판결에 대한 瀧井繁男 재판관의 보족의견은, 사망한 정자제공자의 생전에 명확한 동의가 있는 경우에는, 위 양자 사이에 법률상 친자관계를 인정해도 좋다는 견해가 있지만, 이미 사망한 자가 제공한 냉동 보존정자를 사용하여 출생한 자녀는 양친에 의하여 그 자녀가 심리적으로도 물질적으로도 안정된 생육의 환경을 얻을 것을 기대할 수가 없고, 임신 당시에 이미 아버지가 없는 자녀의 출생이 양친의 합의에 의하여 가능하다고 하는 것은 부모의 의사와 자기결정을 과대시하는 것으로서 이를 인정하려면 동의의 내용과 절차에 관하여 입법을 기다릴 수밖에 없다고 하였다. 그리고 今井 功 재판관의 보족의견은, 이러한 경우 출생한 자녀의 복지에 가장 중점을 두어야 한다는 것은 異論이 없지만, 인지를 인정한다고 하여 자녀가 얻는 이익은 별로 크지 않고, 현행 법제와의 괴리가 큰 법률관계를 용인하면서까지 부자관계를 형성할 필요는 없다고 하였다. 사후회태자에게는 그 출생에 관하여 아무런 책임이 없고, 자연회태자와 동일하게 개인으로서 존중받아야 할 권리를 가지고 있으며, 법의 불비를 이유로 하여 불이익을 주어서는 안 되고, 이를 주장하는 법정대리인의 심정은 이해할 수 있지만, 아직 이를 인정하기 위한 충분한 사회직 합의가 없고, 이를 발본적으로 해결하기 위하여는 법 제도의 정비가 이루어져야 한다는 것이다.

103) 일본에서의 이 문제에 관한 찬반의 논의에 대하여는 우선 松川正毅, "男性死亡後に保存精子を用いた人工生殖によって生まれた子の親子關係", 平成18年度重要判例解說, ジュリスト No. 1332(2007. 4. 19), 89-90면 참조.

104) 이에 대하여는 BBC 뉴스 2003. 12. 1. 보도(http://news.bbc.co.uk/1/hi/england/nottinghamshire/3252436.stm) 등 참조.

보관하고 있던 기관105)은 남편의 생전의 서면에 의한 동의가 없었다는 이유로
이를 거부하였다. 다이앤이 위 기관을 상대로 낸 소송에서, 항소법원(Court of
Appeal)은, 이러한 거부가 유럽공동체(EC) 영역 내의 다른 나라에서 치료를 받
을 유럽공동체 조약상의 권리를 침해한 것이라고 하여 다이앤의 요구를 받아들
였다.106) 그리하여 다이앤은 벨기에에 가서 남편의 정자로 1998년과 2002년에
두 아들을 낳았다.

다이앤은 나아가 사후수정의 경우에 정자제공자를 아버지로 볼 수 없다고
규정한 HFEAct 제28조 제6항이 유럽인권협약에 위반된다고 주장하였고, 2003.
2. 고급법원(High Court)의 설리번(Sullivan) 판사는 정부의 동의 하에, 1998년 인
권법(Human Rights Act 1998) 제4조에 근거하여 위 규정이 사생활과 가족 생활
의 보호를 규정하고 있는 유럽인권협약 제8조107)에 어긋난다는 불합치선언
(declaration of incompatibility)을 하였다.108)

이 판결에 따라 위 HFEAct는 2003년 개정되어,109) 남자가 생전에 서면으
로 사후수정 및 그에 의하여 출생한 자녀의 아버지가 된다는 데 동의를 하였으
면 그 남자는 그에 의하여 출생한 자녀의 아버지가 된다고 바뀌었다.110) 위 법
은 2003. 12. 1.부터 시행되었으나, 제3조는 소급효를 인정하는 규정을 두어 다
이앤의 자녀처럼 위 법 시행 전에 태어난 자녀에 대하여도 그 모가 위 법 시행
일로부터 6개월 내에 정자제공자를 그 자녀의 아버지로 등록할 수 있다는 규정
을 두었고, 그에 따라 다이앤은 스티븐 블럿이 자신의 두 자녀의 아버지라고
등록하였다.

---

105) Human Fertilisation and Embryology Authority.
106) R v. Human Fertilisation And Embryology Authority Ex Parte DB [1997] EWCA Civ 946
　　(6th February, 1997).
107) 유럽인권협약 제8조: 모든 사람은 그의 사생활 및 가족생활, 가정 및 통신을 존중받을 권
　　리를 가진다(Everyone as the right to respect for his private and family life, his home and his
　　correspondence).
108) Blood and Tarbuck v Secretary of State for Health. 이 판결은 공간되지 않았다. 2003. 2.
　　28. BBC 뉴스(http://news.bbc.co.uk/2/hi/health/2807707.stm) 참조(최종 방문 2008. 5. 21). 영국
　　의 1998년 인권법 및 그에 기한 불합치선언에 대하여는 尹眞秀, "英國의 1998년 人權法
　　(Human Rights Act 1998)이 私法關係에 미치는 영향", 서울대학교 법학 제43권 1호, 2002,
　　125면 이하 참조.
109) 위 주 86)의 본문 참조.
110) 위 1. 참조.

3. 사후수정에 의하여 출생한 자녀의 권리

나아가 사후수정에 의하여 출생한 자녀가 그 정자제공자의 자녀라고 인정
되었을 경우에 그 자녀가 정자제공자와의 관계에서 어떠한 권리가 있는가 하
는 점도 문제된다. 앞에서 살펴본, 사후수정을 허용하는 미국의 여러 주에서는
상속권도 인정한다. 그리고 2002년 미국 매사추세츠 주 대법원의 Woodward v.
Commissioner of Social Sec. 판결[111]은 죽은 정자의 제공자(아버지)가 생전에
명확하게 사후수정과 그로 인하여 출생한 아이의 부양 의사를 밝혔을 경우에
한하여 그 아버지의 자녀로서의 상속권 내지 사회보장급여 수급권을 인정하였
다.[112] 우리 법상으로도 이와 같이 주장하는 견해가 있다.[113] 독일에서는 사후
수정에 의하여 출생한 자의 인지청구를 인정하기는 하지만, 그의 상속권을 인
정할 것인가에 대하여는 견해가 대립한다.[114] 앞에서 본 일본의 高松高裁 판결
은 사후수정에 의하여 출생한 자녀의 대습상속권을 인정하였으나, 최고재판소
는 대습상속이 인정되려면 대습상속인이 피대습인의 사망 당시에 피대습인을
상속할 수 있는 지위에 있어야 한다고 하여 대습상속도 인정하지 않았다.

이러한 경우에 상속을 인정할 것인지는 어려운 문제이다. 가령 정자제공자
사망 후 오랜 시일이 지난 후에 사후수정에 의하여 출생한 자녀에게 대습상속
을 인정하면 이미 상속을 받은 사람들의 이익을 해칠 우려가 있기 때문이다.

VI. 검   토

1. 기본적인 관점

이처럼 보조생식이 행해지는 것은 사람이 자신의 유전자를 퍼뜨리려는 욕

---

111) 760 N.E.2d 257(2002).

112) 또한 Gillett-Netting v. Barnhart, 371 F.3d 593(U. S. Court of Appeals, 9th Circuit, 2004. 6. 9)
는 애리조나 주법에 근거하여 이러한 사후수정으로 인하여 출생한 자녀도 사회보장급여 수급
권이 있다고 하였다.

113) 金玟中(주 84), 155-156면; 정현수(주 84), 363-364면; 맹광호(주 27), 12-13면 등.

114) 부정설: MünchKomm/Seidel, §1600e Rdnr. 50; Staudinger/Otte, Neubearbeitung 2000, §1923
Rdnr. 28 등, 긍정설: MünchKomm/Leipold, §1923 Rdnr. 17.

망을 가지고 있기 때문이다.115) 이러한 생식의 권리(right to procreate)는 우리
헌법 제10조가 규정하고 있는 행복추구권에 포함되는 헌법상의 기본권이라고
생각된다.116) 따라서 보조생식의 선택도 원칙적으로는 보장되어야 한다. 다만
다른 사람들의 권리나 보조생식에 의하여 출생할 자녀의 이익도 고려하지 않
으면 안 되므로, 합리적인 범위 내의 규율이 필요하다. 이러한 목적을 달성하
기 위하여는 법제도의 정비가 필요한 것은 두말할 필요가 없다. 그러나 현재의
논의는 개인의 기본권의 보호라는 관점보다는 지나치게 사회윤리적인 규율이
강요되는 것 같은 느낌이 있다. 세부적으로 각 쟁점에 대하여 살펴본다.

2. 인공수정

인공수정에 있어서는 특히 AID를 어떻게 규율할 것인가 하는 점이 문제
된다. 이에 관하여는 AID에 의하여 출생한 자녀는 출생을 희망한 母의 남편의
자녀로 보는 것이 타당하다고 생각된다. 우리 민법이 친부모와의 관계를 단절
시키는 친양자 제도를 창설한 점에 비추어 본다면, AID를 이처럼 규율하는 것
이 특별히 법질서에서 이질적인 존재라고는 볼 수 없다. 다만 우리나라의 많은
학설이나 국회에 제출된 법안들이 독신 여성이나 사실혼 부부의 인공수정을
허용하지 않으려는 것은 문제가 있다. 이는 여성의 행복추구권에 포함되는 자
녀를 낳을 권리를 지나치게 경시하는 것이다. 뿐만 아니라 독신 여성에게서 인
공수정아가 태어난다고 하여 무조건 자녀의 복리에 해롭다고 하는 것도 받아
들이기 어렵다. 현재 독신 여성도 입양을 할 수 있고, 또 인공수정 이외의 방
법으로도 아이를 가질 수 있는데, 인공수정의 방법으로는 자녀를 가질 수 없다
고 할 수는 없는 것이다.117)

좀더 어려운 문제는 인공수정에 의하여 태어난 자녀가 정자제공자의 신원
을 알 수 있게 할 것인가 하는 점이다. 원론적으로는 이를 허용하여야 하는 것

---

115) 리처드 도킨스, 홍영남 역, 이기적 유전자, 2006 참조.

116) 이 문제에 관하여는 국내에서 아직 많은 논의가 행하여진 것 같지는 않으나, 이론이 제기
될 여지는 없다고 생각된다. 미국 연방대법원의 Skinner v. Oklahoma, 316 U.S. 535, 541(1942)
은 혼인과 생식은 인간의 기본적 권리의 하나라고 하였다.

117) 영국의 인간 수정 및 배아 연구에 관한 법률 제13조 제5항은 "여자는 치료의 결과 출생할
아동의 이익(아동의 아버지에 대한 필요) 및 그 출생에 영향을 받을 다른 아동의 이익을 고
려하지 않고는 치료받을 수 없다"고 규정하여 아동의 이익을 고려하면 독신 여성이 인공수정
을 받을 수 있는 가능성을 배제하지 않고 있다.

이 올바른 방향이라고 생각된다. 우리나라도 가입하고 있는 유엔의 아동의 권리에 관한 협약(Convention on the Rights of the Child) 제7조 제1항은 아동은 가능한 한 자신의 부모를 알 권리를 가진다고 규정하고 있다.118) 그러나 이를 인정하는 것이 인공수정의 위축을 가져오는 것은 아닌가 하는 관점에서 신중한 검토를 필요로 한다.119)

3. 대 리 모

대리모, 그 중에서도 출산 대리모를 허용할 것인가 하는 점은 보조생식에 관한 여러 문제 가운데 가장 예민한 문제이다. 특히 이는 대리모가 될 여성을 착취하고 상품화하는 것은 아닌가 하는 비난을 받을 소지가 있다.

그러나 임신할 수 없는 여성이 자신의 난자를 이용하여 아이를 낳고 싶다는 욕망 자체를 비난할 수 없다면, 이를 무조건 금지하는 것은 타당하지 않다고 생각된다. 대리모계약을 당사자들이 자율적으로 체결하였다면 이는 유효한 것으로 인정하는 것이 원칙이고, 이를 계약 당사자의 보호를 위하여 제한하겠다는 것은 온정적 개입주의(paternalism)의 발로일 뿐이다. 따라서 이 또한 허용되어야 하고, 다만 궁박한 처지에 있는 여성을 악용하는 것을 방지하기 위하여 비교적 엄격한 요건을 부과할 필요가 있다.

법적으로는 대리모를 낳은 아이의 모로 볼 것인가 하는 점이 어려운데, 영국의 예와 같이 일단은 출산 대리모를 모로 보되, 법원의 허가에 의하여 의뢰한 부부를 법률상의 부부로 바꾸는 것이 합리적이라고 생각된다.

4. 사후수정

사후수정에 대하여는 매우 부정적인 견해가 많고, 또 일단 출생한 자녀도 그 생물학적인 아버지의 자녀로 인정하는 것을 꺼려하는 경향이 있다. 사후수정을 반대하는 가장 큰 이유는 아버지 없이 태어나게 하는 것이 자녀의 복리에 반한다는 것이나, 이는 일률적으로 말할 수 없고, 어머니 혼자서도 자녀를

---

118) 尹眞秀, "兒童權利協約과 韓國家族法", 國際人權法 제8호, 2005, 23면 이하 참조.
119) 정자제공자의 신원에 관한 정보를 공개하는 것에 대한 찬성과 반대의 각 논거에 대하여는 Herring, Medical Law and Ethics, 2006, pp. 314 ff. 참조.

충분히 잘 키울 수 있는 경우가 얼마든지 있다.[120] 그러므로 죽은 사람의 명시적인 승낙이 있는 경우에는 길을 열어 주는 것이 필요하다.

그리고 이러한 사후수정을 허용할 것인가 여부에 관계없이, 일단 사후수정에 의하여 출생한 자녀는 그 생물학적인 아버지의 자녀로 인정받을 수 있어야 한다. 그 자녀에게는 책임이 없을 뿐만 아니라, 비록 현실적인 이익이 돌아오는 것은 아니라고 하여도, 법적으로 그 아버지의 자녀로 인정받는 것이 심리적으로나 사회적으로 그 자녀에게 이익이 될 수 있는 것이다.

나아가 이러한 자녀에게 상속권과 같은 권리를 인정할 것인가 하는 점은 현행법상으로는 어렵다고 보이지만, 적극적으로 사후수정을 허용한다면 일정한 시기적 제한(예컨대 사망 후 2년)을 두어 상속을 허용하는 것도 생각해 볼 수 있다.

Ⅶ. 결　　론

보조생식 내지 인공생식의 분야는 과학기술의 발전을 법제도가 뒤따라가지 못하고 있는 영역이다. 이로 인하여 여러 가지 법률 문제가 생기고 있으나, 현재로서는 명확한 결론을 내리기에 어려움이 있다. 이러한 점에 비추어 보면 이 문제를 입법적으로 규율할 필요는 절실하다. 그러나 입법을 할 때에는 앞에서 살펴본 외국의 예를 참조할 필요가 있을 뿐만 아니라, 근본적으로는 이는 생식의 권리라는 헌법적 기본권과 관련이 있다는 점에서 신중한 접근이 요구되며, 단순히 통념적인 윤리관만으로 해결할 문제는 아니다.

〈서울대학교 법학 제49권 2호, 2008〉

〈追記〉

1. 제18대 국회에서 이영애 의원 등 10인이 2012. 2. 10. 발의한 보조생식에 관한 법률안은 보조생식의 허용범위를 제한하고, 대리모 이용을 금지하는 내용을 담고 있었으나, 2012. 5. 29. 18대 국회의 임기 만료로 폐기되었다.

2. 미국 연방대법원이 2012. 5. 21. 선고한 Astrue v. Capato 판결(132 S Ct 2021; 182 L Ed 2d 887, 2012)은, 그 사건의 부모 자녀 관계에 적용되는 플로리

---

120) 같은 취지, 이경희(주 83), 230면 이하.

다 주 법은 사후포태되어 출생한 자녀의 상속권을 인정하지 않고 있으므로, 그 자녀는 사망한 생물학적 父의 자녀로서의 연방법상 사회보장급여 수급권이 없다고 본 연방 사회보장처(Social Security Administration)의 해석은 합리적이라고 판단하였다. 이 판결에 대한 국내의 소개로는 서종희, "사후포태에 의하여 출생한 자의 법적지위에 관한 고찰," 국민대학교 법학논총 제27권 1호, 2014, 81면 이하가 있다.

　　3. 유럽인권재판소(European Court of Human Rights)는 2014. 6. 26. 선고한 두 개의 판결(Mennesson v. France과 Labassee v. France)에서, 프랑스가 夫의 정자와 처 아닌 제3자의 난자에 의하여 수정되어 처 아닌 다른 여성이 출산한 자녀와 夫 사이에 법적 부자관계를 인정하지 않는 것은 자녀의 사생활을 존중받을 권리(유럽인권협약 제8조)를 침해한다고 판시하였다. 이 판결에 대하여는 "Family: foreign surrogacy arrangement－child conceived using father's sperm and donor egg", European Human Rights Law Review 2014, 5, 546-550; Rainer Frank, FamRZ 2014, S. 1527 ff. 등 참조. 그리고 독일연방대법원(BGH) 2014. 12. 10. 결정(NJW 2015, 479 mit Anmerkung Heiderhoff)은 독일의 생활동반자관계(eingetragene Lebenspartnerschaft)에 있는 두 남자 중 한 사람이 미국 캘리포니아 주에서 대리모와의 사이에 자신의 정자와 제3의 여자의 난자로 수정된 아이를 출산하는 계약을 맺고 그에 따라 대리모가 아이를 출산하였으며, 캘리포니아 주 법원이 위 두 남자를 부모로 인정하는 판결을 한 사건에서, 위 캘리포니아 주 법원의 판결을 승인하는 것이 독일의 공서(ordre public)에 반하지 않으므로 승인되어야 한다고 하였다. 다만 이 판결은 그 적용 범위를 일단 부모가 되려고 하는 사람들(Wunscheltern) 중 한 사람이 자녀와 유전적인 관계가 있을 때로 한정하여, 그렇지 않은 경우에 관하여는 확정적인 태도를 보류하였다(Rn. 34). 위 결정은 유럽인권재판소의 위 판결들을 인용하고 있다(Rn. 42, 56, 57).

부모의 자녀 치료거부 문제 해결을 위한 입법론*

I. 서   론

　　모든 환자는 생명과 신체의 기능을 어떻게 유지할 것인지에 대하여 스스로 결정하고 진료행위를 선택할 권리를 갖는다. 의료인으로부터 진료행위의 필요성과 위험성에 대한 설명을 듣고, 그 진료행위를 받을 것인지 여부에 대한 동의권을 행사하는 것은 헌법 제10조에서 규정한 개인의 인격권과 행복추구권으로부터 도출되는 자기결정권에 포함된다.[1] 보건의료기본법 제12조 역시 모든 국민은 보건의료인으로부터 자신의 질병에 대한 치료방법, 의학적 연구 대상 여부, 장기이식 여부 등에 관하여 동의 여부를 결정할 권리를 갖는다고 규정하고 있다.

　　의료영역에서의 자기결정권은 미성년자에게도 충분히 보장되어야 한다. 그런데 실제로 의료 현실에서는 친권자인 부모가 미성년자 본인에 갈음하여 의료행위 동의권을 대신 행사하는 경우가 많다. 미성년자에게 아직 의사능력이 없어 스스로 의료행위 동의권을 행사할 수 없는 경우가 대표적이다. 환자 본인의 연령과 정신적 성숙도·의료행위의 종류와 심각성 등에 비추어 아직 의료행위에 관한 동의능력이 형성되지 않았다고 판단될 경우에는 친권자가 그 동의권을 대행할 수밖에 없다.

---

* 현소혜 교수와 공동집필.
1) 대법원 2009. 5. 21. 선고 2009다17417 전원합의체 판결.

친권자에게 의료계약을 체결하는 것과 같은 재산법적 법률행위 대리권 외에 신상(특히 의료행위)에 관한 대리권도 존재하는지 여부에 대해 명문의 규정이 있는 것은 아니다. 그러나 민법 제913조는 친권자에게 "子를 保護하고 敎養할 權利義務"를 부여하고 있다. 이때 자를 보호하고 교양할 권리의무란 바로 자를 신체적·정신적으로 건강하게 양육해야 할 권리의무를 의미한다.[2] 따라서 자의 신체적 건강에 문제가 발생할 경우 그의 건강의 회복을 위해 최선의 노력을 경주할 권리와 의무가 친권자에게 부여된다. 결국 치료를 위해 적절한 의료행위를 선택하는 것은 친권자의 몫이 될 수밖에 없다. 금치산자에게 의사능력이 결여된 경우 그의 "요양과 감호"에 관해 감독의무를 지고 있는 후견인(민법 제947조 제1항)이 의료행위 동의권을 대행할 수 있다는 점도 이러한 해석을 뒷받침한다.[3]

일부 견해[4]는 이에서 더 나아가 심지어 미성년자 본인에게 의사능력이 있는 때에도 친권자가 의료행위 동의권을 행사할 수 있다고 주장한다. 자녀에 대한 의료행위 동의권은 친권자로서 갖는 고유한 권한에 해당한다는 것이다. 특히 의료행위 동의권은 일신전속적 성격을 갖고 있으므로, 대리에 친하지 않다는 점을 근거로 들고 있다. 「장기등 이식에 관한 법률」 제18조 역시 미성년자의 장기 등을 적출하고자 할 때에는 미성년자 본인의 동의 외에 부모의 동의도 함께 얻을 것을 요구하고 있다.[5]

의료계의 관행도 후자에 가깝다. 의료현실에서는 미성년자 스스로 의료행위에 대해 동의할 수 있을 때에도, 즉 부모의 동의가 침습적 의료행위의 시행

---

2) 대표적으로 김주수·김상용, 「친족·상속법」(제10판), 法文社, 2011, 388면; 김민중, "의료계약의 당사자로서의 「환자」와 관련한 문제에 대한 검토", 의료법학 제10권 2호, 2009, 258면 참조.

3) 제철웅, "요보호성인의 인권존중의 관점에서 본 새로운 성년후견제도: 그 특징, 문제점 그리고 개선방안", 民事法學 第56號, 2011, 285면 이하 참조. 2013. 7. 1.부터 시행될 민법 제947조의2 제3항은 피성년후견인이 의료행위에 대하여 동의할 수 없는 경우에는 성년후견인이 그를 대신하여 동의할 수 있다고 규정하고 있다. 이에 대하여는 현소혜, "의료행위 동의권자의 결정 ─ 성년후견제 시행에 대비하여", 홍익법학 제13권 2호, 2012, 177면 이하 참조.

4) 대표적으로 李英俊, 「民法總則」(改訂增補版), 博英社, 2007, 171면; 金天秀, "醫療行爲에 대한 同意能力과 同意權者", 民事法學 第13·14號, 1996, 252면 이하. 서울동부지법 2010. 10. 21.자 2010카합2341 결정 역시 친권자의 동의권은 부모 고유의 친권으로부터 파생되는 것이라는 취지의 결정을 내린 바 있다.

5) 윤석찬, "醫療行爲에 있어 未成年者의 同意能力에 관한 考察 ─ 독일에서의 논의를 중심으로 ─", 法學論叢 第28卷 第1號, 2008, 300면 이하는 의료행위의 경중에 따라 미성년자 본인의 동의만으로 족한 경우와 법정대리인의 동의를 함께 받아야 하는 경우를 달리 보아야 한다고 주장한다.

에 필수적인 절차가 아닌 때에도 그의 보호자인 친권자로부터 따로 동의서를 받는 경우가 대부분이기 때문이다. 이는 다음의 두 가지 이유 때문인 것으로 추정되는데, 하나는 미성년자인 환자 본인이 치료행위에 동의하더라도 의료계약 체결의 당사자는 그의 법정대리인(부모)이 될 수밖에 없다는 점, 다시 말해서 시술이 종료된 후 치료비를 지급할 자는 사실상 부모라는 점6)이고, 다른 하나는 치료과정에서 부작용 기타 환자 본인의 생명·신체에 중대한 침해가 발생한 경우 의료과오책임을 추궁할 가능성이 가장 높은 자 역시 부모라는 점이다.

그 결과 미성년자 본인의 의사 또는 의사능력 유무와 무관하게 친권자, 즉 부모에 의해 의료행위 시행 여부가 결정되는 경우가 대부분이다. 부모는 친권자로서 의료행위 동의권을 행사함에 있어 자의 복리를 우선적으로 고려하여야 하므로(민법 제912조 참조), 자의 신체적 완전성과 건강에 가장 부합하는 방법으로 그 동의권을 행사하여야 할 것이다. 그럼에도 불구하고 현실에서는 그렇지 않은 경우가 종종 발생한다. 가령 과다한 치료비 부담을 감당하지 못해[또는 감당하기를 원하지 않아서] 치료를 포기하는 사례, 장애를 가지고 출생한 아동과 그 가족이 겪게 될 고통을 미리 차단하기 위해 치료를 포기하는 사례,7) 종교적 신념 등으로 인해 치료를 거부하는 사례8) 등 다양한 형태의 치료거부 유형9)이 발견되

---

6) 치료비 부담 문제를 지적하고 있는 문헌으로 尹眞秀, "美國法上 父母의 子女에 대한 治療 拒否에 따르는 法的 問題", 民法論攷 Ⅳ, 博英社, 2009, 494-495면(처음 발표: 家族法研究 제18권 1호, 2004) 참조.

7) 노컷뉴스 2011. 7. 20. 기사(서울대병원 "장천공 미숙아 수술 받아야" 부모 상대 가처분, http://www.nocutnews.co.kr/show.asp?idx=1865111 최종 방문 2012. 12. 17); 조선닷컴 2011. 7. 22. 기사(서울대병원 "신생아 부모상대 가처분 취하", http://news.chosun.com/site/data/html_dir/2011/07/21/2011072101826.html 최종 방문 2012. 12. 17)에 의하면, 2011년 7월경 서울대병원은 체중 850g으로 태어난 신생아의 부모를 상대로 "수술 등 신생아의 생명을 구하기 위한 치료행위를 방해하지 말라"며 진료업무방해금지 등 가처분 신청을 냈다. 서울대병원은 "신생아에게 장천공이 발생할 경우 즉시 응급수술해 구멍 난 부분을 막아줘야 하는데도 부모가 동의하지 않고 있다"며 "그대로 두면 복막염과 패혈증으로 사망하게 된다"고 설명했다. 그런데 이 사건의 부모들은 출생 직후 뇌내 출혈이 있다는 것을 알고는 '장애아로 살아가는 것보다는 그대로 사망에 이르게 하는 것이 아이에게 더 낫다'는 의사를 표했다고 한다. 이 사건에서는 부모가 결국 치료에 동의하여 서울대병원이 가처분을 취하하였다.

8) 아래에서 살펴볼 대법원 1980. 9. 24. 선고 79도1387 판결; 서울동부지법 2010. 10. 21.자 2010카합2341 결정 등에서는 여호와의 증인 신자가 수혈을 받으면 안 된다는 종교적인 이유로 자녀의 수혈을 거부하였다. 그러나 종교적인 이유에 의한 치료 거부는 반드시 여호와의 증인에만 국한되는 것은 아니다. 외국에서는 크리스챤 사이언스 교단의 신도들이 의학적 치료를 거부하고 있고, 국내에서도 여호와의 증인 아닌 다른 교단의 신도가 종교적인 이유로 자녀의 치료를 거부한 사례가 보도되고 있다. SBS 텔레비전이 1999. 8. 21. "그것이 알고 싶다"라는 프로그램에서 "자식의 생명, 부모의 것인가?"라는 제목으로 보도한 사례 등.

9) 그 밖에 다양한 유형의 치료거부에 대해서 자세히는 尹眞秀, 앞의 논문, 461면 참조.

고 있으며, 이로 인해 아동의 생명과 신체의 건강에 위해가 가해지고 있다.

그러므로 위와 같은 사안에서 국가가 사전에 적극적으로 개입하여 부모의 치료거부에도 불구하고 미성년 자녀에 대한 치료가 가능하도록 하는 조치를 강구하여야 할 것이다. 이는 아동의 인권 보장 정도를 국제적 수준으로 끌어올린다는 측면에서도 매우 중요하다. 「아동의 권리에 관한 협약」 제6조에 따르면 당사국은 모든 아동이 생명에 관한 고유의 권리를 가지고 있음을 인정하고, 가능한 한 최대한도로 아동의 생존과 발전을 보장하여야 한다고 규정하고 있으며, 제24조 역시 도달가능한 최상의 건강수준을 향유하고, 질병의 치료와 건강의 회복을 위한 시설을 사용할 수 있도록 할 아동의 권리를 인정하고 있다.[10] 그럼에도 불구하고 우리 법체계가 부모의 치료거부에 대한 대책을 마련하지 않고 있는 것은 위 협약에 반할 소지가 다분하다.[11]

따라서 이하에서는 먼저 우리 현행법상 부모의 치료거부 문제를 해결할 수 있는 실효적인 수단이 마련되어 있는지 여부를 검토하고(Ⅱ), 이 문제에 대한 외국의 입법례를 살펴본 후(Ⅲ), 구체적인 해결방안을 제시하고자 한다(Ⅳ).

Ⅱ. 현행법상 구제수단

1. 형사법리의 활용

가. 형사처벌의 가능성

부모의 자녀 치료거부 문제에 대응하는 가장 손쉬운 방법은 형사법리를 적용하는 것이다. 부당하게 자녀의 치료를 거부하는 부모를 형사처벌함으로써 심리적으로 압박을 가하는 방법이 그것이다. 실제로 대법원[12]은 "생모가 사망의 위험이 예견되는 그 딸에 대하여는 수혈이 최선의 치료방법이라는 의사의 권유를 자신의 종교적 신념이나 후유증 발생의 염려만을 이유로 완강하게 거부하고 방해하였다면 이는 결과적으로 요부조자를 위험한 장소에 두고 떠난

---

10) 우리나라는 1990. 9. 25. 「아동의 권리에 관한 협약(Convention on the Rights of the Child)」에 서명하고, 1991. 12. 20. 이를 비준하였다.
11) 尹眞秀, "兒童權利協約과 韓國家族法", 民法論攷 Ⅳ, 博英社, 2009, 331-333면(처음 발표: 國際人權法 제8호, 2005) 참조.
12) 대법원 1980. 9. 24. 선고 79도1387 판결.

경우나 다름이 없다고 할 것"이므로, 전격성 간염으로 인해 장내 출혈의 증세를 보이던 만 11세의 딸에 대한 수혈을 거부함으로써 그 딸로 하여금 의학상의 적정한 치료를 받지 못하도록 하여 결국 과다출혈로 사망하게 만든 생모를 유기치사죄로 처벌한 원심판결을 유지한 바 있다.

「아동복지법」 제17조 제6호 역시 "자신의 보호·감독을 받는 아동을 유기하거나 의식주를 포함한 기본적 보호·양육·치료 및 교육을 소홀히 하는 방임행위"를 금지하고 있으며, 이를 위반한 때에는 5년 이하의 징역 또는 3천만원 이하의 벌금에 처하도록 규정하고 있다(동법 제71조 제1항 제2호).[13] 부모가 필요한 치료행위의 시술에 반대하면서 진료실이나 병실 등에서 의료진의 진료행위를 위력으로 방해하였다면 업무방해죄 등으로 처벌받을 수도 있을 것이다(형법 제314조).

그러나 이러한 대책은 모두 사후적인 조치에 불과하다. 치료를 거부한 부모를 형사처벌하는 것만으로는 이미 아동에게 발생한 생명·신체상의 손해를 회복할 수 없다. 게다가 특정 종교를 신봉하여 수혈 등에 반대의 의사를 표시하는 경우 형사처벌의 가능성은 그들에게 별다른 위하효과(威嚇效果)를 갖지 못한다. 이에 대비하여 치료를 거부하는 부모 대신 위하효과가 확실한 의료진을 처벌하는 방법도 생각해 볼 수 있을 것이다. 실제로 대법원 판결 중에는 보호자의 치료중단 요청에 응한 의료진을 형사처벌한 사건[14]도 없지 않다. 대법원은 보호자인 환자의 아내가 치료를 요하는 환자의 퇴원을 간청하여 담당 전문의와 주치의가 치료의 중단과 퇴원을 허용하고, 인공호흡보조장치를 제거한 지 5분 만에 환자가 사망한 사건에서 담당 전문의와 주치의를 살인방조죄로 처단한 원심판결을 유지하였던 것이다.

그러나 문제는 부모의 치료거부에 동조 내지 방조하였다는 이유로 의료진을 처벌하는 것이 그들을 모순적 상황에 처하게 한다는 데 있다. 환자 본인 또는 법정대리인의 동의가 없음에도 불구하고 환자의 신체를 대상으로 침습적 의료행위를 하는 것은 그 자체로 형법상 상해죄 내지 민사상 불법행위를 구성

---

13) 이는 2012년 개정 이전의 「아동복지법」 제29조 제4호 및 제40조 제2호와 동일한 내용이다. 동 조문은 부모의 종교적 신념으로 제 때 필요한 치료를 받지 못하고 있었던 이른바 '신애양' 사건이 문제되었던 1999년 12월 도입되었다. 동 조문의 입법경과에 대해 자세히는 이선규·전효숙·장욱, "동의능력이 있는 미성년자의 치료의사결정", 연세학술논집 제38권, 2003, 180면 이하 참조.

14) 대법원 2004. 6. 24. 선고 2002도995 판결.

하기 때문이다. 그 결과 의료진은 부모가 치료를 거부하고 있는 경우 이에 동조하여 치료하지 않을 때에는 살인방조죄로, 치료거부에도 불구하고 치료를 강행할 때에는 상해죄로 처벌받는 진퇴양난의 상태에 빠지게 된다.

나. 정당방위 또는 긴급피난 법리의 적용가능성

위와 같은 상황이라면 오히려 일정한 경우 의료진의 형사책임을 면책하여 주는 것이 자녀의 치료거부 문제를 해결하는데 더욱 도움이 될 것이다. 즉 환자 본인 또는 법정대리인에 의한 동의 없이 치료한 경우라도 정당방위 또는 긴급피난의 법리에 의해 형사상 상해죄의 죄책 또는 민사상 불법행위 책임을 면할 수 있도록 함으로써 의료진이 적극적으로 치료행위로 나아갈 수 있도록 하자는 것이다.

자녀의 생명유지에 필수적인 의료를 거부하는 것은 부모가 그 감호권을 남용한 것이고, 따라서 법정대리인 개임의 법적 절차를 밟을 시간적 여유가 없는 통상의 경우에는 법정대리인의 동의 없이 진료를 해도 무방하며, 이는 긴급예외의 법리가 적용될 수 있다는 견해,[15] 민법 제2조 제2항 및 제924조의 입법취지에 비추어 볼 때 부모의 치료거부의 의사표시는 효력이 없으므로 필수의료의 법리를 적용하여 의사가 합리적인 범위 내의 진료를 실시할 수 있다는 견해,[16] 자녀에 대한 치료를 즉시 시행하지 않을 경우 자녀가 사망에 이를 위험이 현저한 사안이라면 응급의료에 관한 법률 제9조 제1항 또는 민법 제761조 제2항에 의한 긴급피난의 법리에 따라 의사가 친권자의 동의 없이 자녀에게 필수불가결한 최소한의 의료행위를 할 수 있다는 견해[17] 등도, 표현은 다르나 같은 맥락이다.

그러나 이와 같이 의료진의 민·형사상 책임을 면제하더라도 현실적으로 의료진이 적극적으로 아동의 치료에 임할 것인지는 미지수이다. 의료계약 체결의 당사자는 통상 환자의 법정대리인, 즉 부모인데, 그의 동의 없이 적극적인 치료행위에 나아갈 경우 사후적으로 의료계약에 따른 치료비 청구 내지 구상이 힘들어질 위험이 있기 때문이다. 설령 치료비 부담의 위험을 감내하고 치료

---

15) 석희태, "의료과오 민사책임에 관한 연구", 박사학위논문, 연세대학교 대학원, 1988, 38면.
16) 김민중, "의사책임 및 의사법의 발전에 관한 최근의 동향", 민사법학 제9·10호, 1993, 342면; 金天秀, "患者의 親權者·後見人의 同意權", 厚巖郭潤直先生古稀紀念 民法學論叢·第二, 博英社, 1995, 465면.
17) 李鳳敏, "자녀의 의료행위에 관한 친권남용 통제 ― 서울동부지방법원 2010. 10. 21.자 2010카합 2341 결정 ―", 法曹 제668호, 2012. 5, 261면.

를 하고자 하는 경우라도, 막상 현장에서 이를 실행에 옮기는 것은 상당히 어려운데, 환자의 부모가 진료실이나 병실 등을 점거하고 치료행위에 물리적으로 저항하거나 부모의 종교적 신념으로부터 영향을 받은 환자 본인이 치료행위를 거부할 경우 이를 관철시키는 것이 사실상 불가능하기 때문이다. 당해 치료행위가 실제로 환자의 회복에 결정적으로 기여하는지 여부가 불분명한 경우 또는 당해 치료행위에 심각한 후유증이 수반될 수 있는 경우에는 더욱 그러하다.

따라서 단순히 부모의 치료거부행위에 대해 부모나 의료진에게 형사상 책임을 지우거나 혹은 부모의 동의 없는 치료행위에 대한 의료진의 민·형사상 책임을 면제하는 것에서 한 발 더 나아가 부모의 동의가 없는 경우라도 미성년자의 치료를 법적으로 가능하게 하고, 이에 대한 보호자의 저항을 강제적으로 억지할 수 있는 실효성 있는 수단을 강구할 필요가 있다.

2. 친권상실 또는 친권행사제한 제도의 활용

가. 민법상 친권상실제도의 활용가능성

우리 민법 제924조는 "부 또는 모가 친권을 남용하거나 현저한 비행 기타 친권을 행사시킬 수 없는 중대한 사유가 있는 때에는 법원은 제777조의 규정에 의한 자의 친족 또는 검사의 청구에 의하여 그 친권의 상실을 선고할 수 있다"고 규정하고 있다. 자녀의 생명유지를 위해 반드시 치료가 필요함에도 불구하고 부모가 그 치료에 동의하지 않을 경우 그것이 민법 제924조에서 정하는 "친권남용"에 해당한다는 점에 대해서는 대부분의 논자들이 동의한다.[18] 따라서 이론적으로는 부모의 치료거부 사안은 친권상실선고에 따른 부모의 동의권 박탈을 통해 해결할 수 있다. 친권상실선고가 내려진 때에는 더 이상 부모가 자녀의 의료행위 동의권을 대행할 수 없으므로, 자녀를 위해 미성년후견인을 선임하여 그로부터 동의를 받아야 할 것이다.[19]

그러나 부모의 자녀치료거부 문제를 해결함에 있어서 친권상실제도를 활용하는 것은 실제로는 별로 현실성이 없다. 첫째, 대법원은 친권상실 청구를 인정할 것인가에 관하여 매우 엄격한 기준을 적용하고 있으므로, 부모의 치료거

---

18) 김민중, 주 2)의 논문, 262면 및 280면; 金天秀, 주 16)의 논문, 464면; 김명숙, "자의 복리와 친권, 자의 권리", 안암법학 제28호, 2009, 81면; 李鳳敏, 앞의 논문, 255면 등.
19) 김민중, 주 2)의 논문, 262면 및 280면 참조.

부를 이유로 하는 친권상실선고 청구 자체가 기각될 가능성이 없지 않다.[20][21] 둘째, 실제로 친권상실선고가 매우 강력한 효과를 가지고 있다는 점, 친권상실 선고가 내려질 경우 친자관계가 사실상 단절되는 효과가 발생하므로, 부모와 자녀간의 관계가 회복될 가능성이 차단된다는 점 등에 비추어 볼 때 친권상실 선고 제도를 적극적으로 활용하는 것 자체가 자의 복리를 위해 과연 바람직한 지도 의문이다.[22] 셋째, 사안별로 자의 복리가 침해되는 원인과 정도가 다양함 에도 불구하고, 일률적으로 친권 전부를 상실시키는 것은 비례의 원칙에 어긋 나는 측면이 있다.[23] 치료행위가 필요하기는 하나, 그에 과도한 고통이나 위험, 부작용 등이 수반되는 경우 친권을 상실시키면서까지 반드시 당해 치료행위를 감행할 필요가 있는지 여부를 판단하는 것은 법관에게 상당한 부담으로 작용 할 것이다. 넷째, 친권상실선고를 통해 부모의 친권을 박탈한다면 부모는 더 이상 자녀를 양육할 권리와 의무를 갖지 못하므로, 치료행위 종료 후 자녀의 개호를 담당할 자가 마땅치 않으며, 자녀의 치료비를 부모에게 구상할 수 있는 지 여부도 법리적으로 문제될 여지가 크다. 다섯째, 무엇보다도 친권상실선고 만으로는 정작 당장 자녀에게 필요한 치료행위를 시행하는 것이 불가능하다. 친권상실제도는 그 부모나 자녀에게 미치는 영향이 중대한 까닭에 엄격한 심리 절차를 거치고 있으므로, 상당한 기간이 소요되기 때문이다. 그러므로 급박한 치료가 필요한 경우 친권상실선고를 통한 해결은 그 자체만으로는 불가능하다.

　이 중 다섯 번째의 문제를 해결하기 위해 일부 견해[24]는 가사소송법 제62 조 제1항에 의한 사전처분 제도를 활용할 수 있다고 한다. 가사소송법 제62조

---

20) 대표적으로 대법원 1993. 3. 4. 선고 93스3 결정 참조: "친권은 미성년인 자의 양육과 감호 및 재산관리를 적절히 함으로써 그의 복리를 확보하도록 하기 위한 부모의 권리이자 의무의 성격을 갖는 것으로서, 민법 제924조에 의한 친권상실선고사유의 해당 여부를 판단함에 있어 서도 이와 같이 친권의 목적이 결국 자녀의 복리보호에 있다는 점이 판단의 기초가 되어야 할 것이고, 따라서 설사 친권자에게 간통등 어떠한 비행이 있어 그것이 자녀들의 정서나 교 육 등에 악영향을 줄 여지가 있다 하더라도 친권의 대상인 자녀의 나이나 건강상태를 비롯 하여 관계인들이 처해 있는 여러 구체적 사정을 고려하여 비행을 저지른 친권자를 대신하여 다른 사람으로 하여금 친권을 행사하거나 후견을 하게 하는 것이 자녀의 복리를 위하여 보 다 낫다고 인정되는 경우가 아니라면 섣불리 친권상실을 인정하여서는 안 될 것이다."

21) 李鳳敏, 앞의 논문, 251면.

22) 박주영, "최근 일본의 친권제한에 관한 개정 논의의 소개 및 그 시사점", 家族法研究 제24 권 3호, 2010, 365면; 제철웅, "친권과 자녀의 권리의 충돌과 그 조정방향: 자의 인권을 중심 으로", 아세아여성법학 제9호, 2006, 124-125면 및 136면 참조.

23) 金相瑢, "친권상실선고제도의 문제점", 家族法研究 I, 法文社, 2002, 247면(처음 발표: 고시 연구 1999. 6).

24) 李鳳敏, 앞의 논문, 272면 참조.

및 가사소송규칙 제102조 제1항에 따르면, 친권상실 등의 청구가 있는 경우에, 사전처분으로서 친권자의 친권·법률행위 대리권·재산관리권의 전부 또는 일부의 행사를 정지하여 이를 행사할 자가 없게 된 때에는, 심판의 확정시까지 그 권한을 행사할 자를 동시에 지정하여야 한다고 규정하고 있다.25) 그러나 가사소송법상 사전처분은 집행력을 가지지 않는다는 점(가사소송법 제62조 제5항), 치료거부 사안에서는 자녀가 치료를 받음과 동시에 문제가 해결되는데, 이러한 경우에 친권상실까지 명하는 것은 비례의 원칙에 어긋난다는 점, 현실적으로 의료진은 친권상실 청구권자에 포함되지 않으므로, 검사 또는 지방자치단체의 장 등에게 친권상실을 대신 청구하여 달라고 요청하여야 할 것이나, 급박한 경우에는 그렇게 할 만한 시간적 여유가 없다는 점 등에 비추어 볼 때 그다지 실효성 있는 해결방법이라고는 볼 수 없다.

나. 아동복지법상 친권상실 또는 친권행사 제한 제도의 활용가능성

아동복지법 제18조 제1항은 "시·도지사, 시장·군수·구청장 또는 검사는 아동의 친권자가 그 친권을 남용하거나 현저한 비행이나 아동학대, 기타 친권을 행사할 수 없는 중대한 사유가 있는 것을 발견한 경우 아동의 복지를 위하여 필요하다고 인정할 때에는 법원에 친권행사의 제한 또는 친권상실의 선고를 청구하여야 한다"고 규정하고 있다.26) 현행법상 부모의 치료거부 사안에서 비례의 원칙에 반하는 친권상실선고를 청구하는 대신, 부모의 치료동의권 내지 감호권만을 제한하는 것을 내용으로 하는 청구를 하는 것도 문리적으로는 가능한 것이다.

그러나 실제로 위 조문은 거의 활용되지 못하고 있다. 실무상 아동복지법 제18조 제1항은 친권상실선고의 청구권자에 시·도지사 또는 시장·군수·구청장과 같은 지방자치단체장을 추가한 정도의 취지로만 이해되고 있는 듯하다.27) 위 제도의 도입 이후 제도 정착을 위한 후속조치나 홍보가 전혀 이루어

---

25) 실제로 일본의 경우 위와 같은 사전처분제도를 활용함으로써 부모의 치료거부 문제를 해결한 실례가 있다. 이에 대해서는 아래 Ⅲ. 2. 이하 참조.

26) 구 아동복지법(2012. 8. 5. 개정 전의 것) 제12조 제1항 역시 동일한 취지의 규정을 두고 있었으나, 2012년 개정에 의해 청구권자 중 '검사'를, 청구원인 중 '아동학대'를 추가하는 한편, 아동복지전담기관의 장, 아동복지시설의 장 및 「초·중등교육법」에 따른 학교의 장 역시 제1항의 청구원인이 존재하는 경우 시·도지사 등에게 법원에 친권행사의 제한 또는 친권상실의 선고를 청구하도록 요청하고, 그 처리결과에 이의가 있는 때에는 직접 법원에 위 각 선고를 청구할 수 있도록 하였다(아동복지법 제18조 제2항 및 제5항).

27) 이 조항에 대하여 민법 제924조의 요건을 그대로 규정하고 그 청구권자만 자치단체장만을 포

지지 않은 것에 따른 결과일 것이다.[28] 설령 위 제도를 실제 사안에서 활용하고자 할지라도, 그것이 급박한 처지에 있는 자녀의 생명 보호를 위한 유효적절한 수단이 될 것으로는 보이지 않는다. 일단 친권제한선고를 통해 부모의 의료행위 동의권을 박탈한 후 자녀를 위한 동의 대행권자, 즉 미성년후견인을 선임하여 그로부터 재차 의료행위 동의를 받아야 하는데, 이를 위해서는 상당한 기간과 노력이 소요되기 때문이다.[29] 아동복지법 제18조 제1항이 의료행위 동의권 박탈에서 더 나아가 부모를 대신하여 그 동의에 갈음하는 결정을 내릴 수 있는 근거조문이 된다고 주장하는 견해[30]도 있으나, 이는 문리해석의 한계를 벗어나는 해석이다.

3. 민법 제921조에 따른 특별대리인 제도의 활용가능성

일부 견해[31]는 부모의 치료거부 사안은 민법 제2조 제2항 소정의 권리남용이거나 민법 제924조의 입법취지에 반하는 친권행사이므로 아무런 효력이 없다는 전제 하에, 부모 이외의 제3자가 자녀의 의료행위 동의권을 대행할 수 있어야 한다고 주장한다. 법정대리인(부모)에게 동의권을 부여한 목적은 법정대리인 자신의 가치관을 실현하기 위한 것이 아니라, 환자 본인의 생명·신체·건강과 같은 법익을 보호하는데 있으며, 이러한 목적에 반하여 행사되는 동의권은 부여의 취지에 반하는 것으로서 행사의 제한 또는 권한의 박탈이 가해져야 한다는 것이다. 다만, 이때 의료행위 결정권의 박탈을 위해 부모의 친권을 전부 상실시키는 것은 가혹하므로, 친권의 일부제한 또는 일부상실 제도가 입

함시킨 것에 불과하여, 친권제도에 대한 법률적인 전문성이 부족한 사회복지종사자나 실무자들에게 어려움을 가중시키는 대표적인 규정이라고 비판하는 견해로 이국성, "아동복지법의 법률적 검토: 아동학대에 대한 규정을 중심으로", 인천법조 제6집, 2003, 203면 이하 각주 11) 참조.

28) 가령 아동복지법상 친권상실 또는 친권제한 제도가 도입된 후에도 가사소송법 제2조는 이를 가정법원의 전속관할에 속하는 가사사건으로 열거하고 있지 않다. 물론 가사소송법 제2조 제2항은 다른 법률에서 가정법원의 권한에 속하게 한 사항에 대하여도 이를 심리·재판할 수 있도록 하고 있으나, 이때 그 사건에 관한 절차는 라류 가사비송사건의 절차에 의하는 것이 원칙이다(같은 조 제3항). 그러나 친권제한조치가 부모와 자녀의 법적 지위에 미치는 중대한 영향, 친권상실선고와의 관계 등에 비추어 볼 때 이는 라류 가사비송사건보다는 마류 가사비송사건으로 처리하는 것이 보다 바람직하므로, 입법적 개선이 필요하다.

29) 같은 취지로 김민중, "미성년자에 대한 의료행위와 부모의 권한 — 종교상의 신념에 기한 수혈거부를 중심으로 —", 의료법학 제13권 제2호, 2012, 252면 참조.

30) 李鳳敏, 앞의 논문, 274면.

31) 金天秀, 주 16)의 논문, 465면 이하.

법될 때까지 민법 제921조를 유추적용하여야 한다는 것이 이 견해의 특징이다. 민법 제921조는 "법정대리인인 친권자와 그 자 사이에 이해상반되는 행위를 함에는 친권자는 법원에 그 자의 특별대리인의 선임을 청구하여야 한다"는 조문으로서, 본래 재산법상의 이해상반행위를 규율하기 위한 규정이나, 치료거부 사안의 경우 "친권자의 자기 가치관의 관철"이라는 이익과 "환자의 생명·건강의 유지"라는 이익이 서로 상반된다는 점에서 이를 유추적용하는 것이 가능하다고 한다.[32]

그러나 민법상 특별대리인 제도를 유추적용하는 것은 다음과 같은 문제점이 있다. 첫째, 치료거부가 외관상 반드시 부모에게 이익이 되는 행위라고 보기 어렵다. 당해 치료행위로 인해 자녀가 감당해야 할 고통의 정도 또는 당해 치료행위 결과 생명을 구할 수 있으나 영구적인 장애가 남을 가능성 등을 고려하여 의료행위를 거부하는 경우에는 특히 그러하다. 둘째, 특별대리인 선임 청구권자는 오로지 친권자뿐이므로, 친권자가 스스로 선임청구를 하지 않는 경우에는 자녀를 구제하는 것이 불가능하다. 셋째, 친권자를 대신하여 미성년자에 대한 치료행위 동의 대행권자를 새롭게 선임하는 방식은 지나치게 우회적인 절차로서 사안의 긴급성에 비추어 볼 때 실효성이 떨어진다.[33]

4. 가처분 제도의 활용가능성

민사집행법 제300조 제2항에 따른 '임시의 지위를 정하는 가처분' 제도를 활용하여 부모의 치료거부 사안을 해결할 수 있다고 보는 견해도 있다.[34] 임시의 지위를 정하는 가처분은 그 내용이 한정되어 있지 않아서 상황에 따라 다양한 가처분이 있을 수 있는데, 그 중 한 가지로서 의사표시를 명하는 가처분도 가능하다. 따라서 자녀의 생명·신체의 안전이 위급한 급박한 사정이 있다면, 법원은 부모의 동의를 명하는 가처분을 발할 수 있다는 것이다. 가처분 절차의 신속성과 즉각적인 실효성에 비추어 볼 때 이는 부모의 자녀 치료거부 문제를 해결하기 위한 매우 유용한 수단이 될 수도 있을 것이다.

최근 선고된 서울 동부지방법원 2010. 10. 21.자 2010카합2341 결정[35]은,

---

32) 金天秀, 앞의 논문, 466면.
33) 李鳳敏, 앞의 논문, 260면.
34) 윤진수, "부모의 치료거부에 대한 의사의 조치", 의협신보 제3607호, 2002. 4, 26면 이하.
35) 각공 2010하, 1576.

환자가 대동맥판막의 선천협착·양방단실 유입증·심방심실 중격 결손증 등으로 심장교정 수술인 '폰탄수술'을 필요로 함에도 불구하고, 그 부모가 종교적 신념에 기초하여 위 수술에 수반되는 수혈을 거부한다는 의사를 표시하자, 병원 측이 환자의 부모를 상대로 "병원에서 환자의 구명을 위해 행하는 수혈행위를 방해하여서는 안 된다"는 취지의 가처분을 구한 사건에서 이를 인용한 바 있다. 위 수술이 시행되지 않거나 무수혈 방법에 의할 경우 회복의 가능성이 희박하여 환자의 생명에 중대하고도 심각한 침해결과가 발생할 가능성이 큰 반면, 위 수술이 시행될 경우 그 회복가능성이 훨씬 높고, 현재 임상의학의 수준에서 다른 대체 진료방법이 없음에도 불구하고, 친권자들이 종교적 신념에 기초하여 수혈을 거부하는 것은, 부모를 자녀의 친권자로 지정한 취지 및 친권 행사의 기준에 비추어 볼 때 정당한 친권행사의 범위를 넘어서는 것이므로, 거부의 의사표시에 효력을 인정하기 어렵고, 환자의 현재 상태와 치료과정 및 회복가능성, 그리고 생명을 유지하고자 하는 것이 인간의 본성인 점 등을 고려한다면 환자 본인에게 수혈 동의의 추정적 의사를 인정할 수 있다는 것이다.

　위와 같은 서울 동부지방법원의 결정에 대해서는 두 가지 측면에서 비판이 존재한다. 하나는 위 결정의 사실인정이 잘못되었다는 견해이고, 다른 하나는 법리구성이 잘못되었다는 견해이다. 전자는 현대의학에서 수혈은 생명을 보장하는 유일한 의료적 기법이 아니라, 하나의 수단일 뿐이며, 무수혈 수술의 성공률도 높아지고 있는 추세라는 점을 지적한다.[36] 위 수술이 환자의 생명을 유지하기 위해 현재 시행될 수 있는 가장 적절하고도 필수적인 치료방법이라고 보고 있는 위 결정의 사실판단에 대해 의문을 제기하는 것이다. 그러나 무수혈 수술이 언제나 수혈에 의한 수술을 대체할 수는 없다는 것이 의학계의 일반적인 견해이다.[37] 물론 충분한 판단능력이 있는 성인이 자유로운 의사에 기하여 수혈을 거부한다면 수혈을 강제할 수는 없을 것이다.[38] 그러나 부모의

---

36) 오두진, "의료상의 자기결정권 행사와 의사의 진료업무 조화의 법적인 문제 ― 종교적인 이유로 수혈을 거부하는 경우를 중심으로 ―", 생명윤리정책연구 제4권 제2호, 2010, 126면 및 같은 면 각주 8) 참조.

37) Michael J. Nash/Hannah Cohen, "Management of Jehovah's Witness patients with haematological problems", Blood Reviews(2004) Vol. 18, pp. 211-217 등 참조. 실제로 여호와의 증인 신자들의 의사를 존중하여 무수혈 수술을 시행하고 있는 의사들도, 생명을 구하기 위하여는 수혈 외의 다른 방법이 없는 경우도 있다는 사실을 인정하고 있다. 이성욱·오일영·서상기·반태학·박윤희·박성철·한광수, "여호와 증인 환자에서 산부인과적 무혈 수술의 임상적 고찰", 대한산부인과학회지 제43권 5호, 2000, 861면 참조.

38) 日最高裁 2000(平成 12). 2. 29 판결(민집 54권 2호 582면)은 63세의 여성 환자가 수술 중

신앙 때문에 자녀의 생명을 구하기 위한 수혈을 거부하는 것은 법적으로 정당화될 수 없다.

후자의 견해는 법원이 환자 본인의 추정적 의사에 기초하여 가처분 결정을 인용한 것을 비판한다. 동의능력 없는 자녀가 부모의 의사를 좇아 실제로 의사에게 수혈거부의 의사를 표시한 경우에는 그 자녀에게 '수혈을 원할 것'이라는 추정적 의사가 있다고 인정하기 어렵다는 것이다.[39] 동 견해는 추정적 승낙에 기초하여 의사의 치료행위를 정당화한 후 부모에게 수혈을 방해하지 말라는 취지의 가처분 명령을 내리기보다는, 애초부터 부모에 의한 동의를 재판으로서 강제하는 것을 내용으로 하는 가처분명령을 내리는 것이 더 바람직하다고 한다. 부모는 친권의 효력으로서 자녀에게 필수불가결한 치료에 대해 동의할 의무가 있음을 전제로 하고 있다.

후자의 견해와 같이 특정 치료행위에 동의한다는 취지의 의사의 진술을 명하는 것을 내용으로 하는 임시의 지위를 정하는 가처분이 법적으로 허용될 수 있는지 여부에 대해서는 논란이 있을 수 있다. 임시의 지위를 정하는 가처분이란 당사자간에 현재 다툼이 있는 권리 또는 법률관계가 존재하고, 그에 대한 확정판결이 있기까지 현상의 진행을 그대로 방치한다면 권리자가 현저한 손해를 입거나 급박한 위험에 처하는 등 소송의 목적을 달성하기 어려운 경우에 그로 인한 위험을 방지하기 위해 잠정적으로 사용하는 제도이다.[40] 임시의 지위를 정하는 가처분을 내리기 위해서는 ① 보전의 필요성, ② 피보전권리라는 두 개의 요건이 갖추어져야 한다. 부모의 치료거부 사안의 경우 ① 보전의 필요성은 쉽게 인정할 수 있을 것이나, ② 피보전권리가 있는지에 대해서는 논란이 있을 수 있다. 임시의 지위를 정하기 위한 가처분은 장래의 집행보전이 아니라 현존하는 위험방지를 위한 것이어서 엄밀한 의미의 피보전권리라고 할 것은 없지만, 보통 다툼이 있는 권리관계를 피보전권리라고 보고 있다.[41] 그렇다면 부모의 치료거부에서 다툼이 있는 권리관계란 무엇인가.

어떠한 경우에도 수혈을 받지 않겠다고 하였는데, 의사가 환자의 생명을 구하기 위한 목적으로 수술 중 수혈을 한 사안에서, "환자가 수혈을 받는 것은 종교상의 신념에 반한다고 하여 수혈을 동반하는 의료행위를 거부한다는 명확한 의사를 가진 경우, 그러한 의사결정을 하는 권리는 인격권의 한 내용으로서 존중되어야 한다"고 하여 의사 측의 환자에 대한 정신적 고통에 따른 손해배상책임을 인정하였다.

39) 李鳳敏, 앞의 논문, 259-260면.
40) 「법원실무제요, 민사집행[IV] — 보전처분」, 법원행정처, 2003, 8면.
41) 앞의 책, 40면.

　　한 견해는 병원측이 환자에 대하여 가지는 피보전권리는 위임계약에 기초한 치료업무수행권이라고 본다. 이에 대하여는, 이러한 의료계약, 즉 위임계약은 민법 제689조 제1항에 따라 환자에게 해지권이 인정되는데, 이와 같이 언제든지 소멸할 수 있는 권리관계를 피보전권리로 삼아 친권을 제약하는 것은 타당하지 않다는 지적이 있다.[42]

　　다른 한편 부모가 환자인 자녀를 합리적 이유 없이 병원에서 퇴원시키는 것은 친권의 남용이며, 일정한 경우 의사는 환자를 퇴원시키지 않고 치료를 계속할 의무가 있으므로, 의사는 자녀에 대해 치료를 거부하여 친권을 남용하고 있는 부모를 상대로 당해 치료행위에 대한 동의를 요구할 권리가 있다고 주장하면서, 바로 이러한 권리가 가처분 사건에서 피보전권리로 인정될 수 있다고 하는 주장이 있다.[43] 부모가 합리적 이유 없이 자녀에 대한 치료를 거부하는 것이 친권의 남용이라는 점도, 의사는 일정한 경우 진료를 계속할 의무가 있다는 점[44]도 모두 인정될 수 있다. 그러나 의사의 진료의무로부터 바로 부모에 대해 치료행위에 대한 동의를 요구할 민사상의 권리를 도출해낼 수 있는지, 그리고 그것을 기초로 가처분을 청구할 수 있는지는 의문이다. 일반적으로 가압류나 가처분은 권리자가 의무자를 상대로 청구하는 것이기 때문이다.

　　이에 대하여 임시의 지위를 정하는 가처분에서는 엄격한 의미의 피보전권리라는 것이 없다고 하여, 이러한 가처분도 허용될 수 있다는 주장이 있다.[45] 그러나 의무자가 의무를 이행하기 위하여 가처분을 신청할 수 있다는 것은 이제까지 논의된 바 없고, 다른 경우에 유사한 사례를 찾기도 어렵다. 그 밖에 법원이 부모에게 치료에 대한 동의를 명하는 가처분을 하는 것이 허용되는가 하는 점도 논란의 여지가 있다.[46]

────────────

42) 오두진, 앞의 논문, 127면.

43) 李鳳敏, 앞의 논문, 266면 이하. 반면 김민중, 주 29)의 논문, 247-248면은, 진료의무를 지고 있는 의사로서는 부모에 대해 진료행위방해배제청구권을 갖는다고 주장하면서 위 판결을 지지하고 있다.

44) 독일 의료법학회의 권고(Ⅲ. 1 이하 참조) 제13항도, 친권자의 치료 거부가 친권자로서의 의무에 어긋나는 경우에는 의사는 치료 권한이 있을 뿐만 아니라 치료 의무도 있다고 한다. 또한 A. Bainham, "Resolving the Unresolvable: the Case of the Conjoined Twins", [2001] 60 The Cambridge Law Journal, p. 52도 참조.

45) 李鳳敏, 앞의 논문, 267면.

46) 종래에는 이러한 의사표시를 명하는 가처분은 허용되지 않는다고 하는 것이 일반적인 견해였으나, 근래에는 이를 허용하여야 한다는 설도 유력하게 주장되고 있고, 이를 허용하는 하급심 판례도 나오고 있다. 자세한 것은 權昌榮, "意思表示를 명하는 假處分", 사법논집 제52집, 법원도서관, 2011, 67면 이하 참조. 이 문제는 여기서 더 이상 다루지 않는다.

그럼에도 불구하고 학설이나 하급심 판결이 이러한 가처분을 허용해야 한다고 보는 것은, 현행법상 이러한 가처분 외에는 현실적으로 뚜렷한 사전적 구제처분을 찾기 어렵기 때문이라고 할 수 있다. 그러나 이처럼 임시의 지위를 정하는 가처분을 이용하는 것이 현재의 법률상황에서는 부득이한 것이라고 하여도, 이는 어디까지나 임시방편적인 것에 불과하고, 근본적인 해결방법이 될 수는 없다. 부모의 치료거부 외에도 법원이 자녀의 복리를 위하여 친권상실 이외의 방법에 의하여 특정한 행위를 명하여야 할 필요가 있을 수 있는데, 위와 같은 가처분은 의사의 치료의무가 인정되는 특수한 경우에 한정적으로만 인정될 수 있기 때문이다. 현재의 법상태에서는 치료거부의 경우에 의사가 가처분을 신청하는 것 외에 본안사건으로서 어떤 청구를 할 수 있는지도 불분명하다.[47]

결국 문제를 근본적으로 해결하는 길은, 치료거부를 포함한 친권남용 사례 전반에 대해 법원이 친권상실 이외의 방법으로 개입할 수 있는 명문의 근거규정을 두는 것뿐이다.[48]

Ⅲ. 비교법적 검토

외국에서는 비교적 일찍부터 부모에 의한 자녀의 치료거부 문제를 해결하기 위한 각종의 대책이 강구되어 왔다.

가령 프랑스 공중보건법은 긴급한 경우(R.4127-42조 제2항) 또는 친권자나 후견인의 치료거부로 인해 미성년자나 피후견인의 건강에 중대한 결과를 일으킬 위험이 있는 경우(L.1111조의4 제6항) 의사가 필요한 치료를 할 수 있다고 규정하고 있다.[49] 미성년자의 건강 혹은 신체적 완전성이 법정대리인의 거부 또는 부동의로 말미암아 침해될 위험이 있는 경우에는 의사가 검사에게, 필요 불가결한 치료를 의사에게 허용하는 취지의 보육원조조치(mesures d'assistance

---

47) 그러나 李鳳敏, 앞의 논문, 268-269면은 친권자에게 수혈에 대한 동의를 구하거나 진료방해 배제를 청구하는 소송이 본안소송이 될 수 있다고 한다.

48) 尹眞秀, 주 34)의 논문, 26면; 李鳳敏, 앞의 논문, 275면 등도 같은 취지이다. 그 밖에 친권상실의 요건 자체의 개정 또는 병원윤리위원회나 법원에 의한 즉각적인 치료강제 제도 도입이 필요하다는 견해로 한지혜, "미성년자의 생명권과 국가의 보호의무 ─ 종교의 자유와 생명권의 충돌을 중심으로 ─", 成均館法學 제24권 1호, 2012, 40-41면 참조.

49) 부모의 치료거부 문제와 관련된 프랑스의 법상황에 대해 자세한 것은 李鳳敏, 앞의 논문, 240면 이하 참조.

éducative)[50]를 청구하도록 신청할 수도 있다(공중보건법 R.1112조의35 제4항).

영국 역시, 명문의 규정은 존재하지 않으나, 전통적으로 법원이 부모의 치료거부 사안을 해결하기 위해 필요한 경우 아동의 치료를 명할 수 있는 권한을 갖는다고 보아 왔다.[51][52] 미국에서도 parens patriae 이론에 근거하여 부모가 자녀의 치료에 대한 동의를 거부하는 경우 부모의 의사에 반하여 법원이 치료를 명할 수 있다는 것이 대체적인 판례의 경향이다. 다만, 주가 자녀의 치료를 거부하는 부모의 의사를 뒤집고 치료를 강제하기 위해서는 그것이 자녀의 이익을 위해 반드시 필요하다는 것이 증명되지 않으면 안 된다.[53]

위와 같은 프랑스와 영국, 미국의 법상황은 비교적 자세히 국내에 소개된 바 있다. 따라서 이하에서는 비교적 최근에 부모의 치료거부와 관련된 조문이 정비되었음에도 불구하고, 아직까지 그 내용이 자세히 소개되지 않고 있는 독일과 일본의 경우에 한정하여 비교법적 검토를 진행하고자 한다.

1. 독　일

독일에서도 의료영역에서의 미성년자의 자기결정권 보장은 중요한 쟁점 중 하나이다. 독일에서 이 논점은 두 가지 방향으로 발전하였는데, 하나는 미성년 자녀의 생명·신체의 안전을 위해 치료행위가 필요함에도 불구하고 부모가 그 동의를 거부하는 경우이고, 다른 하나는 부모의 희망에도 불구하고 미성년자 본인이 치료를 거부하는 경우이다. 이와 같이 부모의 친권과 자녀의 생명·신체에 관한 기본권 또는 자기결정권이 충돌하는 경우, 독일에서는 다음과 같은 해결방

---

50) 김성수, "프랑스민법의 친권(authorité parentale)", 民事法學 제54-2호, 2011, 179면은 이를 양육지원이라고 부르고, 박주영, "독일과 프랑스의 친권제한제도에 관한 고찰: 부모에 의한 아동학대사례를 중심으로", 安岩法學 제33호, 2010, 161면은 교육원조라는 용어를 쓰고 있다.

51) 부모의 치료거부 문제와 관련된 영국의 판례를 소개하고 있는 문헌으로 尹眞秀, "英國 抗訴法院의 샴 쌍둥이 분리수술 사건 판결", 民法論攷 Ⅳ, 博英社(2009), 424면(최초 발표: 亞細亞女性法學研究 제5호, 2002) 참조.

52) 영국 항소법원(Court of Appeal)의 Re T(A MINOR) (Wardship: Medical Treatment), [1997] 1 FLR 502 판결은, 선천성 담도폐쇄증(biliary atresia)을 앓고 있어 간 이식 수술을 받지 않으면 사망하게 될 아동의 부모가 간 이식 수술에 대한 동의를 거부하자, 지방자치단체가 법원에 치료 허가를 구하는 신청을 제기한 사건에서, 법원은 부모의 의사를 존중하여야 하고, 치료 허가를 명할 수는 없다고 하였다. 그러나 이 판결에 대하여는 많은 비판이 있다. Andrew Bainham, "Do Babies Have Rights?", [1997] Cambridge Law Journal Vol. 56,pp. 48 ff.; Jonathan Herring, Family Law, Fourth Ed., Pearson Education, Essex, 2009, p. 456 등 참조.

53) 부모의 치료거부 문제와 관련된 미국의 판례를 소개하고 있는 문헌으로 尹眞秀, 주 6)의 논문, 453면 이하 참조.

안이 제시되고 있다.

가. 독일의료법학회의 「아동과 청소년의 치료거부에 관한 권고」

독일의료법학회(Deutsche Gesellschaft für Medizinrecht = DGMR)는 1995. 3. 24.부터 같은 달 26.까지 개최된 "아동과 청소년 치료거부의 의료법적 측면"에 관한 워크샵에서 「아동과 청소년의 치료거부에 관한 권고(Empfehlungen zur Therapieverweigerung bei Kindern und Jugendlichen)」를 채택한 바 있다.[54] 동 권고는 주로 다음과 같은 내용을 담고 있다.

첫째, 치료거부의 문제는 특히 자의 생명을 유지하기 위해 또는 그의 신체적·정신적 발달에 중대하고도 지속적인 해악이 생기는 것을 방지하기 위해 필요한 치료행위를 부모 또는 자녀가 거부하는 경우에 발생한다.

둘째, 자녀는 기본법 제2조 제2항에 의한 생명 및 건강에 관한 기본권에 근거해 최상의 의료적 조치를 받을 권리를 갖는다. 부모는 기본법 제6조 제1항에 의해 자녀에 대해 고유한 친권을 갖는다. 다만, 부모의 친권은 자의 복리에 의해 제한받는다.

셋째, 침습적 의료행위는 환자 본인의 동의를 받아야 한다. 환자 본인에게 동의능력이 있는 경우 제3자에 의한 동의는 필요하지 않다.

넷째, 환자 본인에게 동의능력이 없는 경우에는 부모가 친권에 근거하여 환자의 동의권을 대행할 권리와 의무를 진다.

다섯째, 환자에게 동의능력이 있는지 여부는 의사가 결정하며, 동의능력 존재에 대한 입증책임도 의사가 부담한다.

여섯째, 환자의 동의능력 유무를 판단하는데 있어서 연령은 중요하지 않으며, 미성년자의 신체적·정신적 상태, 질환의 경중과 치료의 효과 등을 고려하여 판단하여야 한다. 특히 미성년자 본인의 이해 및 판단능력의 정도에 따라 동의능력 유무가 달라질 수 있으며, 시간의 경과에 따라 동의능력이 생기거나 사라질 수도 있다.

일곱째, 부모와 의사간에 자의 최선의 이익에 부합하는 의료적 처치 방법에 대한 합의가 이루어지지 않을 때에는 모든 신체적·정신적 상태 및 현재와 장래의 사정을 고려하여 법적인 판단을 받아야 한다. 이때 친권자의 결정이 미

---

54) Ch.Dierks/T.Graf-Baumann/H.-G.Lenard(Hrsg.), Therapieverweigerung bei Kindern und Jugendlichen, Springer, 1995, S. 147 ff. 참조. 위 제안은 http://www.uk-koeln.de/dgmr/empfehlungen/empf5.shtml.(최종 방문 2012. 12. 17)에서도 확인할 수 있다.

성년자의 신체적·정신적 복리에 미칠 영향, 거부된 치료의 장·단점과 위험, 거부의 배경과 이유 및 목적 등을 종합적으로 고려하여야 한다.

여덟째, 친권남용이 있는 경우 의사는 치료할 권리를 가질 뿐만 아니라, 치료할 의무도 진다. 따라서 친권자로 말미암아 자의 복리가 침해될 위험이 있는 경우 의사는 후견법원에 심판을 청구하여야 하며, 이때에는 비밀유지의무를 지지 않는다.

나. 독일 민법 제1666조

독일민법 제1666조 제1항은 "자녀의 육체적·정신적 또는 영혼의 복리나 그의 재산에 위험이 발생한 경우, 가정법원은, 부모에게 그 위험을 방지하려는 의사 또는 능력이 없는 한, 그 위험의 방지를 위해 필요한 조치를 취하여야 한다"고 규정하고 있다.[55] 종전에는 "친권의 남용·자의 유기·부모의 귀책사유 없는 거부 또는 제3자의 행위로 인하여" 자녀에게 위와 같은 위험이 발생한 경우에만 가정법원이 개입할 수 있도록 되어 있었으나, 2008. 7. 4. 개정에 의해 위와 같은 요건을 삭제하였다. 따라서 자녀의 복리에 위험이 있는지 여부만이 유일한 제한의 기준이다.[56] 이에 해당하는 사안으로 주로 언급되는 것이 아동학대·성적 학대·낙태강요·치료강요, 그리고 본 논문의 주된 주제인 치료거부 등이다.

(1) 요　건

모든 종류의 치료거부가 당연히 가정법원의 개입을 정당화시키는 것은 아니다. 독일민법 제1666조 제1항에 따르면, 부모의 치료거부가 자녀의 육체적·정신적 또는 영혼적 복리에 위험을 발생시키는 경우에만 개입이 가능하다. 이때 자녀의 복리에 위험이 발생하였다고 하기 위해서는 "자녀의 발전에 대한 즉각적인 또는 적어도 직접적으로 임박한 위험이 존재하고, 그것이 계속될 경우 자녀의 육체적·정신적 또는 영혼적 복리에 중대한 해악을 미칠 것임이 매우 확실하게 예견"[57]되어야만 한다. 즉 그 위험이 지속적이고도 중대한 위험이

---

55) 동 조문을 소개하고 있는 국내문헌으로는 조은희, "獨逸法上 子의 福利를 위한 國家의 關與", 亞細亞女性法學 제5호, 2002, 275면 이하; 박주영, 앞의 논문, 148면 이하; 김상용, "아동학대 방지와 피해아동 보호를 위한 새로운 법체계의 구축을 위한 연구", 중앙대학교 법학논문집 제36집 제3호, 2012, 92-96면 등이 있다.
56) Fachanwaltskommentar Familienrecht/Ziegler, 2008, §1666 Rn. 21 참조.
57) BVerfG NJW 2010, 2333; FamRZ 2009, 1897, 1898 등.

어야 한다.[58]

특히 부모가 객관적으로 필요하며, "위험이 없는" 시술에 대한 동의를 거부하는 것, 대표적으로 종교적 신념에 기초해 수혈을 거부하는 것은 독일민법 제1666조에 따른 법원의 직권개입을 발동시키는 가장 전형적인 사례로 반복하여 설시되고 있다.[59] 이러한 사안에서는 주로 독일민법 제1666조 제3항 제5호에 따른 의사표시의 대체 조치가 발동되고 있다. 현재의 의학지식에 따를 때 아무런 위험이 수반되지 않는 진단조치(Diagnosemaßnahme)를 거부하는 경우도 마찬가지이다.[60]

반면에 치료행위에 일부 위험이 수반되거나, 성공 여부가 확실하지 않은 사안에서는 법원의 개입 여부를 결정함에 있어서 다소간의 이익형량이 필요하다.[61] 즉 부모의 친권행사와 자녀의 생명·신체의 건강 간의 기본권 충돌시 후자가 절대적 우위를 차지하지 못한다. 따라서 가정법원이 친권자의 결정을 바로 대체하는 것은 쉽지 않으며, 친권자의 판단이 충분한 근거를 가지고 있는지 여부를 감독하는데 그친다.

결국 당해 치료행위를 감행하였을 때 건강이 회복될 확률, 당해 치료행위의 시술 또는 불시술에 따라 환자가 감내해야 하는 고통, 기회와 위험간의 관계, 치료거부의 배경과 원인·목적 등을 종합적으로 고려하여 사안에 따라 판단하지 않을 수 없다.[62] 정신질환 있는 자녀의 입원치료를 거부한 사안,[63] 영양실조 상태에 빠진 영아의 병원 진료를 거부한 사안,[64] 의사의 투약지시를 준수하지 않은 사안[65] 등이 친권남용 사안으로 판단된 바 있다. 다소간 위험이 수반되는 진단조치인 경우라도, 그 진단결과에 따른 치료행위의 성공률이 매우 높아 치료에 대해 부모가 동의하지 않으면 안 되는 사안이라면, 진단 자체를 거부하는 경우 가정법원이 개입할 수 있다는 판례도 있다.[66]

---

58) MünchKommBGB/Olzen, 6. Aufl., 2012, §1666 Rn. 50.

59) MünchKommBGB/Olzen, §1666 Rn. 81; Fachanwaltskommentar Familienrecht/Ziegler, §1666 Rn. 19; OLG Celle NJW 1995, 792 f.; OLG Hamm FamRZ 1968, 221; BVerwG NVwZ 2001, 924.

60) Diederichsen, "Zustimmungsersetzungen bei der Behandlung bösartiger Erkrankungen von Kindern und Jugendlichen",: in Ch. Dierks/T. Graf-Baumann/H.-G. Lenard(Hrsg.), Therapieverweigerung bei Kindern und Jugendlichen, Springer, 1995, S. 105; MünchKommBGB/Olzen, §1666 Rn. 83.

61) Diederichsen, 앞의 논문, S. 105 ff.; MünchKommBGB/Olzen, §1666 Rn. 81.

62) 그 판단의 어려움에 대해서 자세히는 Tautz, "Kontroversen bei der Therapie onkoligischer Erkrankungen in der Pädiatrie", Dierks/Tautz: in Ch. Dierks/T. Graf-Baumann/H.-G. Lenard(Hrsg.), 앞의 책, S. 23 ff. 참조.

63) BayObLG ZFJ 1995, 106, 107; FamRZ 1991, 214 등.

64) AG Kamen DAVorm. 1995, 258 f.

65) KG NJW-RR 1990, 716.

66) KG FamRZ 1970, 491.

한편 미용목적의 성형수술은, 이를 시술하지 않을 경우 자의 정신건강에 심각한 해악을 야기할 수 있다는 등의 특별한 사정이 없는 한, 부모가 그 동의를 거부하더라도 자의 복리에 위험이 발생하지 않으므로, 가정법원의 개입이 정당화될 수 없을 것이다.[67] 국가필수예방접종종목이 아닌 예방접종을 거부하는 경우도 마찬가지이다. 그러나 필수예방접종을 거부하는 경우 또는 친자관계 확인을 위한 혈액채취 등의 경우 부모의 동의를 강제할 수 있는지 여부는 논란의 여지가 있다.[68]

(2) 효   과

독일민법 제1666조 제1항에서 정한 요건에 해당하는 경우 가정법원은 그 위험의 방지를 위해 필요한 조치를 취하여야 한다. 과거에는 이때 가정법원이 취할 수 있는 조치의 내용이 무엇인지에 대해 구체적으로 명시되어 있지 않았었다. 구 독일민법 제1666조 제3항에 의해 법원이 친권자를 대신하여 의사표시를 할 수 있다는 점, 같은 조 제4항에 의해 신상보호사무에 관해서는 제3자에 대해 효력이 미치는 조치를 취할 수도 있다는 점 등이 규정되고 있었을 뿐이었다. 이와 같이 기존 독일민법 제1666조 제1항이 일반조항의 형식을 취하고 있었으므로, 가정법원은 이에 근거하여 매우 다양한 형태의 조치를 취할 수 있었다.

그럼에도 불구하고, 연구결과 가정법원이 다수의 사건(약 60%)에서 도식적으로 친권박탈조치를 내리고 있을 뿐 사안에 걸맞는 유연한 형성권한을 행사하지 않고 있다는 점, 그나마 그 친권박탈조치도 시기적으로 늦는 경우가 자주 있다는 점 등이 밝혀졌다.[69] 따라서 2008. 7. 4. 개정된 독일민법 제1666조 제3항은 그 조치의 구체적인 내용을 열거하는 것으로 조문을 개정하였다.[70] 그 중 특히 제5호는 법원의 결정에 의해 "친권자의 의사표시의 대체"가 가능하다는 점을 명시하였다. 사실 치료거부 사안의 경우에는 2008년 독일 민법 개정 전에도 주로 가정법원이 부모의 치료의 의사표시를 대체하는 것을 내용으로 하는 심

---

67) MünchKommBGB/Olzen, §1666 Rn. 84.
68) MünchKommBGB/Olzen, §1666 Rn. 84 참조.
69) MünchKommBGB/Olzen, §1666, Rn. 149.
70) 동 조항에 따르면 이제 가정법원은 ① 아동부조(Kinder- und Jugendhilfe) 또는 보건복지 (Gesundheitsfürsorge)와 같은 공적 부조를 청구하라는 명령(제1호), ② 의무교육을 받도록 하는 명령(제2호), ③ 가족의 거주지 또는 다른 거주지를 사용하거나, 거주지의 특정 구획에 체류하거나, 자가 정기적으로 거주하는 다른 특정 장소를 방문하는 것을 일시적으로 또는 불특정 기간 동안 금지하는 명령(제3호), ④ 자와 교섭하거나, 면접하는 것을 금지하는 명령(제4호), ⑤ 친권자의 의사표시의 대체(제5호) 및 ⑥ 친권의 전부 또는 일부 박탈(제6호)하는 조치 중 하나를 선택할 수 있다.

판(가령 부모의 의료행위에 대한 동의 또는 의료계약 체결의 의사표시에 갈음하는 심판)을 하는 것으로 그 문제가 해결되어 왔으며,[71] 개정민법 제1666조 제3항 제5호도 동일한 유형의 심판이 가능함을 규정하고 있기 때문에, 선택재량권을 부여한 위 민법개정이 부모의 치료거부 사안의 해결에 큰 변화를 가져온 것은 아니다.

다만, 2008년 독일 개정민법은 선택재량권의 부여와 더불어 또 다른 조문을 신설하였는데, 독일민법 제1666조 제1항의 적용에 있어 비례의 원칙을 준수할 것을 요구하는 제1666조의a 규정이 그것이다. 이에 따르면 자녀를 친권자로부터 분리시키는 조치는, 공적 부조를 포함하여 다른 어떠한 방법으로도 그러한 위험을 방지할 수 없을 때에만 허용(제1항 제1문)되며, 신상보호 권능의 전부 박탈은 다른 조치로는 소용이 없었거나, 다른 조치로는 위험을 방지하기에 부족함이 인정될 때에만 허용된다(제2항). 이러한 법개정으로 말미암아 이제 부모의 자녀 치료거부 사안에서 주된 쟁점은, "특정 사안에서 치료 거부로 인해 자의 복리에 위험이 발생하였는지" 여부로부터 "특정 사안에서 치료 거부를 한다는 이유로 부모의 친권을 전부 또는 일부 박탈하는 조치가 가능한지" 여부로 전환되었다. 치료거부 사안에서 부모의 의료행위 동의에 갈음하는 심판을 내리는 것을 넘어서서 부모의 친권 자체를 전부 또는 일부 제한하는 것이 가능하다는 점, 그리고 이와 같이 친권제한조치로 넘어갈 때에는 독일 민법 제1666조의a에 따라 비례의 원칙을 준수하여야 함이 한층 명백하여졌기 때문이다.[72]

따라서 가정법원이 독일민법 제1666조에 의거해 일정한 조치를 내릴 때에는 자의 복리라는 명목 하에 가족에 지나치게 깊이 간섭하여서는 안 되지만, 그렇다고 하여 친권의 보장을 위해 지나치게 신중하게 접근하는 결과 위험을 제대로 제거하지 못하여서도 안 된다. 자의 복리에 대한 위험을 제거하기 위해 매번 새로운 조치를 반복적으로 내리는 것이야말로 오히려 비례의 원칙에 반할 우려가 있다.[73] Bender는 이러한 점을 지적하면서 "절박한 반복의 위험(Wiederholungsgefahr)"이 있을 때에는 부모로부터 의료 관련 신상보호 권능을 박탈할 수 있다고 한다.[74] 그렇다면 특정 종교적 신념에 기초한 수혈거부

---

71) Tautz, 앞의 논문, S. 109 참조.

72) 물론 독일민법 개정 이전에도 독일민법 제1666조에 따른 친권제한조치는 비례의 원칙에 따를 것이 요구되었으나, 제1666조의a를 신설하여 이를 명문화한 것이다.

73) Vellmer, "Religiöse Kindererziehung und religiös begründete Konflikte in der Familie", Peter Lang, 2009, S. 207 참조.

74) Bender, "Zeugen Jehovas und Bluttransfusionen — Eine zivilrechtliche Betrachtung", MedR 1999, 260 ff.

사안의 경우에는 이와 같은 "절박한 반복의 위험"이 존재하는가. 일견 비례의 원칙을 엄격하게 적용한다면, 쉽게 인정하기 힘들 것이다. 아마도 당해 환자가 반복적으로 수혈을 받아야만 하는 상황처럼 예외적인 경우에만 친권의 일부 박탈이 가능하다고 해석할 가능성이 높다.

그러나 다수의 견해는 이와 같은 엄격한 해석에 반대한다. "치료가 불가능하게 만드는 종류의 위험은 언제나 반복될 수 있는 위험"[75] 또는 "중대한 위험"이기 때문에 친권의 제한이 가능하다고 보아야 한다는 것이다. 대개 수혈은 급박한 상황에서 행해지므로, 실기할 경우 환자의 생명이나 신체에 중대한 해악을 미칠 가능성이 크다. 그러한 상황 하에서 가정법원이 부모의 동의의 의사표시에 갈음하는 심판을 내리는 것은 당연히 가능하다. 그런데 그 심판은 특정 의사의 특정 치료행위에 대한 것이기 때문에 제3자를 구속하지 못한다. 수혈에 반대하는 부모가 의사를 교체하는 경우에는 새롭게 심판을 받아야 하고, 이것이 바로 "절박한 반복의 위험" 내지 "중대한 위험"을 의미한다고 본다. 특히 특정 종교에 기초하여 수혈을 거부하는 부모들 중에는 수혈의 방법을 사용하지 않으면서도 치료를 할 수 있는 대체진료 가능 병원에서의 치료를 고집하는 경우가 있으므로, 이 때문에 필요한 수혈을 제때 받지 못하게 될 위험이 있는 경우에는 바로 신상보호 관련 친권의 박탈이 가능하다고 볼 필요가 있다.[76]

한편 첼레 고등법원 1994. 2. 21. 판결은, 친권 제한에 있어서 비례의 원칙이 명문화되기 전에 이미 동 원칙의 적용을 문제삼으면서, "생명유지를 위해 수혈이 반드시 필요한 사안에서 자의 복리를 해할 위험을 방지하기 위해 동의의 의사표시 조치를 내리는 것만으로 충분함에도 불구하고 친권을 일시적으로 박탈하고 이를 후견인에게 이전시키는 것은 비례의 원칙에 부합하지 않는다"[77]고 판시한 바 있으므로, 위와 같은 다수의 견해가 판례에 의해 받아들여질 수 있을지는 의문이다. 결국 대부분의 사건에서는 완화된 조치, 즉 법원의 심판에 의해 부모의 의사표시를 갈음하는 방법이 사용될 가능성이 높다.

(3) 절　　차

독일민법 제1666조에 따른 가정법원의 개입은 당사자의 청구에 의해 발동하는 제도가 아니다. 즉 이는 자녀가 부모에 대해 특정 의료행위에 대해 동의

---

75) Vellmer(주 73), S. 208.
76) 위 같은 면.
77) OLG Celle NJW 1995, 792.

해 줄 것을 청구하는 소송사건으로서의 성격을 갖지 않는다. 가정법원은 기본
법 제6조 제2항 제2문에 따라 자녀의 보호기관 내지 친권자의 감독기관으로서
직권으로 당해 절차를 진행한다.78) 다만, 대부분의 경우에는 이와 관계있는 제
3자, 예컨대 의사 등이 법원에 그 직권의 발동을 요청함으로써 절차기 개시된
다고 한다.79)

　　치료행위는 신속이 요구되는 경우가 대부분이므로, 가정법원은 본안심판에
앞서 친권을 제한하는 것 등을 내용으로 하는 가처분(Einstweilige Anordnungen)
을 내리는 것도 가능하다.80)

2. 일　　본

가. 종래의 상황

　　서구의 법제와는 달리 일본은 부모의 치료거부 사안81)에서 자녀의 생명·
신체의 안전을 확보하기 위한 법적 조치를 마련하지 않고 있었고, 우리나라와
마찬가지로 일본민법 제834조에 따라 부모에게 친권상실선고를 내릴 수 있을
뿐이었다. 그러나 일본의 친권상실선고는 "부 또는 모가 친권을 남용하거나 현
저한 비행이 있을 때" 선고되며, 그 요건과 효과, 절차 등이 우리 민법과 매우
유사하여 치료거부 사안에 적용하기에 적절하지 않다. 이는 무엇보다도 일본의
가정재판소가 부모의 동의에 갈음하는 허가나 부분적 친권상실선고 등 개입
정도가 낮은 대체조치를 취할 수 없다는 한계에 기인한 것이다.

　　또한 일본은 2007년「아동학대의 방지 등에 관한 법률」82)을 개정하여 보
호자가 아동의 반환을 요구하더라도 학대의 우려가 있는 때에는 일시보호 또
는 강제출입 등의 조치를 내릴 수 있도록 규정하였다(동법 제12조의2 및 제12조
의3). 따라서 부모가 자녀에게 반드시 필요한 치료를 거부함으로써 '학대'의 결

---

78) Gernhuber/Coester-Waltjen, "Familienrecht(5. Aufl.)", Verlag C.H. Beck, 2006, S. 687 참조.
79) 윤진수, 주 34)의 논문, 26면 이하 참조.
80) 가사사건에서 가처분을 명할 수 있는 근거 조문은 2008년 제정된 가사절차 및 비송사건법
　　(FamFG, Gesetz über das Verfahren in Familiensachen und in den Angelegenheiten der
　　freiwilligen Gerichtsbarkeit) 제49조가 될 것이다. MünchKommBGB/Olzen, §1666 Rn. 234 ff.
　　참조.
81) 일본에서는 이를 흔히 医療ネグレクト라고 부르고 있는데, 의료적 방치라고 옮길 수 있을
　　것이다.
82) 児童虐待の防止等に関する法律.

과가 발생할 우려가 있을 때에는 자녀를 부모로부터 일시 격리하여 병원 등에 보호하는 것이 불가능한 것은 아니다. 그러나 이러한 조치만으로는 아동의 실효성 있는 보호가 불가능하였다. 부모에게는 여전히 강력한 친권이 있으므로, 거소지정권이나 자의 인도청구권 등을 행사할 경우 자녀를 반환하지 않을 수 없기 때문이다. 이 때문에 같은 법 제15조는 "민법에 규정된 친권상실제도는 아동학대의 방지 및 아동학대를 받은 아동의 관점에서도, 적절하게 운용되어야 한다"는 점을 명시하였다.

그리하여 일본의 입법자는 2007년 「아동학대의 방지 등에 관한 법률」개정 당시에 부칙 제2조 제1항에서 "정부는 이 법률의 시행 후 3년 이내에 아동학대 방지 등을 도모하고, 아동의 권리이익을 옹호하는 관점에서 친권제도에 관하여 재검토하며, 그 결과에 따라 필요한 조치를 강구하는 것으로 한다"는 점을 명확히 하였다.

실제로 일본에서는 부모가 자녀에 대한 수혈 등을 거부하는 경우 주로 아동 학대 방지를 위하여 설치되어 있는 아동상담소장 등이 본안으로 부모의 친권상실선고를 청구하면서,[83] 가사심판법에 의한 친권자의 직무집행정지·직무대행자 선임을 신청하는 방법이 이용되었고, 가정재판소도 이를 받아들이는 경우가 많았다.[84]

나. 종교적 수혈 거부에 관한 합동위원회의 가이드라인

그리하여 일본의 종교적 수혈 거부에 관한 합동위원회[85]는 다음과 같은 가이드라인을 제시하였다.

첫째, 당사자가 18세 이상으로서 의료에 관한 판단능력이 있는 사람인 경우. 의료측이 무수혈치료를 최후까지 하려고 할 때에는 본인이 서명한 면책증명서를 제출하게 하고, 무수혈치료가 어렵다고 판단되면 당사자에게 다른 병원으로의 전원을 권고한다.

둘째, 당사자가 15세 이상으로서 의료에 관한 판단능력이 있는 경우. 친권

---

83) 일본의 兒童福祉法 제33조의7은 아동상담소장에게 친권상실 청구권을 인정하고 있다.

84) 宗教的輸血拒否に関する合同委員会報告, "宗教的輸血拒否に関するガイドライン", 2008. 2. 28, 3면 참조. 이 문서는 일본 마취과학회 홈페이지에서 검색할 수 있다((http://www.anesth.or.jp/guide/pdf/guideline.pdf. 최종방문: 2012. 12. 17). 또한 李鳳敏, 앞의 논문, 271-272면 참조.

85) 이 위원회에는 日本輸血·細胞治療学会, 日本麻醉科学会, 日本小児科学会 등 5개의 의학 학회의 대표자와, 와세다대학 대학원 법무연구과의 甲斐克則 교수, 와세대 대학 법학부의 岩志和一郎 교수 등이 참여하였다.

자가 수혈을 거부하지만, 당사자가 수혈을 희망하는 경우에는 당사자가 수혈동의서를 제출한다. 친권자가 수혈을 희망하지만 당사자가 수혈을 거부하는 경우에는 의료측은 될 수 있는 한 무수혈치료를 하지만, 최종적으로 필요한 경우에는 수혈을 한다. 친권자로부터 수혈동의서를 받아둔다. 친권자와 당사자 양자가 수혈을 거부하는 경우에는 18세 이상에 준한다.

셋째, 당사자가 15세 미만이거나 의료에 관한 판단능력이 없는 경우. 친권자의 쌍방이 거부하는 경우에는 친권자의 이해를 얻기 위하여 노력하고, 될 수 있는 한 무수혈치료를 하지만, 최종적으로 수혈이 필요하다면 수혈을 한다. 친권자의 동의를 전혀 얻을 수 없고, 치료행위가 저해되는 상황에서는 아동상담소에 학대통고를 하여, 아동상담소가 일시 보호를 하고, 친권상실을 신청하면서 친권자의 직무정지의 처분을 받아, 친권대행자의 동의에 의해 수혈을 행한다. 반면 친권자의 일방이 수혈에 동의하고, 타방이 거부하는 경우에는 친권자 쌍방의 동의를 얻기 위하여 노력하지만, 긴급을 요하는 경우 등에는 수혈을 희망하는 친권자의 동의에 기하여 수혈을 한다.

다. 개정논의

일본은 위와 같은 상황에 봉착하여 친권제한 제도에 관한 대대적인 개정작업에 착수하였다.[86] 특히 2009. 5.에는 법무성의 위탁을 받은 '아동학대방지를 위한 친권제도연구회'가 조직되어 2010. 1. 그 조사·연구성과를 정리한 「아동학대방지를 위한 친권제도연구회보고서(児童虐待防止のための親権制度研究会報告書)」[87]를 법무성에 제출하였고, 이를 바탕으로 법무성의 법제심의회에 2010. 3. '아동학대방지관련친권제도부회'가 설치되었다. 위 아동학대방지관련친권제도부회는 수차례에 걸친 회의 끝에 2010. 7. 23. '아동학대방지를 위한 친권에 관한 제도 검토에 관한 중간시안'[88]을 공표하였다.[89]

---

86) 일본의 친권 제도 개정작업의 연혁과 취지, 그 내용에 관해 자세한 것은 박주영, 주 22)의 논문, 366면 이하 참조. 다만 이 논문은 법이 최종적으로 개정되기 전에 집필된 것이어서 최종 개정된 내용은 다루지 않고 있다.

87) 위 보고서는 일본 법무성 홈페이지에서 검색할 수 있다. www.moj.go.jp/MINJI/minji191.html (최종방문 2012. 12. 17).

88) 「児童虐待防止のための親権に係る制度の見直しに関する中間試案」 및 그 補足説明: 「児童虐待防止のための親権に係る制度の見直しに関する中間試案の補足説明」(이하 '補足説明'이라고 한다)은 일본 법무성 홈페이지에서 검색할 수 있다. http://www.moj.go.jp/MINJI/minji07_00014.html (최종방문 2012. 12. 17).

89) 위와 같은 개정작업이 이루어지기 전에도 친권제한 제도의 개선에 관한 개정 노력이 없었

위 중간시안은 아동학대를 방지하기 위한 다양한 내용을 담고 있으나, 그 중 특히 친권의 일시정지 제도를 도입할 것을 제안하였다. 이처럼 친권의 상실 외에 따로 친권의 일시정지 제도를 도입하여야 하는 이유로는 다음과 같은 3가지를 들고 있다. 첫째, 친권을 제한하여야 할 사안 가운데에는 부모-자녀의 재통합이 현저히 곤란한 사안도 있지만, 본래 부모가 양육하는 것이 자녀의 이익에 부합하기 때문에, 친권 제한 후에도 가능한 한 조기에 친권을 제한하여야 할 사정을 해소하여 부모와 자녀간의 재통합을 도모할 필요가 있다. 둘째, 의료적 방치의 경우에는 일정한 기간에 한하여 친권을 제한하는 것이 상당하다. 현재는 의료적 방치에 대응하기 위해 친권 상실을 본안으로 하는 심판 전의 보전처분으로서 친권자의 직무집행 정지 및 직무대행자 선임을 하여, 직무대행자가 필요한 의료행위에 동의하고 의료행위가 종료한 후에는 본안의 신청을 취하하는 것으로 운용하고 있지만, 의료행위가 필요하다고 보이는 기간에 한하여 친권을 제한하는 것이 친권에 대한 과도한 제한을 피한다고 하는 관점에서도 적절하다. 셋째, 아동이 시설에 들어가 있는 경우에는 친권을 제한하는 기간을 한정하는 것이 상당하다고 한다.[90]

친권의 일시적 제한 제도를 도입함에 있어서 먼저 친권이 제한되는 기간을 미리 법률에서 정할 것인지 여부가 논란이 되었는데, 위 중간시안은 2년을 초과하지 않는 범위 내에서 가정법원이 심판으로 제한기간을 정하는 것이 바람직하다는 견해를 취하였다. 가정법원이 개별 사건별로 제한기간을 정하는 것이 쉬운 일은 아니지만, 시간적으로 과도한 친권의 제한을 회피할 필요가 있다는 점, 특히 의료적 방치사안의 경우에는 단기간 내에 완치가 가능한 경우가 없지 않으므로 굳이 법정기간 동안 계속 친권이 정지되도록 할 필요가 없다는 점 등이 고려되었다.

또한 중간시안은 친권의 일시적 제한 외에 친권의 일부를 제한하는 제도

던 것은 아니다. 가령 2007. 9. 발족된 '민법개정위원회 제2차 가족법 작업부회'는 2009. 10. 그 작업 결과물을 '일본사법학회 심포지엄'에서 공표한 바 있다. 당시 공표된 개정안은 기존의 친권상실제도를 다음과 같이 변경하는 것을 주된 내용으로 하였다. 즉 "부 또는 모가 친권을 남용하거나, 자를 방치함으로써 자의 신체적·정신적 건강을 위태롭게 한 때에는, 가정재판소는 자 또는 자의 양육에 관한 정당한 이익을 가진 자의 청구 또는 직권으로 그 친권의 전부 또는 일부를 상실시키거나 자를 양육하는 자 혹은 都道府縣知事에게 위임할 수 있다." 그 자세한 내용에 관해서는 水野紀子, "親權法: 家族法改正 — 婚姻·親子法を中心に", ヅユリスト 1384호(2009. 9. 1), 59면 참조.

90) 補足說明, 4-6면.

의 도입을 제안하였다. 현행의 관리권 상실 제도 대신 관리권 또는 감호권의
일시적 제한 제도를 두거나, 사안의 필요성에 따라 친권의 일부를 개별적으로
특정하여 상실 및 일시적 제한제도를 두는 것 등이 그것이다. 이러한 친권의
일부 제한은 주로 의료적 방치의 경우를 염두에 두고 논의되었다. 이 가운데
친권의 일부를 개별적으로 특정하여 상실 및 일시적 제한 제도를 두어야 한다
는 입장에서는 그 이유로 다음과 같은 점들을 제시하고 있다. 즉 친권은 중요
한 권리의무이므로 그 제한은 필요 최소한에 그쳐야 한다는 점, 의료적 방치와
같은 경우에는 현재의 친권상실제도의 이용이 곤란하다는 점, 필요에 따라 친
권의 전부, 감호권의 전부 또는 관리권의 전부를 제한하기보다는 사안별로 적
절하게 대응할 수 있도록 할 필요가 있다는 점 등이 그것이다. 이와 같이 친권
의 일부를 개별적으로 특정하여 제한하는 것에 대해, 일본 변호사연합회, 일본
노동조합 총연합회 등은 찬성하였으나, 재판소와 전국아동상담소장회는 현행과
같이 관리권 상실제도만을 두어야 한다는 입장을 취하였다.[91]

　　그 밖에 독일의 경우와 같이 가정재판소가 부모의 동의를 갈음하는 허가
를 내용으로 하는 심판을 내릴 수 있도록 하는 제도를 신설할 것인지 여부가
문제되었다. 위 중간시안은 "부 또는 모에 의한 친권의 행사가 곤란하거나 또
는 부적절하여 부 또는 모에 의하여 친권을 행사하게 하는 것이 자녀의 이익
을 침해하는 경우에, 법정대리인의 동의를 얻어야 하는 미성년자의 법률행위에
관하여 부 또는 모가 자녀의 이익을 해할 우려가 없음에도 불구하고 동의하지
않은 때" 가정재판소가 부모의 동의를 갈음하는 허가를 할 수 있도록 하는 규
정을 제안하였다. 다만 위 개정시안에서도 그 주된 적용 대상을 법률행위의 동
의에 한정하여, 연장의 미성년자가 아동보호시설 등으로부터 퇴소한 후 자립을
위하여 아파트를 임차한다든지 고용계약을 체결하려고 하는데, 친권자가 동의
를 하지 않는 사안과 같은 것을 주된 대상으로서 고려하고 있고, 친권자가 자
녀의 치료를 제대로 하지 않는 의료적 방치에는 적용되지 않는다고 한다. 그
이유는 의사능력이 있는 자녀가 의료를 받으려고 하는 경우에도 의료 동의의
법적 성질 및 어떻게 위치를 지울 것인가에 관하여 여러 가지의 생각이 있을
수 있고, 그 생각에 따라 동의를 갈음하는 허가가 있어도 여전히 필요한 친권

---

91) 「児童虐待防止のための親権に係る制度の見直しに関する中間試案」に関する意見募集の結果に
ついて(이하 '意見募集'이라고 한다), 2면 이하. 이는 http://www.moj.go.jp/content/000054893.pdf
에서 검색할 수 있다(최종 방문 2012. 12. 17).

자의 동의가 없다고 생각할 수 있는 가능성이 있으며, 그렇다면 동의를 갈음하는 허가만으로는 대응하기 어렵다고 생각된다고 한다. 예컨대 미성년 자녀에의 의료행위에 대한 동의권은 본인의 의료계약 체결에 관하여 법정대리인으로서 동의하는 것에 그치는 것이 아니라, 친권자 자신의 권리로서 인정된다고 할 수도 있다면, 미성년자에 의한 법률행위가 허가되더라도 별도로 친권자의 동의권이 문제로 된다는 것이다.[92]

이러한 중간시안에 대해, 가정재판소는 ① 후견인을 전제로 하지 않고 동의만을 주는 제도는 문제가 있다는 점, ② 동의에 갈음하는 제도의 대상이 되는 사안(특히 의료적 방치)은 친권의 일시적 제한으로도 해결할 수 있다는 점, ③ 신청의 남용으로 재판소가 친자간의 문제에 과도하게 개입하는 결과를 초래할 우려가 있다는 점 등을 들어 반대의견을 취하였다고 한다.[93]

라. 개정민법의 태도

위와 같은 작업성과를 기반으로 일본민법의 개정작업이 진행되었고, 그 결과 2011. 6. 3. 민법이 개정되었다. 개정된 민법은 2012. 4. 1.부터 시행되고 있다. 개정민법은 아동학대의 방지 외에도 이혼 후 면접교섭권 확보・미성년후견인의 수와 자격 부분 개정 등 중요한 내용들을 담고 있으나, 부모의 치료거부와 관련하여 특히 중요한 것은 친권의 정지에 관한 제834조의2가 신설되었다는 것이다.[94]

일본 개정민법 제834조의2 제1항에 따르면, "부 또는 모에 의한 친권의 행사가 곤란 또는 부적당하여 자의 이익을 해할 때에는 가정재판소가 자, 자의 친족, 미성년후견인, 미성년후견감독인 또는 검사의 청구에 의해 그 부 또는 모에 대하여 친권정지의 심판을 할 수 있다"고 한다. 또한 이러한 친권정지심판을 할 때에는 "자의 심신상태 및 생활의 상황 그 밖에 일체의 사정을 고려

---

92) 補足說明, 26면 이하 참조.
93) 意見募集, 16면 이하 참조.
94) 친권정지제도의 신설 외에도 일본 개정민법은 친권 분야에 대해 대대적인 개신을 이루었다. 특히 일본 개정민법 제812조는 친권이 "자의 이익"을 위한 권리임을 명시하였다. 또한 친권상실선고에 관한 일본민법 제834조를 대폭 개정하여 그 요건을 상세히 서술하였다. 즉 기존 민법 제834조는 친권남용 또는 현저한 비행을 친권상실선고의 원인으로 구성하였던 것에 비해 새로운 민법은 "부 또는 모에 의해 학대 또는 악의의 유기가 있을 때, 그 밖에 부 또는 모에 의한 친권의 행사가 현저히 곤란하거나 부적당하여 자의 이익을 현저히 해할 때"에 친권상실선고가 가능하도록 하였다. 친권상실선고의 청구권자 역시 자의 친족 또는 검사 외에 자 본인・미성년후견인・미성년후견감독인을 추가하였다.

하여 2년을 초과하지 않는 범위 내에서" 가정재판소가 친권정지기간을 정하도
록 하고 있다(개정 일본민법 제834조의2 제2항). 이는 중간시안의 태도를 그대로
유지한 것이다.95)

　　반면 친권의 일부제한 제도 및 가정재판소가 부모의 동의에 갈음하는 허
가를 내용으로 하는 심판을 내릴 수 있도록 하는 제도는 받아들여지지 않았다.
아동학대방지관련친권제도부회의 논의 과정에서는 친권의 일부 제한 제도에
대하여 다음과 같은 이유로 비판적인 입장을 취하였다. 즉 친권의 일부제한 아
닌 일시제한을 인정하더라도 충분히 대응할 수 있고, 실제적으로 어느 정도 제
한할 것인가, 구체적 사항과 제한된 사항간의 관계는 어떠한가 등에 관하여 불
필요한 혼란을 일으킬 수도 있으며, 현재의 사법 기구를 전제로 한다면, 쟁점
을 매우 확대시키는 부담을 무시할 수 없고, 재판소의 입장으로서도 구체적인
제한의 목록이 민법 조문상 명확하게 규정되어 있어서 이러한 경우에는 이렇
게 된다는, 요건과 효과의 대응관계가 명확하지 않다면 실무적으로는 극히 사
용하기 어렵다는 것이다.96)

　　그리고 동의를 갈음하는 허가에 대하여는, 친권자가 반대의 의사표시를 한
경우에도 이것이 적용될 수 있는가, 일본 민법 제20조 제2항의 제한행위능력자
의 상대방의 최고 규정97)과 중복되지 않는가 하는 의문이 있고, 동의를 갈음하
는 허가를 하는 것만으로는 미성년자의 보호를 위하여 불충분하고, 거래의 상대
방에게도 예측하지 못했던 불이익을 줄 우려가 있다고 하여 채택되지 않았다.98)

　　그런데 이처럼 개정법이 친권의 일시정지제도만을 도입하고, 친권의 일부
제한이나 동의를 갈음하는 허가 제도를 도입하지 않은 데 대하여는 다음과 같
은 비판이 있다. 즉 친권의 상실과 일시정지의 적용을 나누는 요소는 무엇인가
가 명확하지 않고, 일시정지라고 해도 친권 전부를 상실시키는 것은 개입의 정
도가 작지 않으므로 이를 이용하는 사태는 현실적으로 한정적일 것이라는 것

---

95) 그리하여 치료 거부의 경우에 종래에는 친권상실의 보전처분이 이용되었지만, 앞으로는 주
　　로 친권 정지의 보전처분이 이용될 것이라고 한다. 窪田充見, "親權に關する民法等の改正と今
　　後の課題", ジュリスト 1430호(2011. 10. 1), 7면.
96) 法制審議会 児童虐待防止関連親権制度部会 第7回会議 議事録(2010. 10. 1), 6면 이하 참
　　조. http://www.moj.go.jp/shingi1/shingikai_jidougyakutai.html 최종 방문 2012. 12. 17.
97) 현행 우리 민법 제15조에 상당하는 규정이다.
98) 法制審議会 児童虐待防止関連親権制度部会 第8回会議 議事録(2010. 10. 22), 4면 이하; 第9
　　回会議 議事録, 4면 이하(2010. 11. 19) 참조. 각 http://www.moj.go.jp/shingi1/shingikai_jidougy
　　akutai.html. 최종 방문 2012. 12. 17.

이다.[99] 그리고 친권자의 동의를 갈음하는 허가 제도를 도입하지 않은 데 대하여는, 특히 특정의 의료행위에 대한 부모의 거절에 대하여, 동의를 갈음하는 허가는 직접 부모의 친권을 제한하지 않아도 필요에 따라 대체적인 조치를 인정할 수 있으므로 친권정지와는 성격이 다른 독자적인 존재의의가 있다고 하는 주장도 있다.[100]

한편 일본 개정민법은 친권정지제도의 도입에 발맞추어 미성년후견 제도도 함께 개선하였다. 즉 개정 일본민법 제841조는 친권상실선고가 있었던 때뿐만 아니라 친권정지선고 등이 있었던 때에도, 미성년후견인의 선임이 필요하다면, 부 또는 모가 지체없이 미성년후견인의 선임을 가정재판소에 청구할 것을 의무화하였다.

IV. 입법론의 제시

1. 제도설계의 전제

부모의 자녀 치료거부 문제 해결을 위해 법원이 직접 개입할 수 있는 새로운 제도를 설계함에 있어서 반드시 고려해야 하는 세 가지 법익은 다음과 같다.

첫째, 자녀의 생명과 신체의 안전성. 아무리 이념적·규범적으로 철저한 제도라고 하더라도 그 절차에 과도한 기간이 소요되어 필요한 치료행위가 적시에 제공될 수 없다면, 위 법익은 실현될 수 없다. 따라서 자녀의 생명보호를 위해 신속하고도 즉각적인 조치가 가능하도록 제도를 설계하여야 할 것이다.

둘째, 부모의 친권. 자녀의 생명권과 부모의 친권이 충돌할 경우 절대적 법익인 자녀의 생명권이 우선하지 않을 수 없다. 그러나 자녀의 생명권 보장을 위해 부모의 친권을 일부 제한하는 경우라도, 그 제한의 정도는 헌법 제37조 제2항에서 정한 비례의 원칙에 위반하여서는 안 된다. 개별사안별로 자녀의 생명을 보호하기 위해 필요최소한도의 제한만이 가능하도록 제도를 설계할 필요

---

99) 岩志和一郎, "子の利益保護のための親權の制限と兒童福祉の連携", 法律時報 83권 12호, 2011, 18면.
100) 窪田充見, 앞의 논문, 4면. 許 末惠, "兒童虐待防止のための親權法改正の意義と問題點", 法律時報 第83卷 7號, 2011, 67면 주 13)도 사안에 따라서는 친권의 일부만을 제한하는 안 및 동의를 갈음하는 허가의 제도가 설득력이 있다고 보고 있다.

가 있으며, 굳이 친권을 제한하지 않더라도 제3의 방법에 의해 자녀의 생명권
을 보장할 수 있다면 보충성의 원칙에 따라 제3의 방법을 우선하여야 할 것이
다. 이는 부모의 친권 보장을 위해서뿐만 아니라 자녀의 복리를 위해서도 중요
한데, 친자관계의 회복을 통한 원가정에서의 양육이야말로 자녀의 최선의 이익
에 부합하기 때문이다.

　　셋째, 의사의 의료재량. 긴급한 경우 적법절차를 밟지 않고도 의사의 재량
에 따라 치료가 가능하도록 할 필요가 있다. 현행법상으로도 환자의 생명·신
체에 해악이 발생할 수 있는 경우라면 긴급피난이나 피해자의 추정적 승낙·
정당행위 등의 법리에 의해 의사의 치료행위에 따른 민·형사상 책임이 면제
될 수 있을 것이다. 그러나 현실에서는 소송에 연루되는 것 자체를 꺼려 소극
적·방어적으로 진료하는 경우가 대부분이다. 일정한 경우 의사의 면책규정을
마련하는 한편, 필요한 경우에는 자신의 치료행위의 적법성을 판단하기 위해
직접 절차에 참여할 수 있는 권한을 부여함으로써 의사가 적극적으로 치료행
위에 임할 수 있도록 하여야 할 것이다.

　　반면 이때 부모의 종교의 자유는 구체적인 사안의 판단에 있어서 이익형
량 요소 중 하나가 될 수는 있겠지만, 제도설계시 반드시 고려하여야 할 법익
이라고는 할 수 없다. 헌법이 절대적으로 보장하고 있는 종교의 자유는 내면의
자유일 뿐, 이를 유형적으로 행사하여 타인의 기본권에 해악을 미칠 수 있는
종류의 자유가 아니기 때문이다.[101]

　　결국 이 문제를 해결함에 있어서 가장 중요한 것은 아동의 최선의 이익
(the Best Interest of the Child)이 되어야 할 것이다.[102] 아동의 최선의 이익 기
준은 아동에 관한 문제를 해결함에 있어서 미국뿐만 아니라 다른 나라나 국제
협약에서도 보편적으로 사용되고 있는 기준이다.[103] 물론 아동의 최선의 이익
이라는 기준에 대하여는 그것이 불확정하다거나 아동의 이익만을 고려하고 부
모의 이익은 고려하지 않는다는 등의 비판이 끊이지 않고 있다.[104] 그러나 아
동의 최선의 이익이라는 기준은 적어도 한 가지는 명확하게 제시하고 있다. 즉

---

101) 같은 취지로 김민중, 주 29)의 논문, 235-237면 참조.
102) 아동의 권리에 관한 협약 제3조 제1항 참조.
103) 尹眞秀, 주 6)의 논문, 495-496면 참조.
104) Robert H. Mnookin, "Child-Custody Adjudication: Judicial Functions in the Face of Indeter-
　　minacy", 39 Law and Contemporary Problems, No. 3, 226 ff.(1975); Jon Elster, "Solomonic
　　Judgments: Against the Best Interest of the Child", 54 Chicago Law Review 1 ff.(1987) 등 참조.

아동의 법적 처우에 관하여는 아동 자신의 이익이 최우선적인 고려 대상이 되어야 하고, 그 이외의 요소, 예컨대 부모와 같은 제3자의 이익이 아동의 이익에 우선하여서는 안 된다는 것이다. 여기서 다루고 있는 부모의 치료 거부 문제에 있어서는 이 점이 특히 명확하다. 문제가 되고 있는 것이 미성년 자녀의 생명이나 건강과 같은 기본적인 법익이기 때문이다.

2. 제도의 구상

가. 부모의 동의를 갈음하는 법원의 허가 제도 도입

헌법상 비례의 원칙의 준수 요청과 친자관계 회복의 필요성에 비추어 볼 때 부모가 자녀의 생명유지를 위해 반드시 필요한 치료행위에 동의하지 않는다고 하여 이를 바로 친권남용으로 구성하여 친권을 제한하기보다는, 가급적 부모의 친권을 인정한 채 당해 치료행위만 가능하도록 구성하는 것이 바람직할 것이다.105) 그 방법으로 우선 생각할 수 있는 것은, 독일 민법에서와 같이 치료에 대한 부모의 동의를 갈음하는 법원의 허가제도를 도입하는 것이다.106) 가령 여호와의 증인 신자인 부모가 자녀에 대한 다른 치료에는 모두 동의하면서도 수혈만을 거부하고 있을 때에는, 법원이 수혈에 대한 부모의 동의를 갈음하는 허가를 함으로써 의사가 수혈을 할 수 있게 하는 것이 가장 간단한 해결책이 될 것이다.

위에서 살펴본 바와 같이 일본에서는 법원의 허가 제도를 도입하더라도, 치료거부의 경우에는 이를 적용할 수 없다고 한다.107) 미성년 자녀에의 의료행위에 대한 동의권은 본인의 의료계약 체결에 관하여 법정대리인으로서 동의하는 것이 그치는 것이 아니라 친권자 자신의 권리로서 인정된다고 할 수도 있고, 그렇다면 미성년자에 의한 법률행위가 허가되더라도 별도로 친권자의 동의권이 문제될 수 있다는 것이다. 그러나 미성년 자녀에 대한 의료행위에 동의하는 친권자의 권리는 어디까지나 자녀를 위한 것이고, 그 외에 친권자 자신의 이익을 위한 별도의 권리라고는 볼 수 없다.

---

105) 같은 취지로 李鳳敏, 앞의 논문, 269면.
106) 김상용, 주 55)의 논문, 81면도 「가정폭력범죄의 처벌 등에 관한 특례법」상 임시조치에 관한 규정을 개정하여 가정법원이 친권자의 동의를 갈음하는 결정을 할 수 있도록 하고, 이러한 제도를 부모의 자녀 치료거부 사안에서도 활용해야 한다고 주장하고 있다.
107) 위 Ⅲ. 2. (3) 이하 참조.

나. 친권의 일시정지 또는 일부제한 제도의 도입

(1) 필 요 성

부모의 동의를 갈음하는 법원의 허가 제도 도입만으로는 문제를 완전히 해결할 수 없는 경우도 있다. 친권을 제한하지 않을 경우, 법원에 의해 자녀의 치료를 강제하는 조치가 취해지더라도 부모가 법정대리인으로서 이미 체결한 의료계약을 해지하거나, 거소지정권이나 자의 인도청구권 등을 주장하거나, 병원에서 각종의 실력행사를 할 가능성 등이 존재한다. 다시 말해서 아무리 법원의 심판이 있더라도 친권자가 친권을 가지고 있는 이상, 그는 심판을 무력화시킬 수 있다. 따라서 이러한 위험이 있는 경우, 즉 부모의 친권을 계속 유지시키면 자녀의 생명에 위해가 발생할 우려가 있는 경우에는 친권의 행사를 일부 또는 일시적으로 제한하는 제도도 도입할 필요가 있는 것이다.[108]

환자의 자기결정권 보장이라는 관점에서 볼 때에도 오로지 부모의 동의에 갈음하는 허가제도에만 의존하는 것은 적절치 않다. 법원으로서는 자녀의 의사와 건강상태, 양육상황, 당해 치료행위가 자녀의 생명과 신체에 미칠 영향 등에 대해 지속적이고도 포괄적인 정보를 갖고 있지 않다. 따라서 법원이 개별사안마다 개입하여 당해 치료행위에 관하여 환자의 추정적 의사에 가장 부합하는 결정을 내릴 수 있으리라고 기대하기는 어렵다. 경우에 따라서는 법원보다 자녀를 위해 법원이 선임한 대리인이 병원과 의료계약을 체결한다든지, 의료행위에 대한 부모의 동의권을 대행하는 편이 더 바람직할 수도 있을 것이다.[109]

이때 친권의 일시정지 제도를 신설할 것인지 또는 일부제한 제도를 신설할 것인지가 문제될 수 있는데, 양자의 제도를 병행하면서 법원이 사안에 따라 친권의 일부제한 또는 일시정지를 선택할 수 있도록 하는 것이 바람직하다고 본다.

---

108) 같은 취지로 宋賢慶, "親權喪失에 관한 소고 ─ 서울가정법원 2002년 접수 사건들을 중심으로 ─", 裁判資料 第101輯, 家庭法院事件의 諸問題[上], 法院圖書館, 2003, 518면 이하; 김상용, "아동학대방지를 위한 하나의 대안", 법률신문 제3843호, 2010. 5. 27; 김유미, "자녀복리의 관점에서 본 한국 친권법 ─ 특히 신상에 관한 효력의 검토를 중심으로", 박사학위논문, 서울대학교 대학원, 1995, 234면 이하; 이화숙, "현행 친권법상 자녀의 이익과 부모의 책임", 정신건강연구 제15집, 1996, 14면; 최진섭, "美國의 親權喪失制度", 現代民事法研究: 逸軒 崔柄煜 敎授停年紀念論文集, 法文社, 2002, 598면; 한봉희, "친권법의 새로운 전개", 가족법연구 제11호, 1997, 247면 이하; 박주영, 주 22)의 논문, 395면; 김상찬, "의료에 있어서 미성년자의 자기결정권", 법학연구 제42권, 2011, 86면; 金天秀, 주 16)의 논문, 466면 등.
109) 박주영, 주 22)의 논문, 381면 이하.

(2) 친권의 일시정지 제도

먼저 친권의 일시정지 제도를 도입할 필요가 있다. 부모가 자녀에 대한 특정의 치료행위에 동의하지 않는 것을 넘어, 의료계약의 체결 자체를 거부하거나 자를 인도하지 않는 등의 사태가 발생하는 경우, 부모의 법률행위 대리권및 신상감호권을 포괄적으로 정지시키는 것이 사태의 유효적절한 해결에 도움이 되기 때문이다. 친권의 일시정지 제도가 존재하지 않는다면 결국 친권상실선고를 받게 하지 않을 수 없는데, 치료행위의 종료와 동시에 생명·신체에 대한 급박한 위험이 사라져 친권상실사유가 소멸할 것이 명백한 사안에서 굳이친권상실선고를 받도록 하는 것은 비례성의 원칙에 부합하지 않는다.

이처럼 친권의 일시정지를 선고하는 경우에는, 친권상실의 경우와 마찬가지로, 자녀를 위해 후견인을 선임하여야 할 것이다.

(3) 친권의 일부제한 제도

친권의 일시정지 제도 외에 친권의 일부제한 제도도 함께 도입할 필요가 있다. 일본의 민법 개정 과정에서 이 점에 대해 논란이 있었으나, 결국 친권의일부제한이 아닌 일시정지 제도만을 채택하기로 한 것은 앞에서 본 바와 같다. 일시정지 제도만으로도 치료거부 문제에 충분히 대응할 수 있을 뿐만 아니라, 일부제한 제도를 도입할 경우 실제로 어느 정도 제한할 것인가, 구체적인 사항과 제한된 사항간의 관계는 어떠한가 등에 관해 불필요한 혼란을 일으킬 수도있으며, 재판소의 입장에서도 요건과 효과의 대응관계가 명확하지 않아 실무적으로 사용하기가 어렵다는 것이다.

그러나 이러한 비판이 정당한 것이라고는 생각되지 않는다. 먼저 일부제한제도가 실무상 어떠한 곤란함을 초래할 것으로는 보이지 않는다. 특정 사안에서 어떠한 제한을 할 것인지는 대체로 명백한 경우가 많을 것이다. 실무상의어려움은 오히려 친권의 일시정지 제도와 관련하여 야기될 가능성이 크며, 어떠한 경우에 일시정지를 명할 것인지 판단하기 곤란한 경우 친권의 일부제한이 가능하다면 오히려 법원의 부담이 줄어들어 결정이 쉬워질 것이다.

또한 친권의 일부제한 제도를 도입하지 않는 것은 비례의 원칙에 반할 소지가 있다. 친권의 제한은 필요최소한에 그쳐야 하는데, 친권의 일시정지는 친권 전체의 행사를 금지하는 것이므로, 그 제한의 범위와 관련하여서는 친권의영구적 상실과 큰 차이가 없다. 이러한 경우에는 제1차적으로는 부모가 친권을 행사할 수 있는 범위를 제한하여, 필요한 경우에 제3자로 하여금 친권을 대신 행사하게 하고, 나머지 부분에는 여전히 부모가 친권을 행사하게 하는 것이 바람직하다. 가령 치료 거부의 경우에는 많은 경우 자녀의 치료에 관하여는 부모의 친권을 정지시키고, 그에 관하여 대리인으로 하여금 결정하게 하며, 나머지 자녀의 양육은 여전히 부모가 할 수 있게 하는 것이 적절할 것이다. 이것이 가장 덜 제한적인 대안(the Least Restrictive Alternative)으로서, 비례성의 원칙에 부합한다는 것으로 보인다.

　이처럼 친권을 일부 제한한다면 그 제한되는 친권을 대신 행사할 사람이 필요한데, 이 경우에 후견인을 선임하는 것도 생각할 수 있으나, 친권자가 여전히 존재하는 한 친권자와 병존하는 후견인을 선임한다는 것은 체계상 적합하지 않다. 따라서 이 경우에는 이해상반행위에 관한 민법 제921조와 같이 특별대리인을 선임하는 방법을 채택하는 것이 바람직할 것이다.

3. 관련 제도의 정비

　위와 같은 친권의 일부 제한 또는 일시 정지 외에, 독일이나 프랑스와 같이 법원이 포괄적으로 자녀의 보호를 위한 조치를 명하는 것도 생각해 볼 수 있다. 그러나 이러한 제도가 가까운 장래에 입법화되기에는 현실적으로 어려운 점이 많다. 이는 사회복지기관과 유기적인 협조가 이루어져야 하는데, 아직 우리나라에는 사회복지제도가 그 정도로 충분히 갖추어져 있지는 못하다고 보인다. 또 법원에 포괄적인 권한을 부여한다고 하여도 과거 독일의 예에서 보는 것처럼 법원이 이를 잘 활용할 수 있을 것인지, 활용 자체에 어려움을 겪지는 않을 것인지도 미지수이다.

　다른 한편 치료 거부의 경우에는 제1차적으로 문제에 접하는 사람은 치료를 담당하는 의사와 같은 의료인이 될 것인데, 의료인으로 하여금 이 문제 해결을 위한 이니시어티브를 취할 수 있게 할 필요가 있다. 그런데 그 방법으로서는 두 가지를 생각할 수 있다. 한 가지는 의료인으로 하여금 직접 법원에 동의에 갈음하는 허가 또는 친권의 일시정지·일부제한 청구를 할 수 있게 하는 것이고, 다른 하나는 의료인을 직접 청구권자로 규정하지는 않고, 청구권자에게 그와 같은 청구를 하도록 요청하게 하는 것이다. 전자의 방법을 택한다면 급박한 경우에는 청구권자에게 요청하는 것보다는 시간이 절약될 수 있을 것이다.

현행법의 체계에 좀더 부합하는 것은 후자의 방법으로 생각된다. 아동복지법 제18조 제2항은 아동복지전담기관의 장, 아동복지시설의 장 및 「초·중등교육법」에 따른 학교의 장(이하 "학교의 장"이라 한다)이 시·도지사, 시장·군수·구청장 또는 검사에게 법원에 친권행사의 제한 또는 친권상실의 선고를 청구하도록 요청할 수 있다고 규정하고 있다. 그러므로 의사도 그와 같은 요청을 할 수 있도록 규정하면 될 것이다.

뿐만 아니라 아동복지법 제18조 제2항에 열거된 사람도 친권행사의 제한이나 친권상실 외에 동의를 갈음하는 허가 또는 친권의 일부 제한을 청구하도록 요청할 수 있게 할 필요가 있다. 급박한 경우에는 의료인이 직접 청구할 수 있게 할 필요가 있다고 생각할 수도 있지만, 이러한 경우에는 차라리 프랑스의 경우와 같이 의사가 부모의 동의 없이도 바로 치료를 할 수 있도록 응급의료에 관한 법률에 규정을 두면 될 것이다.[110]

다른 한편 이처럼 부모의 의사에 반하여 치료를 강행하게 되면, 부모가 치료비 지급을 거부하는 경우가 있을 것으로 생각된다. 이러한 경우에 대비하여 국가가 의료비용을 미리 지급하고 부모로부터 구상하는 방법도 생각할 수 있으나, 이는 차후에 검토할 과제이다.

V. 결론: 개정안의 제안

부모의 치료거부로 말미암아 자녀의 생명 또는 신체에 해악을 미칠 우려가 있는 경우에 대비하여 국가가 개입할 수 있는 새로운 제도를 도입할 필요가 있다. 현행 민법 또는 아동복지법상의 각종의 제도만으로는 유효적절한 구제수단을 제공하기가 어렵기 때문이다. 국가의 개입은 필요최소한의 한도에서

---

110) 최근 국회에는 위와 같이 긴급한 상황에 가정법원이 직접 개입을 가능하게 하는 것을 내용으로 하는 개정안이 여럿 제출되었다. 가정법원이 부모의 친권행사의 정지를 명하는 임시처분 제도를 도입하고 있는 아동복지법 개정안(대표발의: 박남춘) 제18조의2; 친권·양육권 행사의 제한을 명하는 임시조치 제도를 도입하고 있는 아동학대범죄의 처벌 등에 관한 특례법안(대표발의: 안홍준) 제15조; 친권행사의 제한을 명하는 보호처분 제도를 도입하고 있는 아동학대방지 및 피해아동의 보호 및 지원 등에 관한 법률안(대표발의: 정우택) 제27조 제1항 제3호; 친권행사의 정지명령 또는 친권자의 의사표시를 갈음하는 결정을 명할 수 있는 보호처분 제도를 도입하고 있는 아동학대 방지 및 피해아동의 보호에 관한 법률안(대표발의: 남인순) 제14조 제1항 등이 그것이다.

이루어지는 것이 바람직하므로, 구체적인 사안에서 필요할 때마다 가정법원이 부모의 의료행위 동의에 갈음하는 허가심판을 내리도록 하여야 할 것이다. 그것만으로는 자녀의 생명 또는 신체에 대한 유효적절한 보호책이 되지 못할 경우, 가정법원으로 하여금 구체적인 범위를 정하여 친권의 행사를 일부 제한 또는 일시정지하고, 친권의 행사를 대행하는 특별대리인 또는 후견인을 선임할 수 있도록 하여야 한다. 또한 아동복지전담기관의 장, 아동복지시설의 장 및 학교장과 의료인은 시·도지사, 시장·군수·구청장 또는 검사에게 법원에 동의를 갈음하는 허가 또는 친권제한 등의 선고를 청구하도록 요청할 수 있도록 아동복지법을 개정하는 한편, 급박한 경우라면 의료인이 부모의 의료행위 동의 거부에도 불구하고 치료행위를 할 수 있도록 하는 면책 규정을 응급의료에 관한 법률에 신설하여야 할 것이다.

위와 같은 논의를 바탕으로 하여 다음과 같은 개정안을 제안한다.

현 행 법	개 정 안
민법 제924조(친권상실의 선고) 부 또는 모가 친권을 남용하거나 현저한 비행 기타 친권을 행사시킬 수 없는 중대한 사유가 있는 때에는 법원은 제777조의 규정에 의한 자의 친족 또는 검사의 청구에 의하여 그 친권의 상실을 선고할 수 있다.	민법 제924조(친권상실, 일시정지의 선고) ① 부 또는 모가 친권을 남용하거나 현저한 비행 기타 친권을 행사시킬 수 없는 중대한 사유가 있는 때에는 법원은 제777조의 규정에 의한 자의 친족, 시·도지사, 시장·군수·구청장 또는 검사의 청구에 의하여 그 친권의 상실 또는 일시 정지를 선고할 수 있다. ② 친권의 일시 정지를 선고할 때에는 기간을 정하여야 하며, 그 기간은 2년을 넘지 못한다.
〈신 설〉	민법 제922조의2 (친권자의 동의에 갈음하는 심판) 친권자의 동의를 필요로 하는 행위에 관하여 친권자가 정당한 이유 없이 동의하지 않음으로써 자의 생명, 신체 또는 재산에 중대한 손해가 발생할 위험이 있는 경우에는 법원은 자, 제777조에 의한 자의 친족, 시·도지사, 시장·군수·구청

	장 또는 검사의 청구에 의하여 동의를 갈음하는 허가를 선고할 수 있다.
〈신　설〉	민법 제924조의2 (친권의 일부제한) 특정 사항에 관하여 친권자가 친권을 행사하는 것이 곤란하거나 부적당하여 자의 이익을 해할 우려가 있는 때에는 법원은 자, 제777조에 의한 자의 친족, 시·도지사, 시장·군수·구청장 또는 검사의 청구에 의하여 구체적인 범위를 정하여 친권의 행사를 제한하고, 이를 대신 행사할 특별대리인을 선임할 수 있다.
민법 제927조의2(친권 상실과 친권자의 지정 등) ① 제909조 제4항부터 제6항까지의 규정에 따라 단독 친권자가 된 부 또는 모, 양부모(친양자의 양부모를 제외한다) 쌍방에게 다음 각 호의 어느 하나에 해당하는 사유가 있는 경우에는 제909조의2 제1항 및 제3항부터 제5항까지의 규정을 준용한다. 다만, 제2호와 제3호의 경우 새로 정하여진 친권자 또는 미성년후견인의 임무는 미성년자의 재산에 관한 행위에 한정된다. 1. 제924조에 따른 친권상실의 선고가 있는 경우 2. 제925조에 따른 대리권과 재산관리권 상실의 선고가 있는 경우 3. 제927조 제1항에 따라 대리권과 재산관리권을 사퇴한 경우 4. 소재불명 등 친권을 행사할 수 없는 중대한 사유가 있는 경우 (2013. 7. 1. 시행예정)	민법 제927조의2(친권 상실과 친권자의 지정 등) ① 제909조 제4항부터 제6항까지의 규정에 따라 단독 친권자가 된 부 또는 모, 양부모(친양자의 양부모를 제외한다) 쌍방에게 다음 각 호의 어느 하나에 해당하는 사유가 있는 경우에는 제909조의2 제1항 및 제3항부터 제5항까지의 규정을 준용한다. 다만, 제2호와 제3호의 경우 새로 정하여진 친권자 또는 미성년후견인의 임무는 미성년자의 재산에 관한 행위에 한정된다. 1. 제924조에 따른 친권상실 또는 친권 일시 정지의 선고가 있는 경우 2. 제925조에 따른 대리권과 재산관리권 상실의 선고가 있는 경우 3. 제927조 제1항에 따라 대리권과 재산관리권을 사퇴한 경우 4. 소재불명 등 친권을 행사할 수 없는 중대한 사유가 있는 경우

현 행 법	개 정 안
아동복지법 제18조(친권상실 선고의 청구 등)	아동복지법 제18조(친권상실 선고의 청구 등)
① 시·도지사, 시장·군수·구청장 또는 검사는 아동의 친권자가 그 친권을 남용하거나 현저한 비행이나 아동학대, 그 밖에 친권을 행사할 수 없는 중대한 사유가 있는 것을 발견한 경우 아동의 복지를 위하여 필요하다고 인정할 때에는 법원에 친권행사의 제한 또는 친권상실의 선고를 청구하여야 한다.	① (현행과 같음)
② 아동복지전담기관의 장, 아동복지시설의 장 및 「초·중등교육법」에 따른 학교의 장(이하 "학교의 장"이라 한다)은 제1항의 사유에 해당하는 경우 시·도지사, 시장·군수·구청장 또는 검사에게 법원에 친권행사의 제한 또는 친권상실의 선고를 청구하도록 요청할 수 있다.	② 아동복지전담기관의 장, 아동복지시설의 장, 「초·중등교육법」에 따른 학교의 장(이하 "학교의 장"이라 한다) 및 「의료법」에 따른 의료인과 의료기관의 장은 제1항의 사유에 해당하는 경우 시·도지사, 시장·군수·구청장 또는 검사에게 법원에 친권행사의 제한 또는 친권상실의 선고를 청구하도록 요청할 수 있다.
③ 시·도지사, 시장·군수·구청장 또는 검사는 제1항 및 제2항에 따라 친권행사의 제한 또는 친권상실의 선고 청구를 할 경우 해당 아동의 의견을 존중하여야 한다.	③, ④ (현행과 같음)
④ 시·도지사, 시장·군수·구청장 또는 검사는 제2항에 따라 친권행사의 제한 또는 친권상실의 선고 청구를 요청받은 경우에는 요청받은 날부터 30일 내에 청구 여부를 결정한 후 해당 요청기관에 청구 또는 미청구 요지 및 이유를 서면으로 알려야 한다.	⑤ 제1항 내지 제4항은 민법 제922조의2, 제924조의2에 의한 청구에 준용한다.

현 행 법	개 정 안
응급의료에 관한 법률 제9조(응급의료의 설명·동의) ① 응급의료종사자는 다음 각 호의 어느 하나에 해당하는 경우를 제외하고는 응급환자에게 응급의료에 관하여 설명하고 그 동의를 받아야 한다. 1. 응급환자가 의사결정능력이 없는 경우 2. 설명 및 동의 절차로 인하여 응급의료가 지체되면 환자의 생명이 위험하여지거나 심신상의 중대한 장애를 가져오는 경우 ② 응급의료종사자는 응급환자가 의사결정능력이 없는 경우 법정대리인이 동행하였을 때에는 그 법정대리인에게 응급의료에 관하여 설명하고 그 동의를 받아야 하며, 법정대리인이 동행하지 아니한 경우에는 동행한 사람에게 설명한 후 응급처치를 하고 의사의 의학적 판단에 따라 응급진료를 할 수 있다. ③ 응급의료에 관한 설명·동의의 내용 및 절차 등에 관하여 필요한 사항은 보건복지부령으로 정한다.	응급의료에 관한 법률 제9조(응급의료의 설명·동의) ①, ② (현행과 같음) ③ 제1항 제2호의 경우에는 응급환자의 법정대리인이 동의를 거부하더라도 응급진료를 할 수 있다. ④ 응급의료에 관한 설명·동의의 내용 및 절차 등에 관하여 필요한 사항은 보건복지부령으로 정한다.

〈법조 제680호, 2013. 5〉

〈追記〉

1. 이 논문은 필자가 현소혜 교수와 공동으로 작성하여 2012. 8. 31. 법무부에 제출한 연구용역보고서인 "부모의 자녀 치료 거부에 대한 입법 필요성에 관한 연구"의 내용을 바탕으로 작성되었다. 법무부는 2013. 9. 친권제한·정지 도입 개정위원회를 구성하여 이 보고서를 바탕으로 하여 민법개정안을 마련한 다음 2014. 4. 3 국회에 제출하였고, 위 개정안은 2014. 9. 30. 사소하게 수정되어 가결되었다. 이 법은 2014. 10. 15. 공포되었는데, 그 시행일은 공포 후 1

년 뒤이다. 개정법과 이 논문이 제안한 것과의 가장 큰 차이는 친권을 일부 제한하는 경우에도 특별대리인이 아니라 후견인을 선임하도록 한 점이다.

　2. 2014. 1. 28. 아동학대범죄의 처벌 등에 관한 특례법이 제정되어 2014. 9. 29.부터 시행되게 되었다. 이 법은 보호자에 의한 아동학대범죄가 있는 경우에 관하여 규정하고 있는데, 이 논문과 관련된 것으로는 검사가 친권상실선고나 후견인의 변경심판을 청구할 수 있도록 한 것(제9조), 아동학대행위자에 대한 임시조치 및 보호처분으로서 판사가 친권 또는 후견인 권한 행사의 제한 또는 정지를 할 수 있게 하고(제19조 제1항 제4호, 제36조 제1항 제3호), 이 경우 후견인의 임무를 수행할 사람을 정하도록 한 것(제23조, 제36조 제4항)을 들 수 있다. 그러나 이 법은 그 적용범위가 아동학대범죄가 있는 경우로 국한되어 있다.

美國 家庭法院의 現況과 改善 論議

I. 서   론

이 글은 미국 가정법원의 현황을 살펴보고 그에 대한 개선의 논의를 소개함으로써 한국의 가정법원의 구조와 기능의 개선을 위한 노력에 참고자료를 제공하는 것을 목적으로 한다. 아래에서 보는 것처럼 미국의 가정법원은 우리나라에 비하여 여러 가지 다양한 기능을 수행하고 있어서 이를 살펴보는 것만으로도 많은 참고가 된다. 다른 한편 미국 가정법원이 가지고 있는 문제점들은 우리나라와도 비슷한 면이 많아서, 미국에서 이에 대하여 어떠한 개선 논의가 있는가를 알아보는 것도 의미를 가진다고 생각된다.

이 글의 구성은 다음과 같다. 우선 미국의 가정법원이 수행하고 있는 기능을 살펴본다. 그러나 그 기능은 매우 다양하므로 그 중에서도 실제로 중요한 이혼 및 그에 수반되는 재산분할, 이혼 후 부양 및 자녀 양육의 문제와, 가정폭력 및 아동 학대의 문제에 국한하여 살펴본다. 나아가 이러한 문제에 대하여 중재나 조정과 같은 재판 외의 대체적 분쟁해결 절차(Alternative Dispute Resolution, ADR)는 어떻게 활용되고 있는지도 알아볼 필요가 있다. 그리고 이러한 가정법원에 대하여 지적되는 문제점은 어떤 것이 있는지, 그에 대하여는 어떤 해결책이 모색되고 있는지를 알아본다. 끝으로 이러한 미국에서의 논의가 우리나라에 어떠한 시사를 주는지에 관하여 살펴본다.

그리고 보론으로서 같은 영미법계 국가에 속하는 오스트레일리아의 가정법원에 대하여 간단히 소개한다.

Ⅱ. 미국 가정법원의 기능

1. 가정법원(Family Court)의 의미

미국에서 가정법원은 여러 가지의 의미를 가지고 있어서 정확하게 합의된 의미를 가지지 않는 단어이다.[1] 그 이유는 미국에서는 가족법(Family Law)은 연방법이 아닌 주법에 의하여 규율되는데, 각 주의 사법제도는 서로 다르기 때문이다. 일부 주에는 독립된 가정법원이 없고, 독립된 가정법원이 있는 경우에도 가정법원이 관할하는 사항이 반드시 같지 않다. 또 일부 법원은 가정법원의 기능을 수행하면서도 가정법원이라고 불리지 않는다. 그러나 여기서는 가정법원을 가족법에 관한 문제를 다루는 법원이라고 정의하기로 한다.[2]

이러한 가정법원이 미국에서 처음 창설된 것은 1914년 시카고에서라고 하는데,[3] 가정법원이 주 단위로 설치되게 된 것은 1959년 세 개의 작업집단이 합동으로 표준가정법원법(the Standard Family Court Act)을 발표한 것이 계기가 되었다. 이 법의 목적은, 공통의 철학과 목적을 가진 자격 있는 스탭을 갖춘 단일한 법원이 가족구성원들 사이의 관계에서 발생하는 재판에 회부되어야 할 사항과 분쟁을 해결하는 것을 도움으로써 가정생활과 가정을 보호하고 유지하는 데 있다고 한다. 그리고 가정법원은 가정 분쟁을 해결하기 위하여 전통적인 대립당사자적 절차를 벗어남으로써 소송 당사자들 사이의 적개심을 감소시킬 수 있고, 또 자녀 문제와 가정 문제의 절차를 통합시킴으로써 더 효율적으로 재판을 수행할 수 있다는 것이다.

이 이후 로드 아일랜드 주(1961년), 뉴욕 주(1962년), 하와이 주(1965년) 등이 독립된 가정법원을 창설하였고, 그 이후에도 여러 주가 가정법원을 창설하

---

1) Barbara A. Babb, "Fashioning an Interdisciplinary Framework for Court Reform in Family Law: A Blueprint to Construct a Unified Family Court", 71 Southern California Law Review, 469, 478(1998).

2) 가족법이 무엇인가도 정의를 요하는 문제이다. 밥은 이혼, 혼인의 무효, 재산분할, 자녀 양육과 면접교섭, 이혼 후 부양과 자녀 부양, 부자관계의 확정, 입양과 파양, 친권의 상실, 소년사건(소년범죄, 자녀 학대와 방치), 가정폭력, 부양료 미지급에 대한 형사 처벌, 改姓 및 改名, 미성년자 및 무능력자에 대한 후견, 생명유지를 위한 의료장치의 유지 및 제거, 강제입원 및 정신이상자에 대한 강제조치(emergency evaluations)에 관한 사항을 규율하는 법이라고 정의한다. Babb(주 1), 471 fn. 1.

3) 이하의 설명은 Babb(주 1), 479 ff. 참조.

였으며, 몇 개 주에서는 소년법원(juvenile court)의 기능을 확대하여 가정법원의 기능을 수행하도록 하였다. 2006년 현재 37개 주와 워싱턴 D. C.는 주 전체 또는 주의 일부 지역을 관할하는 가정법원(또는 가족법 문제를 전담하는 일반 법원의 지원)이나 시험법원을 가지고 있든지 또는 가정법원 설치를 계획하고 있으며, 13개 주는 이를 가지고 있지 않다.[4] 가정법원을 가지고 있는 38개 주 중에서 24개 주와 워싱턴 D. C.는 가족법 문제의 대다수를 가정법원에서 관할한다.[5] 그리고 나머지 중 4개 주[6]는 가족법 문제 중 일부만을 관할하고, 다른 9개 주[7]는 여러 가지 방법에 의하여 사건을 배당한다.

2. 이혼 및 그 부대사건

가. 이혼사건

미국에서는 이혼은 원칙적으로 법원의 재판을 거쳐야 하고, 우리나라에서의 합의이혼과 유사한 제도는 일반적으로는 인정되지 않는다.[8] 그런데 미국의 이혼법은 1969년 캘리포니아 주가 이혼의 사유를 종전의 유책주의에서 파탄주의(no-fault divorce)로 바꾼 것을 효시로 하여, 현재는 모든 주가 이혼의 사유로서 귀책사유를 필요로 하지 않는 파탄주의 이혼법을 채택하고 있다.[9] 다만 일부 주는 파탄주의 외에도 유책주의의 요소를 일부 남기고 있으나, 실제로 별로 적용되지 않는다.[10] 이처럼 미국이 유책주의에서 파탄주의로 전환하게 된 중요

---

4) Barbara A. Babb, "Reevaluating Where We Stand: A Comprehensive Survey of America's Family Justice Systems", 46 Family. Court. Review 230, 232(2008) 참조.

5) 워싱턴 D. C., 애리조나, 델라웨어, 플로리다, 조지아, 하와이, 캔자스, 켄터키, 메인, 메릴랜드, 매사추세츠, 미시간, 미네소타, 네바다, 뉴햄프셔, 뉴저지, 노스캐롤라이나, 노스다코타, 오리곤, 펜실베니아, 로드아일랜드, 사우스캐롤라이나, 버몬트, 워싱턴, 위스콘신 주.

6) 미주리, 뉴멕시코, 뉴욕, 웨스트버지니아.

7) 앨라배마, 캘리포니아, 콜로라도, 코네티컷, 일리노이, 인디애나, 루이지애나, 오하이오, 텍사스.

8) 그러나 미국의 일부 주(캘리포니아, 콜로라도, 인디애나, 아이오와, 미네소타, 네바다, 오리곤)는 당사자의 혼인 기간이 짧고, 재산분할이나 자녀 양육 문제가 없을 때에는 쌍방이 합의하면 일정한 서식을 제출하여 승인을 받음으로써 이혼할 수 있는 이른바 약식해소(summary dissolution)를 인정하고 있다. Sanford N. Katz, Family Law in Amcrica, 2003, p. 124; Lloyd Cutsumpas and B. Moses Vargas, "Summary Dissolution: Is Connecticut's Current System as Effective as it Should be?", 6 Connecticut Public Interest Law Journal 329 ff.(2007)는 몇 개 주의 약식해소에 관한 법규정을 소개하고 있다.

9) 미국의 파탄주의 이혼법에 대하여는 국내에도 많은 문헌이 있으나, 최근의 자료로는 韓福龍, "美國 破綻主義 離婚法의 展開", 判例實務研究 Ⅴ, 2001, 233면 이하 참조.

10) Homer H. Clark, The Law of Domestic Relations in the United States, 2nd ed., 1988, p. 496 Fn. 2 참조. 그러나 아직도 재산분할이나 부양에 관하여는 유책사유를 고려하고 있는 주도 있다.

한 이유는, 실제로는 쌍방 배우자가 모두 이혼을 원하고 있는데도 불구하고 법이 간통이나 부당행위 등과 같은 유책사유를 요구하고 있기 때문에, 당사자들이 짜고 이혼사유를 만들어 내는 일이 많았다는 점을 인식하게 된 때문이었다.[11] 파탄주의 이혼을 채택하게 된 또 다른 이유는, 파탄주의를 채택하면 유책사유가 있는가를 둘러싸고 당사자들 사이에 있는 다툼으로 말미암아 생기는 적대감을 완화할 수 있으리라는 것이었다. 그러나 이 점에 대하여는, 파탄주의를 취하였어도 분쟁이 자녀 양육과 재산문제로 옮아감에 따라 소송이 더 적대적으로 되었다는 주장도 있다.[12]

어쨌든 미국에서는 더 이상 이혼 사유의 존부가 문제되지는 않는다. 이론적으로는 법원이 혼인이 더 이상 회복할 수 없을 정도로 파탄되었는가(irretrievable breakdown of marriage)를 심리하여야 하지만, 실제로는 일방 당사자가 이혼을 고집하면 타방 당사자가 이혼에 반대하더라도 혼인이 회복할 수 없을 정도로 파탄되었다고 보기 때문에,[13] 이혼 사유가 재판상 문제되는 일은 없다고 할 수 있고, 파탄주의를 채택한 결과 이혼은 일방이 임의로 해소할 수 있는 것으로 바뀌었다.[14]

나. 재산분할[15]

미국에서 이혼 사건에는 많은 경우 재산분할(The Division of Property on Divorce)이 따르게 된다. 특히 종래의 이혼에 따르는 부양(alimony)의 중요성이 감소되면서 재산분할이 더 중요하게 되었다.[16]

전통적인 보통법(common law)상으로는 이혼에 따라 일방 배우자가 타방

John DeWitt Gregory, Peter N. Swisher and Sheryl L. Wolf, Understanding Family Law, 2nd ed., 2001, pp. 262 ff.; Harry D. Krause and David D. Meyer, Family Law in a Nutshell, 4th ed., 2003, pp. 267 ff., 297 f.; 李和淑, "美國의 破綻主義 離婚法에 남아 있는 有責的 요소에 대한 贊反論", 경원대 法學論叢 제5호, 1998, 33면 이하 등 참조.

11) Katz(주 8), pp. 78 ff.; Ira Mark Ellmam, "Divorce in the United States", in Stanford N. Katz, John Eekelaar, and Mavis Maclean ed. Cross Currents, 2000, p. 341 등 참조.

12) Lynn D. Wardle, "No-Fault Divorce and the Divorce Conundrum", 1991 Brigham Young University Law Review 79, 99 ff.; James Herbie DiFonzo, "Customized Marriage", 75 Indiana. Law Journal 875, 880 (2000) 참조.

13) Clark(주 10), pp. 516 f. 참조.

14) Mary Ann Glendon, The Transformation of Family Law, 1989, pp. 191 ff.

15) 미국법상의 이혼에 따른 재산분할에 관한 국내문헌으로는 閔裕淑, "外國의 夫婦財産制度와 財産分割制度 및 扶養制度: 美國法을 중심으로", 司法論集 제31집, 2000, 481면 이하가 비교적 상세하다.

16) Clark(주 10), p. 589.

배우자 명의로 되어 있는 재산의 분할을 청구할 수 없었다. 다만 공동재산제 (community property system)를 채택하고 있는 주17)에서는 혼인 중 증여 또는 상속에 의하지 않고 배우자 일방이 취득한 재산은 부부의 공동재산이 되므로, 이는 이혼시에 분할하여야 하였다. 그러나 보통법상의 재산제도(common law property system)를 채택하고 있던 주들도 19세기 말부터 점차 이혼시의 재산분할18)을 인정하는 성문법을 가지게 되었으므로, 현재에는 모든 주에서 재산분할이 인정되고 있다.19)

공동재산제를 채택하고 있는 주에서는 재산분할을 하면 동등한 비율로 하여야 할 것으로 생각되지만, 반드시 그러한 것은 아니며, 캘리포니아 주와 루이지애나 주만이 동등한 비율에 의한 균등분할을 요구하고 있고, 다른 주들은 이를 원칙으로 하는 정도에 그치거나, 비율에 관하여 규정하고 있지 않다.20) 보통법상의 재산제도를 채택하여 형평재산분할을 하는 주에서는 균등분할로 추정하는 주, 정당하거나(just) 형평에 맞는(equitable) 분할을 하도록 하는 주, 분할 비율에 관하여 언급하지 않고 이를 법원에 맡기는 주 등으로 나눌 수 있으나,21) 균등분할의 추정이 없더라도 균등분할이 적정한 출발점(appropriate starting point)이라고 보고 있다.22)23) 그리하여 현재로서는 이혼시의 재산분할에 관한 한 공동재산제와 보통법상의 재산제도 사이에는 큰 차이가 없다.24)

---

17) 애리조나, 캘리포니아, 아이다호, 루이지애나, 네바다, 뉴멕시코, 텍사스, 워싱턴 및 위스콘신. 이들 중 위스콘신을 제외한 나머지 주들은 프랑스 및 스페인 법의 영향을 받았고, 위스콘신 주는 1983년에 제정된 모범혼인재산법(Uniform Marital Property Act)을 받아들였다. 그리고 알래스카 주는 제한된 범위에서 공동재산제를 채택하고 있다. 閔裕淑(주 15), 492-493면; Gregory et al.(주 10), p. 370. 이준영, "미국에 있어서 혼인법의 전개", 家族法研究 제22권 2호, 2008, 197면 이하는 공동재산제라는 용어 대신 공유재산제라는 용어를 쓰고 있다.

18) 이를 보통 형평재산분할(equitable property distribution)이라고 한다.

19) Clark(주 10), p. 590.

20) 閔裕淑(주 15), 507면.

21) Krause and Meyer(주 10), p. 284 등. 상세한 것은 閔裕淑(주 15), 550면 이하의 별표 참조.

22) Gregory et al.(주 10), p. 414; 閔裕淑(주 15), 507면 등 참조. Gregory et al.(주 10), p. 412는 균등분할이 가장 형평에 맞는 것인가 하는 문제는 해결되려면 멀었고, 아마도 절대 해결되지 않을 것이라고 표현한다.

23) 2002년에 공간된 미국법학원(American Law Institute)의 Principles of the Law of Family Dissolution: Analysis and Recommendations §4.03은 혼인 중의 채무가 자산을 초과하거나, 채무가 일방 당사자의 교육을 위하여 부담하게 된 경우 등 예외적인 사유가 있는 경우 외에는 균등분할하도록 하고 있다. 참고로 미국법학원은 각종의 Restatement나 통일상법전(UCC) 등을 제정하는 권위 있는 기관이다. 이 Principles는 Restatement와 유사한 것이기는 하지만, 법조문의 형식을 취하지 않고 있는데, 왜냐하면 이에 대하여는 각 주에서 제정법을 가지고 있기 때문이다.

24) Clark(주 10), p. 591; 閔裕淑(주 15), 494면 이하.

분할의 대상이 되는 재산에 관하여, 공동재산제를 채택하고 있는 주에서는 부부의 공동재산만을 대상으로 하고 있다. 반면 형평재산분할을 채택하고 있는 주들 가운데에는 혼인재산(marital property)과 특유재산(separate property)을 구별하여 전자만을 분할 대상으로 하고 있는 주(dual property equitable distribution jurisdiction)가 약간 많으나,[25] 양자를 구별하지 않고 모두 분할의 대상으로 하고 있는 주(all property equitable distribution jurisdiction)들도 있다.[26][27] 분할 비율을 정함에 있어서 고려되는 요소 가운데 중요한 것으로는 재산 형성에 대한 기여,[28] 각 배우자가 별도로 가지고 있는 재산, 혼인 기간, 재산 분할 후의 각 배우자의 경제적 상황[29] 등이 있다.[30] UMDA §307은 재산분할에서 혼인 중의 잘못된 행동(marital misconduct)을 고려하지 말도록 규정하고 있으나, 앞에서 언급한 것처럼 아직 많은 주가 유책사유를 고려하고 있다.[31]

그 외에 구체적으로 어떤 재산이 분할 대상이 되는가, 그 평가를 어떻게 할 것인가에 관하여 많은 문제가 있으나, 이에 대하여는 언급을 생략한다.[32]

다. 이혼 후 부양(Alimony)

미국에서는 전통적으로 이혼하면 남편이 아내에게 부양료를 지급하였다. 원래 이혼 후 부양의 기원은 영국법인데, 영국에서는 1857년까지 이혼이 허용

---

25) American Law Institute(주 23), §4.03도 양자를 구별한다. 다만 §4.12는 재규정(recharacterization) 이라고 하여 특유재산이라도 혼인 또는 재산취득으로부터 일정한 기간이 경과하면 특유재산 중 일정 비율이 혼인재산으로 바뀌도록 하고 있다. 이에 대한 간략한 언급은 閔裕淑(주 15), 523면 참조. 반면 이러한 재규정 제안에 대한 비판은 David Westfall, "Unprincipled Family Dissolution: The ALI's Recommendations for Division of Property", in: Robert Fretwell Wilson (ed.), Reconceiving the Family, 2006, pp. 192 ff.

26) Gregory et al.(주 10), pp. 371 ff. 閔裕淑(주 15), 498면 이하는 원칙적으로 혼인중 재산(혼인재산)만을 분할의 대상으로 삼으나 예외적인 경우에는 모든 재산에 대하여 분할을 허용하는 형태의 절충적인 입법도 있다고 설명한다.

27) 통일 혼인 및 이혼법(Uniform Marriage and Divorce Act){UMDA. 이는 "모범주법을 위한 위원들의 전국 회의(National Conference of Commissioners on Uniform State Laws)"가 만든 모범법안(Uniform Acts)의 일종으로서 각 주가 이를 채택할 수 있다} §307은 두 개의 대안을 제시하였는데, 대안 A(Alternative A)는 각 배우자의 전체 재산을 분할 대상으로 하고 있고, 대안 B(Alternative B)는 각 배우자의 특유재산은 그 배우자에게 분배하는 것으로 규정하고 있다.

28) 여기에는 가사에 종사한 것도 포함된다.

29) 이에는 자녀 양육권을 가진 배우자가 주택을 보유하거나, 아니면 상당 기간 동안 그 주택에서 거주할 수 있는가 하는 점이 포함된다.

30) UMDA §307 Alternative B 참조. UMDA §307 Alternative A는 더 여러 가지의 요소를 열거하고 있다. 상세한 것은 Clark(주 10), pp. 600 ff. 참조.

31) 위 주 10) 참조.

32) 상세한 것은 Clark(주 10), pp. 604 ff.; Gregory et al.(주 10), pp. 371 ff. 등 참조.

되지 않았으므로 부부가 실제로는 혼인관계를 유지하지 않더라도 남편의 부양
의무는 존속하였는데, 이것이 미국에 받아들여져서 이혼을 허용하면서도 부양
을 명하게 된 것이라고 한다.33) 역사적으로는 이는 유책주의 이혼을 전제로 하
여, 혼인 파탄에 책임이 있는 남편이 책임이 없는 처에게 지급하는 것이었고,
처가 혼인 파탄에 책임이 있으면 부양료를 청구할 수 없었으나, 파탄주의 이혼
이 일반화되면서, 유책사유의 의미는 감소되게 되었다.34) 또 처뿐만 아니라 남
편도 부양을 청구할 수 있게 되었으며,35) 용어상으로도 alimony라는 단어 대신
support 또는 maintenance라는 용어가 더 많이 쓰이게 되었다.36)

　　오늘날 이혼 후 부양이 가지는 중요성은 상당히 감소하였다. 과거에는 일
방 배우자가 사망하거나 또는 부양청구권자가 재혼할 때까지 부양료를 지급하
는 항구적 부양(permanent alimony, permanent support)이 많았으나, 오늘날은 일
방 배우자가 나이가 많거나 기타 독립적으로 생계를 유지할 능력이 없는 경우,
특히 혼인 기간이 긴 경우에 한하여 예외적으로 인정된다.37) 그 대신 부양료
지급이 인정되는 경우는 대부분 일시적 부양(temporary support) 내지 재활적 부
양(rehabilitative support)으로서, 이혼 후 한시적으로만 부양을 명하고 있다. 재
활적 부양이란 이혼한 배우자가 스스로 생계를 꾸려 나가거나 이혼 후의 상태
에 적응할 것을 도와주는 부양을 의미한다.38)39) 나아가 법원이 부양료 지급을
명하는 비율도 전체 이혼사건에 비하여 낮아서, 한 통계에 의하면 이혼한 여성
의 14.6%만이 부양료 지급을 명하는 판결을 받고, 실제로 지급을 받는 비율은
10.7%밖에 되지 않는다고 한다.40)

　　이처럼 이혼 후 부양의 의미가 감퇴된 것은 과거에는 여성이 혼인하면 따

---

33) Clark(주 10), pp. 619 f.; Krause and Meyer(주 10), pp. 261 ff. 또한 Katz(주 8), p. 94도
　　참조.
34) Gregory et al.(주 10), p. 289.
35) 미국연방대법원은 1979년의 Orr v. Orr (440 U. S. 268) 판결에서 처만이 부양료를 받을
　　수 있게 하는 것은 위헌이라고 판시하였다.
36) Gregory et al.(주 10), 289.
37) Gregory et al.(주 10), p. 298. 또한 Katz(주 8), p. 95 참조. 한편 이준영(주 17), 207면은
　　최근의 경향은 이혼의 깨끗한 해소(clean break)에 대한 관념적 실행은 적어도 장기간의 혼인
　　이 존재한 경우에는 형평법상의 고려를 통해 완화되어야 한다는 인식을 반영하는 것으로 나
　　타나고 있다고 한다.
38) Gregory et al.(주 10), p. 299; Katz(주 8), p. 96; Clark(주 10), p. 650 등 참조.
39) 이외에 많은 주에서는 이혼소송 계속 중의 부양(alimony pendent lite)도 인정하고 있다.
　　Gregory et al.(주 10), p. 297 참조.
40) Gregory et al.(주 10), p. 289. 또한 Clark(주 10), p. 621 참조.

로 수입을 얻는 활동을 하지 않았으나, 근래에 이르러서는 여성의 경제활동에 참여하는 비율이 높아졌다는 것이 중요한 이유이고, 또 법원 내지 주로서는 일시적 부양만을 제공함으로써 여성이 스스로 생계를 꾸려나가게 하는 동기를 제공한다고 하는 이유도 작용한다.[41] 그러나 다른 한편으로 이처럼 이혼 후 부양이 줄어듦에 따라 파탄주의 이혼에 의하여 여성의 이혼 후 경제적 상황이 열악해졌다는 유력한 비판이 있다.[42]

부양액수의 산정을 위하여 고려되는 요소로는 청구인의 부양의 필요성, 상대방의 부양능력 등이 중요한 요소이지만, 이는 상당부분 법원의 재량에 의존한다. 그리고 혼인 중의 잘못된 행동(marital misconduct)을 고려할 것인가 하는 점에 관하여는 재산분할과 마찬가지로 견해가 대립한다.[43] UMDA §308은 우선 부양(maintenance)의 필요가 있는가 하는 점(eligibility)에 대하여는, 부양을 청구하는 배우자가 충분한 재산이 없고, 스스로 적절한 일자리를 통하여 생계를 꾸려나갈 능력이 없거나, 그가 자녀를 양육하고 있으면 일자리를 찾는 것을 요구하지 않는 것이 적절할 때에만 부양을 청구할 수 있다고 한다. 그리고 부양의 액수를 결정하기 위하여는 혼인 중의 잘못된 행동(marital misconduct)을 고려함이 없이, 당사자의 재정적 능력, 부양을 청구하는 배우자가 적절한 일자리를 찾을 수 있기 위하여 충분한 교육이나 훈련을 받는데 필요한 기간, 혼인 중의 생활수준, 혼인기간, 부양을 청구하는 당사자의 연령, 육체적·정신적 상황, 부양 청구의 상대방이 자신의 필요와 부양 청구인의 필요를 충족시킬 수 있는 능력이 있는가 하는 점 등 모든 관련된 요소를 고려하도록 규정하고 있다.

다른 한편 미국법학원은 "보상적 배우자 급부(compensatory spousal payment)"라는 새로운 제도를 제안하고 있다. 이에 따르면 일방 당사자가 이혼으로 재산적 손실을 입게 되면, 상대방 배우자가 이를 보상하여야 한다는 것이다. 여기서 말하는 손실에는 상당한 기간 지속된 혼인 해소 후에 재산이나 수입을 얻을 능력이 작은 사람이 입는 생활 수준의 저하, 자녀나 병약자, 노인, 장애인 등을 불균등하게 돌봄으로써 입는 수입을 얻을 능력의 손실, 다른 배우자의 수입을 얻

---

41) Clark(주 10), p. 621. Katz(주 8), p. 96은 재활적 부양을 계약법상 채권자가 손해액을 줄이기 위하여 노력하여야 하는 손해배상액의 감액(mitigation of damage)에 비유한다.
42) Clark(주 10), pp. 621 f. 또한 Lenore Weitzman, The Divorce Revolution, 1985, pp. 143 ff. 참조. 국내의 소개로는 이준영(주 17), 208면 참조.
43) Clark(주 10), pp. 644 ff.; Gregory et al.(주 10), pp. 294 ff.

을 능력에 투자한 것, 짧은 기간의 혼인이 해소된 경우 혼인 전의 생활 수준을
회복하기 위한 각자의 능력의 차이 등이 이에 해당된다.[44] 이 제안에 대하여는
세부적인 비판은 있지만, 대체로는 현재의 이혼 후 부양에 비하여는 개선된 것
이라고 보고 있다.[45]

라. 자녀 양육자의 지정

이혼하는 부부 사이에 미성년의 자녀가 있는 경우에 그 양육자를 누구로
지정할 것인가 하는 것도 중요한 문제이다.[46] 이 점에 관하여 기본적인 기준은
이른바 자녀의 최선의 이익(The Best Interest of the Child)이다.[47] 그러나 자녀
의 최선의 이익이라는 개념은 불확정하다는 비판을 받는다.[48]

이에 관하여는 종전에는 '어린 시절의 추정(tender years presumption)' 내지
'모 선호(maternal preference)'의 원칙이 많이 이용되었다. 이 원칙은 자녀가 어
릴 때에는 어머니와의 애착이 중요하므로, 이혼시의 양육자를 지정할 때에는
어머니가 부적합하다는 입증이 없는 한 어머니를 양육자로 하여야 한다는 것
이다.[49] 그 중요한 근거는 어머니의 사랑이 아버지의 사랑보다 강하다는 것이
었다.[50] 그러나 1970년대 이래로 이러한 어린 시절의 추정은 평등권 위반이라
는 이유로 각 주 법원이 위헌이라고 하거나, 아니면 각 주가 이를 폐지하는 법

----

44) American Law Institute(주 23), §5.03. 이에 대한 간략한 소개는 閔裕淑(주 15), 524-525면 참조.
45) Katherine Shaw Spaht, "Postmodern Marriage as Seen through the Lens of the ALI's "Compensatory Payments", in: Robert Fretwell Wilson (ed.)(주 25), pp. 258 ff. 참조.
46) 그러나 이 문제는 반드시 이혼의 경우에만 문제되는 것은 아니며, 부모가 서로 혼인하지 않았던 경우에도 문제된다.
47) 이에 대한 국내 문헌으로는 李賢宰, "子의 最善의 利益에 관한 연구 ─ 미국을 중심으로 ─", 전남대학교 법학석사 학위논문, 2003이 있다.
48) Clark(주 10), pp. 788, 798; 尹眞秀, "美國法上 父母의 子女에 대한 治療 拒否에 따르는 法的 問題", 家族法研究 제18권 1호, 2004, 60면; 李賢宰(주 47), 30-31면 등 참조.
49) Gregory et al.(주 10), 445; 李賢宰(주 47), 49면 이하. 또한 崔鎭涉, 離婚과 子女, 1993, 37면 이하, 132면 이하 참조.
50) 미국 워싱턴 주 대법원이 1916년에 선고한 Freeland v. Freeland 판결(92 Wash. 482, 159 P. 698)은, "어머니의 사랑은 가장 약한 여성의 경우에도 지배적인 특성이며, 일반적으로 공통의 자녀에 대한 아버지의 애착을 능가하고, 뿐만 아니라 자녀는 아버지보다는 어머니의 보살핌을 필요로 한다. 이러한 이유들 때문에 법원은 어머니로부터 자녀의 양육권을 박탈하는 것을 꺼리며, 어머니가 그녀에게 자녀의 양육권을 맡기는 것이 자녀의 복리를 위태롭게 할 정도로 부적합하고 부적당한 사람이라는 것이 명백하게 밝혀지지 않는 한 어머니로부터 양육권을 박탈하지 않는다"고 판시하였다. 대법원 2008. 5. 8. 선고 2008므380 판결이 양육자를 모로 하는 것이 타당하다고 하는 이유의 하나로서 자녀들이 현재 6세 남짓의 어린 나이이어서 정서적으로 성숙할 때까지는 어머니가 양육하는 것이 자녀들의 건전한 성장과 복지에 도움이 될 것으로 보인다는 점을 들고 있는 것도 이러한 취지로 여겨진다.

률을 제정하였다.[51]

이를 대신하여 등장한 것이 '제1차적 보호자 추정(primary caretaker presumption)' 내지 '제1차적 보호자 선호(primary caretaker)'의 원칙이다. 제1차적 보호자란 이혼 전에 자녀의 일상생활을 돌보고 식사, 의복, 목욕 및 건강을 돌보던 사람을 말하는데, 그에게 이혼 후의 자녀 양육을 맡기는 것이 양육의 연속성을 유지하는 면에서 좋다고 하는 것이다. 이를 최초로 명시한 판결은 웨스트버지니아 주 대법원의 Garska v. McCoy, 278 S.E.2d 357(1981) 판결이다. 이 사건에서는 혼인하지 않은 부모 사이에서 자녀의 양육자가 누가 될 것인가가 다투어졌다. 닐리(Neely) 대법원장은 제1차적 보호자가 양육자가 되어야 한다고 하면서, 누가 제1차적 보호자인가를 고려할 요소로서 식사의 준비, 목욕, 몸단장, 밤에 재우고 아침에 깨우는 것 등 여러 가지를 나열하고 있다. 흥미로운 것은 이 판결이 제1차적 보호자를 양육자로 추정하는 이유는, 주로 이처럼 명확한 기준을 제시함으로써 자녀의 양육자가 누가 될 것인가를 둘러싸고 생기는 분쟁을 최소화할 수 있고, 남편들이 자녀 양육권을 가지겠다고 고집하여 결과적으로 양육비 부담을 줄이는 수단으로 사용되는 등의 부작용을 막을 수 있기 때문이라는 점이다.[52]

그러나 이 원칙은 그다지 널리 받아들여지지 않았다. 그 이유는 우선 이 원칙에 따르면 대부분의 경우에는 양육자가 어머니가 된다는 점에서 가장된 '어린 시절의 추정(tender years presumption)' 원칙이고, 제1차적 보호자가 양육자가 되는 것이 반드시 자녀의 최선의 이익에 부합한다고 볼 근거가 없으며, 또 현재에는 어머니만이 아니라 아버지도 자녀를 돌보는 데 적극적으로 참여하고 있으므로 누가 제1차적 보호자인가를 결정하는 것이 어려워지고, 이 원칙에 의할 때에는 누가 제1차적 보호자인가에 대한 다툼이 생겨서 반드시 분쟁이 줄어들지는 않는다는 점 등이다.[53] 이 원칙의 발상지였던 웨스트버지니아

---

51) Gregory et al.(주 10), pp. 445 f. 李賢宰(주 47), 55면 이하도 참조.

52) Garska v. McCoy, 278 S.E.2d 357, 361. 또한 Richard Neely, "The Primary Caretaker Parent Rule: Child custody and the Dynamics of Greed", 3 Yale Law and Policy Review, 168, 1173 ff.(1984) 참조.

53) Katz(주 8), pp. 105 f.; Clark(주 10), pp. 800 ff.; Walter Wadlington and Raymond C. O'Brien, Family Law in Perspective, 2nd ed., 2007, 151; Robert J. Levy, "Custody Law and the ALI's Principles: A Little History, a Little Policy, and Some Very Tentative Judgements", in: Robert Fretwell Wilson(ed.)(주 25), p. 71; Marygold S. Melli, "The American Law Institute Principles of Family Dissolution, the Approximation Rule and Shared-Parenting", 25 Northern Illinois University Law Review 347, 352(2005) 등 참조.

주도 2002년에 입법을 통하여 이 원칙을 포기하고, 아래에서 언급할 미국법학원의 근사성 규칙과 유사한 원칙을 채택하였다.[54]

UMDA §402는 법원은 양육을 자녀의 최선의 이익에 부합하도록 결정하여야 한다고 하면서, ① 부모의 일방 또는 부모 쌍방의 희망, ② 자신의 양육자에 관한 자녀의 희망, ③ 자녀의 부모의 일방 또는 쌍방, 형제자매 및 그 외에 자녀의 최선의 이익에 상당히 영향을 미칠 수 있는 사람과의 상호작용 및 상호관계, ④ 자녀의 가정, 학교, 사회에 대한 적응, ⑤ 모든 관련된 사람들의 정신적 및 육체적 건강 등 모든 관련된 요소를 고려하여야 한다고 규정하고 있다.

그리고 미국법학원은 다음과 같은 근사성의 규칙(approximation rule) 내지 과거의 돌봄 기준(past caretaking standard)을 양육자 결정에서 채택하여야 한다고 제안하였다. 즉 양육자가 누가 될 것인가에 관하여 다툼이 있을 때에는, 법원은 자녀가 부 및 모와 보내는 시간의 비율이 부부가 별거하기 전에 부모가 자녀를 돌보는 데 들인 시간의 비율에 가깝게 정해야 한다는 것이다.[55] 여기서는 이러한 근사성의 기준이 가지는 장점으로서 다음과 같은 것을 열거하고 있다. 즉 이는 예견가능성을 높임으로써 양육에 관한 소송을 줄일 수 있고, 성중립적인 기준(gender-neutral criterion)을 제공하며, 과거에 부모들이 자녀들에 대하여 내렸던 결정을 존중하고, 측정하기 어려운 부모-자녀 사이의 결속과 부모의 적합성에 대한 대용수단을 제공할 수 있으며, 양육자 결정을 단순화하고 촉진할 수 있다는 것이다. 그러나 이에 대하여는 이 규칙은 너무 엄격하고, 공정한 처리를 하기에는 어렵다는 비판이 있다.[56]

또한 근래에는 부모 중 일방을 양육자로 하는 것보다는 공동양육(Joint Custody)이 자녀의 복리를 위하여 더 바람직하다는 주장이 제기되었다.[57] 여기서는 법적 양육(legal custody)과 물리적 양육(physical custody)을 구분하는데, 자녀에 관한 중요한 결정을 내리는 법적 양육은 부모에게 공동으로 귀속하지만, 물리적 양육의 경우에는 실제로 누가 양육하는가는 상황에 따라 달라질 수 있다는 것이다.[58] 일부 주는 공동양육이 자녀에게 해로운 경우가 아닌 한 공동양

---

54) Wadlington and O'Brien(주 53), p. 151; Levy(주 53), p. 74.

55) American Law Institute(주 23), §2.08(1). 이 기준은 Elizabeth S. Scott, "Pluralism, Parental Preferences, and Child Custody", 80 California. Law Review. 615(1992)에서 처음 제안된 것이다.

56) Levy(주 53), pp. 76 ff. 또한 Patrick Parkinson,"The Past Caretaking Standard in Comparative perspective" in Robert Fretwell Wilson(ed.)(주 25) pp. 446 ff. 참조.

57) 이에 관한 국내의 문헌으로는 崔鎭涉(주 49), 148면 이하가 있다.

58) Beck v. Beck, 432 A.2d 63(N. J. 1981).

육을 명하도록 규정하고 있다.

현재에는 과거에 강력히 주장되었던 공동양육의 원칙은 다소 퇴조의 기미를 보이고 있고,[59] 또 그에 대하여 강한 비판도 제기되고 있다. 실제로는 공동양육을 명하는 경우에도 공동의 물리적 양육은 드물고 공동의 법적 양육이 대부분인데, 이 경우에는 부모 중 한 사람은 면접교섭권을 가지고 다른 사람은 양육권을 가지는 경우와 크게 다르지 않고, 이러한 공동양육을 명함에 의하여 기대되었던, 부모가 동등한 책임을 다하도록 하는 기능을 충족시키지 못하며, 부모들 사이에 분쟁이 계속되는 경우에는 공동양육이 오히려 자녀에게 해를 가져온다는 것이다.[60] 그리하여 공동양육은 부모가 합의를 하고, 자녀에게 어려움이 없을 때에만 허용되어야 한다고 하는 주장도 있다.[61]

마. 자녀 양육비[62]

법원이 부모에게 자녀의 부양을 명하는 것은 이혼시에 한정되는 것은 아니다. 혼인 외의 자녀와 부모 사이에도 문제될 수 있으며, 경우에 따라서는 이혼 외의 경우에도 자녀가 부모에 대하여 부양의무의 이행을 청구할 수 있다.[63]

과거에는 자녀에 대한 부양의무는 아버지만이 부담하는 것으로 보았으나, 현재에는 아버지뿐만 아니라 어머니도 부양의무를 부담한다.[64] 종전에는 양육비의 액수를 정하는 것은 법원의 재량에 맡겨져 있었다. UMDC §309는 부양을 명함에 있어서 고려할 요소로서 자녀의 재정적 자원, 양육하고 있는 부모의 재정적 자원, 혼인이 해소되지 않았더라면 자녀가 누렸을 생활수준, 자녀의 육체적 및 감정적 상황과 교육적 필요 및 양육하고 있지 않은 부모의 재정적 자원을 들고 있다.

그러나 근래에 이르러서는 각 주가 양육비 산정에 관한 가이드라인을 마련하였다. 이는 연방의회가 1984년에 연방정부의 보조금을 받기 위하여는 각 주가 이러한 가이드라인을 만들도록 요구하는 법률을 제정하였기 때문이다.[65]

---

59) 과거에 법률로 공동양육의 추정을 채택하였던 캘리포니아와 유타 주는 이러한 법률을 폐기하였다. Gregory et al.(주 10), p. 464.

60) Katz(주 8), p. 112; Krause and Meyer(주 10), pp. 192 ff.; Levy(주 53), p. 69.

61) Wadlington and O'Brien(주 53), p. 151.

62) 이에 관한 국내의 문헌으로는 孫丞瑥, "養育費 算定基準의 具體化 및 養育費 履行確保 方案", 實務研究 Ⅹ, 2005, 505면 이하가 있다.

63) Roe v. Doe, 272 N.E.2d 567(Court of Appeals of New York, 1971) 참조.

64) Clark(주 10), p. 710; Gregory et al.(주 10), p. 313 등 참조.

65) 42 U.S.C.A. § 667(1997).

1997년에 개정된 위 법률에 따르면, 각 주는 자녀 양육비에 관한 가이드라인을 만들고, 이를 적어도 4년마다 재심사하도록 하였으며, 이 가이드라인은 그 가이드라인에 따르는 것이 정당한 금액이라는 번복 가능한 추정의 효력이 있고, 이 추정을 번복하기 위하여는 당해 사건에서 가이드라인을 적용하는 것이 부당하거나 부적절하다는 서면에 의한 판단 또는 기록상의 특정한 판단이 있어야 한다.

그러나 이 법률은 각 주에 특정한 내용의 가이드라인을 만들도록 요구하고 있지는 않기 때문에,66) 각 주의 가이드라인은 통일되어 있지 않다. 크게 나누어 보면 소득 분담 모델(income shares model), 의무자 수입 비율 모델(percent-age-of-obligator income model, flat percentage model), 멜슨 공식(Melson formula), 복합 모델(hybrid approach) 등으로 구분할 수 있다.67)

소득 분담 모델은 가장 많은 33개 주에서 채택되고 있는 것으로서, 자녀는 이혼 전에 부모가 지출하였을 금액과 같은 금액을 받을 권리가 있고, 이 금액은 부와 모의 수입 비율에 따라 할당된다. 이 모델을 채택한 주는 대체로 소득과 자녀의 수에 따른 평균적인 양육비용에 관한 표를 가지고 있다.68)

의무자 수입 비율 모델은 13개 주에서 채택되었는데, 양육하고 있는 부 또는 모의 수입은 고려되지 않고, 비양육 의무자의 수입에 대한 비율에 의하여 부양료가 결정된다. 그러나 많은 주에서는 양육 의무자도 동일한 금액을 지출한다는 추정을 전제로 하고 있다.

멜슨 공식은 이 공식을 만든 델라웨어의 판사 이름을 따서 만들어졌는데, 델라웨어, 하와이 및 몬태나 주에서 채택되었다. 이에 따르면 우선 자녀의 기본적인 필요를 충족시키기 위한 금액이 부모 사이에 할당된다. 그리고 양육하고 있지 않은 부 또는 모가, 자녀의 기본적인 필요를 위한 할당금액과 자신의 기본적인 필요를 충족시키기 위한 것 이상의 처분 가능 소득을 가지고 있을 때에는 그에 대한 일정 비율이 부양료에 가산된다.

---

66) 연방정부의 가이드라인(DHSS Guidelines for Setting Child Support Awards, 2001)은 주의 가이드라인이 최소한 양육하고 있지 않은 부모의 모든 소득과 수입을 고려하고, 개별적인 서술적, 수치적 기준에 근거하여야 하며, 양육비를 산정할 수 있어야 하고, 자녀의 건강상 필요에 대하여 배려하도록 요구하고 있다. Jane C. Venohr and Tracy E. Griffith, "Child Support Guidelines: Issues and Review", 43 Family Court Review 415, 416(2005) 참조.

67) Venohr and Griffith(주 66), pp. 417 ff.; Gregory et al.(주 10), pp. 317 ff. 참조. 또한 孫丞瑤(주 62)이 상세한 설명을 하고 있다.

68) Venohr and Griffith(주 66), p. 420 참조.

복합 모델은 매사추세츠 주와 워싱턴 D.C에서 채택되었는데,69) 우선 양육하고 있는 부 또는 모의 소득이 일정 금액에 달할 때까지는 의무자 수입 비율 모델에 따르다가, 양육하고 있는 부 또는 모의 소득이 일정 금액을 넘어서면 부와 모의 수입을 동시에 고려한다.70)

그런데 실제로는 많은 부양의무자가 부양료를 실제로 지급하지 않고 있어서71) 사회복지 비용의 부담이 늘어나게 되었다. 그리하여 연방정부와 주정부는 부양료의 실제 지급을 독려하기 위하여 많은 노력을 기울였다.72) 그 중에서도 특히 중요하고 효율적인 것은 1984년의 연방법률73)에 의하여 창설된 소득지급 유보제도(income withholding)이다. 이에 따르면 부양료 지급 의무자가 지체에 빠지면 그 부양의무자의 고용주에게 이를 통지하고, 고용주는 일정한 금액 한도에서 부양료 상당 금액을 주 정부에 지급하여야 한다.74) 이외에도 1997. 10. 1.부터 개시된 연방 사건 등재부(Federal Case Registry)는 전국신규고용목록(National Directory of New Hires)과 결부되어, 돈을 벌고 있으나 양육비를 지급하지 않는 사람을 주의 경계를 넘어서서 쉽게 발견할 수 있게 하였다.75)

3. 가정폭력(Domestic Violence) 사건

가정폭력이란 가족의 구성원이 다른 가족의 구성원에 의한 폭력의 피해자가 되는 것을 말한다.76) 여기서 말하는 가족 구성원은 배우자(사실혼 배우자 포함)나 배우자였던 자, 직계가족, 계부모와 자, 적모·서자 등을 모두 포괄한다.77) 이러한 가정폭력이 관심의 대상이 된 것은 미국에서도 비교적 최근의 일

---

69) 그러나 워싱턴 D.C는 2004년에 이를 폐지하기로 하였다. Venohr and Griffith(주 66), p. 419 참조.

70) 미국법학원은 예비적 평가(preliminary assessment)와 감축 메커니즘(reduction mechanism)으로 구성된 양육비 산정 공식을 제안하였는데, 이는 매사추세츠 주의 공식을 바탕으로 한 것이다. American Law Institute(주 23), §3.05 및 Comment b. 참조.

71) 1/3 이상이 부양료를 지급하지 않고 있고, 또 많은 사람들이 지급하여야 할 금액보다 더 적은 금액을 지급한다고 한다. Wadlington and O'Brien(주 53), p. 142 참조.

72) Gregory et al.(주 10), pp. 331 ff. 참조. 국내 문헌으로는 孫承瑢(주 62), 532면 이하; 정현수, "離婚時 子女養育費 確保方案에 관한 硏究", 家族法硏究 제19권 1호, 2005, 273면 이하 참조.

73) Child Support Enforcement Amendments of 1984(CSEA).

74) 42 U.S.C.A. § 666 (b)(1992).

75) Wadlington and O'Brien(주 53), p. 143.

76) 우리나라의 가정폭력범죄의 처벌 등에 관한 특례법 제2조 제1호는 가정폭력을 가족구성원 사이의 신체적, 정신적 또는 재산상 피해를 수반하는 행위를 말한다고 정의하고 있다.

77) 가정폭력범죄의 처벌 등에 관한 특례법 제2조 제2호 참조.

이다.[78) 이처럼 가정폭력이 주목의 대상이 되지 못했던 것은 전통적인 가부장적 체제의 영향이 남아 있었을 뿐만 아니라, 가정이라는 사적인 영역에 대한 공권력의 개입은 되도록 자제되어야 한다는 생각 때문이었다.[79)

그러나 근래에 이르러는 이러한 가정폭력의 문제가 법적 주목의 대상이 되었고, 그 결과 가정폭력에 대하여는 형사적 제재가 강화되었을 뿐만 아니라, 민사적인 보호조치가 취해지게 되었다. 초기에는 가해자를 피해자로부터 떼어 놓기 위한 조치가 민사보호명령(civil protective order) 또는 제지명령(restraining order)과 같은 이름으로 전통적인 유지명령(injunction)의 일종으로 내려졌으나, 1960년대 후반부터는 각 주가 이에 관한 법률을 제정하였다.[80)[81)

가정폭력에 관한 각 주법은 경찰에 의한 가해자의 필요적 구속, 도움을 주어야 하는 사람들에 의한 의무적 신고, 이혼 후 자녀 양육에 관하여 가정폭력의 증거가 있을 때의 조치 등과 같은 내용을 포함하고 있으나, 여기서는 주로 민사적인 보호조치에 대하여 살펴본다.[82)

이러한 민사적인 보호조치의 장점은 형사 범죄로까지 되는 것은 아닌 행위나, 형사 범죄에는 해당될 수 있지만 증거 부족 등으로 기소되기 어려운 행위에 대하여도 구제가 가능하고, 또 피해자가 가해자의 처벌을 원하지 않는 경우에도 구제를 부여할 수 있다는 점에 있다. 나아가 많은 경우에는 민사적 보호조치가 형사적 처벌의 경우에는 불가능한 제재(예컨대 가해자를 집에서 쫓아내는 것 등)를 부과한다는 점에서 더 효과적일 수 있는 것이다.[83)

누가 이러한 보호명령을 신청할 수 있는가? 제1차적으로는 가정폭력의 피

---

78) Dawn Bradley Berry, The Domestic Violence Sourcebook, 3rd ed., 2000, pp. 19 ff. Elizabeth M. Schneider, "The Law and Violence Against Women in the Family at Century's End: The US Experience", in Cross Current(주 11), p. 474는 20세기 초부터 1970년대 중반까지 아내 구타에 대하여 실질적으로 아무런 공적 논의가 없었다고 하는 Elizabeth Pleck의 주장을 인용하고 있다.

79) Schneider(주 78), p. 474.

80) Schneider(주 78), p. 480.

81) 이외에 연방의회는 가정폭력에 대처하기 위하여 1994년에 여성에 대한 폭력법률(Violence Against Women Act)을 제정하였는데, 이 법의 중요한 내용 중 한 가지는 성적인 동기를 가지고, 피해자의 性을 이유로 하며, 그 性에 대한 적의 때문에 행해진 폭력의 범죄를 행한 사람은 연방법상 민사청구의 대상이 된다고 하는 규정이었다(42 U.S.C.A. § 13981). 그러나 미국연방대법원은 U.S. v. Morrison, 529 U.S. 598, 120 S.Ct. 1740(2000) 판결에서 이 조항이 연방의회의 입법권한을 넘는 것이라는 이유로 위헌이라고 하였다.

82) 상세한 것은 Peter Finn, "Statutory Authority in the Use and Enforcement of Civil Protection Orders Against Domestic Abuse", 23 Fam. L.Q. 43 ff.(1989); Catherine F. Klein & Leslye E. Orloff, "Providing Legal Protection for Battered Women: An Analysis of State Statutes and Case Law", 21 Hofstra L. Rev. 801 ff.(1993) 참조.

83) Finn(주 82), p. 44.

해자가 이를 신청할 수 있다. 이에 해당하는 사람으로는 배우자 또는 전 배우자가 가장 대표적이지만, 이외에도 부모, 자녀, 형제자매, 의붓자녀, 인척 등 가족 구성원은 구제를 신청할 수 있다. 또한 많은 주에서는 법적인 혼인관계에 있지 않더라도 동거하고 있는 이성 또는 동성의 당사자도 보호명령을 신청할 수 있다. 나아가 일부 주에서는 데이트하는 관계에 있는 사람도 이에 포함시킨다. 그리고 일부 주에서는 피해자에게 보호를 제공하는 사람도 그에 대하여 가해자가 폭력을 행사할 우려가 있다고 보아 보호명령을 신청할 수 있도록 하고 있다. 또한 가정폭력의 직접적인 피해자가 직접 보호명령을 신청할 수 없는 경우에는, 다른 사람이 대신 보호명령을 신청할 수 있다.

이러한 보호명령을 신청할 수 있는 것은 물리적 폭력을 행사한 경우뿐만 아니라 폭언을 하거나, 폭력을 행사하겠다고 위협하는 경우, 배우자 강간(marital rape) 등 다양한 경우에 인정된다. 나아가 스토킹(stalking)도 이에 포함된다.[84]

보호명령의 신청이 있을 때에는 이 사실은 상대방에게 통지되어야 하고, 상대방의 의견을 듣는 심리(hearing)절차를 거쳐야 하지만, 임시 보호명령(temporary protection order)을 발령하는 경우에는 상당한 이유(good cause)가 있으면 상대방의 심문 없이도 명령(ex parte order)을 내릴 수 있다. 위험이 절박하거나 현존하는 경우에는 상당한 이유가 있다고 판단된다.[85]

보호명령의 내용[86]에 관하여는 법원은 피해자를 보호하기 위하여 필요한 모든 조치를, 그것이 헌법적으로 허용되는 한 취할 권한을 부여받고 있다.[87] 많은 주는 보호명령의 내용을 열거하지 않고, 법원에게 포괄적인 권한을 부여하는 법조항(catch-all provisions)을 가지고 있다. 보호명령에 포함될 수 있는 것으로는 더 이상의 학대행위를 금지하는 조항(no further abuse clause), 접근금지 조항(stay away clause), 접촉 금지 조항(no contact clause), 피해자가 살고 있는 주택으로부터의 퇴거명령(vacate order)[88][89] 등이 있다. 이외에도 법원은 특정

---

84) 근래에는 거의 대부분의 주가 스토킹을 범죄로 규정하고 있다.

85) Klein & Orloff(주 82), p. 1035.

86) 상세한 것은 Klein & Orloff(주 82), p. 910 ff. 참조.

87) Klein & Orloff(주 82), p. 911.

88) 주에 따라서는 주택뿐만 아니라 피해자의 직장이나 학교에서의 퇴거도 명할 수 있게 하고 있다. Klein & Orloff(주 82), p. 932 참조.

89) 뉴욕 가정법원의 Jane Y. v. Joseph Y., 474 N.Y.S. 2d 681(1984) 판결은, 남편의 지시에 의하여 누구라도 공격하도록 훈련된 개의 추방을 명하였다.

한 재산을 배우자 중 일방만이 사용할 수 있도록 한다거나, 특정한 재산을 보호하기 위하여 이를 가져가거나 처분 또는 파괴하는 등의 행위를 할 수 없도록 하기도 하고, 경찰로 하여금 가해자의 집 등을 수색하여 무기를 발견하면 이를 압수하도록 명령하거나, 무기의 소지를 금지하는 등의 명령을 내릴 수도 있다.

그리고 가해자에게 상담이나 치료를 받도록 하는 것도 보호명령의 일부로서 행해지기도 한다. 또한 배우자를 학대하는 경우에는 그 자녀도 학대할 가능성이 있고, 또 배우자 학대 그 자체가 자녀에게 부정적인 영향을 미치기 때문에, 가해자로 하여금 자녀를 양육하지 못하게 하는 보호명령을 내리기도 한다.[90] 나아가 가해자의 자녀와의 면접교섭도 제한되거나 금지될 수 있다.

또한 가정폭력의 피해자는 경제적인 이유 때문에 가해자에게 종속되는 경우가 많다. 그리하여 법원은 가해자에게 피해자에 대하여 배상적 성격을 가지는 금전의 지급과 피해자 및 그 자녀에 대한 부양료의 지급을 명할 수도 있다.

이러한 보호명령은 그 집행이 확보되지 않으면 실효성이 없게 된다. 그리하여 많은 주들은 보호명령 위반을 법원모욕(contempt of court)으로 다루어 제재를 부과하고 있다.[91]

4. 아동 학대 및 방치(Child Abuse and Neglect)

아동 학대의 문제가 일반의 관심을 끌게 된 것은 미국의 소아과 의사인 켐프(C. Henry Kempe)와 그의 동료들이 1962년 의학 잡지에 "구타당한 아동 증상(The Battered Child Syndrome)"이라는 논문[92]을 발표한 것이 계기가 되었다고 한다.[93] 이 글이 계기가 되어서 각 주는 아동의 학대 및 방치에 관한 법률들을 제정하게 되었고, 연방도 이를 위한 법률들을 제정하였다.

일반적으로는 아동의 학대(abuse)와 방치(neglect)를 구별하는데, 아동의 학대는 아동에게 적극적인 가해행위를 하는 것(작위)인 반면, 아동의 방치는 아동

---

90) 많은 주에서는 가정폭력을 행사하는 사람이 자녀를 양육하지 못한다고 추정하기도 한다.

91) Klein & Orloff(주 82), pp. 1095 ff. 참조.

92) Kempe, C., Silverman, F., Steele, B., Droegmueller, W., & Silver, H., "The Battered Child Syndrome", 181 Journal of the Medical Association, 17-24(1962).

93) Samuel X Radbill, "Children in a World of Violence: A History of Child Abuse", in Ray E. Helfer and Ruth S. Kempe, the Battered Child, fourth ed., 1987, p. 19. 위 책의 제3판까지는 C. Henry Kempe와 Ray E. Helfer가 편집자였다. 또한 Clark(주 10), 345 참조.

에게 필요한 것을 제공하여 주지 않는 것(부작위)으로 이해되지만,94) 양자를 포괄하여 아동 학대라고 부르기도 한다.95)

아동 학대가 무엇인가에 관하여는 각 주의 법마다 달리 정의하고 있고, 또 완전한 합의는 존재하지 않으나,96) 대체로 아동 학대를 신체적 학대(physical abuse), 성적 학대(sexual abuse) 및 정서적 학대(emotional abuse, psychological maltreatment)로 구분한다.97) 신체적 학대란 때리거나 차는 것과 같이 아동에게 신체적 피해를 가져오는 행위를 말한다. 또한 성적 학대란 아동과 성관계를 맺거나, 아동에게 매춘을 강요하고 또는 아동에게 음란물을 보여 주는 것과 같이 성적 만족을 위하여 아동을 이용하는 것을 말한다.98) 그리고 정서적 학대란 아동을 욕하거나 위협하는 것과 같이 아동의 정서를 해치는 것을 말한다.

그리고 아동의 방치는 아동이 필요로 하는 음식이나 의복 등을 제대로 주지 않는 신체적 방치(physical neglect)뿐만 아니라 아동에게 필요한 치료를 하여 주지 않는 의료적 방치(medical neglect)를 포함한다.99)

각 주의 법은 이러한 아동 학대에 대처하기 위하여, 우선 아동 학대와 방치를 쉽게 발견할 수 있는 사람들에게 이를 발견하면 경찰이나 아동보호를 담당하는 기관에 신고할 것을 의무화하는 법(mandatory reporting statute)을 제정하였다. 각 주의 법은 반드시 일치하는 것은 아니지만, 보고 의무자로서는 의료인, 교사, 유아원 직원 및 사회복지사 등이 전형적으로 포함되고,100) 알라스카

---

94) Inger J. Sagatun and Leonhard P. Edwards, Child Abuse and the Legal System, 1995, p. 16. Krause and Meyer(주 10), p. 167은 아동의 방치 중에서 neglect와 적절한 보호자가 없는 아동을 가리키는 dependency라는 용어를 구별하면서, 후자는 부모의 과실이 없는 경우를 가리킨다고 한다.

95) 또한 양자를 포괄하여 부당 대우(maltreatment)라고 부르기도 한다. Robert D. Goldstein, Child Abuse and Neglect, 1999, p. 3 참조.

96) Katz(주 8), pp. 137 ff.

97) Krause and Meyer(주 10), p. 168; Vernon R. Wiehe, Working with Child Abuse and Neglect, 1996, pp. 5 ff. 미국 연방법률은 아동 학대와 방치를 부모 또는 보호자에 의한 사망, 중대한 물리적 또는 정서적 해악, 성적 학대 또는 착취를 가져오는 최근의 행위 또는 부작위(failure to act)나, 중대한 해악의 절박한 위험을 야기하는 행위 또는 부작위라고 정의하고 있다. 42 U.S.C.A. § 5106g(2)(West 2003).

98) 42 U.S.C.A. § 5106g(4)는 성적 학대를 노골적인 성적 행동을 하게 하거나 또는 그러한 행동을 시각적으로 묘사하기 위하여 그러한 행동을 흉내내게 하기 위하여, 또는 다른 사람으로 하여금 그러한 행동을 하는 것을 돕게 하기 위하여 아동을 고용, 이용, 설득, 유인, 유혹 또는 강요하는 행위 및 강간 및 보호자 또는 가족관계에 있어서의 의제강간(statutory rape), 매춘, 기타 다른 형태의 성적 착취 및 근친상간을 포함하는 것으로 정의하고 있다.

99) Sagatun and Edwards(주 94), p. 28.

100) 일부 주(캘리포니아 등)에서는 필름 현상업자까지 포함시키기도 한다. Katz(주 8), p. 141 참조.

주에서는 아동이 학대되었다고 믿을 상당한 이유가 있는 사람까지 포함시켰
다.101) 이러한 신고의무자가 신고하지 않으면 경죄(misdemeanor)로 취급되어 벌
금 또는 징역형에 처해지게 된다. 또한 이러한 신고의무자가 아니더라도 신고
는 가능하다. 이러한 법들은 또한 선의로 잘못된 신고를 한 사람에 대한 면책
을 규정하고 있다.

　나아가 연방도 아동 학대를 방지하기 위한 노력을 벌이고 있다. 1974년에
제정된 아동 학대 방지 및 치료 법률(The Child Abuse Prevention and Treatment
Act)102)은, 아동 학대와 방치에 관한 센터를 설치하고, 각 주에 아동 보호를 위
한 시스템을 만들 것을 요구하였다. 후자는 각 주가 연방이 요구하는 기준을
충족할 때에만 보조금을 지급할 수 있도록 하는 방식으로 이루어졌다.

　일단 경찰이나 주의 사회복지 부서(department of social service) 등이 아동
학대의 신고를 받으면, 이러한 기관들 중 하나는 조사를 하게 된다. 그리고 조
사 결과 아동 학대가 있다고 판단되면 법원에 아동 보호를 위한 명령을 신청
하여야 한다.103)104) 그러나 긴급한 경우에는 주의 기관은 법원의 허가가 없이
도 부모로부터 아동을 데려올 수 있다.105)

　법원이 재판을 함에 있어서는 변론을 열어야 한다. 이는 부모의 헌법상 권
리106)와 아동의 이익 및 국가 부모(parens patriae) 이론107)에 입각한 주의 이익

---

101) Katz(주 8), p. 141 참조.
102) 42 U.S.C. §§ 5101-5107(2000 & Supp. 2005).
103) 물론 이러한 아동 보호를 위한 명령의 신청은 반드시 이러한 기관만이 할 수 있는 것은
　　아니며, 이해관계를 가지는 제3자도 할 수 있다. 주에 따라서는 누구나 신청할 수 있게 하기
　　도 한다. Clark(주 10), p. 355 fn. 86.
104) 미국 연방대법원의 DeShaney v. Winnebago County Dept. of Social Services, 489 U.S. 189,
　　109 S.Ct. 998(1989) 판결은, 아동이 그 아버지로부터 수시로 구타당하는 것을 알면서도 사회
　　복지기관이 특별한 조치를 취하지 아니하여 결국 그 아동이 아버지의 구타 때문에 심한 장애
　　를 입은 경우에도, 학대를 받는 것을 알고도 아무런 조치를 취하지 아니하여 아동이 피해를
　　입은 경우에도 주는 그러한 아버지의 학대로부터 아동을 보호할 의무가 없다고 하여 아동의
　　손해배상청구를 배척하였다. 그러나 이는 매우 많은 논란의 대상이 되었다. 예컨대 Katz(주
　　8), pp. 149 ff. 참조.
105) Clark(주 10), p. 355; Tenenbaum v. Williams, 193 F.3d 581(United States Court of Appeals,
　　Second Circuit, 1999); Katharine A. Higgins-Shea, "On the Clock: Should State Law Require Child
　　Welfare Workers to Consider Whether there is Sufficient Time to Obtain Judicial Authorization
　　When Effecting Emergency Removals of Children from Their Parents?", 38 Suffolk University Law
　　Review 147, 148-149(2004) 등 참조.
106) 미국 헌법에는 부모의 자녀에 관한 권리나, 가족에 관한 규정이 없고, 이 문제는 원칙적으
　　로 각 주에 맡겨져 있다. 그럼에도 불구하고 연방대법원은 이른바 실체적 적법절차(substantive
　　due process)의 이론에 의하여 부모의 자녀 양육에 관한 권리를 헌법적인 권리로서 보장하고
　　있다. 이에 대하여 자세한 것은 尹眞秀(주 48), 12면 이하 참조.
107) 이에 대하여는 尹眞秀(주 48), 11면 이하 참조.

을 교량하기 위하여 필요하다. 법원은 심리한 결과 아동의 학대가 존재한다고
판단하면 아동의 보호를 위하여 필요한 조치를 명하게 된다.[108] 즉 부모를 감
독하게 하거나, 위탁부모나 주가 일시적으로 아동을 양육하게 하는 것, 자녀
또는 부모를 치료받게 하는 것, 그리고 최종적으로는 부모의 친권을 상실시키
는 것(permanent termination of parental rights) 등을 명할 수 있다.[109]

    그러나 친권을 상실시키는 것만으로 문제가 해결되는 것은 아니다. 친권이
상실되면 그 아동은 일단 가정위탁(foster care)에 맡겨지고,[110] 적절한 양부모가
있으면 입양되는 것이 정상적이다. 그러나 많은 경우에는 입양이 되지 않아서
가정위탁 상태가 지속되는 경우가 많다. 그리하여 연방은 이러한 경우에 입양
을 촉진하기 위하여 법률[111]을 제정하는 등 노력을 기울이고 있다.[112] 결국 아
동 학대의 경우에는 법원의 개입만으로 문제가 해결될 수는 없고, 사회복지적
인 대책이 수반되어야 성공적으로 아동을 보호할 수 있는 것이다.[113]

    그리고 이른바 의료적 방치, 즉 치료를 받아야 할 자녀의 치료를 부모 등
보호자가 종교적 이유 등을 이유로 거부할 때에는, 법원이 치료를 명할 수 있
다. 다만 실제로 어느 경우에 법원의 개입이 정당화되는가 하는 판단은 어려운
경우가 없지 않다.[114]

---

108) Clark(주 10), p. 359.
109) 미국 연방대법원의 Santosky v. Kramer 판결, 455 U. S. 745(1982)는 친권을 상실시키기 위
    하여는 주가 그 주장을 명백하고도 확신할 수 있는 증거(clear and convincing evidence)에 의하
    여 증명하여야 한다고 판시하였다. 이에 관한 국내의 문헌으로는 尹眞秀(주 48), 16면; 최진섭,
    "친권상실에 관한 비교법적 연구", 家族法研究 제10호, 1996, 402면 이하 등 참조.
110) 가정위탁이란 보호자가 아동을 양육할 수 없거나 양육하기에 적절하지 못할 때 아동의 성
    장 발달을 위하여 건전한 가정을 선정하여 일정한 기간 대리 양육하도록 하는 제도를 말한다.
    이은정, "가정위탁(Foster care)제도에 대한 小考", 家族法研究 제16권 1호, 2002, 211면 참조.
111) The Adoption Assistance and Child Welfare Act of 1980; Adoption and Safe Families Act
    of 1997.
112) Katz(주 8), pp. 145 ff. 참조.
113) Clark(주 10), p. 360은 학대 또는 방치를 당한 아동을 도우려는 법원의 노력이 성공하는가
    실패하는가 하는 점은 자녀와 그 부모를 치료할 수 있는 공동체의 자원의 범위 및 법률가들이
    아동의 진단과 치료에 있어 다른 전문가들과 협조할 수 있는 정도에 달려 있다고 설명한다.
114) 尹眞秀(주 48), 9면 이하 참조.

Ⅲ. 미국 가정법원에서의 대체적 분쟁해결(Alternative Dispute Resolution)

1. 개　　관

미국 가정법원에서 대체적 분쟁해결 절차가 이용되기 시작한 것은 근래의 일로서, 파탄주의 이혼이 도입된 1970년경부터 비로소 조정과 같은 절차가 가사사건, 특히 이혼 사건에 널리 이용되기 시작했다.[115] 이처럼 대체적 분쟁해결절차, 그 중에서도 조정이 각광을 받게 된 것은, 그것이 법원의 사건 처리의 부담을 덜어 주고, 비용이나 시간을 절약한다는 점 때문이다.[116] 이외에도 조정의 경우에는 별도의 장점이 있다고 하는 주장이 있다(아래 3. 참조).
　　이하에서는 주로 이혼 절차에 집중하여[117] 중재(arbitration)와 조정(mediation)[118] 절차를 소개하고자 한다.[119]

2. 중　　재

중재란 당사자간의 합의로 사법상의 분쟁을 법원의 재판에 의하지 아니하고 중재인의 판정에 의하여 해결하는 절차를 말한다(중재법 제3조 제1호 참조). 중재인은 법관이 아닐 뿐만 아니라, 재판절차에 의한 판결과는 달리 중재 판정에 대한 불복은 원칙적으로 허용되지 않는다. 미국에서는 종래 노동법이나 상사분쟁 등에서 주로 이용되었던 중재가 근래에는 이혼 사건에서도 활용되고

---

115) Ann L. Milne et al., "The Evolution of Divorce and Family Mediation", in: Ann L. Milne, Jay Folberg, Peter Salem ed., Divorce and Family Mediation, 2004, pp. 4 ff.

116) 중재에 관하여는 Clark(주 10), p. 574; Gregory et al.(주 10), pp. 285 ff. 참조.

117) 가정 폭력에 대한 보호명령 절차에서는 조정이 피해자 보호에 도움이 되지 않는다. Klein & Orloff(주 82), pp. 1078 ff. 참조.

118) 엄밀히 말하여 미국에서는 조정 가운데 mediation과 conciliation을 구별한다. 후자는 당사자로 하여금 이혼하지 않고 화합하게 하는 노력에 중점을 두는 것인 반면, 전자는 이혼 여부 자체보다는 이혼에 따르는 재산분할이나 자녀 양육 등의 문제에 관하여 당사자의 합의를 유도하는 것이다. 그러나 conciliation노 mediation과 비슷한 기능을 수행할 수 있고, 이 점에서는 양자가 유사하다. 현재 미국에서는 conciliation은 별로 활용되지 않고 있는데, 여기에는 다른 이유도 있으나 주로 이혼을 결심한 부부에게는 conciliation이 큰 의미가 없기 때문이다. Clark(주 10), pp. 572 ff. 참조.

119) 이혼사건의 경우에도 가정 폭력의 문제가 있는 경우에 조정이 적절한가에 대하여는 많은 논쟁이 있다. 부정하는 견해: Klein & Orloff(주 82), pp. 1078 ff. 등. 긍정하는 견해: Ann L. Milne, "Mediation and Domestic Abuse", in: Milne et al.(주 115), pp. 304 ff. 등.

있다.

이혼에서 중재가 허용되기 위해서는 우선 당사자 사이에 중재의 합의가 있어야 한다. 이러한 중재의 합의는 부부 사이의 별거의 합의(separation agreement)에 포함되는 경우가 많지만, 혼인 전 합의(premarital agreement)에 포함될 수도 있다.120) 이러한 중재의 합의가 유효한가에 대하여는 논란이 있었으나, 오늘날은 대체로 그 효력을 인정한다.121) 중재할 수 있는 사항은 중재 합의에서 정해져야 하고, 여기에 포함되지 않은 사항은 중재의 대상이 될 수 없다.122) 통상 중재의 합의에 포함되는 사항은 배우자 사이의 부양이나 재산 문제이고, 이러한 중재 조항은 법원도 일반적으로 그 유효성을 인정한다.123)

그러나 자녀의 양육, 면접교섭 및 양육비에 관한 사항은 다소 달리 취급되고 있다. 일부 주의 판례는 이러한 중재 조항도 유효하기는 하지만, 이러한 중재 조항에 따른 중재에는 기판력(res judicata)이 없기 때문에, 법원은 새로이 (de novo) 이러한 문제를 심리할 수 있다고 하였다.124) 반면 다른 판례는 이러한 중재조항은 법원을 구속하지 못한다고 하였다.125) 또 다른 판례는 이러한 중재조항에 따른 중재도 효력이 있기는 하지만, 법원은 이러한 중재가 자녀의 최선의 이익을 해치지 않는다는 것이 명백하지 않으면 중재 판정을 새로이 심리할 수 있다고 하였다.126)127) 일반적으로 미국의 법원은 자녀의 양육에 관한 사항도 중재의 대상이 되기는 하지만, 이에 대한 중재 판정은 법원의 심사 대상이 된다고 보고 있는 것이다. 이와 같이 보는 근거는, 자녀의 최선의 이익을 확보하는 것은 parens patriae의 이론에 따라 법원의 책무라고 보기 때문이다.

이러한 중재 판정은 당사자의 신청에 따라 법원에 의하여 승인되어야 하는데, 그 승인이 거부되는 것은 예외적인 사유가 있는 경우에 한하고, 자녀의

---

120) Gregory et al.(주 10), p. 286.
121) Faherty v. Faherty, 97 N.J. 99, 477 A.2d 1257(Supreme Court of New Jersey, 1984).
122) Bowmer v. Bowmer, 50 N.Y.2d 288, 406 N.E.2d 760(Court of Appeals of New York, 1980) 은 중재의 합의가 부양료의 수정(support modification)을 명시하고 있지 않으면 이는 중재의 대상이 될 수 없다고 하였다.
123) Gregory et al.(주 10), p. 287.
124) Sheets v. Sheets, 22 A.D.2d 176, 254 N.Y.S.2d 320(Supreme Court, Appellate Division, First Department, New York, 1964).
125) Fence v. Fence, 64 Misc.2d 480, 314 N.Y.S.2d 1016(New York Family Court, 1970).
126) Faherty v. Faherty(주 121).
127) 기타 상세한 판례의 소개는 Elizabeth A. Jenkins, "Validity and construction of provisions for arbitration of disputes as to alimony or support payments or child visitation or custody matters", 38 A.L.R.5th 69 참조.

양육에 관한 것이 아니면 중재 판정의 실체적인 내용을 이유로 하여 중재판정
의 승인을 거부하는 것은 원칙적으로 허용되지 않는다.128)

3. 조　　정

조정이 각광을 받게 된 이유는, 이혼 재판이 가지는 대립당사자적 성격이
당사자와 자녀에게 부정적인 영향을 미치는 것을 막아 준다는 점 및 당사자들
이 합의하면 이를 더 잘 준수하게 된다는 점에 있다.129) 미국에서는 상당수의
이혼이 법원의 재판이 아닌 조정에 의하여 해결되고 있다.

조정은 법원과 연계되어 행해질 수도 있고, 아니면 법원과는 관계없이 사
적으로 이루어질 수도 있다. 법원과 연계되는 조정의 경우에는 법원이 사건을
조정에 회부할 것을 명할 수도 있고, 또는 당사자의 신청이 있는 경우에만 조
정을 명하기도 한다. 캘리포니아 주를 비롯한 일부 주들에서는 자녀의 양육 등
이 다투어지는 경우에는 필요적인 조정을 반드시 거쳐야 한다.130)

조정인(mediator)은 법관이 아니고, 주로 조정을 전문적으로 하는 사람들이
맡는다. 전에는 정신건강에 관계된 직업을 가진 사람들이 많았으나, 근래에는
법률가들이 조정인으로 되는 경우도 늘어나고 있다.131) 조정인이 되는데 특별
한 자격 요건이 필요하지는 않으나, 어느 정도의 훈련은 바람직한 것으로 생각
되고 있다.132) 이들 조정인은 보수를 지급받는다.133) 조정인들로 구성된 몇 개
의 전국적인 단체가 존재하며,134) 이들 단체들은 연합하여 "가족 및 이혼 조정
을 위한 모범 실무 기준(Model Standards of Practice for Family and Divorce
Mediation)"을 만들었다.

실제 조정이 어떻게 이루어지는가는 매우 다양하지만, 일반적으로는 1회당

---

128) Clark(주 10), p. 576.
129) Clark(주 10), p. 579; Katz(주 8), pp. 125 f. 등 참조. 그러나 Clark는 이러한 조정 절차의
　　이점에 대하여 회의적인 견해에 대하여도 언급하고 있다. 또한 Beck et al., "Research on the
　　Impact of Family Mediation", in: Milne et al.(ed.)(주 115), pp. 447 ff., 474 등은 조정 옹호론
　　자들의 이상적인 전제는 과학적으로 입증되지 않았다고 결론짓고 있다.
130) 이에 대하여는 Isolina Ricci, "Court-Based Mandatory Mediation", in: Milne et al.(ed.)(주 115),
　　pp. 397 ff.
131) Milne et al.(주 115), p. 9.
132) Clark(주 10), p. 582; Milne et al., "The Evolution of Divorce and Family mediation"(주
　　115), pp. 18 ff.
133) 그러나 캘리포니아 주의 필수적 조정절차에서는 조정이 무료이다. Ricci(주 130), p. 413 참조.
134) Milne et al(주 115), pp. 5 ff.

한 시간에서 두 시간 정도의 조정이 이루어지며, 모두 합하여 5시간에서 10시간 정도의 시간이 소요된다.135) 조정이 이루어지면 이는 당사자들의 화해(settlememt)와 마찬가지가 되어, 그것이 판결의 일부로 통합되면 판결로서의 효력을 가지게 된다.136)

그러나 이러한 조정에 대하여 비판의 목소리가 없는 것은 아니다. 우선 조정이 비용을 절감한다는 데 대하여는, 조정인 및 당사자들의 변호사에게 지급되어야 하는 보수를 고려하면 반드시 그러한 것만도 아니라고 한다. 또 소송과 비교하여 시간을 절약한다는 면에서도 큰 차이는 없다는 연구 결과도 있다. 그리고 자녀 양육비 지급과 같은 경우에 초기에는 조정에 따른 지급 비율이 높지만, 이것이 계속되지는 않으며, 대립당사자주의를 취하는 재판에 비하여 조정이 당사자 사이의 적대감을 줄인다는 주장에 대하여는, 재판의 경우에 적대감이 높다는 것도 과장된 것이라는 비판이 있다.137) 가장 중요한 것은, 부부 사이에 힘의 불균형이 있는 경우에는, 조정은 대체로 약한 사람에게 불리한 결과를 가져오기 쉽다는 것이다.138)

이러한 문제점이 있음에도 불구하고 미국의 법관과 법률가들은 조정이 전통적인 이혼소송과 비교하여 상당한 이점이 있는 대안으로 평가하고 있다.139)

Ⅳ. 미국의 가정법원에 대한 비판과 그 개선 논의

그러나 미국에서는 현재 가정법원이 기능을 얼마나 잘 수행하고 있는가, 또는 대체적 분쟁해결절차가 얼마나 공정한가에 대하여 반드시 긍정적으로 보고 있는 것 같지는 않다. 이하에서는 주로 브라이언(Bryan)의 책에 근거하여,140) 미국 가정법원의 기능에 대한 비판론과 그에 대한 개선 논의를 살펴본다. 그리고 현재 미국에서 활발하게 논의되고 있는 통합가정법원에 대한 찬반

---

135) Clark(주 10), p. 580. Beck et al.(주 129), p. 458은 회수를 제한한 조정은 당사자들의 불만족을 가져온다고 보고한다.
136) UMDA §306 참조.
137) Beck et al.(주 129), pp. 458 ff.; Penelope Eileen Bryan, Constructive Divorce, 2005, p. 205.
138) Katz(주 8), p. 126; Gregory et al.(주 10), p. 285 등.
139) Clark(주 10), p. 587; Gregory et al.(주 10), p. 285 등.
140) Bryan(주 137). 여기서는 주로 이혼사건에 초점을 맞추고 있는데, 이혼사건의 문제는 상당 부분 다른 가정법원 사건에도 공통된다고 여겨진다.

론에 대하여도 살펴본다.

1. 절차적 정의의 관점에서 본 가정법원

가. 절차적 정의(Procedural Justice)의 개념

브라이언은 절차적 정의라는 관점에서 미국의 가정법원을 평가한다. 여기서 절차적 정의란 재판의 결과 그 자체보다는 재판의 절차가 공정하여야 한다는 것을 의미한다.[141] 브라이언은 절차적 정의가 그 자체로서도 중요하지만, 절차가 실질적으로 결과에 영향을 미치기 때문에 중요하다고 보고 있다.

브라이언이 제시하는 절차적 정의의 요소는 다음과 같다.

첫째, 절차가 결정권자에게 존중받는 권위를 부여하여야 한다.
둘째, 절차가 관계자에게 충분한 의견이나 참여를 허용해야 한다.
셋째, 효율성을 증진시켜야 한다.
넷째, 분쟁 당사자들 사이의 관계를 보전하거나 또는 그들 사이의 적대감을 줄여야 한다.
다섯째, 오류나 불공정한 결과를 시정할 기회를 제공해야 한다.
여섯째, 편견을 억제해야 한다.
일곱째, 일관성 있게 기능해야 한다.
여덟째, 결정권자가 당사자들을 존중심을 가지고 대해야 한다.
아홉째, 결정권자가 당사자들의 권리에 관심을 표명해야 한다.
열째, 정확한 정보에 근거한 결정을 담보해야 한다.

나. 결정권자에 관한 측면

여기서 말하는 결정권자에는 법관뿐만 아니라 변호사, 법원 선임 대리인(Guardian ad Litem), 양육 평가자(Custody Evalutator) 등도 포함한다.

그런데 가사사건을 담당하는 법관들은 대체로 순환근무에 따라 가정법원

---

141) 브라이인은 주로 타일러(Tyler)의 주장을 원용하고 있는데, 타일러는 절차적 정의를 두 가지로 구분한다. 그 하나는 도구적(instrumental) 관점으로서, 자신이 그 결과에 얼마나 영향을 미쳤는가에 따라 그 절차의 공정성을 평가한다는 것이고, 다른 하나는 규범적(normative) 관점으로서, 그 결과와는 별도로 절차가 중립적이고 편견이 없으며, 정직하고 공정하고자 하는 노력을 기울였고, 예의를 갖추었으며, 시민의 권리를 존중하면 공정하다고 느낀다는 것이다. 타일러는 전자보다는 후자가 더 중요하다고 보고 있다. Tom R. Tyler, Why People Obey the Law, 1990, pp. 6 ff., 165 ff. 등 참조.

에 제한된 기간만 근무하므로, 적절한 훈련이나 교육을 받지 못한 채로 가사사건을 담당하게 되고, 충분한 경험을 쌓지 못한 채로 가정법원을 떠나게 된다. 그리고 많은 법관들은 이혼사건을 싫어하고 경시하므로 충분한 전문지식을 쌓지 못하게 된다. 예컨대 많은 법관들은 이혼에 따르는 복잡한 재산문제를 잘 이해하지 못하고, 자녀 문제에 관하여 요구되는 자녀의 심리학적 또는 발달상의 필요에 관한 교육을 받지 않았다. 뿐만 아니라 법관들은 자주 당사자들에게 화해나 조정에 의하여 해결하도록 압력을 행사하고, 이혼사건을 좋아하지 않는다는 것을 나타낸다.[142] 법관들은 스스로 자신들의 전문성이 모자란다는 것을 인식하고 법원 선임 대리인이나 정신건강에 관한 전문가로서 자녀 양육 문제를 평가하는 사람들의 도움을 요청하기도 하지만, 법원 선임 대리인들도 대부분 전문 지식을 가지지 않으며, 정신건강 전문가들도 많은 경우 필요한 전문지식을 갖추지 못하고 있다.[143] 변호사들도 많은 경우 가사사건에 필요한 전문지식을 갖지 못하고 있고, 중요한 결정을 내릴 때 당사자들의 의견을 존중하기보다는 화해를 강요하는 경향이 있다.[144]

그리고 판사나 변호사 등 가사사건에 관계되는 사람들은 性에 관련된 편견을 가지는 경우가 많은데, 예컨대 여자들은 경제적 문제나 양육비 등에 있어서 차별받는다고 느끼는 반면, 남자들은 양육권에 관하여 차별을 받는다고 느낀다고 한다. 많은 법관들은 여성들이 이혼 후 필요로 하는 부양료 청구를 받아들이지 않는데, 그 이유는 법관들이 여성들의 필요를 몰라서이기도 하지만, 부양료 청구를 받아들이면 여성들이 스스로 생계를 유지하려는 노력을 하지 않을 것이라고 생각하기 때문이기도 하다.[145]

그리고 법관이나 변호사 등은 이혼사건에 관련된 당사자들을 경멸하기 때문에 그들을 존중하는 마음으로 대우하지 않으며, 당사자들의 권리를 존중하지도 않는다고 한다.[146]

다. 체계적 측면

현재의 미국 이혼 분쟁 해결 체계는 사법적 정의를 실현하기에 충분하지

---

142) Bryan(주 137), pp. 56 ff.
143) Bryan(주 137), pp. 59 ff.
144) Bryan(주 137), pp. 61 ff.
145) Bryan(주 137), pp. 63 ff.
146) Bryan(주 137), pp. 71 ff.

않다고 한다.

(1) 당사자들의 의견 표현

우선 당사자들이 자신의 의견을 충분히 표현할 수 있는가 하는 점은 절차의 공정성을 판단하는데 매우 중요한 요소인데, 법관들은 자신이 스스로 이혼 사건에 관하여 잘 모른다고 생각하기 때문에 증언이나 증거의 제출을 제한하기도 하고, 자녀에 대한 성적 학대와 같은 특정한 이슈가 제기되는 것을 싫어한다. 또 법관들은 부부 스스로가 이혼문제를 사적으로 해결하여야 한다고 믿는데, 이러한 사적 해결에 있어서는 많은 여성들이 자신의 배우자와 직접 대결하는 데 어려움이 있고, 자신의 처지를 제대로 표현하지 못하기 때문에, 이러한 사적 해결의 강요는 당사자들의 의견을 충분히 고려하는 데 장애가 된다고 한다. 당사자들의 의견을 충분히 존중하려고 하는 법관들이 없는 것은 아니지만, 동료 법관들이나 변호사들은 이혼 당사자들이 자신의 이야기를 할 수 있도록 허용함으로써 법원의 시간을 낭비한다고 비난한다.[147]

변호사들도 당사자들의 의사를 존중하기보다는 자신들의 판단을 강요하려는 경우가 많다. 물론 변호사가 당사자들의 주장을 그대로 법원에 전달할 수는 없고, 법률에 맞추어 수정할 필요가 있으며, 당사자들의 경제적 능력이 제한된 경우에는 당사자들의 의사를 그대로 반영하는 것은 비용 면에서 어렵기 때문에 화해를 권유하여야 하는 경우도 있지만, 가족법 체계는 변호사와 그 고객 사이의 커뮤니케이션을 권장함으로써 더 나아질 수 있을 것이라고 한다.[148]

그리고 여성들은 경제적으로 남성들보다 불리한 위치에 있기 때문에 변호사를 구하지 못하고 스스로 소송을 수행하거나 남편이 고른 변호사가 공동으로 대리할 것에 동의하기도 하며, 아내가 변호사를 선임한다고 하더라도 많은 경우에는 남편보다 능력이 떨어지는 변호사를 고르기가 쉽다. 그 외에도 재산 문제에 관하여는 남편의 재산을 찾아내거나 찾아낸 재산을 평가하는데도 비용이 많이 드는 경우가 있는데, 여자들은 이러한 문제에 대처하기 어렵다. 이외에도 여성은 여러 가지 측면에서 남성에 비하여 자신들의 의견을 제대로 표출하는데 어려움을 겪는다.[149]

특히 학대를 받는 여성들은 남성에게 굴종하는 상황을 겪으면서 자신의

---

147) Bryan(주 137), pp. 112 f.
148) Bryan(주 137), pp. 113 ff.
149) Bryan(주 137), pp. 116 ff.

이익을 판단하고 이를 표현하는데 어려움을 겪는데, 법관이 이러한 점을 이해하지 못하면 여성의 상황을 제대로 판단할 수 없다. 이러한 점이 법체제의 심각한 절차적 문제점을 잘 나타내고 있다.150)

　　다른 한편 올바른 재판을 하려면 정확한 정보가 필요한데, 앞에서 언급한 당사자 의견 표출의 장애는 당사자들이 정확한 정보를 구하고 이를 결정권자에게 전달하는 당사자들의 능력을 제한한다. 법관들이 자녀 양육에 관한 분쟁에 관하여 별도의 조사자를 임명하는 경우에도, 이들 조사자의 능력이 부족하거나 편견을 가지는 경우가 많다. 이는 필연적으로 잘못된 결정을 초래한다.151)

(2) 효율의 문제

　　이혼사건에서 효율의 문제는 특히 심각하다. 법적 비용이 크기 때문에 많은 당사자들이 변호사 없이 소송을 수행하고 있다. 그리고 이혼 사건이 너무 많기 때문에,152) 사건은 적체되어 이혼 소장을 제출한 때부터 최종적으로 사건이 종료되기까지 몇 년이 걸리는 경우가 많다. 물론 이러한 이혼과 관련된 비용과 지체는 사건 자체가 많기 때문이기는 하지만, 약 90%의 사건이 법원의 판결 없이 화해나 일방 불출석 등에 의하여 종료되는 점에 비추어 보면, 사건의 적체 이외의 다른 원인이 있음을 알 수 있다. 당사자들 스스로가 사건 지체의 원인이 되기도 하지만, 변호사들의 나태나 지연 전술도 지체의 원인이 된다. 그리고 법이 불확정하고 재판에 일관성이 없는 것도 소송을 조장하고 화해를 방해하는 데 상당히 기여한다. 그러므로 조기의, 충분한 정보 하에서 이루어지는 화해를 촉진하고, 변호사와 당사자가 적절한 화해를 위하여 필요한 정보를 공유할 것을 요구하며, 변호사와 당사자의 비현실적인 기대를 조정하고, 비생산적인 변호사와 당사자의 책략을 차단하며, 재판은 정말 요구되는 사건에 한정할 수 있도록 하는 절차의 개혁이 필요하다.153)

　　당사자 본인소송(pro se action)은 많은 경우에 빨리 끝나고, 변호사 있는 경우만큼의 당사자 만족도를 가지지만, 당사자 본인이 수행하는 소송은 당사자 본인이 하는 화해에 비하여 매우 많은 법원의 시간을 잡아먹는다. 당사자 본인 소송의 경우에는 변호사가 있는 경우보다 불공정한 화해를 받아들이도록 하는

---

150) Bryan(주 137), pp. 122 ff.
151) Bryan(주 137), p. 124.
152) 각 주 법원 민사 사건의 25% 내지 50%가 이혼사건이라고 한다.
153) Bryan(주 137), pp. 125 f.

압력을 더욱 많이 받고, 당사자 본인은 필요한 법적 지식의 결여로 불리한 화해를 받아들이게 되는 경우가 많다.154)

당사자들의 적대감을 줄이는 것은 그 자체로는 절차적 정의의 중요한 요소라고 할 수는 없고, 실체적인 결과가 이보다 더 중요하기는 하지만, 이혼사건에서는 부모 사이의 적대감이 자녀의 복리에 해롭기 때문에 이 또한 절차적 정의의 측면에서 고려될 수 있는데, 당사자들 사이에 원래 존재하는 적대감 외에도 변호사와 법절차가 이러한 적대감에 기여하는 측면도 있다. 그러나 실제로는 대부분의 변호사는 합리적으로 행동하고, 당사자들의 분노를 가라앉히려 노력하고 있다. 이외에도 이혼법 자체의 불확정성도 당사자들의 소송 지연과 화해 기피 및 열띤 논쟁을 유발하고, 법관도 일관성 없게 재판함으로써 적대감을 조장한다. 뿐만 아니라 법관들이 당사자를 존중하지 않는 것은 당사자의 자존심을 위협하여 분노를 유발하고, 상대방 배우자도 그 당사자를 모욕하고 경멸하게 한다. 그리고 대립당사자주의는 특히 아동에 관련된 문제에서 서로 상대방을 깎아내리게 함으로써 적대감을 악화시키며, 부당한 결과도 분노를 유발한다. 그러므로 이혼에 따르는 적대감을 줄이기 위해서는, 대립당사자적 책략을 차단하고 이를 위축시키며, 당사자들을 존중하는 대우를 권장하고, 자녀 문제를 재판에 의하여 해결하는 것의 중요성을 덜 강조하며, 좀 더 예견 가능하고, 더 나은 결과를 가져올 수 있고, 재판의 준수를 촉진시키는 개혁이 필요하다.155)

(3) 일 관 성

당사자들은 다른 이웃이 겪었던 이혼 소송이나 또는 자신이 겪은 다른 소송과 현재의 이혼 소송을 비교하게 되는데, 법관이 자신들을 무시하고, 편견을 나타내며, 때로는 화해하지 않는다고 야단치면 충격을 받게 된다.

절차적 일관성뿐만 아니라 결과의 일관성도 중요한데, 이혼 재판의 결과는 많은 차이를 보인다. 어떤 아내는 항구적 부양을 받는 반면, 비슷한 처지의 다른 아내는 이를 받지 못하고, 어떤 경우에는 재산 분할 비율이 동등한 반면, 다른 경우에는 남편에게 유리하게 분할되며, 자녀와 더 밀접한 관계를 맺고 있는 부모 일방이 양육권을 얻는 경우가 있는가 하면, 자녀를 학대한 부모 일방이 양육권자가 되기도 한다.156)

---

154) Bryan(주 137), pp. 126 ff.
155) Bryan(주 137), pp. 128 ff.
156) Bryan(주 137), pp. 130 ff.

(4) 오류의 시정 기회

절차적 정의는 재판의 오류를 시정할 기회를 제공하여야 하는데, 재판이 확정될 필요가 존재하기는 하지만, 잘못된 재판은 시정될 필요가 있다. 그러나 현재의 가족법 체계는 오류를 시정할 의미 있는 기회를 제공하지 못하고 있다.

법률적으로는 당사자가 재판에 잘못이 있다고 생각하면 제1심인 사실심 법원에 재심사를 요청할 수 있으나, 일반적으로 이러한 요청은 받아들여지지 않는다. 물론 당사자는 항소할 수 있으나, 항소심 법관은 재량 남용의 기준 (abuse of discretion standard)을 적용하여 제1심 판결을 심사하기 때문에, 제1심의 결과는 대개 존중된다. 뿐만 아니라 이혼법 자체가 불확정한 면이 있기 때문에, 항소심으로서는 제1심이 명백히 재량을 남용하였다고 판단하기 어렵다.157)

자백간주 판결(default judgment)의 경우에는 법률상 패소한 당사자가 자백간주 판결의 취소를 청구할 수 있도록 되어 있으나, 실제로는 그 취소의 사유가 극히 제한되어 있어서 자백간주 판결이 취소되는 경우란 극히 드물다.158)

당사자들이 화해를 한 경우에도 법원은 그 내용이 불공정한지 여부를 심리하여야 하고, 또 당사자들도 마지막 변론기일에 그 화해의 내용에 이의를 제기할 수 있지만, 법원은 사건의 부담과 당사자들의 의사 존중 등을 이유로 하여 당사자들의 합의를 그대로 받아들이고 있다. 일단 법원이 당사자들의 화해를 받아들이면 그 화해 조항은 판결의 일부가 되는데, 나중에 그 화해 조항의 무효를 주장하는 것은 불가능하지는 않더라도 매우 어렵다.159)

또한 근래에는 당사자들이 혼인전 합의(premarital agreement)에 의하여 이혼시의 재산 문제와 자녀 양육에 관하여 미리 약정하는 경우가 늘어나고 있는데, 이러한 약정도 그것이 절차적 공정성의 요건을 갖추지 못하였거나 불공정한 경우에는 그 효력이 부정될 수 있으나, 실제로 그처럼 효력이 부정되는 경우는 드물다.160)

---

157) Bryan(주 137), pp. 132 ff.
158) Bryan(주 137), p. 133.
159) Bryan(주 137), pp. 133 ff.
160) Bryan(주 137), pp. 147 ff.

2. 개선책의 모색 — 전문화된 가정법원

이러한 문제점에 대한 개선책으로서 Bryan은 전문화된 가정법원의 필요성을 역설한다.161)

우선 가정법원은 법관이나 직원 등 인적 구성과 물적 시설 면에서 다른 법원과는 분리되어야 고유한 법원 문화를 만들 수 있고, 문제가 있는 전통으로부터 벗어날 수 있으며, 목표를 명확히 하여 이를 성취하는 데 도움이 될 수 있다고 한다.162)

가정법원의 법관은 선거에 의하여 선출하기보다는 임명 위원회에서 임명하는 것이 특정 이해집단으로부터 법관이 독립하는데 유리하다고 한다. 그리고 가정법원의 법관은 최소 5년은 근무하여야만 전문성을 갖추게 되어 절차적 정의에 이바지할 수 있다고 한다.163)

법관이 일단 가정법원 법관으로 선임되게 되면, 그 직무를 수행하기 위한 교육이 필요하다고 한다. 가령 배우자들의 이혼 후 경제적 상황을 이해하기 위하여는 이에 필요한 지식을 갖추어야 하고, 또 심리학이나 자녀의 발달상의 필요 등을 이해하여야 하며, 가정폭력이나 자녀 학대 등에 대하여도 알아야 한다는 것이다. 이와 같은 초기의 교육 외에도 가정법원 법관은 2주에 한 번씩 동료 법관이나 다른 분야의 전문가들과 토론을 위한 모임을 가지는 것이 필요하다고 한다. 물론 사회과학적 지식은 나중에 잘못된 것으로 밝혀질 수도 있지만, 이러한 점을 주지시키고 법관들에게 교육을 하는 것이 현재의 시점에서는 최선이라고 한다.164)

그리고 가정법원의 법관은 다른 법관과는 다른 의무를 부담하는데, 특히 이혼 당사자들이 제시하는 화해의 내용이 공정한 것인지를 잘 심사하여야 한다고 한다. 이를 위해서는 많은 시간과 노력이 필요할 것이라는 반론이 있을 수 있으나, 잘못된 합의는 州에 그 합의가 적정한 것인지를 심사하기 위하여 요구되는 비용보다 더 많은 부담을 지우게 되며, 매우 부당한 합의는 비용이

---

161) Bryan(주 137), pp. 203 ff. 다만 아래에서 살펴볼 통합가정법원(unified family court)에 대한 논의에 대하여는 이혼사건에 대하여만 집중하는 것보다 바람직하지 않다고 하여 회의적이다.
162) Bryan(주 137), pp. 207 f.
163) Bryan(주 137), pp. 208 ff.
164) Bryan(주 137), pp. 212 ff.

많이 드는 이혼 후의 소송을 유발한다고 한다.[165]

　　그런데 이러한 전문화에 대하여는, 법관이 특정 사건만을 다루게 되면 다른 분야의 사건들도 아울러 다루어 봄으로써 얻을 수 있는 일반적인 원리에 대한 통찰을 상실하게 될 수 있다는 반론이 있으나, 종래 다른 분야와 순환근무를 하는 법관들이 가사사건에 대하여 그다지 좋은 재판을 하지 못했고, 또 다른 법분야에서 지배적인, 형식적 평등과 같은 규범은 가사사건의 경우에는 그러한 평등이 존재하지 않기 때문에 적절하지 않다고 한다. 다른 한편 가사사건은 지루하고 힘들기 때문에 우수한 사람들을 끌어들이지 못할 것이라는 우려에 대하여는, 가사사건도 충분히 흥미를 유발할 수 있으며, 어렵고 힘든 사건을 처리하는 데서 오는 스트레스는 교육이나 다른 직원들의 보조에 의하여 해소할 수 있을 것이라고 한다.[166]

　　이외에도 브라이언은 몇 가지 추가적인 제안을 하고 있다. 먼저 재산문제 및 자녀양육과 관련하여서는 의무적 개시(mandatory disclosure)를 도입하여야 한다고 한다.[167] 그리고 변호사, 그 중에서도 조정인의 경험이 있는 가족법 전문 변호사 가운데에서 대체적 분쟁 해결 전문가(Dispute Resolution Expert, DRE)를 선발하여야 한다고 한다. 이 분쟁해결 전문가는 당사자와 그 대리인이 출석하는 분쟁평가회의(Dispute Assessment Conference, DAC)를 소집하여 이를 주재하면서, 잠정적인 부양료 지급 명령 등 필요한 임시적 처분이나 의무적 개시에 따르지 않은 당사자들에게 제재를 가하는 등의 조치를 취하고, 사건을 평가하여 법관이 필요로 하는 정보를 얻으며, 또 법관이 받아들일 수 있는 대안을 제시하는 등의 활동을 한다.[168]

　　그리고 자녀 양육과 면접교섭에 관하여 별도의 부모 교육 프로그램을 마련하여야 한다.[169] 또한 법률가와 정신건강 전문가로 구성된 양육 평가 팀을 만들어야 하는데, 이 팀은 양육에 관한 사항을 조사하고, 부모가 합의하여 제출한 양육 계획을 심사하여 타당하다고 생각되면 이를 최종 법원의 승인 절차에 회부한다. 부모 사이에 양육에 관하여 분쟁이 있으면, 양육 평가 팀은 부모

---

165) Bryan(주 137), pp. 215 ff.
166) Bryan(주 137), pp. 218 ff.
167) Bryan(주 137), pp. 247 ff.
168) Bryan(주 137), pp. 251 ff.
169) Bryan(주 137), pp. 259 ff. 1998년 현재 44개 주가 이러한 부모 교육 프로그램을 실시하고 있다고 한다.

와 자녀 및 관계자들을 인터뷰한 다음 법원에 대한 제안을 담은 보고서를 작
성하여 제출한다.170)

3. 통합가정법원 논의

가. 개　　념

다른 한편 미국에서는 가사사건의 개선책의 하나로, 통합가정법원(Unified
Family Court, UFC)을 만들어야 한다는 논의가 활발하다. 여기서 통합가정법원
이란 논자에 따라 여러 가지 의미로 사용되지만, 보통 다음과 같은 4가지 요소
를 가지고 있는 법원을 의미한다고 이해되고 있다. 첫째, 포괄적인 관할(com-
prehensive jurisdiction). 둘째, "한 가정당 한 팀(one family, one team)"의 개념을
뒷받침하도록 고안된 효율적인 관리. 셋째, 모든 법원 직원들에 대한 폭넓은
훈련. 넷째, 포괄적인 서비스.171)

여기서 포괄적인 관할이란 소년사건을 포함하는 모든 가족법 관련 사건을
한 법원이 관할한다는 것을 말한다. 그리고 통합가정법원은 한 가정당 한 법
관, 또는 한 가정당 한 팀이라고 표현되는 사건 처리 방식을 가져야 하는데,
한 가정에 관련된 모든 법률문제는 한 사람이 처리해야만 법관이 한 가정의
문제를 제대로 파악하고 처리할 수 있다는 것이다. 뿐만 아니라 이것만으로는
충분하지 않고, 법관이 사건을 제대로 처리할 수 있도록 보조 인력의 도움을
받을 수 있어야 하며, 물적으로도 뒷받침되어야 하고, 법관이 복잡한 사건에
집중할 수 있도록 간단한 사건은 대체적 분쟁처리(ADR)에 의하여 해결되어야
한다. 그리고 법관뿐만 아니라 가정법원에 근무하는 다른 사람들은 관련된 사
회적, 의학적 및 심리적 사항들에 관하여 특별한 훈련을 받아야 한다. 또한 가
정법원은 분쟁 예방센터의 기능도 하여야 하고, 포괄적인 서비스를 쉽게 받을
수 있어야 하는데, 예컨대 상담, 조정, 정보 제공, 자녀를 위한 교육 등의 부드
러운(soft) 서비스뿐만 아니라 가령 가정의 파탄을 회피하기 위하여 주택 보조
금의 지급을 명하는 것과 같은 단단한(hard) 서비스도 명할 수 있어야 한다.172)

---

170) Bryan(주 137), pp. 262 ff.
171) Catherine J. Ross, "The Failure of Fragmentation: The Promise of a System of Unified
　　　Family Courts", 32 Family Law Quarterly 3, 15 ff.(1998).
172) Babb(주 4), pp. 231 f.의 설명도 비슷하나 좀 더 상세하다. 여기서는 스스로 소송을 수행
　　　하는 당사자들을 포함한 소송 당사자가 쉽게 이용할 수 있는, 이용자에게 우호적인 법원

나. 통합가정법원 주창의 근거

이러한 통합가정법원을 설치하여야 한다고 주장하는 논자들의 근거는 크게 효율(efficiency)과 치료사법(therapeutic justice)의 두 가지이다.[173]

일찍이 가정법원의 개혁을 주창한 로스코 파운드(Roscoe Pound)는, 많게는 8개까지 흩어져 있는 가정법원의 기능을 통합 가정법원으로 모아야 한다고 주장하면서, 그렇게 해야만 당사자들이 겪는 시간, 에너지, 돈과 관심의 낭비를 막을 수 있다고 하였다.[174]

다른 한편으로는 이러한 통합가정법원이 치료사법(Therapeutic Justice)을 구현하는 수단이라고 하는 점에서 근거를 찾기도 한다. 치료사법이란 이른바 치료법학(Therapeutic Jurisprudence)을 전제로 하여 이를 실천하는 법원을 말한다. 여기서 치료법학이란 "법이 (의도되지는 않았더라도) 관계되는 사람들의 정신건강과 심리학적 기능에 필연적으로 영향을 미치는 사회적 힘이라는 기본적 통찰에 근거한 법에 대한 학제적 접근"이라고 정의할 수 있다.[175]

좀 더 상세하게 설명한다면, 치료법학은 치료자(therapeutic agent)로서의 법의 역할에 관한 연구인데, 정신건강과 그에 관련되는 학문의 지식, 이론 및 통찰이 정의와 다른 헌법적 원칙에 합치되면서 법 발전의 형성을 도울 수 있는 방법을 탐구하여야 한다고 주장하는 것이다. 법규정, 법절차 및 변호사와 법관들의 역할은 치료적 또는 반치료적(antitherapeutic) 결과를 가져오는데, 치료법학은 사회과학을 도구로 하여 이러한 결과를 찾아내고, 반치료적 효과는 줄이는 반면 치료적 효과를 증진시킬 수 있는가 하는 것을 조사하여야 한다고 주장한다.[176][177] 이러한 치료법학은 원래 정신건강에 관한 법에서 유래하였으나, 현

(user-friendly court)이어야 한다는 것을 강조하고 있다.

173) Andrew Schepard and James W. Bozzomo, "Efficiency, Therapeutic Justice, Mediation, and Evaluation: Reflections on a Survey of Unified Family Courts", 37 Family Law Quarterly 333 ff.(2003) 참조.

174) Roscoe Pound, "The Place of the Family Court in the Judicial System", 5 Crim. & Delinquency 161, 164 (1959). Shepard and Bozzomo(주 173), pp. 337 f.에서 재인용.

175) "Therapeutic jurisprudence is an interdisciplinary approach to law that builds on the basic insight that law is a social force that has inevitable (if unintended) consequences for the mental health and psychological functioning of those it affects." Dennis P. Stolle, David B. Wexler, Bruce J. Winick, Edward A. Dauer, "Integrating Preventative Law And Therapeutic Jurisprudence: A Law and Psychology Based Approach to Lawyering", 34 California Western Law Review, 15, 17 (1997) 등 참조.

176) Bruce J. Winick, "The Jurisprudence of Therapeutic Jurisprudence, 3 Psychology, Pubic Poli-

재는 형법, 소년법, 가족법, 인신손해배상법 등 여러 분야에 걸쳐 널리 적용되고 있다.178)

치료법학의 관점에서는 가족법에서의 치료법학이 가지는 의미에 관하여 다음과 같이 주장한다. 즉 법원 개입의 한 기능은 당사자들의 기초가 되는 행동이나 환경을 개선하는 데 있어야 한다. 법을 치료자로 보는 관점은 가족들이 가족간 또는 가족 내의 위기를 겪고 있는 경우에 특히 적절하다. 법원이 이러한 가족 위기 상황에서 좀 더 긍정적인 관계나 결과를 촉진하고, 가족의 기능을 강화하는 역할을 하여야 한다. 파탄주의 이혼법은 치료법학의 관점에서 중요한데, 파탄주의 이혼법에 의할 때에는 이혼 재판의 중점이 누구에게 귀책사유가 있는가 하는 것에서 이혼이 가족 구성원들에게 미치는 영향으로 옮아가게 된다. 따라서 절차가 좀 더 긍정적인 경험을 할 수 있는 것으로 바뀌어야 하고, 법원이 혼인 상담과 같이 가족의 위기를 극복할 수 있는 서비스나, 이혼 후의 상황에 더 잘 적응하도록 할 수 있는 서비스를 제공하여야 하는 것이다. 가족법의 분야에서는 법원은 가족과 자녀들을 현재와 미래의 해악으로부터 보호하고, 감정적인 혼란을 줄이며, 가족의 조화를 촉진하고, 개별화되고 효율적이며 효과적인 재판을 하도록 노력하여야 하는 것이다.179)

다. 통합가정법원 주창론에 대한 비판

그러나 이러한 통합가정법원 주창론에 대한 비판이 없는 것은 아니다.180) 우선 주창자들은 "한 가정당 한 법관" 모델이 바람직하다고 주장하지만, 이는 적법절차(due process)의 원리와 저촉될 수 있다고 한다. 즉 한 가정의 어떤 사

---

cy and the Law, 184, 185 (1997). 국내에서의 이에 대한 소개는 박광배, "치료사법의 개념과 현황", 사법 창간호, 2007, 135면 이하 참조.

177) 그런데 치료적(therapeutic)이라는 용어에 대하여 명확한 개념이 정의되고 있지 않다는 비판이 있으나, 치료법학의 주창자들은 무엇이 치료적인가 하는 것은 법-정치적 결정권자들이 내려야 하는 사회정치적인 결정이고, 따라서 무엇이 궁극적으로 치료적이고, 어느 경우에 치료적 목적이 우선하여야 하는가는 치료법학이 해결할 수 있는 문제가 아니라고 한다. David B. Wexler, "Reflections on the Scope of Therapeutic Jurisprudence", in David B. Wexler, Bruce J. Winick(ed.), Law in a Therapeutic Key, 1997, p. 812. 11.

178) Bruce J. Winick, David B. Wexler(ed.), Judging in a Therapeutic Key, 2003, p. 7.

179) Barbara A. Babb, "An Interdisciplinary Approach to Family Law Jurisprudence: Application of an Ecological and Therapeutic Perspective", 72 Indiana Law Journal, 775, 798 ff.(1997). 또한 Barbara A. Babb, "A Unified Family Court", in Bruce J. Winick, David B. Wexler(ed.)(주 178), pp. 294 ff. 참조.

180) 여기서는 주로 Anne H. Geraghty, Wallace J. Mlyniec, "Unified Family Courts; Tempering Enthusiasm with Caution", 40 Family Court Review. pp. 435 ff.(2002)를 참조하였다.

건을 담당한 법관이 그 심리를 통하여 얻은 지식이 그 가정의 다른 사건에 대한 심리에 영향을 미치는 것은 문제라는 것이다.

　　그리고 주창자들은 치료법학의 이론을 원용하고 있지만, 법원이 부과하는 제재는 그것을 치료적이라고 부르건 아니건 간에 본질적으로 강제적인 것이고, 치료에 초점을 맞추게 되면 법원이 분쟁해결의 장소라는 기본적인 역할에서 벗어나게 된다고 한다. 가정법원에 오는 사람들은 많은 경우 자신의 의사와 관계없이 오게 되는데, 그들에게는 법원이 제공한다고 하는 치료적 사법을 원하는 것이 아니며, 그에 따르지 않으면 제재를 받기 때문에 따르는 것일 뿐이라고 한다. 치료사법은 사회과학 조사자들의 관점에 의존하지만, 소송 당사자들과 법관 등은 세상을 다르게 보기 때문에, 사회과학 자료에 의존하는 것은 법관의 문화적 신념에 근거한 결과를 정당화하기 위한 것일 수도 있다고 한다. 그리고 치료사법적 관점에 따른다면 사회적 문제는 해결되어야 하고 분쟁의 해결은 2차적인 것이지만, 일반적인 법률분쟁에서는 당사자들의 주장이 다투어지는데, 치료사법의 관점에 따른다면 당사자들은 서비스를 받기 위하여는 자신들의 잘못(예컨대 자녀를 학대하였다는 것)을 인정하여야 하는 것이 되고, 부모에게 불리한 판단이 자녀에게 서비스를 제공할 수 있는 유일한 방법이라면 치료사법을 중시하는 법원에서는 그렇게 될 위험이 높다고 한다. 그리고 법관이 필요한 서비스를 제공하는데 적격인가 하는 점도 의문으로서, 더 좋은 방법은 가족 분쟁이 법원의 개입을 요구할 정도로 심각해지기 전에 서비스와 상담을 제공하는 것인데, 법원이 가정을 위한 최후수단이 아니라 최초의 수단이 된다는 것은 이상하며, 법원의 주된 역할은 분쟁을 해결하고 정부의 권위를 공정하게 행사하는 것이라고 한다.

　　또한 많은 주창자들이 주장하는 것처럼 형사사건과 민사사건을 한 법원에서 다루는 것은 문제가 있고, 통합가정법원을 설립하면 좋은 점이 있다고 하더라도, 그에 소요되는 비용을 다른 데 지출하는 것이 더 좋은 것은 아닌가, 예컨대 법원에 사용될 돈을 어려움을 겪는 가정에 지출하는 것이 더 나은 것은 아닌가 따져 보아야 한다고 한다.

Ⅴ. 미국 가정법원제도가 한국에 줄 수 있는 시사

이러한 미국법의 상황은 우리나라에 어떠한 시사를 줄 수 있을까? 물론 미국과 우리나라는 경제적인 면이나 문화적인 면 등 여러 가지 점에서 많은 차이를 가지고 있고, 따라서 미국에서의 논의가 우리나라에 그대로 적용될 수는 없다. 그러나 앞에서 살펴본 바에 따르면 미국에서도 가정법원제도를 어떻게 운영할 것인가에 관하여 많은 고민이 있는데, 이는 우리나라의 상황과도 상통하는 면이 있고, 우리나라에서의 개선책을 모색함에 있어서도 참고가 된다고 생각된다.

우선 미국의 가정법원은 우리나라와 비교하여 폭넓은 권한을 부여받고 있다. 이 점은 특히 가정폭력이나 자녀 학대의 면에서 두드러진다. 우리나라에도 가정폭력범죄의 처벌 등에 관한 법률이 제정되어, 가정법원이 가정보호사건을 다루고 있으나, 법 자체에 불충분한 점이 없지 않을 뿐만 아니라 현재 실효적으로 운영되고 있다고는 하기 어렵다.[181] 그리고 아동학대에 관하여는 친권상실과 같은 예외적인 경우를 제외하고는 가정법원이 개입할 수 있는 가능성이 별로 없다.[182] 이러한 문제에 관하여는 입법적인 개선이 절실하다. 그리고 다른 문제, 예컨대 재산분할이나 양육자의 지정 또는 양육비 산정 등에 관하여도 객관적인 기준을 마련하려고 노력하는 점은 우리나라에서도 본받아야 할 점이다. 또한 미국도 우리나라와 마찬가지로 대체적 분쟁해결절차의 활용이 강조되고 있지만, 그것이 갖는 문제점, 즉 약자에게 불리한 결과를 가져오기 쉽다는 점에 대하여 많은 논의가 있는데, 이 점은 우리나라에서는 충분히 인식되지 못하고 있는 것 같다.

다른 한편 가정법원을 어떻게 조직하고 운영할 것인가 하는 점에 대하여는 미국도 우리나라와 같은 고민을 안고 있다. 즉 법관이나 기타 담당자들의 전문성이 떨어지고, 편견에 좌우되며, 당사자들의 권리가 충분히 존중받지 못하고 있다는 것이다. 이러한 문제의 해결을 위하여 논의되고 있는 여러 가지 개선책 또한 우리나라와 크게 다르지 않다. 예컨대 통합가정법원의 논의도 서

---

181) 洪終姬, "家庭暴力犯罪에 관한 研究", 法曹 2008. 1, 69면 이하 참조.
182) 아동복지법 제27조는 아동학대에 관하여 아동보호전문기관 직원이나 사법경찰관리의 응급조치의무를 규정하고 있으나, 이에 관하여 법원의 허가를 받도록 하고 있지는 않다.

울을 제외하고는 다른 곳에는 가정법원이 설치되고 있지 않은 우리나라의 상
황에 참고가 된다. 그리고 이러한 논의의 바탕에 깔려 있는 이른바 치료법학
의 이념은 좀 더 적극적으로 검토할 필요가 있다. 그러나 이러한 개선책을 시
행함에 있어서 문제는 결국 예산이 얼마나 뒷받침될 수 있는가 하는 데 귀착
된다.

　　이처럼 미국의 가정법원에 대하여 살펴보는 것은 우리가 가지고 있는 문제
점을 다시 한 번 확인하고, 개선책을 모색하는데 도움이 될 수 있다고 생각된다.

Ⅵ. 보론 — 오스트레일리아의 가정법원

　　아래 1.에서는 오스트레일리아 가정법원의 상황을 개관하고, 2.에서는 2006
년 개정 법률이 도입한 "덜 대립당사자적인 재판(Less Adversarial Trial, LAT)"을
중심으로 하여 오스트레일리아 가정법원이 자녀의 복리를 위하여 어떻게 운영
되고 있는가를 본다.

1. 오스트레일리아의 가정법원

　　오스트레일리아의 가정법원은 1975년 가족법(Family Law Act 1975)에 의하
여 창설되었다. 위 1975년 가족법은 1959년 혼인소송법(Matrimonial Causes Act
1959)을 대체한 것인데, 양자의 가장 큰 차이는 후자의 경우에는 이혼에 관하
여 유책주의를 채택하고 있었던 데 반하여, 전자는 파탄주의를 채택한 점에 있
다.[183] 또한 1975년 가족법 이전에는 가족법 관련 소송이 주 법원에서 다루어
졌으나, 위 법률은 연방법원인 가정법원(Family Court)을 창설하였다. 가정법원
은 별도의 주 가정법원을 가지고 있는 웨스턴 오스트레일리아 주를 제외한 모
든 오스트레일리아 내의 사건을 관할한다.[184] 이와 같이 가정법원을 창설하게

---

183) Margaret Harrison, "Australia's Family Law Act: the First Twenty-Five Years", 16 International
Journal of Law, Policy and Family 1, 2 ff.(2002); Alastair Nicholson and Margaret Harrison,
"Family Law and the Family Court of Australia: Experience of the First 25 Years", 24
Melbourne University Law Review 756, 758(2000).

184) Alastair Nicholson and Margaret Harrison, "Specialist But Not Unified: The Family Court of
Australia", 37 Family Law Quarterly 441(2003).

된 것은, 처음부터 당사자들이 문제를 법원이 제공하는 조정 서비스의 도움을 받아 스스로 해결하도록 하고, 소송은 최후의 수단으로 고려하도록 하려는 의도에서 비롯된 것이었다. 그리하여 가정법원에는 법관 외에 심리학자 또는 사회복지사 등의 상담사(counselor)와, 재산 문제의 해결을 위한 법적 훈련을 받은 사법보좌관(registrar)이 채용되게 되었다.[185] 그리하여 처음부터 조정[186]이 가정법원의 중요한 기능이었고, 이는 당사자들에게 무료로 제공되었다. 그러나 근년에 이르러서는 정부가 민간 부문으로의 아웃소싱을 강조하기 때문에 법원의 조정기능이 축소되었다고 한다.[187]

이와 같은 가족 분쟁의 특수성을 감안하고, 가족의 프라이버시와 존엄이 중요하다는 견지에서 법정은 일반에게 공개되지 않는 작고 격식에 구애되지 않는 법정을 가지게 되었다. 그러나 재판의 비공개로 인하여 재판이 지나치게 비밀에 흐르고 무책임하게 된다는 비판이 있어서 1983년에 공개하는 것으로 바뀌게 되었으나, 가족법 사건의 당사자를 식별할 수 있게 하는 자료의 보도는 엄격하게 금지되었다.[188]

1975년 가족법 제43조는 가정법원이 고려하여야 할 다섯 가지의 원칙을 규정하고 있다. 즉 (1) 남성과 여성이 다른 모든 사람을 배제하는 자유 의사에 의하여 종신토록 맺어진 결합으로서의 혼인제도를 유지하고 보호할 필요성. (2) 사회의 자연적이고 기초적인 집합 단위이며, 특히 부양을 요하는 자녀를 양육하고 교육할 책임이 있는 가족을 최대한 보호하고 도울 필요성. (3) 자녀의 권리를 보호하고 그들의 복리를 증진할 필요성. (4) 가정폭력으로로부터의 안전을 보장할 필요성. (5) 혼인 당사자들이 화해하거나 그들 사이의 관계 및 자녀와의 관계를 개선할 것을 고려하는데 도움이 되는 수단.

가정법원의 재판은 원칙적으로 한 사람의 법관에 의하여 행해지고, 그에 대한 항소는 과반수가 항소부 소속인 3인 이상의 법관으로 구성된 전원재판부(Full Court)가 맡는다. 전원부의 재판에 대한 상고는 최고법원인 고급법원(High Court)이 담당하는데, 상고를 위해서는 고급법원이 특별히 허가를 하거나(제95조), 또는 사건이 중요한 의미를 가진다는 전원부의 확인(certification)이 있어야

---

185) Nicholson and Harrison(주 184), p. 442.
186) 초기에는 conciliation과 mediation을 구별하였으나 현재에는 양자를 포괄하는 개념으로서 mediation이 사용된다고 한다. Nicholson and Harrison(주 184), pp. 449 ff.
187) Nicholson and Harrison(주 184), p. 450.
188) Nicholson and Harrison(주 184), pp. 442 f.

만 가능하다.[189]

다른 한편 가정법원이 모든 가사사건을 취급하는 것은 아니라는 점도 유의할 필요가 있다. 우선 가정법원은 공법상 분쟁(public law dispute)에 대하여는 관할권을 가지지 않고, 따라서 자녀 보호, 청소년 범죄 및 입양 문제에 관하여는 다룰 수 없다.[190] 또한 가정법원은 원칙적으로 혼인하지 않은 남녀 사이의 분쟁이나 그들 사이에서 태어난 자녀의 문제에 관하여도 관할권을 가지지 않는다. 다만 혼인외 자녀에 관하여는 1989년까지 웨스턴 오스트레일리아 주를 제외한 나머지 주들이 관할권을 가정법원에 이양하였다.[191]

그리고 가정법원 이외의 다른 법원도 가정법원과 동종의 사건을 다룰 수 있다. 우선 주 법원들은 제한된 범위의 간단한 사건을 다룰 수 있다.[192] 그리고 2000년에 창설된 연방 치안법원(Federal Magistrate Court)도 가사사건을 다루지만, 기본적으로 가정법원보다는 간단한 사건을 다룬다.

2. LAT

가. 도입의 배경

1975년 가족법은 제정된 이래 여러 차례 수정되었으나, 가장 중요한 최근의 개정은 2006년 가족법 수정(친권공유)법률[Family Law Amendment(Shared Parental Responsibility) Act 2006][193]이다. 이 법률은 여러 가지 내용을 담고 있으나, 주된 것은 자녀 양육에 관한 것이다. 우선 이 법률은 그 명칭이 시사하는 것처럼 이혼 후의 공동친권을 원칙으로 하고 있고,[194] 양육하여야 할 자녀가 있는 경우에는 재판에 앞서서 가사분쟁조정(family dispute resolution)[195]을 의무화하고 있다.[196]

---

189) Nicholson and Harrison(주 184), p. 442. 실제로 상고가 허용되는 경우는 드물다.
190) Nicholson and Harrison(주 183), p. 765; Nicholson and Harrison(주 184), p. 445.
191) Nicholson and Harrison(주 184), p. 445.
192) Family Law Act 1975 §§ 39 (6), 69J.
193) 이하 2006년 개정 법률이라고 한다. 이에 대하여는 Frank Bates, "Blunting the Sword of Solomon — Australian Family Law in 2006", The International Survey of Family Law 2008 Edition, 2008, pp. 21 ff. 참조.
194) § 61DA.
195) 이는 재판 외에서 당사자들로부터 독립된 가정 분쟁 해결 전문가(family dispute resolution practitioner)가 별거나 이혼에 의하여 영향을 받게 된 당사자들이 서로 간에 문제를 해결하도록 돕는 절차를 말한다. 1975년 가족법 §10F.
196) §60I. 그러나 이러한 강제조정에 대하여는 비판도 있다. Serena Nicholls, "The New Family

그런데 개정법의 가장 중요한 내용으로서 여기서 주로 살펴볼 것은 이른 바 "덜 대립당사자적인 재판(Less Adversarial Trial)"으로 표현되는, 자녀가 있는 경우의 재판 절차를 종래의 대립당사자주의에서 직권주의로 바꾼 개혁에 관한 것이다.197) 종래 이혼사건과 같은 경우에는 직접 재판의 당사자가 아닌 자녀의 이익은 충분히 고려되지 못하였다. 그리하여 대립당사자주의를 탈피하고 법원의 직권을 강화하자는 여러 가지의 제안이 있었는데, 특히 중요한 것으로는 오스트레일리아 하원의 가족 및 공동체 문제 상임위원회가 자녀 양육 문제에 관하여 제출한 보고서198)가 있다. 이 보고서에서는 종래의 가정법원 외에 자녀 양육 문제를 다룰 특별한 심판기구(Families Tribunal)의 설립을 제안하였는데, 여기에는 법률가가 배제되고, 가족관계 전문가들이 결정을 내리게 되어 있었다.199) 그러나 오스트레일리아 정부는 이러한 제안을 받아들이지 않았고, 대신 재판 절차를 개선하겠다고 하였다.200)

나. 자녀 사건 프로그램

다른 한편 이와 병행하여 오스트레일리아 가정법원은 2004년 3월부터 일부 지역에서 자녀 사건 프로그램(Children's Cases Program)이라는 것을 시험적으로 실시하고 있었다. 이 프로그램은 특히 법관이 사건에 적극적으로 개입하고 있는 독일의 예를 참고로 하여,201) 당사자들의 동의를 얻어 법에 규정된 것과는 다른 재판을 시도해 본 것이다.

그 주된 내용은 다음과 같다.202) 우선 자녀 양육이 문제되는 사건의 당사

Dispute Resolution System: Reform Under the Family Law Amendment(Shared Parental Responsibility) Act 2006", 3 Bond University Student Law Review(2007), pp. 18 ff. 참조.

197) 이하의 설명은 Margaret Harrison, Finding a Better Way, 2007을 주로 참조하였다. 이 책은 오스트레일리아 가정법원이 발간하였고, 저자는 가정법원장의 상급법률고문(senior legal advisor)이었으며, 가정법원장의 서문이 붙어 있으므로 가정법원의 공식적인 태도를 밝히는 것이라고 할 수 있다. 참고로 이 책의 원문은 인터넷에서 쉽게 구할 수 있다.

198) House of Representatives Standing Committee on Family and Community Affairs, Every Picture Tells a Story, 2003.

199) House of Representatives Standing Committee on Family and Community Affairs(주 198), pp. 81 ff.

200) Australian Government, A new family law system Government Response to Every Picture Tells a Story, 2005, p. 12.

201) Harrison(주 197), pp. 39 ff.

202) Family Court of Australia, Practice Directions No. 3. of 2005-The National Children's Cases Program 참조(http://www.familycourt.gov.au/wps/wcm/connect/FCOA/home/directions/practice_directions/2005/FCOA_pd2005_no3에서 구할 수 있다. 최종 방문 2008. 8. 10). 또한 Harrison(주 197), pp. 48 ff.; Richard Chisolm, "'Less adversarial' proceedings in children's cases", Family Matters 2007

자들은 정형화된 서면에 의한 동의를 하여야 한다. 그리고 조정 절차를 거친 사건만 프로그램에 회부된다. 이 프로그램의 핵심적인 내용은 법관이 재판에 주도적인 역할을 한다는 것인데, 특히 쟁점을 결정하고, 증거를 수집하며, 변론을 어떻게 진행할 것인가를 법관이 정한다는 것이다. 종래에는 대립당사자주의의 원칙에 따라 재판의 진행은 당사자가 주도하였고, 법관은 당사자들의 주장과 증거에 따라 결론을 내리는 것이었다. 전통적으로는 재판은 한 차례만 열리는데, 당사자들이 주장을 펼치고 증거를 제출하면 마지막으로 법관이 판결을 하는 형식이었다. 그러나 이 프로그램에서는 재판이 처음부터 계속 열리며, 법관이 어느 단계에서든 판결을 내릴 수 있다.

그 프로그램의 시작 단계에서는 당사자들은 설명서와 동의서 서식 및 질문서(questionaire)를 받게 된다. 당사자들이 동의서에 서명하고 질문지를 완성하면 프로그램이 시작된다. 변호사가 대리하지 않는 당사자들도 보조인(support person)과 같이 앉을 수 있으며, 보조인의 활동 범위는 법관이 재량에 따라 정한다. 그리고 법원이 임명하는 조정인(mediator)[203]은 변론의 첫날부터 참여하여 법관의 지시에 따라 법관이나 당사자를 돕는다.

변론은 사건이 법관에게 오면 바로 시작되며, 최대한 빨리 진행되어야 한다. 그리고 변론 첫날 당사자 전원과 조정인은 선서를 하여야 하고, 그 이후에 당사자들이 진술하는 내용은 증거로 사용된다. 당사자들은 법관의 사전 허가 없이는 서류를 제출할 수 없다. 변론 과정에서 법관은 다툼이 있는 사실관계와 쟁점을 결정하고 명확히 한다. 판결은 특정한 부분에 관하여 할 수 있고, 변론이 종료된 뒤 한 번만 할 필요는 없다.

이 프로그램의 가장 중요한 특색 중 하나는 증거에 관한 것인데, 법관은 어떤 증거를 제출할 것인지, 증거의 제출 방법 및 어떤 증인을 소환할 것인지, 증인에 대하여 무엇을 물을 것인지 등을 결정할 수 있다. 증거에 대한 당사자의 이의는 원칙적으로 허용되지 않는다. 변론의 진행 순서 등도 법관이 정한다.

이 프로그램은 자녀에게 그 자녀의 희망과 발달 단계 및 상황에 맞는 방식으로 진술할 수 있는 기회를 주어야 하는데, 통상은 가족 보고서(family report)[204]나 지명된 전문가에 의하여 이루어진다. 그리고 법관은 재량에 따라 자

No. 77, p. 29 등 참조.

203) 2006년 개정법은 이를 가사 상담인(family consultant)이라고 명명하였다.

204) 이는 법관의 지시에 의하여 조정인(개정법상의 가사 상담인)이 작성하는 보고서를 말한다.

녀를 인터뷰할 수 있는데, 이는 원칙적으로 자녀의 동의가 있어야 하고, 이때에는 자녀의 대리인(Child Representative)이나 조정인이 동석할 수 있다.

자녀의 대리인(Child Representative)이 임명된 경우에는 당사자들과 상의하여 사실관계를 명확히 하는데 도움을 주고, 가족 보고서나 전문가 보고서의 제출을 지시할 것인지에 관하여 조언하며, 조정인이나 법원이 임명한 전문가와 접촉하여 다른 증거가 필요한지를 확인하고, 자녀의 의견이 정확하게 기록되고 법관에게 제출되는지 등을 확인하는 역할을 한다.

다. 2006년 개정 법률

이러한 자녀 사건 프로그램에 대하여는 다른 전문가들이 성과가 있다고 평가하였고, 그에 따라 2006년 개정법률은 자녀 사건 프로그램을 법제화하게 되었다. 2006년 개정 법률은 1975년 가족법의 자녀에 관한 제7장(Part Ⅶ)에 자녀 관련 소송의 진행 원칙(Principles for conducting child related proceedings)이라는 제12A절(Division 12A)[205]을 추가하였다. 여기서는 자녀 사건 프로그램과는 달리 당사자의 동의가 요건이 아니다.

여기서는 우선 소송 진행에 관한 다섯 가지의 원칙을 열거하고 있다.[206] 이를 요약하면 다음과 같다. 첫째, 법원은 소송의 진행을 결정함에 있어 관련 자녀의 필요성과, 소송의 진행이 자녀들에게 미칠 수 있는 충격을 고려하여야 한다. 둘째, 법원은 소송의 진행을 적극적으로 지시하고, 통제하며 관리하여야 한다. 셋째, 법원은 자녀가 가정 폭력이나 자녀 학대 또는 방치로부터 보호받을 수 있고, 당사자들이 가정 폭력으로부터 보호받을 수 있는 방식으로 소송을 진행하여야 한다. 넷째, 법원은 가능한 한 당사자들의 협조적이고 자녀에 초점을 맞춘 양육을 촉진하는 방식으로 소송을 진행하여야 한다. 다섯째, 법원은 불필요한 지연 없이, 그리고 가능한 한 형식성과 법적 복잡성 및 방식을 최소화하여 소송을 진행하여야 한다.

그리고 개정 법률은 자녀 사건 프로그램의 생각을 반영한 법원의 의무에 관하여 규정하고 있다.[207] 즉 법원은 어떤 쟁점이 충분한 심리를 필요로 하고, 어떤 쟁점이 간략하게 처리될 수 있는지를 결정하여야 하며, 쟁점들이 결정되

---

205) §§69ZM-69ZX.

206) §69ZN.

207) §69ZQ.

는 순서를 정하여야 하고, 소송 진행의 순서에 관하여 지침을 내리거나 지시를 하여야 하며, 특정한 단계를 밟을 것인가를 결정함에 있어서 그 단계의 이익이 비용을 정당화하는가를 고려하여야 하고, 기술을 적절하게 사용하여야 하며, 적절하다고 판단되면 당사자들이 가정 분쟁 해결절차나 가정 상담을 이용하도록 권장하여야 하고, 한 기회에 사건의 되도록 많은 측면을 다루어야 하며, 적절한 경우에는 당사자들의 법원 출석을 요구하지 않고 사건을 처리하도록 하여야 한다는 것이다.

이외에도 이 법은 일반 증거법208)의 적용을 광범위하게 배제하고 있고,209) 또 가사 상담인(Family Consultant)210)을 적극 활용하도록 하고 있다.211) 그리고 이 법은 자녀의 최선의 이익을 실현하기 위하여 자녀의 의사를 최대한 고려하도록 하고 있다.212) 또한 법원은 필요한 경우에는 자녀를 독립적으로 대리할 수 있는 변호사를 임명할 수 있다.213)

〈가족법연구 제22권 3호, 2008〉

〈追記〉

1. 이 글은 2007년 한국가족법학회가 대법원으로부터 위탁받은 "현대 사회에서의 가정법원의 기능 및 역할"이라는 용역보고서 작성의 일환으로 2008. 6. 17. 개최된 한국가족법학회 하계학술대회에서 발표하였던 것을 보완한 것이다. 또한 이 글은 2008. 9. 29. 대법원 주최로 개최된 대한민국 사법 60주년 기념 학술 심포지엄에서 "가사재판의 회고와 전망"이라는 제목으로 발표된 논문의 일부로도 포함되었다.

2. 권재문, "'가정'법원의 역할 확대와 가정'법원'의 바람직한 기능", 인권과 정의 2012. 12, 6면 이하는 미국 통합가정법원(UFC)에 대하여 비판적으로 고찰하고 있다.

---

208) Evidence Act 1995.
209) §69ZT.
210) 종래에는 가정법원 상담인(Family Court counsellor) 또는 조정인(mediator)이라고 불렸다.
211) §69ZS.
212) §60CD.
213) §68L.

法律解釋의 限界와 違憲法律審査

— 遺言者의 住所가 기재되지 않은 自筆證書遺言을 중심으로 —

I. 서   론

일반적으로 법률가들은 어떤 법률규정이 그 문언에 따를 때에는 부당한 결과를 가져오는 것으로 보이는 경우에, 해석에 의하여 그러한 부당함을 시정하려고 노력하여 왔다. 그러나 이러한 해석에 의한 해결에는 한계가 있을 수밖에 없다. 그러한 경우에는 어떻게 하여야 할 것인가? 이 글에서는 상속법상의한 가지 예를 들어서 이 문제를 다루어 보고자 한다.

민법 제1066조는 유언의 방식의 하나로서 자필증서에 의한 유언을 규정하고 있다. 동조 제1항은 "自筆證書에 의한 遺言은 그 全文과 年月日, 住所, 姓名을 自書하고 捺印하여야 한다"고 규정한다. 그런데 자필증서유언에서 유언자의주소가 누락되면 그 유언은 무효로 되는 것인가? 얼핏 생각하기에는 이 문제의 결론은 명백한 것으로 여겨진다. 민법 제1060조는 [遺言의 要式性]이라는 표제 아래 "遺言은 本法의 정한 方式에 의하지 아니하면 效力이 생하지 아니한다"고 규정하고 있기 때문에, 제1066조 제1항이 요구하고 있는 방식을 하나라노 결여한 유언은 무효라는 결론이 도출되는 것이다.

그러나 일반인들로서는 이러한 결론을 쉽게 수긍하기가 어려울 것이라고 생각된다. 우선 자필증서유언에 요구되는 다른 방식과는 달리 유언자의 주소를 요구하는 목적은 무엇인가가 반드시 명백하지 않다. 굳이 이를 찾자면 유언자의 인적 동일성을 확인하려는 데 그 목적이 있다고 할 수 있다.[1] 그러나 유언자의 인적 동일성을 확인하기 위하여 유언자의 주소가 반드시 필요한 것은 아니다. 유언자의 성명만으로도 기본적인 유언자의 인적 상황을 확인할 수 있고, 또 동명이인이 있는 경우에도 유언의 내용에 비추어 보면 유언자가 누구인지를 확인할 수 있는 경우가 거의 대부분일 것이며, 유언자의 주소가 있어야만 유언자의 인적 동일성을 확인할 수 있는 경우란 거의 생각하기 어렵다. 또 아래에서 보는 바와 같이 자필증서유언의 경우에 유언자의 주소를 요구하는 입법례는 찾아보기 어렵다. 그리하여 하급심의 판결례 가운데에도 자필증서유언의 경우에 다른 요건이 모두 갖추어졌다면 주소의 기재가 누락되었다 하더라도 그 유언은 유효하다는 판례가 나오게 되었다. 그러므로 이 문제를 좀 더 심층적으로 논할 필요가 있다.

　　이 글의 서술 순서는 다음과 같다. 먼저 Ⅱ.에서는 이제까지의 이 문제에 관한 국내의 논의를 소개한다. 이어서 Ⅲ.에서는 유언의 방식에 관한 일반론에 관하여 살펴본다. 그리고 Ⅳ.에서는 해석에 의하여 위와 같은 유언을 유효한 것으로 볼 수 있는 가능성이 있는지 검토해 본다. 마지막으로 Ⅴ.에서는 그러한 가능성이 부정된다면, 민법 제1066조 제1항을 위헌이라고 할 수 있는지에 관하여 따져 보고자 한다.

　　한 가지 덧붙이고자 한다. 원래 이 글은 2006년에 발간될 예정이었던, 이 논문집을 봉정받으실 심헌섭 교수님의 고희기념논문집에 게재하기 위하여 작성되었다. 그런데 그 논문집의 발간이 지연되고 있던 중, 2008년에 보론에서 언급할 이 문제에 관한 2개의 헌법재판소 결정이 선고되었다. 이 결정 과정에서는 본인의 미공간 원고도 참고되었던 것으로 알고 있다. 그리하여 이 글을 헌법재판소 결정의 평석 형식으로 바꿀 것도 고려하였으나, 결국 일부 참고문헌만을 보완하는 등 최소한의 수정만을 한 채로 원래의 형태를 그대로 유지하고, 대신 위 결정들을 포함한 그 후의 논의를 보론 형식으로 보충하기로 하였다.

---

1) 郭潤直, 相續法, 改訂版, 2004, 230면은 자필증서유언에 유언자의 주소와 성명의 자서와 날인을 요구하는 것은 유언자가 누구인지를 명백히 하고, 또한 필적은 타인이 쉽게 모방하지 못하므로 자서케 함으로써 유언의 내용이 본인의 진의 내지 참뜻에 의한 것임을 명확히 하기 위하여서라고 한다.

II. 종래의 상황

1. 입법과정

민법 제1060조 제1항이 자필증서유언의 요건으로서 유언자의 주소를 요구하고 있는 것이 입법자의 어떤 고려에 의한 것인지는 확인할 수 없다. 입법자의 의사를 확인할 수 있는 자료도 없을 뿐만 아니라, 다른 입법례에서 유언자의 주소를 요구하고 있는 예도 찾기 어렵기 때문이다.[2] 원래 법전편찬위원회의 친족편상속편요강에는 유언의 방식에 관하여는 규정하지 않도록 되어 있었다.[3] 그런데 정부가 국회에 제출한 민법안은 제1069조에서 "遺言은 本法의 정한 바에 의하지 아니하면 이를 하지 못한다"고 규정하고, 제1074조 제1항은 "自筆證書에 의한 遺言은 그 全文 또는 年月日, 住所, 姓名을 自書하고 捺印하여야 한다"고 규정하고 있어서 어떤 경위로 이와 같이 바뀌었는지 알 수 없다.[4] 이러한 정부안이 다소의 표현의 수정만을 거쳐서 현행 민법 제1060조와

---

2) 자필증서유언의 요건으로서 독일 민법 제2247조는 자필에 의한 유언의 기재와 서명을 요구하고 있고, 유언의 연월일과 유언 장소의 기재는 요구되기는 하지만, 누락으로 인하여 유언의 효력에 의문이 생길 때에는 다른 방법에 의하여 이를 확정할 수 있는 한 유효한 것으로 보고 있다. 프랑스 민법 제970조는 자필에 의한 전문의 기재와 일자 및 서명만을 요구하고 있을 뿐이다. 스위스 민법 제505조 제1항은 자필에 의한 기재와 연월일의 기재 및 서명만을 요구하고 있다. 오스트리아 민법 제578조는 자필에 의한 유언의 기재와 서명을 요구하고 있고, 유언연월일과 유언 장소의 기재는 필요한 것은 아니지만 분쟁을 예방하기 위하여 유용하다고 규정한다. 미국의 많은 주에서는 자필증서(Holograph)에 의한 유언을 인정하는데, 서명과 전부 또는 상당부분의 자필 기재를 요건으로 한다. Lange/Kuchinke, Erbrecht, 5. Aufl., 2001, §20 I 2(S. 372 ff.); Jesse Dukeminier and Stanley M Johnson, Wills, Trusts, and Estates, 6. ed., 2000, pp. 262 ff.; 金疇洙·金起永, 註釋相續法(下), 1996, 187면 이하 등 참조. 일본 민법 제968조는 자필증서에 의한 유언의 요건으로서 유언자가 그 전문, 日付 및 씨명을 자서하고 도장을 날인할 것을 요구하고 있다.

3) 張暻根, "親族相續法 立法方針 及 親族相續法起草要綱私案", 鄭光鉉, 韓國家族法研究, 1967, 부록편 45면은 그 이유로서 유언의 방식에 관하여는 현행관습법상 특별한 방식이 정하여 있지 않은데, 이를 갑자기 요식행위로 한다면 遺志를 실현시키지 못하는 경우가 많이 발생하여 현실과 유리되어 도리어 폐해를 유치할 우려가 있으므로 유언의 방식은 이를 규정치 않기로 하였다고 한다.

4) 민법 제정 당시인 1956(단기 4289년). 9. 5.의 국회 법제사법위원회의 민법소위원회도 그 심의에 참고로 하여야 할 기초자측의 각종 자료는 전연 이를 가지지 못하였다고 한다. 法制司法委員會 親族編相續編要綱審議錄, 鄭光鉉(주 3), 부록편 81면 참조. 위 심의록에 의하면 유언은 요식행위로 할 것으로 하면서, 유언을 갑자기 요식행위로 한다는 것은 현실과 유리된다는 의견도 있었으나 유언에 관한 법률관계의 명확화를 기하기 위하여 요식행위로 하려는 것이라고 설명하고 있다. 위 책 110면 참조.

제1066조 제1항이 된 것이다.

2. 이제까지의 논의

이 문제에 관하여 학설상으로는 활발한 논의가 이루어지지 않고 있다. 다만 주소가 누락되었더라도 다른 유언의 내용 등에 의하여 유언자의 동일성 확인에 문제가 없는 한 이를 유효한 것으로 보아야 하지 않을까라는 의문을 제기하는 견해5)와 주소의 기재만을 빠뜨린 경우에는 망인의 유지를 살려줌이 상당할 때에는 그 유언은 유효한 것이라고 보아야 한다는 견해6) 정도가 있을 뿐이다.7)

그런데 우리나라의 하급심 판결례는 이 점에 관하여 상반된 태도를 보이고 있다. 우선 서울고법 1999. 3. 9. 선고 97나56848, 56855 판결8)은, 민법 제1060조와 제1066조의 규정을 인용하면서, 민법이 유언의 방식과 그 효력에 있어서 이와 같이 형식적 엄격주의를 취하고 있는 것은 유언은 유언자가 사망한 후에 그 효력이 발생하기 때문에 유언자의 진의를 분명히 하고, 유언에 따른 분쟁과 혼란을 피하기 위한 것이라고 하여, 그 사건에서 문제된 자필유언증서는 그 법정기재사항인 연월일, 주소의 기재가 흠결되었으므로 무효라고 하였다.

반면 주소의 기재가 없는 자필유언증서도 유효하다고 한 하급심 판결례로는 인천지법 1992. 10. 9. 선고 91가합17999 판결9)과 서울지법 2001. 2. 20. 선고 99가합85201 판결10) 등이 있다. 앞의 판결은 "민법이 유언에 있어서 엄격한 요식성을 규정한 취지가 유언자의 동일성과 그의 진의를 확보함으로써 유언에 관한 법률관계를 명확하게 하려는 데 있는 것이고, 한편 일반적으로 사적인 법률관계에서 중요한 처분증서를 작성 완료함에 있어서는 그 작성자가 증서에 서명, 날인하는 것은 통례라 할 수 있겠으나, 나아가 그 주소까지 병기하는 것은 드문 실정이라 할 것이므로 이와 같은 일반인 거래관행이나 문서작성

---

5) 尹眞秀, "相續制度의 憲法的 根據", 憲法論叢 10輯, 1999, 188면.
6) 金泳希, "自筆證書遺言方式에 관한 諸問題", 家族法硏究 제17권 2호, 2003, 276면; 金疇洙, 註釋民法, 相續(2), 제2판, 2005, 206면.
7) 金疇洙·金相瑢, 親族·相續法, 제9판, 2008, 660면은 아래에서 살펴볼 유언자의 주소가 누락된 유언도 유효하다는 서울지방법원 판결례를 소개하고 있다.
8) 하급심판례집 1999-1, 257면.
9) 하급심판례집 1992(3), 184면.
10) 법률신문 2001. 3. 3.자 14면.

의 실정 및 규범의식에 비추어 아무리 유언증서가 요식의 가장 중요한 처분증서의 하나라 하더라도 자필증서에 의한 유언의 경우 전문과 연월일, 성명의 자서와 날인 중 어느 한 가지를 누락하는 경우와는 달리 주소까지 기재해야만 유언의 효력이 발생한다고 보는 것은 너무나도 비현실적일 뿐만 아니라 실제적으로도 필요 이상의 엄격한 제한을 가하여 유언자의 진정한 유지를 실현시키지 못하는 부당한 결과를 초래할 가능성도 있는 것이므로, 적어도 이 사건과 같이 위 망인이 직접 그의 의사에 따라 전문과 연월일, 성명의 자서와 날인(무인도 같게 보아야 할 것이다) 등의 요건은 모두 갖추었으나, 단지 주소의 기재만을 빠뜨린 경우에는 유언방식의 엄격성을 요구하는 법의 취지는 달성되었다고 봄이 합리적이라 할 것이다"라고 판시하였다.

뒤의 판결은 "민법 제1065조 내지 제1071조에서 유언의 방식을 엄격히 한정하면서 민법 제1060조가 그러한 방식에 의하지 아니한 유언의 효력을 부정하는 취지는 유언자의 동일성과 그의 진의를 확보함으로써 유언에 관한 법률관계를 명확하게 하려는데 있다 할 것이고, 한편 일반적으로 사적인 법률관계에서 중요한 처분증서를 작성·완료함에 있어서도 그 작성자의 서명·날인만으로 충분하고 주소까지 병기하지 않는 일반인의 거래관행이나 규범의식과 민법이 정하고 있는 다른 어떤 유언 방식도 그 유언자의 주소를 기재하거나 구술케 하고 있지 않는 점 등에 비추어 볼 때, 적어도 이 사건 유언서와 같이 전문과 연월일, 성명의 자서와 날인 등의 요건은 모두 갖추었으나, 단지 주소의 기재만을 빠뜨린 경우에는 유언 방식의 엄격성을 요구하는 법의 취지는 이미 달성되었다고 보아 망인의 유지(遺志)를 실현시켜 줌이 상당하다 할 것이어서, 이 사건 유언서에 주소가 기재되지 아니한 것만 가지고는 이 사건 유언서가 방식에 위배되어 무효라고 할 수 없으므로 … "라고 판시하고 있다.

대법원 판례로서는 이 문제에 관하여 직접 언급한 것은 없고, 다만 자필증서유언에 있어서는 주소의 기재가 요구된다는 전제 아래, "유언자의 주소는 반드시 유언 전문과 동일한 지편에 기재하여야 하는 것은 아니고, 유언증서로서 일체성이 인정되는 이상 그 전문을 담은 봉투에 기재하더라도 무방하며, 그 날인은 무인에 의한 경우에도 유효하다"고 판시하고 있을 뿐이다.11)

---

11) 대법원 1998. 5. 29. 선고 97다38503 판결(공 1998하, 1751). 같은 취지, 대법원 1998. 6. 12. 선고 97다38510 판결(집 46권 1집 민403면). 양자는 동일한 유언에 관한 것이다.

III. 유언 방식에 관한 일반론

1. 유언 방식의 목적

민법이 유언을 요식행위로 규정하고 있는 목적은 무엇인가? 일반적으로는 유언은 유언자가 사망한 후에 그 효력이 발생하기 때문에, 그 유언이 유언자의 진의인가 아닌가 또 유언이 있었는가 없었는가의 여부를 확인하는 것이 곤란하며, 유언의 본질이 가능한 한 유언자의 최후의 의사를 존중하여야 한다는 점에 있음을 감안할 때 그 유언이 언제 작성된 것인가를 확인할 수 있어야 하고, 유언의 위조·변조를 막고 유언자의 진의를 확보하기 위하여 유언의 엄격한 형식을 법정하는 것이라고 설명한다.[12] 이와는 약간 다른 뉘앙스의 설명으로서 유언의 존재를 확보하고, 유언의 내용을 명확하게 하며, 경솔하게 유언을 작성해서 후에 다툼을 남기는 일이 없도록 하기 위한 것이 유언에 관하여 엄격한 방식을 요구하는 이유라고 하는 것도 있다.[13]

독일의 학설이 설명하고 있는 것도 이와 크게 다르지 않다. 즉 유언 방식의 목적은 우선 증명기능(Beweisfunktion)에 있다고 한다. 유언은 상대방 없는 의사표시로서 그 존재에 대하여 누가 알 필요가 없으며, 유언의 효력은 유언자가 사망한 후에 발생하기 때문에, 유언의 진정성과 그 내용에 대하여 유언자에게 물을 수도 없으므로 거래의 안전을 위하여 모든 의사표시가 충분하도록 하지 않고 특정한 요건을 갖춘 것만을 유언으로 하고 있다는 것이다. 이외에 방

---

12) 李庚熙, 家族法, 四訂版, 2004, 451면. 金容漢, 親族相續法, 補訂版, 2003, 390면; 裵慶淑·崔錦淑, 親族相續法講義, 2004, 620면 등도 대체로 이와 같다. 金疇洙(주 6), 192면; 金疇洙·金相瑢(주 7), 656면은 유언의 효력이 유언자의 진의인가 아닌가 또 유언이 있었는가 없었는가의 여부를 확인하는 것이 곤란하다는 것을 이유로 들고 있다.

13) 郭潤直(주 1), 225-226면. 朴東涉, 親族相續法, 2003, 590면도 같은 취지이다. 서울중앙지방법원 2005. 7. 5. 선고 2003가합86119, 89828 판결(아래 주 40)은 "(민법은) 유언의 방식과 그 효력에 있어서 이른바 형식적 엄격주의를 취하여 유언의 자유에 대하여 일정한 제한을 두고 있는 것으로, 유언은 유언자가 사망한 때로부터 그 효력이 생기므로(민법 제1073조 제1항) 유언의 성립과 그 효력 발생 사이에 생기는 시간적 차이에 따라 발생할 수 있는 유언 자체가 과연 실제로 존재하였는지에 관한 문제를 확실하게 해 둘 필요가 있다는 점 및 유언자의 사후에 유언의 내용에 관하여 의문이나 다툼이 생길 경우 유언자에게 직접 그 진정한 의사를 확인할 방법이 없다는 측면에서 그 진의가 분명하게 전달되기 위한 방안을 마련할 필요가 있다는 점, 그리고 후일 다툼이 생기지 않도록 유언에 있어서 유언자의 신중한 태도를 요구할 필요가 있다는 점 등을 고려한 것이라 할 것이다"라고 판시하고 있다.

식규정은 유언자가 구두에 의한 유언과 같이 경솔한 상속인의 지정을 막고 유언자로 하여금 숙고하게 하는 경고기능(Warnfunktion)도 가지며, 공정증서에 의한 유언의 경우에는 상담기능(Beratungsfunktion)도 가진다고 한다.[14]

미국에서의 설명도 약간의 차이는 있으나 이와 유사하다. 즉 유언에 방식을 요구하는 법규의 목적은 유언이 진정한 것인지를 확인하는 증명적 기능(Evidentary Function), 유언자가 경솔하게 유언을 하는 것을 방지하는 경고적 기능(Cautionary Function), 유언자가 그 의사에 반하여 유언을 하게 되는 것을 막는 보호적 기능(Protective Function) 및 유언자가 다른 사람들과 유사한 표준적인 유언을 하게 하는 유도적 기능(Channeling Function)에 있다는 것이다.[15]

이를 구체적으로 자필증서유언이 요구하고 있는 방식와 관련하여 살펴본다. 우선 자필유언증서가 유언 전문의 자서를 요구하고 있는 것은 피상속인의 의사의 독립성과 그 의사표시의 진정성을 증명하기 위한 것인데, 유언자의 필적의 개인적인 특성이 증명될 수 있으므로 유언의 위조나 변조를 막을 수 있기 때문이다.[16] 그리고 유언 작성의 연월일을 기재하도록 하고 있는 것은 유언 능력 유무의 판단에 있어서는 언제 유언을 하였는가가 기준이 되고, 복수의 유언이 있는 경우에는 후의 유언에 의하여 전의 유언은 철회된 것으로 되기 때

---

14) Rainer Frank, Erbrecht, 3. Aufl., 2005, §5 Ⅰ(S. 63 f.). Reinhard Bork, Allgemeiner Teil des Bürgerlichen Gesetzbuchs, 2. Aufl., 2006, Rdnr. 1046 ff.(S. 394 ff.)은 일반적인 법률행위의 방식의 목적으로서 이러한 증명기능, 경고기능 및 상담기능의 3가지를 들고 있다. 그러나 독일의 학설도 다소 뉘앙스의 차이를 보인다. Dieter Leipold, Erbrecht, 11. Aufl., 1996, Rdnr. 218(S. 99); Carsten Thomas Ebenroth, Erbrecht, 1992, Rdnr. 193(S. 117); MünchKomm/Hagena, 5. Aufl., 2010, §2231 Rdnr. 1, §2247 Rdnr. 1 등은 증명기능과 경고기능만을 유언 방식의 목적으로 들고 있고, Staudinger/Baumann, 13. Bearbeitung, 1996, Vorbem zu §§2229 ff. Rdnr.1은 유언 방식의 근거를 유언이 유언자의 사망 후에야 효력을 발생하므로 유언자는 그 유언을 작성하였는지, 그 내용의 의미는 무엇인지에 관하여 아무런 정보를 제공하지 못한다는 점에서 찾는다. 또한 Lange/Kuchinke, Erbrecht(주 2), §16 Ⅳ. 3(S. 333)은 死因處分(Verfügung von Todes wegen) 방식의 목적은 피상속인과 유언에 의하여 이익을 받는 자의 보호가 제1차적이고, 피상속인의 상담, 규제 및 감시가 부수적인 목적이며, 법률적으로 의미가 없는 초기 단계의 심사숙고와 법적으로 유효한 사인처분의 구분을 용이하게 하고, 마지막으로 사인처분의 진정성, 명확성, 완전성 및 증명가능성을 확보하는 데에도 이바지한다고 한다.

15) Ashbel G. Gulliver & Catherine J. Tilson, Classification of Gratuitous Transfers, 51 Yale L.J. pp. 3 ff.(1941); John H. Langbein, "Substantial Compliance with the Wills Act", 88 Harv. L. Rev. 489, pp. 491 ff.(1975); Roger W. Anderson, Understanding Trusts and Estates, 3rd ed., 2003, p. 44. Gulliver & Tilson은 유도적 기능은 언급하지 않고, 경고적 기능이라는 용어 대신 의식적 기능(ritual function)이라는 용어를 사용하고 있으며, 보호적 기능에 대하여는 구시대의 유물이라고 하여 비판적인 태도를 보인다. 유도적 기능을 강조하는 사람은 Langbein이다.

16) 金泳希(주 6), 261면; Lange/Kuchinke(주 2), §20 Ⅳ 1.(S. 376 f.); Staudinger/Baumann, §2247 Rdnr. 33 등.

문이다.17)

그리고 주소의 자서를 요구하고 있는 것은 유언자의 동일성을 확인하기 위한 것이며,18) 성명의 자서와 날인을 요구하고 있는 것은 유언자의 동일성을 확인하고 유언이 유언자 자신의 의사에 기한 것임을 확인하기 위한 것 외에도 그것이 단순히 유언의 초안에 불과한 것이 아니라 확정적인 유언임을 담보하는 의미를 가지기 때문이다.19)

2. 유언의 방식과 유언자 의사 존중 사이의 긴장관계

그러나 이러한 유언방식 규정은 많은 경우에 유언자의 의사를 존중하여야 한다는 것과는 긴장관계에 놓이게 된다. 즉 유언이 유언자의 진정한 의사에 기하여 이루어졌다는 것이 분명함에도 불구하고 방식의 흠결을 이유로 유언이 무효라고 하게 되면, 유언자의 진정한 의사는 실현될 수 없게 되는 것이다.20) 독일의 학자는 유언과 같은 사인처분이 방식의 요건 때문에 무효로 되면 이는 의사의 실현이라는 관점에서는 유감스러운 일인데, 왜냐하면 피상속인의 지시가 법정상속의 규율이나 그 이전의 유언보다는 더 사안에 적절할 수 있기 때문이라고 한다.21) 이를 다른 측면에서 본다면, 유언의 자유는 헌법상 보장되는 기본권이라고 할 수 있는데,22) 민법이 유언의 방식을 규정하고 있는 것은 정당한 목적을 위한 것이고, 또 헌법 제23조 제1항에 근거하여 재산권의 한 내용인 유언의 자유의 내용과 한계를 정하는 것이라고도 볼 수 있으므로, 유언에 방식을 요구하는 것 자체가 헌법에 위반된다고 할 수는 없다.23) 그러나 그러한 방식에 의한 제한이 필요 이상으로 과도할 때에는 유언의 자유를 침해하는 것으로서 위헌이 될 것이다.

그리하여 각국의 판례는 되도록 유언의 방식을 완화하려는 경향을 보이고

---

17) 金泳希(주 6), 267면; 郭潤直(주 1), 229면 등.

18) 金泳希(주 6), 276면 등.

19) 金泳希(주 6), 277-278면 등. Lange/Kuchinke(주 2), §20 Ⅳ. 3. a)(S. 379)도 유언자의 동일성(Identität)과 眞摯性(Ernstlichkeit) 및 終局性(Endgültigkeit)을 명확히 하기 위하여는 서명이 성과 이름으로 구성되어 있어야 한다고 한다.

20) 金泳希(주 6), 260면; 新版 注釋民法(28), 補訂版, 平成 14(2003), 46면(中川善之助·加藤永一), 46면; Gulliver & Tilson(주 15), pp. 2 f. 등.

21) Lange/Kuchinke(주 2), §16 Ⅳ. 5. b)(S. 336).

22) 尹眞秀(주 5), 177면 이하 참조.

23) BVerfG NJW 1999, 1853, 1854 참조.

있다.24) 대법원 1998. 5. 29. 판결 및 1998. 6. 12. 판결(주 11)은 민법 제1066조에서 규정하는 자필증서에 의한 유언에 있어서 주소를 쓴 자리가 반드시 유언 전문 및 성명이 기재된 지편이어야 하는 것은 아니고 유언서의 일부로 볼 수 있는 이상 그 전문을 담은 봉투에 기재하더라도 무방하며, 날인은 인장 대신에 무인에 의한 경우에도 유효하고, 그 증서에 문자의 삽입, 삭제 또는 변경을 함에는 민법 제1066조 제2항의 규정에 따라 유언자가 이를 자서하고 날인하여야 하나, 자필증서 중 증서의 기재 자체에 의하더라도 명백한 오기를 정정한 것에 지나지 않는다면 설령 그 수정 방식이 위 법조항에 위배된다고 할지라도 유언자의 의사를 용이하게 확인할 수 있으므로 이러한 방식의 위배는 유언의 효력에 영향을 미치지 않는다고 판시하였다.

일본의 판례는 자필증서에 의한 유언에 씨명의 자서를 요건으로 하는 것은 유언자가 누구인가를 명확하게 하려는 취지에서 나온 것이므로 언제나 반드시 씨명의 완비를 요하는 것은 아니라고 하였다. 그리하여 吉川治郎兵衛라는 사람이 "をゃ治郎兵衛"라고만 서명한 것도 유효하다고 보았다.25) 또한 昭和 48년(1973년)에 자필증서유언을 작성하면서 그 연호를 昭和 28년이라고 작성한 경우에, "자필유언증서에 기재된 일자가 진실의 일자와 상위하더라도, 그 오기인 것 및 진실한 작성일이 유언증서의 기재 그 밖의 것으로부터 용이하게 판명될 수 있을 때에는, 위 일자의 잘못은 유언을 무효로 하는 것은 아니다"라고 판시하였다.26) 그리고 오랫동안 일본에 거주하다가 사망 3년 전에 일본에 귀화한 러시아 출신의 여성이 유언의 전문을 영어로 작성하고 서명만 한 채 날인은 하지 않은 경우에 위 유언도 유효하다고 하였다.27)28)

결국 유언의 방식 준수라는 법적 안정성의 요청과, 유언자의 진의를 실현하여야 한다는 구체적 타당성의 요청 사이에서 적절한 균형을 모색하여야 하지만, 그 경계를 어디에 긋는가 하는 것이 어려운 문제로 등장한다.

---

24) 이 점에 관한 일본의 문헌으로서는 예컨대 加藤永一, "遺言の要式性", 遺言の判例と法理, 1990, 18면 이하; 泉 久雄, "方式違背の遺言の效力", 家族法の研究, 平成 11(1999), 153면 이하, 특히 160면 이하(여기서는 "유언의 방식 완화는 판례법의 하나의 精華"라고 한다); 太田武男, 相續法槪說, 1997, 154면 이하 등이 있다. 독일 문헌으로는 MünchKomm//Hagena, §2247 Rdnr. 1 등.

25) 대법원 1915(大正 4). 7. 3. 판결(民錄 21輯 1176頁).

26) 最判 1977(昭和 52). 11. 21.(家月 30·4·91).

27) 最判 1974(昭和 49). 12. 24(민집 28권 10집 2152頁).

28) 독일의 판례에 관하여는 Stefan Grundmann, "Favor Testamenti, Zu Formfreiheit und Formzwang bei privatschriftlichen Testament", AcP 187(1987), S. 433 ff. 참조.

Ⅳ. 해석에 의한 유효설의 검토

1. 유효설의 근거

그러면 과연 현행법의 해석상 유언자의 주소가 누락된 자필유언증서도 유효하다고 볼 수 있을까? 이를 유효하다고 하는 하급심 판결례들이 들고 있는 근거는 일반인의 거래관행이나 규범의식이 법률행위를 함에 있어서 주소의 기재까지 요구하고 있지는 않다는 것과, 다른 유언방식에서는 주소의 기재를 요구하고 있지 않다는 점 및 이를 무효로 본다면 유언자의 유지를 실현시키지 못하는 부당한 결과를 가져온다는 점이다. 그러나 이것만으로는 충분한 논거가 될 수 없다. 방식을 갖추지 못한 유언이 무효가 된다는 것은 민법이 예정하고 있는 것이므로, 그 결과 유언자의 유지가 실현되지 못한다고 하더라도 이는 불가피한 일이라고도 할 수 있고 그것만으로 부당하다고 할 수는 없다. 또 유언의 방식은 유언의 종류에 따라 다를 수 있으므로, 다른 유언의 경우에는 주소의 기재를 요구하지 않고 있다는 것도 충분한 이유는 되지 못한다. 그리고 일반인의 거래관행이나 규범의식을 근거로 들고 있기는 하지만, 과연 일반인의 거래관행이나 규범의식이 어떠한지도 확실하지 않을 뿐만 아니라, 그러한 거래관행이나 규범의식이 민법의 명문 규정에 어긋나는 해석의 근거가 되기도 어려울 것이다.

아마도 위의 판례들의 배후에는 학설이 설명하는 것처럼,[29] 유언자의 주소의 기재를 요구하는 것은 유언자의 동일성을 확인하기 위한 것인데, 이러한 목적은 주소의 기재가 없더라도 유언의 다른 내용에 의하여 충분히 달성할 수 있으므로, 유언자의 주소의 기재까지 요구하는 것은 지나친 것이라는 생각이 깔려 있는 것으로 생각된다.

이러한 유언도 유효하다고 하는 주장을 뒷받침하는 것으로는 다음과 같은 점을 생각해 볼 수 있다. 우선 우리나라나 일본에서는 자필증서유언의 방식으로 규정되어 있는 연월일의 기재와 날인에 관하여 이것이 결여되더라도 유효한 유언이 될 수 있다는 주장이 있다. 국내의 학설 가운데에는 날인에 관하여,

---

29) 위 주 5) 및 6) 참조.

날인을 요구하는 목적은 유언자의 동일성과 유언이 그의 진의에 의한 것임을 밝히기 위하여서이지만, 이러한 목적은 유언서 전문의 자서와 성명의 자서에 의하여 충분히 달성되므로 그 밖에 날인을 요구하는 것은 불필요하고, 따라서 날인이 없더라도 자필증서에 의한 유언은 유효하게 성립한다고 하는 주장이 있다.[30]

그리고 연월일의 기재가 없는 자필증서유언의 경우에, 국내에는 이를 유효라고 하는 설이 보이지 않으나, 일본에서는 유언의 내용 기타 외부적 사정으로부터 연월일[31]을 확정할 수 있는 경우에는 유언을 유효라고 보아야 한다는 설이 주장되고 있다.[32]

다른 한편 이와 유사한 문제는 어음이나 수표에 발행지의 기재가 없는 경우에 그러한 어음이나 수표가 무효인가 하는 점이다. 어음법과 수표법은 각각 어음과 수표의 발행지의 기재를 어음 수표의 요건의 하나로 규정하고, 이를 기재하지 않은 어음이나 수표는 무효라고 규정하고 있다(어음법 제1조 제7호, 제2조 제1항; 수표법 제1조 제5호, 제2조 제1항). 그리하여 종래의 판례는 발행지의 기재가 없는 어음이나 수표는 무효로 보았다. 그러나 대법원 1998. 4. 23. 선고 95다36466 전원합의체 판결[33]은 어음에 관하여, 대법원 1999. 8. 19. 선고 99다23383 전원합의체 판결[34]은 수표에 관하여 이러한 종래의 판례를 변경하였다. 그리하여 어음이나 수표상 발행지의 기재가 없더라도 어음면 또는 수표의 기재에 의하여 국내어음 또는 국내수표로 인정되는 경우에는 무효가 아니라고 하였다.

위 판례를 유추한다면, 자필증서유언에 있어서 주소의 기재가 없더라도 유언의 내용 기타 다른 사정에 의하여 유언자가 누구인지를 확인할 수 있을 때에는 굳이 그 유언을 무효로 볼 필요는 없다는 결론을 이끌어낼 수도 있을 것이다.

독일의 학설 가운데에도 자필증서유언 방식 규정의 적용에 관하여 이와 같은 맥락의 견해가 주장되고 있다. 즉 유언의 방식 준수 여부가 문제될 때에는 그 법규정의 문언보다는 그러한 규정에 의하여 입법자가 달성하려는 목적을 우선하여

---

30) 郭潤直(주 1), 230면. 같은 취지, 金泳希(주 6), 284면. 일본의 하급심 판결례 가운데에도 그러한 태도를 보인 것이 있다고 한다. 新版 注釋民法(28)(주 20), 102면(久貴忠彦) 참조.
31) 일본 민법 제968조는 "日付"라고 규정하고 있다.
32) 新版 注釋民法(28)(주 20), 94면(久貴忠彦)의 문헌소개 참조.
33) 집 46권 1집 민227면.
34) 집 47권 2집 민16면.

야 한다는 것이다. 그러므로 어떤 유언이 자필증서유언의 방식을 규정한 독일민법 제2247조의 문언에는 부합하지 않지만, 유언자의 진지성과 진정성이 증명될 수 있고, 또 그러한 흠을 가진 다른 유언도 마찬가지로 확실히 진정하고 종국적이며 진지한 것으로 간주할 수 있을 때에는 유언 존중(favor testamenti)의 원칙에 따라 유효한 것으로 보아야 한다고 한다. 그리하여 말미의 서명(Unterschrift)[35]의 요건과 관련하여서는 자필서명 뒤의 追記(Postskripta)도 유효한 것으로 보아야 하고, 말미의 서명 대신 유언의 서두에 자기 자신을 소개하는 것[36]도 유효한 서명으로 보아야 하며, 유언서의 봉투에 있는 서명도 유효하고, 자필기재의 요건과 관련하여서는 유언이 유언에 포함되어 있지 않은 다른 문서를 인용한 경우에도, 그 다른 문서의 위조나 변조의 위험이 없는 한 유효한 것으로 보아야 한다고 한다.[37]

2. 유효설의 문제점

그러나 이러한 유효설을 그대로 받아들이기는 어렵다. 우선 이처럼 주소의 기재가 없는 자필증서유언도 유효하다고 하는 것은 법규정에 어긋나는 것임이 명백하다. 이처럼 법규정에 어긋나는 해석을 정당화하기 위하여, 이를 유효로 보더라도 법이 요구하는 목적은 모두 충족된다고 하는 것만으로는 충분한 논거가 될 수 없는 것이다. 이를 입법자의 의사를 가지고 정당화할 수도 없다. 적어도 법문언에 나타나 있는 입법자의 의사는 주소의 기재가 없는 자필증서유언은 무효로 한다는 것이었다고 보지 않을 수 없다.

주소 외의 다른 요건의 누락의 경우에도 일반적으로는 이러한 요건이 누락된 자필증서유언을 유효로 보고 있지는 않다. 일본의 일반적인 견해는 유언의 내용 기타 외부적 사정으로부터 연월일을 확정할 수 있는 경우에는 유언을 유효라고 보아야 한다는 학설에 대하여, 입법론으로서는 수긍할 만한 점이 있지만,[38] 현행법의 해석으로서는 무리한 것이라고 보아 이를 받아들이지 않고

---

35) 독일민법 제2247조 제1항은 자필증서유언의 요건으로서 자필로 기재되고 말미에 서명된 의사표시(eine eigenhändig geschriebene und unterschriebene Erklärung)를 요구하고 있는데 이 서명은 unterschreiben이라는 말이 가리키는 것처럼 문서의 마지막에 위치하여야 한다고 해석되고 있다. MünchKomm/Hagena, §2247 Rdnr. 25; 金泳希, "獨逸의 普通方式의 遺言", 家族法研究 제15권 1호, 2001, 360-361면 참조.

36) Selbstbenennung. 예컨대 "나, Bernd G. Horst는 다음과 같이 유언한다"와 같은 것.

37) Grundmann(주 28), S. 439 ff.

38) 독일의 경우에는 제정 당시의 독일민법 제2231조는 자필증서유언의 경우에 유언의 일시와

있다.39)

날인의 누락에 관하여도 서울중앙지방법원 2005. 7. 5. 선고 2003가합86119, 89828 판결40)은 유언자의 날인이 누락되어 있는 자필증서유언이 유언자의 사망 후 은행의 대여금고에서 발견되었는데, 그러한 유언이 유효한가가 문제된 사건에서 이를 무효라고 보았다. 그 중요 부분은 다음과 같다.

"자필증서에 의한 유언을 제외한 다른 4종류 유언의 방식은 유언 과정에 증인 또는 공증인이 관여하게 하여 위와 같은 유언의 형식적 엄격주의를 확보하고 있으나, 자필증서에 의한 유언의 방식은 이와 달리 증인 등 제3자의 관여가 없는 가장 간편한 방식으로서 그에 따른 위·변조의 위험이 그만큼 많아지고 진의의 확인도 어렵게 되므로 그 형식의 엄격성이 더욱 요구되는 것이고 그 엄격성을 확보하는 방법으로 민법은 유언자 본인이 직접 전문과 연월일, 주소, 성명을 자서하고 날인할 것을 요구하고 있다고 할 것인데, 이는 다른 유언의 방식에서는 유언자와 증인 등이 '서명 또는 기명날인하여야 한다'고 규정하고 있는 것에 비하여 자필증서에 의한 유언의 방식에서는 유언자가 '자서하고 날인하여야 한다'고 달리 규정하고 있는 점에 비추어 보아도 그러하다 할 것이다.

또한, 일반적으로 사적인 법률관계에서 중요한 문서를 작성함에 있어서는 그 작성자가 서명을 한 다음 날인을 하는 것으로 문서 작성을 완결한다고 보는 것이 통례라 할 수 있고(다만, 시대의 변천에 따라 일상생활에서 날인이 가지는 중요성이 퇴색되고 있는 측면이 없지 아니하고, 실제 금융거래 등에서 서명을 날인과 동일시하여 서명만으로 거래가 가능해지고 있기는 하지만 일상의 거래전반에서 서명이 날인을 대체한다는 법의식 내지 관행이 확고히 정립되었다고 볼 근거는 없다), 더욱이

장소의 기재를 요구하고, 이러한 기재가 누락된 유언은 무효로 하고 있었다. 그리하여 이러한 요건의 결여로 인하여 무효로 되는 유언이 많았기 때문에 1938년의 유언법(Das Gesetz über die Errichtung von Testamenten und Erbverträgen, TestG) 제21조는 유언의 일시와 장소의 기재가 없고 그로 인하여 그 효력에 관하여 의문이 있을 때에는, 다른 방법으로 그 일시와 장소를 확정할 수 있는 경우에 한하여 이를 유효한 것으로 본다고 규정함으로써 이 요건을 완화하였고, 이 규정이 현행 독일 민법 제2247조에 계승되었다. Staudinger/Baumann, §2247 Rdnr. 1 ff.; Monika Beutgen, Die Geschichte der Form des eigenhändigen Testaments, 1992, S. 74 ff. 등 참조. 참고로 이처럼 독일에서 법이 개정된 것은 자신의 자필증서유언이 유언의 장소 결여로 무효라는 지적을 받은 당시의 독일 총통이었던 히틀러 자신이 직접 개입했기 때문이라는 설명이 있다. Meyer-Pritzl, in: Staudinger/Eckpfeiler(2005), S. 1078 f. 참조.

39) 新版 注釋民法(28)(주 20), 94면(久貴忠彦); 中川善之助·泉 久雄, 相續法, 第四版, 2000, 523면 주 11); 中川 淳, 相續法逐條解說(下卷), 平成 7(1995), 49면 등 참조. 일본의 판례는 年月의 기재만 있고 日의 기재는 없는 유언도 무효라고 보고 있다. 대법원 大正 7(1918). 4. 18(民錄 24·722) 등.

40) 각공 2005, 1271.

앞서 본 유언의 방식 및 효력 등에 관한 민법의 형식적 엄격주의 및 위 자필
증서에 의한 유언의 특성 등을 고려해 볼 때 자필증서에 의한 유언에 있어서
성명의 자서가 되어 있지 아니한 경우뿐만 아니라 이 사건과 같이 날인이 누
락되어 있는 경우에도 적법한 유언으로서의 효력은 없다고 할 것이다."

앞에서 설명한 것처럼 자필증서유언에 날인을 요구하고 있는 것은 그것이
단순히 유언의 초안에 불과한 것이 아니고 확정적인 유언임을 담보하는 의미
를 가지기 때문이므로, 날인이 누락된 자필증서유언의 효력을 인정하기는 어렵
다고 생각된다.41) 일본에서도 일본 민법이 명문으로 押印을 유언 성립의 1요건
으로 하고 있는 이상 押印이 없는 유언을 해석에 의하여 유효로 하는 것은 무
리이고,42) 다만 일본에 귀화한 백계 러시아인이 서양식의 생활을 유지하면서,
押印의 이용은 관공서에의 제출서류 등에만 그쳤던 경우에 한하고 일상생활에
서는 전혀 서명에 의하여 처리하였던 특별한 사정이 있는 경우에만43) 예외를
인정할 수 있을 것이라고 하는 견해가 지배적이다.44)

독일에서도 유언의 방식 준수 여부가 문제될 때에는 그 법규정의 문언보
다는 그러한 규정에 의하여 입법자가 달성하려는 목적을 우선하여야 한다는
견해45)는 일반적으로 잘 받아들여지지 않고 있다. 즉 이러한 견해가 원용하고
있는 판례는 특별한 사안에 있어서의 한계상황으로서 이해하여야 하고, 피상속
인의 이익을 위한 하자의 치유를 위한 지침으로 이해할 수는 없으며, 표의자의
사망 후에 비로소 효력을 발생하는 의사표시인 유언은 법정상속인 또는 유언
에 의하여 지정된 상속인의 보호를 위하여, 명확한 방식의 요건에 의하여 법률
적으로 의미가 없는 죽은 사람의 표시와는 구분되어야 한다는 점에서 이러한
견해에 따를 수 없다고 한다.46) 다른 교과서도, 강행적인 방식규정을 필요불가
결한 것으로 한정하려는 것은 근대 입법의 목표이지만, 방식의 최소한도는 준

---

41) 위 판결도 피상속인이 거래관계로 이전부터 친분이 있던 피고 은행 지점의 직원으로부터
   자필증서의 유언은 날인하는 것에 의해 성립된다는 내용의 자료를 교부받았음에도 자필증서
   에 의한 유언의 요건 중 유독 날인만 누락된 상태의 이 사건 유언장을 그대로 유지하였다는
   점 등에 비추어 볼 때, 피상속인의 진의가 확정적으로 그 전 재산을 참가인에게 유증한 것으
   로 보기도 어렵다고 부가적으로 판시하고 있다.
42) 泉 久雄(주 24), 163면. 加藤永一, "遺言書の署名・押印・契印", 遺言の判例と法理(주 24),
   112면도 법정의 방식인 이상 그와 같이 간단히 무시할 수는 없다고 한다.
43) 위 最判 1974(昭和 49). 12. 24.(주 27) 참조.
44) 加藤永一(주 42), 112면; 新版 注釋民法(28)(주 20), 102면(久貴忠彦) 등.
45) 위 주 37) 참조.
46) Staudinger/Baumann, §2247 Rdnr. 11.

수되어야 하고, 방식요건을 엄격히 해석할 것인가 완화하여 해석할 것인가 하는 점에 관한 판례의 모순은 구체적인 사안에 기인한 것이기는 하지만, 법률의 준수와 방식규정의 법정책적인 목적 및 법률이 의도한 사인처분과 생존자 사이의 처분의 구별은 최소한도의 준수를 명하고 있으며, 가령 피상속인이 자신의 생각을 단순히 표명한 것과 이를 종국적인 의사로서 방식에 맞게 표시한 것 사이에는 본질적인 차이가 있다고 설명한다.47)

이 문제에 관하여는 키프·코잉의 교과서가 매우 엄격한 태도를 취하고 있다. 여기서는 방식규정은 그 본성에 있어서 엄격한 적용을 요구하고, 아주 좁은 범위에서만 해석의 대상이 되며, 법관은 개별 사례에의 효과를 고려하여 이를 완화하려는 유혹에 저항하지 않으면 안 된다고 한다. 그러한 노력은 불가피하게 혼란과 법적 불안정성을 초래하며, 법적용의 균질성을 위협하고, 이러한 불이익은 길게 보면 개별 사례에서의 형평에 맞는 재판이라는 가치보다도 더 크다고 한다. 가령 1901년에 유언을 한 피상속인이 실수로 "1801년"이라고 오기를 하였는데, 이 유언이 1901년에 작성되었다는 점에 대하여는 다툼이 없고 명백한 것과 같이, 입법자가 규정한 방식이 준수되지는 않았지만 입법자가 추구한 실질적인 목적은 달성되었거나 적어도 위협을 받지 않는 경우에, 이러한 유언도 유효하다고 보려는 유혹에 빠질 수 있다고 한다.48) 그러나 그렇게 되면 헤크(Heck)가 유사(流砂)의 위험(Treibsandgefahr)이라고 부른 현상이 나타나게 되고, 그러한 발전의 결과는 전체적으로 파악하기 어려운 개별 사례에 따른 판단(Kasuistik), 불안정성과 자의가 된다고 한다.49)

법학방법론적으로 본다면 이처럼 법률에 규정된 유언의 방식을 갖추지 못하였더라도 그 유언이 유효하다고 하는 것은 이른바 법률의 문언에 어긋나는 재판(contra-legem-judizieren)을 허용하는 것이 된다. 이러한 것이 허용되는가, 이를 법관에 의한 법형성(richterliche Rechtsfortbildung)과 어떻게 구분하는가 하는 것은 그 자체 어려운 문제이다.50) 위 대법원 1998. 4. 23. 선고 95다36466 전원

---

47) Lange/Kuchinke(주 2), §16 Ⅳ. 5, 6(S. 336 f.).

48) 여기서는 베를린 고등법원(Kammergericht)의 1936. 10. 1. 판결(JFG 14, 165, 167)을 인용하고 있다. 일본에서는 이처럼 유언서에 기재된 연월일이 실제의 연월일과 일치하지 않는 경우에 그 유언이 유효한가에 관하여 여러 가지 견해가 있다. 新版 注釋民法(28)(주 20), 97-98면 (久貴忠彦) 참조. 이를 유효하다고 한 판례로서는 最判 1977(昭和 52). 11. 21.(주 26) 참조.

49) Kipp·Coing, Erbrecht, 14. Bearbeitung, 1990, §19 Ⅳ.(S. 128 ff.).

50) Larenz·Canaris, Methodenlehre der Rechtswissenschaft, 3. Aufl., 1995, S. 250 f.에 의하면 객관적 해석론(objektive Auslegungstheorie)에 따를 때에는 법률의 문언에 어긋나는 재판이란

합의체 판결(주 33)의 다수의견에 대한 보충의견은 다음과 같이 설시하고 있다.

　"법률을 해석·적용함에 있어서는 법률규정의 문언의 어의(語義)에 충실하게 해석하여야 함이 원칙임은 말할 것도 없다. 그러나 법률 제정 당시에 입법자가 전혀 예상하지 못하였기 때문에 법률로 규정되지 않았거나 불충분하게 규정된 경우가 있을 수 있고, 이 경우에도 법원은 재판을 하지 않으면 아니 되므로 법원의 법형성적 활동이 개입될 수밖에 없다. 뿐만 아니라 법률에 명문의 규정이 있는 경우에도 시대가 바뀌고 사회가 달라짐에 따라 법과 실제 생활과의 사이에 불가피하게 간격이 생길 수 있으며, 이때에 만일 명문규정의 엄격한 적용만을 고집한다면 그것은 법적 안정성이 유지될지는 모르나 사회생활의 유동·발전에 대한 적응성을 결여하는 중대한 결함이 생길 수 있으므로 이를 실제 생활에 부합하게 해석할 사회적 필요가 생기게 된다. 이와 같은 경우 법원은 형식적인 자구 해석에 얽매일 것이 아니라 그 법이 구현하고자 하는 입법정신이 무엇인가를 헤아려서 그 입법정신을 실현하는 방향으로 법의 의미를 부여하여야 하며, 그 실현을 위하여 필요한 한도 내에서 명문규정의 의미를 확대해석하거나 또는 축소·제한해석을 함으로써 실질적인 법형성적 기능을 발휘하여야 할 것이다."

　일반적으로 법률이 불완전한 경우에 법원에 의한 법률내재적 법형성(Gesetzesimmanente Rechtsfortbildung)뿐만 아니라 법률을 뛰어넘는 법형성(Gesetzesübersteigende Rechtsfortbildung)이 허용될 수 있음은 오늘날 일반적으로 인정되고 있다.[51] 위 보충의견의 앞 부분은 이를 가리키는 것으로 이해된다. 그러나 위 사건에서 문제되었던 것은 이러한 법형성의 문제가 아니라 원래의 의미에

　거의 법관에 의한 법형성을 위한 정당한 필요가 존재하는 경우라고 한다. 반면 주관적 해석론(subjektive Auslegungstheorie)에 따를 때에는 역사적 입법자의 의도는 무시되지만, 그러한 재판이 법규범의 가능한 문언과는 여전히 합치될 수 있거나 유추 또는 축소의 방법에 의하여 관철될 수 있을 때에 법률의 문언에 어긋나는 재판이 존재한다고 한다. Jörg Neuner, Die Rechtsfindung contra legem, 2. Aufl., 2005, S. 132 참조.

51) 전자는 법원이 법률의 흠결을 법률에 나타나 있는 가치평가에 따라 해결하는 것을 말하는 반면, 후자는 법률이 전혀 예정하고 있지 않았던 법률문제를 법원이 입법자와 같은 입장에서 새로운 법제도를 만들어 해결하는 것을 말한다. 양자의 정확한 구분이나 개념규정 등에 관하여는 논란이 있다. 개정 전 형법 제55조 제1항 제6호의 벌금을 감경할 때의 「다액」의 2분의 1이라는 문구는 「금액」의 2분의 1이라고 해석하여 그 상한과 함께 하한도 2분의 1로 내려가는 것으로 해석하여야 한다는 대법원 1978. 4. 25. 선고 78도246 판결(집 26권 1집 형86)이 법률을 뛰어넘는 법형성의 대표적인 예라고 할 수 있다. 이에 관하여는 예컨대 金大彙, "法官의 法發見의 3段階", 司法研究資料 제13집, 1986, 5면 이하; Karl Larenz, Methodenlehre der Rechtswissenschaft, 6. Aufl., 1991, Kap. 5(S. 366 ff.); Ernst A. Kramer, Juristische Methodenlehre, 1998, S. 131 ff. 등 참조.

서의 법률해석의 문제로서, 과연 법원이 법의 명문 규정에 어긋나는 해석을 할
수 있는가 하는 점이었고, 이는 이 글에서 다루고 있는 주제의 경우에도 마찬
가지이다. 위 보충의견은 이러한 해석을 정당화하는 근거로서, 법률에 명문의
규정이 있는 경우에도 시대가 바뀌고 사회가 달라짐에 따라 법과 실제 생활과
의 사이에 불가피하게 간격이 생길 수 있는데, 이때 명문규정의 엄격한 적용만
을 고집한다면 사회생활의 유동·발전에 대한 적응성을 결여하는 중대한 결함
이 생길 수 있으므로 이를 실제 생활에 부합하게 해석할 필요가 생긴다는 점
을 들고 있다. 이러한 주장 자체의 당부에 관하여는 양론이 있을 수 있다.52)

    그러나 주소지의 기재가 없는 자필증서유언의 경우에는 이러한 예에 해당
하지 않는다. 그러한 유언이 무효라는 것은 입법자가 예정하고 있는 것이었고,
또 민법 제정 후에 주소지의 의미에 관하여 별다른 변동이 있었다고도 보이지
않는다. 그러므로 이러한 유언도 유효라고 하는 것은 법률의 명백한 문언을 법
관 자신의 정의관념으로 대체시키려는 유혹에 넘어가는 것으로서 허용될 수
없는 것이다.53)54)

---

52) Franz Bydlinski, Juristische Methodenlehre und Rechtsbegriff, 2. Aufl., 1991, S. 588 f.는 역
사적으로 규범의 근본이 되었던 목적이 현재의 법질서에서 아무런 대상 없이 사라졌다면 그
규범은 특별한 실효조치가 없더라도 적용가능성을 상실한다고 하고, Larenz(주 51), S. 351은
규범이 특정한, 일시적으로만 존재하는 상황을 염두에 두고 제정되었으나 그러한 상황이 더
이상 존재하지 않는 경우에는 "법의 근거가 사라지면 법률은 스스로 효력을 잃는다(cessate
ratione legis cessat lex ipsa)"라는 法諺이 적용될 수 있다고 한다. 반면 Kramer는 그러한 경
우에도 스위스 헌법상은 입법자가 연방법률을 스스로 폐지하기 전까지는 법률로서 구속력이
있다고 한다. Kramer(주 51), S. 167 f. 다른 한편 박철, "법률의 문언을 넘은 해석과 법률의
문언에 반하는 해석", 법철학연구 제6권 1호, 2003, 185면 이하, 특히 232면의 요약은 법률문
언을 넘은(praeter legem) 해석과 법률문언에 반하는(contra legem) 해석은 법률에 흠결이 있
는 경우, 법률의 내용이 상호 모순적이거나 충돌하는 경우, 법률에 명백한 실수가 있는 경우,
법률의 내용이 심하게 비합리적이거나 반도덕적인 경우 및 사회변화로 규범상황이 변한 경
우 등에 요구된다고 한다. 그러나 여기서는 어느 경우에는 법률문언을 넘은 해석이 허용되고
어느 경우에는 법률문언에 반하는 해석이 허용되는가를 충분히 구분하고 있지 않을 뿐만 아
니라, 위헌법률심사제도와 같은 규범통제와의 구별도 분명하지 않다.
53) Larenz(주 51), S. 348 ff. 참조. Kramer(주 51), S. 169 f.도 같은 취지로 이해된다.
54) 어음이나 수표상 발행지의 기재가 없더라도 어음면 또는 수표의 기재에 의하여 국내어음
또는 국내수표로 인정되는 경우에는 무효가 아니라고 한 위 대법원 1998. 4. 23. 전원합의체
판결(주 33) 및 1999. 8. 19. 전원합의체 판결(주 34)도 마찬가지의 비판을 면할 수 없다고
생각된다. 朴徹, "사법재량론", 司法論集 제34집, 2000, 878면 이하 참조. 김영환, "법학방법론
의 관점에서 본 유추와 목적론적 축소", 법철학연구 제12권 2호, 2009, 27면은 이 대법원 판
결이 목적론적 축소에 의해 법흠결을 보충한 것이라고 보고 있다. 그러나 발행지의 기재가
없는 어음 또는 수표의 기재는 무효라는 것은 어음법과 수표법 규정의 핵심적인 내용이므로
이에 관하여 흠결이 존재한다고 하기는 어려울 것이다. 더구나 위 각 판결의 반대의견이 지
적하고 있는 것처럼 이 어음법과 수표법은 제네바 통일조약에 따른 따른 것으로서, 우리나라
에서만 흠결이 존재한다고 말하기는 어렵다. 위 각 판결의 다수의견도 자신들의 태도를 목적

V. 민법 제1066조 제1항의 위헌 여부

1. 헌법상 기본권으로서의 유언의 자유

이처럼 해석에 의하여 유언자의 주소지 기재가 없는 자필유언증서를 유효하다고 보는 것이 불가능하다면, 유언자의 주소지 기재를 요구하고 있는 민법 제1066조 제1항이 위헌은 아닌가에 관하여 따져 볼 필요가 있다. 일반적으로 법률이 한 가지 해석방법에 의하면 헌법에 위배되는 것처럼 보이더라도 다른 해석방법에 의하면 헌법에 합치하는 것으로 볼 수 있을 때에는 헌법에 합치하는 해석, 즉 헌법합치적 해석(verfassungskonforme Auslegung)을 하여야 한다.[55] 그러나 헌법합치적 해석에는 법의 문구와 목적에 따른 한계가 있어 법률의 조항의 문구가 간직하고 있는 말의 뜻을 넘어서 완전히 다른 의미로 변질되지 아니하는 범위 내이어야 한다는 한계와, 입법권자가 그 법률의 제정으로써 추구하고자 하는 입법자의 명백한 의지와 입법의 목적을 헛되게 하는 내용으로 해석할 수 없다는 법목적에 따른 한계가 있다.[56] 그러므로 어느 법규정이 그 문언대로라면 불합리한 결과를 가져온다고 판단될 때에는, 무리하게 그 문언과 다른 해석을 하려고 노력하기보다는 차라리 그러한 법규정이 위헌이 아닌가 여부를 따져 보는 것이 올바른 태도이다.[57]

여기서 살펴보고 있는 사례의 경우에는 민법 제1066조 제1항이 유언자의 주소의 기재가 없는 자필증서유언을 무효로 하고 있는 것이 유언의 자유를 지

론적 축소로 이해한 것으로는 보이지 않는다. 위 각 판결의 반대의견은 목적론적 축소해석 또는 헌법합치적 해석에 의하여 그 법규의 적용 범위를 예외적으로 제한하여 해석할 필요가 있는 등의 특별한 사정이 없는 한, 다수의견과 같이 해석할 수는 없다고 한다. 김영환 교수도 위 판결들은 법률에 반하는 해석이라는 혐의가 짙다고 보고 있다.

55) 대법원 1992. 5. 8.자 91부8 결정(공 1992, 2151); 대법원 2006. 6. 22.자 2004스42 전원합의체 결정(집 54권 1집 가, 290면)에서의 김지형 대법관의 보충의견 등 참조. 앞의 결정에 대하여는 尹眞秀, "未決收容者의 接見權의 性質과 그 制限", 대법원판례해설 제17호(92년 상반기), 763면 이하; 뒤의 결정에 대하여는 Jinsu Yune, "The Role of the Courts in the Protection of Transsexuals' Human Rights: A Comparison of Korea with Germany and the U. K.", in: Tobias Helms und Jens Martin Zeppernick(hrsg.), Lebendiges Familienrecht, Festschrift für Rainer Frank, 2008, S. 409 ff. 참조.

56) 헌법재판소 1989. 7. 14. 선고 88헌가5, 8, 89헌가44 결정(헌판집 1권 86면); 成樂寅, 憲法學, 제10판, 2010, 34면 등 참조.

57) Larenz · Canaris(주 50), S, 251; Bydlinski(주 52), S. 499 등 참조.

나치게 침해하는 것으로서 위헌이 아닌가가 문제된다. 우선 유언의 자유를 헌법상 보장되는 기본권으로 볼 수 있는가가 문제되나, 이 점은 긍정되어야 한다.[58]

우리 헌법은 독일 헌법과는 달리 직접 상속권을 보장하는 규정을 두고 있지는 않으나, 상속권의 한 내용으로서의 유언의 자유는 제1차적으로는 재산권을 보장하고 있는 헌법 제23조 제1항에서 그 근거를 찾아야 할 것이다.[59] 헌법재판소 1989. 12. 22. 선고 88헌가13 결정[60]도, 우리 헌법상의 재산권 보장은 사유재산의 처분과 그 상속을 포함하는 것으로 이해하고 있다.[61] 그렇다면 유언의 자유는 제1차적으로는 이러한 재산권의 한 내용인 처분의 자유에서 파생되는 것이라고 하겠다.

헌법재판소 1997. 12. 24. 선고 96헌가19, 96헌바72 결정[62]의 다수의견은, 구 상속세법 제9조 제1항(1993. 12. 31. 법률 제4662호로 개정되기 전의 것)이 피상속인이 상속개시전 5년 이내에 상속인에게 증여를 한 경우와 상속개시전 3년 이내에 상속인 이외의 자에게 증여를 한 경우에는 증여의 효력을 실질적으로 부인하여 증여에 의한 재산처분행위가 없었던 것으로 보고 상속당시의 현황에 의하여 평가한 증여재산의 가액을 상속재산의 가액에 가산하여 상속세를 부과하도록 규정한 것은, 결과적으로 피상속인의 사유재산에 관한 처분권에 대하여 중대한 제한을 하는 것으로서 위헌이라고 하였다. 경제적으로는 피상속인의 상속인 등에 대한 생전증여는 상속인에 대한 유증과 같은 기능을 수행하는 것이므로, 피상속인의 유언에 의한 처분의 자유는 피상속인의 생전증여에 의한 처분과 마찬가지로 헌법상의 보호를 받아야 할 것이다.[63]

다른 한편 유언은 단순한 재산권 처분의 기능 이외에도 사적 자치의 실현이라는 의미도 가진다.[64] 이 점에서 유언의 자유는 또 다른 사적 가치의 실현

---

58) 이하의 서술은 尹眞秀(주 5), 177면 이하 참조.
59) 독일 기본법 제14조 제2항은 상속권을 보장하고 있으나, Staudinger/Gerhard Otte, Einl zu §§1922 ff., Rdnr. 63은 유언의 자유는 소유권을 보장하고 있는 독일 기본법 제14조 제1항에서도 도출할 수 있다고 한다.
60) 헌판집 1권 357면.
61) 헌법재판소 1998. 8. 27. 선고 96헌가22, 97헌가2·3·9, 96헌바81, 98헌바24·25 결정(헌판집 10권 2집 339면)도, 상속권은 재산권의 일종이라고 하고 있다.
62) 헌판집 9권 2집 762면.
63) J. Wieland, in; H. Dreier(Hrsg.), Grundgesetz-Kommentar, Bd. 1, 1996, Art. 14 Rn. 59 참조.
64) MünchKomm/Leipold, Einleitung vor §1922, Rdnr. 25는 이러한 점에서 유언의 자유가 독일 기본법 제14조뿐만 아니라 제2조 제1항에서 도출되는 일반적인 자유권에도 근거를 가지고 있다고 설명한다. 같은 취지, Lange/Kuchinke(주 2), §2 Ⅳ. 2. b)(S. 26).

수단인 계약의 자유와도 공통된 점을 가지고 있다고 할 수 있고,[65] 따라서 계약의 자유와 마찬가지로 헌법 제10조가 규정하고 있는 행복추구권 속에 포함된 일반적 행동자유권으로부터 파생되는 것이라고도 볼 수 있다.[66]

　이러한 유언의 자유는 제1차적으로는 유언자를 보호하려는 것이지만, 유언의 자유가 침해되었을 때에는 적어도 상속 개시 후부터는 유증을 받은 수유자와 같은 사람도 헌법소원 등의 방법에 의하여 이를 다툴 수 있다고 보아야 할 것이다. 만일 그와 같이 보지 않으면 유언의 자유의 보호는 유언자의 사망과 함께 종료되게 되어, 유언의 자유라는 것은 형해화될 수밖에 없게 되기 때문이다.[67]

　독일의 판례 가운데 유언의 자유 침해를 이유로 하여 법률이 위헌이라고 한 독일 연방헌법재판소의 판례가 있는데,[68] 그 내용을 간단히 소개하면 다음과 같다.[69] 당시의 독일 민법 제2232조는 공정증서 유언의 요건으로서 피상속인(유언자)이 공증인에게 자신의 유언을 구두로 진술하거나 또는 공증인에게 자신의 유언을 기재한 서면을 교부할 것을 요구하고, 제2233조 제2, 3항은 그 특례로서 피상속인이 문자를 읽을 수 없을 때에는 구두 진술에 의하여만 유언을 작성할 수 있고, 피상속인이 충분히 말을 할 수 없을 때에는 서면의 교부에 의하여만 유언을 할 수 있다고 규정하고 있었다. 그리고 당시 독일의 공증법 (Beurkundungsgesetz) 제31조는, 위 독일민법 제2232조 제3항에 의하여 말을 할 수 없는 사람이 서면의 교부에 의하여 공정증서유언을 할 때에는 그 교부된 서면이 자신의 유언을 포함한다는 것을 공증인의 면전에서 자필로 기재하도록 요구하고 있었다. 그러므로 말할 수도 없고 필기능력도 없는 사람은 공정증서에 의한 유언은 할 수 없으며, 다른 유언방식도 허용되지 않았다.

　위 사건의 피상속인은 1905년에 출생하여 1989년에 사망하였는데, 사망 7년 전에 졸도 발작을 일으킨 이래 말할 수도 없고 글을 쓸 수도 없게 되었으나, 소리를 듣거나 다른 방법으로 의사소통은 할 수 있었다. 그런데 그는 1982

---

65) Kipp · Coing(주 49), §16 Ⅱ(S. 111) 참조.

66) 헌법재판소 1991. 6. 3. 선고 89헌마204 결정(헌판집 3권 274-275면)은 계약 자유의 원칙은 헌법 제10조에 근거한 일반적 행동자유권으로부터 파생되는 것이라고 하였다.

67) 독일연방헌법재판소의 판례(BVerfGE 91, 346, 360; BVerfG NJW 1999, 1853 등) 참조. 뒤의 판례는 유언에 의하여 상속인으로 된 자의 상속인 또한 유언의 자유에 의하여 보호될 수 있다고 한다.

68) 독일연방헌법재판소 1999. 1. 19. 결정(NJW 1999, 1853 = BVerfGE 99, 341).

69) 보다 상세한 것은 尹眞秀(주 5), 182면 이하 참조.

년에 공증인의 면전에서 자신을 간호하여 주던 피고를 상속인으로 지정한다는 공정증서에 의한 유언을 하였다.[70] 당시 공증인 및 증인으로 참석하였던 다른 공증인과 피상속인의 친지인 의사는 다같이 피상속인이 유언능력이 있다고 확인을 하였다. 그 후 피상속인이 사망하자 피상속인의 딸이 위 유언이 무효라고 주장하여 상속인으로 지정된 피고가 상속인이 아님의 확인을 구하였고, 이 주장은 제1심 및 제2심 법원에서 받아들여졌으며 그에 대한 상고허가도 받아들여지지 않았다.

제2심 판결 선고 후에 피고가 사망하자, 피고의 상속인이 연방헌법재판소에 위 판결에 대한 헌법소원을 제기하였는데, 연방헌법재판소는 위 헌법소원을 받아들여, 독일민법 제2232조, 제2233조 및 공증법 제31조는 쓸 수도 말할 수도 없지만 유언능력은 있는 사람에 대하여 유언의 작성을 막고 있는 한 헌법에 합치되지 않는다고 하였다.

재판소는 그 이유를 다음과 같이 설시하였다. 즉 입법자의 의사는, 글을 쓸 수 없는 농아자와는 믿을 수 있을 만한 의사소통이 불가능하고, 또 그는 유언의 작성을 위하여 필요한 이해력이 결여되어 있기 때문에 이러한 사람은 유언을 전혀 할 수 없다는 것이었으며, 이 점에서 이러한 법규정은 법적 안정성 및 자율적으로 결정할 수 없는 사람의 보호를 목적으로 하는 것이고, 이러한 목적은 정당한 공익에 해당한다고 한다. 그러나 글을 쓸 수 없는 농아자에 대하여 모든 경우에 방식을 강제하는 것이 공공의 이익이라는 목적을 달성하기 위하여 필요한 것이라고는 할 수 없는데, 왜냐하면 글을 쓸 수 없는 농아자와의 충분히 안정적인 의사소통이 불가능하거나 그가 유언의 작성을 위하여 필요한 이해력이 결여되어 있는 경우에만 이러한 유언의 배제가 타당하고, 모든 글을 쓸 수 없는 농아자에게 유언의 작성을 위하여 필요한 행동 능력과 통찰력이 결여되어 있다는 입법자의 생각은 잘못된 것이며, 이 사건의 경우에서 보듯이 필기능력 및 대화능력 없는 사람도 유언의 작성을 위하여 요구되는 지적 및 생리적 자기결정능력을 가질 수 있다고 한다. 그러므로 그러한 사람에 대한 유언능력의 배제는 다른 사람에 의하여 영향을 받거나 무책임한 법률행위로부터의 보호를 위하여 필요한 것이 아니며, 공증법 제24조가 규정하는 것처럼,[71]

---

70) 독일민법상으로는 유언에 의하여 상속인을 지정하는 것이 인정된다.

71) 독일 공증법 제24조는, 당사자가 자신의 진술에 의하거나 또는 공증인의 확신에 의하면 충분히 듣거나 말할 수 없고, 또 서면으로 의사소통을 할 수도 없을 때에는, 공증인은 이를 공증서류에 확정하고, 이를 그와 의사소통이 가능한 친지에게 송달하여야 한다고 규정하고 있다.

유언자의 의사를 믿을 만하게 확인할 수 있는 그러한 공증절차가 보다 완화된
수단으로서 생각될 수 있다고 한다. 그리고 공증법 제24조에 의한 절차에 의하
여 얻을 수 있는 법적 안정성은 유언에 의한 처분에 있어서는 충분하지 않다
는 반론에 대하여는, 유언의 경우에는 생전의 법률행위보다 그 유언의 진정성
등에 대한 법적 안정성이 더 요구되기는 하지만, 이는 입법자가 예컨대 중립적
인 증인이나 공증인 등의 선발에 관하여 별도의 요건을 요구하거나, 이러한 사
람의 유언 능력 판단을 위하여 의사를 참여시키는 것을 필수적으로 요구함으
로써 해결할 수 있는 문제라고 한다.72) 이외에도 연방헌법재판소는 위 규정이
독일기본법 제3조가 규정하고 있는 평등의 원칙에도 반한다고 하였다. 그리하
여 위 규정들은 입법자에 의하여 개선되어야 하며, 그때까지는 필기능력 및 대
화능력 없는 사람은 잠정적으로 공증법 제22조 내지 제26조의 규정에 따라 공
증인의 도움을 받아 유언이나 상속계약과 같은 사인처분을 할 수 있다고 판시
하였다.

위 결정에 따라 2002. 7.에 독일 민법 제2232조, 제2233조는 개정되었
고,73) 공증법 제31조는 삭제되었다.

2. 자필증서유언에 주소의 기재를 요구하는 것이 위헌인지 여부

그러면 자필증서유언에 유언자의 주소의 기재를 요구하는 것이 유언의 자
유를 침해하는 것으로서 위헌이라고 할 수 있는가? 헌법재판소의 판례는 어느
법규범이 기본권을 침해하는 것으로서 위헌인가를 심사함에 있어서 일반적으
로 과잉금지의 원칙 내지 비례의 원칙을 적용하고 있다. 즉 기본권을 제한하는
법률이 합헌으로 인정되기 위하여는 입법목적의 정당성과 그 목적달성을 위한
방법의 적정성, 피해의 최소성, 그리고 그 입법에 의해 보호하려는 공공의 필
요와 침해되는 기본권 사이의 균형성을 모두 갖추어야 하며, 이를 준수하지 않
은 법률 내지 법률조항은 기본권제한의 입법한계를 벗어난 것으로서 헌법에

---

72) 다른 한편 연방헌법재판소는, 이러한 경우에 위 각 법률조항을 헌법합치적으로 해석하여,
　　단순한 거동만으로도 공정증서에 의한 유언이 가능하다고 보는 것 또한 규정의 문언과 명확
　　하게 인식할 수 있는 입법자의 의사와 모순되므로 불가능하다고 하였다.
73) 개정 전의 제2232조 제1항, 제2233조 제1항, 제2항은 상속인이 공증인에게 자신의 유언을
　　구두로 진술하도록(mündlich erklärt) 규정하였는데, 개정법은 "구두로(mündlich)" 부분을 삭제
　　하여 구두 외의 거동이나 기타 다른 방법으로 진술할 수 있도록 하였고, 말할 능력이 없는
　　경우에 공증인에게 서면을 교부하도록 하였던 제2233조 제3항은 삭제되었다.

어긋난다는 것이다. 여기서 목적의 정당성이란 국민의 기본권을 제한하려는 입법의 목적이 헌법 및 법률의 체제상 그 정당성이 인정되어야 한다는 것을 의미하고, 방법의 적정성이란 그 목적의 달성을 위하여 그 방법이 효과적이고 적절하여야 한다는 것을 의미하며, 피해의 최소성이란 입법자가 선택한 기본권제한의 조치가 입법목적 달성을 위하여 설사 적절하다 할지라도 가능한 한 보다 완화된 형태나 방법을 모색함으로써 기본권의 제한은 필요한 최소한도에 그치도록 하여야 한다는 의미이고, 법익의 균형성이란 그 입법에 의하여 보호하려는 공익과 침해되는 사익을 비교형량할 때 보호되는 공익이 더 커야 한다는 것을 의미한다.[74]

우선 자필증서유언에 유언자의 주소의 기재를 요구하는 법규정의 목적의 정당성은 인정될 수 있다고 생각된다. 이러한 법규정의 목적은 앞에서도 언급한 것처럼 유언자의 인적 동일성을 확인함으로써 유언의 법적 효과가 누구에게 귀속될 것인가를 둘러싸고 생길 수 있는 법적 분쟁을 예방하려는 데 있는 것이고, 그 목적 자체의 정당성은 쉽게 인정될 수 있다.

그러나 이러한 목적을 위하여 주소의 기재를 요구하는 것이 방법상 적정한가, 설령 적정하다고 하더라도 피해의 최소성이라는 요건은 갖추었는가 하는 점은 의심스럽다. 물론 유언자의 인적 동일성은 제1차적으로는 그 성명에 의하여 특정될 수 있지만, 동명이인도 있을 수 있고, 이러한 경우에 유언자의 주소는 그 인적 동일성을 확인할 수 있는 간편한 수단이 될 것이며, 이 점에서는 방법의 적정성의 요건이 갖추어졌다고 할 여지도 있다.

그러나 다시 한 번 생각해 본다면 과연 유언자의 주소의 기재가 없다고 하여 유언자의 인적 동일성이 문제되는 경우가 과연 있을 것인가 하는 점은 의문이다. 실제로 이러한 유언자의 인적 동일성은 동명이인이 있는 경우에 문제될 수 있을 것인데, 동명이인의 경우에 유언자의 주소가 기재되지 않았더라도 그 유언의 내용 등에 비추어 보면 누가 한 유언인지를 쉽게 확인할 수 있을 것이며, 이를 확인할 수 없는 경우란 생각하기 어렵다.

이 점은 다른 유언의 경우에는 주소의 기재를 요구하지 않고 있는 점에

---

74) 헌법재판소 1992. 12. 24. 선고 92헌가8 결정(헌판집 4권 853면 이하) 등 다수. 최근의 판례로는 예컨대 헌법재판소 2005. 12. 22. 선고 2003헌가8 결정(헌판집 17권 2집 577면) 참조. 다만 鄭宗燮, 憲法學原論, 제4판, 2009, 362면 이하는 「목적의 정당성」은 과잉금지의 원칙에 포함시킬 필요가 없다고 하고, 용어에 있어서도 적합성의 원칙, 필요성의 원칙 및 비례성의 원칙이라고 표현하고 있으나 내용상 실질적인 차이가 있는 것은 아니다.

비추어 보아도 알 수 있다. 물론 자필증서유언이 아닌 다른 유언의 경우에는 모두 증인이 요구되므로, 주소의 기재가 없더라도 유언자의 인적 동일성 확인에 문제가 없다고 할 수도 있다. 그러나 다른 유언의 경우에 증인이 요구되는 것도 원래는 유언의 진정성 확인을 위한 것일 뿐, 유언자의 인적 동일성 확인 자체를 위한 것은 아닐 것이다.

뿐만 아니라 앞에서 언급한 것처럼 자필증서유언의 요건으로서 주소의 기재를 요구하는 다른 나라의 입법례를 찾아볼 수 없다는 점도 주소의 기재가 인적 동일성의 확인을 위하여 필요한 것은 아니라는 점을 뒷받침한다.

한 걸음 양보하여 주소의 기재가 유언자의 인적 동일성의 확인을 위하여 적정한 방법이라고 하더라도, 주소의 기재가 없는 자필증서유언을 무효로 하면서까지 주소의 기재를 요구할 이유는 없다. 즉 누가 한 유언인지 문제가 되는 드문 사례의 경우에는 주소의 기재 아닌 다른 방법에 의하여 이를 입증할 수 있는 것이다. 다시 말하여 유언의 내용뿐만 아니라 필적과 같은 유언 자체에 근거한 입증도 가능할 것이고, 그 외에도 다른 증인이나 증거에 의하여 누가 한 유언인지를 밝혀내는 것은 그리 어려운 문제가 아니다.

결국 자필증서유언에 주소의 기재를 요구하고, 주소의 기재가 누락되었으면 유언을 무효로 하는 것은 방법의 적정성 내지 피해의 최소성이라는 요건을 충족하지 못하는 것으로서 유언의 자유를 침해하여 위헌이라고 보아야 할 것이다.

3. 관련 문제

그런데 이처럼 민법 제1066조 제1항이 자필증서에 의한 유언에 유언자의 주소의 기재를 요구하는 것이 위헌이라고 하는 것과 관련하여서는 다음과 같은 의문이 있을 수 있다. 즉 이처럼 유언의 방식 하나하나에 관하여 위헌 여부를 문제삼기 시작하면, 유언의 방식에 관한 민법의 규정은 모두 위헌이라고 하게 될 위험이 있는 것 아닌가 하는 점이다. 그러나 자필증서유언의 요건으로서 주소의 기재를 문제삼는다고 하여 다른 유언의 방식규정이 모두 위헌이라고 판단될 위험이 있다고는 할 수 없다. 대부분의 규정은 유언의 자유에 관한 합리적인 제한으로서 위헌이라고 할 수는 없다.[75] 다만 다음의 몇 가지 경우에

---

75) 尹眞秀(주 5), 181면 참조.

관하여는 위헌 여부를 따져 볼 필요가 있다.

그 하나는 민법이 녹음에 의한 유언의 요건으로서 구술(제1067조 제1항), 공정증서 및 구수증서에 의한 유언의 요건으로서 구수(제1068조, 제1070조 제1항)를 요구하고 있는 점이다. 비밀증서에 의한 유언(제1069조)의 경우에도 해석상 필기능력은 요구되는 것으로 보인다.[76] 그러므로 대화능력이나 필기능력이 없는 자의 유언은 허용되지 않는가 하는 점이다. 이러한 경우에 헌법합치적 해석에 의하여 구수라는 용어의 의미를 신체적인 거동에 의한 의사표시도 포함하는 것으로 넓게 풀이할 수 있는가,[77] 아니면 그러한 해석은 법문의 문언을 넘는 것으로 보아 이러한 규정들은 위헌이라고 보아야 하는지[78] 등을 생각해 볼 필요가 있을 것이다.[79]

또 한 가지 문제될 수 있는 것은 자필증서, 비밀증서의 요건으로서 연월일의 기재를 요구하고(제1066조 제1항, 제1069조), 녹음에 의한 유언의 경우에도 연월일의 구술을 요구하고 있는 점이다. 앞에서도 언급한 것처럼 유언 연월일은 유언의 효력 유무 등의 판단을 위하여 중요한 의미를 가지는 경우가 있다. 따라서 이는 주소의 기재보다는 중요하다고 할 수 있다. 그러나 실제로는 유언연월일의 기재가 없다고 하여 유언의 효력이 문제되는 경우란 그다지 많지 않다. 독일에서는 이러한 생각 때문에 유언의 일시와 장소의 기재가 없고 그로 인하여 그 효력에 관하여 의문이 있을 때에는 다른 방법으로 그 일시와 장소를 확정할 수 있는 경우에 한하여 이를 유효한 것으로 본다고 규정함으로써 이 요건을 완화하였다는 점은 앞에서 언급한 것과 같다.[80] 입법론으로서는 이러한 태도가 타당할 것이다. 뿐만 아니라 현행법상으로도 연월일의 기재가 없더라도 유언의 효력에 관하여 문제가 없는 경우에도 이를 무효로 보는 것이 과연 헌법에 합치하는 것인지에 관하여는 다시 한 번 생각해 볼 필요가 있다.

그리고 자필증서유언에 관하여 유언자의 날인을 요구하는 것이 반드시 부

---

76) 尹眞秀(주 5), 181면 이하 참조.

77) 李在性, "公正證書에 의한 遺言의 方式", 李在性判例評釋集 Ⅵ, 再版, 1989, 499면 이하 참조.

78) 앞에서 본 독일연방헌법재판소의 판례(BVerGE 99, 341)는, 이러한 경우에 위 각 법률조항을 헌법합치적으로 해석하여 단순한 거동만으로도 공정증서에 의한 유언이 가능하다고 보는 것 또한 규정의 문언과 명확하게 인식할 수 있는 입법자의 의사와 모순되므로 불가능하다고 하였다.

79) 이 문제에 관하여는 金泳希, "공정증서유언과 장애인차별", 家族法研究 제16권 1호, 2002, 257면 이하 참조.

80) 위 주 38) 참조.

당하다고는 할 수 없지만, 현재에는 많은 경우에 거래상 날인 외에 서명만으로
도 충분한 경우가 늘어가고 있으므로[81] 이 문제도 입법론적으로는 재검토를
요한다.

다른 한편 입법론적으로는 유언의 방식에 관하여 이처럼 엄격한 태도를
취하여 민법이 규정하고 있는 방식을 결여하게 되면 이를 일률적으로 무효로
하는 것이 타당한지를 근본적으로 재검토할 필요가 있다. 이에 관하여 참고할
수 있는 것은 오스트레일리아의 사우스 오스트레일리아 주, 캐나다의 매니토바
주 및 이스라엘 등에서 채택하고 있는, 유언이 일부 방식을 흠결하였더라도 그
것이 피상속인의 진정한 의사를 나타낸 것이라고 판단되면 법원에게 유효한
유언이라고 인정할 권한(dispensing power)을 부여하는 방안이다.[82]

VI. 결   론

서론에서 제기한 문제는 어떤 법률규정이 그 문언에 따를 때에는 부당한

---

81) 예컨대 어음법 제1조, 수표법 제1조는 과거에 발행인의 기명날인을 요구하다가 1995. 12. 6.
   기명날인 또는 서명으로 충분한 것으로 개정되었다.

82) 사우스 오스트레일리아 주는 1975년에 1936년 유언법(Wills Act)을 개정하면서 제12조 제2
   항을 추가하여 다음과 같이 규정하였다.: A document purporting to embody the testamentary
   intentions of a deceased person will, notwithstanding that it has not been executed with the
   formalities required by this Act, be taken to be a will of the deceased person if the Supreme
   Court, upon application for admission of the document to probate as the last will of the
   deceased, is satisfied that there can be no reasonable doubt that the deceased intended the
   document to constitute his or her will. 이 조항은 1994년에 개정되었으나 실질적인 내용의 차
   이는 없다. 미국에서도 이러한 방향으로 나아가야 한다는 주장이 제기되고 있다. 대표적인
   것으로 John H. Langbein, "Excusing Harmless Errors in the Execution of Wills: A Report on
   Australia's Tranquil Revolution in Probate Law", 87 Colum. L. Rev. 1 ff.(1987) 참조. 또한
   Kipp·Coing(주 49), §19 IV. 6.(S. 133)도 이에 관하여 언급하고 있다. 1990년에 개정된 미국
   의 통일 유언검인법전(Uniform Probate Code) 제2-503조는 이러한 주장에 영향을 받아 다음
   과 같이 규정한다. Although a document or writing added upon a document was not executed
   in compliance with Section 2-502, the document or writing is treated as if it had been
   executed in compliance with that section if the proponent of the document or writing
   establishes by clear and convincing evidence that the decedent intended the document or
   writing to constitute (i) the decedent's will, (ii) a partial or complete revocation of the will,
   (iii) an addition to or an alteration of the will, or (iv) a partial or complete revival of his [or
   her] formerly revoked will or of a formerly revoked portion of the will. 상세한 것은 예컨대
   Jesse Dukeminier and Stanley M Johnson(주 2), pp. 252 ff.; Leigh A. Shipp, "Equitable
   Remedies for Nonconforming Wills: New Choices for Probate Courts in the United States", 79
   Tul. L. Rev. 723(2005) 등 참조.

결과를 가져오는 경우에 어떻게 하여야 하는가 하는 점이었다. 종래에는 이러한 경우에도 그 문언과 입법자의 의사에 어긋나는 결론을 해석이라는 이름으로 정당화하려는 경향이 없지 않았다. 그러나 이는 법원이 가지는 권한을 넘는 것이다. 이러한 경우에 올바른 접근법은 그 법률이 헌법에 어긋나는가 하는 점을 검토하는 것이다. 물론 부당한 법률이 모두 위헌이라고 할 수는 없다. 그러나 많은 경우에는 위헌법률심사제도에 의하여 타당한 결론을 얻을 수 있는 것이다. 이것이 해석이라는 이름으로 법률을 사실상 변경하는 것보다 나음은 말할 나위가 없다.

그런데 종래에는 이러한 노력이 부족했다고 보인다. 그 한 가지 이유는 아직 헌법에 대한 인식이 부족한 데 있다고 생각된다. 가령 여기서 문제된 사례에서는 자필증서유언에 관하여 주소의 기재를 요구하는 민법의 규정을 위헌이라고 할 수 있는가, 유언의 자유도 헌법상 기본권으로 볼 수 있는가 하는 점에 대하여는 쉽게 생각이 미치지 않았던 것으로 보인다. 다른 한편 우리나라의 위헌법률심사제도는 위헌인 법률이라 하여도 법원이 바로 그 적용을 거부할 수는 없고, 헌법재판소에 위헌제청을 하여 헌법재판소의 위헌결정을 기다려야 한다. 이 점에서 위헌법률심사제도에 의존하는 것이 우원한 방법으로 생각될 수도 있다. 그러나 헌법상의 권력분립의 원칙이나 헌법이 법률에 대한 위헌결정의 권한을 헌법재판소에 부여한 취지에 비추어 볼 때 해석의 이름으로 실질적인 위헌결정을 하는 것은 허용될 수 없다.

한 가지 덧붙이고 싶은 것은 법학방법론 내지 법해석방법론의 관점에서도 위헌법률심사제도에 대하여 좀 더 큰 관심을 기울일 필요가 있다는 것이다.

VII. 보 론

여기서는 서론에서 언급한 것처럼 이 글이 처음 작성된 후 선고된 이 문제에 관한 대법원 및 헌법재판소의 판례와 그에 대한 학설의 반응을 살펴보고, 이에 대하여 간단히 논평하고자 한다.

1. 대법원의 판례

본문에서 언급한 서울중앙지방법원 2005. 7. 5. 판결(주 40)에 대하여는 유언의 유효를 주장한 독립당사자참가인이 항소 및 상고를 하였으나 이는 모두 기각되었다. 상고심 판결인 대법원 2006. 9. 8. 선고 2006다25103, 25110 판결(미공간)은, 민법 제1065조 내지 제1070조가 유언의 방식을 엄격하게 규정한 것은 유언자의 진의를 명확히 하고 그로 인한 법적 분쟁과 혼란을 예방하기 위한 것이므로, 법정된 요건과 방식에 어긋난 유언은 그것이 유언자의 진정한 의사에 합치하더라도 무효라고 하지 않을 수 없고, 민법 제1066조 제1항은 "자필증서에 의한 유언은 유언자가 그 전문과 연월일, 주소, 성명을 자서하고 날인하여야 한다"고 규정하고 있으므로, 유언자의 날인이 없는 유언장은 자필증서에 의한 유언으로서의 효력이 없다고 하였다.[83]

다른 한편 대법원 2007. 10. 25. 선고 2006다12848 판결(미공간)은 유언자의 것임이 인정되지 않는 무인이 찍혀 있고, 유언증서 자체에 유언자의 주소가 자서(自書)되어 있지 아니한 유언증서는 자필증서에 의한 유언의 효력이 인정되지 않는다고 하였다.

2. 헌법재판소의 판례

이들 판결에 대하여 유언의 유효를 주장한 당사자들이 민법 제1066조 제1항은 위헌이라고 주장하였으나, 헌법재판소는 두 결정에서 모두 그 위헌성을 인정하지 않았다.

---

83) 위 판결들에 대하여는 자필증서유언으로서는 무효라고 하여도 사인증여로서의 전환을 인정하여야 한다는 논의가 있다. 崔秉祚, "死因贈與의 槪念과 法的 性質", 民事判例研究 XXIX, 2007, 803면 이하; 金泳希, "자필증서유언에 있어서 날인의 의미와 방식흠결로 무효인 유언의 사인증여로의 전환", 中央法學 제9집 4호, 2007, 69면 이하; 金榮喜, "遺言에 관한 形式的 嚴格主義와 遺言者의 眞意", 民事判例研究 XXX, 2008, 391면 이하 등. 이러한 경우에 사망자에게 사인증여의 의사가 있었는가 하는 점은 사실인정의 문제이기는 하지만, 상대방에게 사인증여의 의사를 알리지 않고 증서를 단순히 은행 금고에 보관하고 있었다면 그와 같이 인정하기는 어려울 것이다.

가. 날인에 대하여

먼저 헌법재판소 2008. 3. 27. 선고 2006헌바82 결정[84]의 다수의견은, 유언의 자유는 헌법상 보장되는 재산권 및 일반적인 행동자유권에 해당된다고 하면서도 자필증서유언에 날인을 요구하는 것은 위헌이 아니라고 하였다. 즉 이는 유언자의 사망 후 그 진의를 확보하고, 상속재산을 둘러싼 이해 당사자들 사이의 법적 분쟁과 혼란을 예방하여 법적 안정성을 도모하며, 상속제도를 건전하게 보호하기 위한 것으로서 그 입법목적은 정당하고, 자필증서에 의한 유언의 방식을 구비할 것을 요구하는 것 자체는 위와 같은 입법목적을 달성할 수 있는 적절한 수단이라고 하였다. 그리고 유언자로서는 무인을 통하여 인장을 쉽게 대체할 수 있으므로 날인을 요구하는 것이 유언자가 접근할 수 없는 불가능한 방식을 요구하는 것이라고도 할 수 없고, 유언자로서는 자필증서유언 외의 다른 방식의 유언을 선택하여 유증을 할 수 있는 기회가 열려 있으며, 유언자는 사인증여를 할 수도 있으므로 날인을 요구하는 것이 기본권침해의 최소성 원칙에 위반된다고 할 수 없다고 하였다. 나아가 날인을 요구하는 것은 유언자의 사후 발생하기 쉬운 법적 분쟁과 혼란을 예방하고 사유재산제도의 근간이 되는 상속제도를 건전하게 보호하고자 하는 공익을 추구하는 것으로서, 사익인 유언자의 유언의 자유가 제한되는 정도와 종합적으로 비교하였을 때 그 달성하고자 하는 공익이 더욱 크다고 할 것이므로 법익의 균형성도 갖추었다고 보았다.

이에 대하여 김종대 재판관의 반대의견은, 자필증서에 의한 유언에서 날인을 요구하는 목적은 유언장 작성자와 유언장 명의자의 동일성을 확보하고 유언이 그의 진의에 의한 것임을 밝히기 위한 것인데, 이는 유언장의 전문의 자서와 성명의 자서에 의해서 충분히 달성되므로 그 밖에 날인을 요구하는 것은 불필요하게 중복적인 요건을 요구하는 것으로 유언자의 일반적 행동의 자유를 제한함에 있어 최소침해성의 원칙을 준수하지 못하고 있고, 유언자의 사후 법적 분쟁과 혼란을 예방하고 사유재산제도의 근간이 되는 상속제도를 건전하게 보호하고자 하는 공익은 전문의 자서와 서명에 의해서도 충분히 달성할 수 있는 것임에 반하여, 날인이 흠결되면 이 사건 유언은 무효가 되고 유언자의 진의가 관철될 여지는 전혀 없게 되므로 법익균형성의 원칙에도 위반된다고 하였다.

---

84) 헌판집 20권 1집 상 355면.

나. 주소의 자서에 대하여

다른 한편 헌법재판소 2008. 12. 26. 선고 2007헌바128 결정[85]은 날인에 대하여는 위 종전 판례를 유지하면서, 주소의 자서를 요구하는 것에 대하여도 대체로 날인에 관한 판단과 마찬가지의 이유로 위헌이 아니라고 하였다. 그런데 이에 대하여는 주소의 자서와 날인을 요구하는 것이 모두 위헌이라는 김종대 재판관의 반대의견과, 유언자필증서에 유언자의 주민등록번호 기타 유언자를 특정할 수 있는 기재가 있는 경우에도 민법 제1066조 제1항 중 '주소' 부분을 적용하여 유언자필증서의 효력을 부인하는 것은 헌법에 위반된다는 조대현 재판관의 반대의견 및 주소의 기재를 요구하는 것은 위헌이라는 이동흡, 송두환 재판관의 반대의견이 있었다.

이 중 이동흡, 송두환 재판관의 반대의견은, 동명이인의 경우에 유언자의 주소가 기재되지 않았더라도 그 유언의 내용 등에 비추어 보면 누구의 유언인지를 쉽게 확인할 수 있고 이를 확인할 수 없는 경우란 쉽게 생각할 수 없으며, 일반인의 거래관행이나 규범의식이 법률행위를 함에 있어서 주소의 기재까지 요구하고 있지는 않다는 점, 다른 형식의 유언에서는 주소의 기재를 요구하고 있지 않은 점, 자필증서유언의 요건으로서 주소의 기재를 요구하는 다른 나라의 입법례를 찾아볼 수 없다는 점 등까지 보태어 본다면, 이 사건 법률조항이 주소를 반드시 기재하도록 요구하는 것이 유언자의 인적 동일성을 확인하기 위한 적절한 방법이라고 보기는 어렵다고 하였다. 설령 주소의 기재가 유언자의 인적 동일성의 확인을 위해 적절한 방법이라고 하더라도, 유언장 전문의 자서와 성명의 자서, 그리고 유언의 내용에 의해서 유언장의 실제 작성자와 유언장의 명의자의 동일성을 확보할 수 있음은 물론, 유언이 그의 진의에 의한 것임을 충분히 밝힐 수 있는 등 누가 한 유언인지를 밝혀내는 것은 그리 어려운 문제가 아니므로, 주소를 반드시 기재하도록 요구하는 것은 불필요하게 중복적인 요건을 과하는 것으로서 침해의 최소성원칙에 위반된다고 한다. 그리고 유언자의 사후에 법적 분쟁과 혼란을 예방하고 사유재산제도의 근간이 되는 상속제도를 건전하게 보호하고자 하는 공익은 전문의 자서와 서명, 날인에 의해서도 충분히 달성할 수 있는 것임에 반하여, 주소의 자서가 흠결되면 유언은 무효가 되고 유언자의 진의가 관철될 여지는 전혀 없게 될 것이므로, 자필증서

---

85) 헌판집 20권 2집 하 648면.

에 의한 유언에서 주소의 자서를 추가로 요구하는 것은 침해되는 법익과 보호
되는 공익 사이에 현저한 불균형을 초래하고 있어 법익 균형성의 원칙에도 위
반된다고 보았다.[86]

3. 학설상의 논의

위 2개의 헌법재판소 결정에 대하여는 학설상 다소 찬반의 논의가 있다.
먼저 1설은 자필증서유언에 날인을 요하는 것이나 주소의 자서를 요구하는 것
은 모두 위헌이라고 본다. 이 글에서는 우선 날인에 관하여, 우리 민법은 독일
민법처럼 날인이 유언 서면의 말미에 행해질 것을 요구하고 있지 않으므로 문
서의 완결성 담보를 그 입법목적의 하나로 예정하고 있었는지는 의문이라고
하면서, 성명의 자서 내지 서명은 유언자의 인적 동일성을 확인하고 당해 서면
이 유언자의 최종적 의사임을 보장하는 기능을 하므로, 날인을 요구하는 것은
침해의 최소성에 반한다고 한다. 그리고 주소에 관하여는, 유언자의 동일성 내
지 유언자의 진정한 의사 확보라는 목적은 굳이 주소의 기재를 요구하지 않더
라도 전문의 자서와 성명의 자서에 의해 이미 충분히 확보될 수 있으므로, 주
소의 자서를 요구하는 것은 유언방식의 일반적 목적과 관련하여서는 침해의
최소성 원칙에 반한다고 한다. 그리고 준거법 결정의 용이성과 관련하여서는
법익의 균형성 원칙에 반하여 위헌이라고 한다.[87]

반면 날인 및 주소의 자서를 요구하고 있는 것이 모두 합헌이라고 하는
견해는, 자필증서를 유언방식으로 인정하지 않는 국가가 다수 존재한다는 사정
을 살펴볼 때 자필증서에 날인이나 주소의 자서를 요구한다고 하여 이를 위헌
이라고 볼 수 없다는 결론은 쉽게 납득할 수 있다고 한다.[88]

4. 검   토

우선 날인에 관하여 본다면, 날인이 단순히 유언의 초안에 불과한 것이 아

---

86) 이러한 반대의견은 본인의 견해를 참고로 한 것으로 생각된다. 위 두 결정에 대한 헌법재
   판소 연구관의 해설은 본인의 미공간 논문을 인용하고 있다. 조혜수, "민법 제1066조 제1항
   위헌소원", 헌법재판소결정해설집(2008년), 2009, 107면 이하 등.
87) 현소혜, "유언방식의 개선방향에 관한 연구", 家族法硏究 제23권 2호, 2009, 16면 이하.
88) 김형석, "우리 상속법의 비교법적 위치", 家族法硏究 제23권 2호, 2009, 98면 주 71).

니라 확정적인 유언임을 담보하는 의미를 가진다는 것은 민법이 날인이 유언
서면의 말미에 행해질 것을 요구하고 있지 않다고 하여 부정될 수 있는 것은
아니다. 완결되지 않은 문서에 날인을 하는 것은 보통 있기 어려운 일이고, 종
래의 관념상으로도 날인이 있어야만 완결된 문서라고 보고 있기 때문이다. 따
라서 자필증서의 요건으로서 날인을 요구하는 것이 위헌이라고 하기는 어려울
것이다.

　　다른 한편 자필증서를 유언방식으로 인정하지 않는 국가가 다수 존재하기
때문에 자필증서에 날인이나 주소의 자서를 요구한다고 하여 이를 위헌이라고
볼 수 없다는 것은 충분한 논거가 되지 못한다. 위 헌법재판소 결정의 다수의
견도, 그 주된 근거를 민법은 자필증서에 의한 유언 이외에도 녹음에 의한 유
언, 공정증서에 의한 유언, 비밀증서에 의한 유언, 구수증서에 의한 유언 등을
마련하고 있으므로 유언자로서는 다른 방식의 유언을 선택하여 유증을 할 수
있는 기회가 열려 있고, 유언자가 민법이 요구하는 유언의 방식을 구비하여 유
증을 하기 어려운 경우에는 생전에 민법 제562조의 사인증여를 함으로써 자신
의 의사를 관철할 수도 있다는 점에서 찾고 있다.[89]

　　그러나 자필증서유언을 인정할 것인지 여부는 입법자가 결정할 문제이기
는 하지만, 일단 자필증서유언을 인정하고 있는 이상 그 유언의 방식은 합리적
인 것이어야 할 것이다. 법이 자필증서유언을 인정하고 있으면 그 방식에 대하
여는 전혀 위헌 여부를 문제삼을 수 없다고 말할 수는 없다.

　　민법이 규정하고 있는 유언의 방식에는 각각 장단점이 있고, 유언자가 자
필증서유언의 방법을 선택하는 데에는 그럴 만한 이유가 있는 것이다. 예컨대
공정증서에 의한 유언을 하는 것을 비용 부담 때문에 꺼려서 비교적 손쉬운 자
필증서유언을 택하기도 하는데, 이러한 사람은 보호 가치가 덜하다고 할 수는
없을 것이다. 위의 주장은 무효로 될 소지가 적은 다른 유언방식을 택하지 않
은 사람은 특별히 보호할 필요가 없다는 생각을 담고 있으나, 자필증서유언의
방식을 택한 사람도 다른 유언방식을 택한 사람과 마찬가지로 보호되어야 한
다.[90] 뿐만 아니라 국가가 국민의 자유와 권리를 제한함에 있어서는 규제하려

---

89) 다른 한편 날인의 요구가 위헌이 아니라고 한 결정에서는 날인을 요구하는 것이 유언자가
　　접근할 수 없는 불가능한 방식을 요구하는 것이라고도 할 수 없다고도 설시하고 있다.
90) 현소혜(주 87), 24면은, 생전에 이미 자신의 유언이 방식에 어긋났음을 알고 다른 방식의
　　유언을 할 수 있는 정도의 법률지식을 가지고 있는 자라면, 애초에 방식에 어긋난 유언을 하
　　지 않았을 것이라고 한다.

는 쪽에서 국민의 기본권을 보다 덜 제한하는 다른 방법이 있는지를 모색하여
야 할 것이지(피해의 최소성), 제한당하는 국민의 쪽에서 볼 때 그 기본권을 실
현할 다른 수단이 있다고 하여 그와 같은 사유만으로 기본권의 제한이 정당화
되는 것은 아니다.[91] 자필증서유언에 주소의 자서를 요구하는 것이 합헌이라고
하려면 여기에 합리적인 근거가 있다는 점을 논증하여야 하는 것이지, 다른 유
언 방식으로 유언할 수 있다는 것만으로는 충분한 답변이 되지 못한다.[92]

　일반적으로 법률의 부지는 용서받지 못한다(ignorantia juris non excusat)고
하지만, 그 법률 자체가 합리적, 합헌적인가를 따지는 것은 이와는 별개의 문제
이다.

〈심헌섭 박사 75세 기념논문집 법철학의 모색과 탐구, 2012〉

〈追記〉
　1. 헌법재판소 2011. 9. 29. 선고 2010헌바250, 456 결정에서는 자필증서에
의한 유언에서 '주소의 자서'를 유효요건으로 규정하는 것이 합헌인지 여부에
관하여 합헌 의견과 위헌 의견이 4 : 4로 갈려 위헌으로 선고되지 않았다.
　2. 대법원 2009. 5. 14. 선고 2009다9768 판결은, 자필유언증서의 연월일은
이를 작성한 날로서 유언능력의 유무를 판단하거나 다른 유언증서와 사이에
유언성립의 선후를 결정하는 기준일이 되므로 그 작성일을 특정할 수 있게 기
재하여야 하고, 따라서 연·월만 기재하고 일의 기재가 없는 자필유언증서는
그 작성일을 특정할 수 없으므로 효력이 없다고 판시하였다.
　3. 1938년의 독일 유언법 개정이 히틀러의 개입 때문이라는 설명(주 38)에 대
하여는 그렇게 보기 어렵다는 주장도 있다. Gerhard Otte, Zivilrechtliche Gesetz-
gebung im „Dritten Reich", NJW 1988, 2836, 2840; Eike Götz Hosemann, Von

---

91) 대법원 1994. 3. 8. 선고 92누1728 판결(집 42권 1집 특456) 참조. 이 판결에 대하여는 尹
　眞秀, "保存飲料水의 販賣制限措置의 違憲與否", 人權과 正義 1995. 1, 94면 이하 참조.
92) 다른 한편 국제사법상 유언 빙식의 준거법을 결정하는 기준의 하나로서 유언자의 유언 당
　시 또는 사망 당시의 상거소지법이 규정되어 있으므로(제50조 제3항), 이 점에서 주소의 기
　재를 요구할 필요성이 있다는 주장이 있을 수 있다. 그러나 우리 민법이 이 점을 고려하였을
　것으로는 생각되지 않는다. 뿐만 아니라 이 경우에 주소의 기재는 하나의 보조적 수단에 불
　과하고, 유언에 기재된 주소가 반드시 상거소지와 일치한다는 보장도 없으며, 다른 방법에
　의하여서도 얼마든지 상거소지를 확인할 수 있으므로 주소의 자서를 요구하는 것은 피해의
　최소성 내지 법익의 균형성에 어긋난다. 현소혜(주 87), 29-30면 참조.

den Bedenken gegen das Testieren „im stillen Kämmerlein", RNotZ 2010, 520, 527 f.

4. 대법원 2014. 9. 26. 선고 2012다71688 판결은, 자필증서유언에서 자서가 필요한 주소는 반드시 주민등록법에 의하여 등록된 곳일 필요는 없으나, 적어도 민법 제18조에서 정한 생활의 근거되는 곳으로서 다른 장소와 구별되는 정도의 표시를 갖추어야 한다고 하여, 유언자가 유언장에 기재한 '암사동에서'라는 부분을 다른 주소와 구별되는 정도의 표시를 갖춘 생활의 근거되는 곳을 기재한 것으로 보기는 어렵다고 하였다. 그리고 서울가정법원 2011. 9. 27. 선고 2009느합153, 2011느합27 심판은, 유언이 기재된 수첩에 적힌 주소는 '한국문자를 읽는 방법'이라는 제목 아래 일본 내 주소를 한자로 적은 뒤 바로 그 밑줄에 위 한자를 일본어로 읽을 때의 한글표기방법을 붙여 적은 데 불과하다고 보아, 유언의 한 내용으로서 유언자의 주소를 적은 것이라고 볼 수 없다고 하였다. 그러나 자필증서유언의 방식으로서의 주소가 별다른 의미를 가지지 못하는 점에 비추어 보면, 이와 같이 엄격하게 볼 필요가 있는지는 의심스럽다. 그리고 위 서울가정법원 판결의 경우에는, 그 사건 유언자의 상거소와 유언지는 모두 일본이었던 것으로 보이므로, 국제사법 제50조 제3항에 의하여 유언의 방식에 관하여는 일본 민법이 적용될 수 있는데, 일본 민법은 자필증서 유언의 방식으로서 주소의 기재를 요구하고 있지 않으므로, 이 판결은 이 점에서도 문제가 있다.

반면 서울중앙지방법원 2014. 2. 21. 선고 2012가합527377 판결은, 자필증서 유언서 본문에 유언자의 주소가 별도로 기재되어 있지 않았지만, 유언서 전문에 유증의 목적물로서 망인의 주소가 기재되었고, 위 문구, 유언증서의 전체 내용, 형식 등에 비추어 볼 때, 이 사건 유언서의 작성자의 동일성 확보가 충분히 가능하므로 자필증서에 주소를 기재할 것을 요구하는 민법 규정의 목적은 이미 달성된 것으로 보아야 한다고 판시하였다. 이 판결에 대하여는 정구태, "헌법합치적 법률해석의 관점에서 바라본 주소가 누락된 자필증서유언의 효력", 강원법학 제43권, 2014, 613면 이하 참조. 그러나 항소심인 서울고등법원 2014. 11. 21. 선고 2014나2011213 판결은 위 주소는 유언의 대상이 되는 부동산의 지번을 기재한 것일 뿐 망인이 자신의 주소를 자서한 것으로 보기 어려우므로 유언이 무효라고 하였다.

遺留分 侵害額의 算定方法

I. 서   론

　　최근에 선고된 서울행정법원 2007. 6. 5. 선고 2006구합44446 판결은 상속
법상 유류분 침해액의 산정방법에 관하여 판결한 바 있다. 이 판결은 아직 공
간된 것은 아니지만, 학설이나 판례상 별로 관심의 대상이 되지 않은 문제에
관하여 다루고 있어서 흥미를 끈다. 뿐만 아니라 더욱 주목을 끄는 것은 사건
자체가 유류분반환청구의 민사소송이 아니라 2006. 2. 24. 시행된 제48회 사법
시험 제1차 시험 민법 문제에 대한 정답이 맞는 것인가 하는 점을 둘러싼 행
정소송 사건이라는 점이다. 이 사건 원고들은 위 문제에 대하여 시험 실시자로
서 피고인 법무부 장관이 제시한 유류분 침해액의 산정방법에 따른 정답이 잘
못된 것이고, 따라서 자기들에 대한 불합격처분이 위법한 것이라고 하여 위 불
합격처분 취소소송을 제기하였다. 그러나 행정법원은 법무부의 정답이 잘못일
가능성을 배제하지 않으면서도, 피고가 정답으로 선정한 답항 이외의 답항이
전혀 정답이 될 가능성이 없는 경우, 피고가 선정한 답항이 전혀 정답이 될 수
없는 경우가 아닌 이상 피고가 위 답항을 정답으로 선정하였다고 하여 재량권
을 일탈·남용하였다고 할 수 없으므로 위 불합격처분이 위법한 것이 아니라
고 하여 원고들의 청구를 기각하였다.
　　이 판결에서는 이제까지 많이 논의되지 않았던 유류분 침해액의 산정방법
에 관한 구체적인 문제가 정면으로 다투어졌을 뿐 아니라, 사법시험 문제의 출
제에서 재량권 일탈·남용의 한계가 어디까지인가가 문제되었다는 점에서 여
러 가지로 흥미있는 판결이다. 이하에서는 주로 위 두 가지 문제점을 중심으로

살펴보기로 한다.[1] 그러나 미리 말한다면, 이 판결의 결론이나 결론에 이르는
과정에는 모두 문제가 있어서 찬성하기 어렵다.

Ⅱ. 사건의 개요와 판결의 요지

1. 사건의 개요

가. 문제와 피고가 제시한 정답

위 제48회 사법시험 제1차 시험 민법과목 1책형 31번(3책형 15번) 문제는 다
음과 같다.

[문] 갑은 적극재산 5,000만원과 채무 3,000만원을 남기고 2005. 6. 30. 사망하였고,
상속인으로는 자녀 을과 병이 있다. 그런데 갑은 2003. 5. 30. 유류분 침해사실을 모
르는 을과 정에게 각각 7,000만원씩을 증여하기로 하였고, 2004. 7. 30. 그 채무를
이행하였다. 또한 갑은 남은 재산 2,000만원을 사회복지단체 무에게 기증하도록 자
필증서에 의한 유언을 했다.
(가) 병의 유류분액
(나) 병이 을과 정에게 반환을 청구할 수 있는 금액
(다) 무가 유류분반환을 거친 후 최종적으로 취득할 금액을 모두 합치면 얼마인가?
 ① 2,000만원 ② 2,500만원 ③ 3,000만원 ④ 4,500만원 ⑤ 6,000만원

이 문제에 대하여 피고가 제시한 정답은 ②번인 2,500만원이었다. 그 이유는
다음과 같다.

유류분 침해액은 유류분 산정의 기초가 되는 재산액(적극적 상속재산＋증여
액－상속채무액)에 당해 유류분권자의 유류분의 비율을 곱하여 유류분액을 산정
한 다음 여기에서 당해 유류분권자의 특별수익액(당해 유류분권자의 수증액＋수유
액)과 당해 유류분권자의 순상속액(당해 유류분권자의 상속에 따라 얻게 되는 재산
액－상속채무부담액)을 공제하여 산출한다.

먼저 병의 유류분액은 유류분산정의 기초가 되는 재산 9,000만원(＝ 적극재산

5,000만원＋특별수익자인 을에 대한 증여액 7,000만원－상속채무액 3,000만원)에 병의 유류분 비율인 1/4을 곱하여 산출된 2,250만원이다.

　　다음으로 병의 유류분 침해액을 보면, 병은 특별수익도 없고, 상속에 따라 얻게 되는 순상속분액도 0원{＝(유증을 공제하고 남은 적극상속재산액 3,000만원 × 법정상속비율 1/2) － (상속채무 3,000만원 × 1/2)}이므로 유류분액 전부를 침해당하고 있고, 병은 위 금액 전부인 2,250만원에 대하여 유류분반환청구가 가능하다.

　　그런데 민법 제1116조에 의하여 유증을 받은 사람으로부터 먼저 반환을 받아야 하므로 병은 우선 무에게 유류분반환청구권을 행사할 수 있고, 무가 병에 대한 위 유류분반환을 거친 후 최종적으로 취득할 금액은 0원(2,000만원－2,250만원)이다. 그리고 병은 정에게는 반환을 청구할 수 없고, 을에게는 나머지 유류분 침해액 250만원(＝2,250만원－무로부터 반환받은 2,000만원)의 반환을 청구할 수 있다.

　　결국 (가)문은 2,250만원, (나)문은 250만원, (다)문은 0원이 되고, 이를 모두 합하면 2,500만원이 된다.

나. 원고들의 주장

　　피고는 병의 유류분 침해액을 산정함에 있어 당해 유류분권자인 병의 순상속분액을 법정상속분을 기준으로 산정하였으나(유증을 공제하고 남은 적극상속재산액 × 법정상속분 비율－상속채무 × 법정상속분 비율), 민법 제1118조가 민법 제1008조를 준용하고 있으므로 이 사건 시험문제처럼 초과특별수익자가 있는 경우에는 당해 유류분권자가 실질적으로 받을 구체적인 상속분으로 순상속분액을 계산하여야 한다.

　　즉 피상속인이 상속개시 당시 가지고 있던 적극재산의 가액 5,000만원에서 유증 2,000만원을 이행하고 나면 상속재산은 3,000만원이 되고, 민법 제1118조가 민법 제1008조를 준용하고 있어 특별수익자인 을은 자신의 상속분이 부족한 한도 내에서 상속분이 있는데, 을의 특별수익액이 법정상속분액 5,000만원{(5,000만원－2,000만원＋7,000만원) × 1/2)}보다 많으므로 을은 유증을 이행하고 남은 상속재산 3,000만원에 대하여 상속분을 주장할 수 없고, 따라서 병의 순상속분액은 위 상속재산 전부인 3,000만원에서 법정상속비율대로 나눈 상속채무액 1,500만원을 공제한 1,500만원이 된다. 그렇다면 결과적으로 병의 유류분 침해액은 750만원(유류분액 2,250만원－특별수익액 0원－순상속분액 1,500만원}에 불과하고, 병은 위 금액을 유증자인 무로부터 먼저 전부 반환받을 수 있으므로, 을과 정으로부터 반환받을 금액은 없게 되고, 무가 유류분반환을 거친 후 최종적으로 취득할 금액은 1,250만원(2,000만원－750만원)이다. 따라서 이 사건 시험문제의 정답은 (가)문에서 2,250만원, (나)문에서 0원, (다)문에서 1,250만원을 합한 3,500만원이다.

그런데 이 사건 시험문제의 답항에는 3,500만원이 없으므로, 피고는 이 사건 시험문제는 '정답없음'으로 처리하여야 한다. 따라서 피고의 정답 선정행위에는 이와 같은 잘못이 있으므로 재량권을 일탈·남용하였다.2)

다. 소송의 경과

원고들은 모두 근소한 점수차로 불합격한 사람들로서 위 불합격처분에 대하여 행정심판을 청구하였으나 행정심판이 기각되자 다시 행정소송을 제기하였다.

2. 판결이유의 요지

행정법원은 대체로 다음과 같은 이유로 원고들의 청구를 기각하였다.

가. 문제를 전체적으로 관찰하여 그 출제의도를 충분히 파악할 수 있고, 어느 모로 보나 정답이 아닌 답항 이외에 표현이 다소 애매하거나 불분명하긴 하지만 해석하기에 따라서는 정답으로 볼 수 있는 답항이 있는 경우, 응시자는 개개 표현의 비엄밀성, 비문법성을 따지기보다는 전체적으로 그 문제의 출제의도와 문제의 정답이 1개뿐인 취지를 파악하여 여러 개의 답항 중 어느 모로 보나 정답이 아닌 답항을 배제하고 해석하기에 따라서는 정답으로 볼 수도 있는 답항을 정답으로 고르는 것이 선택형 객관식 문제의 시험 취지에 맞는 것이므로, 문제에서 선택하여야 할 정답이 1개뿐인 것으로 제시되어 있고, 어느 모로 보나 정답이 아닌 답항과 달리 표현이 다소 애매하거나 불분명하긴 하지만 해석하기에 따라서는 정답으로 볼 수 있는 답항을 정답으로 요구한 출제의도를 파악하는데 큰 어려움이 없는 이상, 답항의 표현이 다소 애매하거나 불분명하다는 사유만으로 그 출제나 채점에 어떤 위법한 사유가 있다고 볼 수 없다(대법원 2002. 10. 22. 선고 2001두236 판결 참조).

---

2) 이외에 원고들은 다른 주장도 하였으나 생략한다.

나. 국내의 법학교재 및 각종 논문 등에 의하면 위 원고들 주장과 같이 공동상속인 중 특별수익자가 있는 경우에 특별수익을 고려하여 구체적 상속분을 산정하고 이를 유류분액에서 공제하여 유류분 침해액을 산정하는 계산방식을 취하는 견해가 다수 있고,3) 다수의 하급심 사례에 있어서도 위 원고들 주장과 같이 계산하기도 한다. 또 이와 같이 계산하는 것이 공동상속인이 아닌 제3자에 대한 영향을 감수하면서까지 상속인에게 최소한의 유류분을 보장하려는 것이라는 유류분 제도의 제도적 취지나 실질적으로 당해 유류분권자에게 법에서 정해진 만큼의 유류분만을 확보할 수 있게 하여 피상속인의 의사에도 부합한다는 점에서 피고 주장과 같이 계산하는 것보다 일응 더 타당한 것으로 보일 수 있다.

그러나 유류분 제도는 상속인에게 상속과 전혀 무관한 제3자의 이익을 해하면서까지 일정 부분의 상속분을 인정하여 주려는 특별한 제도인데 반하여 상속재산분할심판에서 구체적 상속분을 산정하는 것은 특별수익을 공제한 실제의 상속재산을 분할함에 있어 가상적 상속재산에 대한 공동상속인의 법정상속분액을 최대한 보장하기 위하여 공동상속인들 사이에 상속재산을 분할함에 있어 협의가 성립하지 않을 경우 재판상 분할을 위한 일응의 기준에 불과하다는 점, 개별 상속인들 또는 유증자를 상대로 유류분반환청구를 구하는 소송에서 공동상속인 전원이 참여하에 이루어지는 구체적 상속분을 계산하는 것이 용이하지 않고, 이후 실제 상속재산분할절차에서 유류분반환청구소송절차에서 가정한 대로 구체적 상속분이 산정되지 않았을 때에는 어떠한지 등 여러 가지 문제가 있고, 이러한 문제는 상속재산분할을 먼저 거친 후 필요한 경우 유류분반환청구를 하도록 하는 명문의 규정이 있지 아니함에도 상속재산의 분할이 먼저 이루어진 후에 이를 토대로 유류분 침해액을 계산한다는 전제하에서만 해결된다는 불합리함이 있다. 또한 피고 주장과 같이 당해 유류분권자의 순상속분액을 계산함에 있어 특별수익을 고려하지 않은 상태에서 법정상속분을 산정하는 계산방식을 취하는 견해4)도 다수 있고, 이와 같은 방법에 의하여 계산하는 하급심

---

3) 이 판결이 들고 있는 문헌들은 다음과 같다. 변동열, "상속재산분할과 유류분반환청구", 법조, 제47권 3호; 박정기 · 김연, 가족법 ─ 친족상속법, 삼영사, 2005. 8. 10; 박병호, 가족법, 한국방송대학교 출판부, 1991. 7. 25; 박동섭, 친족상속법, 개정판, 박영사 2003. 1. 25; 지원림 · 제철웅, 민법연습, 홍문사, 2006. 2. 10; 오병철, "유류분 부족액의 구체적 산정방법에 관한 연구", 한국가족법학회, 가족법 연구, 제20권 2호 등.
4) 이 판결이 들고 있는 문헌들은 다음과 같다. 곽윤직, 상속법, 박영사, 2004; 김용한, 친족상속법, 박영사, 2003 등.

사례도 다수 있다.

따라서 위 원고들 주장 및 피고 주장 모두 타당성과 문제점을 가지고 있고, 이중 어느 방식이 타당한 방식인가에 대하여는 아직 형성된 대법원 판례가 존재하지 아니하며, 학계에서도 활발한 논의가 이루어지고 있지 아니하므로, 위 원고들 주장의 계산방법이 반드시 옳은 것이고 피고 주장의 계산방법이 반드시 틀린 것이라고 단정할 수 없다.

다. 문제가 객관식으로 출제된 이 사건 시험에 있어서 응시자들은 제시된 답항 중 정답의 가능성이 가장 높은 답항을 정답으로 선택하여야 할 것이다. 앞에서 본 바와 같이 위 원고들 주장의 계산방법에 의할 때에는 이 사건 시험문제의 답항에는 정답항이 존재하지 아니하고, 반면에 피고가 주장하는 계산방법에 의한 정답항이 있다. 또한 이 사건 시험문제를 문언 그대로 볼 때에도 다른 공동상속인들의 상속포기 여부(만일 을이 상속포기를 하였다면 상속채무 전부 병이 부담하게 되므로 순상속분액 산정에 있어서도 위 원고들 주장의 답안이 도출되지 아니한다), 기여분이 있는지 여부, 상속재산분할이 완료되었는지 여부, 병이 실질적으로 얻을 구체적 상속분으로 계산하라는지 등에 관한 아무런 언급이 없으므로, 문제를 단순화하여 일응 이 사건 문제를 해결함에 있어 병이 실질적으로 상속재산분할절차를 거쳐 취득할 상속분에 관계없이 법정상속지분 비율대로 계산하라는 묵시적인 지시가 있는 것으로도 보인다.

라. 따라서 이 사건 시험문제와 같이 피고가 정답으로 선정한 ②번 답항 이외의 답항이 전혀 정답이 될 가능성이 없는 경우, 피고가 선정한 답항이 전혀 정답이 될 수 없는 경우가 아닌 이상 피고가 ②번 답항을 정답으로 선정하였다고 하여 재량권을 일탈·남용하였다고 할 수 없다.

Ⅲ. 평   석

이 사건의 쟁점은 크게 두 가지로 나누어 볼 수 있다. 첫째, 유류분 침해액 내지 유류분 부족액을 산정함에 있어서 유류분권리자의 순상속액을 어떤 방법으로 산정하는가. 둘째, 설령 법무부가 제시한 이 문제의 정답에 의문의 소지

가 있다고 하더라도 그것만으로 이 사건 불합격처분이 위법인가. 이하에서는
이 두 가지 문제를 차례로 살펴보기로 한다. 그런데 그에 앞서서 우선 유류분
침해액의 산정방법 일반론에 대하여 언급한다.

1. 유류분 침해액의 산정방법 일반론

일반적으로 유류분 침해액을 산정하는 공식은 다음과 같다.

유류분 침해액 = 유류분 산정의 기초가 되는 재산액(A) × 그 상속인의 유류
분 비율(B) - 그 상속인의 특별수익액(C) - 그 상속인의 순상속액(D)

A = 적극적 상속재산 + 산입될 증여 - 상속채무액

C = 그 상속인의 수증액 + 수유액

D = 그 상속인이 상속에 따라 얻는 재산액 - 상속채무분담액[5][6]

이러한 산정 공식에 관하여는 이 사건 원고와 피고들이 모두 인정하고 있
고, 이 사건에서의 각각의 액수도 A, B, C에 대하여는 다툼이 없다. 다만 D의
액수, 그 중에서도 병이 상속에 따라 얻는 재산액에 관하여만 다툼이 있을 뿐이
다. 그러므로 위 문제의 사안에 대하여 구체적으로 위 공식에 따라 검토해 본다.

가. 유류분 산정의 기초가 되는 재산액

이는 적극적 상속재산에 일정한 범위의 증여를 산입하고 상속채무액을 공

---

5) 李鎭萬, "遺留分의 算定", 民事判例硏究 ⅩⅨ, 1997, 379면; 李義榮, "遺留分의 算定方法", 民
事裁判의 諸問題 제 9 권, 1997, 389면. 같은 취지, 金容漢, 親族相續法論, 補訂版, 2003,
433-434면; 郭潤直, 相續法, 改訂版, 2004, 287-288면 등. 일본의 문헌으로는 예컨대 鈴木祿弥,
相續法講義, 改訂版, 1996, 157면 등. 일본 최고재판소 1996(平成 8). 11. 26. 판결(민집 50권
10집 2747면)은 "피상속인이 상속개시의 시에 채무를 가지고 있는 경우의 유류분의 액은, 민
법 제1029조, 제1030조, 제1044조에 따라 피상속인이 상속개시의 시에 가지고 있던 재산 전
체의 가액에 그 증여된 재산의 가액을 더하고, 그 중에서 채무의 전액을 공제하여 유류분 산
정의 기초로 되는 재산액을 확정하고, 그에 동법 제1028조 소정의 유류분의 비율을 곱하며,
복수의 유류분권리자가 있는 경우에는 다시 유류분권리자 각각의 법정상속분의 비율을 곱하
고, 유류분권리자가 이른바 특별수익재산을 얻고 있는 때에는 그 가액을 공제하여 산정하여
야 하며, 유류분의 침해액은 그와 같이 하여 산정된 유류분의 액으로부터 유류분권리자가 상
속에 의하여 취득한 재산이 있는 경우에는 그 액을 공제하고, 그가 부담하여야 할 상속채무
가 있는 경우에는 그 액을 가산하여 산정하는 것이다"라고 판시하였다.
6) 이를 좀더 간단히 표시한다면 유류분 침해액은 "(순상속재산액 + 증여) × 그 상속인의 유
류분 비율 - 당해 상속인의 결과적 취득액"이라고 표현할 수도 있다. 여기서 순상속재산액은
상속채무를 공제한 것이며, 결과적 취득액은 당해 상속인의 특별수익액 및 순상속액에서 상
속채무 분담액을 공제한 것이다. 鈴木祿弥(주 5), 157-158면 참조.

제하는 것이다. 이 문제에서 적극적 상속재산은 5,000만원이고 상속채무는
3,000만원이다. 문제는 산입될 증여의 액수인데, 민법 제1114조는 유류분 산정
의 기초가 되는 재산액에 산입될 증여로서 상속개시 전의 1년간에 행하여진 것
또는 당사자 쌍방이 유류분 권리자에 손해를 가할 것을 알고 한 증여만을 규정
하고 있다. 그런데 문제에서는 을과 정이 모두 유류분 침해사실을 몰랐다는 것
이므로 그 증여가 상속개시 전의 1년간에 행하여진 것인가가 중요하다.

그런데 여기서 증여 자체는 2003. 5. 30.로서 상속이 개시된 2005. 6. 30.보
다 1년이 넘은 일이지만, 그 이행 시기는 2004. 7. 30.으로서 상속 개시 전 1년
이내이다. 그러나 그 시점은 증여계약이 행하여진 때를 기준으로 하고, 그 이행
이 언제 있었는가는 묻지 않는다는 것이 일반적인 견해이다.[7] 따라서 문제에서
상속인이 아닌 정에 대한 증여는 가산되지 않고, 정은 유류분반환청구의 상대
방도 될 수 없다. 그러나 상속인인 을에 대한 증여는 제1118조가 특별수익에
관한 제1008조를 유류분에 관하여 준용하고 있으므로, 제1114조의 규정은 그
적용이 배제되고, 따라서 그 증여는 상속개시 전의 1년간에 행한 것인지 여부
에 관계없이 유류분산정을 위한 기초재산에 산입된다는 것이 판례이고,[8] 학설
도 이를 지지하고 있으며, 반대의 견해는 보이지 않는다.[9]

그러므로 이 사건에서 을에 대한 증여 7,000만원은 가산되지만, 정에 대한
증여는 가산되지 않는다. 따라서 유류분 산정의 기초가 되는 재산액은 적극재
산 5,000만원 + 특별수익자인 을에 대한 증여액 7,000만원 − 상속채무액 3,000만
원 = 9,000만원이다.

나. 「유류분액」의 개념

병의 유류분 비율은 상속분 1/2의 1/2인 1/4이므로 그 유류분액은 2,250만
원(9,000만원 × 1/4)이라고 말할 수 있다.

그런데 유류분액이라는 개념은 논자에 따라 다소 다르게 사용되고 있다.
민법 제1112조와 제1113조에 의하면 유류분은 유류분 산정의 기초가 되는 재산
에 유류분 비율을 곱한 것이라고 읽을 수 있다(위 공식에서 A × B).[10] 그런데 다

---

7) 郭潤直(주 5), 285면 등. 이설이 없는 것으로 보인다.
8) 대법원 1995. 6. 30. 선고 93다11715 판결(집 43권 1집 민367면); 1996. 2. 9. 선고 95다
  17885 판결(집 44권 1집 민133면) 등.
9) 郭潤直(주 5), 286면 등.
10) 金容漢(주 5), 433면; 金疇洙·金相瑢, 親族·相續法(제8판), 2006, 749면; 李庚熙, 家族法

른 논자들은 유류분액을 여기서 유류분 권리자의 특별수익을 공제한 것(위 공식에서 A × B − C)으로 이해한다.[11]

실제로 이는 어떻게 보더라도 결론에 차이를 가져오는 것은 아니다.[12] 우선 유류분 권리자의 특별수익을 공제하지 않은 것을 유류분액으로 보게 되면, 민법 제1115조 제1항은 증여 및 유증으로 인하여 유류분에 부족이 생긴 때에는 부족한 한도에서 그 재산의 반환을 청구할 수 있다고 규정하고 있으므로, 유류분 침해액의 산정에서 유류분 권리자의 특별수익은 고려되지 않아서 유류분 권리자에게 부당하게 이익을 주는 것이 아닌가 하는 의문이 있을 수 있다. 그러나 민법 제1118조는 유류분에 관하여 특별수익에 관한 제1008조를 준용하고 있어서, 유류분 권리자의 유류분 침해액 산정에 있어서도 그가 얻은 특별수익을 공제하여야 하기 때문에 이런 부당한 결과는 발생하지 않으며, 이러한 의미에서 특별수익을 공제한 것이 유류분액이 된다고 할 수 있다.[13] 종래 유류분액을 유류분권리자의 특별수익이 공제되지 않은 것으로 설명하는 논자도 그러한 경우를 상정하지 않은 일반적인 설명인 것으로 보이므로, 반드시 두 설명이 상반되는 것으로 이해할 필요는 없을 것이다.

이 사건에서는 유류분 권리자인 병에게 특별수익이 없었으므로 유류분액을 어떻게 이해하더라도 차이는 없다.

다. 채무의 공제

상속채무는 두 가지로 공제된다. 첫째, 유류분산정의 기초재산을 산정함에 있어서는 상속채무액을 공제한다(민법 제1113조 제1항). 둘째, 유류분권리자의 순

(五訂版), 2006, 553면; 오병철, "유류분 부족액의 구체적 산정방법에 관한 연구", 가족법연구 제20권 2호, 2006, 205면 등. 대법원 2005. 6. 23. 선고 2004다51887 판결(공 2005하, 1228)도 이러한 취지로 보인다. 일본에서 이와 같이 설명하고 있는 것으로는 瀨川信久, "相續債務がある場合の遺留分侵害額の算定方法", 家族法判例百選 第六版, 別冊ジュリスト No. 162, 2002, 183면; 同, "相續債務がある場合の遺留分侵害額の算定方法", 北大法學論集 제53권 2집, 2002, 546면 이하.

11) 郭潤直(주 5), 287면. 위 日本 最高裁判所 1996(平成 8). 11. 26. 판결(주 5)도 같은 취지이다.
12) 神谷 遊, "遺留分および遺留分侵害額の算定方法", 久貴忠彦 編, 遺言と遺留分 제2권, 2003, 39면 이하 참조.
13) 鈴木祿弥(주 5), 156면 참조. 독일 민법 제2315조는 유류분권리자가 피상속인으로부터 생존자간의 법률행위에 의하여 유류분에 가산하여야 한다는 지정과 함께 출연을 받았으면 이 출연은 유류분에 가산되어야 한다고 규정한다. 구체적으로는 상속재산에 생전출연액을 가산하여 유류분의 비율에 따라 유류분을 산정한 다음 여기서 다시 생전출연액을 공제한 것이 실제의 유류분청구권의 액이 된다. Staudinger/Haas, Dreizehnte Bearbeitung, 1998, §2315 Rdnr. 57 참조.

상속액[14]을 산정함에 있어서 그 유류분권리자의 상속채무 분담액을 공제한다.

유류분 산정의 기초재산을 산정함에 있어서 상속채무액을 공제하는 것은 민법이 규정하고 있으나,[15] 유류분권리자의 순상속액을 계산함에 있어서 왜 상속채무분담액을 공제하여야 하는가 하는 점에 대하여는 의문이 있을 수 있다. 즉 특별수익이나 기여분 등을 고려한 구체적 상속분의 산정에 있어서는 상속채무 부담액을 고려하지 않으면서, 유류분 침해액의 산정에 있어서는 채무부담액을 고려하는 것은 일견 이상하다고 느낄 수도 있는 것이다. 그러나 유류분액을 산정함에 있어서 상속채무를 공제한다면, 유류분 침해액을 산정하기 위하여 유류분액에서 순상속액을 산정할 때에도 유류분권리자의 상속채무부담액을 공제하는 것이 균형에 맞는다.[16] 이외에 상속채무 부담액이 유류분액보다도 많은 경우를 상정하여 본다면 유류분을 확보하여도 상속채무 부담액에도 미치지 못하게 되어 버리게 되고, 민법이 보장하고 있는 유류분제도를 충분히 활용하기 위하여는 이러한 결론이 옳다고 하는 설명도 있다.[17]

여기서 한 가지 유의하여야 할 것은 공동상속인 가운데 특별수익자가 있는 경우에도 상속채무의 분담 비율은 법정상속분에 의한다는 것이다.[18] 그러므로 사안의 경우에 을과 병은 상속채무 3,000만원을 법정상속분에 따라 각 1,500만원씩 부담한다.

2. 순상속액의 산정

가. 문제의 소재

이 사건에서 원고와 피고의 견해가 다른 부분은 유류분권리자의 순상속액을 계산함에 있어서 특별수익을 고려한 구체적 상속분의 비율에 따라야 하는가, 아니면 이를 고려하지 않은 법정상속분의 비율에 따라야 하는가 하는 점

---

14) 앞의 공식에서 D.

15) 프랑스 민법 제922조 제2항은 이 점을 명언하고 있고, 독일에서도 이 점은 당연한 것으로 받아들이고 있다. Frank, Erbrecht, 3. Aufl., 2005, S. 280; Lange/Kuchinke, Lehrbuch des Erbrechts, 5. Aufl., 2001, S. 894 등.

16) 오병철(주 10), 207면도 마찬가지의 의미라고 생각된다. 같은 취지, 金子敬明, "被相續人が相續開始時に債務を有している場合における遺留分の侵害額の算定", 法學協會雜誌 제119권 3호, 2002, 169면; 潮見佳男, 相續法(第2版), 2005, 275면.

17) 中川善之助·泉久雄, 相續法(제4판), 2000, 664면 참조.

18) 대법원 1995. 3. 10. 선고 94다16571 판결(집 43권 1집 민118면). 학설상도 이견이 없다.

이다.

구체적 상속분의 비율에 따른다면 원고들의 주장과 같이 을은 이른바 초과특별수익자이므로 상속인으로서는 부존재하는 것으로 의제되고,[19] 따라서 병만이 상속재산인 3,000만원 전부를 상속하게 되며, 다만 여기서 상속채무를 공제하면 결국 순상속액은 1,500만원이 된다. 따라서 유류분 침해액은 유류분액인 2,250만원에서 1,500만원을 공제한 750만원이 된다.

반면 법정상속분의 비율에 따른다면 을과 병이 상속재산을 각각 1,500만원씩 공동상속하게 되고, 병의 순상속액은 상속채무 1,500만원을 공제하면 0원이 되므로 유류분 침해액은 유류분액인 2,250만원 전액이 된다.

이는 초과특별수익자가 있는 경우이지만, 초과특별수익자 아닌 단순 특별수익자가 있는 경우에도 구체적 상속분에 의하는가 아니면 법정상속분에 의하는가에 따라 결과가 달라지게 된다.

갑의 적극재산이 5,000만원이고 채무가 3,000만원이며 상속인으로는 자녀 을과 병이 있는 점은 문제와 마찬가지인데, 갑은 2005. 6. 30. 사망하기 1년 이내인 2004. 8. 30. 을에게 1,000만원, 정에게 1억원을 증여하였고 바로 이를 이행하였다고 하자. 이 경우 을의 유류분액은 2,250만원, 병의 유류분액은 3,250만원이 된다.[20]

그런데 상속재산 5,000만원을 특별수익을 고려한 구체적 상속분에 따라 분할하면, 을의 상속분은 2,000만원이 되고 병의 상속분은 3,000만원이 된다.[21][22]

---

19) 초과특별수익자가 존재하는 경우에 초과특별수익자가 그 초과특별수익을 다른 공동상속인에게 반환할 필요는 없다. 나아가 이러한 경우의 구체적 상속분의 산정방법에 관하여는 초과특별수익자 부존재 의제설과 구체적 상속분 기준설이 대립하고 있으나, 초과특별수익자 부존재 의제설이 타당하다. 이 점에 관하여는 尹眞秀, "超過特別受益이 있는 경우 具體的 相續分의 算定方法", 서울대학교 法學 제38권 2호, 1997, 99면 이하, 101면 이하 참조. 같은 취지, 朴泰俊, "審判에 의한 相續財産 分割", 法曹 2000. 2, 137-140면; 金昭英, "相續財産分割" 民事判例研究 XXV, 2003, 785-786면; 黃正奎, "상속재산분할사건 재판실무", 裁判資料 제102집 家庭法院事件의 諸問題(下), 2003, 55-56면; 柴振國, "相續財産分割에 관한 研究", 서울대학교 대학원 석사학위 논문, 2006, 66-68면 등. 그러나 이러한 산정방법에 관한 학설의 차이는 초과특별수익자 외의 다른 특별수익자가 있을 때 나타나고, 이 문제에서와 같이 다른 특별수익자가 없는 경우에는 차이가 없다.

20) 을: (5,000만원 + 1,000만원 + 1억원 − 3000만원) × 1/4 − 1,000만원 = 2,250만원. 병: (5,000만원 + 1,000만원 + 1억원 − 3000만원) × 1/4 = 3,250만원.

21) 을: (5,000만원 + 을에 대한 증여 1,000만원) × 1/2 − 1,000만원 = 2,000만원. 병: (5,000만원 + 을에 대한 증여 1,000만원) × 1/2 = 3,000만원.

22) 특별수익이 있는 경우의 구체적 상속분의 산정방법에 관하여 상세한 것은 尹眞秀(주 19), 95면 이하 참조. 이를 간단히 말한다면 상속개시 당시의 상속재산에 공동상속인 전원에 대한 생전증여의 가액을 더한 액에 법정상속분을 곱한 다음 여기서 그 상속인에 대한 생전증여와

여기서 상속채무 분담액 1,500만원씩을 공제하고 유류분 침해액을 산정하면 을의 침해액은 1,750만원, 병의 침해액도 1,750만원이 된다.

반면 상속재산 5,000만원을 단순히 법정상속분에 따라 분할하면 을과 병의 상속분은 각 2,500만원이 되고 여기서 상속채무 분담액 1,500만원씩을 공제하고 유류분 침해액을 산정하면 을의 침해액은 1,250만원, 병의 침해액은 2,250만원이 된다.

이 사건의 사법시험 문제에서 위와 같은 두 가지 방식에 따라 풀어보면 어떻게 되는가? 병의 순상속액을 법정상속분에 따라 산정하는 방식에 의할 때에는 병의 유류분은 2,250만원이고 유류분 침해액도 2,250만원인데, 이를 우선 유증을 받은 무에게 그 유증의 가액인 2,000만원을 청구하고 나머지 250만원을 을에게 청구하게 된다. 따라서 (가) 병의 유류분액은 2,250만원, (나) 을과 정, 그 중에서 을에게 청구할 수 있는 금액은 250만원, (다) 무가 유류분반환을 거친 후 최종적으로 취득할 금액은 0원이 되므로 정답은 (가), (나), (다)를 합한 2,500만원이 된다.

반면 병의 순상속액을 특별수익을 고려한 구체적 상속분에 따라 산정하는 방식에 의할 때에는 병의 유류분액은 2,250만원이지만 유류분 침해액은 750만원이고, 이를 유증을 받은 무에게 청구하면 무가 최종적으로 취득할 금액은 1,250만원(2,000만원 - 750만원)이 된다. 따라서 (가) 병의 유류분액은 2,250만원, (나) 을과 정에게 청구할 수 있는 금액은 0원, (다) 무가 유류분반환을 거친 후 최종적으로 취득할 금액은 1,250만원이 되므로 정답은 (가), (나), (다)를 합한 3,500만원이 되는데, 위 문제의 보기에는 3,500만원이 없으므로 결과적으로 위 문제에는 정답이 없는 것으로 된다.

나. 종래의 논의

대상판결도 언급하고 있는 것처럼 종래 이 문제에 관하여는 국내에서 별로 논의된 바 없고, 극히 일부를 제외하고는 많은 문헌들이 단순히 결과만을 표시하고 있어 어느 설에 따랐는지를 짐작할 수 있을 따름이다. 예컨대 이 판결이 법정 상속분에 따르는 것으로 들고 있는 문헌들에서는 공동상속인들에게

유증의 가액을 공제한 것이다. 그런데 유류분액을 산정함에 있어서는 그 상속인에 대한 생전증여와 유증의 가액을 공제하므로, 유류분액에서 그 상속인의 순상속액을 공제하면 결과에 있어서는 생전증여와 유증의 가액은 고려되지 않은 것과 마찬가지의 결과가 된다. 아래 주 26)의 오병철 교수의 산정방식 참조.

특별수익이 있는 경우인데도 유류분 침해액을 산정함에 있어서 순상속액은 법정상속분에 따라 계산하고 있으나, 그 이유에 대하여는 별다른 설명이 없다.[23] 그리하여 종래에는 이 점에 관하여 논란의 소지가 있다는 점 자체가 별로 의식되지 않았던 것으로 보인다.

　이 사건이 문제되기 전에 나온 문헌 가운데 이 점에 관하여 명백히 논의하고 있는 것으로는 변동열 판사의 논문이 있다.[24] 여기서는 법정상속분과 상속재산 분할의 기준이 되는 구체적 상속분은 서로 다를 수 있는데, 만약 상속재산 분할이 먼저 이루어진다면 이를 기준으로 순상속액을 정하면 되기 때문에 별 문제가 없으나, 상속재산 분할 절차가 끝나지 않은 경우에는 순상속액을 결정하기 어려운 상황이 발생하게 된다고 하면서, 유류분반환청구권을 인정하는 것은 상속인의 상속분이 유류분에 미치지 못하게 되는 경우 이를 보충하기 위한 것이므로 상속인이 실제 상속을 통하여 얻는 이익을 반영하여야 할 것이고, 따라서 유류분반환청구권을 행사하기 전에 상속재산 분할 절차가 이루어지지 않은 경우에도 상속재산 분할을 통하여 얻을 수 있는 이익(구체적 상속분)을 반영하는 것이 타당하다고 주장한다. 다만 이 경우에 구체적 상속분을 산정함에 있어서는 특별수익만을 고려할 수 있고 기여분은 고려할 수 없다고 한다.[25]

　그리고 이 사건이 문제된 후에 발표된 오병철 교수의 논문은, 순상속분액이라 함은 유증이나 증여가 모두 유효하게 이루어진 경우에 자신이 받는 순이익액을 말하므로, 자신에게 행해진 유증이나 증여를 포함하여야만 정당한 비교가 가능해지고, 민법 제1008조의 규정에 의하면 결과적으로 수증재산까지 포함해서 상속분을 산정하겠다는 취지와도 부합하므로, 순상속분액의 산정은 일반적인 상속분 산정방법대로 계산하였을 때 자신에 대한 유증과 증여를 포함한 순상속분액이라고 한다. 이는 채무를 공제하였다는 점에서 상속분액과 다르며 자신에 대한 특별수익이 포함되어 있다는 점에서 구체적 상속분액과도 다른 것이라고 한다.[26] 이 설명은 특별수익을 고려한 구체적 상속분을 기준으로 하

---

23) 郭潤直(주 5), 289면 이하; 金容漢(주 5), 434면 등, 李鎭萬(주 5), 385면도 같은 취지이다.

24) 이 사건 판결이 인용하고 있는 "相續財産分割과 遺留分返還請求", 法曹 1998. 3, 120면 이하 외에도 "遺留分 制度", 民事判例研究 XXV, 2003, 853면 이하가 있다.

25) "遺留分 制度"(주 24), 853-855면.

26) 오병철(주 10), 207-208면. 구체적으로는 다음과 같은 공식으로 표현하고 있다. 순상속분액 = (현존상속재산 + 특별수익 − 상속채무전액) × 상속분율. 이 방법은 결국 鈴木祿弥 교수가 제시하는 산정방법(주 6 참조)과 같다. 그러나 이러한 순상속분액에는 특별수익이 포함되어 있는 것이 되어, 구체적 상속분에 특별수익을 포함시키지 않고 있는 상속법상의 일반적인 용어례와

는 것과 다른 것처럼 보이지만, 이는 유류분액을 산정함에 있어서 유류분권리자의 특별수익을 공제하지 않았기 때문이고, 결론에 있어서는 마찬가지이다.

　　일본의 문헌 가운데에도 이 점에 관하여 명백히 밝히고 있는 것은 많지 않으나, 다음과 같은 두 가지의 서로 상반되는 듯한 언급을 찾아볼 수 있다. 우선 한 견해는 다음과 같이 설명한다. 즉 상속액을 산정함에 있어서 순수하게 이론적으로 생각한다면 원고의 개별적 유류분과 '구체적 상속분'을 비교하여 유류분의 구체적 침해액이 확정되어야 할 것처럼 보이지만, 구체적 상속분의 확정은 유산분할절차의 일환으로서 가정재판소가 기여분·특별수익 등도 고려하여 재량적·창조적으로 행하여야 하므로, (가정재판소 아닌) 통상재판소가 담당하는 遺留分減殺事件에서는 구체적 유류분과 대비되어야 할 것으로는 상속분의 지정이 있는 경우에는 지정상속분, 없는 경우에는 법정상속분이 기준이 되는 것이 현실이며, 이는 구체적 상속분까지 확정되어야만 유류분 침해액을 알 수 있다고 하는 것은 유류분제도가 현실적으로 기능하지 못하게 되는 것도 고려하는 것이라고 생각된다고 한다.27)

　　그러나 반대로 다음과 같은 주장도 있다. 즉 소송절차에 의하여 유류분을 회복하려고 하는 경우에 유류분권리자의 소송대리인으로 되는 일본의 실무가들은 증여 또는 유증된 부동산에 유류분율에 의한 공유지분을 회복함으로써 끝내려고 한다고 한다. 이러한 경향은 일본 민법 제1044조(우리 민법 제1118조에 해당한다) 및 제903조(우리 민법 제1008조에 해당한다)에 의하여 공동상속인에의 생전증여 등을 평가하는 것 등은 비송절차에서 취급하여야 하고 소송절차에는 친숙하지 않다고 하는 사고방식으로 편향되어 있으면서, 소송재판소의 재판관은 유류분 사건에 있어서 제1029조(우리 민법 제1112조에 해당한다)에 의한 유류분권의 확정이 필요없다고 보는 정도로까지 강하지만, 일본 최고재판소 1996 (平成 8). 11. 26. 판결(주 5)은, 소송재판소는 유류분 감쇄에 의하여 회복되는 상속분을 각 재산상의 지분으로서 확인하면 족하고, 제1029조 내지 제1044조 및 제903조에 의한 산정은 비송절차에서 사용하기 위한 규정이라고 해석하는 입장을 확고하게 물리친 것으로서 판례로서의 가치가 높이 평가되어야 한다고 한다.28)

　　는 일치하지 않는다.

27) 潮見佳男(주 16), 274면.

28) 伊藤昌司, "民法 1029條·1030條", 廣中俊雄·星野英一 編, 民法典の百年 Ⅳ, 1998, 406면, 410면. 또한 伊藤昌司, 相續法, 2002, 374면; 同, "被相續人が相續開始時に債務を有していた場

그리고 일본의 교과서 중에는 이 문제에 관하여 명백히 언급하고 있지는 않으면서도 유류분 침해액을 계산함에 있어서 구체적 상속분을 고려하고 있는 것이 있다.29)

다. 判 例

대상판결은 종전의 판례에 대하여, 대법원 판례는 없으나 하급심 판례 가운데에는 원고들 주장과 같이 구체적 상속분에 따라 계산한 것도 있고, 피고 주장과 같이 법정상속분에 따라 계산한 것도 있다고 하였으나 구체적인 판례는 들고 있지 않다. 다른 한편 이 문제를 다룬 논문 가운데에도 이러한 두 가지의 하급심 판례가 있다고 하면서 구체적인 판례를 적시하고 있는 것도 있다.30)

그러나 필자는 법정상속분에 따른 판례는 확인하지 못하였고,31) 구체적 상속분에 따른 하급심 판례만을 3개 찾을 수 있었다.32) 위 판례들 중 서울지방법원의 두 판례는 같은 재판부가 선고한 것으로서, 그 사건의 내용도 이 사건과 같이 공동상속인 중 초과특별수익자가 있는 경우였다. 이들 사건 중 97가합 20231 판결에서 재판부는 위 1.의 공식에 따라 유류분 부족액(침해액)을 산정하였는데, 유류분 권리자의 상속액을 산정하는 방법에 관하여는 "공동상속인 중에 특별 수익자가 있는 경우의 구체적인 상속분의 산정을 위하여는, 피상속인이 상속 개시 당시에 가지고 있던 재산의 가액에 생전 증여 가액을 가산한 후, 이 가액에 각 공동상속인별로 법정 상속분율을 곱하여 산출된 상속분의 가액에서 특별 수익자의 수증 재산인 증여 또는 유증의 가액을 공제하는 계산 방법에 의하여야 할 것이고, 초과특별수익자가 있으면 그는 피상속인의 상속재산에서 실제 취득할 액수는 없고, 나머지 공동상속인은 초과 특별 수익자가 없는 경우와 같은 계산 방법으로 위 상정 상속재산에서 취득할 액수의 비율로 상속

合における 遺留分の 侵害額の 算定", 判例評論 463호(判例時報 1606호), 210면; 瀬川信久, 家族法判例百選(주 10), 182면 등도 참조.

29) 中川善之助・泉久雄(주 17), 662면 주 二의 사례 (1).

30) 邊東烈, "相續財産分割과 遺留分返還請求"(주 24), 120면.

31) 다만 대법원 1996. 2. 9. 선고 95다17885 판결(주 8)의 원심판결인 서울고등법원 1995. 3. 22. 선고 94나19978 판결이 이와 같이 산정한 것으로 보인다. 李鎭萬(주 5), 360-361면 참조.

32) 서울지방법원 북부지원 1999. 1. 27. 선고 96가단37296, 46863 판결(하집 1999-1, 266); 서울지방법원 1999. 3. 31. 선고 97가합20231 판결(하집 1999-1, 250); 서울지방법원 1999. 7. 21. 선고 97가합9067 판결(하집 1999-2, 56).

재산을 현실로 취득한다"고 판시하였다.33)

　　그리고 서울지법 북부지원의 판결은, "유류분 침해액의 산정기준이 되는 상속액은 소외 1의 적극재산, 소극재산 및 특별수익분을 포함하여 공동상속인들이 피상속인의 사망으로 인하여 받게 되는 구체적 이익이라고 봄이 상당하다"고 판시하고 있다.34)

라. 검　　토

(1) 이론적인 고찰

　　유류분 권리자의 순상속액은 특별수익을 고려한 구체적 상속분에 의하여야 한다. 그 근거로서는 유류분제도의 목적이라는 측면과 민법 제1118조의 두 가지를 들 수 있다.

　　우선 유류분제도의 목적이라는 측면에서 본다면, 종래의 학설이 주장하는 것처럼 유류분반환청구권을 인정하는 것은 상속인의 상속분이 유류분에 미치지 못하게 되는 경우 이를 보충하기 위한 것이므로, 상속인이 실제 상속을 통하여 구체적으로 얼마나 이익을 얻는가가 중요하고, 유류분액에서 공제되어야 할 순상속액은 상속재산 분할을 통하여 얻을 수 있는 이익인 구체적 상속분을 반영하는 것이 당연하다. 대상판결도 이 점은 인정하고 있다.

　　다른 한편 성문법상의 근거를 들자면 민법 제1118조가 유류분에 관하여 특별수익에 관한 제1008조를 준용하고 있다는 점을 들 수 있다. 그러므로 유류분 권리자의 순상속액 산정에 있어서도 특별수익을 고려하지 않을 수 없는 것이다.35)

　　구체적으로 살펴본다. 먼저 유류분 권리자에게는 특별수익이 없고, 다른 공동상속인에게만 특별수익이 있는 경우에는 어떠한가? 이 경우에 특별수익을 고려하지 않는다면 그와 같이 산정한 유류분 권리자의 순상속액은 실제로 상속재산 분할이 이루어진 경우보다 더 작아지게 된다. 그 결과 유류분 권리자는 실제로 받을 수 있는 것보다 더 작은 액수를 공제당하게 되는 것이다.

---

33) 97가합9067 판결도 같은 취지이다.

34) 이 사건에서는 수인의 유류분권리자 중 한 사람에게 특별수익이 있는 경우였다. 그 구체적인 산정방법은 주 26)의 공식과 같다.

35) 독일 민법 제2316조는 직계비속이 여러 명 있고 그들 중에 특별수익(피상속인의 출연, Zuwendung des Erblassers)이나 기여분이 있을 때에는, 유류분은 이를 고려한 상속재산 분할에서 귀속될 상속분에 따라 정해진다고 규정하고 있다.

이 점은 유류분 권리자에게 특별수익이 있는 경우에 보다 명백하다. 이 경우에 유류분 권리자의 유류분액을 산정함에 있어서는 그가 얻은 특별수익을 공제하면서, 유류분액에서 공제할 순상속액을 산정함에 있어서는 그의 특별수익을 고려하지 않는다면 결과적으로 그는 특별수익을 중복 공제당하는 결과가 된다. 예컨대 상속재산 총액은 5,000만원인데 그 상속인으로는 자녀 2명이 있고 그 중 한 사람이 1,000만원의 생전증여를 받았으며, 이는 특별수익에 해당된다고 하자. 이 경우에 이 사람의 유류분액 산정에 있어서는 이 1,000만원이 공제된다. 그런데 순상속액을 계산함에 있어서 구체적 상속분을 고려한다면 유류분 권리자의 순상속액은 2,000만원이 된다.36) 그런데 구체적 상속분을 고려하지 않는다면 그의 순상속액은 2,500만원이 된다.37) 이처럼 구체적 상속분을 고려한 경우와 비교하여 순상속액이 500만원이 더 많은 것은 유류분액을 산정함에 있어서는 특별수익을 공제하였음에 반하여 순상속액을 산정함에 있어서는 특별수익을 고려하지 않았기 때문으로 결과적으로 이 500만원이라는 금액은 중복 공제된 셈이 되는 것이다.38)

나아가 이 사건에 있어서와 같이 공동상속인 중 초과특별수익자가 있는 경우에는 그는 상속인이 아닌 것으로 의제되므로, 유류분권리자의 순상속액을 산정함에 있어서는 상속재산은 이 초과특별수익자를 제외한 나머지 상속인에게 분배되는 것으로 보아 분배하여야 한다.39)

다른 관점에서 본다면 유류분침해액의 산정 결과는 공동상속인들 사이에 상속재산분할절차가 종료되었는지 아니면 종료되지 않았는지 여부에 관계없이 동일하여야 할 것인데, 구체적 상속분에 의하지 않는다면 그 결과가 달라지게 되고, 이는 합리적이라고 할 수는 없다.

---

36) (5,000만원 + 1,000만원) × 1/2 − 1,000만원(특별수익) = 2,000만원.
37) 5,000만원 × 1/2 = 2,500만원.
38) 좀더 구체적으로 설명하면, 순상속액을 산정함에 있어서 구체적 상속분 아닌 법정상속분에 의할 때에는 특별수익자의 순상속액에는 특별수익이 일부 포함되어 있게 된다. 그런데 이러한 순상속액을 그대로 공제하면 유류분액을 공제함에 있어서 특별수익을 공제한 것과 중복되게 되는 것이다.
39) 독일 민법에서도 마찬가지이다. 독일민법 제2316조에 따르면 유류분을 산정함에 있어서 특별수익을 고려하도록 규정하고 있기 때문에, 이 사건과 같이 초과특별수익자(Zuvielbedachte)가 있는 경우에는 그는 독일민법 제2056조의 규정에 따라 상속인으로서 존재하지 않는 것으로 의제되므로, 그 결과 가상적인 상속재산은 줄어들지만, 다른 한편 다른 상속인의 유류분율이 증가하게 된다. 만일 그렇지 않다고 보게 되면 이는 특별수익 규정의 목적과 어긋나는 결과가 된다. Staudinger/Haas, §2316 Rdnr. 35 f. 참조.

(2) 반대론의 논거

그런데 이러한 주장에 대하여 대상판결이 들고 있는 반대론의 근거는 다음과 같다. 첫째, 상속재산분할심판에서 구체적 상속분을 산정하는 것은 공동상속인들 사이에 상속재산을 분할함에 있어 협의가 성립하지 않을 경우 재판상 분할을 위한 일응의 기준에 불과하다. 둘째, 개별 상속인들 또는 유증자를 상대로 유류분반환청구를 구하는 소송에서 공동상속인 전원의 참여하에 이루어지는 구체적 상속분을 계산하는 것이 용이하지 않고, 이후 실제 상속재산분할절차에서 유류분반환청구소송절차에서 가정한 대로 구체적 상속분이 산정되지 않았을 때에는 어떠한지 등 여러 가지 문제가 있고, 이러한 문제는 상속재산분할을 먼저 거친 후 필요한 경우 유류분반환청구를 하도록 하는 명문의 규정이 있지 아니함에도, 상속재산의 분할이 먼저 이루어진 후에 이를 토대로 유류분 침해액을 계산한다는 전제하에서만 해결된다는 불합리함이 있다. 셋째, 피고 주장과 같이 당해 유류분권자의 순상속분액을 계산함에 있어 특별수익을 고려하지 않은 상태에서 법정상속분을 산정하는 계산방식을 취하는 견해도 다수 있고, 이와 같은 방법에 의하여 계산하는 하급심 사례도 다수 있다.

그러나 이러한 주장은 모두 충분한 근거가 될 수 없다. 먼저 구체적 상속분은 재판상 분할을 위한 일응의 기준에 불과하다는 주장은 어떠한가? 학설상 이러한 표현을 찾아볼 수 없는 것은 아니다. 원래 구체적 상속분을 관념적으로 상속개시시에 개개의 상속재산에 대한 실체적 권리로서 존재하는 것으로 볼 것인가(이른바 상속분설), 아니면 구체적인 권리 또는 법률관계가 아니라 상속재산 분할의 과정에 있어서의 분할기준에 불과하다고 볼 것인가(이른바 유산분할설) 하는 점에 대하여는 종래 일본에서 논란이 되어 왔다.[40] 두 견해는 예컨대 구체적 상속분의 비율의 확인을 소송으로 청구할 수 있는가,[41] 가분채권이

---

40) 前說: 有地 亨, 新版 注釋民法(27), 1989, 214면; 伊藤昌司, 相續法(주 28), 222-224면; 同, "疎んじられる具體的相續分", 判例タイムズ No. 1016, 2000, 77면 이하 등. 後說: 鈴木祿弥(주 5), 314-315면; 中川善之助·泉久雄(주 17), 280면 주 11); 田中恒朗, 遺産分割の理論と實務, 1993, 216면 이하; 梅本吉彦, "具體的相續分の價額又は割合の確認の利益", 家族法判例百選(주 10), 117면; 森野俊彦, "具體的相續分", 梶村太市·雨宮則夫 編 現代裁判法大系(11) 遺産分割, 1998, 40-41면 등.

41) 일본 최고재판소 2000(平成 12). 2. 24. 판결(민집 54권 2호 523면)은 상속재산분할심판 절차 외에서 구체적 상속분의 가액 및 비율의 확인을 구하는 청구에 대하여 확인의 이익이 없다고 하여 이를 각하하면서, 그 이유에서 구체적 상속분은 상속재산분할절차에 있어서 분배의 전제로 되어야 할 계산상의 가액 또는 그 가액의 상속재산 총액에 대한 비율을 의미하는 것으로서 그 자체를 실체법상의 권리관계라고 할 수는 없다고 하였다.

법정상속분의 비율대로 당연분할된다고 하면 공동상속인들 사이에 구체적 상속분에 따라 그 정산을 청구할 수 있는가 등의 문제에 관하여 결론이 달라지게 된다.

그러나 이 문제에 대하여는 결론을 유보한다고 하더라도,[42] 논점을 특별수익은 상속재산 분할절차에서만 고려될 수 있는가 하는 점으로 바꾼다면 대답은 별로 어렵지 않다. 구체적 상속분을 결정하는 가장 중요한 요소 중 하나인 특별수익은 민법 제1118조에 의하여 유류분반환청구소송에서의 유류분액 산정에서 당연히 고려하여야 한다. 뿐만 아니라 상속재산의 협의분할이 채권자취소권의 행사에 의한 취소 대상이 되는가 하는 점을 판단함에 있어서는 그 재산분할결과가 채무자의 구체적 상속분에 상당하는 정도에 미달하는 과소한 것인지 여부를 따져 보아야 하는 것이다.[43] 그러므로 적어도 기여분 아닌 특별수익에 관한 한 구체적 상속분은 상속재산 분할절차에서만 적용되는 재판상 분할을 위한 일응의 기준에 불과하다고는 할 수 없다.[44] 뿐만 아니라 이러한 논의는 이 사건에서는 별로 끌어들일 필요가 없다. 중요한 것은 유류분반환청구소송에서 순상속액을 결정함에 있어서 특별수익을 고려하여야 하는가 아닌가 하는 점이고, 이는 민법의 규정이나 유류분제도의 목적에 따라 결정될 문제이지 위와 같이 구체적 상속분은 상속재산 분할절차에서만 적용되는 일응의 기준에

---

42) 사견으로는 구체적 상속분은 상속재산 분할이 이루어지기 전에도 인정될 수 있는 실체적 권리라고 본다. 그렇지만 구체적 상속분의 비율의 확인을 소송상 청구할 수 있는가 하는 문제는 구체적 상속분이 실체법상의 권리인지 여부 외에도 이것이 민사소송법상 당사자의 법적 불안을 해소하기 위하여 적절한 수단인지 여부에도 달려 있다고 생각된다. 최근의 일본 최고재판소 2005(平成 17). 10. 11. 결정(민집 59권 8호 2243면)은, 피상속인 사망 후 상속재산분할이 이루어지기 전에 공동상속인 중 1인이 사망한 경우, 이 공동상속인이 취득한 상속재산의 공유지분권은 실체상의 권리로서 상속재산 분할의 대상이 되고, 이 사람으로부터 특별수익을 받은 사람이 있는 때에는 그 조정(持戾)을 하여 구체적 상속분을 산정하여야 한다고 판시하였다. 이 판결이 구체적 상속분은 실체적 권리관계라고 할 수 없다고 한 위 주 41)의 판결과 어떤 관계에 있는 것인지에 관하여는 일본에서 논의가 많다. 川 淳一, "遺産分割前に死亡した相續人が有していた第1次被相續人の遺産についての權利", 平成17年度　重要判例解說, ジュリスト No. 1313(2006. 6. 10), 92-93면; 奧山恭子, "相續が開始して遺産分割未了の間に第二次相續が開始した場合において第二次被相續人から特別受益を受けたものがあるときの持戾の要否", 判例評論 571호 27면 이하(判例時報 1934호 197면 이하); 伊藤昌司, "相續が開始して遺産分割未了の間に第二次相續が開始した場合において第二次被相續人から特別受益を受けた者があるときの持戾の要否", 民商法雜誌 제134권 3호, 2006, 429면 이하 등 참조.

43) 대법원 2001. 2. 9. 선고 2000다51797 판결(집 49권 1집 民89). 伊藤昌司, 判例タイムズ No. 1016(주 40), 78-79면도 이러한 점을 상속분설의 근거로 들고 있다.

44) 종래의 상속분설과 유산분할설의 논쟁도 기본적으로는 구체적 상속분을 결정하는 요소 가운데 심판에 의하여 비로소 확정되는 기여분은 제외하고 특별수익에 관하여만 논의하고 있다. 森野俊彦(주 40), 39면 참조.

불과하다는 추상적인 이유를 내세워 특별수익을 고려하면 안 된다고 말할 수
는 없는 것이다. 오히려 구체적 상속분의 성질을 무엇으로 볼 것인가 하는 점
은 이 사건과 같은 경우에 특별수익을 고려할 수 있는가 여부에 따라 결정되
어야 할 것이다.

　　대상 판결이 들고 있는 두 번째 근거는 요컨대 상속재산분할절차 아닌 유
류분반환청구 소송에서는 구체적 상속분을 고려하는데 실무상 어려움이 있다는
것이다. 확실히 상속재산분할절차와 유류분반환청구소송은 여러 가지 차이가
있어서 절차에 따라 결론이 달라질 가능성을 배제할 수는 없다. 우선 상속재산
분할절차에는 공동상속인 전원이 참여하여야 하는데 반하여, 유류분반환청구소
송에서는 개별 유류분권리자와 반환의무자만이 당사자가 된다. 또 유류분반환
청구소송은 일반 민사소송으로서 변론주의의 지배를 받는 데 반하여, 상속재산
분할절차는 가사소송법 제2조 제1항 소정의 마류 가사비송사건으로서,45) 법원
은 직권으로 사실을 탐지하고 증거조사를 하여야 한다.46) 그러므로 유류분반환
청구소송에서는 그 당사자가 아닌 다른 공동상속인이 받은 특별수익은 간과될
가능성이 없지 않다.47)

　　그러나 이 점을 들어서 순상속액의 산정에 있어 구체적 상속분에 의하면
안 된다고 말하기는 어렵다. 우선 특별수익 가운데 생전증여는 기본적으로 유
류분산정의 기초재산에 포함되어야 한다. 그러므로 이러한 생전증여가 누락될
위험은 순상속액의 계산에서만 존재하는 것은 아니다. 따라서 이 점을 근거로
하여 구체적 상속분에 따르면 안 된다고 말할 수는 없는 것이다. 문제되는 것
은 특별수익 가운데 유증인데, 유류분반환청구소송의 당사자 아닌 공동상속인
중 일부에게 유증이 있다고 하더라도, 유류분반환청구소송에서 그러한 유증의
의사가 포함되어 있는 피상속인의 유언이 증거로 제출되지 않는다는 것은 이
례적인 일일 것이다.

　　다만 기여분의 경우에는 특별수익과는 다르다. 기여분의 결정은 상속재산
분할절차 또는 상속분가액지급청구절차에만 부수하여 이루어지고(민법 제1008조
의 2 제4항), 그 액수의 산정에서도 가정법원의 재량이 작용하기 때문에(제1008

---

45) 가사소송법 제2조 제1항 나. (2) 10.
46) 가사소송법 제34조에 의한 비송사건절차법 제11조의 준용. 또한 가사소송규칙 제23조 참조.
47) 독일민법에서는 제2316조에 의하여 준용되는 제2057조의 규정에 따라 유류분권리자가 다른
　　공동상속인 또는 특별수익을 받은 사람에게 특별수익에 대한 정보의 제공을 청구할 수 있도록
　　함으로써 이러한 문제를 해결하고 있다. Staudinger/Haas, §2316 Rdnr. 41 참조.

조의 2 제2항), 상속재산 분할이 이루어지기 전에는 가정법원 아닌 민사법원이 유류분반환청구소송에서 기여분을 고려할 수는 없다.[48] 기여분과 유류분의 관계에 대하여는 어려운 문제점이 여러 가지 있고, 특히 제3자에 대하여 유류분 반환청구를 하는 경우에 유류분반환청구권의 고려 요소인 순상속액을 산정함에 있어서 공동상속인 중 1인의 기여분을 고려하여야 할 것인가에 대하여는 논란이 있으며, 근래에는 이를 고려하여야 한다는 견해도 유력하다.[49] 그러나 현실적으로 상속재산 분할이 있기 전에는 기여분을 고려할 방법이 없다.[50] 뿐만 아니라 민법 제1118조는 유류분에 관하여 기여분에 관한 제1008조의 2를 준용하고 있지 않으므로,[51] 과연 유류분에 관하여 기여분을 고려할 법률상 근거가 있는지도 명백하지 않다.[52]

　그러나 이러한 점을 이유로 하여 순상속액의 산정을 구체적 상속분으로 하여서는 안 된다고 말할 수는 없다. 기여분 아닌 특별수익은 유류분반환청구 소송에서 얼마든지 고려할 수 있고, 생전증여의 경우에는 유류분 산정의 기초

---

48) 대법원 1994. 10. 14. 선고 94다8334 판결(1994하, 2971). 대법원 1999. 8. 24.자 99스28 결정(1999하, 2211)도 상속재산분할의 심판청구가 없음에도, 단지 유류분반환청구가 있다는 사유만으로는 기여분결정청구가 허용된다고 볼 것은 아니라고 한다.

49) 邊東烈, "遺留分 制度"(주 24), 896면 이하 참조.

50) 邊東烈, "遺留分 制度"(주 24), 900-901면도 이를 인정하고 있다. 입법론적으로는 유류분반환청구도 가사소송법상의 가사소송의 일종으로 규정하여 유류분반환청구와 상속재산분할절차를 병합할 수 있는 길을 열어 놓는 것이 좋을 것으로 생각된다. 伊藤昌司, 判例評論 463호(주 28), 210-211면 참조.

51) 독일민법 제2316조는 유류분의 산정에 있어서 특별수익뿐만 아니라 기여분도 고려하여야 한다고 명문으로 규정하고 있다. 이 경우에는 상속재산에서 기여분의 액수를 공제한 다음 가상적인 상속분을 산정하고, 기여분 권리자의 경우에는 이렇게 산정된 상속분에 기여분을 가산한 다음 유류분 비율을 곱하여 유류분을 결정하게 되므로, 기여분권리자의 유류분액이 그렇지 않은 공동상속인의 유류분액보다 커지게 된다. 구체적인 계산례는 Staudinger/Haas, §2316 Rdnr. 44 f. 참조.

52) 그런데 오병철(주 10), 217면 이하는 기여분은 유류분 산정의 기초재산에서 제외되어야 한다고 주장하면서, 유류분 산정의 기초재산을 규정하고 있는 민법 제1113조 제2항이 "피상속인의 상속개시시에 있어서 가진 재산의 가액"이라고 규정하여 기여분을 제외하고 있지 않은 것은 기여분제도와 유류분제도의 민법 도입시기가 서로 다른 데서 기인한 입법상의 부조화라고 추측한다. 그러나 우리 민법상 기여분 제도를 도입함에 있어서 참조하였던 것으로 보이는 일본 민법에서는 이러한 논의가 전혀 없을 뿐만 아니라, 기여분제도를 창설할 때 기여분과 유류분의 관계를 충분히 고려하고 있었던 것으로 보이는 점{이에 대하여는 齋藤秀夫, 菊池信男 編, 注解 家事審判法 改訂版, 1992, 494-495면(마 和夫) 참조}에 비추어 이를 입법의 오류라고 볼 수는 없다. 일본민법에서의 기여분과 유류분의 관계에 관한 논의는 예컨대 佐藤義彦, "寄與分と遺留分", 星野英一 編, 民法講座 7, 1984, 395면 이하; 有地 亨(주 40), 282면 이하 등 참조. 뿐만 아니라 이와 같이 보게 되면 제3자에 대한 유증이나 증여가 유류분반환청구의 대상이 되는 경우에 유류분 자체가 줄어들게 되어 부당한 결과를 낳게 된다. 또한 邊東烈, "遺留分 制度"(주 24), 840면 참조.

재산 및 유류분액을 산정함에 있어서 반드시 고려하여야 하기 때문이다.

그리고 실제 상속재산분할절차에서 유류분반환청구소송절차에서 가정한 대로 구체적 상속분이 산정되지 않았을 때에는 문제가 있다고 하나, 이것이 유류분반환청구에서 구체적 상속분을 고려하면 안 될 이유가 될 수는 없다. 오히려 유류분반환청구에서 구체적 상속분에 의하지 않았을 때에는 그 결과가 상속재산분할절차에서의 구체적 상속분 산정과 항상 달라지게 된다. 뿐만 아니라 이처럼 두 개의 재판 사이에 오차가 생길 수 있는 것은 절차가 별개로 인정되는 경우에는 항상 생길 수 있는 문제이다.53)

대상판결이 들고 있는 세 번째의 근거는 당해 유류분권자의 순상속액을 계산함에 있어 특별수익을 고려하지 않은 상태에서 법정상속분을 산정하는 계산방식을 취하는 견해도 다수 있고, 이와 같은 방법에 의하여 계산하는 하급심 사례도 다수 있다는 것이다. 그러나 이는 반대론의 근거가 되기에는 불충분하다. 앞에서 살펴본 것처럼 순상속액을 계산함에 있어서 구체적 상속분에 의하지 않고 법정상속분에 따라 계산하고 있는 문헌이 있기는 하지만, 이것이 과연 구체적 상속분에 의하여 계산하면 안 되고 법정상속분에 따라야 한다는 적극적인 판단에 근거한 것인지는 매우 의심스럽다. 그러한 점이 전혀 나타나 있지 않기 때문이다. 오히려 문제점을 전혀 의식하지 못하고 만연히 법정상속분에 따라 계산한 것이 아닐까 추측된다. 그렇다면 이러한 문헌이 있다는 것만으로 구체적 상속분에 따라서는 안 된다고 말하기는 곤란하다.

반면 구체적 상속분에 따라야 한다는 문헌은 그 근거를 상세하게 설명하고 있고, 이러한 근거는 충분한 설득력이 있을 뿐만 아니라 그에 대하여 합리적인 반론이 제기된 바도 없다. 그러므로 이론적으로 따져 보면 구체적 상속분에 따라야 한다는 것이 명백한 것이다.

나아가 종래 구체적 상속분에 의하지 않은 하급심 판결례가 있다는 것도 반대 논거가 되기에는 부적절하다. 아마도 이러한 하급심 판결례도 문제점을 제대로 의식하지 못하였거나, 또는 일본의 학설이 설명하는 것처럼 이러한 특

---

53) 邊東烈, "相續財産分割과 遺留分返還請求"(주 24), 125면은 상속재산분할을 함에 있어 구체적 상속분과 다른 비율로 분할된 경우, 공동상속인들 사이의 유류분반환청구가 문제되는 경우라면, 특단의 사정이 없는 한 유류분권리를 포기한 것으로 보는 것이 타당하고, 제3자에 대하여 유류분반환청구를 하는 경우에는 법률상 보장된 구체적 상속분보다 실제 분할을 많이 받은 상속인은 실제 분할받은 상속분을 기준으로 할 것이고, 실제 분할받은 상속분이 작은 상속인은 법률상 보장된 구체적 상속분을 기준으로 하여야 할 것이라고 주장한다.

별수익 여부 등은 상속재산분할절차에서 따질 문제이지 소송절차에서는 고려할 것이 아니라는 무의식적인 판단에 영향을 받은 것으로 생각되므로 별로 고려할 가치가 없는 것이다.

이처럼 이론적으로나 법규정상으로 볼 때에는 순상속액을 산정함에 있어서 특별수익을 고려한 구체적 상속분에 따라야 한다는 점이 명백하다. 법정상속분에 따라야 한다는 주장의 가장 큰 문제점은 특별수익을 고려하는 것이 충분히 가능하고 그것이 유류분제도의 목적에도 부합함에도 불구하고 왜 고려하면 안 된다는 것인지, 이를 고려하면 어떤 불합리한 결과가 생긴다는 것인지에 대한 적극적인 논거를 밝히지 못하고 있는 점이다. 굳이 그 근거를 찾자면 대상판결이 언급하고 있는 것과 같은 실무상의 어려움을 들 수 있을 뿐인데, 앞에서도 언급하였지만 이러한 어려움이라는 것은 극복할 수 없는 것은 아닐 뿐만 아니라, 그러한 것이 특별수익을 고려하지 않음으로써 생기는 불합리한 점을 감수하여야 할 정도로 중요한 의미를 가지는 것인지 알 수 없다.

또한 앞에서도 언급한 것처럼 유류분액을 산정함에 있어서는 특별수익 내지 그 일부인 생전증여를 고려하면서, 이를 기초로 하여 유류분침해액을 산정하기 위하여 순상속액을 공제할 때에는 특별수익을 고려하지 않는 것은 전후 모순을 가져오는 것이다. 이 점은 유류분액을 산정할 때 상속재산에서 채무를 공제하기 때문에 순상속액을 공제할 때에도 여기서 채무분담액을 공제하여야 하는 것과 마찬가지이다.

그럼에도 불구하고 대상 판결이 이 점에 관하여 명확한 태도를 밝히지 않은 것은, 아마도 이 점에 관한 결론 여하에 관계없이 원고들의 청구를 인용할 수 없기 때문이라고 보았기 때문으로 여겨진다. 그러나 아래에서 보는 것처럼 원고들의 청구의 당부는 이 문제에 대한 결론 여부에 따라 결정되어야 하고, 이 문제를 미정으로 남겨 둔 상태에서 원고들의 청구를 기각할 수는 없다.

대상 판결에서 가장 아쉬운 점은 이처럼 법률문제에 대한 판단 그 자체가 쟁점으로 부각되었음에도 불구하고 이에 대한 판단을 회피하였다는 점이다. 이 문제가 결론을 내릴 수 없을 만큼 어려운 문제도 아니다. 유류분반환청구를 담당하는 민사법원은 자주 이러한 문제에 직면하는 것인데, 대상판결을 내린 재판부가 민사법원 아닌 행정법원이라고 하여 판단을 회피하는 것이 정당화될 수는 없는 것이다.

3. 법무부가 제시한 답안이 정답의 가능성이 가장 높은지 여부

실제로 대상판결은 구체적 상속분에 의하여 순상속액을 산정하는 것이 옳을 수도 있다고 하면서도 원고들의 청구를 기각하였는데, 그 이유는 제시된 답항 중 법무부가 제시한 답안이 정답의 가능성이 가장 높다는 것이다.

대상판결은 이 점에 관하여 대법원 2002. 10. 22. 선고 2001두236 판결[54]을 원용하고 있다. 이 판결은 "여러 가지 사회 현상에 대한 법령의 적용이 적절한 것인지의 여부를 묻는 사법시험 객관식 시험문제의 특성상 출제의도와 답항선택의 지시사항은 시험문제 자체에서 객관적으로 파악·평가되어야 하므로 특별한 사정도 없이 문언의 한계를 벗어나 임의로 출제자의 숨겨진 주관적 출제의도를 짐작하여 판단할 수 없으나, 그것은 문항에 의하여 명시적으로만 결정되는 것이 아니라 문항과 답항에 대한 종합적 분석을 통하여 명시적·묵시적으로 진정한 출제의도와 답항선택에 관한 지시사항이 결정되는 것이라고 보아야 할 것이므로, 수험생으로서는 위와 같은 명시적·묵시적 지시사항에 따라 문항과 답항의 내용을 상호 비교·검토하여 가장 적합한 하나만을 정답으로 골라야 하는 것이다"라고 판시하고 있다.

이를 좀더 명백하게 판시하고 있는 것으로는 대법원 2001. 4. 10. 선고 99다33960 판결[55]이 있다. 이 판결은, 사법시험의 객관식 출제에 한정해 볼 때, 법령규정이나 확립된 해석에 어긋나는 법리를 진정한 것으로 전제하여 출제한 법리상의 오류가 재량권의 남용 또는 일탈로서 위법한 것임은 당연하며, 법리상의 오류를 범하지는 아니하였더라도 그의 문항이나 답항의 문장구성이나 표현용어 선택이 지나칠 정도로 잘못되어 결과적으로 사법시험의 평균수준의 수험생으로 하여금 정당한 답항을 선택할 수 없게 만든 때에도 재량권의 남용 또는 일탈이라고 할 것이지만, 법리상의 오류는 없고 문항이나 답항의 일부 용어표현이 미흡하거나 부정확한 편으로서 객관식 답안작성 요령이나 전체의 문항과 답항의 종합·분석을 통하여 진정한 출제의도 파악과 정답선택에 있어 사법시험의 평균수준의 수험생으로서는 장애를 받지 않을 정도에 그친 때에는, 특별한 사정이 없는 한, 그러한 잘못을 들어 재량권의 남용 또는 일탈이라고

---

54) 공 2002하, 2870.
55) 공 2001상, 1076.

하기는 어려울 것이라고 한다.

일반론으로서는 판례가 설시하고 있는 이러한 법리는 타당하다고 하지 않을 수 없다. 국어학이나 논리학 과목이 아닌 전문분야 시험의 출제기법으로서 문항과 답항의 구성에서의 다의적(多義的) 용어의 사용은 어느 정도 불가피한 면이 있어서, 전문용어가 아닌 일반용어를 사용하는 과정에서 엄밀하게 정확한 용어를 사용하지 아니함으로써 생긴 모든 출제상의 잘못을 예외 없이 재량권이 남용, 일탈된 것으로 그의 위법성을 단정할 것은 아니다.[56] 만일 그와 같이 보지 않는다면 출제자로서는 매우 큰 부담을 안게 되고, 심지어는 출제 자체가 불가능하게 될 수도 있다.

그런데 이 사건의 경우가 이처럼 법리상의 오류는 없고, 문항이나 답항의 일부 용어표현이 미흡하거나 부정확한 편으로서 객관식 답안작성 요령이나 전체의 문항과 답항의 종합·분석을 통하여 진정한 출제의도 파악과 정답선택에 있어 사법시험의 평균수준의 수험생으로서는 장애를 받지 않을 정도에 그친 때에 해당한다고 할 수 있을까? 우선 이 문제의 문항 자체는 명확하여 이를 어떻게 이해하는가에 대하여 의견이 갈라질 여지는 없다. 다만 문제의 풀이 방법에 관하여 어느 것이 맞는가 하는 점이 문제일 뿐이다. 이러한 경우에는 어느 답항이 맞는가 틀리는가 두 가지 중 하나일 뿐이지, 진정한 출제의도의 파악에 따라 맞을 수도 있고 틀릴 수도 있는 성질의 것이 아니다. 또한 법무부가 정답으로 제시한 답항에 법리상의 오류가 있음은 앞에서 충분히 논증하였다. 그러므로 피고가 정답으로 제시한 답항은 다른 답항과 마찬가지로 정답으로 될 수 있는 가능성이 전혀 없는 것이다.

나아가 과연 출제자의 출제 의도가 구체적 상속분으로 산정하여서는 안되고, 법정상속분으로 산정하여야 한다는 것이었는지도 의문이다. 오히려 출제자는 이러한 문제점을 전혀 의식하지 못하고 법정상속분으로 산정하는 것이 법리상 당연하다고 보아 출제한 것으로 보인다. 그런데 출제자가 이 점을 의식하지 못한 채 출제한 다음에, 응시자가 이러한 출제자의 출제 의도를 파악하지 못하였다고 말하는 것은 이치에 맞지 않는다.

대상판결은 이 사건 시험문제를 문언 그대로 볼 때에도 다른 공동상속인들의 상속포기 여부, 기여분이 있는지 여부, 상속재산분할이 완료되었는지 여

---

56) 위 대법원 2001. 4. 10. 선고 99다33960 판결(주 55) 참조.

부, 병이 실질적으로 얻을 구체적 상속분으로 계산하라는지 등에 관한 아무런 언급이 없으므로, 문제를 단순화하여 일응 이 사건 문제를 해결함에 있어 병이 실질적으로 상속재산분할절차를 거쳐 취득할 상속분에 관계없이 법정상속지분 비율대로 계산하라는 묵시적인 지시가 있는 것으로도 보인다고 하고 있다. 그러나 이러한 주장은 설득력이 없다. 우선 다른 공동상속인들의 상속 포기 여부,[57] 기여분이 있는지 여부[58] 등은 문제에서 그러한 점에 언급이 없는 이상 응시자로서는 고려할 필요가 없다.[59] 또 상속재산분할이 완료되었는지 여부, 병이 실질적으로 얻을 구체적 상속분으로 계산하라는지 등에 관한 아무런 언급이 없었더라도 이 문제는 구체적 상속분으로 계산하여야 하는 것이지 그러한 언급이 있어야만 구체적 상속분으로 계산하여야 하는 것은 아니다. 그러므로 이 문제에 법정상속분 지분비율대로 계산하라는 묵시적 지시가 있다고 말할 수는 없을 것이다. 근본적으로 법정상속분 비율로 계산할 것인가, 구체적 상속분으로 계산할 것인가 하는 것은 어느 것이 맞는가를 응시자가 문제를 푸는 과정에서 판단할 문제이지 출제자가 지시할 성질의 것이 아니다.

다소 관점을 바꾸어 유류분 침해액의 산정에 있어서 순상속액의 산정은 구체적 상속분에 의하여야 한다고 믿고 있던 응시자가 있었다면, 그에게 이 문제의 출제 의도는 순상속액을 법정상속분에 의하여 산출하라는 것이었다고 파악할 것을 기대할 수 있을까? 그러한 요구는 응시자에게 자신의 생각이 잘못되었으니 빨리 생각을 바꾸라고 하는 것과 같다. 그러나 응시자의 생각이 잘못되었다고 단정할 수 없는 이상 생각을 바꾸지 않은 응시자에게 잘못이 있다고 할 수는 없을 것이다.

대상판결의 논리를 단순화시킨다면, 객관식 시험문제에서는 출제자가 정답이 없는 문제를 내지는 않을 것이니 응시자는 어떻게 해서든 정답이 있는 것으로 보아 문제를 풀어야 한다는 것으로 귀착될 것이다. 그러나 출제자가 법리를 오해하거나 문제점을 간과하였다면 정답이 없는 문제를 낼 수 있는 것이고,

---

57) 위 문제에서 공동상속인 을이 상속을 포기하였다면 병의 구체적 상속분은 3,000만원이지만 채무부담액도 3,000만원이 되어 순상속액은 0이 되므로, 결과적으로 법무부가 제시한 답항과 같게 된다.

58) 앞에서 설명한 것처럼 상속재산분할이 이미 완료되기 전이면 기여분은 기본적으로 고려할 수 없으므로 결론에 차이를 가져오지 않는다.

59) 소송법상의 용어를 빌려 말한다면, 이러한 상속 포기나 기여분의 존재 등은 이를 주장하는 자가 주장 및 증명책임을 부담하는 것으로서 그러한 주장이 없다면 판단할 필요가 없는 것이다.

이 사건이 바로 그러한 경우라고 생각된다. 대상판결의 논리대로라면 출제의 잘못이 인정되어 정답이 없는 것으로 처리되는 경우란 거의 있을 수 없을 것이 된다. 이러한 결론이 상식에 부합할까?

대상판결의 재판부는 이 문제를 맞추지 못하여 불합격한 응시자가 법무부가 제시한 답항을 정답으로 고르지 않은 것이 반드시 순상속액의 산정을 구체적 상속분에 의하여야 한다고 믿은 것이 아니기 때문에, 이러한 응시자를 구제하지 않더라도 꼭 부당하지는 않다고 생각하였는지도 모른다. 그러나 응시자가 그러한 이유로 법무부가 제시한 답항을 정답으로 고르지 않았을 가능성도 배제할 수 없다. 근본적으로 시험문제의 출제자로서는 법률적인 문제점을 충분히 검토하여 출제를 하였어야 한다. 그런데 그러한 문제점을 간과한 채 출제를 한 다음에 응시자에게 어쨌든 정답을 골랐어야 한다고 요구하는 것은 올바른 처사라고 할 수 없다.

Ⅳ. 結　論

대상판결은 유류분 침해액의 산정에 있어서 순상속액을 구체적 상속분에 따라 계산할 것인지, 아니면 법정상속분에 따라 계산할 것인지에 관하여 판단을 유보한 채 피고의 정답 선정에 오류가 있었다고 볼 수 없다고 하여 원고들의 청구를 기각하였다. 그러나 이러한 결론에는 찬성할 수 없다.

이 사건이 상급심에서 어떻게 결론이 날지는 지금 속단할 수 없으나, 재판부로서는 적어도 유류분 침해액의 산정에 있어서는 순상속액을 구체적 상속분에 따라 계산하여야 한다는 점을 분명히 밝혀야 할 것이다.

〈서울대학교 법학 제48권 제3호, 2007〉

〈追記〉

1. 위 사건의 항소심인 서울고등법원 2008. 1. 9. 선고 2007누16563 판결은 대체로 제1심판결의 이유를 인용하여 원고들의 항소를 기각하였고, 대법원 2009. 9. 10. 선고 2008두2675 판결도 원고들의 상고를 기각하였다. 항소심 판결은 특히 이 사건의 문제는 객관식 선택형 시험문제로서는 부적절한 점이 있

다고 하면서도, 다수설에 의하는 경우 답항에 그에 해당하는 정답이 없고, 소수설에 의하는 경우 그에 해당하는 정답항이 있는 경우 출제자는 이 문제를 풀이함에 있어서 소수설에 따라 답항을 선택하라는 묵시적 지시사항이 있는 것으로 보아 응시자는 문제를 풀어야 할 것이라는 대법원 2002. 10. 8. 선고 2001두335ㆍ342ㆍ359 판결을 인용하면서, 원고들 주장의 계산방법에 의할 때에는 이 사건 시험문제의 답항에는 정답항이 존재하지 아니하고, 반면에 피고가 주장하는 계산방법에 의한 정답항이 있는 경우처럼 견해의 다툼이 있는 경우에 수험생들은 어느 일방의 계산방법에 의하여 산출되는 정답항을 선택하라는 출제자의 묵시적 지시가 있는 것으로 보아 그에 따라 산출되는 정답항을 정답으로 선택하여야 한다고 한다. 그리고 만일 모든 답항을 정답항으로 처리하는 경우에는 이 사건 시험문제를 기존의 저명 교과서에 나오는 계산법에 따라 문제를 풀이한 수험생의 지식과 노력이 전혀 평가받지 못하게 되고, 반면에 지식과 시간 부족으로 임의의 정답항을 특별한 고려 없이 이른바 '찍기'의 방법으로 풀이한 수험생이 오히려 득을 보게 되는 불합리한 결과도 생기게 된다고 한다. 대법원도 위와 같은 항소심 판결을 그대로 받아들였다.

2. 이 글에서는 종래 학설상 이설이 없었고, 원고와 피고 쌍방이 다 같이 받아들이고 있는 두 가지 논점에 대하여는 종래의 통설을 따라 서술하였다. 그러나 이 점들에 대하여는 다시 따져 볼 필요가 있다.

가. 제1114조 제1문의 해석상 증여가 상속개시 전의 1년간에 행하여졌는가를 판단함에 있어서는 그 시점은 증여계약이 행하여진 때를 기준으로 하고, 그 이행이 언제 있었는가는 묻지 않는다는 것이 일반적인 견해이다. 주 7)의 본문 참조. 이는 일본의 학설을 따른 것인데, 물권변동에 관하여 성립요건주의를 택한 우리 민법의 해석으로는 그와 같이 볼 근거가 없고, 역시 이행된 때를 기준으로 하여야 할 것이다. 같은 취지, 오수원, "유류분 산정에 가산되는 증여의 기준시점", 조선대학교 법학논총 제17권 1집, 2010, 293면 이하; 정구태, "유류분제도 시행 전 증여된 재산에 대한 유류분반환", 홍익법학 제14권 1호, 2013, 860면 이하. 대법원 2012. 12. 13. 선고 2010다78722 판결(공 2013상, 124)은, 1979. 1. 1.부터 시행된 규정을 그 민법 시행 전에 이루어지고 이행이 완료된 증여에까지 적용할 수는 없지만, 증여계약이 개정 민법 시행 전에 체결되었지만 그 이행이 개정 민법 시행 이후에 되었다면 그 재산은 유류분 산정의 대상인 재산에 포함시키는 것이 옳다고 하였다.

　나. 주 8), 9)의 본문에서 서술한 것처럼, 민법 제1118조가 특별수익에 관한 제1008조를 유류분에 관하여 준용하고 있으므로 공동상속인에 대한 증여에 관하여는 제1114조의 규정은 그 적용이 배제되고, 따라서 그 증여는 상속개시 전의 1년간에 행한 것인지 여부에 관계없이 유류분산정을 위한 기초재산에 산입된다는 것이 판례이고, 학설도 이를 지지하고 있다. 헌법재판소 2010. 4. 29. 선고 2007헌바144 결정의 다수의견도 이를 확인하고 있다. 그렇지만 상속개시보다 훨씬 이전에 행하여진 증여까지 공동상속인에 대한 증여라고 하여 유류분 산정에서 고려하는 것은 문제가 있다. 제1114조는 제1008조에 대한 특별규정으로서, 상속개시 전 1년 전의 것은 손해를 가할 것을 안 때에만 유류분산정의 기초재산에 해당한다고 보아야 한다. 제1115조가 유류분은 피상속인의 상속개시시에 있어서 가진 재산의 가액에 증여재산의 가액을 가산한다고 규정하고 있는 것은 유류분 산정의 기초가 되는 재산을 말하는 것이고, 제1118조가 특별수익에 관한 제1008조를 준용하고 있는 것은 유류분권리자의 유류분을 산정함에 있어서 그가 받은 특별수익을 공제하여야 한다는 의미일 뿐, 시간적 제한이 없다는 의미를 포함하고 있는 것이라고는 할 수 없다. 제1008조도 시간적 제한에 관하여 규정하고 있지는 않다. 위 헌재 결정 가운데 조대현, 송두환 재판관의 한정위헌 의견 참조. 그러나 정구태, "공동상속인 간의 유류분 반환과 특별수익", 가족법연구 제24권 3호, 2010, 451면 이하는 헌재 결정의 다수의견을 지지한다.

유류분의 반환방법

1. 유류분의 원물반환과 가액반환

민법 제1115조 제1항은 "유류분 권리자가 피상속인의 제1114조에 규정된 증여 및 유증으로 인하여 그 유류분에 부족이 생긴 때에는 부족한 한도에서 그 재산의 반환을 청구할 수 있다"고 규정하고 있다. 그러나 위 규정만으로는 반환의 목적물이 원물 그 자체인가 아니면 가액인가가 명확하지 않다. 그런데 대법원 2005. 6. 23. 선고 2004다51887 판결은, "우리 민법은 유류분제도를 인정하여 제1112조부터 제1118조까지 이에 관하여 규정하면서도 유류분의 반환방법에 관하여 별도의 규정을 두지 않고 있는바, 다만 제1115조 제1항이 '부족한 한도에서 그 재산의 반환을 청구할 수 있다'고 규정한 점 등에 비추어 반환의무자는 통상적으로 증여 또는 유증대상 재산 그 자체를 반환하면 될 것이나 위 원물반환이 불가능한 경우에는 그 가액 상당액을 반환할 수밖에 없을 것이다"라고 판시하였다. 대법원 2006. 5. 26. 선고 2005다71949 판결도 같은 취지이다.

우리나라의 학설도 가액반환이 원칙이라고 하는 반대설이 없는 것은 아니지만, 일반적으로는 원물반환이 원칙이라고 보고 있다. 생각건대 민법은 특별히 반환의 방법에 관하여 직접 규정을 두고 있지 않으므로, 원물반환에 의할 것인가 가액반환에 의할 것인가가 법에 정하여져 있는 것이라고는 할 수 없다. 다만 특별히 가액반환을 하여야 한다는 규정을 두지 않고 있기 때문에 원물반환이 원칙이라고 보는 것이 상당할 것이다. 특히 반환의무자가 무자력일 때에는 가액반환이 유류분권리자에게 불리하게 된다는 점을 고려하면 특별한 사정이 없는 한 원물반환이 원칙이라고 보아야 할 것이다. 대법원 판례도 그러한 취지로 이해된다.

2. 가액반환의 인정범위

그러나 이처럼 법이 유류분 반환은 원물반환에 의하여야 한다고 명언하고 있는 것은 아니고, 다만 조문의 해석상 원물반환이 원칙이라고 하는 결론을 이끌어내는 것이므로, 원물반환이 불가능하여 가액반환에 의할 수밖에 없는 경우뿐만 아니라 원물반환이 물리적으로는 가능하다고 하더라도 가액반환이 보다 합리적인 경우에는 가액반환을 인정하는 것이 허용되지 않는다고 보아야 할 이유는 없다.

그러면 어떤 경우에 가액반환이 보다 합리적일 것인가? 이에 관하여는 다음의 몇 가지를 고려할 필요가 있다. 첫째, 원물반환이 반환권리자에게 특별히 유리한 것은 아닌 반면 반환의무자에게는 가액반환과 비교하여 매우 불이익한 경우가 있을 수 있다. 예컨대 반환의무자가 증여 또는 유증 목적물을 주거용으로 사용하고 있다든지, 이를 자신의 사업 자산으로 사용하고 있는 경우에, 그 원물을 반환하게 되면 비록 그 반환할 부분이 지분에 국한된다고 하더라도 반환의무자에게는 불이익이 큰 반면, 반환 권리자에게는 별다른 이익이 없을 수 있는 것이다.

둘째, 원물반환에 의한 유류분 반환은 거의 대부분 공유지분의 반환을 명하는 형태로 이루어지게 되는데, 이처럼 공유지분의 반환을 명하게 되면 결과적으로 증여 또는 유증의 목적물이 유류분권리자와 반환의무자의 공유가 되어, 또다시 공유물분할절차에 의하여 분할하여야 하는 번잡함이 있게 된다.

셋째, 가액반환이 원물반환보다는 피상속인의 의사에 더 부합한다고 할 수도 있다. 피상속인의 의사는 원물 그 자체를 반환의무자가 보유하는 것을 의욕하였기 때문이다. 물론 둘째와 셋째의 점은 원물로 유류분을 반환하는 경우에는 항상 생기는 문제점이므로, 중요한 것은 첫째의 점이다.

그러므로 원물반환이 물리적으로 가능하다고 하여도 원물반환은 유류분반환의무자에게는 상당한 불이익을 가져오는 반면 가액반환이 유류분권리자에게 별다른 불리함이 없다면, 가액반환을 인정한다고 하여 그것이 반드시 유류분제도의 목적에 어긋나는 것이라고 할 수는 없을 것이다.

각국의 입법례도 원물반환보다는 가액반환을 원칙으로 하고 있는 것이 일 반적인 추세이다. 독일 민법은 제정 당시부터 원물반환(상속분적 구성) 아닌 가 액반환(금전청구권적 구성)을 하도록 규정하고 있다. 2006년 개정 전의 프랑스 법은 원물반환을 원칙으로 하고 있었지만, 다른 상속인에 대한 증여에 대하여 유류분반환청구권(減殺請求權)을 행사하는 경우와 같이 넓은 범위에서 가액반환 이 인정되었으며, 2006년 개정된 프랑스 상속법은 반대로 가액반환을 원칙으로 하고, 원물반환은 반환의무자가 무자력인 경우 등에 한하여 예외적으로만 인정 하고 있다(이봉민, 프랑스법상 유류분의 반환방법, 가족법연구 제23권 3호, 2009, 175 면 이하 참조). 일본 민법은 원물반환을 원칙으로 하면서도, 유류분반환의무자가 목적물을 다른 사람에게 양도하였거나 권리를 설정한 경우에는 가액변상을 하 게 하고(1040조), 나아가 유류분반환의무자는 감쇄를 받을 한도에서 증여 또는 유증의 가액을 유류분권리자에게 변상하여 반환의 의무를 면할 수 있다고 규 정하고 있다(1041조).

이러한 점에 비추어 본다면, 우리 법상 원물반환이 원칙이라고 하더라도, 이는 그야말로 반환의무자는 통상적으로 증여 또는 유증대상 재산 그 자체를 반환하면 된다는 의미일 뿐, 반드시 원물반환이 불가능한 경우에만 그 가액 상 당액을 반환할 수 있다고 경직되게 해석할 필요는 없으며, 여러 가지 사정을 참작하여 원물반환이 부적절하다고 판단될 때에는 법원이 가액반환을 명할 수 도 있다고 보아야 할 것이다. 앞에서 인용한 대법원 2005. 6. 23. 선고 2004다 51887 판결이 원물반환이 가능한 경우에는 언제나 원물반환을 하여야 한다는 취지라고 단정할 수는 없고, 다만 가액반환이 인정될 수 있는 예로서 원물반환 이 불가능한 경우를 들고 있는 것으로 이해할 수 있다. 위 대법원 2006. 5. 26. 선고 2005다71949 판결도 특별한 사정이 있는 경우에는 원물반환이 가능하더 라도 가액반환을 인정할 수 있는 여지를 남겨놓고 있다.

이 문제는 유류분제도의 목적을 어떻게 볼 것인가 하는 점과 직결되는데, 우리나라의 학설 가운데에는 유류분 제도의 목적은 상속재산 그 자체를 보장 하려는 것은 아니며, 상속개시시 가상의 상속재산에 대한 유류분권자의 가치 참여를 보장하려는 데 있을 뿐이므로, 그 기저에는 가액 반환주의가 깔려 있 고, 이러한 가액반환주의는 원물 반환이 부적절한 경우 언제든지 표면화될 수 있다고 하는 주장이 있다(邊東烈, 遺留分制度, 民事判例硏究 XXV, 2003, 861면). 다 른 한편 일본의 유류분 제도는 상속분적 구성을 채택하였고, 따라서 유류분권은 상속권으로서의 성격을 가지는 것으로 이해되고 있다. 그런데도 일본 최고 재판소 2000(平成 12). 7. 11. 판결(民集 54-6-1886)은 민법의 조문에 의하더라도 유류분은 유류분 산정의 기초가 되는 재산의 일정한 비율일 뿐이고, 유류분권 리자가 특정한 재산을 취득하는 것 자체를 보장하는 것이라고 단정할 수는 없 다고 보고 있다.

3. 공유물분할과의 비교

이 문제는 이른바 전면적 가격배상에 의한 공유물분할이 가능한가 하는 문제와 유사한 측면이 있다. 대법원 2004. 10. 14. 선고 2004다30583 판결은, 공유물을 공유자 중의 1인의 단독소유 또는 수인의 공유로 하되 현물을 소유 하게 되는 공유자로 하여금 다른 공유자에 대하여 그 지분의 적정하고도 합리 적인 가격을 배상시키는 이른바 전면적인 가격배상에 의하여 분할하는 것도 가능하다고 판시하였다. 위 판결은 그 이유로서, 만일 그런 방법이 허용되지 않는다고 한다면 특히 구분건물의 대상이 되지 않는 건물의 공유자가 분할을 원하는 경우에는 그 지분이 적정하고 합리적으로 평가되고, 상대방 공유자가 그 대금을 지불할 능력이 있어 대금분할보다는 가격배상에 의한 분할방법이 더 공평한 방법이 될 수 있는 때에도 항상 경매에 의한 대금분할을 명하여야 하는 불합리한 점을 극복할 수 없게 된다고 설명하고 있다.

이러한 점은 유류분 반환의 경우에도 마찬가지이다. 예컨대 유류분 반환의 목적물이 현재 반환의무자가 살고 있는 주택인데, 원물로만 유류분을 반환하여 야 한다면 그 주택의 공유지분을 유류분권리자에게 이전하는 방법에 의할 수 밖에 없고, 그렇게 되면 쌍방 당사자에게 모두 만족스러운 결과가 되지 못한 다. 반면 유류분반환의무자가 가액에 의한 반환을 하게 한다면 이러한 문제는 없게 된다. 물론 원물반환을 명하더라도 공유물 분할 단계에서 다시 전면적 가 격배상 방법에 의한 분할을 할 수도 있을 것이나, 반드시 전면적 가격배상이 인정된다는 보장도 없을 뿐만 아니라, 구태여 그와 같은 번거로운 절차를 거치 게 할 이유는 없을 것이다.

일본 최고재판소 1996(平成 8). 10. 31. 판결(民集 50-9-2563) 등은 전면적 가 격배상을 인정할 수 있다고 하는 위 대법원 판결과 같은 취지인데, 일본의 학 설은 유류분 반환에 관하여도 위와 같은 유연한 공유물분할과 같은 방식을 고

려할 필요가 있다고 한다. 즉 유류분 반환을 공유로 한다면 분모는 10자리, 분자는 8-9 자리에 이르는 공유 지분 비율을 등기하여야 하게 되어 분쟁 해결로서는 부적절하고, 복수의 부동산이 있는 경우에는 유류분반환액에 해당하는 부동산을 유류분 권리자에게 취득시키고 나머지를 반환의무자에게 취득하게 하는 분할 방법이 현실적인 해결책이라는 것이다(二宮周平, 共同相續と遺留分および減殺後の法律關係, 久貴忠彦 編 遺言と遺留分 2, 2003, 180면).

　나아가 위 일본 최고재판소 2000(平成 12). 7. 11. 판결은 반환의무자인 受贈者 또는 受遺者는 감쇄되는 증여 또는 유증의 목적인 재산 중 일부에 관하여만 가액을 변상하는 것도 허용된다고 하였는데, 일본의 학설은 이는 공유물 분할에 관한 유연한 노선의 연장선상에 있는 것이라고 평가하고 있다. 물론 일본에서는 반환의무자의 선택에 의한 가액반환이 허용되기 때문에 이 문제는 반환 목적물을 선택할 수 있는가 하는 점과 관하여 주로 논의되지만, 이처럼 전면적 가격배상에 의한 공유물 분할의 법리를 유류분 반환에서도 고려할 수 있다고 하는 점은 우리에게도 시사하는 바가 있다.

4. 가액반환이 허용될 수 있는 구체적인 요건

　구체적으로 어떤 경우에 물리적으로는 원물반환이 가능하다고 하더라도 가액반환을 허용하여야 할 것인가? 이 점에 관하여도 공유물분할의 경우가 어느 정도 참고가 될 수 있을 것이다.

　위 대법원 2004. 10. 14. 선고 2004다30583 판결은, 공유관계의 발생원인과 공유지분의 비율 및 분할된 경우의 경제적 가치, 분할 방법에 관한 공유자의 희망 등의 사정을 열거하면서, 다른 공유자에게는 그 지분의 가격을 취득시키는 것이 공유자 간의 실질적인 공평을 해치지 않는다고 인정되는 특별한 사정이 있는 때에는 전면적 가격배상에 의한 공유물 분할도 허용된다고 판시하였다. 그리고 위 일본 최고재판소 1996(平成 8). 10. 31. 판결은 당해 공유물의 성질 및 형상, 공유관계의 발생원인, 공유자의 수와 지분비율, 공유물의 이용상황과 분할된 경우의 경제적 가치, 분할방법에 관한 공유자의 희망 및 그 합리성의 유무 등의 사정을 종합적으로 고려하여야 한다고 판시하였다.

　이들 판례에 따를 때에는 우선 당해 목적물의 성질 및 형상과 당사자의 이용상황이 중요할 것이다. 예컨대 증여 또는 유증의 대상이 반환의무자의 주택이거나 그의 영업에 필요한 자산이라면 반환의무자에게 이를 그대로 보유하게 하고, 유류분 권리자에게는 가액만을 취득하게 하는 것이 적절하다고 생각된다.

다른 한편 유류분반환 사건은 처분권주의가 적용되는 소송사건이므로 당사자의 의사에 관계없이 가액반환을 명할 수는 없고, 따라서 원물반환이 물리적으로 가능한 경우에는 반환의무자가 가액반환 의사를 표명하여야만 가액반환을 명할 수 있다고 보아야 할 것이다. 일본 민법이 반환의무자에게 가액반환의 선택권을 인정하고 있음은 앞에서 본 바와 같다.

이외에도 원물반환에 의하여 공유가 이루어지게 되면 현물분할이 불가능하여 경매분할에 의할 때에는 현저하게 가격이 감소된다는 사정이 있다면 이 또한 중요한 요소로서 고려되어야 할 것이다.

그리고 실질적 공평의 면에서는 반환의무자의 지급능력 여부가 문제될 수 있을 것이다. 그러나 이 문제는 반환을 명하는 판결 주문에 적정한 조건을 붙임으로써 해결될 수 있다. 일본 최고재판소 1997(平成 9). 2. 25. 판결(民集 51-2-448) 등은 "피고는 원고에게 피고가 원고에게 가액반환 금액을 지급하지 않을 때에는 지분소유권이전등기를 하라"라는 주문을 선고함으로써, 가액반환을 인정하되 반환의무자가 현실적으로 가액을 반환하지 않을 때에는 원물반환을 하게 하는 방법으로 문제를 해결하고 있으며, 이는 학설상으로도 일반적으로 지지를 받고 있다. 나아가 반환의 목적물이 여러 개일 때에는 그 중 일부에 관하여서만 가액반환을 명하는 것도 고려하여 볼 수 있을 것이다.

5. 유류분반환청구권의 성질과 관련하여

종래 유류분반환청구권의 성질에 관하여는 형성권설(증여 또는 유증의 효력을 상실시킨다는 설)과 청구권설(증여 또는 유증의 효력에는 영향이 없고 다만 반환청구권만을 가진다는 설)이 대립하고 있다. 종래 우리 판례는 이 점에 관하여 명시적인 태도를 밝히지는 않고 있었는데, 대법원 2002. 4. 26. 선고 2000다8878 판결은 반환청구의 의사와 그로 인하여 생긴 목적물의 이전등기청구권이나 인도청구권을 구별하고 있는 점에서 형성권설을 따른 것으로 볼 여지가 있다. 그러나 다른 한편 위 판결은 반환하여야 할 유증 또는 증여의 목적이 된 재산이 타인에게 양도된 경우 그 양수인이 양도 당시 유류분권리자를 해함을 안 때에는 양수인에 대하여도 그 재산의 반환을 청구할 수 있다고 보아야 할 것이라고 판시하였는데, 과연 형성권설을 취하면서 양수인이 악의인 경우에만 양수인에게 재산의 반환을 청구할 수 있다고 볼 근거가 있는지는 의문이라는 비판이 있다.

사견으로는 피상속인의 의사 존중이라는 면에서 청구권설이 형성권설보다 합리적이라고 보인다. 그리고 민법의 규정도 청구권설에 부합하고, 형성권설과는 맞지 않는다. 제1115조 제1항은 유류분권리자가 그 유류분에 부족이 생긴 때에는 부족한 한도에서 그 재산의 반환을 청구할 수 있다고만 규정하고 있을 뿐, 증여 또는 유증의 효력을 상실시킨다는 점은 나타나 있지 않다. 또한 형성권은 제척기간 아닌 소멸시효에는 걸리지 않는다는 것이 일반적인 견해인데, 제1117조는 유류분반환청구권은 소멸시효에 걸리는 것으로 규정하고 있다. 유류분반환청구권을 법문 그대로 청구권으로 파악한다면 가액반환을 넓게 인정하는 데 별다른 어려움은 없다.

반면 형성권설에 따를 때에는 가액반환을 명할 여지는 없는 것처럼 생각할 수도 있다. 그러나 형성권설을 취한다고 하여 반드시 원물반환이 불가능한 경우에만 가액반환을 할 수 있다고 보아야 할 필연성은 없다. 이 점은 일본 민법이 형성권설을 따른 것으로 이해되고 있는데도 반환의무자의 선택에 의한 가액반환을 인정하고 있는 점을 보아도 알 수 있다. 그러므로 형성권설을 따른다고 하더라도, 반환의 방법에 관하여는 민법상 직접적인 규정은 없으므로 법원이 적절하게 반환 방법을 정할 수 있다든지, 또는 일단 유류분 반환청구의 의사표시에 의하여 유증 또는 증여의 효력은 소멸하지만, 반환의무자의 가액반환의 의사표시가 있고 그에 따라 가액반환이 실제로 이루어지면 유증 또는 증여의 효력이 되살아난다고 설명할 수 있을 것이다.

다른 한편 종래 판례가 반드시 형성권설을 따르는 것이라고 단정할 수도 없다. 오히려 문제 해결의 순서로서는 유류분반환청구권의 성질을 먼저 결정하고 그에 따라 반환방법을 따지기보다는, 어떠한 반환방법이 합리적인가를 생각하면서 반환청구권의 성질을 논해야 할 것이다.

6. 결   론

결론적으로 원물에 의한 유류분 반환이 물리적으로는 가능하다고 하더라도 그것이 반환의무자에게는 불이익이 큰 반면, 유류분권리자에게는 가액반환이 특별히 불리하지 않다면 법원으로서는 가액반환을 명할 수 있다고 보아야 할 것이다.

〈법률신문 2010. 6. 10. 제3847호〉

〈追記〉
　　대법원 2013. 3. 14. 선고 2010다42624, 42631 판결은 종전의 판례와 마찬가지로 반환의무자는 통상적으로 증여 또는 유증 대상 재산 그 자체를 반환하면 될 것이나 원물반환이 불가능한 경우에는 그 가액 상당액을 반환할 수밖에 없다고 하면서, 다만 원물반환이 가능하더라도 유류분권리자와 반환의무자 사이에 가액으로 이를 반환하기로 협의가 이루어지거나 유류분권리자의 가액반환청구에 대하여 반환의무자가 이를 다투지 않은 경우에는 법원은 그 가액반환을 명할 수 있지만, 유류분권리자의 가액반환청구에 대하여 반환의무자가 원물반환을 주장하며 가액반환에 반대하는 의사를 표시한 경우에는 반환의무자의 의사에 반하여 원물반환이 가능한 재산에 대하여 가액반환을 명할 수 없다고 하였다.

2007년도 주요 民法 관련 판례 회고

I. 들어가는 말

지난해에 2006년도 주요 민법 관련 판례를 살펴본 데 이어서,[1] 올해에도 2007년도에 나온 주요 민법 관련 판례를 살펴보고자 한다. 검토의 대상은 2007년 1월부터 12월까지의 판례가 되겠으나, 2006년 연말에 나온 것 가운데에도 지난 번에 누락된 것은 포함시켰다.

II. 신의성실의 원칙

1. 미성년자의 취소권 행사와 신의성실의 원칙

[1] 대법원 2007. 11. 16. 선고 2005다71659, 71666, 71673 판결(공 2007하, 1926)에서는 미성년자가 신용카드를 발급받고 이를 이용하여 신용구매계약을 체결하였다가, 나중에 법정대리인의 동의가 없음을 이유로 그 취소를 주장하는 것이 신의성실의 원칙에 어긋나는 것인가가 문제되었다.

이 사건의 원고들은 피고회사들로부터 신용카드를 발급받고, 이를 이용하여 신용카드 가맹점으로부터 물건 등을 구입하는 신용구매계약을 체결하거나 피고들로부터 현금서비스를 받았으나, 그 후 미성년자인 자신들이 법정대리인의 동의 없이 피고들과 신용카드 이용계약을 체결하였음을 이유로 이를 취소

---

[1] 尹眞秀, "2006년도 주요 民法 관련 판례 회고", 서울대학교 법학 제48권 1호, 2007, 371면 이하＝民事裁判의 諸問題 제16권, 2007, 15면 이하.

하고, 위 계약에 기하여 원고들이 피고들에 대하여 부담하고 있는 신용카드 이용대금채무의 부존재확인 및 이미 지급한 신용카드 이용대금 등을 부당이득으로 반환을 구하였다. 원심인 서울고등법원 2005. 10. 14. 선고 2005나15057, 15064, 15095 판결(미공간)은 위 신용카드 이용계약의 취소 주장은 받아들였으나,[2] 위 각 신용카드 이용계약이 취소됨으로써 원고들은 법률상 원인 없이 피고들이 가맹점에 대신 지급하였던 물품, 용역대금채무를 면제받거나, 피고들로부터 현금서비스로 금전대여를 받아 동액 상당의 이익을 얻고, 이로 인하여 실제로 위 금원 상당액을 지출한 피고들에게 손해를 입혔으므로 이를 반환할 의무가 있다고 하여 피고의 상계 주장을 받아들였다.[3]

그러자 원고들은 신용카드 가맹점들과의 개별적인 매매계약 등에 관하여 그 계약 체결 당시 원고들이 미성년자였다는 이유로 이를 취소하였다고 주장하였으나, 원심은 원고들이 가맹점들과의 개별적인 매매계약 등을 법률행위 당시 미성년자였다는 이유로 취소하는 것은 신의칙에 위반되어 허용될 수 없다고 하였다. 즉 만 18세 이상으로서 성년에 거의 근접하는 나이에 경제활동에 종사하는 미성년자가 일상생활 속에서 생활 필수품을 구입하거나 음식점을 이용하는 등 비교적 소규모의 거래를 한 사안으로서, 미성년자에게 재산적 손실이 있다고 보기 어렵거나 손실이 있다고 하더라도 미미한 경우까지 법률행위의 취소를 인정하여 거래의 안전 내지 거래 상대방의 재산권을 무한정 희생시키는 것은 민법 제5조의 입법취지에 부합하지 않으며 신의칙에 위배될 수 있다는 것이다.

이 판결에 대하여 원고 중 1인이 상고하자, 대법원은 신의칙 위반에 관한

---

2) 원심은 피고들의, 법정대리인이 임의처분을 허락하였다는 주장 및 원고들의 취소 주장이 신의칙에 위배된다는 주장도 모두 배척하였다.   ·

3) 이러한 판시는 대법원 2005. 4. 15. 선고 2003다60297, 60303, 60310, 60327 판결(공 2005상, 735)을 따른 것이다. 그런데 이 판결이 미성년자가 받은 이익은 자신의 가맹점에 대한 매매대금 지급채무를 법률상 원인 없이 면제받는 이익이고, 이러한 이익은 금전상의 이득으로서 특별한 사정이 없는 한 현존하는 것으로 추정된다고 한 것에 대하여는 학설상 논란이 있다. 金大元, "未成年者가 신용카드去來 後 신용카드 利用契約을 取消한 경우의 法律關係", 商事判例研究 Ⅵ, 2006, 579-580면(판례지지); 趙炳九, "未成年者의 信用카드 利用契約이 取消된 경우 不當利得의 問題", 民事判例研究 ⅩⅩⅧ, 2006, 380면 이하(판례반대); 梁彰洙, "2005년도 民事判例 管見", 民法研究 제9권, 2007, 329-330면(판례반대) 등 참조. 다른 한편 金炯錫, "支給指示·給付關係·不當利得", 서울대학교 法學 제47권 3호, 2006, 321면 및 특히 주 58)은, 위 사례에서 카드회사의 가맹점에 대한 직접청구는 인정되지 않는다고 하면서, 이러한 결과는 법정대리인이 신용카드 이용계약과 함께 대가관계인 물품·용역 구매계약을 취소하였더라도 달라지지 않을 것이라고 한다.

원심의 판단은 잘못이지만, 법정대리인의 묵시적인 동의가 있었다고 하여 상고를 기각하였다. 먼저 신의칙 위반의 점에 관하여는, 행위무능력자 제도는 사적 자치의 원칙이라는 민법의 기본이념, 특히 자기책임 원칙의 구현을 가능케 하는 도구로서 인정되는 것이고, 거래의 안전을 희생시키더라도 행위무능력자를 보호하고자 함에 근본적인 입법취지가 있으므로, 신용카드 가맹점이 미성년자와 사이에 신용구매계약을 체결할 당시 향후 그 미성년자가 법정대리인의 동의가 없었음을 들어 스스로 위 계약을 취소하지는 않으리라고 신뢰하였다 하더라도 그 신뢰가 객관적으로 정당한 것이라고 할 수 있을지 의문일 뿐만 아니라, 그 미성년자가 가맹점의 이러한 신뢰에 반하여 취소권을 행사하는 것이 정의관념에 비추어 용인될 수 없는 정도의 상태라고 보기도 어려우며, 미성년자의 법률행위에 법정대리인의 동의를 요하도록 하는 것은 강행규정인데, 위 규정에 반하여 이루어진 신용구매계약을 미성년자 스스로 취소하는 것을 신의칙 위반을 이유로 배척한다면 이는 오히려 위 규정에 의해 배제하려는 결과를 실현시키는 셈이 되어 미성년자 제도의 입법취지를 몰각시킬 우려가 있으므로, 법정대리인의 동의 없이 신용구매계약을 체결한 미성년자가 사후에 법정대리인의 동의 없음을 사유로 들어 이를 취소하는 것이 신의칙에 위반된 것이라고 할 수 없다고 하였다.

그러나 법정대리인의 묵시적 동의가 인정되거나 처분허락이 있는 재산의 처분 등에 해당하는 경우라면 미성년자로서는 더 이상 행위무능력을 이유로 그 법률행위를 취소할 수는 없는데, 묵시적 동의나 처분허락이 있다고 볼 수 있는지 여부를 판단함에 있어서는 미성년자의 연령·지능·직업·경력, 법정대리인과의 동거 여부, 독자적인 소득의 유무와 그 금액, 경제활동의 여부, 계약의 성질·체결경위·내용, 기타 제반 사정을 종합적으로 고려하여야 한다고 하였다. 그런데 원고는 이 사건 각 신용구매계약 당시 성년에 거의 근접한 만 19세 2개월 내지 4개월에 이르는 나이였고, 당시 경제활동을 통해 월 60만원 이상의 소득을 얻고 있었으며, 이 사건 각 신용구매계약은 대부분 식료품·의류·화장품·문구 등 비교적 소규모의 일상적인 거래행위였을 뿐만 아니라, 그 대부분이 할부구매라는 점을 감안하면 월 사용액이 원고의 소득범위를 벗어나지 않는 것으로 볼 수 있는바, 이러한 제반 사정을 종합하면, 원고가 당시 스스로 얻고 있던 소득에 대하여는 법정대리인의 묵시적 처분허락이 있었고, 이 사건 각 신용구매계약은 위와 같이 처분허락을 받은 재산범위 내의 처분행위에 해당한다고 볼 수 있다는 것이다.

먼저 이 판결이 행위무능력자의 취소 주장을 신의칙 위반을 이유로 배척할 수 없다고 한 점은 매우 타당하다고 생각된다. 이 사건에서 문제되는 것은 행위무능력자의 보호와 거래의 안전이라는 두 가지 이익의 대립인데, 거래의 안전 보호보다는 무능력자의 보호가 우위에 있다는 것이 민법의 기본적인 가치평가라고 할 수 있다. 가령 민법상으로는 무능력자와 거래한 상대방이 무능력자가 능력자라고 믿었다고 하더라도 그는 보호를 받지 못하고, 또 행위무능력을 이유로 하는 법률행위의 취소(민법 제5조 제2항, 제10조, 제13조)는 착오·사기·강박 등을 이유로 하는 취소(민법 제109조 제2항, 제110조 제3항)와는 달리 선의의 제3자에 대하여도 대항할 수 있는 것이다.4) 그러므로 원심판결이 들고 있는 이유만으로는 무능력자의 법률행위에 법정대리인의 동의가 없었음을 이유로 그 취소를 주장하는 것을 신의칙에 어긋난다고 평가할 수는 없다.

다른 한편 법정대리인의 동의나 재산의 처분허락이 묵시적인 의사표시에 의하여도 가능하다는 점은 두말할 필요가 없다. 그러나 위 판결이 들고 있는 사정만으로는 법정대리인의 묵시적인 재산 처분 허락이 있었다고 볼 수는 없다. 위 판결이 묵시적인 의사표시가 있는 것으로 볼 수 있다고 열거하고 있는 사정들은 모두 법정대리인의 행동과는 관계없는 객관적인 사정일 뿐이다. 그런데 묵시적인 의사표시라고 하기 위하여는 이른바 추단적 행위, 즉 당사자의 의사를 추측하게 하는 행위가 있어야 한다. 물론 적극적인 작위뿐만 아니라 소극적인 부작위 내지 침묵도 추단적 행위가 될 수 있지만, 반대의사를 표명하기 위하여는 명시적인 의사표시가 있어야 한다는 등의 특별한 사정이 있는 경우에만 부작위가 추단적 행위가 될 수 있는 것이다.5) 이러한 관점에서 볼 때 이 판결이 법정대리인과는 관계없는 사정만을 들어 법정대리인의 묵시적 처분허락이 있다고 본 것은 수긍할 수 없다. 말하자면 원심이 신의칙 위반이라고 하면서 들고 있는 사유들에 대하여 대법원이 이를 묵시적 처분허락이라고 표현

---

4) 이 점에 대한 상세한 논의는 尹眞秀, "親族會의 同意를 얻지 않은 後見人의 法律行爲에 대한 表見代理의 成立 여부", 民事法學 제19호, 2001, 159면 이하 참조. 따라서 한정치산자의 후견인이 친족회의 동의를 얻지 않고 피후견인의 부동산을 처분하는 행위를 한 경우에도 상대방이 친족회의 동의가 있다고 믿은 데에 정당한 사유가 있는 때에는 민법 제126조의 表見代理가 성립할 수 있다고 본 대법원 1997. 6. 27. 선고 97다3828 판결(집 45권 2집 318)은 부당하다.

5) 李好珽, "默示的 意思表示", 晴軒金曾漢博士華甲紀念 現代民法學의 諸問題, 1981, 61면 이하 참조.

만을 바꾼 것에 지나지 않는 것이다.[6] 이 사건에서 묵시적 처분허락이 있었다고 하려면 최소한 미성년자가 경제활동을 하는데 법정대리인의 동의가 있었는가 하는 점은 확정하였어야 하는 것이다.

그런데 다른 한편으로는 원심이나 대법원 판결의 바탕에는 현행의 행위능력제도에 대한 회의가 깔려 있는 것이 아닌가 하는 생각이 든다. 학설상으로는 무능력자에게 법정대리인이 없을 경우에는 미성년자가 필요품계약의 체결을 거절당하는 경우도 있을 수 있으므로 무능력자제도는 오히려 무능력자에게 불리한 경우가 있게 된다고 하여, 미성년자가 생활을 하는 데 합리적으로 필요로 하는 계약(필요품계약 또는 필수계약)에 한하여는 법정대리인의 동의가 없더라도 유효하다고 보아야 한다는 견해가 주장되고 있다.[7] 원심이 신의칙을 이유로 하여 원고의 취소 주장을 배척한 것은 이러한 견해의 영향을 받았을 가능성도 있다. 그러나 이러한 견해는 우리 민법이 무능력자의 보호를 위하여 내린 기본 결단을 무시하는 것으로서, 입법론으로는 몰라도[8] 해석론으로는 받아들일 수 없는 것이다.[9]

2. 사정변경의 원칙

일반적으로는 우리나라의 종래 판례가 사정변경의 원칙을 인정하지 않는 것으로 이해하고 있었다. 예컨대 대법원 1963. 9. 12. 선고 63다452 판결(집 11권 2집 민131)은, "매매계약을 맺은 때와 그 잔대금을 지급할 때와의 사이에 장구한 시일이 지나서 그 동안에 화폐가치의 변동이 극심하였던 탓으로 매수인

---

6) 원심판결은 신용카드 사용에 법정대리인의 처분허락이 있었다는 주장에 대하여는, 원고들의 법정대리인이 원고들의 이 사건 신용카드 거래와 관련하여 재산의 범위를 정하여 처분을 허락하였다는 점을 인정할 만한 증거가 없고, 나아가 원고들이 이 사건 각 신용카드를 사용하여 구매한 물품이나 제공받은 용역의 액수 및 횟수가 적지 않은 점에 비추어 보면, 원고들 중 일부가 직업이 있다는 점만으로 법정대리인이 신용카드의 사용을 허락하였다고 볼 수 없다고 하여 이를 배척하였다.

7) 張庚鶴, 民法總則, 제2판, 1988, 197면; 金疇洙, 民法總則, 제4판, 1996, 137면; 高翔龍, 民法總則, 제3판, 2003, 151면 등.

8) 2002년 신설된 독일 민법 제105a조는 성년의 행위무능력자가 소액의 자금으로 실행할 수 있는 일상적인 거래를 한 경우에는 그에 의하여 체결된 계약은 급부 및 반대급부가 실행된 때에는 유효한 것으로 본다고 규정하고 있다. 이 규정은 그 적용범위가 성년의 행위무능력자에게 국한되어 있고, 그 효과도 주로 장래에 향하여 부당이득 반환을 배제하려는 데 있다. Reinhard Bork, Allgemeiner Teil des Bürgerlichen Gesetzbuchs, 2. Aufl., 2006, Rdnr. 989a 참조.

9) 李英俊, 民法總則, 改訂增補版, 2007, 862면 이하, 특히 865면 이하; 池元林, 民法講義, 제6판, 2008, 69면 등 참조.

이 애초에 계약할 당시의 금액표시대로 잔대금을 제공한다면 그 동안에 앙등한 매매목적물의 가격에 비하여 그것이 현저하게 균형을 잃은 이행이 되는 경우라 할지라도 민법상 매도인으로 하여금 사정변경의 원리를 내세워서 그 매매계약을 해제할 수 있는 권리는 생기지 않는다"고 하였다.[10][11] 그러나 이러한 종래의 판례에 대하여는, 사정변경의 법리를 애초부터 부인한 것이 아니라, 다만 당해 사안의 경우에 그 법리를 적용할 만한 기초사실이 존재하지 않는다는 것뿐이고, 만일 그러한 사실이 인정된다면 사정변경의 법리를 인정할 수도 있다는 태도라고 이해할 여지도 있다는 주장도 있다.[12]

그런데 [2] 대법원 2007. 3. 29. 선고 2004다31302 판결(공 2007상, 601)은 우리 민법상 사정변경으로 인한 계약 해제가 인정될 수 있다는, 매우 주목할 만한 판시를 하였다. 이 사건의 사실관계는 대체로 다음과 같다. 이 사건 토지는 제주시에 위치한 개발제한구역 내에 소재하고 있었는데, 피고 제주시는 1998. 6. 26. 건설교통부장관에게 개발제한구역의 해제를 요청하여, 건설교통부장관은 1999. 7. 22. 개발제한구역의 해제결정을 하였다. 피고는 1999. 10. 8. 이 사건 토지에 관하여 공유재산매각입찰공고를 하였는데, 원고는 위 입찰에서 매각예정가격의 5배 이상 되는 대금 134,000,000원에 이 사건 토지를 낙찰받아 1999. 10. 29. 피고와 매매계약을 체결하고, 그 후 매매대금을 모두 지급한 다

---

10) 또한 대법원 1991. 2. 26. 선고 90다19664 판결(공 1991상, 1082)은 매매계약이 체결된 후에 9년이 지났고 시가가 올랐다 하더라도 그것만으로는 피고가 이 사건 매매계약을 해제할만한 사정변경이 있었다고 볼 수 없다고 한다. 기타의 판례 소개는 註釋民法 總則(1), 제3판, 2002, 189면 주 86)(白泰昇) 및 [2] 판결에 대한 재판연구관의 해설인 孫鳳基, "사정변경으로 인한 계약해제가 인정되는지 여부 등", 대법원판례해설 제67호(2007년상), 31면 이하 참조.

11) 다른 한편 대법원 1990. 2. 27. 선고 89다카1381 판결(집 38권 1집 78) 등 일련의 판례는, 회사의 임원이나 직원의 지위에 있기 때문에 회사의 요구로 부득이 회사와 제3자 사이의 계속적 거래로 인한 회사의 채무에 대하여 보증인이 된 자가, 그 후 회사로부터 퇴사하여 임원이나 직원의 지위를 떠난 때에는 보증계약 성립 당시의 사정에 현저한 변경이 생긴 경우에 해당하므로 사정변경을 이유로 보증계약을 해지할 수 있다고 보아야 한다고 판시하고 있고, 이를 사정변경의 원칙이 적용되는 예로서 이해하는 견해도 있다. 예컨대 金曾漢·金學東, 債權各論, 제7판, 2006, 136-137면 등. 그러나 이는 당사자가 그러한 사정 변경을 초래한 경우로서, 일반적으로 논의되는 사정변경의 요건에는 들어맞지 않는다. 오히려 이는 무상계약인 계속적 보증, 더 나아가 계속적 계약의 특수성 때문에 인정되는 법리라고 설명하여야 할 것이다. 같은 취지, 白泰昇(주 10), 198면. 또한 民法注解 I, 1992, 154면 이하(梁彰洙) 참조.

12) 梁彰洙(주 11), 153-154면 참조. 대법원 1955. 4. 14. 선고 4286민상231 판결(황적인 편, 判例敎材 債權法 I, 1979, 453면)은, 사정변경의 원칙은 당시의 현민법(의용민법)의 해석상 용인되지 않는다고 하여, 매매계약에 있어서 매매계약 체결 후 시가가 571배 앙등하였음을 이유로 매도인에 대하여 매매잔대금의 571배에 해당하는 금액의 지급과 상환으로 소유권이전등기를 명한 것은 위법이라고 하였으나 이는 현행 민법 시행 전의 것이다.

음 2000. 2. 1. 이 사건 토지에 관하여 원고 명의의 소유권이전등기를 마쳤다. 그런데 피고는 2000. 10. 5. 도시계획재정비수립계획을 결정하고, 2002. 4. 29. 이 사건 토지를 포함한 34필지에 대하여 건축개발을 할 수 없는 공공공지로 편입하기로 최종 결정하였다.

그러자 원고가 피고를 상대로 하여 위 계약의 취소 또는 해제를 주장하면서 매매대금의 반환을 청구하는 소송을 제기하였는데, 원심인 광주고등법원 제주부 2004. 5. 14. 선고 2003나1580 판결[13]은 다음과 같은 이유로 원고의 해제 주장을 받아들였다. 즉 원고는 피고의 요청에 의거 이 사건 토지의 개발제한구역 지정이 해제됨에 따라 건축 등이 가능한 토지로 알고서 당시의 개별공시지가나 피고가 공고한 매각예정가격보다 훨씬 비싼 가격에 이 사건 토지를 피고로부터 매수하였는데, 그 후 피고에 의하여 이 사건 토지가 공공공지로 지정되어 건축개발이 불가능해졌을 뿐만 아니라, 결국에는 공공공지 개발계획에 따라 이 사건 토지가 수용될 위기에 처해 있는 등 위 매매계약 당시에 원고가 예상하지도 않았고 예상할 수도 없었던 현저한 사정변경이 생겼고, 위와 같은 사정변경은 이 사건 토지를 매도한 피고에 의하여 주도된 것으로서 원고에게는 아무런 책임이 있다고 볼 수 없으며, 이 사건 토지가 이를 매도한 피고에 의하여 공공공지로 지정됨에 따라 원고에게는 앞서 본 바와 같이 위 매매계약 당시에는 예상하지 못한 엄청난 손해가 발생하게 되어 기존의 위 매매계약을 그대로 유지하는 것은 신의칙에 반한다고 보이는 점 등을 종합하여 보면, 원고는 사정변경 또는 신의칙을 사유로 하여 위 매매계약을 해제할 수 있다는 것이다.

그러나 [2] 판결은 원심판결을 파기환송하였다. 대법원은 우선 일반론으로서 다음과 같이 판시하였다. 즉 이른바 사정변경으로 인한 계약해제는 계약 성립 당시 당사자가 예견할 수 없었던 현저한 사정의 변경이 발생하였고, 그러한 사정의 변경이 해제권을 취득하는 당사자에게 책임 없는 사유로 생긴 것으로서, 계약내용대로의 구속력을 인정한다면 신의칙에 현저히 반하는 결과가 생기는 경우에 계약준수 원칙의 예외로서 인정되는 것이고, 여기에서 말하는 사정이라 함은 계약의 기초가 되었던 객관적인 사정으로서, 일방당사자의 주관적 또는 개인적인 사정을 의미하는 것은 아니지만, 계약의 성립에 기초가 되지 아니한 사정이 그 후 변경되어 일방당사자가 계약 당시 의도한 계약목적을 달성

---

13) 미공간. 대법원 종합법률정보(glaw.scourt.go.kr)에서 검색할 수 있다.

할 수 없게 됨으로써 손해를 입게 되었다고 하더라도 특별한 사정이 없는 한 그 계약내용의 효력을 그대로 유지하는 것이 신의칙에 반한다고 볼 수도 없다고 하였다.

　　그런데 이 사건 공개매각조건에는 이 사건 토지가 개발제한구역에 속해 있고, 이 사건 토지의 매각 후 행정상의 제한 등이 있을 경우 피고가 이에 대하여 책임을 지지 아니한다는 내용이 명시되어 있으며, 이 사건 매매계약에서도 피고는 이 사건 토지의 인도 후에 발생한 일체의 위험부담에 대하여 책임지지 않는다는 내용이 명시되어 있을 뿐 당시 이 사건 토지상의 건축가능 여부에 관하여 논의가 이루어졌다고 볼 만한 자료를 찾아볼 수 없으므로, 이 사건 토지상의 건축 가능 여부는 원고가 이 사건 토지를 매수하게 된 주관적인 목적에 불과할 뿐 이 사건 매매계약의 성립에 있어 기초가 되었다고 보기 어렵다고 하여, 이 사건 매매계약 후 이 사건 토지가 공공공지에 편입됨으로써 원고가 의도한 음식점 등의 건축이 불가능하게 되었다 하더라도 이러한 사정변경은 이 사건 매매계약을 해제할 만한 사정변경에 해당한다고 할 수 없다는 것이다.

　　우선 일반론으로서 우리 민법의 해석상 이러한 사정변경의 원칙을 인정할 수 있는 것인지에 관하여 살펴본다. 국내의 학설상으로는 이를 인정하여야 한다는 것이 지배적인 견해이다. 독일에서도 그 동안 판례와 학설에서 인정되던 행위기초론(Die Lehre von der Geschäftsgrundlage)을 2001년의 민법 개정에 의하여 제313조에서 명문화하였고, 이외에도 유럽계약법원칙(PECL) 제6.111조; UNIDROIT 국제상사계약원칙(PICC) 제6장 제2절 등도 이러한 법리를 인정하고 있다.14) 나아가 2004년 국회에 제출된 법무부의 민법개정안은 제544조의4에서 사정변경으로 인한 계약의 해제 및 해지를 인정하고 있다. 그런데 대상판결은 정면으로 이러한 사정변경에 의한 계약의 해제가 가능함을 인정하고 있다. 그리고 그 내용에 관하여는 사정변경의 원칙을 인정하여야 한다는 종래의 학설과 대체로 같은 태도이다.

　　사견으로서도 이러한 사정변경의 원칙을 인정할 필요가 있다고 생각한다. 다만 종래에는 사정변경의 원칙은 그 효과로서 주로 계약의 해제 또는 해지와

---

14) 이에 대하여는 예컨대 김선국, "불가항력 및 사정변경의 원칙에 관한 계약과 관련한 주요 국제적인 규범들 규정의 비교·검토", 기업법연구 13집, 2003, 229면 이하 참조. 그리고 영미법상의 frustration 법리에 대하여는 김상중, "사정변경 제도의 성문입법화 시도에 관한 몇 가지 비판적 단상", 財産法研究 제23권 1호, 2006, 129면 이하 참조.

같은 계약의 해소사유에 초점을 맞추고 있으나, 독일의 행위기초론과 마찬가지로 제1차적으로는 계약을 변경하여 계약을 유지하고,[15] 그러한 계약의 유지가 도저히 기대할 수 없을 때에만 계약의 해제 또는 해지를 인정하는 것이 올바르다고 생각한다.[16]

    이 사건에 관하여 본다면 이 판결이 사정변경의 원칙의 적용을 부정한 결론은 타당하다고 생각된다. 그러나 이 판결이 제시하고 있는 이유는 반드시 설득력이 있다고는 할 수 없다. 이 판결은 그 이유로서, 이 사건 토지상의 건축가능 여부는 원고가 이 사건 토지를 매수하게 된 주관적인 목적에 불과할 뿐 이 사건 매매계약의 성립에 있어 기초가 되었다고 보기 어렵다고 설명한다. 그러나 과연 그러한지는 의문이다. 이 사건에서 원고는 이 사건 토지상에 건축이 가능할 것으로 믿고 공매예정가격의 5배가 넘는 가격에 이 사건 토지를 낙찰받았다. 그리고 피고도 원고가 이러한 동기에서 토지를 매수한다는 사정을 충분히 알았다고 보여진다. 이러한 점에 비추어 보면 이 사건 토지상에 건축이 가능하다는 점은 계약의 기초가 되었다고 할 수 있다.

    대법원은 당시 이 사건 토지상의 건축가능 여부에 관하여 논의가 이루어졌다고 볼 만한 자료가 없다는 점을 건축 가능 여부가 계약의 기초가 되지 않았다는 근거로 들고 있으나, 만일 그러한 점에 관하여 논의가 이루어졌다면 이 사건과 같은 상황에서는 이는 단순한 계약의 기초에 불과한 것이 아니라, 계약의 내용으로까지 승격되었다고 보아야 할 것이다. 독일에서도 행위기초로 되기 위하여는 반드시 양 당사자가 공통의 관념을 가졌을 필요는 없고, 일방 당사자의 관념을 상대방이 알 수 있었는데, 그 상대방이 이러한 관념이 중요한 것이 아니라고 거부하는 것이 기대됨에도 불구하고 거부하지 않았으면 그것으로 충분하다고 설명한다.[17]

---

15) 이러한 점에서 법무부의 민법개정안이 사정변경이 있는 경우에 당사자의 합의에 의한 계약의 수정만을 인정하고, 합의가 이루어지지 않는 경우에는 법원이 계약의 수정을 인정할 권한을 규정하지 않고 있는 것은 문제이다. 이에 대하여는 예컨대 法務部, 民法(財産編)改正 公聽會, 2001, 213면(허만); 金大貞, 契約法(上), 2007, 178면 등 참조.

16) 金大貞, "事情變更의 原則을 명문화한 民法改正試案 제544조의4에 관한 검토", 法學硏究(전북대학교) 22집, 2001, 247면 이하; 白泰昇(주 10), 193면 이하 등은 사정변경의 원칙과 독일의 행위기초론은 차이가 있다는 점을 지적한다. 그러나 계약체결 후의 객관적인 사정변경을 이유로 하는 한 양자를 굳이 구별할 필요는 크지 않다. 다만 독일에서 말하는 이른바 주관적 행위기초, 즉 공통의 착오의 경우에는 우리 민법상 보충적 해석의 이론에 의하여 해결하는 것이 더 낫다고 생각된다. 尹眞秀, 서울대학교 법학(주 1), 382면 이하 참조.

17) Larenz/Wolf, Allgemeiner Teil des Bürgerlichen Rechts, 9. Aufl., 2004, §38 Rdnr. 7(S. 699). 또한 MünchKomm/Roth, 4. Aufl., 2001, §242 Rdnr. 623 참조.

일반적으로 토지의 매수인이 그 토지 위에 건축을 하겠다는 의도를 가지고 있었고, 이를 매도인이 알았다는 것만으로는 당연히 토지의 건축가능 여부가 계약의 기초가 된다고 할 수는 없을 것이다. 그러나 이 사건의 경우에는 원래 이 사건 토지가 건축이 허용되지 않는 개발제한구역 내에 속해 있었는데, 피고가 먼저 개발제한구역의 해제를 신청하였다는 점을 중요한 요소로 고려하여야 할 것이다. 피고가 이 사건 토지를 개발제한구역에서 해제할 것을 요청한 다음 공매에 붙인 점에 비추어 보면, 실제로 이 사건 토지가 개발제한구역에서 해제되지 않았다면 피고는 이 사건 토지를 공매에 붙이지도 않았을 것이라고 추측할 수 있다.

그런데 이 사건 판결은, 공개매각조건에는 이 사건 토지가 개발제한구역에 속해 있고, 이 사건 토지의 매각 후 행정상의 제한 등이 있을 경우 피고가 이에 대하여 책임을 지지 아니한다는 내용이 명시되어 있으며, 이 사건 매매계약에서도 피고는 이 사건 토지의 인도 후에 발생한 일체의 위험부담에 대하여 책임지지 않는다고 하는 내용이 명시되어 있다는 점도 아울러 들고 있다.18) 이는 말하자면 피고가 이 사건 토지의 건축 가능 여부를 중요한 것이 아니라고 거부한 것이라는 의미로 이해할 수도 있다. 그러나 우선 이 사건 토지가 공개매각 당시 개발제한구역에 속해 있었다는 이유를 드는 것은 궁색한 논리라고 생각된다. 피고 스스로가 개발제한구역의 해제를 요청하여, 공개매각 당시 이미 해제하기로 결정이 된 상태였으므로, 당사자 쌍방은 모두 개발제한구역이 해제될 것을 전제로 하여 계약을 체결한 것이라고 보아야 할 것이다. 그리고 이러한 공개매각조건이나 계약의 내용은 뒤에서 보는 것처럼 계약이 이행된 후의 사정변경은 고려될 수 없다는 근거가 될 수는 있지만, 계약이 이행되기 전에 그러한 사정변경이 있어도 고려될 수 없다는 의미로 이해될 수는 없다. 만일 계약이 이행되기 전에 이 사건 토지가 공공공지로 지정되었다면, 원고는 위와 같은 공개매각조건이나 계약의 내용에 구애받지 않고 계약을 해제할 수 있다고 보아야 할 것이다.19)

그런데 이 사건에서는 매매계약이 모두 이행된 뒤에 이 사건 토지가 공공

---

18) 孫鳳基(주 10), 39면은 이 사건 매매는 일반 매수예상자들을 대상으로 한 공매로 이루어진 것으로, 공개매각조건이 가장 중요한 객관적인 계약내용이고, 당사자의 주관적인 매수목적이나 동기는 특별한 사정이 없는 한 계약의 기초로 되었다고 볼 수 없다고 주장한다.

19) 특히 이러한 공공공지의 지정이 계약 상대방인 피고에 의하여 이루어졌다는 점도 고려되어야 할 것이다. 이 점에서 이러한 행위는 피고의 채무불이행으로 평가될 여지도 있다.

공지로 지정되었다. 이처럼 계약이 모두 이행된 뒤의 사정변경은 원칙적으로
고려되어서는 안 되는 것이다. 그렇지 않다면 계약이 이행된 후에도 계약이 해
제될 가능성이 계속 존재하게 되어 법적 안정성을 해치게 된다. 이 점은 계약
이 이행된 후의 위험부담은 원칙적으로 상대방에게 전가할 수 없는 것과 마
찬가지이다. 매매계약이 이행된 후에 매매목적물에 관하여 생긴 위험은 매수인
이 부담하여야 하는 것이다. 독일에서도 행위기초의 상실(Wegfall der Geschäfts-
grundlage)은 통상적으로는 아직 완결되지 않은 계약관계에서, 장래에 대하여만
고려될 수 있다고 한다.[20] 달리 설명한다면, 피고가 공공공지를 지정할 권한이
그 대상물을 자신이 매도하여 넘겨준 것이었다는 이유만으로 제약될 수는 없는
것이다.

결국 이 판결이 이 사건에서 행위기초론의 적용을 부정한 것은 결과에 있
어서 타당하다고 평가될 수 있다.

Ⅲ. 법률행위

1. 보험약관대출의 법적 성격

[3] 대법원 2007. 9. 28. 선고 2005다15598 전원합의체 판결(공 2007하,
1659)에서는 이른바 보험약관대출의 법적 성격이 문제되었다. 보험약관대출이
란 생명보험 등의 보험약관에서, 보험계약자는 보험증권을 담보로 보험자에 대
하여 해약환급금의 범위 내에서 '대출'을 청구할 수 있고, 대출이 이루어진 경
우 보험자는 후일 보험금액 또는 해약환급금을 지급할 경우에 지급할 금액으
로부터 위에서 대출한 금액과 이자를 공제한다는 규정을 두고 있는데, 이러한
규정에 따른 '대출'을 말한다.[21]

---

20) MünchKomm/Roth, §242 Rdnr. 625. 다만 예외가 없는 것은 아니다. 이에 대하여는 白泰昇,
   "事情變更 原則의 問題點", 司法行政 1993. 10, 6면 참조. 반면 孫鳳基(주 10), 39면은 비교법
   적으로도 이미 계약내용대로 이행이 완료된 경우에 사정변경을 이유로 계약해제를 인정한
   사례는 없다고 한다.
21) '약관대출' 또는 '보험증권대부' 또는 '보험계약자대부'라고도 한다. 이 사건 판결의 해설
   인 김형두, "생명보험계약약관에 기한 보험약관대출의 법적 성격", 사법 제2호, 2007. 12, 223
   면 이하 참조.

이 사건에서 소외 A 주식회사는 2000. 8. 4. B 생명보험회사[22]와 생명보험계약을 체결하고, 2000. 8. 7. B 회사로부터 3억원의 약관대출을 받았다. 그후 A 회사에 대한 회사정리절차가 2002. 8. 21. 개시되자, B 회사는 2002. 9. 25. 이 사건 약관대출의 원리금 217,450,473원을 신고하였는데, A 회사의 관리인인 원고는 이를 정리채권으로 시인하였다. 그 후 B 회사는 2003. 7. 24. A 회사가 약관대출원리금을 상환일로부터 6개월 이상 연체하여 납입하지 아니하였다는 이유로 원고에 대하여 이 사건 약관대출약정 제4조에 따라 이 사건 보험계약을 해지하고, 그 해약환급금 326,837,634원에서 이 사건 약관대출 원리금과 소득세를 공제한 잔액 81,359,265원만을 지급하였다. 그에 대하여 원고는 위와 같은 공제는 구 회사정리법 제162조 제1항[23]에 따라 상계가 가능한 정리채권신고만료일인 2002. 9. 25. 이후에 이루어졌다는 등의 이유로 무효라고 주장하면서 피고가 공제한 해약환급의 지급을 구하는 이 사건 소송을 제기하였다.

종래 이러한 보험약관대출의 법적 성격을 어떻게 파악하는가 하는 점에 대하여는 소비대차설, 보험금 또는 보험해약환급금의 일부 선급설 및 절충설[24] 등의 학설 대립이 있었다.[25] 이 판결이 변경 대상으로 삼은 대법원 1997. 4. 8. 선고 96다51127 판결(미공간)은, 보험약관대출금을 해약환급금의 선급금으로 보지 아니하고 별도의 대여금으로 보는 전제하에, 그 해약환급금 반환채권과 보험약관대출금 채권은 보험회사의 상계의 의사표시에 의하여 그 상계적상의 시기에 상계되는 것이라는 취지로 판단하였다고 한다.

그런데 위 판결의 다수의견은, 보험약관대출계약은 약관상의 의무의 이행으로 행하여지는 것으로서 보험계약과 별개의 독립된 계약이 아니라 보험계약과 일체를 이루는 하나의 계약이라고 보아야 하고, 보험약관대출금의 경제적 실질은 보험회사가 장차 지급하여야 할 보험금이나 해약환급금을 미리 지급하는 선급금과 같은 성격이라고 보아야 하므로, 위와 같은 약관에서 비록 '대출'

---

22) 그 후 위 회사에 대하여 회사정리절차가 개시되어 관리인이 피고가 되었다.

23) 整理債權者 또는 整理擔保權者가 整理節次開始當時 會社에 對하여 債務를 負擔하는 境遇에 債權과 債務의 雙方이 整理債權과 整理擔保權의 申告期間滿了前에 相計할 수 있게 되었을 때에는 整理債權者 또는 整理擔保權者는 그 期間內에 限하여 整理節次에 依하지 아니하고 相計할 수 있다. 債務가 期限附인 때에도 같다.

24) 약관대출은 소비대차의 요소와 해약환급금의 사전지급이라는 두 가지 요소가 혼합된 성질을 가지고 있다고 보는 견해이다.

25) 상세한 것은 김형두(주 21), 234면 이하; 김선정, "약관대출에 관한 법적 고찰", 保險學會誌 59집, 2001, 165면 이하 참조.

이라는 용어를 사용하고 있더라도 이는 일반적인 대출과는 달리 소비대차로서의 법적 성격을 가지는 것은 아니며, 보험금이나 해약환급금에서 대출 원리금을 공제하고 지급한다는 것은 보험금이나 해약환급금의 선급금의 성격을 가지는 위 대출 원리금을 제외한 나머지 금액만을 지급한다는 의미이므로, 민법상의 상계와는 성격이 다르다고 한다. 따라서 이 사건 생명보험계약의 해지로 인한 해약환급금과 이 사건 보험약관대출금 사이에서는 상계의 법리가 적용되지 않고, B 회사는 생명보험계약 해지 당시의 보험약관대출 원리금 상당의 선급금을 뺀 나머지 금액에 한하여 해약환급금으로서 반환할 의무가 있으므로, 구 회사정리법 제162조 제1항의 상계제한 규정은 적용될 여지가 없다고 하여, 원고의 청구를 기각한 원심판결26)을 유지하면서 위 96다51127 판결을 변경하였다.

반면 위 판결의 별개의견은 약관대출은 보험계약과는 별개의 금전소비대차계약이라고 하면서도, 약관대출계약과 보험계약은 그 성립, 존속, 소멸 등의 면에서 강력한 견련관계를 지니고 있으므로, 이로 인한 해약환급금과 보험약관대출금 사이의 상계에 대하여는 구 회사정리법 제162조 제1항의 상계제한 규정이 적용되지 않는다고 주장하였다.

이 문제에 관하여는 상법학자들 사이에서도 논란이 많았고, 외국에서도 많이 논의된 문제이지만,27) 약관대출을 보험계약의 일부로 보아 보험금 내지 보험해지환급금의 선급이라고 볼 것인지, 아니면 보험계약과는 별도의 소비대차계약이라고 볼 것인지는 기본적으로는 법률행위 내지 계약의 해석이라는 관점에서 해결되어야 할 문제이다. 우선 위 보험약관의 문언에 따르면 대출이라는 용어를 사용하고 있어서, 별개의견이 주장하고 있는 것처럼 소비대차설의 근거가 되는 것처럼 보이기도 한다. 그러나 계약을 해석함에 있어서는 그 문언이 1차적으로 중요하기는 하지만, 그 외에도 여러 가지를 고려하여야 할 필요가 있는데, 그 중 하나가 계약에 의하여 당사자들이 달성하려고 하는 목적이다.28) 그런데 이 사건에서 당사자들이 약관대출에 의하여 달성하려고 하는 목적을 고려해 본다면, 약관대출을 행하는 당사자는 보험금 또는 보험금해약환급금이

---

26) 서울고법 2005. 2. 4. 선고 2004나38343 판결(미공간). 원심판결은 보험약관대출의 법적 성격에 관하여 절충설을 따른 것으로 보인다.

27) 상세한 것은 주 25)에서 인용한 문헌 참조.

28) 계약 해석의 방법에 관하여는 尹眞秀, "契約 解釋의 方法에 관한 國際的 動向과 韓國法", 比較私法 제12권 4호, 2005, 27면 이하 = 民法論攷 Ⅰ, 2007, 225면 이하 참조. 계약의 목적에 관한 부분은 民法論攷 Ⅰ, 255면 이하 참조. 김형두(주 21), 212-213면도 별개의견을 문리 해석으로, 다수의견을 합목적적인 해석으로 파악한다.

존재할 것을 전제로 하여 이를 담보로 하여 약관대출을 행한다고 볼 수 있으므로, 약관대출을 보험계약과 별개의 소비대차계약으로 파악할 것은 아니라고 생각된다.

이 문제를 다른 각도에서 파악해 본다면, 이 판결의 결론은 결국 당사자의 약정에 의하여 도산법의 제한을 받지 않는 상계를 인정하는 것이 된다. 그런데 다수의견은 이러한 결론을 약관대출이 보험계약의 일부라고 보아 이끌어낸 데 반하여, 별개의견은 약관대출계약과 보험계약의 강한 견련성을 근거로 하여 정당화하고 있는 것이다. 약관대출을 보험계약의 일부라고 본다면, 보험회사의 공제가 도산법의 상계제한 규정의 적용을 받지 않는다고 보는 데 별 어려움이 없다. 이와 유사한 것이 임대차 보증금에서 연체차임 등을 공제하는 경우이다. 대법원 1999. 12. 7. 선고 99다50729 판결(공 2000상, 147)은, 부동산 임대차에 있어서 수수된 보증금은 임료채무, 목적물의 멸실·훼손 등으로 인한 손해배상채무 등 임대차관계에 따른 임차인의 모든 채무를 담보하는 것으로서, 그 피담보채무 상당액은 임대차관계의 종료 후 목적물이 반환될 때에 특별한 사정이 없는 한 별도의 의사표시 없이 보증금에서 당연히 공제된다고 하였다.29) 이는 임대차보증금 수수계약이 임대차계약의 일부로서, 연체차임 등에 대한 담보로서의 성격을 가지는 데 따른 당연한 귀결이다.

반면 약관대출을 보험계약과는 별개로 본다면, 양자 사이에 강한 견련성이 있다는 이유만으로 도산법의 상계제한 규정이 적용되지 않는다고 볼 수 있는지는 의문이다. 다수의견에 대한 이홍훈 대법관의 보충의견이 지적하는 것처럼, 공익적 성격을 가진 회사정리법 등의 상계제한 규정의 적용을 당사자 사이의 약정만에 의하여 회피할 수 있다고 보기는 어려운 것이다. 별개의견은 이 점에 관하여 당사자의 상계 의사표시 없이도 상계적상에 이른 때에는 당연히 상계되는 것으로 하는 약정을 인정하고 있는 대법원 판례30)를 원용하고 있으나, 과연 이러한 약정이 제3자에 대한 관계에서도 유효한 것으로 볼 것인가에 관하여는 의문이 없지 않다.31)

---

29) 대법원 2004. 12. 23. 선고 2004다56554 등 판결(공 2005상, 187)은 이러한 법리를 전제로 하여, 임대보증금이 수수된 임대차계약에서 차임채권에 관하여 압류 및 추심명령이 있었다 하더라도, 당해 임대차계약이 종료되어 목적물이 반환될 때에는 그 때까지 추심되지 아니한 채 잔존하는 차임채권 상당액도 임대보증금에서 당연히 공제된다고 하였다.

30) 대법원 1974. 2. 12. 선고 73다1052 판결(공 1974, 7730); 1997. 5. 23. 선고 96다41625 판결(공 1997상, 1860).

31) 尹眞秀, "金融機關의 受信去來와 與信去來 Ⅱ", BFL 제11호, 2005. 5, 82면 참조.

2. 고율의 소비대차 약정과 공서양속 위반

1998년 초까지는 금전소비대차계약의 과다한 이율은 구 이자제한법(제정 1962. 1. 15. 법률 제971호)에 의하여 규율되었다. 그러나 1997년의 외환위기의 여파로 인하여 이자제한법이 1998. 1. 13. 폐지되자, 고율의 이자는 부분적으로 '대부업의 등록 및 금융이용자 보호에 관한 법률'에 의하여 제한을 받는 외에는 직접적인 규제를 받지 않게 되었다.

이러한 상황에서 [4] 대법원 2007. 2. 15. 선고 2004다50426 전원합의체 판결(공 2007상, 437)은, 고율의 소비대차 약정은 선량한 풍속 기타 사회질서에 위반한 사항을 내용으로 하는 법률행위로서 무효라고 판시하였다. 이 사건의 내용은 다음과 같다. 원고는 2차례에 걸쳐 피고들32)에게 합계 15,750,000원을 각 변제기는 대여일로부터 15일, 이자는 15일에 10%로 정하여 대여하였다. 그 후 원고가 피고들에게 위 채무의 이행을 청구하는 소송을 제기하자, 피고들은 위 이율은 지나치게 고율로서 무효라고 주장함과 아울러, 과거에 원고로부터 7차례에 걸쳐 합계 32,030,000원을 이자 월 40%로 차용하였다가 2001년 2월경까지 그 차용원리금으로 약 110,000,000원을 모두 변제하였는데, 위 변제액 중 정당한 이율 범위를 초과하는 금원은 부당이득으로서 피고들에게 반환되어야 하므로, 그 부당이득 반환채권과 피고들의 이 사건 차용금채무를 대등액에서 상계한다는 주장을 하였다.

원심인 서울중앙지방법원 2004. 8. 5. 선고 2003나56006 판결33)은, 위 약정이율은 연 243%에 이르러, 이 중 연 66%를 초과하는 부분은 지나치게 높은 이율로서 사회질서에 반하여 무효라고 하였다. 그러나 피고들의 상계 주장에 대하여는, 당사자 사이에 약정된 이율의 일부가 사회질서에 반하는 것으로서 일부 무효가 된다 하더라도, 채무자가 당초 약정이율에 따른 이자를 임의로 지급한 경우에는 이를 무효라고 할 수 없고 따라서 그 반환을 구하는 것도 허용되지 않는다고 하여 이를 받아들이지 않았다. 이에 피고들이 상고하였고, 대법원은 위 상고를 받아들여 원심판결을 파기환송하였다.

대법원의 다수의견은 먼저, 금전 소비대차계약과 함께 이자의 약정을 하는

---

32) 피고 2는 주채무자이고, 피고 1은 그 남편으로서 연대보증인이었다.
33) 미공간. glaw.scourt.go.kr에서 검색할 수 있다.

경우, 양쪽 당사자 사이의 경제력의 차이로 인하여 그 이율이 당시의 경제적·사회적 여건에 비추어 사회통념상 허용되는 한도를 초과하여 현저하게 고율로 정하여졌다면, 그와 같이 허용할 수 있는 한도를 초과하는 부분의 이자 약정은 대주가 그의 우월한 지위를 이용하여 부당한 이득을 얻고 차주에게는 과도한 반대급부 또는 기타의 부당한 부담을 지우는 것이므로, 선량한 풍속 기타 사회질서에 위반한 사항을 내용으로 하는 법률행위로서 무효라고 하였다.

이어서 이와 같이 선량한 풍속 기타 사회질서에 위반하여 무효인 부분의 이자 약정을 원인으로 차주가 대주에게 임의로 이자를 지급하는 것은 통상 불법의 원인으로 인한 재산 급여이지만, 대주가 사회통념상 허용되는 한도를 초과하는 이율의 이자를 약정하여 지급받은 것은 그의 우월한 지위를 이용하여 부당한 이득을 얻고 차주에게는 과도한 반대급부 또는 기타의 부당한 부담을 지우는 것으로서, 그 불법의 원인이 수익자인 대주에게만 있거나 또는 적어도 대주의 불법성이 차주의 불법성에 비하여 현저히 크다고 할 것이어서 차주는 그 이자의 반환을 청구할 수 있다고 봄이 상당하다고 보았다.

반면 반대의견은 다수의견 중 고율의 이자 약정이 무효라고 한 부분에 대하여는 이견을 제시하지 않았으나, 다수의견과는 달리 차주의 반환청구는 허용될 수 없다고 주장하였다. 그 이유는 일정한 경우 고율의 이자 약정이 무효로 평가될 수 있다 하더라도, 무효의 기준과 범위, 즉 어느 범위 내에서 이자 약정이 무효로 되며 대주가 받아서는 아니 될 이자가 과연 얼마인지에 관하여 대주에게 예측가능성이 있다고 보기는 어려우며, 따라서 대주가 차주로부터 적정이율을 초과하는 이자를 지급받았다고 하더라도 대주가 명확하게 불법성을 인식했다고 평가하기는 어렵고, 적정이율을 초과하는 이자 약정이 민법 제103조에 위반되어 무효라고 보더라도 당사자 사이의 약정에 따라 이자가 지급된 것인 이상 그 불법원인은 대주와 차주 쌍방 모두에게 있다고 볼 수밖에 없으며, 일반적으로 차주가 대주보다 경제적으로 열악한 지위에 있다는 점을 감안하더라도 앞서 본 바와 같이 대주가 불법성을 명확하게 인식했다고 평가하기는 어렵다는 점에 비추어 보면, 일률적으로 대주의 불법성이 차주의 그것에 비해 현저히 크다고 단정할 수만은 없다는 것이다.

이 판결이 선고된 후 새로운 이자제한법[34]이 제정되어 2007. 6. 30.부터

---

34) 2007. 3. 29. 법률 제8322호.

시행되었는데, 이 법은 위 판결에서 다투어졌던 문제를 모두 입법적으로 해결하였으므로 위 판결의 실제적인 중요성은 감소되었다고 할 수 있으나, 이론적으로는 위 판결은 매우 중요한 의미를 가지므로 검토할 가치가 있다.

우선 이 판결이 민법 제103조를 적용한 점에 주목할 필요가 있다. 종래에는 과도한 이자의 약정은 제1차적으로는 불공정한 법률행위에 관한 민법 제104조의 적용 대상이라고 보았다. 그런데 원심판결과 대법원 판결은 민법 제104조가 아니라 제103조를 적용한 것이다. 이는 이 사건에서 과연 피고들이 민법 제104조의 요건인 궁박, 경솔 또는 무경험의 상태에 있었는지, 원고가 이를 알고 이용하려고 하였는지 여부에 관하여 판단할 수 있는 자료가 없었기 때문으로 보인다.[35] 이 점에 관하여는 대법원이 독일에서 인정되고 있는 이른바 폭리 유사의 행위(wucherähnliches Geschäft)의 이론을 참조한 것으로 생각된다.[36]

독일의 판례는, 급부와 반대급부의 현저한 불균형이 존재하는 것만으로 그 법률행위가 무효로 되는 것은 아니지만, 폭리행위의 나머지 요건이 존재하지 않는 경우에도 비난받을 만한 태도(verwerfliche Gesinnung)가 있을 때에는 선량한 풍속에 반하여 무효로 된다고 한다.[37] 이러한 이론은 우리나라에서도 참고가 될 것이다. 즉 민법 제104조가 법률행위를 무효로 하기 위하여, 급부와 반대급부 사이의 현저한 불균형이라는 객관적 요건 외에 다른 주관적 요건을 요구하고 있는 점에 비추어 보면, 급부와 반대급부 사이에 현저한 불균형이 있다는 이유만으로 공서양속에 반하는 법률행위라고 할 수는 없을 것이다. 그러나 그렇다고 하여 민법 제103조에 의하면 무효로 될 수 있는 법률행위가 민법 제104조의 존재로 인하여 유효한 것으로 인정되는 것이 된다면 불균형이 발생한다. 따라서 이러한 경우에는 민법 제104조의 요건을 충족하지 못하였다 하더라도 민법 제103조를 적용할 여지가 있게 된다.[38]

---

35) 이 사건 판결에 대한 재판연구관의 해설인, 徐敏錫, "선량한 풍속 기타 사회질서에 반하여 현저하게 고율로 정해진 이자 약정의 효력 및 이미 지급된 초과이자의 반환청구권", 民事裁判의 諸問題 제16권(주 1), 165면 참조.

36) 이 점에 관하여는 註釋民法 總則(2), 2001, 495면 이하(尹眞秀) 참조. 徐敏錫(주 35), 164면도 이를 인용하고 있다.

37) RGZ 150, 1. 이러한 비난받을 만한 태도는, 자신의 이익을 위하여 상대방의 열등한 지위를 이용하거나, 또는 부주의하게 상대방이 자신의 경제적으로 열악한 지위 때문에 자신에게 부담이 되는 조건으로 계약을 체결하는 것을 그 상대방이 적어도 부주의하게 간과하였을 때 존재한다고 한다. BGHZ 80, 153, 160 등.

38) Staudinger/Sack, Neubearbeitung 2003, §138 Rdnr. 229는, 우리 민법 제104조에 해당하는 독일 민법 제138조 제2항으로부터는 급부와 반대급부 사이에 현저한 불균형이 있는 경우에 제

그런데 단순히 제104조에 의하여 무효로 될 정도의 급부와 반대급부 사이의 불균형이 있는 것만으로 제103조에 의하여 무효가 된다고 할 수는 없고, 그 외에 추가적인 요건이 필요할 것이다. 즉 민법 제103조에 의하여 무효가 되는 경우에는 급부와 반대급부 사이의 불균형이 제104조에 의한 경우보다 더 크거나 아니면 그 외의 다른 요건이 추가되어야 할 것이라고 생각할 수 있다. 그런데 이에 관하여 독일에서 말하는 것과 같은 주관적인 요건으로서 폭리자측의 비난받을 만한 태도가 필요하다고 볼 것인지는 어려운 문제이다. 이를 요구하지 않는다면 독일 민법이 배격한 막대한 손해(laesio enormis)의 이론[39]을 부활시키는 것이 된다. 반면 독일에서도 판례가 이러한 주관적인 요건을 요구하고 있는 것에 대하여는, 실제로는 급부의 불균형이 있으면 이러한 주관적인 요건을 추정하고 있으므로 이러한 요구를 포기하는 것이 방법론적으로 더 정직하고, 부가적인 요건으로서 일방 당사자의 경제적 열등성(wirtschaftliche Unterlegenheit)이 있으면 된다고 하는 견해도 있다.[40]

이 사건 판결은 이 점에 관하여, 단지 양쪽 당사자 사이의 경제력의 차이로 인하여 그 이율이 당시의 경제적·사회적 여건에 비추어 사회통념상 허용되는 한도를 초과하여 현저하게 고율로 정하여졌다면, 그와 같이 허용할 수 있는 한도를 초과하는 부분은 무효라고만 하고 있어서 구체적으로 어느 정도의 경제력의 차이가 있어야 하는지, 사회통념상 허용되는 한도가 어느 정도인지에 관하여는 밝히지 않고 있다. 이는 이 사건에서 원고가 아니라 피고만이 상고한 것 때문이라고 이해되기는 하지만, 대법원의 좀더 구체적인 설시가 필요했던 대목이라고 생각된다. 특히 제104조에 의하여 무효로 되는 경우와, 제103조에 의하여 무효로 되는 경우 사이에 어떠한 차이가 있는지가 명확하지 않다.

두 번째로, 고율의 이자 약정이 무효라고 할 때 상당한 범위를 초과하는 부분만 무효로 볼 것인가, 아니면 이자 약정 전체를 무효로 볼 것인가? 독일에

138조 제1항에 의하여 제138조 제2항을 벗어나는 보호가 배제된다는 평가를 이끌어낼 수는 없고, 제138조 제2항은 제138조 제1항의 특별한 경우이지만 더 광범위한 보호를 배제하는 가치결정을 담고 있는 것은 아니라고 한다.

39) 이는 로마법 시대 때부터 인정되었던 것으로, 매도인은 매매가격이 시가의 반 이하일 때에는 매매대금을 반환하고 목적물의 반환을 구할 수 있고, 매수인은 차액 상당을 지급하여 그 취소를 막을 수 있는 제도이다. 오스트리아 민법 제934조는 이러한 태도를 취하고 있다. 尹眞秀(주 36), 470-471면 참조.

40) MünchKomm/Mayer-Maly/Armbrüster, §138 Rdnr. 116.

서는 원칙적으로 이자 약정을 포함한 소비대차계약 전체가 무효라고 보고 있다.[41] 그러나 우리나라에서는 과거의 이자제한법이 제한이율을 초과하는 부분만 무효라고 보고 있었고, 또 판례가 약관규제법에 의하여 약관의 내용이 무효로 되는 경우에도 수정해석이라는 이름으로 약관규제법에 저촉되는 부분만 무효로 되고 저촉되지 않는 부분은 유효하게 존속한다고 하는 이른바 효력유지적 축소(geltungserhaltende Reduktion)의 법리를 채택하고 있는 것[42] 등에 비추어 보면 상당한 범위를 초과하는 부분만 무효로 봄이 상당하다고 생각된다.[43]

셋째, 차주가 상당한 범위를 초과하여 무효에 해당하는 부분을 이미 지급하였다면 그 반환을 청구할 수 있을 것인가? 다수의견과 반대의견은 이 점에 관하여 견해를 달리하고 있다. 생각건대 이러한 초과이자의 지급은 민법 제746조에서 말하는 불법원인급여에 해당한다고 볼 수는 있지만, 이 경우에는 불법의 원인이 수익자인 대주에게만 있기 때문에, 차주는 이미 지급한 이자의 반환을 청구할 수 있다고 보아야 하고, 이 경우에 구태여 불법성 비교 이론을 끌어들일 필요는 없다고 생각된다.[44]

이 점에 관하여 반대의견은, 대주로서는 고수익을 올릴 수 있는 대신 그만큼 고위험의 부담을 안을 수밖에 없는 점, 차주의 경제적 필요에 의해 금전거래가 이루어진다고 볼 수 있는 점 등을 감안하여 볼 때, 오로지 대주에게만 불법성이 있다고 보거나 대주의 불법성만을 지나치게 강조하는 것은 결코 적절치 않다고 주장한다. 그러나 불법원인이 누구에게 있는가를 판단함에 있어서는 이러한 면보다는 규범적인 측면을 중시하여야 한다. 즉 공서양속 위반을 인정하는 목적이 법률행위의 당사자 일방을 보호하기 위한 것일 때에는, 불법원인급여라고 하여 그 보호받는 당사자의 반환청구를 거부하는 것은 보호의 목적에 어긋나므로 이 경우에는 불법원인이 수익자에게만 있다고 보아야 하는 것이다.[45][46]

---

41) 이에 대한 간단한 소개로는 이 사건 판결의 평석인 梁彰洙, "公序良俗에 反하는 利子約定에서 任意로 支給된 過剩利子의 返還請求", 民法研究 제9권(주 4), 274면 참조.

42) 예컨대 대법원 1991. 12. 24. 선고 90다카23899 전원합의체 판결(공 1992, 652면); 1995. 12. 12. 선고 95다11344 판결(공 1996상, 358) 등.

43) 같은 취지, 徐敏錫(주 35), 174-175면; 梁彰洙(주 41), 275면. 독일의 학설 가운데에도 근래에는 일부무효만을 인정하여야 한다는 견해가 유력하여지고 있다. Staudinger/Sack, §138 Rdnr. 123 f. 참조.

44) 같은 취지, 梁彰洙(주 41), 275면 이하.

45) 尹眞秀(주 36), 466-467면 참조.

46) 이외에 반대의견이 대주가 명확하게 불법성을 인식했다고 평가하기는 어렵다는 점을 반환청구를 거부하는 근거로 드는 것은 수긍하기 어렵다. 제746조의 적용에 있어서 수익자의 불

3. 부동산중개업법 소정의 한도를 초과하는 중개수수료 약정의 효력

[5] 대법원 2007. 12. 20. 선고 2005다32159 전원합의체 판결은 구 부동산중개업법[47] 소정의 부동산중개 수수료의 한도를 정한 규정을 효력규정으로 보아, 그 한도를 초과하는 중개수수료 약정은 그 한도를 초과하는 범위 내에서 무효라고 판시하여, 위 규정은 단속규정에 불과하고 효력규정은 아니라고 본 대법원 2001. 3. 23. 선고 2000다70972 판결[48]을 변경하였다.

종래의 판례 가운데에는 이처럼 중개수수료의 한도를 정한 규정을 효력규정으로 보아서 그 한도를 초과하는 중개수수료 약정은 그 초과범위 내에서 무효라고 판시하고 있는 것이 있었다.[49] 그런데 위 대법원 2001. 3. 23. 판결은 이러한 종래의 판례와는 달리, 부동산중개업법에 위 규정에 위반한 금품수수행위의 효력이나 수수된 금품의 처리에 대하여는 아무런 규정이 없을 뿐만 아니라, 위 법은 '부동산중개업자의 공신력을 높이고 공정한 부동산 거래질서를 확립'하여 국민의 재산권 보호에 기여함을 목적으로 하고 있는 점을 종합하여 보면, 위 금지규정은 단속규정에 불과하고 효력규정은 아니라고 하였다.

그러나 그 후 선고된 대법원 2002. 9. 4. 선고 2000다54406, 54413 판결(공 2002하, 2308)은, 위와 같은 부동산중개업법의 규정들은 부동산중개의 수수료 약정 중 소정의 한도액을 초과하는 부분에 대한 사법상의 효력을 제한함으로써 국민생활의 편의를 증진하고자 함에 그 목적이 있는 것이므로, 이른바 강행법규에 속하는 것으로서 그 한도액을 초과하는 부분은 무효라고 하였다.

[5] 판결도 위 대법원 2002. 9. 4. 판결과 같은 취지이다. 즉 중개수수료의 한도를 정하는 한편 이를 초과하는 수수료를 받지 못하도록 한 부동산중개업법 및 같은 법 시행규칙 등 관련 법령 또는 그 한도를 초과하여 받기로 한 중개수수료 약정의 효력은 이와 같은 부동산중개업법의 입법목적에 맞추어 해석되어야 하고, 중개업자가 부동산중개업법 관련 법령 소정의 한도를 초과하여

법성 인식 여부는 고려할 필요가 없는 것이다. 梁彰洙(주 41), 276면 참조.

47) 공인중개사의 업무 및 부동산 거래신고에 관한 법률(2005. 7. 29. 법률 제7638호)에 의하여 전문개정되었다.

48) 미공간. glaw.scourt.go.kr에서 검색할 수 있다.

49) 대법원 1976. 11. 23. 선고 76다405 판결(집 24권 3집 민339); 1987. 5. 26. 선고 85다카 1146 판결(공 1987, 1048).

수수료를 받는 행위는 물론 위와 같은 금지규정 위반 행위에 의하여 얻은 중
개수수료 상당의 이득을 그대로 보유하게 하는 것은 투기적·탈법적 거래를
조장하여 부동산거래질서의 공정성을 해할 우려가 있으며, 또한 부동산중개업
법 관련 법령의 주된 규율대상인 부동산의 거래가격이 높고 부동산중개업소의
활용도 또한 높은 실정에 비추어, 부동산 중개수수료는 국민 개개인의 재산적
이해관계 및 국민생활의 편의에 미치는 영향이 매우 커 이에 대한 규제가 강
하게 요청된다고 한다. 그렇다면 앞서 본 입법목적을 달성하기 위해서는 고액
의 수수료를 수령한 부동산 중개업자에게 행정적 제재나 형사적 처벌을 가하
는 것만으로는 부족하고, 부동산중개업법 관련 법령 소정의 한도를 초과한 중
개수수료 약정에 의한 경제적 이익이 귀속되는 것을 방지하여야 할 필요가 있
으므로, 부동산 중개수수료에 관한 위와 같은 규정들은 중개수수료 약정 중 소
정의 한도를 초과하는 부분에 대한 사법상의 효력을 제한하는 이른바 강행법
규에 해당하고, 부동산중개업법 관련 법령에서 정한 한도를 초과하는 부동산
중개수수료 약정은 그 한도를 초과하는 범위 내에서 무효라는 것이다.

　　이 판결이 선고되기 전에도 이처럼 상반되는 판례가 존재하는 데 대하여는
이러한 상태를 전원합의체 판결에 의하여 판례의 통일을 기해야 한다는 지적이
있었다.50) 다른 한편 학설상으로는 위 2002. 9. 4. 판결을 지지하는 견해가 많았
으므로,51) 이를 유지하고 위 2001. 3. 23. 판결을 변경한 [5] 판결의 결론은 충분
히 예측될 수 있는 것이었다.

　　법률이 어떤 행위를 금지 또는 제한하면서도 이를 위반한 경우의 효력에
관하여 아무런 규정이 없을 때 어떻게 판단하여야 하는가에 관하여는 종래부
터 논란이 많았다. 학설상으로는 이 점에 관한 일반적인 원칙은 없고, 그 법률
행위를 유효·무효로 함으로써 생기는 사회경제적 영향을 고려하여, 그 법규의
입법취지가 법규의 규정하는 내용 그 자체의 실현을 금지하고 있는가 또는 단
순히 그러한 행위를 하는 것을 금하고 있는가에 따라서 결정하는 수밖에 없다
고 설명하는 것이 일반적이다. 다만 학설 가운데에는 행위의 금지 또는 제한에
위반한 행위라고 해도 이를 원칙적으로 유효한 것으로 보고, 무효가 되는 것은

---

50) 金東勳, "團束規定과 效力規定, 無效의 效果", 考試研究 2003. 2, 121면; 이병준, "법률행위
　　의 일반적 효력요건으로서의 적법성", Jurist 2006. 2, 257면. 또한 黃貞根, "法定限度超過 不動
　　産仲介手數料 約定의 效力", 民事裁判의 諸問題 제15권, 2006, 446면 참조.
51) 黃貞根(주 50), 443면 이하; 金載亨, "法律에 違反한 法律行爲", 民法論 Ⅰ, 2004, 55면 이하 등.

예외에 속한다고 주장하는 것이 많다.[52] 그러나 법률에서 일정한 행위를 금지하면서 이에 위반된 계약을 유효라고 하는 것은 법질서의 자기모순이므로, 사법상의 거래를 규제하는 법령에 위반한 법률행위는 원칙적으로 무효라고 보아야 한다는 반대의 견해도 있다.[53]

판례는 제1차적으로 입법목적 내지 취지를 고려하고 있으나, 그 외에도 행위의 반사회성 유무, 처벌만으로 법의 실효를 거둘 수 있는지 등을 아울러 고려하는 것으로 보인다. 그러나 판례 가운데 법규 위반 행위를 무효라고 본 것은 많지 않다.[54]

결국 효력규정인가 단속규정인가의 판단 문제는 여러 가지 요소[55]를 고려하여 결정할 문제로서, 제1차적으로는 법이 행위 자체를 제한하려는 것인가, 아니면 그 행위의 효과를 부인하려는 것인가 하는 점을 따져 보아야 하고, 또 그 효과를 부인하여야만 제재의 목적을 달성할 수 있는지 여부를 고려하여야 할 것이나, 그 판단이 항상 용이한 것은 아니다.[56]

4. 착오로 인하여 표의자가 경제적 불이익을 입지 않은 경우의 취소 가능 여부

[6] 대법원 2006. 12. 7. 선고 2006다41457 판결(공 2007상, 120)은, 착오로 인하여 표의자가 무슨 경제적인 불이익을 입은 것이 아니라고 한다면 이를 법률행위 내용의 중요 부분의 착오라고 할 수 없다고 판시하였다.

이 사건의 사실관계를 간단히 요약한다면, 원고는 자신의 친구인 A가 피고로부터 돈을 차용하려는 것으로 알고 A가 피고로부터 금 3,750만원을 차용

---

52) 高翔龍(주 7), 326면; 金曾漢·金學東, 民法總則, 1994, 304면; 李銀榮, 民法總則, 제4판, 2005, 391면 등.
53) 金載亨(주 51), 61면.
54) 판례의 상세한 분석은 예컨대 金載亨(주 51), 43면 이하 참조.
55) 金載亨(주 51), 61면은 법규정의 목적, 보호법익, 위반의 중대성, 법규정을 위반하려는 의도가 있었는지 여부 등을 들고 있다.
56) 이제까지 효력규정과 단속규정의 구별에 관하여 세 차례의 대법원 전원합의체 판결이 있었던 것노 이 점에 대한 판단이 어려움을 보여준다. 대법원 1975. 4. 22. 선고 72다2161 전원합의체 판결(집 29권 2집 민16)과 대법원 1981. 5. 26. 선고 80다2367 전원합의체 판결(집 29권 2집 민16)은 각 외국환관리법의 규정들이 단속법규에 불과하고 효력규정이 아니라고 하면서 저촉되는 판례를 변경하였다. 그리고 대법원 1985. 11. 26. 선고 85다카122 전원합의체 판결(집 33권 3집 민177)은 상호신용금고의 차입 제한에 관한 규정은 효력법규로 보고 저촉되는 판례를 변경하였으나 여기에는 반대의견이 있었다.

한다는 내용의 차용증서 및 공정증서에 연대보증인으로 서명날인하였다. 그런데 피고가 위 공정증서에 기하여 원고에 대하여 강제집행을 하려고 하자, 원고는 A는 피고로부터 새로이 돈을 차용하였던 것이 아니고, A의 피고에 대한 기존의 구상금 채무 등에 관한 준소비대차계약 공정증서였으므로, 원고의 이 사건 공정증서에 대한 서명, 날인은 착오에 기한 것이라 하여 이를 취소하고 청구이의의 소를 제기하였다.

원심인 대전고등법원 2006. 6. 8. 선고 2005나10010 판결[57]은 원고의 위와 같은 착오는 법률행위의 내용의 중요부분에 관한 착오에 해당하므로 위 보증의 의사표시는 적법하게 취소되었다 하여 원고의 청구를 받아들였다. 그러나 대법원은 다음과 같은 이유로 원심판결을 파기하였다.

우선 일반론으로서, 착오가 법률행위 내용의 중요 부분에 있다고 하기 위하여는 표의자에 의하여 추구된 목적을 고려하여 합리적으로 판단하여 볼 때 표시와 의사의 불일치가 객관적으로 현저하여야 하고, 만일 그 착오로 인하여 표의자가 무슨 경제적인 불이익을 입은 것이 아니라고 한다면 이를 법률행위 내용의 중요 부분의 착오라고 할 수 없다고 한다. 그리고 소비대차계약과 준소비대차계약의 법률효과는 동일한 것이므로 표시와 의사의 불일치가 객관적으로 현저한 경우에 해당하지 않을 뿐만 아니라, 원고로서는 A가 피고에게 부담하는 3,750만 원의 차용금반환채무를 연대보증할 의사를 가지고 있었던 이상, 그 차용금이 공정증서 작성 후에 비로소 A에게 교부되는 것이 아니라 A가 피고에게 지급하여야 할 구상금 등을 소비대차의 목적으로 삼은 것이라는 점에 대하여 원고가 착오를 일으켰다고 하더라도 그로 인해 원고가 무슨 경제적인 불이익을 입었거나 장차 불이익을 당할 염려가 있는 것은 아니므로, 위와 같은 착오는 이 사건 연대보증계약의 중요 부분에 관한 착오라고 할 수 없다고 한다.[58]

이처럼 착오로 인하여 표의자가 무슨 경제적인 불이익을 입은 것이 아니라고 한다면 이를 법률행위 내용의 중요 부분의 착오라고 할 수 없으므로 취소할 수 없다고 한 판례는 종전에도 있었다. 즉 이 사건 판결이 인용하고 있는 대법원 1999. 2. 23. 선고 98다47924 판결(공 1999상, 545)은, 군유지로 등기된

---

57) 미공간. 종합법률정보(glaw.scourt.go.kr)에서 검색할 수 있다.

58) 대법원은 위와 같은 착오는 이른바 동기의 착오에 해당하는데, 그 동기가 법률행위의 내용으로 되어 있음이 인정된다고 해도 그것이 연대보증계약의 중요 부분의 착오로 될 수 없다는 판시를 덧붙였다.

군립공원 내에 건물 기타 영구 시설물을 지어 이를 군(郡)에 기부채납하고 그 부지 및 기부채납한 시설물을 사용하기로 약정하였으나, 후에 그 부지가 군유지가 아니라 이(里) 주민의 총유로 밝혀진 사안에서, 대상판결과 동일한 취지에서 군수가 여전히 공원관리청이고 기부채납자의 관리권이 계속 보장되는 점에 비추어 소유권 귀속에 대한 착오가 기부채납의 중요 부분에 관한 착오라고 볼 수 없다고 하였다. 그리고 위 판결이 인용하고 있는 대법원 1998. 9. 22. 선고 98다23706 판결(공 1998하, 2563)도 같은 취지이다.59)60)

이처럼 표의자에게 경제적 불이익이 없는 경우에 착오를 이유로 취소할 수 없다고 보고 있는 종래의 판례는 당해 사건의 결론에 있어서는 타당하다고 여겨진다. 그리고 착오취소가 문제되는 대부분의 경우에도 착오로 인하여 표의자에게 경제적 불이익이 없으면 착오를 이유로 하는 취소는 허용되지 않을 것이다. 이러한 경우에 당사자가 추구하는 목적은 제1차적으로는 경제적인 이익일 것이기 때문이다.

그러나 이를 일반화하여 모든 경우에 표의자에게 경제적 불이익이 없으면 착오를 이유로 하는 취소는 허용되지 않는다고 단언할 수는 없다.61) 일반적으로 착오 취소의 요건인 법률행위의 중요부분의 착오란, 표의자가 그러한 착오가 없었더라면 그 의사표시를 하지 않으리라고 생각될 정도로 중요한 것이어야 하고(주관적 중요성), 보통 일반인도 표의자의 처지에 섰더라면 그러한 의사표시를 하지 않았으리라고 생각될 정도로 중요한 것(객관적 중요성)이어야 하는데,62) 경제적 불이익이 없다고 하여 항상 객관적 중요성이 없다고 단정할 수는 없기 때문이다. 당사자가 법률행위에 의하여 추구하는 목적이 반드시 경제적 이익에만 있는 것은 아닌 것이다.

독일연방대법원 1988. 6. 8. 판결(NJW 1988, 2597)은, 원고가 자기가 가지

---

59) 기술신용보증기금이 신용보증할 당시 보증대상 기업의 사업장인 부동산에 가압류등기가 기입되어 있었음에도 금융기관이 부실 작성한 기업실태조사서로 인하여 보증대상 기업의 담보물에 가압류가 없는 것으로 믿고 보증을 하였으나 후에 그 가압류가 피보전권리 없이 부당하게 집행된 것으로 밝혀진 경우, 그로 인하여 무슨 경제적 불이익을 입은 것은 아니므로 위 신용보증행위에 대하여 법률행위의 내용의 중요 부분에 착오가 없다고 하였다.

60) [6] 판결에 대한 재판연구관의 해설인 嚴相弼, "錯誤가 法律行爲 內容의 重要部分에 있다고 하기 위한 要件으로서의 表意者의 經濟的 不利益", 대법원판례해설 제63호(2006년하)는 같은 취지라고 하여 몇 가지의 판례를 더 들고 있다.

61) 그러나 嚴相弼(주 60), 76면 이하; 民法注解 Ⅱ, 1992, 448면(宋德洙)은 그러한 취지로 보인다.

62) 대법원 1996. 3. 26. 선고 93다55487 판결(공 1996상, 1363) 등.

고 있던 그림이 프랑크 듀비넥(Frank Duveneck)이라는 화가의 그림으로 알고 이를 피고에게 매도하였으나, 나중에 그 그림이 빌헬름 라이블(Wilhelm Leibl) 이라는 다른 화가의 그림으로 판명되자 위 매매계약의 취소를 주장한 사안에 관하여, 위 두 화가의 작품의 가치가 같다고 하더라도 그것만으로는 취소가 배제되는 것이 아니라고 하였다. 왜냐하면 예술 작품의 매매에 있어서는 경제적인 가치만이 중요한 것이 아니기 때문이라는 것이다. 독일의 학설도 이를 지지한 다.63) 프랑스에서도, 손해(lésion)의 존재가 착오로 인한 취소의 필요조건은 아니라고 한다. 취소를 주장하는 자가 정당한 이익을 증명할 수 있으면 그것으로 충분한데, 이러한 정당한 이익은 대부분의 경우에는 급부 사이의 균형의 결여이지만, 반드시 그러할 필요는 없는데, 특히 편무계약이나 사행적 계약에서 그러하다는 것이다.64) 그러므로 이처럼 경제적 불이익이라는 요소를 착오 취소의 불가결의 요건으로 다룰 것은 아니다.

Ⅳ. 소멸시효

2007년에는 이른바 소멸시효의 원용권자에 관하여 두 개의 중요한 판결이 나왔다.

먼저 [7] 대법원 2007. 3. 30. 선고 2005다11312 판결(공 2007상, 616)은, 구 토지수용법 제61조 제2항65)에 의한 공탁의 경우에 공탁자인 기업자(起業者)66)는 공탁금출급청구권의 소멸시효를 원용할 수 없다고 하였다. 반면 [8] 대법원 2007. 11. 29. 선고 2007다54849 판결(공 2007하, 2036)은, 사해행위취소소송의 상대방이 된 사해행위의 수익자는 사해행위취소권을 행사하는 채권자의 채무자에 대한 채권(피보전채권)의 소멸시효를 원용할 수 있다고 하였다.

종래 대법원의 판례는 소멸시효 완성의 효과에 대하여 이른바 절대적 소멸설을 따르고 있다고 하는 설명이 많았다. 그러나 근래 대법원의 판례는 시효의 이익을 받겠다고 주장할 수 있는 자, 즉 소멸시효의 원용권자를 일정한 범위 내

---

63) Staudinger/Reinhard Singer, Bearbeitung 2004, §119 Rdnr. 98 등.
64) Jacoues Ghestin, Traité de Droit Civil, La Formation du Contrat, 3e édition, 1993, no. 514(p. 478).
65) 2002. 2. 4. 법률 제6656호로 폐지.
66) 토지의 수용 또는 사용을 필요로 하는 공익사업을 행하는 자.

로 제한하고 있다. 즉 대법원 1991. 7. 26. 선고 91다5631 판결(공 1991, 2244)은, 채권자대위소송의 피고는 원고인 채권자의 채무자에 대한 피보전채권이 시효로 인하여 소멸하였다는 항변을 할 수 없다고 한다.67) 반면 대법원 1995. 7. 11. 선고 95다12446 판결(공 1995하, 2761)은, 채권담보의 목적으로 매매예약의 형식을 빌어 소유권이전청구권 보전을 위한 가등기가 경료된 부동산을 양수하여 소유권이전등기를 마친 제3자는 그 피담보채권에 관하여 소멸시효가 완성된 경우 이를 원용할 수 있다고 하였다. 이와 같은 판례는 소멸시효의 원용이 필요한 근거를 변론주의에서 찾는 절대적 소멸설로는 설명할 수 없고, 상대적 소멸설로만 설명할 수 있다.68)

종래의 판례는 누가 소멸시효를 원용할 수 있는가에 관하여, 시효의 당사자69) 또는 시효기간 만료로 인하여 소멸하는 권리의 의무자70)라고 표현하기도 하고, 또는 시효이익을 직접 받는 자71) 내지 권리의 소멸에 의하여 직접 이익을 받는 사람72)이라고 하기도 하였다. 종래 판례 가운데 시효이익을 원용할 수 있는 자로 인정되었던 것은 채무자 외에 채권담보를 위한 가등기가 경료된 부동산의 제3취득자,73) 물상보증인74) 등이다.

---

67) 대법원 1992. 11. 20. 선고 92다35899 판결(공 1993, 90); 1993. 3. 26. 선고 92다25472 판결(공 1993, 1289); 1997. 7. 22. 선고 97다5749 판결(공 1997하, 2641); 1998. 12. 8. 선고 97다31472 판결(공 1999상, 93); 2004. 2. 12. 선고 2001다10151 판결(공 2004상, 436) 등도 같은 취지이다.

68) 상세한 것은 尹眞秀, "消滅時效 完成의 效果", 茂巖李英俊博士華甲紀念 韓國民法理論의 發展, 1999, 194면 이하 참조. 그러나 金炳瑄, "時效援用權者의 範圍", 民事法學 제38호, 2007, 258-259면은 절대적 소멸설을 따른다고 하더라도 소멸시효를 주장할 수 있는 자의 범위를 정하는 문제가 발생하지 않는다고 할 수는 없다고 한다.

69) 대법원 1979. 6. 26. 선고 79다407 판결(공 21038).

70) 대법원 1991. 7. 26. 선고 91다5631 판결(공 1991, 2244).

71) 대법원 1993. 3. 26. 판결(주 67); 1997. 7. 22. 판결(주 67) 등.

72) 대법원 1995. 7. 11. 선고 95다12446 판결(공 1995하, 2761).

73) 위 대법원 1995. 7. 11. 선고 95다12446 판결. 그러나 金炳瑄(주 68), 266면 이하, 279면 이하는 소멸시효원용권자의 범위는 소멸시효가 완성된 권리의 의무자에 한정되어야 한다고 하여, 담보부동산의 제3취득자는 그 제3취득자가 피담보채무를 인수한 경우 등이 아니면 원칙적으로 원용권을 가지지 않는다고 한다.

74) 대법원 2004. 1. 16. 선고 2003다30890 판결(공 2004상, 348). 위 판결 및 대법원 2007. 1. 11. 선고 2006다33364 판결(미공간. glaw.scourt.go.kr에서 검색)은, 이러한 제3취득자 또는 물상보증인은 소멸시효를 원용할 수 있는 지위에 있기는 하지만 직접 의무를 부담하지 아니하는 자이므로, 그러한 자가 제기한 소송에서의 채권자의 응소행위는 권리자의 의무자에 대한 재판상 청구에 준하는 행위에 해당한다고 볼 수 없기 때문에, 담보가등기가 설정된 후에 그 목적 부동산의 소유권을 취득한 제3취득자나 물상보증인 등 시효를 원용할 수 있는 지위에 있으나 직접 의무를 부담하지 아니하는 자가 제기한 소송에서의 응소행위는 권리자의 의무자에 대한 재판상 청구에 준하는 행위가 아니어서 시효중단의 효력이 없다고 하였다. 이에

반면 판례는, 채무자에 대한 일반 채권자는 자기의 채권을 보전하기 위하여 필요한 한도 내에서 채무자를 대위하여 소멸시효 주장을 할 수 있을 뿐 채권자의 지위에서 독자적으로 소멸시효의 주장을 할 수 없다고 한다.[75] 그리고 앞에서 살펴본 것처럼 판례는 채권자대위소송의 피고는 원고인 채권자의 채무자에 대한 피보전채권이 시효로 인하여 소멸하였다는 항변을 할 수 없다고 한다.

[7] 판결의 사안은 피고가 부동산을 수용하면서 그 소유자를 알 수 없다는 이유로 그 손실보상금을 공탁하였고(이른바 절대적 불확지 공탁), 그 후 원고들이 자신들이 위 부동산의 소유자라고 하여 피고를 상대로 공탁금출급청구권의 존재확인을 청구한 사건인데,[76] 제1심 판결 및 원심판결[77]은 원고들의 공탁금출급청구권이 시효로 소멸하였다는 피고의 주장을 받아들여 원고들의 청구를 기각하였다. 그러나 대법원은 다음과 같은 이유로 원심판결을 파기하였다.

즉 채권의 소멸시효가 완성된 경우 이를 원용할 수 있는 자는 시효로 인하여 채무가 소멸되는 결과 직접적인 이익을 받는 자에 한정되고, 그 채무자에 대한 채권자는 자기의 채권을 보전하기 위하여 필요한 한도 내에서 채무자를 대위하여 이를 원용할 수 있을 뿐이므로 채무자에 대하여 무슨 채권이 있는 것도 아닌 자는 소멸시효 주장을 대위 원용할 수 없는데, 공탁금출급청구권이 시효로 소멸된 경우 공탁자에게 공탁금회수청구권이 인정되지 않는 한 그 공탁금은 국고에 귀속하게 되는 것이어서 공탁금출급청구권의 종국적인 채무자로서 소멸시효를 원용할 수 있는 자는 국가이고, 구 토지수용법 제61조 제2항에 의하여 기업자가 하는 관할토지수용위원회가 토지수용재결에서 정한 손실보상금의 공탁은 간접적으로 강제되는 것이고, 이와 같이 그 공탁이 자발적이 아닌 경우에는 민법 제489조의 적용은 배제되어 피공탁자가 공탁자에게 공탁

대하여는 위 2006다33364 판결에 대한 재판연구관의 해설인 崔哲煥, "시효중단사유로서의 응소행위에 있어서 소제기자의 허용 범위", 대법원판례해설 제67호(주 10), 139면 참조. 그러나 소멸시효는 채권자와 채무자 사이에서 진행하는데, 채권자의 물상보증인이나 제3취득자에 대한 응소행위만으로는 채무자에 대한 소멸시효를 중단시키지 못하므로 시효중단의 효력을 인정할 수 없다고 설명하는 것이 더 간명하다고 생각된다.

75) 그리하여 대법원 1979. 6. 26. 선고 79다407 판결(공 1979, 21038)은 채권자대위권의 성질상 피대위자인 채무자가 이미 권리를 처분하여 대위권행사의 대상이 존재하지 않는다면 대위권에 의한 채무자의 권리행사는 불가능하다고 한다.

76) 이러한 절대적 불확지 공탁의 경우에 대법원 1997. 10. 16. 선고 96다11747 전원합의체 판결(집 45권 3집 민270)은 수용 토지의 소유자가 공탁금 출급을 위해 기업자를 상대로 공탁금출급청구권이 자신에게 있다는 확인을 구하는 소송을 제기할 수 있다고 하였다.

77) 제1심: 춘천지방법원 속초지원 2004. 8. 18. 선고 2003가단4855 판결; 제2심: 춘천지법 강릉지원 2005. 2. 1. 선고 2004나2417 판결. 각 glaw.scourt.go.kr에서 검색할 수 있다.

금을 수령하지 아니한다는 의사를 표시하거나 피공탁자의 공탁금출급청구권의
소멸시효가 완성되었다 할지라도 기업자는 그 공탁금을 회수할 수 없는 것이
므로78), 그러한 공탁자는 진정한 보상금수령권자에 대하여 그가 정당한 공탁금
출급청구권자임을 확인하여 줄 의무를 부담한다고 하여도 공탁금출급청구권의
시효소멸로 인하여 직접적인 이익을 받지 아니할 뿐만 아니라 채무자인 국가
에 대하여 아무런 채권도 가지지 아니하므로, 독자적인 지위에서나 국가를 대
위하여 공탁금출급청구권에 대한 소멸시효를 원용할 수 없다는 것이다.

　기업자가 공탁금을 회수할 수 없다는 전제에서는 이 판결은 타당한 것이
라고 하지 않을 수 없다.79) 그런데 이에 대하여는, 기업자는 공탁에 의하여 손
실금 지급 의무를 면하여야 하는데, 이처럼 기업자가 공탁금출급청구권의 소멸
시효를 원용할 수 없어서 공탁금출급청구권 존재확인소송에서 패소하게 되면
소송비용까지 부담하게 되므로 이러한 부담을 면하기 위하여는 소멸시효의 원
용을 인정할 필요가 있지 않은가 하는 지적이 있을 수 있다. 그러나 이러한 반
론은 근거가 없다. 원용권자의 범위 문제는 구체적으로는 특정 소송에서 누구
를 승소시킬 것인가를 판단하기 위한 기준이 되는 것으로서, 원용권이 있어야
만 그가 승소할 수 있는 것인데, 특정 당사자가 소송에서 승소하여야 하기 때
문에 원용권을 인정하여야 한다면, 이는 순환논리에 빠지는 것이 되고, 소송상
원용권자를 부정할 수 있는 경우란 없게 되는 결과가 되기 때문이다.80)

　다른 한편 [8] 판결의 사안과 같이 채권자취소소송에서 수익자가 채권자취
소권의 피보전채권의 소멸시효를 원용할 수 있는가는 종래 일본에서 논란이
있었던 문제였다.81) 일본의 이전의 판례는 사해행위의 수익자에 대하여는 피보
전채권의 소멸시효의 원용권을 부정하고 있었는데,82) 이에 대하여는 비판하는
학설이 유력하였다. 그리하여 근래의 일본 최고재판소 1998(平成 10). 6. 22. 판
결83)은 사해행위의 수익자도 사해행위의 피보전채권의 소멸시효를 원용할 수

---

78) 이에 관하여 이 판결은 같은 취지인 대법원 1988. 4. 8.자 88마201 결정(집 36권 1집 민
　146)을 인용하고 있다.
79) 金昭英, "채권자 불확지 변제공탁과 소멸시효", 民事裁判의 諸問題 제16권(주 1), 507-508면
　은 이 판결을 지지하면서도, 이 사건의 경우에는 원고들에게 공탁통지서가 도달된 바 없으므
　로 소멸시효의 진행이 개시된 바 없다고 주장한다.
80) 尹眞秀(주 68), 207면 참조.
81) 尹眞秀(주 68), 200면 참조.
82) 日本 大審院 1928(昭和 3). 11. 8. 판결(민집 7卷 980).
83) 민집 52卷 4号 1195면.

있다고 하였고, 일본의 학설도 대체로 이를 지지한다.[84] [8] 판결은 이 점에
관하여, 소멸시효를 원용할 수 있는 사람은 권리의 소멸에 의하여 직접 이익을
받는 자에 한정되는데, 사해행위의 수익자는 사해행위가 취소되면 사해행위에
의하여 얻은 이익을 상실하게 되나, 사해행위취소권을 행사하는 채권자의 채권
이 소멸되면 그와 같은 이익의 상실을 면할 수 있는 지위에 있으므로, 그 채권
의 소멸에 의하여 직접 이익을 받는 자에 해당하는 것으로 보아야 한다고 하
여 소멸시효의 원용권자에 해당한다고 하였다.[85] 이는 위 일본 최고재판소 판
례를 참조한 것으로 생각되는데, 타당하다고 생각된다.[86]

물론 판례가 들고 있는, 권리의 소멸에 의하여 직접 이익을 받는 자라는
원용권자의 판단 기준에 대하여는 그 의미가 애매하여 실질적인 기준이 되지
못한다는 비난이 없지 않다. 그러나 적어도 사해행위취소소송의 경우에는 수익
자는 원용권자라고 보지 않을 수 없다. 그로서는 채권자취소권의 피보전채권이
소멸하면, 사해행위 취소로 인한 원상회복의무를 부담하지 않게 되는 이익이
있기 때문이다.[87]

그런데 위 판결과 관련하여 한 가지 더 검토할 문제가 있다. 위 판결은,
구체적인 사안에 있어서는 채권자가 채무자의 상속인에 대하여 이행을 명하는

---

84) 松久三四彦, "時效援用の可否", 民法判例百選 Ⅰ, 第五版(新法對応補正版), 別冊ジュリスト
   No. 175, 2001, 94-95면; 佐藤岩昭, "詐害行爲の受益者による被保全債權の消滅時效の援用", ジュ
   リスト 臨時增刊 No. 1157 平成十年度重要判例解說, 1999, 58면 이하 참조. 위 판결이 선고되
   기까지의 일본의 학설과 판례의 상황에 대하여는 小野憲一, "詐害行爲の受益者と取消債權者の
   債權の消滅時效の援用", 法曹時報 52卷 7号, 2000, 2211면 이하 참조. 기타 일본에서의 소멸시
   효 원용권자를 둘러싼 논의에 대하여는 山本 豊, "民法一四五條", 廣中俊雄·星野英一 編, 民
   法典の百年 Ⅱ, 1998, 276면 이하; 森田宏樹, "時效援用權者の劃定基準 (一), (二)", 法曹時報
   54卷 6号, 1면 이하, 第七号. 1면 이하, 2002 등 참조.
85) 이외에도 이 판결은, 처분행위 당시에는 채권자를 해하는 것이었다 하더라도 그 후 채무자
   가 자력을 회복하여 사실심 변론종결시에는 채권자를 해하지 않는 것으로 된 경우에는 채권
   자취소권이 소멸하지만, 그러한 사정변경이 있다는 사실은 채권자취소소송의 상대방이 입증
   하여야 한다고 판시한다. 이는 학설상 일반적으로 인정되는 결론이다.
86) 尹眞秀(주 68), 207면 주 86) 참조.
87) 이는 채권자대위소송의 상대방의 지위와 비교하여 본다면 좀더 명확하다. 후자는 대위채권
   자와의 사이에 직접적인 권리의무관계가 존재하지 않기 때문에, 채권자의 채무자에 대한 피
   보전채권이 소멸한다고 하더라도 자신이 채무자에 대하여 부담하는 의무에는 아무런 영향이
   없다. 뿐만 아니라 채권자대위권 행사의 상대방에게 소멸시효의 원용을 허용하여 채권자대위
   소송을 각하한다고 하더라도, 다시 피대위자 자신이 소송을 제기하면 그 상대방은 소송에 응
   하여야 하고, 따라서 이는 상대방 자신에게 이익이 되지 않음은 물론 소송경제상으로 낭비를
   초래하는 결과가 된다. 그러나 채권자취소소송의 수익자의 경우에는 피보전채권의 소멸시효
   완성에 의하여 채권자의 수익자에 대한 원상회복청구권의 소멸이라는 효과가 발생할 뿐만
   아니라, 채권자대위소송의 경우와 같은 소송경제상의 문제점도 생기지 않는 것이다.

승소판결을 받아 그 판결이 확정되었으므로 수익자가 더 이상 소멸시효의 주장 등으로 피보전채권의 존재를 다툴 수는 없다고 하여 수익자의 소멸시효 항변을 배척하였는데, 피보전채권의 소멸시효가 중단되었다는 것인지, 아니면 일단 소멸시효가 완성하였더라도 채권자의 승소판결이 확정되었으면 수익자는 더 이상 소멸시효를 주장할 수 없다는 것인지 그 의미가 명확하지 않다. 이 사건 원심인 서울고등법원 2007. 6. 26. 선고 2005나110679 판결(미공간)도 대법원판결과 같은 표현을 사용하고 있어서 그 의미가 분명하지 않으나, 위 판결에 의하면 피보전채권의 변제기는 1997. 12. 31.이었고, 채권자의 채무자의 상속인에 대한 소 제기는 2004년이었으며, 수익자는 상사소멸시효가 완성하였다고 주장한 점에 비추어 볼 때 후자일 가능성이 많다고 보인다.[88] 만일 전자라고 본다면, 채무자에 대한 소멸시효의 중단이 수익자에게도 그 효력이 미치는가 하는 점이 문제된다. 민법 제169조는 시효의 중단은 당사자 및 그 승계인[89]간에만 효력이 있다고 규정하고 있기 때문이다. 이 문제에 관하여는 사해행위의 수익자가 부담하는 원상회복의무는 채권자가 가지는 피보전채권에 부종하는 지위에 있다고 보아, 주채무자에 대한 시효의 중단은 보증인에 대하여 그 효력이 있다고 규정하고 있는 민법 제440조와 같은 규정을 유추하여, 채무자에 대한 채권의 소멸시효가 중단되면 이는 수익자에 대하여도 그 효력이 미친다고 설명할 수 있다고 생각된다.[90]

　　반면 일단 채무자에 대한 소멸시효가 완성된 후에 채권자가 채무자에 대

---

88) 또는 상사소멸시효에 걸리는지, 아니면 민사소멸시효에 걸리는지가 불명확하여 판단을 보류하였을 수도 있다.

89) 여기서 말하는 승계인은 중단사유가 발생한 이후의 승계인을 말하고, 중단사유 발생 전의 승계인은 제외된다. 民法注解 Ⅲ, 1992, 490-491면(尹眞秀) 참조.

90) 위 日最判 1998. 6. 22.(주 83)도 결과적으로는 채무자에 대한 시효중단이 수익자에게도 효력이 미치는 것으로 보았으나, 그 이유에 대하여는 명확한 설명이 없다. 이에 대하여 小野憲一(주 84), 2220면은, 시효의 법정중단의 효력의 상대성은 법률의 규정에 의하여 예외가 인정되는 경우 외에, 사안의 성질상 일방에 있어서의 중단의 효력을 他方에게 미치게 해야 할 경우에 이를 인정하는 것을 거부하는 것은 아니라고 설명하면서, 채무자의 승인에 의하여 피담보채권에 관하여 생긴 소멸시효 중단의 효력이 물상보증인에게 미친다고 하는 최고재판소의 판례를 인용하고 있다. 본문과 같은 설명으로는 佐藤岩昭(주 84), 60면. 또한 森田宏樹, "時效援用權者의 劃定基準 (二)"(주 84), 5면 이하는 이 점에 관하여, 어느 권리가 시효소멸하면 그에 따라 소멸하는 권리라고 하는 관계(附從性)가 있는 경우에는, 명문의 근거규정이 없더라도 조리상 시효의 요건충족을 판단하는 당사자 사이의 시효중단의 효과는 시효의 원용권자에게도 미친다고 하지 않으면 안 되며, 그렇지 않으면 고유의 시효원용권을 가지는 자에 대하여 시효중단의 방법은 존재하지 않는다고 하는 불합리한 결과가 생긴다고 설명한다. 이 점에 대한 또 다른 설명으로는 위 논문 8면 주 66) 참조.

하여 승소의 확정판결을 받았다면, 이는 수익자의 소멸시효 원용에 장애가 되지 않는 것으로 보아야 할 것이다. 가령 보증의 경우에도 보증인은 주채무자의 항변으로 채권자에게 대항할 수 있고, 주채무자의 시효원용권의 포기와 같은 항변의 포기는 보증인에게 효력이 없으며,[91] 채권자가 주채무자에 대하여 승소의 확정판결을 받았다고 하더라도, 그 기판력 내지 반사효가 당연히 보증인에게 미치는 것은 아닌 것이다.[92]

V. 총   유

  [9] 대법원 2007. 4. 19. 선고 2004다60072, 60089 전원합의체 판결(공2007상, 693)에서는 비법인사단인 재건축조합의 금전채무 보증행위가 민법 제276조 제1항의 총유물의 관리 또는 처분에 해당하여, 조합규약에서 정한 조합임원회의 결의를 거치지 아니하였거나 조합원총회 결의를 거치지 않았으므로 무효인가 하는 점이 문제되었다. 위 판결이 변경대상 판결로 삼은 대법원 2001. 12. 14. 선고 2001다56256 판결[93]은 이를 긍정하였다. 즉 주택건설촉진법에 의하여 설립된 재건축조합은 민법상의 비법인사단에 해당하고, 총유물의 관리 및 처분에 관하여 재건축조합의 정관이나 규약에 정한 바가 있으면 이에 따라야 하며, 정관이나 규약이 없으면 조합원 총회의 결의에 의하여야 하므로 비록 대표자에 의한 처분이라고 하더라도 그러한 절차를 거치지 아니한 채 한 행위는 무효이고, 이러한 법리는 비법인사단의 대표자가 비법인사단의 이름으로 채무를 보증하는 계약을 체결한 경우에도 마찬가지로 적용되어야 한다는 것이다.

  이 사건의 사실관계는 재건축조합으로서 비법인사단인 피고가 어느 회사에게 아파트 신축공사를 도급 주었는데, 원고가 위 회사로부터 아파트 신축공사 중 토목공사를 하도급받게 되자, 피고의 조합장은 2001. 1. 30. 위 회사의 원고에 대한 하도급공사대금채무에 대하여 지급보증을 하였다는 것이다. 원심판결[94]은 위 2001다56256 판결을 인용하면서, 피고 재건축조합의 규약에 의하

---

91) 대법원 1991. 1. 29. 선고 89다카1114 판결(집 39권 1집 민83).
92) 金成龍, "債權者와 主債務者 사이의 判決과 保證人", 司法硏究資料 제7집, 1980, 81-82면 참조.
93) 미공간. glaw.scourt.go.kr에서 검색할 수 있다.
94) 서울고등법원 2004. 10. 12. 선고 2003나82152(본소), 2003나82169(반소) 판결. glaw.scourt.go.kr

면 '예산으로 정한 사항 외에 조합원의 부담이 될 계약 등에 관한 사항'을 조합 임원회의 결의사항으로 규정하고 있는데, 위 지급보증약정은 피고 조합의 규약에서 정한 '예산으로 정한 사항 외에 조합원의 부담이 될 계약'으로 보이고, 따라서 피고 조합의 조합장이 이러한 절차를 거치지 않고 이 사건 지급보증약정을 원고와 체결하였으므로 위 지급보증약정은 어느 모로 보나 무효라고 하였다.95)

　　그러나 [9] 판결의 다수의견은 다음과 같이 판시하여 위 2001다56256 판결을 변경하고, 원심판결을 파기환송하였다. 즉 위 법조에서 말하는 총유물의 관리 및 처분이란 총유물 그 자체에 관한 이용·개량행위나 법률적·사실적 처분행위를 의미하는 것이므로, 타인 간의 금전채무를 보증하는 행위는 총유물 그 자체의 관리·처분이 따르지 아니하는 단순한 채무부담행위에 불과하여 이를 총유물의 관리·처분행위라고 볼 수는 없다는 것이다. 다만 조합 임원회의 결의를 거치도록 한 규약은 그 조합장의 대표권을 제한하는 규정에 해당하는 것이므로, 거래 상대방이 그와 같은 대표권 제한 및 그 위반 사실을 알았거나 과실로 인하여 이를 알지 못한 때에는 그 거래행위가 무효로 된다고 봄이 상당하며, 이 경우 그 거래 상대방이 대표권 제한 및 그 위반 사실을 알았거나 알지 못한 데에 과실이 있다는 사정은 그 거래의 무효를 주장하는 측이 이를 주장·입증하여야 하는데, 원심이 이러한 점에 대하여 심리하지 않은 채 바로 이 사건 보증계약은 무효라고 한 것은 위법이라는 것이다.

　　반면 위 판결의 반대의견은, 비법인사단의 보증채무 부담행위는 장래의 총유물의 처분행위와 같다는 이유로 다수의견에 반대하고, 위 2001다56256 판결은 정당하다고 한다. 그리고 별개의견은 이 점에 관하여는 반대의견과 같으나, 피고가 시공회사를 선정하여 아파트신축공사에 관한 공사도급계약을 체결하는 데 대하여 피고의 조합원총회 또는 조합규약에서 정한 임원회의 결의가 있었던 것으로 보이고, 그 결의 속에는 필요한 경우 피고가 시공회사의 공사하수급업자에 대한 하도급대금지급채무를 보증하는 행위를 허용하는 취지의 결의도 포함된 것이라고 봄이 상당하다는 이유로 다수의견과 마찬가지로 원심판결을 파기하여야 한다고 보았다.

　　에서 검색할 수 있다.
　95) 자세한 사실관계 및 소송의 경과 등은 이 판결에 대한 재판연구관의 해설인 최철환, "保證約定의 總有物 管理·處分 해당 與否", 사법 창간호, 2007. 9, 198-200면 참조.

이 문제에 관하여는 이미 상세한 판례평석이 발표된 바 있으므로,96) 여기
서는 간단히 살펴보기로 한다. 첫째, 민법 제275조 제1항에서 규정하고 있는
총유물의 관리·처분의 개념에 채무보증과 같은 채무의 부담까지 포함된다고
해석하는 것은 그 문언에 어긋난다.97) 별개의견 및 반대의견은, 법인 아닌 사
단의 보증채무 부담행위는 결국 장래의 총유물의 처분행위와 같은 것이므로
여기에도 총유물의 관리·처분에 관한 법리가 적용되어야 한다고 주장하지만,
보증채무 부담행위가 항상 장래의 총유물 처분과 연결되는 것은 아닐 뿐만 아
니라, 장래의 총유물 처분에 대하여는 그에 관한 정관이나 계약이 없으면 항상
사원총회의 결의를 받아야 한다는 것은 합리적이라고 할 수 없다. 가령 쌍무계
약에 의한 채무의 부담도 장래의 총유물 처분과 연결될 가능성이 있는데, 이러
한 것까지 사원총회의 결의를 받아야 한다는 것은 지나치다.98)

둘째, 입법론적으로 보더라도 우리 민법이 권리능력 없는 사단의 소유형태
를 총유로 규정하여, 그 재산의 관리·처분에 사원총회의 결의를 요하도록 한
것에 대하여는 비판론이 많다.99) 그러므로 그 재산의 관리·처분이라는 개념을
그 문언보다 확대하여 해석할 필요성도 없는 것이다.

셋째, 다수의견은 조합 임원회의 결의를 거치도록 한 규약은 그 조합장의
대표권을 제한하는 규정에 해당하는 것이므로, 거래 상대방이 그와 같은 대표
권 제한 및 그 위반 사실을 알았거나 과실로 인하여 이를 알지 못한 때에는
그 거래행위가 무효로 된다고 봄이 상당하며, 이 경우 그 거래 상대방이 대표
권 제한 및 그 위반 사실을 알았거나 알지 못한 데에 과실이 있다는 사정은
그 거래의 무효를 주장하는 측이 이를 주장·입증하여야 한다고 보았다. 이 점

---

96) 최철환(주 95) 외에 문준섭, "사원총회 결의 없는 비법인사단법인 금전채무 보증행위의 효
   력", 저스티스 2007. 8, 234면 이하(판례반대)가 있다.
97) 최철환(주 95), 217면. 반면 문준섭(주 96), 246면은 별개의견과 반대의견이 제시하는 논거
   는 대체로 타당하다고 하고 있으나 별도로 이유를 들고 있지는 않다.
98) 대법원 2003. 7. 22. 선고 2002다64780 판결(공 2003하, 1775)은 "총유물의 관리 및 처분행
   위라 함은 총유물 그 자체에 관한 법률적, 사실적 처분행위와 이용, 개량행위를 말하는 것으
   로서 피고 조합이 재건축사업의 시행을 위하여 설계용역계약을 체결하는 것은 단순한 채무
   부담행위에 불과하여 총유물 그 자체에 대한 관리 및 처분행위라고 볼 수 없다"고 한다. 또
   한 최철환(주 95), 217-218면 참조.
99) 예컨대 李好珽, "우리 民法上의 共同所有制度에 대한 약간의 疑問", 서울대학교 法學 제24
   권 2·3호, 113면 이하. 법무부가 2004년 국회에 제출한 민법개정안에는 총유 부분은 들어있
   지 않으나, 그에 대하여는 총유 규정을 삭제하여야 한다는 주장이 많았다. 그러나 그 경우
   권리능력 없는 사단의 소유형태가 어떻게 되는가가 불분명하다는 이유로 이러한 주장은 채
   택되지 않았다. 法務部(주 15), 61-62면 참조.

에 대하여는 위 판결이 인용하고 있는 대법원 2003. 7. 22. 선고 2002다64780
판결(주 98)이 이미 같은 취지로 판단한 바 있다. 그런데 이에 대하여는, 이러
한 경우는 대표자가 대표권의 범위를 넘어서 행동한 것이므로 민법 제126조의
표현대리 법리의 적용에 의하여야 할 것이라는 반론도 있을 수 있다. 그러나
법인의 대표자뿐만 아니라 비법인의 대표자도 원래 포괄적인 대표권을 갖는
것이 원칙이므로, 대리권의 범위가 수권행위에 의하여 정하여지는 경우와는 다
르다. 따라서 그러한 포괄적인 대표권을 내부적으로 제한한 경우에 대표자가
그 제한의 범위를 넘어서 행동한 경우에는 민법 제126조의 표현대리의 법리보
다는 대표권 남용의 법리를 적용하는 것이 타당하다고 생각된다.100)101)

VI. 손해배상액의 예정

　　[10] 대법원 2007. 12. 27. 선고 2006다9408 판결은, 손해배상액의 예정이
있는 경우에 채권자가 채무불이행에 관하여 채무자에게 귀책사유가 없을 때에
도 예정배상액을 청구할 수 있는가 하는 점에 관하여 판시하였는데, 채무자는
채권자와 사이에 채무불이행에 있어 채무자의 귀책사유를 묻지 아니한다는 약
정을 하지 아니한 이상 자신의 귀책사유가 없음을 주장·입증함으로써 예정배
상액의 지급책임을 면할 수 있다고 판시하였다.

　　이 사건의 사실관계는 다음과 같다. 피고는 자신이 다른 사람과 함께 설립
하여 대표이사로 근무하고 있던 회사의 주식을 원고에게 매도하면서, 피고 등
은 매매계약 체결 후 3년간 위 회사에 근무하여야 하고, 피고 등이 이를 위반

---

100) 尹眞秀, "法人에 관한 民法改正案의 考察", 民法論攷 Ⅰ(주 28), 191면 주 101) 참조. 그런
　　데 제철웅, "단체와 법인", 민사법학 특별호(제36호), 2007, 100면 및 같은 면 주 24)는 이러
　　한 경우 민법 제126조의 표현대리의 법리를 유추적용하여야 하고, 위 2002다64780 판결도 같
　　은 취지라고 하면서, 다만 제126조의 "정당한 이유"의 입증책임은 법률규정의 문언과는 달리
　　본인에게 있다고 해석하는 것이 합리적이라고 한다.
101) 이외에 [9] 판결의 반대의견에 대한 이홍훈 대법관의 보충의견은, 정관 기타 규약에 총유
　　에 관하여 정함이 있는 사실 또는 그러한 정함은 없지만 총유물의 관리·처분행위에 해당하
　　여 사원총회의 결의를 거쳐야만 하는 사실과 비법인사단의 대표자가 이에 위반하여 총유물의
　　관리·처분행위를 하는 것이란 사실을 거래 상대방이 알았거나 과실로 인하여 알지 못한 때
　　에 한하여 그 거래행위를 무효로 보고, 그렇지 아니한 경우에는 무효로 보지 않는 해석방법
　　을 검토할 필요가 있다고 주장하고, 문준섭(주 96), 246면 이하는 이러한 해석을 채택하여야
　　한다고 주장한다.

할 때에는 원고는 피고 등에게 본 계약에 의해 매매된 주식의 반환 등 여타의 손해배상을 청구할 수 있다고 하는 근무기간보장조항을 약정하였다. 그 후 피고가 위 계약 체결 후 3개월 남짓 되었을 무렵에 위 회사에서 퇴사하자, 원고가 피고에게 위 주식 매매대금 상당액의 반환을 청구한 것이다.

　이 사건에서 피고는, 위 근무기간 보장조항을 피고 등에게 귀책사유가 있는지 여부를 불문하고 피고 등이 계약을 체결한 날로부터 3년 이내에 퇴사하기만 하면 무조건 주식매매대금을 반환하여야 하는 것으로 해석한다면 이는 민법 제103조에 따라 사회질서에 반하므로 무효이고, 따라서 이 사건 근무기간 보장조항은 퇴사에 관하여 피고 등에게 귀책사유가 있는 경우에만 주식의 반환 등 손해배상 의무가 있는 것으로 제한적으로 해석되어야 한다고 주장하였다. 그러나 원심인 서울고등법원 2006. 1. 12. 선고 2005나35976 판결(미공간)은, 위 조항을 피고의 주장과 같이 제한적으로 해석하지 아니한다 하여 반드시 사회질서에 반하는 결과가 초래된다고 보기는 어렵고, 나아가 설사 피고 등에게 귀책사유가 없는 경우에는 면책되는 것으로 해석하는 것이 상당하다 하더라도, 피고의 퇴사에 관하여 피고에게 귀책사유가 없음을 인정하기에 부족하고 달리 이를 인정할 증거가 없을 뿐만 아니라, 원고에 대한 관계에서는 피고의 귀책사유로 인한 것으로 봄이 상당하다고 하여 이를 배척하고, 결국 원고의 청구를 받아들였다.

　그러나 대법원은 다음과 같이 판시하여 원심판결을 파기하였다. 즉 채무불이행으로 인한 손해배상액의 예정이 있는 경우에는 채권자는 채무불이행 사실만 증명하면 손해의 발생 및 그 액을 증명하지 아니하고 예정배상액을 청구할 수 있고, 채무자는 채권자와 사이에 채무불이행에 있어 채무자의 귀책사유를 묻지 아니한다는 약정을 하지 아니한 이상 자신의 귀책사유가 없음을 주장·입증함으로써 예정배상액의 지급책임을 면할 수 있으며, 채무자의 귀책사유를 묻지 아니한다는 약정의 존재 여부는 근본적으로 당사자 사이의 의사해석의 문제로서, 당사자 사이의 약정 내용과 그 약정이 이루어지게 된 동기 및 경위, 당사자가 그 약정에 의하여 달성하려고 하는 목적과 진정한 의사, 거래의 관행 등을 종합적으로 고찰하여 합리적으로 해석하여야 하지만, 당사자의 통상의 의사는 채무자의 귀책사유로 인한 채무불이행에 대해서만 손해배상액을 예정한 것으로 봄이 상당하므로, 채무자의 귀책사유를 묻지 않기로 하는 약정의 존재는 엄격하게 제한하여 인정하여야 한다는 것이다. 그리고 이 사건에서는 위 약정내용만으로는 피고의 귀책사유를 묻지 않기로 하는 약정이 있었음이 명백하다고 볼 수 없고, 나아가 원고에 대한 관계에서 피고의 퇴사가 반드시 피고의 귀책사유로 인한 것이라고 선뜻 단정하기는 어렵다고 하였다.

　손해배상액의 예정이 있는 경우에 객관적인 채무불이행 사실만 있으면 채권자가 바로 예정된 손해배상액을 청구할 수 있는지에 관하여는 견해의 대립이 있다. 종래의 다수설은 채무자가 채무불이행이 그에게 책임이 없는 사유로 발생하였다는 것을 입증하더라도 책임을 벗어나거나 감액을 청구하지 못한다고 보고 있었다.102) 그러나 근래에는 채무자가 귀책사유가 없음을 증명하면 면책된다는 학설도 유력해지고 있다.103) 과거의 판례104)는, 건축도급계약상 지체상금 약정의 경우에, 수급인이 책임질 수 없는 사유로 인하여 공사가 지연된 경우에는 그 기간만큼 공제되어야 한다고 하여, 귀책사유 필요설을 따른 것으로 이해되기도 하지만, 다른 한편 당사자가 추가약정상의 재시공의무를 다시 불이행할 경우 이에 대한 원고의 귀책사유나 피고의 손해발생 또는 그 액수를 묻지 아니하고 위 금액을 피고에게 배상하기로 하는 약정은 민법 제398조 소정의 채무불이행에 관한 손해배상액을 예정한 경우에 해당한다고 보아야 할 것이라고 판시한 것도 있다.105)

　생각건대 이 점은 일률적으로 귀책사유가 필요하다 또는 필요하지 않다고 단정할 것은 아니고, 당사자가 어떻게 약정하는가에 따라 달라질 수 있는 사항인데, 문제는 통상의 경우에 당사자가 어떻게 약정한 것으로 볼 것인가 하는 점이다.106) 결국 이는 법률행위 내지 계약의 해석 문제로 귀착되는데, 이 점에 관하여는 [10] 판결이 말하는 것처럼, 당사자 사이에 채무자의 귀책사유를 묻지 아니한다는 특약이 없는 이상, 채무자는 자신에게 귀책사유가 없음을 증명하여 책임을 면할 수 있다고 보아야 할 것이다.107) 그 근거로서는 이른바 엄격해석의 원리를 들 수 있다.108) 즉 판례는 법률행위의 해석에 있어 특히 계약을

---

102) 예컨대 郭潤直, 債權總論, 新訂(修正版), 1999, 162면 등.

103) 예컨대 金大貞, 債權總論, 改訂版, 2007, 660-661면 등. 각 학설의 상세한 소개는 洪承勉, "損害賠償額의 豫定과 違約罰의 區別方法", 民事判例研究 XXIV, 2002, 129면 이하 참조.

104) 대법원 1989. 7. 25. 선고 88다카6273, 88다카6280 판결(공 1989, 1281); 1995. 9. 5. 선고 95다18376 판결(공 1995하, 3353) 등.

105) 대법원 1989. 12. 12. 선고 89다카14875, 14882 판결(공 1990, 259).

106) 民法注解 IX, 1995, 668면(梁彰洙) 참조.

107) 梁彰洙(주 106), 668-669면; 金曾漢·金學東, 債權總論, 제6판, 1998, 157-158면.

108) 이에 대하여는 尹眞秀, 民法論攷 I(주 28), 271면 이하 참조.

체결한 당사자의 일방에게만 특별한 의무를 지게 하는 계약조항을 해석함에 있어서는 그 문언의 내용을 엄격하게 해석하여야 한다고 판시하고 있다.109) 그런데 채무불이행이 있더라도 채무자가 자신의 귀책사유가 없음을 증명하면 면책되는 것이 일반원칙인 점에 비추어 볼 때, 귀책사유가 없더라도 책임지기로 한다는 것은 당사자 일방에게 특별한 의무를 지게 하는 것으로서 엄격하게 해석하여야 하는 것이다. 위 판결도 그러한 취지로 이해된다. 이렇게 볼 때 위 판결이 이 사건의 경우에 그러한 약정이 없다고 본 것은 수긍할 수 있다.

　　나아가 채무자에게 귀책사유가 없어도 예정배상액을 청구할 수 있다고 하는 내용이 약관에 포함되어 있다면, 그러한 약관 조항은 약관의 규제에 관한 법률 제8조 또는 제6조 제2항 제1호나 제1항에 해당하여 무효라고 판단될 가능성이 많을 것이다.

VII. 채권자대위권

　　[11] 대법원 2007. 5. 10. 선고 2006다82700, 82717 판결(공 2007상, 857)은 물권적 청구권도 채권자대위권의 피보전권리가 될 수 있다고 하였다. 그러나 이에는 찬성하기 어렵다.

　　대법원이 인정하고 있는 이 사건의 사실관계는 대체로 다음과 같다. A 회사(제1심 공동피고) 소유의 토지 및 그 지상 건물에 관하여 임의경매절차가 진행되어 B가 그 소유권을 취득하였고, 다시 B 소유의 위 토지와 건물에 관하여 임의경매절차가 진행되어 원고가 그 소유자가 되었다. 그런데 위 토지상에는 다른 건물이 있었는데 위 건물은 미등기여서 경매가 되지 않았다. 한편 피고들은 A 회사로부터 위 미등기 건물의 각 일부를 기간을 정하여 임차한 이래 계속 점유하고 있었다.

　　원고는 제1심 법원에 소를 제기하면서, 주위적으로는 이 사건 건물에 대한 소유권자로서 피고들에게 이 사건 건물의 명도를 구하고, 예비적으로는 이 사건 토지들에 관한 소유자로서 이 사건 건물의 소유자인 A 회사를 상대로는 철거청구를, 그 점유자인 피고들에 대하여는 퇴거청구를 하였으며, 그 외에 A 회

---

109) 대법원 1994. 6. 28. 선고 94다6048 판결(공 1994하, 2098) 등 다수.

사를 대위하여 피고들을 상대로 이 사건 건물에 관한 명도청구를 하였다. 제1
심 법원은 A 회사에 대한 철거청구에 대하여는 자백간주에 의한 원고 승소판
결을 선고하였으나, 피고들에 대한 퇴거청구에 대하여는 A 회사가 이 사건 건
물과 관련하여 민법·제366조에서 정한 법정지상권을 취득하였으므로 원고의
퇴거청구에 응할 수 없다는 피고들의 항변을 받아들여 원고 패소판결을 선고
하였다. 원고의 A 회사에 대한 철거청구를 인용한 부분은 A 회사가 항소를 제
기하지 않아서 그대로 확정되었고, 원고의 피고들에 대한 퇴거청구를 기각한
부분에 대하여는 원고가 항소를 하였다가 원심에 이르러 그에 대한 소를 취하
하였다. 그리하여 원고가 A 회사를 대위하여 피고들에게 명도청구하는 부분이
남게 되었다.

원심판결(대전지법 2006. 11. 9. 선고 2006다10000, 10017 판결)은, 원고의 이
사건 건물에 관한 철거청구권은 채권자대위권의 피보전권리가 될 수 없을 뿐
만 아니라, 임대차계약상의 해지권은 이른바 행사상의 일신전속권으로서 채권
자대위권의 목적이 될 수 없다고 보아, 이 사건 건물에 대한 철거청구권을 피
보전권리로 하여 조치원버스정류장을 대위하여 임대차계약을 해지하고 피고들
을 상대로 이 사건 건물의 명도를 구하는 원고의 청구를 받아들이지 않았다.

그러나 대법원은 다음과 같은 이유로 원심판결을 파기환송하였다.

첫째, 피보전채권이 특정채권이라 하여 반드시 순차매도 또는 임대차에 있
어 소유권이전등기청구권이나 명도청구권 등의 보전을 위한 경우에만 한하여
채권자대위권이 인정되는 것은 아니고, 원고가 A 회사에 대하여 가지는 이 사
건 건물에 관한 철거청구권은 이 사건 토지들의 소유권에 기한 방해배제청구
권으로서 물권적 청구권에 해당하는 것인데, 물권적 청구권에 대하여도 채권자
대위권에 관한 민법 제404조의 규정과 위와 같은 법리가 적용될 수 있다.

둘째, 임대인의 임대차계약에 대한 해지권을 오로지 임대인의 의사에 행사
의 자유가 맡겨져 있는 행사상의 일신전속권에 해당하는 것으로 보기 어렵다.

셋째, 채권자대위권을 행사함에 있어서 채권자가 채무자를 상대로 하여 그
보전되는 청구권에 기한 이행청구의 소를 제기하여 승소판결을 선고받고 그
판결이 확정되면 제3채무자는 그 청구권의 존재를 다툴 수 없으므로, 원고가
A 회사를 상대로 하여 철거청구권에 기한 소를 제기하여 승소판결을 선고받
고 그 판결이 이미 확정된 이 사건에서 피고들이 채권자대위권을 행사하는 원
고를 상대로 그 피보전채권인 철거청구권의 존재를 다툴 수 없다.

넷째, 원고가 이 사건 토지들에 관한 소유권에 근거하여 직접 피고들을 상대로 이 사건 건물에서의 퇴거를 청구할 수 있었다고 하더라도, 그와 같은 청구와 원고가 A 회사를 대위하여 피고들에 대하여 이 사건 건물의 명도를 구하는 청구는 그 요건과 효과를 달리하는 것이므로, 위와 같은 퇴거청구를 할 수 있었다는 것이 채권자대위권의 행사요건인 보전의 필요성을 부정할 사유가 될 수 없다.

우선 이 사건 판결의 판시사항 가운데, 임대인의 임대차계약에 대한 해지권도 행사상의 일신전속권이 아니므로 채권자대위권의 객체가 될 수 있다고 한 부분도 검토할 여지가 있기는 하나,110) 여기서는 더 이상 다루지 않는다.

그러면 물권적 청구권이 일반적으로 채권자대위권의 피보전권리가 될 수 있는가? 학설상으로는 이를 긍정하는 견해가 많고,111) 뚜렷한 반대견해는 눈에 잘 뜨이지 않는다.112) 그러나 이러한 견해의 타당성은 의심스럽다. 물권은 성질상 제3자에게도 주장할 수 있는 것이므로, 제3자가 물권의 행사를 방해하고 있으면 그 제3자에 대하여 직접 물권적 청구권을 행사하면 되고, 굳이 다른 물권적 청구권의 상대방을 대위한다는 이론 구성을 필요로 하지 않는다. 반대로 뒤에서 보는 것처럼 이 사건에 있어서와 같이 물권적 청구권을 제3자에게 직접 행사하는 것이 불가능한 경우에는, 이러한 물권적 청구권을 피보전권리로 하는 채권자대위권의 행사에 의하여도 물권적 청구권의 보전이라는 목적을 달성할 수 없는 것이다. 그런데 이 판결은 이 점에 대하여, 원고가 이 사건 토지들에 관한 소유권에 근거하여 직접 피고들을 상대로 이 사건 건물에서의 퇴거를 청구할 수 있었다고 하더라도, 위와 같은 퇴거청구를 할 수 있었다는 것이 채권자대위권의 행사요건인 보전의 필요성을 부정할 사유가 될 수 없다고 설

---

110) 李在性, "賃借保證金返還請求債權의 讓渡와 그 推尋", 誠軒 黃迪仁博士 華甲紀念 損害賠償法의 諸問題, 1990, 757면 이하는 이를 지지한다.

111) 郭潤直(주 102), 176면; 金大貞(주 103), 195-196면; 金曾漢・金學東(주 107), 182면; 金亨培, 債權總論, 제2판, 1998, 353면 등. 그러나 이들 학설이 선례로서 인용하고 있는 대법원 1966. 9. 27. 선고 66다1334 판결(집 14권 3집 민110)은 채권자의 피보전채권이 아니라 대위의 객체인 채무자의 권리가 물권적 청구권인 경우였다.

112) 이처럼 물권적 청구권도 채권자대위권의 피보전권리가 될 수 있다는 것은 종전의 일본에서의 통설이었던 것으로 보이고, 나아가 日本 最高裁判所 1999(平成 11). 11. 24. 판결(민집 53卷 8号 1899면)은, 저당권자는 저당부동산의 소유자에 대하여 저당부동산을 적절하게 유지 또는 보존할 것을 구하는 청구권을 가지며, 이 청구권을 보전할 필요가 있을 때에는 일본민법 제423조(우리 민법 제405조에 해당한다)의 法意에 좇아 소유자의 불법점유자에 대한 방해배제청구권을 대위행사할 수 있다고 한다.

명한다. 그러나 물권적 청구권을 제3자에게 직접 행사하는 것에 의하여 항상 만족을 얻을 수 있다면, 따로 물권적 청구권을 피보전채권으로 하는 채권자대위권을 인정할 필요성이 없음은 당연한 것으로 생각된다.[113] 민법 제404조 제1항의 문언상으로도 채권자는 "자기의 채권"을 보전하기 위하여 채무자의 권리를 행사할 수 있다고 규정하고 있으므로, 이러한 문언을 벗어나서 물권적 청구권을 보전하기 위하여 채권자대위권을 행사할 수 있다고 보려면 그럴 만한 근거가 있어야 하는 것이다.

그런데 이에 대하여는, 통정허위표시로 인한 법률행위의 무효(민법 제108조)나 착오·사기·강박 등으로 인한 법률행위의 취소(민법 제109, 110조) 또는 계약 해제로 인한 원상회복청구권 등의 경우처럼, 물권적 청구권이라고 하더라도 예외적으로 제3자에게 대항할 수 없는 경우에는 물권적 청구권을 피보전권리로 하는 채권자대위권을 인정할 필요가 있다는 주장이 있을 수 있다. 대상판결이 선례로서 인용하고 있는 대법원 1963. 1. 24. 선고 62다825 판결(집 11권 1집 민36)은, 원고가 매매계약의 해제로 인한 소유권회복청구권을 피보전권리로 하여 매수인의 제3자에 대한 명의신탁 해제권을 대위행사하는 경우였다.[114]

그러나 이러한 경우에도 굳이 물권적 청구권을 피보전권리로 인정할 필요는 없고, 피보전권리가 될 수 있는 채권적 청구권의 존재를 인정하는 것이 가능하다고 생각된다. 예컨대 물권변동을 목적으로 하는 계약이 이행된 후 그 계약이 해제된 경우에, 당사자들은 채권계약의 소급적 실효로 인한 물권적 청구권을 행사할 수도 있지만, 그 계약의 해제 그 자체를 원인으로 하는 채권적 청구권 또한 행사할 수 있는 것이다.[115] 나아가 법률행위의 무효, 취소 등의 경

---

113) 그런데 이 판결에 대한 재판연구관의 해설인 宋平根, "물권적 청구권인 철거청구권을 …", 대법원판례해설 제67호(주 10), 248면 이하는 이 판결을 지지하면서, 원고의 피고들에 대한 퇴거청구권과 원고들이 대위행사하려고 하는 A 회사의 임대차계약 해지 내지 명도청구권은 그 요건과 효과를 달리하는 것으로서 동일한 권리로 보기 어렵고, 이 둘은 청구권경합의 관계에 있다고 설명한다. 그러나 귀속 주체가 서로 다른 권리를 청구권경합의 관계에 있다고 할 수는 없을 것이다. 또한 위 글은 이 사건의 경우에는 원고가 피고들에 대한 퇴거청구소송에서 패소판결을 선고받은 후, 그 소를 취하하여 더 이상 피고들을 상대로 퇴거청구를 할 수 없게 되었으므로 보전의 필요성을 인정할 여지가 더욱 많다고 한다. 그러나 원고가 더 이상 퇴거청구를 할 수 없게 된 것은 원고 스스로가 소를 취하한 때문은 아니며, 뒤에서 보는 것처럼 원고의 피고들에 대한 직접적인 퇴거청구 자체가 처음부터 허용될 수 없었다.

114) 다만 이 판결은 계약 해제로 인한 소유권회복청구권의 성질에 관하여는 명시적으로 판단하지 않았다. 대법원 1989. 6. 27. 선고 88다카9111 판결(공 1989, 1144)도 계약 해제로 인한 원상회복청구권을 피보전권리로 인정한 것으로 보인다.

115) 대법원 1982. 11. 23. 선고 81다카1110 판결(집 30권 4집 민45)은, 매매계약 당시 계약당사자 사이에 계약이 해제되면 매수인은 매도인에게 소유권이전등기를 하여 주기로 하는 약정이

우에도 당사자는 물권적 청구권 외에 이른바 급부부당이득의 반환청구권이라
는 채권적 청구권을 가지고, 이를 피보전권리로 하여 채권자대위권을 행사할
수 있다고 이론 구성할 수 있는 것이다.[116]

　다음으로 이 사건에서 과연 원고의 A 회사에 대한 철거청구권이 인정될
수 있는가? 이 사건 제1심 법원은 A 회사가 이 사건 건물에 관하여 민법 제
366조에서 정한 법정지상권을 취득하였다고 보았고, 이러한 판단이 잘못된
것이라고 볼 만한 근거는 없으므로, 원고는 A 회사에 대한 철거청구권 자체를
가지지 않는다고 보아야 할 것이다.[117] 그런데 이 점에 관하여 위 판결은, 채권

있는 경우에는 매도인은 그 약정에 기하여 매수인에 대하여 소유권이전등기절차의 이행을 청
구할 수 있고, 이 경우의 매도인의 소유권이전등기청구권은 물권변동을 목적으로 하는 청구
권이라 할 것이므로 이러한 청구권은 가등기에 의하여 보전될 수 있다고 하였다. 같은 취지,
대법원 2007. 6. 28. 선고 2007다25599 판결(미공간, glaw.scourt.go.kr에서 검색할 수 있다). 그
러나 이러한 특약이 있는 경우뿐만 아니라 일반적으로 계약이 해제되면 당사자는 원상회복청
구권을 가지는 것이고, 이는 채권적인 성질도 아울러 가진다고 보아야 할 것이다. 대법원
1994. 1. 25. 선고 93다16338 판결(집 42권 1집 民90; 공 1994 상, 798)은, 근저당권이 설정된
후에 그 부동산의 소유권이 제3자에게 이전된 경우에는 현재의 소유자가 자신의 소유권에 기
하여 피담보채무의 소멸을 원인으로 그 근저당권설정등기의 말소를 청구할 수 있음은 물론이
지만, 근저당권설정자인 종전의 소유자도 근저당권설정계약의 당사자로서 근저당권소멸에 따
른 원상회복으로 근저당권자에게 근저당권설정등기의 말소를 구할 수 있는 계약상 권리가 있
으므로 이러한 계약상 권리에 터잡아 근저당권자에게 피담보채무의 소멸을 이유로 하여 그
근저당권설정등기의 말소를 청구할 수 있다고 봄이 상당하고, 목적물의 소유권을 상실하였다
는 이유만으로 그러한 권리를 행사할 수 없다고 볼 것은 아니라고 하였다. 이에 대하여는 尹
眞秀, "所有權을 상실한 抵當權設定者의 抵當權設定登記 抹消請求의 可否", 대법원판례해설 21
호(94년 상반기), 72면 이하; 金東勳, "根抵當權設定契約의 성질", 司法行政 1994. 12, 60면 이
하; 金滉植, "根抵當權設定者인 從前 所有者도 根抵當權設定登記의 抹消를 請求할 수 있는지
與否", 民事判例硏究 XVII, 1995, 89면 이하; 박정제, "所有權을 喪失한 根抵當權設定者의 根抵
當權設定登記 抹消請求의 與否", 仁川法曹 7집, 2005, 87면 이하 등 참조.

116) 대법원 1994. 12. 13. 선고 93다49482 판결(공 1995상, 468)은, 회사의 주식을 일부는 자신의 이
름으로, 일부는 다른 사람의 이름을 빌려 소유하고 있던 사람이 그 주식 전부를 매도하였으나 나
중에 강박을 이유로 매매계약을 취소한 경우에, 매도인은 그 매매계약 당사자의 지위에서 주식 전
부의 반환을 청구할 수 있고, 명의대여자만이 그 반환을 청구할 수 있는 것은 아니라고 하였다.

117) 그런데 宋平根(주 113), 250면은 채권자대위소송의 상대방인 제3채무자는 채무자가 직접
권리를 행사하는 경우보다 유리한 지위를 가질 이유가 없으므로, 채권자의 대위권 행사에 대
하여 채권자와 제3채무자 사이의 특별한 개인관계로 인하여 가지고 있는 항변사유로서 대항
할 수 없음은 당연하다고 주장한다. 그런데 우선 이 사건에서 피고들이 A 회사의 법정지상권
을 원용하고 있는 것은, 자신들의 점유가 A 회사의 법정지상권에 근거한 것이므로 민법 제
213조 단서에서 규정하고 있는 점유할 권리를 가지고 있다는 것으로서, A 회사의 원고에 대
한 항변사유를 주장하는 것이 아니고, 또 채권자와 채무자 사이의 특별한 개인관계로 인하여
가지고 있는 항변사유로 대항하는 것도 아니다. 뿐만 아니라 채권자대위소송의 상대방인 제3
자는 원칙적으로 채권자에게 채권을 보전할 필요가 없음을 주장할 수 있고, 다만 채무자만이
주장할 수 있는 실체법상의 형성권이나 항변권은 제3자가 주장할 수 없을 따름이다. 앞에서
살펴본 소멸시효의 원용도 일종의 형성권 내지 항변권에 해당한다. 그런데 이 사건에서 A 회
사가 법정지상권을 가진다는 주장은 실체법상의 항변권이 아니고 소송법상의 항변에 불과하다.

자가 채무자를 상대로 하여 그 보전되는 청구권에 기한 이행청구의 소를 제기하여 승소판결을 선고받고 그 판결이 확정되면 제3채무자는 그 청구권의 존재를 다툴 수 없다고 하는 종래의 판례[118]를 인용하여, 원고의 건물청구권의 존재를 긍정하였다.

그러나 이와 같은 종래의 판례의 타당성은 매우 의심스럽다.[119] 왜 채권자대위소송의 상대방이 채권자의 피보전권리가 존재한다는 채권자와 채무자 사이의 판결에 구속되어야 하는 것인가? 이 점에 대하여는, 이른바 반사적 효력에 관한 기판력의 제3자효설에 입각하여, 채권자와 채무자 사이의 확정판결의 반사적 효력이 채권자대위권의 피보전권리의 존부에 관하여 제3채무자에게 불리하게도, 유리하게도 미치는 것을 긍정해도 무방하다고 하여 이러한 판례를 지지하는 견해가 있다.[120] 그러나 채권자와 채무자 사이의 소송에서 채권자 패소의 판결이 확정된 때에는 채권자대위권을 행사할 보전의 필요성이 없다고 하여 채권자대위소송을 각하하는 것은 별론으로 하고,[121] 채권자와 채무자 사이의 소송에서 피보전채권이 존재한다는 판결이 선고, 확정되었다고 하여 제3자에게 이러한 판결의 반사적 효력이 미친다고 볼 수는 없다. 판결의 반사적 효력이란 판결을 받은 당사자와 실체법상 특별한 의존관계에 있는 제3자에게 판결의 효력이 영향을 미치는 경우를 말하는데, 채권자대위권을 행사하는 채권자에 대하여 제3자는 채무자에 대한 항변을 주장할 수 있으므로 채권자는 채무자에 대하여 실체법상 특별한 의존관계에 있고, 따라서 채무자와 제3자 사이의 판결의 반사적 효력은 채권자에게 미친다고 할 수 있으나, 제3자가 전 소송의 당사자인 채무자에 대하여 실체법상 특수한 의존관계에 있는 것이라고는 할 수 없기 때문이다.

이 사건 제1심은, 원고가 예비적으로 A 회사를 대위하여 피고를 상대로

---

118) 대법원 1988. 2. 23. 선고 87다카961 판결(공 1988, 580); 1998. 3. 27. 선고 96다10522 판결(공 1998상, 1151) 등.

119) 이 점에 대하여는 尹眞秀, "占有를 상실한 不動産 買受人의 登記請求權의 消滅時效·不動産의 二重讓渡와 不法原因給與", 民事裁判의 諸問題 제10권, 2000, 45면 참조.

120) 又一鋒, "債權者代位訴訟의 몇 가지 問題點에 관한 檢討 등(하)", 法曹 1996. 9, 123면 이하. 元裕錫, "債權者代位訴訟에 있어서 被保全權利의 存否에 대한 判斷基準", 民事判例研究 XXII, 2000, 481면 이하도 같은 취지이다.

121) 이 점에 대하여는 대법원 1993. 2. 12. 선고 92다25151 판결(공 1993상, 966); 尹眞秀, "債權者가 債務者에 대하여 받은 敗訴判決이 債權者代位訴訟에 미치는 法律要件的 效力", 大法院判例解說 제19권 1호 351면 이하 참조. 이 경우에는 채권자의 채무자에 대한 채권이 패소판결의 확정으로 인하여 강제이행을 청구할 수 없는 自然債務로 바뀌게 되는 것이다.

명도청구를 한 데 대하여, 원고의 A 회사에 대한 철거청구권이 인정될 수 없으므로 채권자대위권의 피보전권리가 존재하지 않는다고 하여 예비적 청구의 소를 각하하였다. 그런데 A 회사가 원고의 청구를 다투지 않아서 원고의 A 회사에 대한 제1심 판결이 그대로 확정되었다는 이유만으로 제1심과 항소심의 결론이 달라져야 한다는 것이 합리적일까?

Ⅷ. 채권자취소권

채권자취소권에 관하여는 2007년에도 상당수의 판례가 나왔다. 그러나 여기서는 [12] 대법원 2006. 12. 7. 선고 2004다54978 판결(공 2007상, 115)에 대하여만 살펴보기로 한다. 이 판결은 채권자취소권 행사에 따른 원상회복으로서의 원물반환과 가액배상의 관계에 대하여 판단하고 있다.

이 사건의 사실관계를 간단히 요약한다면 다음과 같다. 즉 피고(수익자)가 이 사건 부동산의 소유자(채무자)로부터 이 사건 부동산을 매수하여 소유권이전등기를 마친 다음 제3자 앞으로 근저당권설정등기를 마쳤는데, 그 후 원고가 피고를 상대로 피고와 채무자와의 매매계약이 사해행위라고 하여 그 취소와 채무자에게로의 소유권이전등기를 청구하여, 원고승소 판결이 확정되었다. 그런데 원고가 위 확정 판결에 따른 소유권이전등기를 지체하던 중 사해행위 이전에 이미 이 사건 부동산에 설정되어 있던 다른 제3자의 근저당권이 실행되어 매각됨으로써 채무자에게로의 소유권이전등기가 불가능하게 되자, 원고가 다시 피고를 상대로 하여 가액배상을 청구한 것이다.[122]

원심인 서울고등법원 2004. 9. 14. 선고 2003나81418 판결(미공간)은, 사해행위취소에 따른 원물반환청구권과 이에 갈음하여 허용되는 가액배상청구권은 실질적으로 그 목적이 동일하고, 그 법적 근거와 성질이 동일한 이상 비록 그 청구취지가 상이하더라도 그 소송물은 실질상 동일한 것으로 보아야 할 것이므로, 이 사건의 경우 전소에서 원물반환으로서 소유권이전등기를 명하는 원고승소판결이 확정되었다면 그 전소판결의 기판력이 가액배상을 구하는 원고의 이 사건 주위적 청구에도 미치고, 따라서 원고의 주위적 청구는 권리보호의 이

---

122) 나머지 청구도 있으나 이 점은 생략한다.

익이 없어 부적법하다고 하였다.

　　그에 대하여 대법원은, 다음과 같이 판시하여 원고의 상고를 기각하였다. 즉 사해행위 후 그 목적물에 관하여 제3자가 저당권이나 지상권 등의 권리를 취득한 경우에는 수익자가 목적물을 저당권 등의 제한이 없는 상태로 회복하여 이전하여 줄 수 있다는 등의 특별한 사정이 없는 한 채권자는 수익자를 상대로 원물반환 대신 그 가액 상당의 배상을 구할 수 있지만, 그렇다고 하여 채권자가 스스로 위험이나 불이익을 감수하면서 원물반환을 구하는 것까지 허용되지 아니하는 것으로 볼 것은 아니며, 채권자는 원상회복 방법으로 가액배상 대신 수익자를 상대로 채무자 앞으로 직접 소유권이전등기절차를 이행할 것을 구할 수도 있고, 이 경우 원상회복청구권은 사실심 변론종결 당시의 채권자의 선택에 따라 원물반환과 가액배상 중 어느 하나로 확정되며, 채권자가 일단 사해행위 취소 및 원상회복으로서 원물반환 청구를 하여 승소판결이 확정되었다면, 그 후 어떠한 사유로 원물반환의 목적을 달성할 수 없게 되었다고 하더라도 다시 원상회복청구권을 행사하여 가액배상을 청구할 수는 없으므로 그 청구는 권리보호의 이익이 없어 허용되지 않는다고 한다. 그리하여 원심판결은 주위적 청구가 부적법하다는 결론에 있어서는 정당하다는 것이다.

　　이 사건 원심판결은 진정명의회복을 원인으로 한 소유권이전등기청구권과 무효등기의 말소청구권의 소송물은 실질상 동일한 것으로 보아야 하고, 따라서 소유권이전등기말소청구소송에서 패소확정판결을 받았다면 그 기판력은 그 후 제기된 진정명의회복을 원인으로 한 소유권이전등기청구소송에도 미친다고 한 대법원 2001. 9. 20. 선고 99다37894 전원합의체 판결(집 49권 2집 민84)을 원용한 것으로 보인다. 그러나 위와 같은 진정명의 회복을 원인으로 하는 소유권이전등기청구권은 소유권말소등기청구권의 대용물적인 성격을 가지고 있는 것으로서, 원래대로라면 양자가 모두 가능한 것인데, 편의상 진정명의 회복을 원인으로 하는 소유권이전등기청구를 허용하는 것이다. 그러나 채권자취소권 행사의 결과 문제되는 원물반환과 가액반환은 양자택일적인 성격을 가지고 있어서, 위의 경우와는 다르다.

　　오히려 이 점에 관하여는 대법원 2001. 6. 12. 선고 99다20612 판결(공 2001하, 1567)이 더 관련성이 큰 것으로 보인다. 이 판결은, 사해행위인 계약 전부의 취소와 부동산 자체의 반환을 구하는 청구취지 속에는 위와 같이 일부취소를 하여야 할 경우 그 일부취소와 가액배상을 구하는 취지도 포함되어 있다고 볼 수 있으므로, 청구취지의 변경이 없더라도 바로 가액반환을 명할 수 있다고 판시하였다.[123] 이 판결에 따른다면 원물반환과 가액배상은 동일한 소송물이고, 따라서 원물반환을 명하는 판결의 기판력은 가액배상을 구하는 청구에도 미친다고 하는 결론이 도출될 수 있다.

그러나 대법원은 이러한 이론 대신, 원상회복청구권은 사실심 변론종결 당시의 채권자의 선택에 따라 원물반환과 가액배상 중 어느 하나로 확정되며, 채권자가 일단 사해행위 취소 및 원상회복으로서 원물반환 청구를 하여 승소 판결이 확정되었다면, 그 후 어떠한 사유로 원물반환의 목적을 달성할 수 없게 되었다고 하더라도, 다시 원상회복청구권을 행사하여 가액배상을 청구할 수는 없으므로, 그 청구는 권리보호의 이익이 없어 허용되지 않는다고 하는, 말하자면 실체법적인 해결을 꾀하였다. 그러나 그 이유가 무엇인지는 분명하지 않다. 다른 한편 대법원 1998. 5. 15. 선고 97다58316 판결(집 46권 1집 민365)은, 채권자가 수익자를 상대로 하여 원물반환을 명하는 확정판결을 받았으나 그 확정판결 당시에 이미 수익자가 목적물을 제3자에게 처분하여 원물반환이 불가능하게 된 경우에, 채권자가 수익자를 상대로 다시 가액배상청구를 할 수 있다고 보았다.

사견으로는 [12] 판결의 결론은 부당하다고 생각되며, 사해행위 취소의 효과로서 인정되는 원물반환과 가액배상은 실체법상으로나 소송법상으로 별개로 다루어져야 한다.[124] 위 판결은 대법원 2001. 2. 9. 선고 2000다57139 판결(공 2001상, 623)을 그 근거로서 인용하고 있는데, 이 판결은 가액배상을 청구할 수 있는 경우에도 채권자가 스스로 위험이나 불이익을 감수하면서 원물반환을 구하는 것까지 허용되지 아니하는 것으로 볼 것은 아니라고 하였다. 그러나 이 판결의 판시만을 가지고 원물반환인가 가액배상인가를 채권자가 선택할 수 있다고 일반화할 수는 없다. 가액배상의 경우에는 채무자에 대한 채권을 가지고 상계할 수 있는 등, 원물반환과 가액반환의 법률효과는 다른 채권자들에 대한 관계 등

---

123) 이 판결을 지지하는 것으로 尹瓊, "根抵當權이 設定된 不動産에 관하여 詐害行爲로서 所有權移轉登記가 經了된 다음 根抵當權이 抹消된 경우 누가 根抵當權을 辨濟하여 抹消시켰는지에 따라 原狀回復의 方法이 달라지는지 與否 및 原物返還을 구하는 債權者에 대하여 價額返還 判決을 할 수 있는지 與否", 대법원판례해설 36호(2001 상반기), 152면 이하가 있다. 반면 朴致奉, "원물반환을 청구취지로 하는 사해행위취소소송에서 가액배상판결을 할 수 있는가?", 裁判과 判例 11집, 2002, 59면 이하는 이에 반대한다.

124) 따라서 당사자가 원물반환만을 청구하고 있는데, 법원이 직권으로 가액배상을 명하는 것은 처분권주의에 위반되어 허용되지 않는다고 보아야 한다. 다만 이 점에 관한 법원의 석명의무는 인정될 여지가 있다.

에 있어서 차이가 있기 때문이다. 다만 위와 같은 경우에는 원물반환 자체가 불가능한 것은 아니고, 이를 인정하는 것이 채권자에게 불리한 경우일 뿐인데, 이러한 경우에 채권자가 원물반환을 고집한다면 구태여 이를 허용하지 않을 이유는 없다고 생각할 수도 있다.[125] 그렇다면 이러한 경우에 다른 사정의 변경이 없다면 채권자가 다시 가액배상을 청구하는 것은 허용될 수 없을 것이다.

　　그러나 이 사건과 같이 사실심 변론종결 후에 원물반환 자체가 불가능하게 된 경우에는 달리 보아야 할 것이다. 이때에는 원물반환청구권 자체가 사실심 변론종결 후에 소멸되고 그 대신 가액배상청구권이 발생하였다고 보아, 가액배상을 허용하여야 하는 것이다. 다시 말하여 이 경우에는 채권자가 원래 감수하고자 하였던 위험보다 더 큰 위험이 실현된 것이므로, 이러한 위험까지 감수하라고 할 이유는 없다. 대상판결은, 원물반환을 명하는 승소 판결이 확정되었다면 그 후 어떠한 사유로 원물반환의 목적을 달성할 수 없게 되었다고 하더라도 다시 원상회복청구권을 행사하여 가액배상을 청구할 수는 없다고 하나, 그 이유를 알 수 없다. 가령 원물반환을 청구하는 채권자취소소송 계속 중에 원물반환이 불가능하게 되는 사정이 발생하였다면 채권자로서는 원물반환청구를 가액반환으로 변경할 수 있을 것이다.[126] 그런데 승소판결 확정 후에 원물반환이 불가능하게 되었다고 하여 가액반환 청구가 허용되지 않을 이유는 없는 것이다.

　　설사 가액배상청구와 원물반환청구의 소송물이 동일하다고 본다 하더라도, 원물반환을 명하는 판결 확정 후 원물반환이 불가능하게 되었다는 사정은 기판력의 표준시 이후에 발생한 사실로서 기판력의 제한을 받지 않는 것이다. 대법원 2006. 1. 27. 선고 2005다39013 판결(공보불게재)은, 부동산소유권이전등기를 명하는 판결이 확정된 후 또는 그 판결확정과 동시에 그 집행이 불능한 것이 되어 별소(別訴)로 그 전보배상을 구하는 것도 당연히 허용되며, 이는 부동산소유권이전등기 말소청구권의 경우에도 마찬가지라고 한다.

---

125) 다만 이 경우에도 법원으로서는 채권자가 원물반환을 고집하는 이유가 무엇인지 석명하여 볼 필요는 있을 것이다.

126) 대법원 2005. 5. 27. 선고 2004다67806 판결(공 2005하, 1039)은, 최초의 원물반환청구가 채권자취소권의 제척기간 내에 있었으면, 제척기간 경과 후에 가액배상으로 청구취지를 변경하여도 제척기간 준수의 효과에는 영향이 없다고 한다.

IX. 계약의 성립

1. 아파트 분양광고가 계약의 내용으로 될 수 있는 범위

여기서 다룰 [13] 판결과 아래에서 살펴볼 [14] 판결은 모두 계약의 당사자가 표명하기는 하였으나 계약서에는 기재되지 않은 사항이 계약의 내용으로 될 수 있는가 하는 문제를 다루고 있다.

우선 [13] 대법원 2007. 6. 1. 선고 2005다5812, 5829, 5836 판결(공 2007 하, 972)은, 아파트 분양광고의 내용 가운데 어느 것이 계약의 내용으로 될 수 있는가 하는 문제를 다루고 있다. 이 사건에서는 이외에도 다른 여러 가지 쟁점이 많았으나, 위의 쟁점에 관하여는 다음이 문제되었다. 소외 회사127)는 다음과 같이 대대적으로 아파트 분양광고를 하였다. 즉 이 사건 아파트 단지 내에서 게르마늄 성분을 포함한 온천이 개발되고, 위 아파트의 거실바닥재를 단풍나무 원목 바닥재로 시공하며, 아파트 단지 내에 풍성한 유실수를 식재하고 테마공원을 설치하여 쾌적한 생활환경을 조성하고, 일산에서 금촌을 연결하는 4차선 도로가 2001년까지 8차선으로 확장되며, 이 사건 아파트에 인접하여 서울대학교가 이전할 예정이고, 소외 회사가 전국 유명 콘도 및 휴양시설과 제휴하여 입주자들이 누구나 콘도 회원으로서 이를 이용할 수 있으며, 문산↔용산을 연결하는 경의선 전철의 복선화가 이루어져 편리한 교통환경이 조성된다는 것이다. 원고들은 위 회사로부터 아파트를 공급받기로 하는 분양계약을 체결한 사람들인데, 위 분양광고의 내용이 사실과 다르다고 하여 손해배상을 청구한 것이다.

원심인 서울고등법원 2004. 12. 7. 선고 2004나22577, 2004나22584, 2004나22591 판결128)은, 위와 같은 광고내용은 이른바 청약의 유인에 불과하므로 광고내용이 바로 분양계약의 내용으로 되는 것은 아니고, 다만 당사자가 그 후 청약 및 승낙의 과정을 통하여 그 광고내용을 계약의 목적으로 하기로 하는 의사의 합치를 이루는 경우에 비로소 분양계약의 내용이 되는데, 위 분양계약에는 원고들이 주장하는 위와 같은 광고에 부합하는 아파트만을 공급하기로

---

127) 분양형 토지신탁계약의 수탁자로서, 그 후 피고가 수탁자의 지위를 승계하였다.
128) 미공간. glaw.scourt.go.kr에서 검색할 수 있다.

한다는 의사의 합치에 관한 부분을 찾아 볼 수 없어서 위 광고내용을 곧바로 이 사건 아파트에 관한 각 분양계약의 내용으로 편입시키고 있다고는 볼 수 없다고 하여 채무불이행으로 인한 손해배상의 주장을 배척하고, 다만 위와 같은 광고가 허위사실의 고지에 의한 기망행위에 해당한다고 하여[129] 불법행위를 이유로 하는 손해배상책임을 인정하였다.

위 판결에 대하여 원고와 피고가 상고하였는데, 대법원은 다음과 같은 이유로 원심판결을 파기환송하였다. 즉 상가나 아파트 분양광고의 내용은 청약의 유인으로서의 성질을 갖는데 불과한 것이 일반적이지만, 선분양·후시공의 방식으로 분양되는 대규모 아파트단지의 거래사례에 있어서 분양계약서에는 동·호수·평형·입주예정일·대금지급방법과 시기 정도만이 기재되어 있고 분양계약의 목적물인 아파트 및 그 부대시설의 외형·재질·구조 및 실내장식 등에 대하여 구체적인 내용이 기재되어 있지 아니한 경우가 있으나, 분양계약의 목적물인 아파트에 관한 외형·재질 등이 제대로 특정되지 아니한 상태에서 체결된 분양계약은 그 자체로서 완결된 것이라고 보기 어려우므로, 비록 분양광고의 내용, 모델하우스의 조건 또는 그 무렵 분양회사가 수분양자에게 행한 설명 등이 비록 청약의 유인에 불과하다 할지라도, 조건 또는 설명 중 구체적 거래조건, 즉 아파트의 외형·재질 등에 관한 것으로서 사회통념에 비추어 수분양자가 분양자에게 계약 내용으로서 이행을 청구할 수 있다고 보여지는 사항에 관한 한 수분양자들은 이를 신뢰하고 분양계약을 체결하는 것이고 분양자들도 이를 알고 있었다고 보아야 할 것이므로, 분양계약시에 달리 이의를 유보하였다는 등의 특단의 사정이 없는 한, 분양자와 수분양자 사이에 이를 분양계약의 내용으로 하기로 하는 묵시적 합의가 있었다고 봄이 상당하다고 한다.

그리하여 위 분양계약서에는 아파트의 외형·재질에 대하여 별다른 내용이 없어 위 분양계약서는 그 자체로서 완결된 것으로 보기 어려우므로, 이 사건 분양계약은 목적물의 외형·재질 등이 견본주택(모델하우스) 및 각종 인쇄물에 의하여 구체화될 것을 전제로 하는 것으로 보아야 하는데, 이 사건 광고 내용 중 도로확장 및 서울대 이전 광고, 전철복선화에 관한 광고는 이 사건 아파트의 외형·재질과 관계가 없을 뿐만 아니라, 사회통념에 비추어 보더라도 수분양자들 입장에서 분양자인 소외 회사가 그 광고 내용을 이행한다고 기대할

---

129) 다만 콘도회원권 부분 및 전철복선화 부분에 대하여는 원고들의 주장을 받아들이지 않았고, 바닥재 부분에 관하여도 일부 원고들에게는 해당되지 않는 것이라 하여 이를 배척하였다.

수 없는 것들이므로, 허위·과장 광고라는 점에서 그 광고로 인하여 불법행위가 성립됨은 별론으로 하고 그 광고 내용이 그대로 분양계약의 내용을 이룬다고 보기는 어렵겠지만,[130] 이와 달리 온천 광고, 바닥재(원목마루) 광고, 유실수단지 광고 및 테마공원 광고는 이 사건 아파트의 외형·재질 등에 관한 것으로서, 그리고 콘도회원권 광고는 아파트에 관한 것은 아니지만 부대시설에 준하는 것이고 또한 이행 가능하다는 점에서, 각 분양계약의 내용이 된다고 하여 이러한 사항이 계약 내용이 아니라고 한 원심판결은 위법하다고 하였다.[131] 이 외에 대법원은 위 아파트 근처에 대규모 공동묘지가 있다는 것을 알리지 않은 것도 고지의무 위반에 의한 기망행위에 해당한다고 판단하였다.

일반적으로 광고는 이 판결이 설시하는 것처럼 청약 그 자체는 아니고, 청약의 유인에 불과하다고 보아야 할 것이다. 그러나 다른 한편으로 이러한 광고가 있었던 것은 계약 체결의 경위 내지 계약 체결에 이르게 된 사정으로서, 계약의 해석에 관하여 참고가 될 수 있다.[132] 유럽계약법원칙(PECL) 제6:101조 제2항은, "당사자 중 일방이 작업적 공급자로서 용역이나 물품 기타 재산의 질이나 이용에 관한 정보를 그것의 판매활동이나 선전을 하는 과정에서 또는 다른 방식으로 계약의 체결 전에 제공하는 경우에는, 그 언명은 계약상 의무를 발생시킨다. 다만 상대방이 그 언명이 부정확함을 알았거나 모를 수 없었음이 증명된 때에는 그러하지 아니하다"고 규정하고 있다.[133] 그러나 광고의 모든 내용이 계약의 내용이 될 수는 없으므로, 그 구별 기준이 필요하다.

판례는 주택건설사업주체의 입주자모집공고는 주택공급계약의 청약 그 자체라고는 할 수 없지만, 아파트 분양계약서상 공유대지 표기란이 공란이었다

---

130) 이 부분에 관하여는 불법행위책임을 인정한 원심판결을 시인하였다.

131) 대법원은 이들에 관하여는 그 광고 내용들이 모두 분양계약의 내용이 되는 것이어서 계약 책임이 인정된다고 보는 이상, 그 광고 내용들이 분양계약의 내용이 되지 아니함을 전제로 기망행위로 인한 불법행위책임이 인정될 여지는 없다고도 판시하였다.

132) 김상중, "상품의 표시·광고와 계약의 내용", 서강법학 제8호, 2006, 6면 이하 참조. 安正鎬, "아파트 分讓公告보다 共有垈地面積이 減少된 경우의 法律關係", 民事判例硏究 XXI, 1999, 224면 이하는 일반 분양광고의 경우에는 청약의 유인에 불과하다고 보아 그 내용대로 계약이 이루어진다고 할 수는 없으나, 주택건설촉진법에 따른 입주자모집공고의 경우에는 주택분양계약의 청약 그 자체라고까지 해석할 수는 없지만, 분양계약을 해석하는 기준으로 작용할 수 있다고 한다. 계약 체결의 경위 내지 계약 체결에 이르게 된 사정을 계약 해석에서 고려하여야 한다는 점에 대하여는 尹眞秀, 民法論攷 I(주 28), 250면 이하 참조. 또한 魏啓贊, "독일 매매계약법상 광고와 물건의 하자", 民事法學 제38호, 2007, 463면 이하는 광고와 물건이 다른 경우 하자가 인정될 수 있음을 주장하고 있다.

133) 이는 덴마크 법에서 유래한 것이라고 한다. 김상중(주 132), 10면 주 33) 참조.

하더라도 분양계약자들과 피고는 이 사건 아파트에 대한 분양계약을 체결함에 있어서 공유대지면적에 관하여는 분양공고의 내용을 계약내용의 일부로 흡수시키기로 하는 묵시적인 합의가 있었다고 보아야 할 것이라고 판시한 반면,[134] 상가를 분양하면서 그 곳에 첨단 오락타운을 조성·운영하고 전문경영인에 의한 위탁경영을 통하여 분양계약자들에게 일정액 이상의 수익을 보장한다는 광고를 하고, 분양계약 체결시 이러한 광고내용을 계약상대방에게 설명하였더라도, 체결된 분양계약서에는 이러한 내용이 기재되지 않은 점 등에 비추어 볼 때 위와 같은 광고 및 분양계약 체결시의 설명은 청약의 유인에 불과할 뿐 상가 분양계약의 내용으로 되었다고 볼 수 없다고 하였다.[135][136]

이 점에 관하여 학설상 다음과 같은 주장이 있다. 즉 분양건물의 자재나 시설물에 관한 광고와 같이 그 광고내용이 계약목적물에 관한 사실적 요소로서 그 실현 여부가 분양사업자의 관리·지배영역에 놓여 있는지, 아니면 분양상가의 수익률에 관한 광고와 같이 그 내용 자체가 장래의 전망이나 평가에 관한 사정이고, 그 실현 여부 역시 분양사업자 아닌 제3자 또는 시장경기 상황 등에 의존하는 등 분양사업자의 지배영역 밖에 놓여 있는지가 해석에 영향을 주며, 또한 광고내용의 구체성 또는 계약내용에 미치는 영향의 정도도 고려될 수 있다는 것이다.[137]

이 사건 판결은 이 점에 관하여 두 가지의 기준을 고려하고 있는 것으로 생각된다. 첫째, 광고된 내용이 계약상 그것이 누락되면 완결된 계약이라고 볼 수 없을 정도로 중요한 의미를 가지는가. 둘째, 사회 통념상 수분양자가 분양자에게 이행을 청구할 수 있는 사항인가 아닌가. 양자가 반드시 별도의 독립된 기준이라고는 볼 수 없고, 양자는 많은 경우 표리의 관계에 있다고 생각된다. 이외에도 그 광고의 문언, 예컨대 그 내용이 얼마나 구체적인가, 단순한 예측인가, 유보를 달았는가 하는 점을 고려하여야 할 것이다.

2. 投資信託運用計劃書의 契約으로서의 拘束力

[14] 대법원 2007. 9. 6. 선고 2004다53197 판결(공 2007하, 1521)에서는 증

---

134) 대법원 1996. 12. 10. 선고 94다56098 판결(집 44권 2집 민355).
135) 대법원 2001. 5. 29. 선고 99다55601, 55618 판결(공 2001하, 1449).
136) 기타 하급심 판례를 포함한 판례들의 분석에 관하여는 김상중(주 132), 11면 이하 참조.
137) 김상중(주 132), 13-14면.

권투자신탁[138]의 위탁회사가 투자신탁운용계획서와 달리 투자한 것이 문제되었다.

이 사건의 내용은 다음과 같다. 피고는 증권투자신탁 운용업무 등을 목적으로 하는 회사로서 삼성증권과 수익증권 위탁판매계약을 맺었는데, 삼성증권은 원고(비씨카드 주식회사)에게 피고로부터 제공받은 '한빛중기공사채 투자신탁 운용계획'이라는 서류를 교부하면서 피고가 발매하는 수익증권의 매수를 권유하였다. 위 운용계획에는 펀드구성 중 국공채, 일정 등급 이상의 회사채 및 금융기관채와 기업어음(CP), CD, 정기예금, 발행어음을 대상으로 투자하면 예상 수익률이 최저 7.29%, 최고 12.91%로 계산된다는 내용 등이 기재되어 있었다. 원고는 그에 따라 피고가 발매하는 수익증권을 매수하였는데, 그 계약에 적용되는 약관에는 채권 중 사모사채의 경우에는 신용평가전문기관의 평가등급이 A등급 이상인 것에 투자한다는 제한을 두고 있을 뿐, 그 외의 투자상품에 관하여는 신용평가등급에 따른 제한을 둔다는 내용이 전혀 없었다. 그런데 그 후 피고는 위 운용계획에 표시된 등급에 미달하는 대우그룹 관련 어음을 편입시켰고, 그로 인하여 원고가 손해를 입었다고 하여 손해배상청구를 제기하였다.

원심인 서울고등법원 2004. 8. 25. 선고 2002나26919 판결[139]은, 위 운용계획서는 약관내용을 보충하고 구체화한 당사자간의 개별약정이어서 원고와 피고 사이에서 기속력을 가지는데 피고가 이에 위반하였다는 원고의 주장에 대하여는, 위 운용계획서는 작성 당시 예견할 수 있었던 제반 경제상황을 바탕으로 향후의 펀드운용에 대한 계획을 나타내는 문서에 지나지 아니하므로, 그것이 판매회사인 삼성증권을 통하여 수익자인 원고에게 전달된 바 있다고 하더라도 곧바로 피고와 수익자 간의 개별약정의 내용이 되어 피고에게 기속력을 가진다고 볼 수는 없다고 하여 이를 배척하였다.

그리고 피고가 운용계획서만 교부하고 약관이나 투자설명서는 교부하지 아니함으로써 원고는 자세한 운용계획을 전혀 모른 상태에서 운용계획서에 기재된 대로 신탁재산이 운용될 것으로만 믿고 이 사건 투자에 나아갔으므로, 피고는 위 법률이 정한 투자가입단계에서의 투자자보호의무를 위반하였다는 원고의 주장에 대하여는, 스스로 여신전문금융기관에 속하는 원고가 수익증권을

---

138) 증권투자신탁의 법률관계에 대하여는 예컨대 김태병, "투자신탁 판매회사의 환매책임", 저스티스 제84호, 2005. 4, 99면 이하 참조.

139) 미공간. glaw.scourt.go.kr에서 검색할 수 있다.

매수하면서 이 사건 펀드에 적용될 약관이나 투자신탁설명서의 존재나 내용을
모르고 있었다고는 보기 어렵고, 원고로서는 운용계획서의 형식이나 내용 등에
비추어 투자대상에 관한 기술에 기속력이 인정되지 아니할 것임을 어렵지 않
게 알 수 있었을 것인데, 운용계획서에 기재된 대로 투자대상이 한정될 것인지
를 피고에게 구체적으로 확인하지도 아니하였으므로, 피고가 투자가입단계에서
의 투자자보호의무를 위반하여 그로 인한 손해배상책임이 있다고 인정하기는
어렵다고 하여 이를 배척하였다.[140]

　　그러나 대법원은 원심판결을 파기환송하였다. 우선 운용계획서는 기속력을
가지지 않는다는 주장에 대하여는 원심의 판단이 타당하다고 보았다. 그러나
투자자보호의무 위반 부분에 대하여는 원심판결이 잘못이라고 하였다. 즉 위탁
회사는 투자자에게 투자종목이나 대상 등에 관하여 올바른 정보를 제공함으로
써 투자자가 합리적인 투자판단을 할 수 있도록 투자자를 배려하고 보호하여
야 할 주의의무가 있는데, 위탁회사가 투자대상에 대하여 오해를 생기게 하는
표시 등을 하고도 아무런 조치를 취하지 아니하여 투자자가 당해 거래에 수반
하는 위험성이나 투자내용에 관하여 정확한 인식을 형성하는 데 장애를 초래
하도록 잘못된 정보를 제공한 경우에는, 투자자의 신뢰에 위배되는 행위를 함
으로써 투자자가 입은 손해를 배상할 의무가 있다고 한다. 그런데 위 운용계획
서가 펀드구성의 투자대상으로 일정한 등급의 국공채, 회사채, 금융기관채 및
기업어음 등을 구체적으로 명시하고 있을 뿐 아니라, 비록 약관에는 투자대상
인 기업어음에 관하여 신용평가등급에 대한 아무런 제한을 두고 있지 않지만
이와 같은 사정을 제대로 알려주지 않음에 따라, 투자자인 원고로서는 향후 피
고가 이 사건 펀드를 운용함에 있어서 특별한 사정이 없는 한 위 계획에서 수
익률 산정의 근거로 제시한 투자대상인 일정 등급 이상의 기업어음에 투자하
리라는 신뢰 내지 기대를 가지게 되었고, 따라서 피고는 판매회사인 삼성증권
을 통하여 기업어음 투자 등급에 관하여 약관과 달리 기재된 이 사건 운용계
획서를 원고에게 교부하여 잘못된 정보를 제공함으로써 투자자인 원고가 이
사건 수익증권을 매수하는 데 수반하는 위험성이나 투자내용에 관하여 정확한
인식을 형성하지 못하는 데 중요한 원인을 제공하였고 이로 말미암아 원고가
정확한 정보에 기초한 합리적인 투자판단을 할 수 없도록 하였는바, 그 잘못된

---

140) 그 외에 나머지 판단 부분은 생략함.

정보를 믿고 투자한 원고를 보호하기 위하여, 향후 이 사건 펀드를 운용하면서
원고 이외의 다른 투자자를 보호할 필요가 있는 경우 등을 비롯하여 특별한
사정이나 합리적인 사정이 없다면 가능한 한 이 사건 운용계획서에서 명시한
일정 등급 이상의 기업어음을 매입할 필요가 있고, 만약 특별한 사정이나 합리
적인 사정이 없음에도 불구하고 원고의 신뢰를 저버리고 이와 달리 운용함으
로써 피해가 발생하였다면 투자자 보호를 위하여 그로 인한 손해를 배상할 책
임이 있다는 것이다.

  그러나 이 판결의 의미는 명확하지 않다. 우선 피고가 계약 체결 단계에서
정확한 정보를 제공하지 아니하여 투자자 보호의무를 위반하였다는 것인지, 아
니면 운용계획서에서 명시한 일정 등급 이상의 기업어음을 매입하지 않은 것
이 의무위반이라는 것인지가 불분명하다.141) 그러나 그 어느 것으로 해석하더
라도 앞에서 운용계획서의 구속력을 부정한 것과는 조화되지 않는다.

  기본적으로 이 사건에서의 문제의 핵심은, 피고가 운용계획서에서 명시한
등급 이상의 기업어음만을 펀드에 편입할 의무가 있는가 하는 점이다. 만일 이
러한 의무가 긍정된다면 따로 계약체결단계에서의 투자자 보호의무 위반을 따
질 필요는 없다. 반면 그러한 의무가 부정된다면, 피고가 일정 등급 이하의 기
업어음을 펀드에 편입하였다 하여도 이는 위법하지 않은, 허용되는 행위이므
로, 펀드의 운용방법이 매우 이례적이어서 투자자에게 그 운용방법에 대하여
특별히 설명하여야 할 필요가 있는 경우가 아닌 한, 원칙적으로는 이에 관하여
따로 설명의무가 문제되지는 않을 것이다. 일반론으로는 투자신탁회사의 임직
원이 고객에게 투자신탁상품의 매입을 권유할 때에는, 그 투자에 따르는 위험
을 포함하여 당해 투자신탁의 특성과 주요내용을 명확히 설명함으로써 고객이
그 정보를 바탕으로 합리적인 투자판단을 할 수 있도록 고객을 보호하여야 할
주의의무가 있다.142) 이러한 투자에 따르는 위험이란 투자에 본질적으로 내재
하는 것이고, 투자신탁회사가 그 종목에 따른 투자 위험의 정도 자체에 영향을
미칠 수는 없으므로, 피고로서는 그러한 위험에 대하여 설명함으로써 투자자가
그러한 투자를 할 것인지를 결정하는 데 도움을 주는 것 이상의 조치를 할 수
는 없다.

---

141) 원심은 대우그룹 관련 기업들의 어음을 이 사건 펀드에 편입시킨 것이 피고의 선관주의
    의무 위반이라는 원고의 주장도 배척하였다.
142) 대법원 2003. 7. 11. 선고 2001다11802 판결(공 2003하, 1699) 참조.

그러나 이 사건에서는 그러한 의무가 문제되는 것은 아니다. 일정 등급 이상의 기업어음에 투자할 것인지 여부는 피고가 결정할 수 있는 사항이므로, 이러한 경우에는 계약상 피고가 그러한 기업어음에 투자할 수 있는가 없는가가 중요하지, 따로 이러한 어음에 투자할 것인지 아닌지에 관하여 설명할 의무가 문제되는 것은 아니다. 다시 말하여 피고가 특정 어음에 투자할 것인가 아닌가는 주된 급부의무에 속하는 문제이고, 이와는 별개의 보호의무 내지 설명의무의 대상이 될 성질은 아닌 것이다.

이 사건에서 대법원이 피고의 보호의무 위반이라고 본 점은, 피고가 단순히 설명을 하지 않았다는 것이 아니라, 기업어음 투자 등급에 관하여 약관과 달리 기재된 이 사건 운용계획서를 원고에게 교부하여 잘못된 정보를 제공하였다는 점에 있다. 그러므로 피고가 위 운용계획서 자체를 교부하지 않았다면 따로 보호의무를 위반하였는가 하는 점은 문제되지 않았을 것이고, 문제는 피고가 운용계획서를 교부한 것을 법적으로 어떻게 평가할 것인가 하는 점이다.

그런데 위 [13] 판결에 대한 분석에서 언급한 것처럼, 계약 당사자가 상대방에게 알려준 내용이 계약 당사자가 이행할 수 있는 성질의 것이라면, 상대방이 그러한 당사자의 주장을 믿었고, 그 믿음에 정당한 이유가 있었을 때에는 그러한 당사자의 주장은 계약의 내용을 이루는 것이다. 종래 법률행위의 해석에서 말하는 이른바 규범적 해석(normative Auslegung)이란 이를 의미한다.143) 따라서 당사자가 그러한 주장과 달리 행동하였다면 이는 바로 계약상 이행의무의 위반인 것이지, 별도로 보호의무 내지 설명의무가 문제되는 것은 아니다. 반대로 원고의 믿음에 정당한 이유가 없다면 이는 계약의 내용이 될 수 없을 뿐만 아니라, 이처럼 정당한 이유가 없는 원고의 믿음은 따로 보호의무에 의한 보호의 대상도 될 수 없는 것이다. 그러므로 이 사건 판결이 앞에서 운용계획서의 구속력을 부정하면서 뒤에서는 피고의 손해배상책임을 인정하는 것은 전후 모순되는 것으로 보인다.

그런데 이 점에 대하여는 다음과 같은 설명이 있을 수 있다. 즉 이 사건에서는 원고가 원심에서부터 운용계획서 자체가 약관과는 다른 개별약정이라고 주장하였는데, 이 주장을 배척한 것이고, 이와 함께 계약 당사자의 다른 설

---

143) 尹眞秀, 民法論攷 Ⅰ(주 28), 229면 이하 참조. 필자는 이를 주관적 해석의 한 경우로서, 일방의 의사는 객관적 해석에 합치하는데 다른 일방의 의사는 객관적 해석에 합치하지 않는 경우로 설명한다. 위 책 263면 이하 참조.*

명과 결합하여 운용계획서의 기재사항이 계약의 내용으로 될 수 있는 것을 배척한 것은 아니라는 것이다. 그러나 원고의 주장은 결국 운용계획서에 기재된 것이 계약의 내용이라는 것이므로, 대법원에서 운용계획서의 기재사항이 계약의 내용으로 될 수도 있다고 보았다면 그 점에 관하여 명확히 판단하였어야 할 것이다.[144]

다른 한편 이 사건 원고는 여신전문금융기관에 속한다고 할 수 있다. 그런데 이러한 여신전문금융기관에 대하여도 보호의무 내지 설명의무를 인정할 필요성이 있는가 하는 점도 검토하여 볼 필요가 있을 것이다. 원심은, 스스로 여신전문금융기관에 속하는 원고가 수익증권을 매수하면서 이 사건 펀드에 적용될 약관이나 투자신탁설명서의 존재나 내용을 모르고 있었다고는 보기 어렵고, 원고로서는 위 운용계획서의 형식이나 내용 등에 비추어 투자대상에 관한 기술에 기속력이 인정되지 아니할 것임을 어렵지 않게 알 수 있다고 보았으나, 대법원은 이러한 원심 판단이 잘못이라고 하였다. 그런데 2007. 8. 3. 법률 제8635호로 제정되어 그로부터 1년 6월 후에 시행될 자본시장과 금융투자업에 관한 법률 제47조는 금융투자업자는 전문투자자 아닌 일반투자자에게만 설명의무를 부담하는 것으로 규정하고 있다.

X. 임 대 차

1. 임대인의 임차인에 대한 단전·단수조치가 업무방해죄에 해당하는지 여부

[15] 대법원 2007. 9. 20. 선고 2006도9157 판결[145]은 임대인의 임차인에

---

144) 종래 대법원의 실무에서는 원심판결에 위법이 있음이 명백하더라도 당사자가 상고이유로 이를 다투지 않으면 "상고법원은 상고이유에 따라 불복신청의 한도에서 조사한다"고 규정하고 있는 민사소송법 제431조를 근거로 하여 이에 관하여 판단하지 않는 경향이 있었다고 보인다. 그러나 이 규정에 의하여 법원이 구속을 받는 것은 절차법 위반에 한정되고, 실체법 위반에 관하여는 법원이 직권으로 판단할 수 있는 것이다. 尹眞秀, "借名貸出을 둘러싼 法律問題", 民事裁判의 諸問題 제15권(주 50), 2006, 167면; 註釋新民事訴訟法(Ⅵ), 2004, 280-281면, 490-492면, 511-522면(姜溶鉉) 등 참조. 뿐만 아니라 원고가 운용계약서가 구속력이 있다고 주장한 것은 이러한 취지도 포함하는 것으로 해석하여야 할 것이다.

145) 미공간. 대법원 홈페이지(www.scourt.go.kr)의 판례속보란에서 검색할 수 있다.

대한 단전·단수조치가 상황에 따라 업무방해죄에 해당하지 않을 수도 있다고
판시하였다. 이 사건에서는 피고인이 유흥주점을 운영하려는 C와 E에게 각각
자기가 경영하는 호텔의 일부를 임대하여 주었는데, 그 임대차계약에는 임차인
이 차임을 2개월 이상 연체하면 임대인이 임대차계약을 해지하고, 단전·단수
조치를 할 수 있다고 하는 약정이 포함되어 있었다. 그 후 임차인들이 차임을
2개월 이상 연체하자 피고인은 임대차계약을 해지하고 단전·단수조치를 취하
였고, 이것이 임차인들에 대하여 업무방해죄에 해당한다고 하는 이유로 피고인
이 기소되었다.

　　원심판결(부산지방법원 2006. 11. 24. 선고 2005노2644, 2006노211 판결)은, 피고
인은 차임을 2개월 이상 연체하면 단전·단수조치를 할 수 있다는 임대차계약
조항에 따라 위 피해자들이 운영하던 유흥주점에 대해 단전·단수조치를 취하
였고, 위 피고인은 그 당시 위 각 행위가 위법하다고 인식하지 못하였다고 봄
이 상당할 뿐만 아니라, 위 피고인이 자신의 행위를 위법하지 아니한 것으로
오인함에 있어 정당한 이유가 있는 경우에 해당한다는 이유로 무죄를 선고하
였다. 그러나 대법원은 임차인 E에 대한 부분은 그 결론에 있어 수긍할 수 있
으나, 임차인 C에 대한 부분은 수긍하기 어렵다고 하여 이 부분을 파기환송하
였다.

　　대법원은, 임대를 업으로 하는 자가 임차인으로 하여금 계약상의 의무이행
을 강요하기 위한 수단으로 계약서의 조항을 근거로 임차물에 대하여 일방적
으로 단전·단수조치를 함에 있어 자신의 행위가 죄가 되지 않는다고 오인하
더라도, 특별한 사정이 없는 한 그 오인에는 정당한 이유가 있다고 볼 수는 없
다고 하였다.146) 그러나 임차인 E에 대한 단전·단수조치의 경우, 약정 임대차
기간이 이미 만료되었고, 임대차보증금도 연체차임 등으로 공제되어 모두 소멸
한 상태에서 영업을 하고 있는 주점이 월 1,000만원씩의 차임지급을 연체하고
있어 약정 임대차기간 만료 전부터 계약해지의 의사표시를 하고, 약정 임대차
기간 만료 후에는 2회에 걸쳐 연체차임의 지급을 최고함과 아울러 단전·단수
조치를 예고한 후에 1회의 단전·단수조치를 한 것인바, 위 피고인의 행위는
자신의 궁박한 상황147)에서 임차인의 부당한 의무 불이행에 대해 불가피하게

---

146) 대법원 2006. 4. 27. 선고 2005도8074 판결을 인용하고 있다.
147) 원심판결은 피고인은 임차인들의 차임연체 등으로 인한 자금난으로 대출금과 세금을 제대
　　로 변제하지 못하여 은행으로부터 경매실행 예정통지서를 받았고, 관할 구청장으로부터 2004.
　　6. 16.경 '압류 및 공매 예고통지서'를 받았으며, 마침내 2005. 4.경 위 호텔을 처분하였을 정

취한 조치로서, 임차인의 권리를 합리적인 범위를 벗어나 과도하게 침해하거나 제한하는 것으로 사회통념상 현저하게 타당성을 잃은 것으로 보이지 아니하며, 그 동기와 목적, 수단과 방법, 그와 같은 조치에 이르게 된 경위 등 여러 가지 사정에 비추어 볼 때, 사회통념상 허용될 만한 정도의 상당성이 있는 위법성이 결여된 행위로서 형법 제20조에 정하여진 정당행위에 해당하는 것으로 볼 여지가 있다고 하였다.

그러나 임차인 C의 경우, 약정 임대차기간이 7 내지 9개월 이상 남아 있고, 임대차보증금이 7,000만원 이상 남아 있는 상태에서 많은 비용을 들여 영업을 하고 있는 주점이 월 300만원씩의 차임지급 등을 연체하고 있다는 이유로 계약해지의 의사표시와 단전·단수조치의 경고만을 한 후에 2회에 걸쳐 단전·단수조치를 한 것은, 비록 피고인 자신이 궁박한 상황에서 한 것이라고 할지라도 임차인의 권리를 합리적인 범위를 벗어나 과도하게 침해하거나 제한하는 것으로 사회통념상 현저하게 타당성을 잃은 것이어서, 사회통념상 허용될 만한 정도의 상당성이 있는 위법성이 결여된 행위로서 형법 제20조에 정하여진 정당행위에 해당한다고 볼 여지가 없을 뿐만 아니라, 피고인이 위와 같은 사정 하에서 자신의 행위가 위법하지 않은 것으로 오인함에 정당한 이유가 있다고 볼 수도 없다고 하였다.[148]

이 사건처럼 임대인이 임차인에 대하여 단전·단수조치를 취하는 것이 형사상 업무방해죄에 해당하는지가 문제되는 사례가 종종 있다.[149] 이는 임대인의 민사상 손해배상책임 문제와도 직결된다. 종전의 판례 가운데 이 판결이 인용하고 있는 대법원 2006. 4. 27. 선고 2005도8074 판결[150]은, 임대차계약서에 차임, 관리비의 연체 등과 같은 사유가 있는 경우 임대인이 임차인에게 단전조치 등을 요구할 수 있다고 규정되어 있으나, 임차인이 차임이나 관리비를 단 1

도로 자금사정이 곤란하였던 사실을 인정하였다.

148) 그러나 임차인 C의 아들이 유흥주점에 대한 휴업신고를 한 후의 단전·단수조치는 업무방해죄에 해당하지 않는다고 하였다. 대법원 1995. 6. 30. 선고 94도3136 판결(공 1995하, 2690)은, 백화점 입주상인들이 영업을 하지 않고 매장 내에서 점거 농성만을 하면서 매장 내의 기존의 전기시설에 임의로 전선을 연결하여 각종 전열기구를 사용함으로써 화재위험이 높아 백화점 경영 회사의 대표이사인 피고인이 부득이 단전조치를 취하였다면, 그 단전조치 당시 보호받을 업무가 존재하지 않았을 뿐만 아니라, 화재예방 등 건물의 안전한 유지 관리를 위한 정당한 권한 행사의 범위 내의 행위에 해당하므로 피고인의 단전조치가 업무방해죄를 구성한다고 볼 수 없다고 하였다.

149) 서보학, "단전·단수조치와 업무방해죄의 성립 여부", 人權과 正義 제358호, 2006. 6, 53면 이하에 소개된 각급법원의 판례 참조.

150) 미공간. 법고을 LX에서 검색할 수 있다.

회도 연체한 적이 없는데, 임대차계약의 종료 후 임대료와 관리비를 인상하는 내용의 갱신계약 여부에 관한 의사표시나 명도의무를 지체하고 있다는 이유만으로 그 종료일로부터 16일 만에 피해자의 사무실에 대하여 단전조치를 취한 피고인의 행위는 업무방해죄에 해당한다고 하였다.

이 점에 관하여 참고할 수 있는 것은 집합건물의 관리단 규약에 의한 구분소유자에 대한 단전·단수조치가 적법한가 하는 점이다. 판례는, 상가 건물의 구분소유자가 관리단 규약에서 정한 업종준수의무를 위반할 경우 단전·단수 등 제재조치를 할 수 있다고 규정한 관리단 규약에 의하여 단전·단수조치가 행해진 경우에 대하여, 집합건물의 규약은 그 내용이 강행법규에 위반된다거나 구분소유자의 소유권을 필요하고 합리적인 범위를 벗어나 과도하게 침해 내지 제한함으로써 선량한 풍속 기타 사회질서에 위반된다고 볼 정도로 사회관념상 현저히 타당성을 잃었다고 여겨지는 등의 특별한 사정이 있는 경우를 제외하고는 이를 유효한 것으로 시인하여야 할 것이라고 하여, 관리단 규약에 의하여 행하여진 단전·단수조치는 허용된다는 취지로 판시하였다.[151]

이 문제에 관하여는 학설상 논의가 많지 않으나, 임대인의 임차인에 대한 단전·단수조치는 허용되지 않는 자력구제이고, 형법 제20조에 의한 정당행위에도 해당하지 아니하며, 또 단전·단수조치를 허용하는 임대차계약의 조항은 그 내용이 선량한 풍속 기타 사회질서에 반해 무효인 계약에 해당한다고 하는 주장이 있다.[152] 독일의 판례나 학설도 임차인이 차임 등의 연체에 빠지더라도 난방이나 에너지 등의 공급을 중단하는 것은 금지된 자력구제로서 허용되지 않는다고 한다.[153]

대상판결은 무엇을 기준으로 하여 단전·단수조치의 위법성 여부를 판단하고 있는지 명확하지 않다. 결과만을 놓고 본다면, 임차인의 보증금이 남아

---

151) 대법원 2004. 5. 13. 선고 2004다2243 판결(공 2004상, 961). 다만 이 판결은 "공동주택과는 달리 상가에 대한 단전 등의 조치는 구분소유자의 생활에 미치는 영향은 적고 단지 영업을 하지 못함으로 인한 금전적 손해만을 가져오는 것이며"라고 하여 공동주택과 상가의 경우를 달리 볼 여지가 있음을 시사하고 있다. 또한 대법원 2004. 8. 20. 선고 2003도4732 판결(공 2004하, 1615)은 시장번영회 회장이 이사회의 결의와 시장번영회의 관리규정에 따라서 관리비 체납자의 점포에 대하여 실시한 단전조치는 정당행위로서 업무방해죄를 구성하지 아니한다고 하였다.

152) 서보학(주 149), 55면 이하.

153) Staudinger/Bund, Neubearbeitung 2000, §858 Rdnr. 53 및 그곳에 소개된 판례 참조. 그러나 MünchKomm/Joost, §858 Rdnr. 6은 임대인이 대외적으로 부담하여야 할 요금을 임차인이 지급하지 않을 때에는 임대인이 급부의 공급을 중단하는 것은 위법하지 않다고 한다.

있는 상황에서는 임대인의 단전·단수조치가 위법한 것이 된 반면, 임차인의 보증금이 남지 않은 상황에서는 임대인의 단전·단수조치가 적법한 것으로 된 셈이다. 그러나 이 사건 임대차계약에는 단전·단수조치의 근거조항이 있는데, 대법원은 판결 이유에서 이 점을 무죄의 이유로 특별히 들고 있지 않고, 다만 그 동기와 목적, 수단과 방법, 그와 같은 조치에 이르게 된 경위 등 여러 가지 사정에 비추어 볼 때, 사회통념상 허용될 만한 정도의 상당성이 있는 위법성이 결여된 행위로서 형법 제20조에 정하여진 정당행위에 해당하는 것이라고만 하고 있다.[154]

생각건대 다른 특별한 근거가 없는 한 임대인의 임차인에 대한 단전·단수조치는 임대차가 종료한 후라도 적법하다고 볼 수는 없을 것이다. 이는 법률상 원칙적으로 허용되지 않는 자력구제에 다름 아니기 때문이다.[155] 다만 임대차계약상 그와 같은 단전·단수조치의 근거가 있다면, 그러한 약정이 공서양속 위반으로서 무효가 아닌 한 원칙적으로 유효하고, 따라서 그에 따른 단전·단수조치는 적법하다고 여겨진다. 그러나 주택 임차인에 대한 단전·단수조치까지 허용할 것인지는 좀더 검토를 요한다.[156]

2. 미등기주택 임차인의 대지환가대금에 대한 우선변제권

주택임대차보호법 제3조의2 제2항, 제8조 제3항 등은 임차주택이 경매 또는 공매되는 경우 주택뿐만 아니라 그 대지의 환가대금에 대하여도 임차인의 우선변제권을 인정하고 있다. 그리고 대법원 1996. 6. 14. 선고 96다7595 판결

---

154) 위 대법원 2006. 4. 27. 판결(주 150)은, 단전조치에 대한 임대차계약상의 근거가 있다 하여도, 피해자의 승낙은 언제든지 철회할 수 있는 것이므로, 피해자측이 단전조치에 대해 즉각 항의하였다면 그 승낙은 이미 철회된 것으로 보아야 할 것이라고 판시하였다.

155) 다만 임대인이 전기판매사업자나 수돗물 공급자를 대신해 위수탁계약에 따라 이를 관리하고 요금징수를 대행하는 경우에는 합법적인 단전·단수가 가능하다고 할 것인지는 더 검토할 필요가 있다. 서보학(주 149), 63면 주 30) 참조. 金伸, "상가의 업종제한위반행위에 대한 단전조치의 효력", 判例研究 16집, 2005, 196-198면은 집합건물의 관리단에 관하여 같은 취지이다.

156) 서보학(주 149), 63면 이하는 집합건물 중 상가의 경우에는 단전·단수조치를 취할 수 있다고 하는 관리단규약이 유효하지만, 상가 등에서도 관리비가 아닌 '임대료'의 연체를 이유로 한 단전·단수는 허용되지 않는다고 해야 하는데, 임대료는 공동의 이익보호나 상가의 공동관리와는 관련 없고 임대인과 임차인 간의 단순 채권채무 관계에 불과하기 때문이라고 한다. 반면 金伸(주 155), 198면 이하는 집합건물 중 주택이 아닌 상가의 경우에도 단전·단수조치는 전기·수도요금 미납을 이유로 하는 것 외에는 규약에 근거하더라도 허용될 수 없다고 주장한다.

(집 44권 1집 민627); 1999. 7. 23. 선고 99다25532 판결(공 1999하, 1740) 등은 주택과 대지가 함께 경매된 경우뿐만 아니라 주택만이 경매된 경우에도 임차인의 우선변제권을 인정하였다. 그러나 대법원 2001. 10. 30. 선고 2001다39657 판결(공 2001하, 2566)은, 임차주택이 미등기인 경우에 관하여 제8조 소정의 소액임차인의 우선변제권을 부정하였다.

그런데 [16] 대법원 2007. 6. 21. 선고 2004다26133 전원합의체 판결(공 2007하, 1080)은 대항요건 및 확정일자를 갖춘 임차인과 소액임차인에 관하여 위 2001. 10. 30 판결을 변경하고, 이러한 경우에도 대지의 환가대금에 관하여 우선변제권이 인정된다고 하였다. 대법원은 그 이유로서, 대항요건 및 확정일자를 갖춘 임차인과 소액임차인에게 우선변제권을 인정한 같은 법 제3조의2 및 제8조가 미등기 주택을 달리 취급하는 특별한 규정을 두고 있지 아니하다는 점을 들면서, 이와 달리 임차주택의 등기 여부에 따라 그 우선변제권의 인정 여부를 달리 해석하는 것은 합리적 이유나 근거 없이 그 적용대상을 축소하거나 제한하는 것이 되어 부당하고, 민법과 달리 임차권의 등기 없이도 대항력과 우선변제권을 인정하는 같은 법의 취지에 비추어 타당하지 아니하다고 하였다.

종래 위 2001다39657 판결에 대하여는 이에 찬성하는 견해도 있었으나,[157] 반대하는 견해도 없지 않았다.[158] 찬성하는 견해의 근거는, 주택임대차보호법의 우선변제권은 배당을 전제로 하여 다른 채권자와의 우열관계를 규정하는 것이어서 경매절차나 공매절차에서만 의미를 갖는 것인데, 미등기주택의 경우에는 애당초 경매절차에 들어갈 수 없으므로 우선변제권의 의미가 없고, 주택임대차보호법의 규정들도 등기된 건물이 경매절차에 들어가게 됨을 전제로 한 규정들이며, 미등기주택의 임차인에게도 우선변제권을 부여한다면 대지의 근저당권자가 불측의 손해를 입게 되고, 경매 진행에도 어려움이 있으며, 임차인에게 대항력만을 인정하더라도 임차인의 보호에 충분하다는 것이다.

반면 반대하는 견해는, 주택임대차보호법의 규정이 반드시 등기된 건물만을 대상으로 하는 것이라고 볼 근거가 없고, 등기주택과 미등기주택을 차별할

---

157) 윤경, "未登記住宅賃借人의 優先辨濟權", Jurist 383호(2002. 8), 59면 이하; 金聖洙, "未登記住宅 賃借人의 優先辨濟權", 裁判과 判例 12집, 2004, 494면 이하.

158) 朴昶秀, "垈地의 경매와 未登記 住宅 賃借人의 配當: 사례를 중심으로", 法曹 2005. 4, 159면 이하; 황병하, "不動産競賣에 있어서 賃借保證金 配當에 관한 몇 가지 문제", 저스티스 제96호, 2007. 2, 116면 이하 등.

이유가 없으며, 주택임대차보호법의 입법 취지가 임차인 보호에 있다는 점 및 저당권자의 보호 문제도 미등기 주택이라고 하여 큰 차이가 있는 것은 아니라는 점 등을 근거로 내세운다.

생각건대 이 문제에 관하여는 두 견해가 모두 주장될 수 있다고 보인다. 그러나 주택임대차보호법이 기본적으로 거래의 안전을 다소 희생하더라도 임차인의 주거권의 안정을 도모하려는 데 있다는 점을 생각한다면 우선변제권 긍정설이 더 타당하다고 생각된다.159) 법문상으로도 우선변제권은 등기된 주택에 한한다는 근거가 없다. 다만 소액임차인의 우선변제권에 관한 같은 법 제8조 제1항이 그 후문에서 '이 경우 임차인은 주택에 대한 경매신청의 등기 전에' 대항요건을 갖추어야 한다고 규정하고 있어서 주택이 경매되는 경우에만 우선변제권이 인정되는 것처럼 해석할 여지도 있으나, 이는 위 전원합의체 판결이 설명하고 있는 것처럼 소액보증금을 배당받을 목적으로 배당절차에 임박하여 가장 임차인을 급조하는 등의 폐단을 방지하기 위하여 소액임차인의 대항요건의 구비시기를 제한하는 취지이지, 반드시 임차주택과 대지를 함께 경매하여 임차주택 자체에 경매신청의 등기가 되어야 한다거나 임차주택에 경매신청의 등기가 가능한 경우로 제한하는 취지는 아니라고 설명할 수 있을 것이다.

XI. 부당이득

[17] 대법원 2007. 11. 29. 선고 2007다51239 판결(공 2007하, 2031)에서는 원고가 착오로 다른 사람의 계좌로 잘못 송금하였다가 그 수취인의 계좌가 있는 은행을 상대로 하여 부당이득의 반환을 청구할 수 있는가가 문제되었다. 이 사건의 사실관계는 대체로 다음과 같다. 즉 원고는 피고 은행에 계좌를 개설하여 거래하고 있던 중, 2006. 7. 10. 다른 은행에 계좌를 보유하고 있는 A 회사에게 물품대금을 지급하기 위하여 인터넷 뱅킹으로 송금하려고 하였으나 원고

---

159) 이 판결을 지지하는 재판연구관의 해설로는 池泳暖, "미등기주택을 임차하여 주택임대차보호법상 대항력 및 확정일자를 갖춘 임차인이 그 주택 대지환가대금에 대한 우선변제권을 행사할 수 있는지 여부", 대법원판례해설 제68호(2007년상), 180면 이하가 있다. 또한 金相潤, "未登記住宅 賃借人의 垈地換價代金에 대한 優先辨濟權 行使 可否", 裁判과 判例 제16집, 2007, 237면 이하; 홍승면, "미등기주택의 임차인이 대지환가대금에 대하여 우선변제권을 행사할 수 있는지 여부", 민사판례연구회 2007. 11. 발표 원고도 이 판결을 지지한다.

직원의 잘못으로 계좌번호를 잘못 입력하여, 원고와 거래관계가 있었으나 그 후 폐업한 B 회사의 피고 은행에 개설된 계좌로 17,550,000원의 송금을 의뢰하였고, 피고 은행은 계좌이체 방식으로 B 회사 계좌의 예금원장에 동액 상당의 입금기장을 하는 방법으로 17,550,000원을 송금하였다. 그런데 피고 은행은 원고의 위 송금 이전에 대출금연체를 이유로 B 회사의 위 계좌에 대하여 지급정지를 한 상태였고, 피고 국민건강보험공단 및 근로복지공단은 이 이전에 건강보험료 및 고용 및 산재보험료 미납을 이유로 각 B 회사가 피고 은행에 대하여 가지는 예금채권을 압류한 상태였다.

그리하여 원고는 피고 은행에 대하여는 피고 은행이 위 송금액 상당의 부당이득을 얻었다고 하여 그 반환을 구하는 한편, 나머지 피고들에 대하여는 피고 은행에 대한 예금채권은 원고의 소유라고 주장하면서 제3자이의의 소를 제기하였다.

원심인 서울중앙지방법원 2007. 6. 29. 선고 2007나1196 판결(각공 2007, 1585)은, 피고 은행에 대한 청구에 대하여는, 송금의뢰인에 의한 수취인 계좌로의 계좌이체에 관한 법률관계는 수취은행이 사전에 포괄적으로 계좌이체에 의한 송금액의 입금기장을 승낙하고, 수취인 또한 사전에 포괄적으로 그 입금기장을 승낙하여 송금의뢰인의 수취인 계좌로의 계좌이체가 있는 경우 그로써 수취인의 수취은행에 대한 예금채권을 성립하게 하는 것이지만, 위와 같은 사전의 포괄적인 승낙의 의사표시는 무제한적인 것이라 할 수 없고, 수취인이 계좌이체에 의한 송금액의 정당한 수취인이 될 수 있는 법률적 원인이 있을 경우를 전제로 한 것이라 함이 예금계약의 쌍방 당사자의 진정한 의사에 부합하는 합리적 해석이므로, 송금의뢰인이 수취인 계좌로 일정 금액에 대한 계좌이체를 하였으나 수취인과 송금의뢰인 사이에 위 금액 송금에 해당하는 법률적 원인관계가 없는 경우, 수취인은 정당한 수취인이 될 수 있는 법률적 원인을 결한 경우로서 수취은행에 대하여 그에 기한 예금채권을 가지지 못한다고 보아야 한다고 하여 원고의 부당이득반환청구를 인용하였다.

그러나 제3자이의의 소에 대하여는, 위 피고들의 각 압류집행은 존재하지 않는 채권을 대상으로 한 압류집행에 불과하여, 송금의뢰인인 원고가 수취은행인 피고 은행에 대하여 원고의 계좌에서 출금된 금액 상당의 이득액의 부당이득반환청구권을 가지는 것은 별론으로 하고, 원고가 수취인인 B 회사의 피고 은행에 대한 예금채권에 관하여 직접적으로 소유권을 가지거나 또는 위 예금채권의 양도나 인도를 막을 수 있는 권리를 가진다고 보기는 어렵다고 하여 이를 기각하였다.

위 판결에 대하여는 피고 은행만이 상고를 제기하였는데, 대법원은 다음과 같은 이유로 피고 은행의 부당이득을 부정하여 원심판결을 파기하였다. 즉 계좌이체는 은행간 및 은행점포간의 송금절차를 통하여 저렴한 비용으로 안전하고 신속하게 자금을 이동시키는 수단이고, 다수인 사이에 다액의 자금이동을 원활하게 처리하기 위하여 그 중개 역할을 하는 은행이 각 자금이동의 원인인 법률관계의 존부, 내용 등에 관여함이 없이 이를 수행하는 체제로 되어 있으므로, 현금으로 계좌송금 또는 계좌이체가 된 경우에는 예금원장에 입금의 기록이 된 때에 예금이 된다고 예금거래기본약관에 정하여져 있을 뿐이고, 수취인과 은행 사이의 예금계약의 성립여부를 송금의뢰인과 수취인 사이에 계좌이체의 원인인 법률관계가 존재하는지 여부에 의하여 좌우되도록 한다고 별도로 약정하였다는 등의 특별한 사정이 없는 경우에는, 송금의뢰인이 수취인의 예금구좌에 계좌이체를 한 때에는 송금의뢰인과 수취인 사이에 계좌이체의 원인인 법률관계가 존재하는지 여부에 관계없이 수취인과 수취은행 사이에는 계좌이체금액 상당의 예금계약이 성립하고 수취인이 수취은행에 대하여 위 금액 상당의 예금채권을 취득하며, 송금의뢰인과 수취인 사이에 계좌이체의 원인이 되는 법률관계가 존재하지 않음에도 불구하고 계좌이체에 의하여 수취인이 계좌이체금액 상당의 예금채권을 취득한 경우에는, 송금의뢰인은 수취인에 대하여 위 금액 상당의 부당이득반환청구권을 가지게 되지만, 수취은행은 이익을 얻은 것이 없으므로, 수취은행에 대하여는 부당이득반환청구권을 취득하지 아니한다는 것이다.160)161)

---

160) 이 판결이 인용하고 있는 대법원 2006. 3. 24. 선고 2005다59673 판결(미공간. glaw.scourt.go.kr 에서 검색할 수 있다)도, 계좌이체에 있어서는 계좌이체의뢰인의 자금이체지시에 따라 지급 은행(송금인으로부터 송금을 의뢰받은 은행) 및 수취은행을 통하여 수취인의 예금계좌로 이체자금이 계좌이체되면 수취인과 수취은행 사이에 예금관계가 성립하고, 비록 계좌이체의뢰인과 수취인 사이에 계좌이체의 원인이 되는 법률관계가 당초부터 성립하지 않았거나 또는 그 법률관계가 사후에 일정한 사유로 소멸하게 되더라도, 특별한 사정이 없는 한 그와 같은 원인관계의 흠결은 계좌이체의 효력이나 계좌이체로 말미암아 형성된 수취인과 수취은행 사이의 예금관계의 효력에 영향을 미칠 수는 없다고 판시하였다. 또한 전주지법 2005. 9. 1. 선고 2005나1585 판결(각공 2005하, 1745)은 이러한 경우 수취은행이 수취인에 대한 대출금채권을 가지고 수취인의 예금채권과 상계한 것은 유효하다고 하였다.

161) 日本 最高裁判所 1996(平成 8). 4. 26. 판결(민집 50권 5호 1267면)은 거의 이 판결과 같은 사안에서 대체로 이 판결과 같은 취지로 판시하였다. 일본에서의 논의에 대하여 지적해 준 대법원 김형두 재판연구관에게 감사의 뜻을 표한다.

　　우선 이러한 경우에 B 회사와 피고 은행과의 사이에 예금계약이 성립하였
는가가 문제로 된다. 이 점에 관하여는 대법원이 설명하고 있는 것처럼, 은행
과 그 고객 사이에 적용되는 예금거래기본약관 제7조는, 현금으로 계좌송금하
거나 계좌이체하는 경우에는 예금원장에 입금기장을 마친 때에 각 예금이 된
다고 규정하고 있다.162) 그러므로 피고 은행이 B 회사 계좌의 예금원장에 입
금기장을 마친 후에는 수취인이 수취은행에 대하여 예금채권을 취득하게 된다.
이에 대하여 원심 판결은, 송금의뢰인이 수취인 계좌로 일정 금액에 대한 계좌
이체를 하였으나, 수취인과 송금의뢰인 사이에 위 금액 송금에 해당하는 법률
적 원인관계가 없는 경우에는 수취인이 수취은행에 대하여 예금채권을 가지지
못한다고 보는 것이 수취은행과 수취인 사이의 예금계약의 쌍방 당사자의 진
정한 의사에 부합하는 합리적 해석이라고 주장한다. 이는 말하자면 예금계약의
보충적 해석(ergänzende Auslegung)을 시도하는 것이라고 하겠으나, 이러한 해석
이 당사자들의 가상적 의사에 부합하는 것인지는 의문이다.163) 이러한 경우에
수취은행으로서는 송금의뢰인과 수취인 사이에 어떤 법률관계가 존재하는지
여부를 조사하는 부담을 질 별다른 이유가 없는 것이다.164) 따라서 송금의뢰인
으로서는 수취인에 대하여만 부당이득의 반환을 청구하여야 하고, 수취은행에
대하여는 청구하지 못한다고 보아야 한다. 다만 이론적으로는 그 근거를 위 판
결과 같이 수취은행이 이익을 얻은 것이 없다고 설명하기보다는, 송금의뢰로
인한 급부관계는 송금의뢰인과 수취인 사이에서만 성립하였으므로 그 급부의
원인 결여로 인한 부당이득(이른바 급부부당이득)도 송금의뢰인과 수취인 사이에

---

162) 이 사건 거래가 있은 후인 2007. 1. 1.부터 시행된 전자금융거래법(2006. 4. 28. 법률 제7929
　　호) 제13조 제1호는, 이 사건과 같은 전자자금이체의 경우의 지급의 효력발생시기에 관하여,
　　거래지시된 금액의 정보에 대하여 수취인의 계좌가 개설되어 있는 금융기관 또는 전자금융업
　　자의 계좌의 원장에 입금기록이 끝날 때 지급의 효력이 발생하는 것으로 규정하고 있다.
163) 森田宏樹, "振込取引の法的構造", 中田裕康・道垣内弘人 編, 金融取引と民法法理, 2000, 130
　　면은 이러한 취지의 일본에서의 주장에 대하여, 계약의 해석이라는 이름 아래 행해지는 것은
　　실제로는 각각의 논자가 타당하다고 생각하는 관계자간의 이익형량일 뿐이라고 비판한다.
164) 국내의 학설 가운데에는 독일의 학설에 따라, 법률상 원인 없는 자금 이체에 대하여는 수취
　　인이 수취은행의 입금기장을 거절할 권리(입금기장 거절권)가 있고, 이러한 권리는 수취인과 수
　　취은행 사이의 계약의 보충적 해석에서 기초를 찾을 수 있다고 하는 견해가 있다. 정대익, "타
　　인의 계좌 또는 지정하지 않은 수취인계좌로 이루어진 지급이체의 법률문제", 比較私法 제11권
　　4호(下), 2004, 276면 이하 참조. 이 또한 비슷한 발상으로 보이지만, 이러한 권리를 인정할 수
　　있는지 의문일 뿐만 아니라, 수취인이 이러한 권리를 행사하지 않는 경우에는 송금의뢰인의 보
　　호에는 별 도움이 되지 못한다. 나아가 이 사건에 있어서와 같이 수취인의 예금에 대하여 제3자
　　가 이해관계를 가질 때에는 이러한 권리를 인정하는 것만으로는 별다른 의미를 가지지 못한다.

서만 성립한다고 설명하는 편이 더 간명했을 것이다.[165]

　이러한 해결 방법은 수취인의 무자력의 위험을 송금의뢰인이 부담하게 되는 결과가 되기는 하지만,[166] 다른 이해관계인이 없는 경우에는 송금의뢰인의 보호를 위하여 가능한 최소한의 방법이라고 할 수 있다. 그러나 문제는 이 사건에 있어서처럼 수취인의 예금을 제3자가 압류하였다거나, 또는 수취은행이 수취인에 대한 채권을 가지고 수취인의 예금채권과 상계한다는 등 제3자가 이해관계를 맺을 때 생긴다. 이러한 경우에도 송금의뢰인의 수취인에 대한 권리가 보호될 수 있는가?

　앞에서 살펴본 일본 최고재판소 1996. 4. 26. 판결(주 161)은, 송금의뢰인이 수취인에 대하여 가지는 부당이득반환청구권은 수취인이 그 예금채권을 양도하는 것을 막을 수 있는 권리가 아니라고 하여, 송금의뢰인이 수취인의 압류채권자를 상대로 하여 제기한 제3자이의의 소를 받아들이지 않았다.[167] 그러나 다른 한편 수취은행이 수취인에 대하여 상계를 한 경우에 관하여는, 일본 나고야 고등재판소 2005(平成 17). 3. 17. 판결(金融法務事情 1745号 34頁), 도쿄 지방재판소 2005(平成 17). 9. 26. 판결(金融·商事判例 1226号 8頁) 등은 이유에는 다소 차이가 있으나 결론에 있어서는 송금의뢰인의 수취은행에 대한 부당이득 청구를 인용하였다. 일본에서는 이 문제를 둘러싸고 많은 논란이 있다.[168]

　이 문제는 결국 당사자들 사이의 이익을 어떻게 형량할 것인가 하는 점에 귀착되는데, 송금의뢰인의 제3자 이의의 소를 허용하고, 수취은행의 수취인에 대한 상계를 허용하지 않는 일본 하급심 판례들의 바탕에 깔려 있는 기본 발상은, 수취은행의 상계를 허용하거나 압류채권자를 보호하는 것은 그러한 사람들의 예상하지 않았던 이익을 보유하는 것을 정당화하는 것이 되어 부당하다는 점에 있

---

165) 金炯錫(주 3), 308-309면도 같은 취지이다. 그런데 이 점에 대하여 민사실무연구회에서는 이와 같은 경우에 송금의뢰인과 지급은행, 지급은행과 수취은행 사이에 각 별도의 계약관계가 존재하므로(이 사건은 지급은행과 수취은행이 동일은행이었다), 송금의뢰인과 수취인 사이에 직접적인 법률관계를 인정하기에 어려움이 있다는 주장이 있었다. 그러나 이러한 송금의뢰인과 지급은행, 지급은행과 수취은행 사이의 계약관계의 존재는 송금의뢰인과 수취인 사이의 직접적인 법률관계를 인정하는 데 장애가 되는 것은 아니다. 지급은행이나 수취은행은 송금의뢰인의 이행보조자라는 지위에 있다고 설명할 수 있는 것이다.

166) 송금의뢰인으로서는 수취인의 예금에 대하여 강제집행을 할 수 있을 것이다.

167) 이 사건의 제1, 2심은 수취인의 예금채권이 성립하지 않았다고 보아 제3자이의의 소를 인용하였다.

168) 상세한 것은 森田宏樹(주 163) 참조. 최근의 하급심 판결례에 대하여는 예컨대 藤田祥子, 法學研究(慶應義塾大學), 79卷 10号, 2006, 59면 이하 등 참조. 또한 독일과 프랑스에서의 논의에 대하여는 金炯錫(주 3), 309면 주 35) 참조.

다고 생각된다. 이 문제에 관하여는 앞으로 많은 논의가 있으리라 생각된다.

XII. 불법행위

1. 조망이익 침해로 인한 불법행위의 성립요건

근래 이른바 조망권 내지 조망이익 침해를 이유로 하는 손해배상청구소송
이 제기되는 사례가 늘어나고 있다. 조망이익이란 토지나 건물의 소유자가 종
전부터 향유하고 있던 아름다운 조망이 타인의 토지 위에 건축물을 신축함으
로써 방해받는 경우에 이를 법적으로 보호받을 수 있는가 하는 문제라고 할
수 있다.[169)

이러한 조망이익이 어느 정도나 보호를 받을 수 있는가에 관하여, [18] 대
법원 2007. 6. 28. 선고 2004다54282 판결(공 2007하, 1135)은 다음과 같이 판시
하였다.

첫째, 조망이익은 원칙적으로 특정의 장소가 그 장소로부터 외부를 조망함
에 있어 특별한 가치를 가지고 있고, 그와 같은 조망이익의 향유를 하나의 중
요한 목적으로 하여 그 장소에 건물이 건축된 경우와 같이 당해 건물의 소유
자나 점유자가 그 건물로부터 향유하는 조망이익이 사회통념상 독자의 이익으
로 승인되어야 할 정도로 중요성을 갖는다고 인정되는 경우에 비로소 법적인
보호의 대상이 된다.

둘째, 조망이익이 법적인 보호의 대상이 되는 경우에 이를 침해하는 행위
가 사법상 위법한 가해행위로 평가되기 위해서는 조망이익의 침해 정도가 사
회통념상 일반적으로 인용하는 수인한도를 넘어야 하고, 그 수인한도를 넘었는
지 여부는 조망의 대상이 되는 경관의 내용과 피해건물이 입지하고 있는 지역
에 있어서 건조물의 전체적 상황 등의 사정을 포함한 넓은 의미에서의 지역성,
피해건물의 위치 및 구조와 조망상황, 특히 조망과의 관계에서의 건물의 건
축·사용목적 등 피해건물의 상황, 주관적 성격이 강한 것인지 여부와 여관·

169) 배성호, "眺望利益의 法的 保護", 人權과 正義 제356호, 2006. 4, 131면 참조. 다만 여기서
　는 개인이 특정 장소에서 좋은 경치나 풍경을 향유할 수 있는 개인적 이익으로서의 조망이익
　과 객관화·광역화된 자연적·역사적·문화적 경관을 형성하고 있는 경치나 풍경을 향유할
　수 있는 경관이익을 구분하고 있다.

식당 등의 영업과 같이 경제적 이익과 밀접하게 결부되어 있는지 여부 등 당해 조망이익의 내용, 가해건물의 위치 및 구조와 조망방해의 상황 및 건축·사용목적 등 가해건물의 상황, 가해건물 건축의 경위, 조망방해를 회피할 수 있는 가능성의 유무, 조망방해에 관하여 가해자측이 해의(害意)를 가졌는지의 유무, 조망이익이 피해이익으로서 보호가 필요한 정도 등 모든 사정을 종합적으로 고려하여 판단하여야 한다.

　　셋째, 조망의 대상과 그에 대한 조망의 이익을 누리는 건물 사이에 타인 소유의 토지가 있지만 그 토지 위에 건물이 건축되어 있지 않거나 저층의 건물만이 건축되어 있어 그 결과 타인의 토지를 통한 조망의 향수가 가능하였던 경우, 그 타인은 자신의 토지에 대한 소유권을 자유롭게 행사하여 그 토지 위에 건물을 건축할 수 있고, 그 건물 신축이 국토의 계획 및 이용에 관한 법률에 의하여 정해진 지역의 용도에 부합하고 건물의 높이나 이격거리에 관한 건축관계법규에 어긋나지 않으며 조망 향수자가 누리던 조망의 이익을 부당하게 침해하려는 해의에 의한 것으로서 권리의 남용에 이를 정도가 아닌 한 인접한 토지에서 조망의 이익을 누리던 자라도 이를 함부로 막을 수는 없으며, 따라서 조망의 이익은 주변에 있는 객관적 상황의 변화에 의하여 저절로 변용 내지 제약을 받을 수밖에 없고, 그 이익의 향수자가 이러한 변화를 당연히 제약할 수 있는 것도 아니다.

　　이 사건 원심인 서울고등법원 2004. 9. 1. 선고 2003나82275 판결[170]은, 한강변에 건축되어 있던 10층 아파트의 주민들이 피고 회사가 위 아파트와 한강 사이의 토지에 고층 아파트를 건축함으로 인하여 한강의 조망이익이 침해되었음을 이유로 제기한 손해배상청구를 일부 인용하였다. 그러나 대법원은, 원고들이 구분소유하는 아파트는 그 장소로부터 한강을 조망함에 있어 특별한 가치를 가지고 있어 그 조망의 이익이 사회통념상 독자의 이익으로 승인되어야 할 정도로 중요성을 갖는다고 인정하기 어렵고, 피고들의 고층 아파트 건축으로 인한 원고들의 한강 조망의 이익 침해 정도가 사회통념상 일반적으로 인용하는 수인한도를 넘는다고 보기 어렵다고 하여 조망이익의 침해를 인정한 원심판결을 파기하였다.[171]

---

170) 미공간. glaw.scourt.go.kr에서 검색할 수 있다.

171) 그 외에 대법원은, 일조 장해, 사생활 침해, 조망 침해, 시야 차단으로 인한 압박감, 소음, 분진, 진동 등과 같은 생활이익에 대한 침해의 경우에 원칙적으로 개별적인 생활이익별로 침해의 정도를 고려하여 수인한도 초과 여부를 판단한 후 수인한도를 초과하는 생활이익들에

위 판결이 판시하고 있는 기본적인 법적 판단은 종전의 대법원 2004. 9. 13. 선고 2003다64602 판결(공 2004하, 1661)이 이미 밝혔던 바이고, 이 사건 판결은 이를 재확인한 것이지만, 위 2003다64602 판결이 제시한 추상적 기준이 구체적 사안에 어떻게 적용되는 것인지를 보여주고 있다는 점에서 의미를 가진다.172) 나아가 이러한 판례는 대체로 일본의 판례와 궤를 같이 한다.173) 일본 최고재판소 2006(平成 18). 3. 30. 판결(민집 60-3, 948)은, 양호한 경관에 근접하는 지역 내에 거주하여, 그 혜택을 일상적으로 향수하고 있는 사람들이 가지는 경관이익은 법률상 보호할 가치가 있고, 그 침해에 관하여는 민법상의 불법행위가 성립하지만, 건물의 건축이 제3자에 대한 관계에서 경관이익의 위법한 침해로 되는가 하는 것은 피침해이익인 경관이익의 성질 및 내용, 당해 경관의 소재지의 지역환경, 침해행위의 태양, 정도, 침해의 경과 등을 종합적으로 고찰하여 판단하여야 하는데, 어느 행위가 경관이익에 대한 위법한 침해에 해당한다고 하기 위하여는, 그 침해 행위가 형벌법규나 행정법규의 규제에 위반한다든지, 공서양속 위반이나 권리의 남용에 해당한다는 등 침해행위의 태양이나 정도의 면에서 사회적으로 용인되는 행위로서의 상당성을 갖추지 못하였어야 한다고 하여 당해 사건에서의 위법성을 부정하였다.174)

　우리나라의 학설로서는 조망이익이나 경관이익은 특별한 법적 근거가 없는 한 이를 보호할 필요가 없다는 주장도 없지는 않으나,175) 일반적인 견해는 조망이익도 일정한 경우에는 보호될 수 있다고 주장한다.176) 그러나 그러한 경우 그 법적 구성은 어떠한지, 그 요건은 무엇인지에 관하여는 아직까지 일반적인 합의가 존재하는 것 같지는 않다. 나아가 이론상 조망이익의 침해가 불법행

기초하여 손해배상액을 산정하여야 하고, 수인한도를 초과하지 아니하는 생활이익에 대한 침해를 다른 생활이익 침해로 인한 수인한도 초과 여부 판단이나 손해배상액 산정에 있어서 직접적인 근거 사유로 삼을 수는 없다고 판시하였다.

172) 이 판결에 대한 재판연구관의 해설인 徐敏錫, "조망이익의 침해가 …", 대법원판례해설 67호(주 10), 330-331면 참조.

173) 일본 판례의 소개는 예컨대 崔義鎬, "일조·조망권과 관련한 일본에서의 논의 및 최근 재판례의 분석", 裁判資料 제111집: 外國司法研修論集[26-下], 2005, 111면 이하; 徐敏錫(주 172), 282면 등 참조.

174) 이 판결에 대하여는 예컨대 吉田克己, "景觀利益の侵害による不法行爲の成否", ジュリスト No. 1332, 平成18年度 重要判例解說, 2007, 83면 이하 참조. 여기서는 이 판결이 경관의 객관적 가치를 승인한 점에 큰 의의가 있다고 한다.

175) 전경운, "眺望權의 成立與否", 比較私法 제12권 2호, 2005, 1면 이하 참조.

176) 배성호(주 169); 李東遠, "眺望權 侵害에 관한 判例의 動向", 法曹 2005. 10, 237면 이하; 安京姬, "眺望權에 대한 小考", 재산법연구 제23권 2호, 2006, 165면 이하 등.

위로 될 수 있다고 하더라도, 불법행위가 성립하는 범위는 예컨대 일조권과 비교하였을 때 현저히 좁고,[177) 현재 우리나라나 일본의 판례상 조망이익의 침해를 이유로 불법행위가 인정된 경우는 별로 없다. 그 이유는 조망이익은 일조권과는 달리 이를 인정할 성문법상의 근거가 빈약할 뿐만 아니라, 일조권과 비교하여 생활에 절실히 필요한 것이 아니라고 설명할 수도 있겠으나, 다른 각도에서는 특정인의 조망이익이 침해된다고 하더라도 그로 인하여 사회적 총효용이 감소하는 것은 아니라고도 말할 수 있을 것이다. 일조권의 경우에는 사람이 다른 건물로 인하여 햇볕을 쪼이지 못하게 되는 것이 다른 사람의 일조권을 증대시키는 것이라고는 할 수 없어서 그 자체로는 사회 전체적으로 보아 효용을 감소시키는 것이다. 물론 이 경우에도 사회 전체적으로 볼 때 일조권 감소를 보상할 만한 충분한 다른 이익이 있다면 불법행위의 성립을 부정할 수 있을 것이다. 그러나 조망이익의 경우에는 어떤 사람이 누리고 있던 조망이익이 다른 사람의 건물로 인하여 감소된다고 하여도, 그만큼의 이익을 다른 사람이 누리게 될 것이기 때문에, 사회 전체적으로 보아서는 반드시 손실이라고 할 수는 없고, 따라서 용이하게 불법행위를 인정하여서는 안 되는 것이다. 가령 어떤 사람이 영업을 하고 있는데 다른 사람이 근처에서 비슷한 영업을 함으로써 기존 영업주가 손해를 입게 된다고 하더라도, 다른 특별한 사정이 없는 한 이를 불법행위가 된다고는 할 수 없는 것과 마찬가지이다. 왜냐하면 이 경우에 기존 영업주가 얻었던 이익 내지 그보다 더 큰 이익을 다른 사람들이 누릴 수 있기 때문이다. 그러므로 조망이익의 경우에도 사회의 전체적인 조망이익 내지 다른 이익이 감소되는 경우에 비로소 불법행위가 문제될 수 있을 것이다.

2. 실화책임에 관한 법률의 위헌성

[19] 헌법재판소 2007. 8. 30. 선고 2004헌가25 결정(헌법재판소공보 제131호 931)은 '실화책임에 관한 법률'은 헌법에 위반된다고 하여 불합치결정을 선고하고, 법원 기타 국가기관과 지방자치단체는 입법자가 위 법률을 개정할 때까지 그 적용을 중지하여야 한다고 하였다.

"民法 第750條의 規定은 失火의 경우에는 重大한 過失이 있을 때에 限하

---

177) 일조권에 관하여는 이동원, "일조권 침해에 관한 판례의 동향", 민사법학 제27호, 2005, 257면 이하 참조.

여 이를 適用한다"고 규정하고 있는 실화책임에 관한 법률(실화책임법)에 대하여는 일본의 특유한 입법례를 받아들인 것으로서 합리성이 없다는 비판이 많았으나, 종전의 헌법재판소와 대법원은 모두 위 법률이 위헌이 아니라고 하였다.178) 그러나 위 [19] 결정은 종전의 자신의 판례를 변경하였다.

　　위 결정은 그 이유에서, 실화책임법은 불법행위에 관한 과실책임주의원칙에 대한 예외를 규정하여 실화피해자의 손해배상청구권을 제한하는 것으로서 헌법 제37조 제2항이 규정한 비례의 원칙에 합치되어야 하는데, 경과실로 인한 실화자를 지나치게 가혹한 손해배상책임으로부터 구제한다는 실화책임법의 필요성과 입법목적은 오늘날에 있어서도 여전히 존속하지만, 실화 및 연소의 피해에 대하여 실화자의 책임을 전부 부정하고 그 손실을 전부 피해자에게 부담시키는 것은 합리성과 구체적 타당성을 인정하기 어렵고, 입법목적을 달성하기 위한 적절한 방법이라고 볼 수 없으며, 민법 제765조에 의하여 실화자의 가혹한 부담을 합리적으로 조정할 수 있음에도 불구하고 경과실로 인한 화재의 경우에 실화자의 책임을 전부 부정하고 그 손실을 전부 피해자에게 부담시키는 것은 실화피해자의 손해배상청구권을 입법목적상 필요한 최소한도를 벗어나 지나치게 많이 제한하는 것이라고 한다. 게다가 화재 피해자에 대한 보호수단이 전혀 마련되어 있지 아니한 상태에서 화재가 경과실로 발생한 경우에 일률적으로 실화자의 손해배상책임과 피해자의 손해배상청구권을 부정하는 것은, 일방적으로 실화자만 보호하고 실화피해자의 보호를 외면한 것으로서 실화자 보호의 필요성과 실화피해자 보호의 필요성을 균형있게 조화시킨 것이라고 보기 어렵다고 하였다.

　　다만 그 주문 유형의 선택에 있어서는 헌법불합치를 선고하여야 한다는 다수의견과 단순위헌을 선고하여야 한다는 반대의견의 대립이 있었다. 다수의견은, 화재와 연소(延燒)의 특성상 실화자의 책임을 제한할 필요성이 있고, 그러한 입법목적을 달성하기 위한 수단으로는 구체적인 사정을 고려하여 실화자의 책임한도를 경감하거나 면제할 수 있도록 하는 방안, 경과실 실화자의 책임을 감면하는 한편 그 피해자를 공적인 보험제도에 의하여 구제하는 방안 등 여러 가지 입법정책을 검토하여 선택하여야 할 것이며, 이러한 일은 입법기관의 임무에 속하는 것이므로 실화책임법에 대하여 단순위헌을 선언하기보다는

---

178) 헌법재판소 1995. 3. 23. 선고 92헌가4 등 결정(헌판집 7권 1집 289면 이하); 대법원 1994.
　　1. 25. 선고 93다13551 판결(공 1994상, 797).

헌법불합치를 선고하여 개선입법을 촉구함이 상당하다고 하였다.179)

반면 반대의견은, 실화책임법이 실화피해자의 재산권을 침해하는 것으로서 위헌으로 판단되는 이상, 헌법재판소로서는 실화책임법의 외관을 형식적으로 존속시키고 입법부의 개정입법이 있을 때까지 그 적용을 중지시킬 것이 아니라 단순위헌을 선고하여 실화책임법을 법질서에서 제거함으로써 헌법질서를 수호하는 단호한 태도를 취하여야 하고, 실화책임법에 대하여 단순위헌결정을 선고하더라도 법원으로서는 민법 제750조, 제765조에 의하여 실화로 인한 손해를 실화자와 실화피해자 사이에 공평하게 분담할 수 있을 것이고, 입법자는 실화책임법이 무효로 선언된 이후에도 실화자의 구제와 실화피해자의 보호를 도모하는 새로운 법률을 제정할 수 있으므로, 단순위헌결정을 선고하더라도 법적 공백으로 인한 혼란을 야기하거나 입법자의 입법형성권을 침해할 우려도 없다고 주장한다.

경제학적인 관점에서 본다면 실화자의 경과실로 인한 손해배상책임을 배제하는 실화책임법은 행위자의 실화 발생에 관한 주의수준을 낮추는 역할을 함으로써 실화의 개연성을 높인다는 점에서 효율적이라고는 할 수 없다.180) 그러나 이러한 경제학적인 판단을 헌법적 관점에서 위헌 여부와 어떻게 연결시킬 것인가, 보다 일반적으로는 재산법 문제에 대하여 헌법적 관점에서 어떻게 판단할 것인가 하는 점은 이제까지 많은 연구가 이루어지지는 않았다. 그렇지만 이 결정이 실화책임법이 위헌이라는 이유로 들고 있는 점들은 대체로 받아들일 수 있다고 생각된다.

그런데 문제는 과연 이 사건에서 헌법불합치결정이 필요했는가 하는 점이다. 실화자의 책임을 제한할 필요가 있다는 것이 정당한 입법목적이 될 수 있다고 하더라도, 실화자의 책임을 제한하지 않는 것이 헌법에 위반된다고는 할 수 없다면, 실화책임법이 단순위헌으로 선고된다고 하더라도 그것이 바로 위헌적인 상태를 초래하는 것이라고는 할 수 없는 것이다. 뿐만 아니라 그러한 문제는 반대의견이 지적하는 것처럼 현행법상으로도 고의 또는 중대한 과실에

---

179) 이동흡 재판관의 보충의견은 실화책임법의 위헌성은 제정 당시부터 있었던 것이라기보다는 그 후의 건축양식의 변화와 소방행정의 발달 및 관계법령의 정비 등 현실적인 상황의 변경에 의하여 발현된 것이라고 보여지고, 그 위헌성을 제거하는 방법도 다양할 것이므로 헌법불합치를 선고하여야 한다고 한다.

180) 이 점에 대하여는 고학수, "실화책임에 관한 법률의 법경제학적 분석", 외법논집 제27집, 2007, 653면 이하 참조. 위 글은 위 글의 필자가 헌법재판소에 참고인으로 제출하였던 의견서에 기초하고 있다. 또한 한국법경제학회는 2007. 9. 15. 이 결정을 주제로 하여 학술대회를 개최한 바 있는데, 그 결과는 법경제학연구 제4권 2호, 2007, 111면 이하에 수록되어 있다.

의하지 않은 불법행위의 경우에 손해배상액의 감액을 인정하고 있는 민법 제
765조에 의하여 어느 정도 대처할 수 있는 것이다.[181]

3. 수사기관의 수사 미진으로 인한 국가배상책임

[20] 대법원 2006. 12. 7. 선고 2004다14932 판결(공 2007상, 101)에서는 수
사기관의 수사 미진을 이유로 하는 국가배상책임을 인정하였다. 이 사건에서는
판문점의 공동경비구역 내에 근무하던 한국 육군 장교 A가 총상을 입고 사망
한 채로 발견되어, 그 사인이 자살인가 타살인가를 둘러싸고 논란이 많았다.
군 수사기관은 1차 수사 결과 자살이라고 결론을 내렸고, 상급부대에서 진행한
2차 수사결과도 같은 결론에 이르렀으며, 유족측의 의문제기로 국방부 특별합
동조사단이 구성되어 3차 수사를 벌인 다음 역시 자살로 결론을 내렸다.

그런데 A의 부모 및 형제인 원고들은 국가를 상대로 하여, A는 자살한
것이 아니라 타살당하였던 것임에도, 군 수사기관이 이 사건 사고에 관한 수사
과정에서 고의로 그 진상을 은폐·조작하여 이 사건 사고를 자살사건으로 처
리하였고, 그렇지 않더라도 타살임을 입증할 만한 수사를 제대로 하지 않는 등
고의 또는 중과실로 진상규명을 위하여 필요한 수사를 다하지 않고 이 사건
사고를 자살로 몰아감으로써 원고들에게 불법행위를 저질렀다는 취지로 주장
하면서, 위 진상은폐행위 내지 수사상 하자로 인하여 원고들이 입은 정신적 손
해배상으로 위자료를 지급하라는 소송을 제기하였다.

원심판결[182]은 2차 및 3차 수사는 잘못이 없다고 보았으나, 1차 수사에 대
하여는 피고 산하 군수사기관의 담당수사관들이 그 직무상 의무를 소홀히 하
여 A의 유가족들인 원고들로 하여금 사인에 대한 알권리나 명예감정 등 인격
적 법익을 침해하였다고 하여 위자료 지급을 명하였다.

이 판결에 대하여 원고들과 피고가 모두 상고하였는데, 대법원은 상고를
모두 기각하였다. 원고들의 상고에 대하여는, 원심이 피고의 2차 및 3차 수사
의 과정은 최선을 다한 것으로 보이고 피고로서는 2차 및 3차 수사의 과정 및

---

181) 입법자의 형성의 자유가 그것만으로는 헌법불합치결정의 근거가 될 수 없다는 점에 대하
여는 尹眞秀, "相續의 單純承認 擬制規定에 대한 憲法不合致決定의 問題點 — 특히 憲法不合致
決定의 主文과 관련하여", 憲法論叢 제11집, 2000, 208면, 212면 등 참조.
182) 서울고등법원 2004. 2. 17. 선고 2002나13814 판결(미공간). glaw.scourt.go.kr에서 검색할 수
있다.

결과에 관하여 직무상 의무 위반이 있다거나 원고들의 인격적 법익의 침해가 있다고 단정할 수 없다고 판단한 것은 정당하다고 하였다. 그리고 피고의 상고에 대하여는, 이 사건 초동수사를 담당한 군사법경찰관은 현장조사와 현장보존을 소홀히 하고 주요 증거품을 확보하는 조치를 취하지 않았을 뿐만 아니라, 소대원들에 대한 알리바이 조사도 상당한 기간이 경과한 후 형식적으로 하는 등 그 잘못이 적지 아니하고, 이와 같은 초동수사는 조사활동 내지 수사의 기본원칙조차 지켜지지 아니한 채 행하여진 것으로서 경험칙과 논리칙에 비추어 도저히 그 합리성을 긍정할 수 없는 일견 명백한 하자가 있어 위법하므로, 원심이 피고에게 김훈의 유가족들인 원고들이 입은 정신적 고통에 대한 위자료를 지급할 의무가 있다고 판단한 결론은 정당하다고 하였다.

그러나 이 판결이 이론적으로 정당화될 수 있는지는 의문이다. 이 사건의 제1차적인 쟁점은 A의 사인이 자살인가 타살인가 하는 점인데, 이 점에 대하여는 원심과 대법원이 모두 자살이라고 본 2차 및 3차 수사에 잘못이 있다고 할 수는 없다고 보았다. 문제는 1차 수사인데, 1차 수사의 절차에 원심 및 대법원이 지적하는 바와 같은 잘못된 점이 있다고 하더라도, 그 결론이 잘못된 것이라고 단정할 수 없다면 국가배상책임이 성립한다고 하기는 어려운 것이다.

일반적으로 수사기관의 수사 잘못에 대하여 일반 국민이 손해배상책임을 물을 수 있는가 하는 점은 어려운 문제이다. 가령 수사기관의 잘못으로 범인이 아닌 사람이 범인으로 몰려 재판을 받는 등 고통을 겪었다면 공무원의 귀책사유를 입증할 수 있는 한 국가배상책임이 성립할 수 있을 것이다.[183] 그런데 이와는 달리 범죄의 피해자 또는 피해자라고 주장하는 사람 측에서 수사기관의 잘못으로 인하여 범죄자를 밝혀내지 못하였거나 또는 처벌하지 못하게 되었다고 하여 손해배상책임을 물을 수 있을까? 이 문제는 수사기관이 수사를 하여야 할 의무가 단순히 공공 일반의 이익을 위한 것인가, 아니면 피해자의 이익도 보호하기 위하여 설정된 것인가 하는 점에 달려 있다.[184] 이 점에 대하여는

---

183) 서울중앙지방법원 2006. 11. 3. 선고 2005가합88966 판결(각공 2006, 2587); 2007. 8. 21. 선고 2006가합92412 판결(www.scourt.go.kr의 전국법원 주요판결에서 검색)은 모두 유죄의 확정판결이 재심에 의하여 취소된 경우에 피고인 또는 그 유가족의 국가배상청구권을 인정하였다. 그러나 이 판결들이 국가의 소멸시효 주장을 소멸시효 남용이라고 배척한 것은 잘못이고, 재심에 의하여 위 판결이 취소되기까지는 소멸시효의 진행에 법률적 장애가 있었으므로 소멸시효가 진행하지 않았다고 보아야 할 것이다. 尹眞秀, 서울대학교 법학(주 1), 399면 참조.
184) 대법원 1993. 2. 12. 선고 91다43466 판결(집 41권 1집 민125); 2006. 4. 14. 선고 2003다

견해가 대립할 수 있으나, 이 사건 판결이 인용하고 있는 대법원 2005. 9. 9. 선고 2003다29517 판결[185]은, "검사가 외국인 범죄혐의자 등에 대한 수사의 일환으로 취하는 출국정지 또는 그 연장 요청과 관련하여 현저하게 불합리한 방식으로 업무처리를 하는 바람에 살인사건의 매우 유력한 용의자가 영구적으로 도주할 의사로 출국하여 버리고 이로 인하여 그에 대한 수사의 진행이나 형사재판의 개시가 현저히 곤란하게 되었다면, 이러한 상황에 대하여 불복하여 이를 시정할 뚜렷한 방안을 강구할 수조차 없는 피해자의 유족들로서는 공식적인 방법으로 그 사건의 진상 규명을 할 기회나 진상 규명에 대한 합리적인 기대를 사실상 박탈당하게 됨으로써 정신적 고통을 겪게 되리라는 것은 경험칙상 명백한 것으로 보아야 하고, 이는 보호할 가치 있는 인격적 법익을 종국적으로 침해하는 행위에 해당하는 것으로 보아야 한다"라고 판시하여 이를 긍정하고 있다.[186]

이러한 의무를 인정한다고 하더라도 모든 범죄의 피해자에게 이를 인정할 수 있는지, 구체적으로 어떤 경우에 위법성이 인정될 수 있는지 하는 점은 어려운 문제이다. 그러나 이러한 의무를 인정하고, 또 이 사건에서 법원이 인정한 것처럼 1차 수사에 문제점이 있었다고 하더라도, 그것만으로는 국가배상책임이 인정될 수는 없다. 수사기관이 부담하는 의무라는 것은 제1차적으로는 범죄의 혐의가 있는 경우에 누가 범죄자인가를 명백히 하는 데 있는 것으로서, 그 결과에 중점이 있는 것이지, 그 과정에 잘못이 있다고 하여도 그 결과가 잘못된 것이 아니라면 위법하다고 할 수는 없는 것이다(이른바 결과불법론). 그런데 이 사건에서는 자살이라고 결론을 내린 2차 및 3차 수사에 잘못이 있다고 할 수 없다는 것이므로, 1차 수사도 그 결과에 잘못이 있다고 할 수는 없다. 만일 이러한 경우에 국가배상책임이 인정된다면 이는 결과와는 관계없이 행위 그 자체에 대하여 손해배상책임을 지우는 것으로서, 일반적인 국가배상법 내지 불법행위법 이론을 벗어나는 것이다.

나아가 가령 1차 수사가 제대로 되지 않은 데 대하여 A의 유족들이 어떠한 정신적 고통을 입었다고 하더라도, 이러한 정신적 고통에 대한 보상은 제대

41746 판결(공 2006상, 797) 등 참조.

185) 미공간. glaw.scourt.go.kr에서 검색할 수 있다.

186) 그러나 외국에서는 일반적으로 수사기관의 수사 잘못으로 인한 국가배상책임을 인정하지 않는 것 같다. 예컨대 영국 항소법원(Court of Appeal)의 M v. The Commissioner of Police for the Metropolis, [2007] EWCA Civ 1361(2007. 12. 21) 등 참조.

로 된 재수사에 의하여 이루어져야 하는 것이고, 재수사가 제대로 이루어졌다면 이러한 정신적 고통은 더 이상 보상될 수 없다고 하여야 할 것이다. 원심과 대법원은, 초동수사가 제대로 이루어졌다면 실체적 진실에 접근할 수 있는 가능성이 있었음에도 이를 소홀히 하여 사건의 실체를 불분명하게 만들었고 현재까지도 이 사건 사고가 자살인지 타살인지 명확히 결론을 내릴 수 없도록 하였다는 점에서 손해배상책임의 근거를 찾는 것처럼 보이지만,187) 자살인지 타살인지 명확하지 않다면 1차 수사가 결과에 있어서 위법하다고 단정할 수는 없는 것이다.

　　물론 결과에 관계없이 책임을 인정하여야 할 경우가 없지는 않다. 예컨대 수사기관이 의도적으로 범인을 은닉하였는데, 나중에 범인이 밝혀져서 처벌을 받은 경우에는 그것이 고의에 의한 것이어서 행위불법의 면에서 비난가능성이 높을 뿐만 아니라, 그러한 범인 은닉의 결과가 수사에 장애를 주었다는 점에서 정신적 손해에 대한 손해배상책임을 인정할 수 있다.188) 그러나 이 사건과 같이 1차 수사가 잘못된 것이라고 단정할 수 없다면, 국가측에게 고의를 인정하기 어려운 이 사건에서 국가배상책임을 인정하여서는 안 될 것이다.

　　다른 각도에서 본다면, 이 사건 판결이 수사기관의 수사 잘못으로 인하여 타살임을 밝힐 기회를 상실시켰다는 점에서 국가배상책임을 인정하였다고 볼 여지도 있다. 다시 말하여 이른바 기회 상실의 손해로 인한 손해배상책임을 인정하여야 한다는 관점에서 이 판결을 정당화할 수 있다는 것이다.189) 예컨대 의료사고에서 의사의 주의의무 위반은 인정되지만, 의무위반이 없었더라도 치료가 성공하였으리라는 점에 관하여는 충분한 입증이 없는 경우에도 치료 성공에 대한 개연성이 있었다면, 그러한 기회를 상실시켰다는 이유로 손해배상책

---

187) 원심은 군수사기관 나아가 국방부가 2차, 3차 수사에서 유족들이 해명을 요구한 사항에 대하여 장기간 많은 인력과 비용을 투입하는 등 최선을 다하여 수사하기는 하였으나, 1차 수사에 있어서 수사상 잘못으로 인하여 2차, 3차 수사에도 불구하고 사건의 진상이 명확히 규명되지 아니하였고 유족들의 의혹이 아직도 완전히 해소되지도 않은 상태가 지속되고 있으므로 그 후 2, 3차 수사가 시행되었다고 하더라도 초동수사에 있어서 군수사기관이 소홀히 한 직무상 의무를 다한 것이 된다고 보기는 어렵다고 판단하였다.

188) 대법원 1995. 11. 7. 선고 93다41587 판결(공 1995하, 3890)은 이른바 박종철 군 고문치사 사건에서, 박종철 군이 경찰의 고문치사로 사망한 데 대하여, 경찰 간부들이 고문치사사실을 은폐하거나 또는 고문치사에 가담한 범인을 축소 조작한 데 대하여, 그 유가족의 인격적 법익을 침해하였다고 보아 경찰 간부와 국가의 손해배상책임을 인정하였다.

189) 기회상실(loss of chance)의 이론에 대하여는 예컨대 鄭泰綸, "機會喪失의 損害에 관한 연구", 比較私法 제5권 1호, 1998, 169면 이하; 姜信雄, "美國 機會喪失論의 受容 與否 檢討", 比較私法 제9권 4호, 2002, 271면 이하 등 참조.

임을 인정하여야 한다는 것이다.[190] 대법원 2006. 9. 28. 선고 2004다61402 판
결(공 2006하, 1819)이, 의사의 주의의무 위반과 환자에게 발생한 악결과(惡結果)
사이에 상당인과관계가 인정되지 않는 경우에는 그에 관한 손해배상을 구할
수 없지만, 그 주의의무 위반의 정도가 일반인의 처지에서 보아 수인한도를 넘
어설 만큼 현저하게 불성실한 진료를 행한 것이라고 평가될 정도에 이른 경우
라면 그 자체로서 불법행위를 구성하여 그로 말미암아 환자나 그 가족이 입은
정신적 고통에 대한 위자료의 배상을 명할 수 있다고 한 것도 이와 같은 맥락
에서 이해되지만, 위 판결에서는 기회의 상실에 대하여는 직접 언급이 없다.

　　이 사건에서 원심은 손해배상책임을 인정하는 근거로서, 만일 초동수사가
제대로 이루어졌더라면 실체적 진실에 접근할 수 있는 가능성이 있었음에도
이를 소홀히 하여 사건의 실체를 불분명하게 만들었고 현재까지도 이 사건 사
고가 자살인지 타살인지 명확히 결론을 내릴 수 없도록 하였다는 점을 들고
있으나, 대법원 판결에는 이 점에 관한 언급이 없다. 이 점에서 이 사건 판결
이 이러한 기회 상실의 이론에 입각하였는지 여부도 분명하지 않다.

　　그러나 기회 상실의 이론이 다른 경우에는 인정될 수 있다고 하더라도, 이
사건과 같은 경우에 이를 인정하는 것은 적절하지 않다고 생각된다. 우선 수사
가 제대로 이루어졌다면 과연 결과가 달라졌을 개연성이 있다는 점에 대한 입
증이 없을 뿐만 아니라, 수사기관과 원고들 사이의 관계를 의사와 환자와의 관
계와 같이 볼 수 있는가 하는 점도 의문인 것이다.

　　다른 한편 이 사건에서 법원이 1차 수사의 잘못만을 이유로 손해배상책임
을 인정한 것이 과연 원고들의 진의에 부합하는지도 의문이 있다. 원고들은 A
가 자살한 것이 아니라 타살당한 것임을 전제로 하여, 수사기관이 고의로 그
진상을 은폐·조작하여 이 사건 사고를 A의 자살사건으로 처리하였고, 그렇지
않더라도 타살임을 입증할 만한 수사를 제대로 하지 않는 등 고의 또는 중과
실로 진상규명을 위하여 필요한 수사를 다하지 않고 이 사건 사고를 자살로
몰아감으로써 원고들에게 불법행위를 저질렀다고 주장하였다. 그런데 법원이
타살이라고 단정할 수 없다고 하면서, 다만 자살이라고 한 1차 수사가 소홀하
였다는 점을 손해배상책임의 발생 원인으로 인정한 것은 원고들이 받아들일

---

190) 이에 관한 미국과 일본의 학설과 판례를 소개한 것으로는 鄭泰綸(주 189); 姜信雄(주 189)
　　외에 金敏圭, "受診機會喪失論 ― 일본의 판례 및 학설 발전으로부터의 시사 ―", 財産法研究
　　제22권 3호, 2006, 291면 이하 등 참조.

수 있는 결과는 아니라고 생각된다.

4. 모용예금계좌 개설로 인한 금융기관의 손해배상책임과 인과관계

대법원 2006. 1. 13. 선고 2003다54599 판결(공 2006상, 226)은, 금융기관으로서는 대리인을 자처하는 자에게 예금계좌를 개설하여 주는 과정에서 위임장과 인감증명서를 제출받고 대리인의 신분증을 확인하는 등의 최소한의 확인조치를 취함으로써 그것이 불특정 다수의 잠재적 피해자에 대한 범죄행위에 이용될 가능성을 미연에 방지함으로써 타인의 불법행위에 도움을 주지 않아야 할 주의의무가 있고, 그러한 조치를 전혀 취하지 아니한 결과 개설된 모용계좌가 범죄행위에 이용되어 모용자가 제3자로부터 계좌에 금원을 입금받는 방법으로 제3자에게 손해를 가하였다면, 금융기관의 그와 같은 주의의무 위반은 해당 금융기관이 금융실명거래 및 비밀보장에 관한 법률에서 정한 실명확인의무를 이행하였는지 여부와는 무관하게 위법한 것으로서, 제3자가 입게 된 손해와 사이에 상당인과관계가 있다고 하였다.[191]

그런데 [21] 대법원 2007. 7. 13. 선고 2005다21821 판결(공 2007하, 1257)은 이러한 금융기관의 손해배상책임에 일정한 제한을 가하였다. 이 사건의 내용은, 어떤 성명불상자가 제3자의 주민등록증을 습득하였음을 기화로 제3자 명의의 휴대전화를 개설하고, 이어서 피고 은행의 지점을 방문하여 피고 은행의 담당직원에게 마치 자신이 제3자인 것처럼 가장하여 그의 주민등록증을 제시하면서 그 명의의 예금계좌개설을 요구하였는데, 피고 은행의 담당직원은 성명불상자의 외관과 주민등록증상의 사진상 얼굴이 일치하지 않았으나 제3자 명의의 예금계좌를 개설해 주었고, 성명불상자는 제3자 명의로 개설한 휴대전화를 이용하여 농업협동조합중앙회의 텔레뱅킹 서비스번호로 전화한 다음 원고 명의의 농업협동조합중앙회 예금계좌의 계좌번호, 보안카드 비밀번호, 텔레뱅킹 비밀번호, 통장 비밀번호 등을 차례로 입력하는 방법으로, 원고의 농업협동조합중앙회 예금계좌에 입금되어 있던 2,800만 원을 위와 같이 미리 개설한 제3자 명의의 예금계좌로 이체한 후 그 중 2,500만 원을 현금으로 인출해 간 것이다. 원고가 피고 은행을 상대로 손해배상을 청구한 데 대하여, 원심[192]은 제

---

191) 같은 취지, 대법원 2007. 7. 13. 선고 2005다23599 판결(공 2007하, 1261).

192) 서울중앙지방법원 2005. 3. 31. 선고 2004나9243 판결(미공간). glaw.scourt.go.kr에서 검색할

3자 명의의 예금 계좌를 개설하여 준 것은 피고 은행의 과실에 의한 방조라고 보아 피고의 손해배상책임을 인정하였다.

그러나 대법원은 다음과 같은 이유로 원심판결을 파기환송하였다.

"금융기관이 본인확인절차 등을 제대로 거치지 아니하여 모용계좌가 개설되었다는 사정만으로 그 모용계좌를 통하여 입출금된 금원 상당에 대하여 언제나 손해배상책임을 져야 한다고 볼 수는 없고, 그 손해배상책임을 인정하기 위해서는 금융기관의 주의의무 위반과 피모용자 또는 제3자의 손해발생 사이에 상당인과관계가 있음이 인정되어야 할 것이고, 상당인과관계의 유무를 판단함에 있어서는 일반적인 결과발생의 개연성은 물론 주의의무를 부과하는 법령 기타 행동규범의 목적과 보호법익, 가해행위의 태양 및 피침해이익의 성질 및 피해의 정도 등을 종합적으로 고려하여야 할 것이다(중략). 금융기관이 본인확인절차 등을 제대로 거치지 아니하여 개설된 모용계좌가 불특정 다수인과의 거래에 이용되는 경위나 태양은 각양각색으로서, (중략) 모용계좌가 사기적 거래관계에서 이미 기망당한 피해자에 의하여 단순히 원인계약상의 채무의 이행을 위하여 입금하는 데 이용되거나 다른 방법이나 경로로 피해자의 재산권을 침해하여 얻은 이득금 등을 입금·보관하는 데 이용된 것에 불과한 경우 등에는 특별한 사정이 없는 한 피해자가 모용계좌의 존재로 인하여 잘못된 신뢰를 형성하여 원인계약을 체결하기에 이르렀다거나 가해자가 그 모용계좌의 존재로 인하여 피해자의 재산권에 대한 접근 및 침해가 가능하게 되었다고 보기 어렵고, 또한 위와 같은 유형의 범죄행위로 인하여 발생한 피해에 대한 책임을 금융기관에 부담시키게 된다면 불특정 다수인이 자신의 책임하에 행하여야 할 거래상대방에 관한 신용조사 등을 잘못하여 이루어진 각양각색의 하자 있는 거래관계나 불특정 다수인을 상대로 행하여진 다양한 형태의 재산권 침해행위 등으로 인하여 발생한 손해에 대해서까지 무차별적으로 금융기관에 책임을 추궁하는 결과가 되어 금융기관의 결과발생에 대한 예측가능성은 물론 금융기관에게 본인확인의무 등을 부과한 행동규범의 목적과 보호법익의 보호범위를 넘어서게 되므로, 본인확인절차 등을 제대로 거치지 아니하여 모용계좌를 개설한 금융기관의 잘못과 위와 같은 태양의 가해행위로 인한 손해발생 사이에는 상당인과관계를 부정하여야 할 것이다."

수 있다.

그리하여 피고 은행의 담당직원이 소외인을 사칭하는 성명불상자에게 소외인 명의의 예금계좌를 개설해 줌에 있어서 본인 여부를 정확하게 확인하지 아니한 잘못이 있다 하더라도, 그러한 잘못과 원고의 농업협동조합중앙회 예금계좌에서 2,500만 원이 인출된 손해 사이에는 상당인과관계가 있다고 할 수 없다는 것이다.

이 판결에 대한 대법원 재판연구관의 해설193)에 따르면, 피모용자가 수령하여야 할 돈을 피모용자의 모용계좌로 송금하게 하여 그 금원을 편취해 간 경우에는 은행의 주의의무 위반과 손해 발생 사이에 인과관계가 인정되지만, 모용자와 피해자의 사기적 거래관계에서 발생한 원인관계상의 채무를 이행하는데 모용계좌가 이용된 경우에는 인과관계가 인정될 수 없다고 한다.194) 그리고 이 사건과 같이 모용계좌가 피해자에게 기망수단으로 이용된 바가 없고, 다만 피해자의 예금계좌에서 출금한 돈을 잠시 입금·보관시키는데 이용한 경우에는 가해자는 위 모용계좌를 만들지 않더라도 또 다른 사람 명의의 계좌를 만드는 등으로 피해자의 계좌에서 얼마든지 돈을 출금할 수 있는 상태에 있었으므로, 은행이 제3자의 모용계좌를 개설한 잘못이 있다고 하더라도, 피해자의 손해와 상당인과관계가 있다고 보기 어렵고, 제3자 명의의 모용계좌는 피해자를 기망하거나 피해자에게 어떤 신뢰의 기초를 제공하지 아니하였으며, 피해 발생의 결정적 원인은 가해자가 이미 절취 내지 편취수단을 확보하고 있었다는 점에 있었다고 한다.

이 판결은 이른바 과실에 의한 방조에 있어서 인과관계의 문제에 대하여 다시 한 번 생각해 보게 하는 계기를 제공한다. 판례195)는, 손해의 전보를 목적으로 하여 과실을 원칙적으로 고의와 동일시하는 민법의 해석으로서는 과실에 의한 방조도 가능하고, 이 경우의 과실의 내용은 불법행위에 도움을 주지 않아야 할 주의의무가 있음을 전제로 하여 이 의무에 위반하는 것을 말하며, 방조자에게 공동불법행위자로서의 책임을 지우기 위하여는 방조행위와 피방조자의 불법행위 사이에 상당인과관계가 있어야 한다고 한다.196) 원심은 이 사건을 과실에 의한 방조의 문제로 파악하였고, 재판연구관의 해설도 같은 취지이

---

193) 오영준, "모용계좌의 개설에 관한 금융기관의 주의의무 위반과 피모용자나 제3자의 손해 발생 사이의 인과관계", 사법 제2호, 2007. 12, 297면 이하.
194) 대법원 1977. 6. 28. 선고 77다221 판결(공 1977, 10197); 2004. 2. 13. 선고 2003다46444 판결(미공간. 법고을 LX에서 검색할 수 있다)을 그 예로 들고 있다.
195) 대법원 1998. 12. 23. 선고 98다31264 판결(공 1999상, 222).
196) 같은 취지, 대법원 2000. 4. 11. 선고 99다41749 판결(공 2000상, 1172); 2003. 1. 10. 선고 2002다35850 판결(2003상, 616) 등.

다.197)

우선 이 사건의 경우에 피고 은행의 직원이 모용예금이라는 것을 알았다고 가정하자. 그러면 이러한 경우에는 미필적으로나마 이 예금계좌가 사기 등의 범행에 이용될 것이라는 것을 알았다고 보아 고의가 인정될 수 있을 것이고, 이처럼 고의가 인정된다면 모용예금계좌의 개설과 원고의 손해 사이에 인과관계가 없다고 하기는 어려울 것이다. 독일에서는 고의에 의한 방조의 경우에 어느 정도로 인과관계가 요구되는가에 관하여 여러 가지 주장이 있다.198) 그 하나는 판례가 취하는 것으로서, 방조자가 행위의 결과를 공동으로 야기하였을 필요는 없고, 다만 주범의 행위에 도움을 줌으로써 이를 촉진하였으면 된다고 한다.199) 학설 가운데 이를 지지하는 학설은, 주범과 방조자의 공동의 의사가 형성되었으면 객관적인 인과관계는 필요하지 않다고 설명하기도 한다.200) 다른 견해는 방조의 경우에도 인과관계는 필요하다고 한다. 이 설에 따르면 인과관계를 요하지 않는다고 할 때에는 방조의 미수와 기수를 구별할 수 없게 된다는 것이다.

그러나 실제로는 이러한 견해의 대립은 표현상의 차이에 불과하다. 인과관계를 요한다는 학설도, 법익의 침해를 객관적으로 촉진시키는 모든 도움은 인과관계가 있는 것이고, 행위는 물리적 방조 외에 심리적 방조(psychische Beihilfe)를 인정하여, 심리적 방조가 없는 한 주범이 불법행위를 저지르지 않았을 것이면 불법행위와의 사이에 인과관계가 있다고 한다. 이를 다음과 같이 표현하기도 한다. 방조의 경우에 책임을 확장하는 것은 노동분업적인 행위에 있어서 각 참여자는 전체 계획이 성립하는 데 어느 정도의 기여를 하는데, 그 기여가 결과와 인과관계가 있는가 하는 것은 우연한 사정에 달려 있지만, 적어도 다른 사람들의 범행의 결의를 촉진시키고 범행의 수행을 용이하게 하였기 때문이라는 것이다. 따라서 도둑이 훔치는데 망 본 사람은 실제로 아무도 지나가지 않았더라도 기여는 했다는 것이다.

그렇다면 과실에 의한 방조의 경우에는 어떠한가? 이 경우에도 인과관계의 문제는 고의의 방조와 같이 보아야 하는가? 그렇게 보기는 어려울 것이다.

---

197) 오영준(주 193), 299면.
198) 이 문제에 관하여는 Staudinger/Belling/Eberl-Borgs, Neubearbeitung 2002, §830 Rdnr. 39 ff. 참조. 또한 鄭泰綸, "共同不法行爲의 成立要件과 過失에 의한 幇助", 민사법학 제20호, 2001, 479면 이하 참조.
199) 독일연방대법원 1974. 10. 29. 판결(BGHZ 63, 124, 130).
200) 民法注解 ⅩⅥ, 2005, 175면(鄭泰綸)도 같은 뜻으로 이해된다.

고의의 경우에는 심리적인 일체가 형성되어 있기 때문에 인과관계의 완화를 인정할 수 있지만, 그러한 경우가 아니면 인과관계를 그와 같이 넓게 인정하는 것은 문제가 있는 것이다. 이 판결도 그러한 생각에 터잡은 것이라고 할 수 있다. 종래 판례는 각각의 행위자의 행위 사이에 주관적인 공동성이 없더라도, 객관적으로 관련공동성이 있으면 공동불법행위가 성립한다고 하여,201) 인과관계의 문제나 과실상계의 문제에 있어서 주관적인 공동성이 있는 경우와 같이 취급하고 있다. 그러나 주관적인 공동성이 있는 경우와 없는 경우는 요건이나 효과 면에서 달리 취급할 필요가 있지 않을까?202)203)

　　　다른 한편 이 사건에서 피고 직원의 모용계좌 개설과 원고의 손해 사이에 반드시 인과관계가 없다고 단정할 수 있는지도 다시 한 번 생각해 볼 필요가 있다. 이 사건에서 왜 성명불상자가 가령 자기 명의의 예금계좌를 이용하지 않고, 제3자 명의의 모용예금계좌를 이용하였을까? 이는 자신의 정체가 밝혀지지 않기 위함으로 추측된다. 그렇다면 이러한 모용예금계좌의 개설 또한 범행에 도움이 되지 않았다고 하기는 어렵다. 문제는 이러한 정도의 도움만으로도 인과관계가 충족되었다고 할 수 있는가 하는 점이다. 대법원은, 가해자가 모용계좌와는 관계없이 이미 절취 내지 편취수단을 확보하고 있었다는 점을 중시하여, 모용계좌의 개설 없이도 손해가 발생하였을 것이라고 본 것 같다. 그렇다면 이러한 경우 원고는 모용계좌의 개설이 없었다면 손해가 발생하지 않았을 것이라는 점을 입증하면 손해배상을 받을 수 있는가?

---

201) 대법원 1982. 6. 8. 선고 81다카1130 판결(공 1982, 638) 등 다수.
202) 鄭泰綸(주 200), 177-178면은 과실에 의한 방조를 인정하면 공동불법행위가 지나치게 널리 인정될 위험이 있다고 한다. 공동불법행위와 과실상계에 관하여는 위 책 256면 이하 참조.
203) 대법원 2007. 6. 14. 선고 2005다32999 판결(공 2007하, 1045)은 종래의 판례와 마찬가지로, 공동불법행위의 경우 법원이 피해자의 과실을 들어 과실상계를 함에 있어서는 피해자의 공동불법행위자 각인에 대한 과실비율이 서로 다르더라도 피해자의 과실을 공동불법행위자 각인에 대한 과실로 개별적으로 평가할 것이 아니고 그들 전원에 대한 과실로 전체적으로 평가하여야 할 것이라고 하면서도, 이 경우 피해자의 부주의를 이용하여 고의로 불법행위를 저지른 자가 바로 그 피해자의 부주의를 이유로 자신의 책임을 감하여 달라고 주장하는 것은 허용될 수 없는 것이나, 불법행위자 중의 일부에게 그러한 사유가 있다고 하여 그러한 사유가 없는 다른 불법행위자까지도 과실상계의 주장을 할 수 없다고 해석할 것은 아니라고 하였다. 이 사건에서 대법원은 피고가 과실로써 방조행위를 하여 공동불법행위책임을 부담하게 되었다고 보고, 다른 공동불법행위자가 원고의 부주의를 이용하여 고의의 불법행위를 저질렀다는 사유만으로 피고의 과실상계 주장이 허용되지 않는 것으로 볼 수는 없다고 한 것이다.

XIII. 상 속 법

1. 상속분상당가액 지급청구와 과실의 귀속

[22] 대법원 2007. 7. 26. 선고 2006므2757, 2764 판결(공 2007하, 1369) 및 [23] 대법원 2007. 7. 26. 선고 2006다83796 판결(공 2007하, 1356)은, 상속개시 후에 인지되어 공동상속인이 된 자가 다른 공동상속인이 분할받은 상속재산으로부터 발생한 과실에 대하여 권리를 가지지 않는다고 판단하였다. 이 두 판결은 동일한 사실관계에 대한 것으로서, 피인지자가 다른 공동상속인들을 상대로 하여 민법 제1014조에 의한 상속분상당가액지급청구를 하였다가, 그 중 상속재산의 과실 부분은 가사사건과는 별도로 민사소송으로 청구한 것이다.204) 이들 판결, 특히 [22] 판결은 여러 가지 흥미 있는 판시를 하고 있으나,205) 여기서는 이러한 피인지자가 다른 공동상속인이 분할받은 상속재산으로부터 발생한 과실에 대하여 권리를 주장할 수 있는가 하는 점에 대하여만 살펴본다.

대법원은 위 두 사건에서 모두 일반론으로 다음과 같이 설시하였다.

"상속개시 후에 인지되거나 재판이 확정되어 공동상속인이 된 자도 그 상속재산이 아직 분할되거나 처분되지 아니한 경우에는 당연히 다른 공동상속인들과 함께 분할에 참여할 수 있을 것이나, 인지 이전에 다른 공동상속인이 이미 상속재산을 분할 내지 처분한 경우에는 인지의 소급효를 제한하는 민법 제860조 단서가 적용되어 사후의 피인지자는 다른 공동상속인들의 분할 기타 처분의 효력을 부인하지 못하게 되는바, 민법 제1014조는 그와 같은 경우에 피인지자가 다른 공동상속인들에 대하여 그의 상속분에 상당한 가액의 지급을 청구할 수 있도록 하여 상속재산의 새로운 분할에 갈음하는 권리를 인정함으로써 피인지자의 이익과 기존의 권리관계를 합리적으로 조정하는 데 그 목적이 있다(대법원 1993. 8. 24. 선고 93다12 판결 등 참조)."

---

204) 이 경우 중복소제기의 금지(민사소송법 제259조, 가사소송법 제12조)에 저촉되는 것은 아닌지 문제될 수 있으나, 실체법상의 권원을 달리한다는 점에서 판례가 따르고 있는 구소송물이론을 전제로 하는 한 중복소제기는 아니라고 할 수 있다.

205) 특히 상속분상당가액지급청구에 있어 추후 감정결과에 따라 청구취지를 확장하겠다는 뜻을 미리 밝히면서 우선 일부의 금액만을 청구한다고 하는 경우 그 청구가 제척기간 내에 한 것이라면 청구취지의 확장으로 추가된 부분에 관해서도 그 제척기간은 준수한 것으로 봄이 상당하다고 한 부분은 실무상 중요한 의미를 가질 것으로 보인다.

이어서 대법원은 [22] 판결에서는 이러한 과실은 상속분상당 가액산정의 대상에 포함된다고 할 수 없다고 하였다. 즉 인지 이전에 공동상속인들에 의해 이미 분할되거나 처분된 상속재산은 이를 분할받은 공동상속인이나 공동상속인들의 처분행위에 의해 이를 양수한 자에게 그 소유권이 확정적으로 귀속되는 것이고, 그 후 그 상속재산으로부터 발생하는 과실은 상속개시 당시 존재하지 않았던 것이어서 이를 상속재산에 해당한다 할 수 없으며, 상속재산의 소유권을 취득한 자가 민법 제102조에 따라 그 과실을 수취할 권능도 보유한다고 할 것이고, 민법 제1014조도 '이미 분할 내지 처분된 상속재산' 중 피인지자의 상속분에 상당한 가액의 지급청구권만을 규정하고 있을 뿐 '이미 분할 내지 처분된 상속재산으로부터 발생한 과실'에 대해서는 별도의 규정을 두지 않고 있으므로, 결국 민법 제1014조에 의한 상속분상당가액지급청구에 있어 상속재산으로부터 발생한 과실은 그 가액산정 대상에 포함된다고 할 수 없다는 것이다.

그리고 [23] 판결에서는 이러한 과실이 부당이득이 되지 않는다고 하였다. 즉 인지 이전에 공동상속인들에 의해 이미 분할되거나 처분된 상속재산은 민법 제860조 단서가 규정한 인지의 소급효 제한에 따라 이를 분할받은 공동상속인이나 공동상속인들의 처분행위에 의해 이를 양수한 자에게 그 소유권이 확정적으로 귀속되는 것이고, 상속재산의 소유권을 취득한 자는 민법 제102조에 따라 그 과실을 수취할 권능도 보유한다고 할 것이므로, 피인지자에 대한 인지 이전에 상속재산을 분할한 공동상속인이 그 분할받은 상속재산으로부터 발생한 과실을 취득하는 것은 피인지자에 대한 관계에서 부당이득이 된다고 할 수 없다는 것이다.

그러나 이러한 판시, 특히 [23] 판결의 판시에는 찬성하기 어렵다. 우선 이 판결들은 인지 이전에 다른 공동상속인이 이미 상속재산을 분할 내지 처분한 경우에는 인지의 소급효를 제한하는 민법 제860조 단서가 적용된다고 보고 있다. 그러나 오히려 다른 공동상속인은 민법 제860조 단서에서 말하는 제3자에 해당하지 않고, 다만 민법 제1014조는 이러한 경우에 다른 공동상속인의 상속재산 분할 또는 처분의 효력을 유지하기 위하여 인지된 자에게 상속재산의 원물 그 자체의 반환이 아니라 가액만의 지급을 인정하는 것이라고 이해하여야 할 것이다. 이 점은 인지 당시에 아직 다른 공동상속인이 상속재산을 분할하거나 처분하지 않은 경우를 생각해 보면 알 수 있다. 이러한 경우에는 위 판결들도 인정하고 있는 것처럼, 상속개시 후에 인지된 자도 당연히 다른 공동상속인과 함께 분할에 참여할 수 있고, 다른 공동상속인을 위에서 말하는 제3자라고 볼 여지가 없다. 그런데 다른 공동상속인들이 이미 상속재산을 분할하거나 처분한 경우에는 이들이 제3자에 해당하게 되는가? 그렇게 볼 이유는 없다. 아마도 판례는 민법 제860조 단서가 "제3자의 취득한 권리를 해하지 못한다"고 규정하고 있으므로, 다른 공동상속인들이 상속재산을 분할하거나 처분한 경우에 비로소 권리를 취득한 것이라고 이해하였는지 모른다. 그러나 다른 공동상속인들은 상속 개시와 동시에 상속재산을 취득하였고, 이 또한 "취득한 권리"에 해당하지 않을 이유가 없다. 이들이 취득한 상속재산을 분할하거나 처분하였다 하여도 그 분할에 의하여 취득한 재산이나 처분의 대가는 원래의 상속재산과는 경제적으로 동일한 것이고, 새로운 권리 취득이라고는 볼 수 없는 것이다.

오히려 민법 제860조 단서와 제1014조를 체계적으로 해석한다면, 민법 제860조 단서의 제3자에는 상속에 의하여 권리를 취득한 다른 공동상속인이나 후순위 상속인은 포함되지 않는다고 봄이 옳을 것이다.206) 만일 다른 상속인이 위 규정 단서에서 말하는 제3자에 해당한다고 한다면 인지의 소급효가 인정되는 경우란 찾아보기 어려울 뿐만 아니라, 다른 상속인은 단지 법률의 규정에 의하여 상속권을 취득하게 되는 것일 뿐, 그러한 상속권을 취득하기 위하여 별다른 노력을 한 것도 아니므로 인지의 소급효를 제한하면서까지 그러한 상속인을 보호할 이유는 없다.207)

다른 한편 [23] 판결은 인지 이전에 공동상속인들에 의해 이미 분할되거나 처분된 상속재산은 이를 분할받은 공동상속인이나 공동상속인들의 처분행위에 의해 이를 양수한 자에게 그 소유권이 확정적으로 귀속되는 것이고, 상속재산의 소유권을 취득한 자는 민법 제102조에 따라 그 과실을 수취할 권능도 보유하므로, 공동상속인이 그 분할받은 상속재산으로부터 발생한 과실을 취득하는 것은 피인지자에 대한 관계에서 부당이득이 된다고 할 수 없다고 하였다. 그러나 이 또한 문제가 있다. 인지 이전에 상속재산이 분할되면 분할받은 공동

---

206) 대법원 1974. 2. 26. 선고 72다1739 판결(집 22권 1집 민70)은, 피인지자보다 후순위인 상속인(피상속인의 형제, 자매)이 취득한 상속권은 민법 제860조 단서의 제3자의 취득한 권리에 포함시켜 해석할 수 없다고 판시하였다.

207) 이것이 일본에서의 통설이라고 한다. 泉久雄·野田愛子 編, 注解法律學全集 民法 X[相續], 1995, 272-273면(橋本昇二) 참조. 다만 후순위 상속인이 적법한 상속인이라고 신뢰하고 이해관계를 맺은 제3자는 제860조 단서에서 말하는 제3자에 해당하여 보호를 받아야 한다. 尹眞秀, "1990년대 親族相續法 判例의 動向", 서울대학교 法學 제40권 3호, 1999, 302-303면 참조.

상속인이 그 소유권을 확정적으로 취득하는 것은 틀림없다. 그러나 이로부터 그 공동상속인이 피인지자에 대한 관계에서 그 과실을 수취할 권능을 보유한다는 결론은 나오지 않는다. 물건의 물권법적 귀속과 그 물건에서 발생하는 과실의 채권법적 귀속은 반드시 일치하는 것은 아니다. 오히려 양자 사이의 괴리를 부당이득법이 메우는 기능을 하는 것이다.

　이 점을 다른 각도에서 설명한다면, 원래 상속 개시 후에 인지를 받은 자는 상속재산에 관하여 다른 상속 개시 전에 인지를 받은 자나 혼인중의 자녀와 실질적으로 달리 취급되어서는 안 된다. 따라서 상속재산에서 발생하는 과실의 귀속에 관하여도 피인지자도 참가하여 상속재산 분할이 이루어지는 경우와 달라지는 것은 막아야 하는 것이다.208) 대법원 1993. 8. 24. 선고 93다12 판결(집 41권 2집 민330)이, 민법 제1014조에 의한 상속분에 상당한 가액의 청구권은 원래 피인지자가 상속개시시에 소급하여 취득하였을 상속재산에 대한 권리(상속분)가 변환된 것으로서 그에 상당한 현물과의 등가관계를 전제로 하는 것이므로, 그 가액은 실제로 다른 공동상속인들이 분할 기타 처분에 의하여 얻은 대가를 기준으로 하거나, 그 당시의 시가로 산정할 것이 아니라, 현실의 지급시를 기준으로 하여 산정하여야 할 것이라고 판시하고 있는 것도, 현실의 상속분할과 상속분상당 가액청구와의 사이에 실질적인 차이가 발생해서는 안 된다는 생각을 기초로 하고 있는 것이다.209)

　일본에서도 우리 민법 제1014조에 상당하는 일본 민법 제910조에 대하여, 이 규정이 비적출자(非嫡出子)를 냉대 또는 경시하기 위한 것은 아니라고 할지라도, 실제에는 그러한 감정도 저류(底流)로 하고 있지 않는 것도 아니라고 생각되므로,210) 이 조항의 남용은 경계되어야 한다고 하는 주장이 있고,211) 이 주장은 일

---

208) 柴振國, "재판에 의한 상속재산분할", 司法論集 제42집, 2006, 681면 주 80)은 이 사건과 관련하여, 위 가액지급청구권은 원래 피인지자가 상속개시시에 소급하여 취득하였을 상속재산에 대한 권리(구체적 상속분)가 변환된 것으로서, 그에 상당한 현물과의 등가관계를 전제로 하여 상속재산의 새로운 분할에 갈음하는 권리를 인정해 주는 것이므로, 상속재산에 대한 과실이 존재한다면 그 또한 현실의 지급시를 기준으로 산정하여 반환의 대상에 포함하는 것이 공평의 원칙에 부합하고, 그러한 해석이 민법 제860조 단서의 예외조항으로서 민법 제1014조를 둔 취지에도 부합한다고 주장한다.

209) 申榮鎬, "民法 第1014條의 相續分價額支給請求權", 家族法研究 제9호, 1995, 390면은 이 경우 기준시를 지급시로 보아야 하는 것은 이 청구가 설사 상속회복청구의 일종이라 하더라도, 실질적으로는 상속재산의 재분할에 속하므로 재분할시 곧 지급시의 시가를 기준으로 하여야 상속인간의 공평·평등을 꾀할 수 있기 때문이라고 설명하고 있다.

210) 中川善之助/泉 久雄, 相續法, 第四版, 2000, 332면 참조.

211) 新版 注釋民法(27), 1989, 401면(川井健).

반적으로 지지를 받는 것으로 보인다. 독일에서도 이전의 독일민법 제1934a조는, 혼인외의 자의 父가 사망하였는데 그 父에게 배우자 및 혼인중의 자가 있을 때에는 혼인외의 자에게 상속권 대신 상속분에 상응하는 가액의 지급청구권(Erber-satzanspruch)을 인정하고 있었으나, 이는 혼인외의 자와 혼인중의 자를 차별하는 것이라는 비판이 제기되어 위 규정이 1997. 12. 16. 폐지되었고, 그로 인하여 혼인 외의 자와 혼인 중의 자의 상속법상의 지위는 동일하게 되었다.212)

　　다만 이처럼 피인지자에게 분할된 상속재산으로부터 발생하는 과실에 대한 권리를 인정한다면 그 권리의 성질은 무엇으로 보아야 할 것인가, 그 절차는 어떻게 될 것인가에 대하여는 따로 살펴볼 필요가 있다. 일반적으로 상속재산의 과실이 상속재산 분할의 대상이 될 수 있는가에 관하여는 논의가 있는데, 근래의 지배적인 견해는 원칙적으로는 분할의 대상이 되지 않고, 다만 공동상속인 전원의 합의가 있으면 예외적으로 분할할 수 있다고 하는 절충적인 태도를 취하고 있다.213) 이러한 주장에 따른다면 이 사건과 같은 경우에도 원칙적으로는 제1014조에 의한 절차에 의하여서는 분할할 수 없고, 민사소송절차에 의하여야 하며, 그 법률적인 성질은 부당이득이라고 설명하여야 할 것이다.214)

2. 공정증서유언

　　[24] 대법원 2007. 10. 25. 선고 2007다51550, 51567 판결(공 2007하, 1828)은 민법 제1068조에 규정되어 있는 공정증서유언의 요건인 "유언의 취지의 구수"에 관하여 다음과 같이 판시하였다. 즉 여기서 '유언취지의 구수'라고 함은 말로써 유언의 내용을 상대방에게 전달하는 것을 뜻하는 것이므로 이를 엄격하게 제한하여 해석하여야 하지만, 공증인이 유언자의 의사에 따라 유언의 취지를 작성하고 그 서면에 따라 유언자에게 질문을 하여 유언자의 진의를 확인한 다음 유언자에게 필기된 서면을 낭독하여 주었고, 유언자가 유언의 취지를 정

---

212) Mühlens/Kirchmeier/Greßmamm/Knittel, Kindschaftsrecht, 2. Aufl., 1998. S. 77 ff. 참조.
213) 尹眞秀, "相續財産 分割에 있어서 超過特別受益의 取扱", 家族法研究 제12호, 1998, 591면; 金昭英, "相續財産分割", 民事判例研究 XXV, 2003, 778면 등 참조.
214) 그러나 柴振國(주 208), 681면 주 80)은, 상속재산과 함께 분할함이 거래관념과 공평의 원칙에 부합한다고 판단되는 과실만을 상속재산분할의 대상으로 삼아야 한다는 전제에서, 제1014조의 경우에도 과실은 별도의 부당이득반환의 법리에 따를 것이 아니라 가액지급청구권의 대상으로 바로 포섭하여 반환을 명하는 것이 타당하다고 한다.

확히 이해할 의사식별능력이 있고 유언의 내용이나 유언경위로 보아 유언 자체가 유언자의 진정한 의사에 기한 것으로 인정할 수 있는 경우에는, 위와 같은 '유언취지의 구수' 요건을 갖추었다고 보아야 한다는 것이다.

대법원 판결에 나타난 위 사건의 사실관계는 다음과 같다. 즉 이 사건에서 문제된 공정증서 유언은 유언자의 사전 구수에 의한 것이 아니라, 유언 하루 전날 원고가 증인 2명과 함께 공증인 사무실을 찾아가서 공증에 필요한 서면 등을 미리 작성한 후 공증 변호사가 유언자의 자택을 방문하여 위 서면에 따라 유언자에게 질문을 하여 확인절차를 거치고 유언자가 공정증서에 서명날인한 것인데, 유언자는 유언 당시 만 69세여서 거동이 불편하긴 하나 의식이 명료하고 언어소통에 지장이 없었으며, 공증 변호사가 유언자에게 유증할 대상자와 유증할 재산에 대하여 묻자 유언자는 원고에게 '논, 밭, 집터, 집'이라고 대답하였고, 공증 변호사는 미리 작성하여 온 공정증서의 내용에 따라 유언자에게 등기부에 기재된 지번과 평수 및 그 지역에서 부르는 고유명칭을 하나하나 불러주고 유증의사가 맞는지를 확인하였으며, 그 후 공증 변호사는 유언자에게 유언공정증서의 내용을 읽어주고 이의가 없는지를 확인한 후 공정증서 등에 유언자와 증인 2명의 자필서명을 받았다는 것이다.

이에 대하여 원심은, 위와 같이 유언자가 의식이 명확한 상태에서 본인의 의사에 따라 유증할 의사를 밝혔고, 사전에 작성하여 온 공정증서에 따라 공증인이 개별 부동산에 대하여 불러준 후 유증의사가 맞는지 확인함과 더불어 유언공정증서의 내용을 낭독하고 이의 여부를 확인한 후 망인의 자필서명을 받은 점에 비추어, 이 사건 공정증서에 의한 유언은 유언자의 구수가 있었다고 보아야 할 것이고, 비록 공증인이 미리 유언내용을 필기하여 왔고 이를 낭독하였더라도 유언자의 구수내용을 필기하여 낭독한 것과 다를 바 없으므로, 이 사건 공정증서에 의한 유언은 민법 제1068조의 요건을 모두 갖추어 유효하다고 판단하였고, 대법원도 이러한 원심판결을 시인하였다.

이처럼 유언자의 구수를 공증인이 필기한 것이 아니라 유언자가 미리 작성한 서면을 가지고 공증인이 공정증서 원본을 작성하여 유언자의 확인을 받은 경우에, 유언자는 주로 공증인이 진술하는 내용에 대하여 확인하는 말만을 한 것이므로 엄격히 본다면 이는 민법이 규정하고 있는 '유언의 취지를 구수' 한 것과는 거리가 있다고 할 수도 있다. 그러나 국내의 학설은 대체로 이를 유효하다고 보고 있다.[215) 즉 이 경우에는 구수와 유언서 작성이 순서가 바뀐 경우이거나 유언취지를 사전에 전달하여 구수에 갈음하는 경우인데, 이러한 경우까지 모두 무효라고 할 수는 없다는 것이다.[216)

　　이 점에 관한 좀더 상세한 설명은 다음과 같다. 즉 유언에 있어서는 유언자의 질병 등 급박한 사유 때문에 공증인이 병상에 출장하여 긴급하게 유언서를 작성하는 경우 등이 많으므로, 반드시 '구수→필기→낭독'의 순서를 거쳐 엄격하게 준행하여야만 유효한 유언이 된다고 해석하는 것은 탄력성을 잃게 되어 바람직스럽지 않고, 유언을 하게 된 사항이 급박하여 유언자가 일일이 그 내용을 구수하기 어렵고 유언의 내용이 장황, 복잡하여 유언자가 미리 내용을 정리해 두지 아니하면 내용의 일부를 빠뜨릴 우려가 있는 경우도 있을 것이므로, 필기가 구수보다 앞섰다는 이유만으로 그 유언을 무효라고 단정해서는 안될 것이며, 이처럼 '필기→낭독→구수'의 순서로 유언을 하는 경우에는 공증인의 낭독에 대하여 유언자가 긍정하는 정도로도 유언의 취지를 구수한 것으로 보아야 할 것이라고 한다.[217) 이러한 국내의 학설은 대체로 일본의 판례와 학설과 같다.[218)

　　이 문제는 유언의 요식성이라는 법이 요구하는 요건과, 유언자의 진의 존중이라는 필요 사이에 내재하는 긴장관계에서 유래하는 것이다. 그 한계를 어떻게 그어야 할 것인가는 선험적으로 답변할 수 있는 것은 아니며,[219) 구체적인 사실관계에 따라 결론이 달라질 수밖에 없다.[220) 그렇지만 위 판결의 사실

---

215) 金疇洙・金相瑢, 親族・相續法, 제8판, 2006, 696면; 李庚熙, 家族法, 제5판, 2006, 476면 등.

216) 洪承勉, "구수증서에 의한 유언에 있어서 유언취지의 구수", 대법원판례해설 60호(2006 상반기), 155면. 같은 취지, 安鍾赫, "유언공증", 辯護士 33집, 2003, 117면 이하; 安昌煥, "公正證書에 의한 遺言의 方式", 裁判實務 2집, 昌原地方法院, 2005, 289면 등.

217) 鄭甲柱, "公正證書에 의한 遺言의 方式", 判例月報 279호, 1993. 12, 16면 이하.

218) 일본의 판례와 학설에 대하여는 가령 加藤永一, 遺言の判例と法理, 1990, 27면 이하; 新版注釋民法(28), 補訂版, 2002, 111면 이하(久貴忠彦); 稻田龍樹, "公正證書遺言の方式", 梶村太市・雨宮則夫 編 現代裁判法大系(12) 遺言・相續, 1999, 189면 이하 등 참조. 사실관계와 결론에 있어서 [24] 판결과 가장 유사한 것은 일본 최고재판소 1968(昭和 43). 12. 20. 판결(民集 22권 13호 3017면)이라고 생각된다.

219) Kipp・Coing, Erbrecht, 14. Bearbeitung, 1990, §19 Ⅳ.(S. 128 ff.)는, 유언에 있어서 유언방식을 완화하여 해석하려는 견해에 대하여 비판하면서, 입법자가 규정한 방식이 준수되지는 않았지만, 입법자가 추구한 실질적인 목적은 달성되었거나 적어도 위협을 받지 않는 경우에, 이러한 유언도 유효하다고 보려는 유혹에 빠질 수 있지만, 그렇게 되면 Heck가 유사(流砂)의 위험(Treibsandgefahr)이라고 부른 현상이 나타나게 되고, 그러한 발전의 결과는 전체적으로 파악하기 어려운 개별 사례에 따른 판단(Kasuistik), 불안정성과 자의가 된다고 한다.

220) 日本 大審院 1934(昭和 9). 7. 10(민집 13卷 1341)은, 유언자가 구수를 전혀 생략하고 처음부터 내용의 전부를 기재한 서면을 제출하여, 공증인이 그에 기하여 필기한 다음, 유언자로부

관계와 같은 경우에는 유언자의 진의는 확보되었다고 보아 유언이 유효하다고 볼 수 있을 것이다.

그러나 위 대법원 판결도 밝히고 있는 것처럼, 이는 유언자가 유언의 취지를 정확히 이해할 의사식별능력이 있고 유언의 내용이나 유언경위로 보아 유언 자체가 유언자의 진정한 의사에 기한 것으로 인정할 수 있는 경우에 한하여야 하고, 유언자의 유언능력 자체가 의심스러울 때에는 그러하지 않다. 판례가, 뇌혈전증으로 병원에 입원치료 중인 유언자가, 불완전한 의식상태와 언어장애 때문에 말을 못하고 고개만 끄덕거리면서 반응을 할 수 있을 뿐인 의학상 소위 가면성 정신상태 하에서 공증인이 유언내용의 취지를 유언자에게 말하여 주고 "그렇소?" 하고 물으면 유언자는 말은 하지 않고 고개만 끄덕거리면 공증인의 사무원이 그 내용을 필기하고 이를 공증인이 낭독하는 방법으로 유언서가 작성되었다면, 이는 유언자가 구수한 것이라고 할 수 없으므로 무효라고 하는 것221)은 이러한 의미에서 이해할 수 있다.

XIV. 마치는 말

대법원 판례를 접할 때마다 느끼는 감상을 피력하는 것으로 글을 끝맺고자 한다. 매년 법원에는 새로운 문제가 제기되고 있고, 법원은 이러한 문제를 해결함으로써 판례를 발전시키고 있다. 판례를 통하여 법률문화의 발전에 기여하는 법원의 노력에 경의를 표하지 않을 수 없고, 지난 한 해의 판례를 돌이켜 보면서 얻는 바가 적지 않았다. 그러나 업무의 과다함 때문인지 이론적으로 문제가 있는 판례들도 눈에 뜨인다. 이는 다른 한편으로는 학자들의 분발을 촉구하는 계기가 될 수도 있다. 여기서 다룬 판례에 대하여도 좀더 활발한 토론이 벌어지기를 기대한다.

<서울대학교 법학 제49권 1호, 2008=민사재판의 제문제 제17권, 2008>

터 유언의 취지는 서면과 같다는 답변을 듣고 공정증서를 작성한 경우에도 유효하다는 취지로 판시하였으나, 이에 대하여는 법규정을 지나치게 완화하였다는 비판이 있다. 久貴忠彦(주 218), 111-113면 참조.

221) 대법원 1980. 12. 23. 선고 80므18 판결(공 1981, 13584). 같은 취지, 대법원 1993. 6. 8. 선고 92다8750 판결(공 1993하, 1989); 1996. 4. 23. 선고 95다34514 판결(공 1996상, 1562) 등.

〈追記〉

1. [1] 판결에 대하여: 성년후견제의 도입으로 2011. 3. 7. 개정된 민법 제10조 제4항은, 피성년후견인의 법률행위라도 일용품의 구입 등 일상생활에 필요하고 그 대가가 과도하지 아니한 법률행위는 성년후견인이 취소할 수 없다고 규정하고, 제13조 제4항은 피한정후견인이 원래는 한정후견인의 동의가 필요한 법률행위를 한정후견인의 동의 없이 한 경우에도 그것이 일용품의 구입 등 일상생활에 필요하고 그 대가가 과도하지 아니한 법률행위인 때에는 취소할 수 없다고 규정하고 있다.

2. [2] 판결에 대하여: 대법원 2013. 9. 26. 선고 2012다13637 전원합의체 판결에서는, 은행과 기업이 맺은 '키코(KIKO) 통화옵션계약'에서 달러 환율이 계약 체결 후 급등하여 기업이 많은 손해를 입게 되었다고 하여도 이러한 환율의 변동은 계약의 내용 그 자체에 해당하므로, 환율이 당사자들이 당초 예상했던 것보다 높아졌다고 하더라도 이를 이유로 계약의 해지를 인정하는 것은 계약 자체의 내용에 어긋나는 것으로서 인정되기 어렵다고 보았다. 그리고 2013년 법무부의 민법개정위원회가 만든 민법개정안은 사정변경의 원칙을 명문화하는 제538조의2를 신설하여, 사정변경의 효과로서 계약의 수정과 해제 또는 해지를 선택적으로 청구할 수 있도록 하였다.

3. [12] 판결에 대하여: 대법원 2012. 6. 28. 선고 2010다71431 판결은, 부동산에 대한 근저당권설정등기가 사해행위라고 하여 그 말소를 명하는 확정판결이 있었는데, 그 후 그 근저당권에 의한 임의경매절차에서 부동산이 제3자에게 낙찰됨으로써 근저당권설정등기의 말소등기절차의무가 이행불능이 된 경우, 채권자는 피고가 근저당권자로서 지급받은 배당금의 반환을 청구할 수도 있다고 하면서 그 근거를 대상청구권이 인정된다는 점에서 찾고 있다. [12] 판결에 대한 또 다른 평석인 任一嬿, "사해행위 취소에 따른 원상회복으로서의 원물반환과 가액배상의 관계", 裁判과 判例 제17집, 2008, 107면 이하도 이와 같이 주장한 바 있다. 그러나 이러한 경우에도 굳이 대상청구권의 이론을 끌어들일 필요 없이 가액반환이 허용된다고 하면 되었을 것이다. 이 판결이 대상청구권의 이론을 원용한 것은 [12] 판결과의 저촉을 회피하려고 한 때문으로 추측된다. 李鳳敏, "사해행위 취소의 효과로서 대상청구권", 民事判例研究 36, 2014, 469면 이하, 특히 500면 참조. 또한 김대희, "사해행위취소소송에서 명한 원물반환이 이행불능인 경우와 대상청구권", 강원법학 제39권, 2013, 221면 이하도

참조.

4. [17] 판결에 대하여: 대법원 2010. 5. 27. 선고 2007다66088 판결은 착오송금의 경우에 은행이 수취인에 대하여 상계를 주장하는 것이 그 사건에서는 권리남용에 해당된다고 하였다.

李容勳 大法院의 民法判例

I. 서   론

이 글은 이용훈 대법원장의 재임기간(2005. 9. 26.~2011. 9. 25.) 중에 내려졌던 민법에 관련된 중요한 대법원 판례의 흐름을 살펴보려는 것이다. 대법원의 판례는 기본적으로 연속성을 가지는 것으로서, 대법원장이 바뀌었다는 것만으로 그 전과 확연하게 구분되는 것은 아니다. 그렇지만 6년이라는 기간은 상당히 긴 기간으로서 그 동안 많은 중요한 판례가 새로이 만들어졌다. 또 이용훈 대법원장이 취임한 후에, 대법원의 인적 구성이나 재판 방식에서 그 전의 관례와는 다른 새로운 변화가 있었고, 이러한 것들은 판례에도 어느 정도 반영되었다고 보인다. 따라서 이 기간 동안의 판례의 흐름을 살펴보는 것은 상당히 중요한 의미를 가질 수 있다.

이를 위하여는 되도록 많은 판례를 골라 전체적인 흐름을 파악하는 것도 생각해 볼 수 있다.[1] 그런데 의미 있는 판례가 너무 많아서 그 가운데 일부를 뽑는다고 해도 결국 전체적인 모습을 파악하기는 어렵고, 또한 그러한 방식은 수박 겉핥기가 되기 쉽다. 그리하여 이 글에서는 특히 중요하다고 생각되는 판례를 선별하여 그 의미를 설명하는 방식을 택하였다. 이것이 어떤 의미에서는

---

[1] 民事判例研究 XXXIII-(下), 2011에는 "2000년대 民事判例의 傾向과 흐름"를 주제로 하여 김상중 교수(민법총칙), 강승준 부장판사(물권법), 김재형 교수(채권법), 김상용 교수(가족법)가 각 집필한 논문들이 게재되어 있다. 이외에도 상법에 관하여는 오영준 부장판사가, 민사소송법에 관하여는 여미숙 부장판사가 논문을 집필하였다.

대법원이 어떤 문제를 가지고 고민했는가를 좀더 실감할 수 있는 방법이라고
생각한다. 다만 결과적으로는 필자가 평소에 많은 관심을 가진 문제에 치우친
느낌이 없지 않다.

　　이 글에서는 먼저 위 기간 동안의 판례의 주요한 특징을 나타내는 것으로
사법적극주의(judicial activism)와 헌법적 논변의 잦은 활용 두 가지를 살펴본다.
물론 모든 판례를 이러한 관점에서 설명할 수 없다는 것은 당연하지만, 종전과
는 구별되는 특성이라는 점에서 판례를 살펴보는 데에는 유용한 기준이라고 생
각된다. 이어서 주요한 판례를 기본적으로 민법전의 편별에 따라 일별해 본다.

Ⅱ. 이용훈 대법원의 사법적극주의와 헌법적 논변

1. 대법원의 사법적극주의

　　사법적극주의는 이용훈 대법원이 두드러지게 보여준 주된 특성이라고 보
인다. 원래 사법적극주의는 헌법과 같은 공법에서 주로 언급되지만, 아래에서
보는 것처럼 이용훈 대법원에서는 민사법에 관하여도 현저하게 나타났다.

　　먼저 사법적극주의라는 용어를 정의할 필요가 있다. 사법적극주의에 관하
여는 여러 가지의 개념정의가 있으나, 일반적으로는 사법적극주의는 국회의 입
법이나 정부의 행위가 헌법에 위배되느냐 여부에 대하여 이들 국가기관의 판
단을 존중하기보다는 헌법재판기관이 자신의 판단을 적극적으로 내세우는 태
도 내지 철학을 의미한다고 보고 있다. 이외에 법원이 종전의 판례를 얼마나
존중하는가도 사법적극주의를 판단하는 기준으로 들기도 한다.2) 이와 대조되는
개념으로는 사법적 자제(judicial restraint) 또는 사법적 존중(judicial deference)이
있다. 그런데 여기서는 사법적극주의의 개념을 좀 더 일반화하여, 법원이 법적
문제에 관하여 입법부나 행정부뿐만 아니라 일반 사인의 사적 자치에 기한 판

---

2) 가령 梁健, "美國의 司法審査制와 80년대 韓國의 憲法裁判: 司法積極主義論과 관련하여", 서
　　울대 法學 제29권 3·4호, 1988, 82면; 金文顯, "憲法裁判所와 國會의 關係에 관한 일 考察-
　　憲法裁判과 民主主義, 權力分立主義의 調和의 관점에서", 이화여자대학교 法學論集 제11권 1
　　호, 2006. 11, 10면 이하 등. 기타 사법적극주의의 개념 정의에 관한 논의는 차동욱, "사법적
　　극주의의 경험적 분석을 위한 이론적 고찰: 미국에서의 논의를 중심으로 비교 제도적 확장을
　　위하여", 世界憲法硏究 제12권 1호, 2006, 296면 이하; 문재완, "司法消極主義의 再檢討", 외법
　　논집 제27집, 2007, 145면 이하 참조.

단보다도 자신의 판단을 더 앞세우는 태도라고 정의하고자 한다. 종래의 정의는 주로 위헌법령심사를 염두에 두고 내려진 것이지만, 그 외의 분야, 특히 사법분야에서 사법적극주의가 문제될 때에는 좀 더 포괄적인 개념 정의가 필요하다. 이러한 사법적극주의의 구체적인 내용으로는 위헌법령심사에서의 적극적 태도뿐만 아니라, 법률의 내용이 반드시 명확하지 않거나 침묵을 하는 경우에도 이를 폭넓고 자유롭게 해석하는 것, 기본권의 대사인적 효력을 강조하여 당사자 사이의 법률관계에 보다 적극적으로 개입하는 것 등을 들 수 있다. 또 판례 변경을 주저하지 않는 것도 사법적극주의에 포함시킬 수 있을 것이다.

　대법원의 민사판례 가운데 몇 가지 예를 들어본다. 우선 성전환에 관한 대법원 2006. 6. 22.자 2004스42 전원합의체 결정의 다수의견을 사법적극주의의 전형적인 예로 들 수 있다. 다수의견은 일반적으로 호적법 제120조에 의한 호적정정 절차는 경정 절차와는 달리 호적 기재 당시부터 존재하는 잘못을 시정하기 위한 절차로 이해되고 있지만, 호적법 제120조에 의한 호적정정 절차를 둔 근본적인 취지에 비추어 보면, 성전환자에 해당함이 명백하다고 증명되는 경우에는 호적법 제120조의 절차에 따라 그 전환된 성과 호적의 성별란 기재를 일치시킴으로써 호적기재가 진정한 신분관계를 반영할 수 있도록 하는 것이 합리적인 해석이라고 하여 이를 긍정하였다. 이 결정은 고전적인 권력분립 원리에 따른다면 입법자에게 맡겨야 할 문제를 대법원이 스스로 해결하였다는 점에서 대표적인 사법적극주의의 예라고 할 수 있다. 위 판결의 반대의견도 다수의견을 사법적극주의로 이해하고 있다.

　다른 한편 금지명령에 관한 대법원 2010. 8. 25.자 2008마1541 결정도 사법적극주의의 발로라고 이해할 수 있다. 이 사건에서 대법원은, 경쟁자가 상당한 노력과 투자에 의하여 구축한 성과물을 상도덕이나 공정한 경쟁질서에 반하여 자신의 영업을 위하여 무단으로 이용하는 행위는 민법상 불법행위에 해당하는데, 무단이용의 금지로 인하여 보호되는 피해자의 이익과 그로 인한 가해자의 불이익을 비교·교량할 때 피해자의 이익이 더 큰 경우에는 그 행위의 금지 또는 예방을 청구할 수 있다고 하였다. 종래 이 문제에 관하여는 다소 논란이 있었는데, 대법원이 법률상 명문 규정이 없음에도 금지명령을 인정한 것은 매우 과감한 것이라고 하지 않을 수 없다.

　또한 대법원 2008. 11. 20. 선고 2007다27670 전원합의체 판결이 제사주재자의 결정에 관한 종래의 관습법을 변경한 것도 사법적극주의의 좋은 예라고 할 수 있다. 위 판결의 다수의견은, 공동상속인 중 종손이 있다면 통상 종손이 제사주재자가 되는 것이 관습이라고 하였던 종래의 판례를 변경하였다. 즉 위와 같은 관습법은 헌법을 최상위 규범으로 하는 전체 법질서에 반하여 정당성과 합리성이 없으므로 법원(法源)으로서의 효력을 인정할 수 없다고 하여, 제사주재자는 우선적으로 망인의 공동상속인들 사이의 협의에 의해 정해져야 하되, 협의가 이루어지지 않는 경우에는 제사주재자의 지위를 유지할 수 없는 특별한 사정이 있지 않은 한 망인의 장남(또는 장손)이 제사주재자가 되고, 공동상속인들 중 아들이 없는 경우에는 망인의 장녀가 제사주재자가 된다고 하면서 종래의 판례를 변경하였다. 이는 실질적으로 관습법에 대하여 위헌심사를 한 것이다.

이외에 연명치료의 중단에 관하여 기본권의 대사인적 효력을 적극적으로 인정한 대법원 2009. 5. 21. 선고 2009다17417 전원합의체 판결, 기본권의 대사인적 효력을 넓게 인정한 대법원 2010. 4. 22. 선고 2008다38288 전원합의체 판결 및 대법원 2011. 1. 27. 선고 2009다19864 판결 등도 이러한 관점에서 이해할 수 있다.

나아가 사법적극주의와 관련하여서는 판례의 변경에 대하여도 언급할 필요가 있다. 종래 대법원은 판례 변경에 매우 신중한 태도를 보여 왔고,[3] 이 점은 현재에도 마찬가지이다.[4] 그런데 앞에서 언급한 제사주재자의 결정에 관한 2007다27670 판결에서는 종래의 판례를 변경하면서, 신뢰보호를 이유로 하여 변경된 법리는 위 판결 선고 이후에 제사용 재산의 승계가 이루어지는 경우에만 적용되고, 다만 이 사건에 대하여는 새로운 법리가 소급하여 적용되어야 한다고 하여 이른바 선택적 장래효(selective prospectivity)를 인정하고 있다.[5] 이처럼 선택적 장래효를 채택함으로써 판례 변경의 소급효가 미치는 범위를 좁히게 되면 종래의 판례에 따라 구축되었던 법률관계에 대한 혼란을 최소화할 수 있기 때문에, 법원으로 하여금 상대적으로 판례 변경을 용이하게 하는 면이 있

---

3) 판례의 변경은 매우 신중해야 한다는 점에 대하여는 註釋民法 總則(1), 제4판, 2010, 124면 이하(尹眞秀) 참조.
4) 동산의 이중매매(이중양도)가 형법상 배임죄에 해당하지 않는다고 한 대법원 2011. 1. 20. 선고 2008도10479 전원합의체 판결의 반대의견은, 부동산의 이중매매가 배임죄에 해당한다는 종래의 판례는 오랜 기간 동안 다수의 사건을 통하여 정립된 것으로서 이미 우리 사회의 경제생활을 규율하는 확립된 법원칙으로 기능하고 있다고 한다. 다수의견에 대한 대법관 3인의 보충의견도 같은 취지이다.
5) 이 판결은 성년 여자도 종중 구성원이 될 수 있다고 판례를 변경하면서 선택적 장래효를 인정한 대법원 2005. 7. 21. 선고 2002다1178 전원합의체 판결을 원용하고 있다.

고, 이 점에서 선택적 소급효도 사법적극주의의 한 예라고 할 수 있다.[6] 그러
나 사법제도의 성격상 선택적 장래효가 허용될 수 있는지는 매우 의심스럽다.[7]

2. 대법원의 헌법적 논변

이러한 사법적극주의와 밀접한 관련이 있는 것이, 대법원이 헌법적 논변을
자주 활용하고 있다는 점이다. 앞에서 살펴본 2004스42 결정은, 성전환자의 호
적상 성별기재 정정을 허용하여야 한다는 근거로서 헌법상 인정되는 인간으로
서의 존엄과 가치, 행복을 추구할 권리와 인간다운 생활을 할 권리를 들고 있
으며, 다수의견에 대한 보충의견은 다수의견이 헌법합치적 해석(합헌적 법률해
석)을 행한 것이라고 주장하고 있다. 또한 제사주재자에 관한 위 2007다27670
판결은 개인의 존엄과 양성 평등을 근거로 내세운다. 그리고 연명치료의 중단
에 관한 위 2009다17417 판결은 연명치료의 중단이 허용되는 근거로서 인간으
로서의 존엄과 가치 및 행복추구권을 들고 있다.[8] 나아가 대법원 2009. 4. 16.
선고 2008다53812 전원합의체 판결은 인터넷 종합정보사업자의 명예훼손 책임
유무를 판단함에 있어서 표현의 자유와 인격권 보호 사이의 한계를 긋기 위하
여 고심하고 있다.

다른 한편 대법원 2010. 4. 22. 선고 2008다38288 전원합의체 판결은 기독
교계 종립학교가 종교교육을 실시하는 것이 불법행위가 될 수 있는가를 다루
었는데, 여기서는 쟁점을 종교의 자유라는 기본권의 대사인적 효과, 기본권의
충돌 등의 문제로 파악하여 논의를 전개하고 있다. 대법원 2011. 1. 27. 선고
2009다19864 판결도 평등권의 대사인적 적용 문제를 다루고 있다.

이외에도 대법원 2006. 10. 13. 선고 2004다16280 판결은 보험회사 직원이

---

6) 미국 연방대법원의 Scalia 대법관은 장래효 판결은 사법적극주의의 시녀(handmaid of judicial activism)로서 선례를 번복하는 것을 용이하게 하는 수단이라고 지적한다. Harper v. Virginia Department of Taxation, 509 U.S. 86, 105(1993).

7) 尹眞秀, "相續回復請求權의 消滅時效에 관한 舊慣習의 違憲 與否 및 判例의 遡及效", 民事裁判의 諸問題 제13권, 2004, 122면 이하; 註釋民法 總則(1), 125면 이하(尹眞秀). 같은 취지, 김제완, "團體 法理의 再照明 : 宗中財産의 法的 性格", 人權과 正義 2006. 3, 140면 이하. 미국 법상 선택적 장래효를 인정하던 판례가 극복된 과정에 대하여는 尹眞秀, "美國法上 判例의 遡及效", 저스티스 제28권 1호, 1995, 91면 이하 참조.

8) 동일한 사실관계에 관한 헌법재판소 2009. 11. 26. 선고 2008헌마385 결정도 인간으로서의 존엄과 가치 및 행복추구권에 기초한 자기결정권을 연명치료 중단이 허용되는 근거로 들고 있다.

보험회사를 상대로 손해배상청구소송을 제기한 교통사고 피해자들의 장해 정도에 관한 증거자료를 수집할 목적으로 피해자들의 일상생활을 촬영한 행위가 불법행위가 되는가에 대하여 판단하면서, 초상권은 헌법상 보장되는 권리라고 보았다. 또한 대법원 2005. 11. 16.자 2005스26 결정은 개명을 엄격하게 제한할 경우 헌법상의 개인의 인격권과 행복추구권을 침해하는 결과를 초래할 우려가 있다고 설시하고 있다.

3. 소   결

왜 이처럼 근래에 이르러 대법원의 사법적극주의가 강화되고, 판례 가운데 헌법적 논변이 활용되는 빈도가 늘어났을까? 이는 여러 가지의 분석이 필요한 복잡한 문제이다. 다만 다음의 몇 가지 느낌만을 적고자 한다.

첫째, 대법원의 사법적극주의는 이른바 '정책법원'이라는 말로 표현되는 대법원의 위상 강화 움직임과 밀접한 관련이 있다고 생각된다. 과연 객관적인 법에 따라 이루어져야 할 법원의 재판을 판단자의 주관이 개입된다는 것을 암시하는 정책(policy)이라는 관점에서 설명하는 것이 적절한지는 따져 볼 문제이지만, 어쨌든 은연중에 이러한 사고가 작용하고 있는 것은 사실이라고 느껴진다. 둘째, 이러한 사법적극주의 또는 헌법적 논변의 활용은 헌법재판소의 존재에 영향을 받은 것이라는 분석도 가능할 것이다. 특히 헌법재판소는 위헌법률심사에 있어서 많은 경우 사법적극주의적인 경향을 보이고 있는데,[9] 대법원도 이를 의식하였던 것으로 보인다.

그러면 이러한 대법원의 태도를 어떻게 평가하여야 할 것인가? 이는 한 마디로 대답할 수는 없는 문제이다. 사법적극주의 또는 헌법적 논변의 활용 그 자체가 좋은 것 또는 나쁜 것이라고 단정할 수는 없고, 그것이 어떤 형태로 나타나는가가 중요할 것이다. 과도한 사법적극주의는 사법권의 한계를 벗어나고, 권력분립의 원칙을 깨뜨릴 위험이 있다.[10] 그리고 추상적인 헌법 규정으로부터 구체적인 논증 없이 바로 결론을 이끌어내려는 것도 바람직하지 않다.

이러한 위험성이 없는 것은 아니지만, 근래의 대법원의 경향은 전체적으로

---

9) 헌법재판소가 사법적극주의의 경향을 보이고 있다는 점에 대하여는 양건, "헌법재판소의 정치적 역할: '제한적 적극주의'를 넘어서", 憲法實務硏究 제6권, 2005, 147면 이하 참조.

10) 문재완(주 2), 137면 이하; 조홍식, 사법통치의 정당성과 한계, 2009 등 참조.

보아 긍정적으로 판단할 수 있다고 생각된다. 다시 말하여 과거의 대법원 판례
는 지나치게 사법소극주의적인 경향이 없지 않았고, 따라서 실제로 법원의 판
단이 필요한 경우에도 이를 회피하는 경향이 없지 않았다. 대법원이 보여주고
있는 사법적극주의적 태도는 이러한 문제점을 바로잡는 것으로서 높이 평가할
수 있다. 이는 헌법적 논변에 관하여도 마찬가지로 적용된다. 과거에는 지나치
게 헌법적 판단을 회피하는 경향이 있었던 것이다. 입법의 지체에 대응하기 위
한 법원에 의한 법 형성도 이러한 배경 하에서 활성화될 수 있는 것이다.

Ⅲ. 민법총칙

1. 사정변경의 원칙

대법원 2007. 3. 29. 선고 2004다31302 판결은 우리 민법상 사정변경으로
인한 계약 해제가 인정될 수 있다는, 매우 주목할 만한 판시를 하였다. 즉 이
른바 사정변경으로 인한 계약해제는 계약 성립 당시 당사자가 예견할 수 없었
던 현저한 사정의 변경이 발생하였고, 그러한 사정의 변경이 해제권을 취득하
는 당사자에게 책임 없는 사유로 생긴 것으로서, 계약내용대로의 구속력을 인
정한다면 신의칙에 현저히 반하는 결과가 생기는 경우에 계약준수 원칙의 예
외로서 인정되는 것이라는 것이다. 그러나 당해 사건에 관하여는 그러한 요건
이 충족되지 않았다는 이유로 해제를 부정하였다. 이러한 판례의 태도는 종래
의 지배적인 학설을 받아들인 것이다.[11] 국제적으로도 이를 인정하는 방향으로
나아가고 있다.[12]

그런데 위 판결이 위 원칙을 당해 사건에 적용한 방식에 대하여는 다소
이론을 제기할 여지가 있다. 이 사건에서는 원고가 지방자치단체인 피고로부터
건축이 제한되었다가 제한이 해제된 토지를 공개매각절차에 의하여 매수하여
이전등기를 마쳤는데, 그 후 다시 피고에 의하여 공공공지로 지정됨으로써 건
축이 제한되게 되자 원고가 계약 해제를 주장하였다. 대법원은 이 사건 토지상

---

11) 반면 사정변경의 원칙을 인정하여서는 안 된다는 견해로는 정상현, "賣買目的 土地에 발생
한 事情의 變更과 契約의 效力", 저스티스 2008. 6, 189면 이하 참조.

12) 權英俊, "위험배분의 관점에서 본 사정변경의 원칙", 民事裁判의 諸問題 제19권, 2010, 317
면 이하 참조.

의 건축 가능 여부는 원고가 이 사건 토지를 매수하게 된 주관적인 목적에 불과할 뿐 이 사건 매매계약의 성립에 있어 기초가 되었다고 보기 어렵다고 하였다.

　　그러나 이 사건에서 원고는 이 사건 토지상에 건축이 가능할 것으로 믿고 공매예정가격의 5배가 넘는 가격에 이 사건 토지를 낙찰받았다. 그리고 피고 스스로도 이 사건 토지에 관하여 이를 공매에 붙이기 전에 건축이 제한되는 개발제한구역의 해제를 건설교통부장관에게 요청하였으므로, 이 사건 토지가 건축용지로 쓰일 것을 당연히 예상하였다고 보인다. 이러한 점에 비추어 보면 이 사건 토지상에 건축이 가능하다는 점은 계약의 기초가 되었다고 할 수 있다. 따라서 만일 계약이 이행되기 전에 이 사건 토지가 다른 사람도 아닌 피고에 의하여 공공공지로 지정되었다면, 원고는 위와 같은 공개매각조건이나 계약의 내용에 구애받지 않고 계약을 해제할 수 있다고 보아야 할 것이다.

　　그런데 이 사건에서는 매매계약이 모두 이행된 뒤에 이 사건 토지가 공공공지로 지정되었다. 이처럼 계약이 모두 이행된 뒤의 사정변경은 원칙적으로 고려되어서는 안 되는 것이다. 그렇지 않다면 계약이 이행된 후에도 계약이 해제될 가능성이 계속 존재하게 되어 법적 안정성을 해치게 된다. 이 점은 계약이 이행된 후의 위험부담은 원칙적으로 상대방에게 전가할 수 없는 것과 마찬가지이다.13) 결국 이 판결이 이 사건에서 행위기초론의 적용을 부정한 것은 이론적으로는 문제가 있으나 결과는 수긍할 수 있다.

2. 연명치료의 중단

　　연명치료의 중단에 관한 대법원 2009. 5. 21. 선고 2009다17417 전원합의체 판결은 권리능력의 종기와 관련된 문제이다. 이 판결은 앞에서 언급한 것처럼, 환자의 사전의료지시가 없는 상태에서 회복불가능한 사망의 단계에 진입한 경우에, 환자에게 자기결정권을 행사할 수 있는 기회가 주어지더라도 연명치료의 중단을 선택하였을 것이라고 볼 수 있으면 그 연명치료 중단에 관한 환자의 의사를 추정하여 연명치료를 중단할 수 있다고 보았다. 이 문제는 종래부터

---

13) 尹眞秀, "2007년도 주요 민법 관련 판례 회고", 서울대학교 法學 제49권 1호, 2008, 319면 이하. 金載亨, "2000년대 民事判例의 傾向과 흐름: 債權法", 民事判例研究 XXXIII-(下), 2011, 262면도 참조.

많이 논의되었고,14) 위 판결에 대하여도 이미 여러 편의 판례평석이 나와 있다.

　우선 환자의 명확한 사전지시가 있는 경우는 물론, 그러한 사전지시가 없는 경우에도 일정한 요건을 갖추면 연명치료의 중단이 허용될 수 있다는 점에 대하여는 광범위한 합의가 존재하는 것으로 보인다.15) 문제는 그 근거를 어디에서 찾는가, 인정 범위를 어떻게 파악할 것인가 하는 점이다. 위 판결의 다수의견은 연명치료의 중단 근거를 기본적으로 환자의 자기결정권에서 찾으면서, 환자 자신이 자기결정권을 행사할 수 없는 경우에는 환자에게 자기결정권을 행사할 수 있는 기회가 주어지더라도 연명치료의 중단을 선택하였을 것이라고 볼 수 있으면, 그 연명치료 중단에 관한 환자의 의사를 추정할 수 있다고 인정하는 것이 합리적이고 사회상규에 부합된다고 보았다. 반면 안대희, 양창수 대법관의 반대의견은 다수의견이 말하는 추정적 의사는 가정적 의사에 불과하고, 그러한 가정적 의사에 기하여는 연명치료의 중단을 허용할 수 없으며, 다만 연명치료를 환자에게 강요하는 것이 오히려 환자의 인간으로서의 존엄과 가치를 해하게 되는 경우에는 연명치료의 중단이 허용될 수 있다고 주장하였다. 영미법의 용어로 표현한다면, 다수의견은 현재 의사결정능력이 없는 자가 의사결정능력이 있다면 어떠한 결정을 내렸을지 판단하여 환자의 의사를 추정하는 대행판단(substituted judgment) 기준을 채택한 반면, 반대의견은 무엇이 환자를 위한 최선인지를 합리적인 사람의 기준에 의하여 판단한다는 최선의 이익 기준(best interest standards)을 채택한 것으로 이해할 수도 있다.16) 그러나 위 반대의견도 언급하고 있는 것처럼 양자 사이에 실제로 큰 차이가 있을 것 같지는 않다.

　다른 한편 위 판결의 다수의견은, 환자의 추정적 의사에 의하여 연명치료의 중단이 허용될 수 있는 회복불가능한 사망의 단계는 의식의 회복가능성이 없고, 생명과 관련된 중요한 생체기능의 상실을 회복할 수 없으며, 환자의 신

---

14) 이 사건에 대한 재판연구관의 해설인 노태헌, "연명치료 중단의 허부 및 허용요건", 사법 9호, 2009, 165면 이하는 최근까지의 이 문제에 대한 국내외의 논의를 비교적 상세하게 소개하고 있다.

15) 그러나 위 판결에서의 이홍훈, 김능환 대법관의 반대의견은 이미 환자이 신체에 삽입, 장착되어 있는 인공호흡기 등의 생명유지장치를 제서하는 방법으로 치료를 중단하는 것은 원칙적으로 허용되지 않는다고 주장한다. 다만 위 반대의견도 환자가 몇 시간 또는 며칠 내와 같이 비교적 아주 짧은 기간 내에 사망할 것으로 예측, 판단되는 경우에는 연명치료의 중단이 허용된다고 보고 있다. 반면 헌법재판소 2009. 11. 26. 선고 2008헌마385 결정에서의 이공현 재판관의 반대의견은 본인의 사전지시에 의한 연명치료의 중단도 허용되지 않는다는 매우 엄격한 태도를 보이고 있다.

16) 노태헌(주 14), 188면 이하; Furrow et al., Health Law, 2nd ed., 2000, p. 841 등 참조.

체상태에 비추어 짧은 시간 내에 사망에 이를 수 있음이 명백한 경우를 의미한다고 보았다. 판례가 이와 같이 짧은 시간 내에 사망에 이를 수 있음이 명백하여야 한다고 보는 것은 본인의 의사에 기하지 않은 연명치료 중단이 너무 손쉽게 이루어지는 것을 예방하기 위한 취지에서 나온 것으로 보인다. 그러나 이에 대하여는 연명치료의 중단을 허용하는 것은 무의미한 치료를 중단함으로써 인간의 존엄성을 지키려는 것이므로, 이와 같이 짧은 시간 내에 사망에 이르러야 할 것을 요구할 필요가 없다는 반대견해가 있다.[17) 의학적으로는 연명치료를 받고 있던 환자가 연명치료가 중단된다고 하여 언제 사망할 것인지는 의사들도 판단하기 어려운 문제라고 하므로, 대법원의 위와 같은 판시가 반드시 현실에 부합하는지는 의문이다.

3. 교회의 분열

종래의 판례는 교회의 분열이라는 개념을 인정하고, 교회가 분열되었을 경우 교회 건물을 비롯한 교회의 재산은 특별한 사정이 없는 한 분열 당시 전체 교인들의 총유에 속한다고 보고 있었다. 그런데 대법원 2006. 4. 20. 선고 2004다37775 전원합의체 판결의 다수의견은 종래의 판례를 변경하여 교회의 분열이라는 개념을 부정하면서, 일부 교인들이 교회를 탈퇴하여 그 교회 교인으로서의 지위를 상실하게 되면 종전 교회는 잔존 교인들을 구성원으로 하여 실체의 동일성을 유지하면서 존속하고, 종전 교회의 재산은 그 교회에 소속된 잔존 교인들의 총유로 귀속됨이 원칙이라고 하였다. 그리하여 교단에 소속되어 있던 지교회 교인들의 일부가 별도의 교회를 설립하여 별도의 대표자를 선정하고 나아가 다른 교단에 가입한 경우, 그 교회 소속 교인들은 더 이상 종전 교회의 재산에 대한 권리를 보유할 수 없게 되고, 다만 교단이 정한 헌법을 지교회 자신의 자치규범으로 받아들였다고 인정되는 경우에는 소속 교단의 변경은 사단법인 정관변경에 준하여 의결권을 가진 교인 2/3 이상의 찬성에 의한 결의를 필요로 한다고 하였다.

종전의 학설상으로는, 분열의 개념을 인정하면서 교회 재산은 분열된 두

17) 김천수, "연명치료 중단에 대한 대법원판결의 분석과 향후 논의과제", 법률신문 2009. 7. 6. 자; 朴徹, "延命治療 中斷의 許容基準", 民事判例研究 XXXII, 2010, 80면 이하; 金載亨(주 13), 371-2면 등. 김성룡, "연명치료중단의 기준에 관한 법적 논의의 쟁점과 과제", 刑事法研究 제22권 1호, 23면 이하는 이 문제에 대한 의료계의 견해를 소개하고 있다.

개의 교회가 공유하고 그 공유지분을 각 교회의 교인이 총유로 소유한다고 보는 공유설이 다수설이었고, 이 판결 선고 후에도 이러한 공유설을 지지하는 논자가 많으나, 판례를 지지하는 견해도 유력하다.[18] 교회의 분열을 긍정하는 논자들은 교회는 신앙단체라는 특수성이 있다는 점, 주식회사의 분할도 인정된다는 점, 교회의 분열을 인정하여야 분열된 교인들의 계속적인 종교행위도 보장될 수 있다는 점 등을 들고 있다.

그러나 주식회사의 분할은 사원총회의 결의에 의하여 이루어지는 것으로서, 사실상 교회가 갈라지는 교회의 분열과는 전혀 다른 개념이다. 뿐만 아니라 등기와 같이 권리변동에 요구되는 별도의 요건을 갖추지 않았음에도 불구하고 교회가 사실상 분열되었다는 이유만으로 종전의 총유 상태가 포괄적으로 공유의 상태로 바뀔 수 있는 아무런 근거가 없다. 그리고 공유설은 신앙단체의 특수성이나 종교의 자유를 그 근거로 들고 있으나, 종교의 자유가 그 권리자의 의사와는 관계없이 종교 단체의 재산을 이용할 자유를 포함하는 것은 아니다. 기존 교회의 재산에 대한 권리는 일반적인 단체의 의사결정에 관한 법리에 따를 수밖에 없다.[19]

이 판결 이후에 주목하여야 할 판례로는 대법원 2010. 5. 27. 선고 2009다67658 판결이 있다. 이 사건에서는 교회의 일부 교인들이 소속 교단을 탈퇴하고 다른 교단에 가입하기로 하는 내용의 교단변경을 결의하였으나 그 결의가 절차적 하자로 인하여 무효로 되자, 종전 교단에 남아 있겠다는 교인들로 이루어진 원고 교회가 탈퇴 결의에 찬성한 교인들로 이루어진 피고 교회를 상대로 하여, 금융기관이 채권자불확지를 이유로 공탁한 종전 교회 명의의 예금채권에 관한 공탁금출급청구권의 확인을 청구하였다. 원심판결은 교단을 탈퇴하는 결

---

18) 판례를 지지하는 것으로는 閔裕淑, "교인들이 집단적으로 교회를 탈퇴한 경우 법률관계", 대법원판례해설 60호(2006 상반기), 31면 이하; 尹眞秀, "2006년도 주요 民法 관련 판례 회고", 民法論攷 Ⅲ, 2008, 689면 이하(처음 발표: 2007); 洪起台, "敎人들의 脫退에 따른 敎會財産의 歸屬關契", 民事判例研究 ⅩⅩⅨ, 2007, 613면 이하; 배성호, "교회분열과 재산귀속", 한국부패학회보 제12권 4호, 2007, 47면 이하 등. 반면 판례에 반대하는 것으로는 오시영, "교회의 분열과 재산 귀속 관계에 대한 고찰", 人權과 正義 2006. 9, 181면 이하; 金敏圭, "교회의 분열과 재산귀속에 관한 판례법리의 변천", 財産法研究 제23권 3호, 2007, 191면 이하; 宋鎬烻, "교회의 교인들이 종전교단으로부터 집단적으로 탈퇴하여 별도의 교회를 설립한 경우의 법률관계", 民事法學 제35호, 2007, 191면 이하; 김교창, "準社團法人인 敎會의 分割", 저스티스 통권 98호(2007. 6), 248면 이하; 양형우, "교회분열에 따른 재산귀속", 財産法研究 24권 1호, 2007, 59-94면 이하 등.
19) 尹眞秀, "私法上의 團體와 憲法", 比較私法 제15권 4호, 2008, 58면 이하.

의에 찬성한 교인들이 종전 교회를 탈퇴한 것이라고 보아 원고의 청구를 받아들였다. 그러나 대법원은 일부 교인들이 소속 교단을 탈퇴하고 다른 교단에 가입하기로 하는 내용의 교단변경을 결의하는 것은 종전 교회를 집단적으로 탈퇴하는 것과 구별되는 개념으로, 교단변경에 찬성한 교인들이 종전 교회에서 탈퇴하였다고 평가할 수 있을지 여부는 법률행위 일반의 해석 법리에 따라 여러 가지 사정을 고려하여 결정하여야 한다고 하였다. 특히 대법원이 강조한 점은, 교단변경 결의에 찬성한 교인들이 교단변경 결의가 유효하게 이루어지지 아니하는 경우 교회재산의 사용수익권을 잃는 것을 감수하고서라도 새로운 교회를 설립한 것인지, 아니면 사용수익권을 보유하면서 종전 교회에 남을 것인지 사이에서 교인들이 어떠한 선택을 하였다고 볼 것인지 여부와 같은 사정을 종합적으로 고려하여 판단하여야 한다는 것이다. 이 사건에 대한 환송 후 원심판결인 서울고등법원 2011. 1. 14. 선고 2001나50320 판결은 대법원의 취지에 따라, 피고 교회는 원고 교회와 별개의 실체를 갖춘 독립된 교회로서의 당사자능력을 갖추지 못하였다고 하여 원고의 소를 각하하였다.

위와 같은 대법원 판결이 나오게 된 것은 당해 사건에서는 교단 변경 결의에 찬성한 교인들이 전체 교인들 중 2/3 이상에 달하는데, 그 결의가 절차상 하자로 인하여 무효가 되었다는 점을 중시한 때문으로 추측된다.[20] 그러나 위 판결의 결과적인 타당성은 인정될 수 있다고 하여도, 그 근거로서 교단변경 결의에 찬성한 교인들이 결의가 무효인 경우에까지 교회를 탈퇴하려고 한 것으로 볼 수 없다고 한 점은 이론적으로 문제가 있다. 위 판결은 이 사건 교단변경 결의가 무효라는 법원의 판결이 확정된 후에 당사자들이 새로운 교단에서의 활동을 중단하였다는 사정을 중요시하여, 이는 교단변경 결의가 무효라는 사실을 수용하고 종전 광성교회 교인으로서 지위를 그대로 유지하려는 의사를 적극적으로 나타낸 것으로 볼 수 있다고 하였다. 그렇다면 교단변경 결의가 무효라는 법원의 판결이 확정되기 전의 당사자들의 행동은 어떻게 평가할 것인가? 교단변경 결의가 유효할 것을 조건으로 하는 탈퇴라는 것은 이론적으로 인정하기 어려울 것이다.

또 이 판결은 피고 교회의 실체 자체를 부정한 취지로 보이는데, 실제로

---

20) 이 판결에 대한 재판연구관의 해설인 金珉岐, "교단변경 결의에 찬성한 교인들이 종전 교회에서 탈퇴한 것인지 여부의 판단 기준", 대법원판례해설 제83호(2010년 상), 11면 이하, 특히 40면 이하 참조.

종전 교단에서 탈퇴하고 다른 교단에 가입한 교회의 실체 자체를 부정한다는 것은 전혀 현실에 부합하지 않는다. 대법원 1991. 11. 26. 선고 91다30675 판결은, 교회가 다수의 교인들에 의하여 조직되고, 일정한 종교활동을 하고 있으며 그 대표자가 정하여져 있다면 민사소송법 제48조 소정의 비법인사단으로서 당사자능력이 있다고 보아야 할 것이고, 그 교회가 종전에 있던 같은 명칭의 교회와 같은 단체인 것인지, 종전에 있던 같은 명칭의 교회가 합병으로 소멸된 것인지, 그 교회의 구성원이 다른 교회에서 이탈한 것인지 여부나 그 동기는 그 당사자능력을 좌우할 사유가 된다고 할 수는 없다고 보고 있다. 이 사건에서는 피고 교회의 명의로 등기하거나 기타 보유하고 있는 재산이 없었던 것으로 보인다. 그러나 가령 종전의 분쟁례에서 보이는 것처럼 피고 교회가 부동산의 등기 명의를 자기 앞으로 변경한 경우에도 피고 교회의 실체를 부정하기는 어려울 것이다.

결국 위 판결의 기본 의도는 종전 교회와 동일성이 있는 것으로 평가될 수 없는 새로운 교회를 만든 사람도, 교단변경 결의가 무효라는 확정판결을 받아들이고 새로운 교회에서의 활동을 중단하였으면 종전 교회의 교인으로서의 지위를 인정하여야 한다는 점에 있다고 보인다. 그렇다면 이는 처음부터 탈퇴 의사가 없었다기보다는 일단 탈퇴하였다가 다시 복귀한 것으로 평가하는 것이 사건의 실체에 부합할 것이다. 위 판결의 설시도 오히려 탈퇴하였던 교인들이 종전 교회에 복귀하겠다는 의사를 표시한 것이라고 설명하는 것이 훨씬 자연스럽다.

다만 문제는 일단 탈퇴하였던 교인들이 복귀의 의사를 표시하는 것만으로 바로 종전 교인의 지위를 회복한다고 볼 수 있는가 하는 점이 문제될 것이다. 그러나 위와 같은 경우에 자신들이 만든 새로운 교회가 종전 교회와 동일성이 있다고 하는 주장을 포기하고 상대방 교회의 정통성을 인정한다면, 법률적인 분쟁의 원인이 소멸하였다는 점에서 반대측의 교인들도 탈퇴하였던 교인들이 종전 교인의 지위를 회복하는 것에 반대할 명분이 없을 것이다. 그렇지 않다면 이 사건과 같이 교단 변경 결의에 찬성한 교인들이 압도적 다수인 경우에도 그들의 종전 교회 재산에 대한 권리를 완전히 박탈하는 것이 되어 가혹한 결과가 된다. 이 판결이 나오게 된 궁극적인 배경도 여기에 있는 것으로 보인다. 그리고 새로운 교회는 권리능력이나 당사자능력 자체를 가지지 못하는 것은 아니고, 다만 교인들이 더 이상 존재하지 아니하여 해산된 것으로 보아야 할 것이며, 따라서 필요하다면 청산 절차에 들어가야 할 것이다.

그런데 이러한 결론에 대하여는, 분쟁이 종국적으로 해결되지 못하게 되어 실질적으로는 교회의 분열을 인정하였던 종전 판례와 같은 결과로 돌아간 것이라는 비판이 있을 수 있다. 그러나 종전의 판례는 2개의 교회를 인정하였기 때문에 이 교회들이 서로 협의하여 분쟁을 해결하는 것 자체가 어려웠던 반면, 위 판결에 의할 때에는 종전 교회에 복귀한 교인들도 종전 교회 내부의 의사결정 절차에 따라 의사를 결정할 수밖에 없으므로, 결과적으로 분쟁의 해결을 촉진하는 것이 될 것이다.[21]

4. 계약의 해석

최근에 대법원은 계약의 해석에 관하여 중요한 판례를 여러 개 선고하였다.

가. 상업어음할인대출에 대한 신용보증

대법원 2008. 5. 23. 선고 2006다36981 전원합의체 판결의 다수의견은, 신용보증기금이 상업어음할인대출에 대하여 신용보증을 한 경우에, "본 보증서는 사업자등록증을 교부받은 업체 간에 당해 업체의 사업목적에 부합되고 경상적 영업활동으로 이루어지는 재화 및 용역거래에 수반하여 발행된 상업어음(세금계산서가 첨부된)의 할인에 대하여 책임을 진다"라는 내용의 특약은 금융기관이 선량한 관리자로서의 주의의무를 다하여 정상적인 업무처리절차에 의해 상업어음인지 여부를 확인하고 상업어음할인의 방식으로 실시한 대출에 대하여 신용보증책임을 진다는 취지로 해석함이 합리적이고, 따라서 어음이 사후에 상업어음이 아님이 드러났다 하여도 금융기관이 선량한 관리자로서의 주의의무를 다하였다면 그에 대하여는 신용보증기금이 신용보증책임을 부담한다고 보았다.

다수의견은 그 이유로서, 이 사건 신용보증서가 보증 대상으로 삼는 상업어음할인대출이 오로지 진정한 상업어음의 할인에 의한 대출만을 의미하는 것인지가 명확하지 않다고 보았다. 그리하여 금융기관이 필요한 조사·확인조치를 모두 취하였는데도 나중에 그 어음이 상업어음이 아닌 것으로 밝혀졌다는 이유로 신용보증책임을 물을 수 없게 된다면, 결국 금융기관은 신용보증제도를 기피하거나 별도의 담보제공을 요구하게 되어 신용보증제도가 담보능력이 미

---

21) 金珉岐(주 20), 36면도 결과에 있어서 같은 취지이다.

약한 기업의 자금융통에 아무런 도움이 되지 못하게 될 것이라고 보아 종전의
판례[22]를 변경하였다.

그러나 위 판결의 반대의견이 지적하는 것처럼, 위 특약 자체에서 상업어
음의 의미를 특정하여 규정하고 있으므로 그 의미가 불명확하다고 할 수는 없
을 것이고, 금융기관이 필요한 조사·확인조치를 모두 취하였는지 여부에 따라
신용보증책임의 유무가 좌우된다는 것을 위 특약의 문언에서 도출해 낼 수는
없다.[23] 다수의견이 위와 같은 해석을 하게 된 것은 그렇게 보지 않으면 신용
보증제도는 담보능력이 미약한 기업의 자금융통에 아무런 도움이 되지 못하게
될 것이라는 점을 중시한 것이지만, 위와 같은 정책적 고려가 당사자, 특히 위
특약을 부가한 신용보증기금의 의사에 부합한다고 볼 수 있는 근거가 없다. 진
정한 상업어음이 아닌 어음인지의 여부는 신용보증기금이 아니라 직접 어음할
인거래를 한 금융기관이 더 잘 판단할 수 있으므로, 원칙적으로는 금융기관이
그러한 위험을 부담하여야 할 것이다.[24]

나. 예금주의 확정

1993. 8. 12. 금융실명거래 및 비밀보장에 관한 긴급재정경제명령에 의하
여 이른바 금융실명제가 실시된 후, 판례는 예금의 출연자와 예금 명의인이 다
른 경우에 관하여, 원칙적으로 예금 명의인이 예금주가 되는 것으로 보아야 하
고, 다만 예외적으로 예금명의인이 아닌 제삼자에게 예금반환채권을 귀속시키
기로 하는 명시적 또는 묵시적 약정이 있었다면 예금명의인 아닌 다른 사람이
예금주가 될 수 있다고 하였다. 그러던 중 대법원 2009. 3. 19. 선고 2008다
45828 전원합의체 판결은 종래의 판례를 변경하여, 금융기관과 출연자 등과 사

---

22) 대법원 2001. 11. 9. 선고 2000다23952 판결; 2002. 1. 22. 선고 2001다57983 판결; 2003. 2.
11. 선고 2002다55953 판결; 2003. 10. 10. 선고 2003다38108 판결 등.
23) 같은 취지, 金載亨, "2008년도 민법 판례 동향", 民事裁判의 諸問題 제18권, 2009, 23면 이
하; 金汶在, "2008년도 어음·手票에 관한 大法院判例의 動向과 分析", 商事判例硏究 21집 3
권, 2008, 380면 이하; 정진세, "신용보증기금의 상업어음할인대출 신용보증", 法律新聞 제
3723호(2009. 2. 19), 14면; 卞煥喆, "신용보증기금이 상업어음할인대출 신용보증을 한 경우
그 보증범위에 관하여", 중앙법학 제11집 제4호, 2009, 185면 이하 등.
24) 이른바 최저 비용 회피자(the least cost avoider)의 원칙. 정진세(주 23)도 상업어음인지 아
닌지의 판별은 신용보증기금보다는 당해 어음을 할인하는 주채무자의 거래은행에게 더 수월
할 것이라고 한다. 그러나 유중원, "商業어음割引의 법률관계", 法律新聞 2009. 1. 1(제3710호),
15면은 위 특약은 할인은행에 대하여 사실상 무과실책임을 부담시키는 것이고, 신용보증기금
이 우월적 지위에서 부당한 특약을 할인은행에게 강요하는 것이라고 하여 판례에 찬성한다.

이에서 실명확인절차를 거쳐 서면으로 이루어진 예금명의자와의 예금계약을 부정하여 예금명의자의 예금반환청구권을 배제하고, 출연자 등과 예금계약을 체결하여 출연자 등에게 예금반환청구권을 귀속시키겠다는 명확한 의사의 합치가 있는 극히 예외적인 경우에 한하여 예금명의자 아닌 출연자 등을 예금계약의 당사자로 볼 수 있다고 하였다.

이와 같은 판례의 변경은 타당하다고 생각된다. 필자는 과거에는 금융기관이 예금명의인 외의 출연자가 따로 있음을 알았을 때에는 출연자를 예금주로 보아야 한다고 주장하였다.25) 그러나 현재는 위 대법원 판결과 마찬가지로, 예금명의인 아닌 출연자를 예금주로 하겠다는 당사자 사이의 명시적인 의사의 합치가 있는 경우에 한하여 출연자를 예금주로 보아야 한다고 생각한다.26) 우선 금융기관의 입장에서는 판례가 말하는 것처럼, 금융실명제 하에서는 대량적·반복적으로 이루어지는 예금거래의 특성상 실명확인을 통하여 계약체결 의사를 표시한 예금명의자를 계약당사자로 받아들여 예금계약을 체결하려는 의사를 가진다고 봄이 합리적이다. 다른 한편 출연자의 경우에도 이러한 금융기관의 의사를 모를 수 없었을 뿐 아니라(could not have been unaware), 자신이 예금주가 되고자 하였다면 이를 명확히 밝혔어야 하고, 그렇지 않았다면 자신이 예금주라고 주장하는 것은 금융기관의 이익에 어긋나는 것으로서 허용되어서는 안 될 것이다. 이는 예금명의인의 경우에도 마찬가지이다. 예금명의인이 내심으로는 출연자를 예금주로 하는 의사를 가지고 있었다고 하더라도, 이를 명확히 밝히지 않았다면 이러한 의사는 고려되어서는 안 될 것이다.27)

---

25) 尹眞秀, "계약당사자의 확정에 관한 고찰", 民法論攷 Ⅰ, 2007, 310면 이하(처음 발표: 1997).

26) 이 판결이 선고되기 전에 발표되었던 金載亨, "금융거래의 당사자에 관한 판단기준", 저스티스 제93호(2006. 8), 5면 이하가 대체로 위 판결과 같은 취지이나, 여기서는 명시적 합의뿐만 아니라 묵시적 합의에 의하여도 예금명의인 아닌 사람을 예금주로 인정할 수 있다고 보고 있고, 金載亨, "2009년도 민법 판례 동향", 民事裁判의 諸問題 제19권, 2010, 9-10면; 孫哲宇, "金融實名制와 預金主 確定", 民事判例研究 XXXⅡ, 2010, 163면도 마찬가지이다. 그러나 묵시적 합의가 판례가 말하는 "명확한 의사의 합치"에 해당하는 경우란 상상하기 어렵다. 위 판결에 대한 재판연구관의 해설인 오영준, "금융실명제하에서 예금계약의 당사자 확정 방법", 사법 8호, 2009, 264면 참조.

27) 같은 취지, 오영준(주 26), 256-257면. UNIDROIT의 國際商事契約原則(PICC) 제4.2조는 "한 당사자의 진술과 그 외의 행동은 다른 당사자가 그 당사자의 의도를 알았거나 모를 수 없었을 때에는 그 당사자의 의도에 따라 해석되어야 한다"고 규정하고 있다. 또한 유럽계약법원칙(PECL) 제5:101조 제2항; 공통참조기준초안(DCFR) Ⅱ.-8:101(2) 등도 같은 취지이다. 계약 해석 방법 일반에 관하여는 尹眞秀, "契約 解釋의 方法에 관한 國際的 動向과 韓國法", 民法論攷 Ⅰ, 2007, 225면 이하 참조(처음 발표: 2006).

다. 계약상 공통의 착오와 보충적 해석

계약상 쌍방 당사자가 동일한 사실에 관하여 다같이 착오에 빠진 경우에 이것이 그 계약의 효력에는 어떠한 영향을 미치는가 하는 이른바 공통의 착오 문제에 관하여 근래 다소 논의가 있다. 국내의 일부 학설은 민법 제109조는 당사자 일방만의 착오를 전제로 한 것이므로, 당사자가 공통으로 착오에 빠진 경우에는 적절하지 않다고 하여 독일에서의 행위기초론을 적용하여야 한다고 한다. 반면 다른 설은 이러한 경우에는 법률행위의 보충적 해석에 의하여 해결하여야 한다고 주장한다. 과거의 판례는 공통의 착오의 경우에도 일반적으로 취소의 가부만을 따졌다. 그런데 근래의 판례는 제1차적으로는 이른바 보충적 해석에 의하여 계약의 수정이 가능한지 여부를 살펴보고 있다.[28]

대법원 2006. 11. 23. 선고 2005다13288 판결은 이 점을 좀 더 명확하게 밝혔다. 이 사건에서는 국가에 대한 기부채납 과정에서 당사자들이 부가가치세가 부과된다는 사실을 몰랐는데, 나중에 기부채납자가 부가가치세를 납부하여야 하게 되자 국가를 상대로 부당이득 반환을 청구하였다. 대법원은, 계약당사자 쌍방이 계약의 전제나 기초가 되는 사항에 관하여 같은 내용으로 착오를 하고 이로 인하여 그에 관한 구체적 약정을 하지 아니하였다면, 당사자가 그러한 착오가 없을 때에 약정하였을 것으로 보이는 내용으로 당사자의 의사를 보충하여 계약을 해석할 수도 있고, 여기서 보충되는 당사자의 의사란 당사자의 실제 의사 내지 주관적 의사가 아니라 계약의 목적, 거래관행, 적용법규, 신의칙 등에 비추어 객관적으로 추인되는 정당한 이익조정 의사를 말한다고 하였다. 그러나 당해 사건에 관하여는 이와 같은 경우에 피고인 국가가 부가가치세를 부담하는 것으로 약정하였으리라고 단정한 것은 수긍할 수 없다고 하여 원심판결을 파기환송하였다.

사견으로는 공통의 착오가 있을 때에는 계약의 취소를 문제삼기 전에 우선 계약의 수정이 가능한 것인가를 살펴볼 필요가 있고, 이것이 불가능한 경우에 비로소 계약의 취소가 허용될 수 있는지 여부를 따져보는 것이 바람직하다고 생각한다. 그리고 이러한 계약의 수정을 이끌어내는 방법으로서는 주관적 행위기초론보다는 보충적 해석의 방법이 더 바람직하다. 계약의 보충적 해석은

---

28) 대법원 1994. 6. 10. 선고 93다24810 판결; 2005. 5. 27. 선고 2004다60065 판결.

당사자의 의사에 기반을 두는 것인 반면, 주관적 행위기초론은 당사자의 의사보다는 일반적인 신의성실의 원칙에 의존하는 것이므로, 사적 자치의 존중이라는 면에서는 계약의 보충적 해석이 더 낫다.29)

5. 고율의 소비대차 약정과 공서양속 위반

이자제한법이 1998. 1. 13. 폐지된 후에는 고율의 이자는 부분적으로 '대부업의 등록 및 금융이용자 보호에 관한 법률'에 의하여 제한을 받는 외에는 직접적인 규제를 받지 않게 되었다. 이러한 상황에서 대법원 2007. 2. 15. 선고 2004다50426 전원합의체 판결은, 양쪽 당사자 사이의 경제력의 차이로 인하여 그 이율이 당시의 경제적·사회적 여건에 비추어 사회통념상 허용되는 한도를 초과하여 현저하게 고율로 정하여졌다면, 그와 같이 허용할 수 있는 한도를 초과하는 부분의 이자 약정은 선량한 풍속 기타 사회질서에 위반한 사항을 내용으로 하는 법률행위로서 무효라고 판시하였다. 그리고 이러한 경우 차주가 대주에게 지급한 초과 이자는 불법의 원인으로 인한 재산 급여이기는 하지만, 불법원인급여에 있어서도 그 불법원인이 수익자에게만 있는 경우이거나 수익자의 불법성이 급여자의 그것보다 현저히 커서 급여자의 반환청구를 허용하지 않는 것이 오히려 공평과 신의칙에 반하게 되는 경우에는 급여자의 반환청구가 허용된다고 하여 그 반환 청구를 허용하였다. 이는 과거 이자제한법 시절의 판례를 사실상 변경한 것이다.

이 판결은 원래는 민법 제104조가 규정하고 있는 불공정한 법률행위(폭리행위)의 문제로 다루어졌어야 하는데, 이 사건에서는 제104조의 요건사실에 대한 자료가 없었기 때문에 원심이나 대법원이 민법 제104조 대신 제103조를 적용한 것으로 보인다. 이 점에서 이 판결은 이른바 폭리 유사의 행위(wucherähnliches Geschäft) 이론을 받아들였다고 할 수 있다.30) 다른 한편 이 판결은 차주의 반환청구가 인정되는 근거를 대법원 1993. 12. 10. 선고 93다12947 판결 등이 인정하고 있는 불법성 비교 이론에서 찾고 있으나, 이 경우에는 불법의 원인이 수익자

---

29) 尹眞秀, "契約上 共通의 錯誤에 관한 연구", 民事法學 제51호, 2010, 129면 이하 참조.
30) 이 사건에 대한 재판연구관의 해설은 徐敏錫, "선량한 풍속 기타 사회질서에 반하여 현저하게 고율로 정해진 이자 약정의 효력 및 이미 지급된 초과이자의 반환청구권", 民事裁判의 諸問題 제16권, 2007, 163-165면 참조. 폭리 유사의 법률행위에 대하여는 註釋民法 總則(2), 제4판, 2010, 466-467면(尹眞秀) 참조.

인 대주에게만 있기 때문에, 차주는 이미 지급한 이자의 반환을 청구할 수 있다고 보아야 하고, 구태여 불법성 비교 이론까지 끌어들일 필요는 없다고 생각된다. 공서양속 위반을 인정하는 목적이 법률행위의 당사자 일방을 보호하기 위한 것일 때에는 불법원인이 수익자에게만 있다고 보아야 하는 것이다.[31]

그리고 이 판결은 고율의 이자 약정 가운데 상당한 범위를 초과하는 부분만 무효라고 보고 있다. 민법 제103조 또는 제104조 위반의 경우에 민법 제137조에 의한 이른바 양적 일부무효가 인정될 수 있는가는 다소 검토를 요하는 문제이다.[32] 그러나 종래의 판례 가운데에는 법률행위가 민법 제103조에 의하여 무효인 경우에도 그 양적인 일부만의 무효를 인정하고 있는 것이 있었다.[33] 이러한 점에 비추어 보면 이 사건에서도 상당한 범위를 초과하는 부분만 무효로 봄이 상당하다고 생각된다.[34]

다른 한편 위 전원합의체 판결이 선고된 후 새로운 이자제한법(2007. 3. 29. 법률 제8322호)이 제정되어 2007. 6. 30.부터 시행되었고, 이 법은 위 판결이 다루었던 문제점을 모두 입법적으로 해결하였으므로, 위 판결의 실제적인 중요성은 감소되었다고 할 수 있으나, 이론적으로는 위 판결은 중요한 의미를 가지고 있다.

그런데 대법원 2010. 7. 15. 선고 2009다50308 판결은 이른바 '알박기'가 불공정한 법률행위서 민법 제104조에 의하여 무효라고 보면서도, 당사자의 가정적 의사를 추단할 수 있는 예외적인 경우에는 무효행위 전환의 법리에 의하여 원래의 매매대금액보다는 적은 액을 매매계약으로 하는 계약이 유효하게 성립한다고 보았다. 그러나 이 판결이 무효행위의 전환 법리에 의하여 이러한 결론을 이끌어낸 것은 다소 의문이다. 이처럼 매매대금의 액수가 줄어든 매매계약은 원래의 매매계약보다 감축된(minus) 것일 뿐 민법 제138조가 규정하는 무효인 법률행위와는 다른(aliud) 법률행위라고는 할 수 없지 않을까? 또한 이 판결은 제137조는 이른바 양적 일부무효에는 적용될 수 없다는 취지인가 하는 의문도 생긴다.[35] 그러므로 이 사건의 경우에도 민법 제137조의 적용에 의하여

---

31) 尹眞秀(주 13), 333면 참조.
32) 양적 일부무효 에 관하여는 李東珍, "公序良俗과 契約 當事者 보호", 2011년 서울대학교 법학박사학위논문, 특히 152면 이하 참조.
33) 대법원 1993. 3. 23. 선고 92다46905 판결; 1997. 6. 24. 선고 97다2221 판결 등.
34) 같은 취지, 徐敏錫(주 30), 174-175면; 梁彰洙, "公序良俗에 反하는 利子約定에서 任意로 支給된 過剩利子의 返還請求", 民法硏究 제9권, 2007, 275면.
35) 이 판결은 일부무효의 법리를 원용한 원심 판결의 이유 설시가 부적절하다고 보고 있으나, 일부무효의 법리도 기본적으로는 당사자의 가정적 의사를 근거로 하는 것이므로, 원심 판결

해결하는 것이 간명한 방법일 것이다.[36)

6. 파산관재인의 제3자적 지위

종래 판례는 금융기관으로부터 대출을 받으려는 사람이 다른 사람의 동의를 받아 그 사람의 이름을 빌려 그 다른 사람을 채무자(借主)로 내세워 대출을 받는 이른바 차명대출의 경우에, 명의대여자와의 관계에서는 이를 통정허위표시로 보는 경우가 많았다.[37) 위와 같은 차명대출이 허위표시라고 할 때, 그 대출을 하여 준 금융기관이 파산하여 파산관재인이 선임되었으면 이러한 파산관재인은 민법 제108조 제2항의 선의의 제3자에 해당하므로 그에 대하여는 허위표시의 무효를 주장하지 못하는가?

이 점에 대하여 이미 대법원 2003. 6. 24. 선고 2002다48214 판결이 이를 긍정하였고, 대법원 2006. 11. 10. 선고 2004다10299 판결은 종래의 판례를 재확인함과 아울러, 이러한 경우 선의·악의도 파산관재인 개인의 선의·악의를 기준으로 할 수는 없고, 총파산채권자를 기준으로 하여 파산채권자 모두가 악의가 되지 않는 한 파산관재인은 선의의 제3자라고 할 수밖에 없다고 하였다. 나아가 대법원 2010. 4. 29. 선고 2009다96083 판결은 파산관재인이 민법 제108조 제2항뿐만 아니라 사기에 관한 제110조 제3항의 제3자에도 해당한다고 보았다. 이처럼 파산관재인을 통정허위표시에 관하여 제3자로 보는 판례에 대하여는 찬반 양론이 팽팽하게 대립한다.[38)

의 이론이 반드시 잘못되었다고 말하기는 어렵다.

36) 지원림, "법률행위: 지난 50년의 반성과 앞으로의 방향", 民法의 自畵像과 未來像, 民事法學 특별호(제52호), 2010, 268면도 같은 취지로 보인다.

37) 그러나 대법원 2008. 6. 12. 선고 2008다7772, 7789 판결; 2010. 5. 27. 선고 2010도369 판결 등은 이러한 차명대출은 원칙적으로 허위표시가 아니라는 태도를 보이고 있다. 필자는 예금명의자의 확정에 관한 위 대법원 2009. 3. 19. 선고 2008다45828 전원합의체 판결과 마찬가지로, 명의대여자에게는 대출금에 대한 책임을 묻지 않겠다는 명확한 의사의 합치가 있는 극히 예외적인 경우에 한하여 통정허위표시라고 인정하여야 한다고 생각한다. 尹眞秀, "借名 貸出을 둘러싼 法律問題", 民法論攷 Ⅱ, 2008, 25면 이하(처음 발표: 2006) 참조.

38) 판례지지: 韓裁棒, "貸出制限規定의 適用을 회피하기 위하여 他人의 名義를 빌려 체결한 貸出約定의 效力", 裁判과 判例 제12집, 2004, 343-344면; 尹根洙, "破産管財人과 通情虛僞表示의 第3者", 判例研究 제16집, 2005, 67면 이하; 蔣尙均, "통정허위표시로 인한 법률관계에 있어서 파산관재인의 선의성의 판단기준", 民事裁判의 諸問題 16권, 2007, 486면 이하; 梁彰洙, "2006년 民事判例 管見", 民法研究 제9권, 2007, 351면 이하; 金載亨, "2006년 民法總則·物權法 判例動向", 民法論 Ⅲ, 2007, 473면 이하; 鄭城旭, "通情虛僞表示에 있어서의 破産管財人의 第3者性 및 善意의 判斷基準", 裁判과 判例 16집, 2007, 463면 이하; 梁裁豪, "破産管財人이 通情虛

　　생각건대 이처럼 파산관재인을 허위표시에 관하여 제3자로 본다는 것은 민법이나 파산법의 원리에 맞지 않는다.[39] 민법이 허위표시의 무효를 선의의 제3자에 대하여 대항할 수 없다고 한 취지는 기본적으로 그러한 허위표시가 유효한 것이라고 신뢰하여 새로운 이해관계를 맺은 사람을 보호하려고 하는 데 있다. 그런데 파산관재인이 허위표시에 의하여 외형상 형성된 법률관계를 신뢰하여 새로운 이해관계를 맺게 된 자에 해당하지 않음은 명백하다. 특히 판례는 선의 여부도 총파산채권자를 기준으로 하여, 파산채권자 모두가 악의로 되지 않는 한 파산관재인은 선의의 제3자라고 할 수밖에 없다고 보고 있는데, 이는 사실상 제3자가 선의인지 여부를 묻지 않겠다는 것과 마찬가지여서, 신뢰 보호라는 기본 이념과는 동떨어진 것이다.[40] 파산관재인이 행사하는 권리는 파산관재인 자신의 권리가 아니라 파산자의 권리이며, 그 권리 행사의 효과도 파산자에게 귀속된다. 그러므로 파산선고가 있다고 하여 실체법상의 권리관계가 달라질 이유는 없고, 채권자대위권의 경우와 마찬가지로[41] 파산자에게 주장할 수 있는 사유는 파산관재인에게도 당연히 주장할 수 있어야 한다.

　　판례나 판례를 지지하는 견해는 파산관재인을 제3자로 보아야 하는 근거로서, 파산관재인이 파산채권자 전체의 공동의 이익을 위하여 선량한 관리자의 주의로써 그 직무를 행하므로 제3자에 해당한다고 설명한다. 그러나 저당권자나 압류채권자 등이 아닌 일반 채권자는 허위표시에 있어서의 제3자에 해당하

僞表示의 法律關係에서 보호되는 제3자에 해당하는지 여부 및 이 경우 '善意性'의 判斷基準", 民事判例研究 XXX, 2008, 464면 이하 등. 판례반대: 성재영, "파산관재인의 제3자성에 관한 소고", 釜山法潮 21호, 2004, 35면 이하; 李東烔, "通情虛僞表示를 한 者의 破産管財人이 民法 제108조 제2항의 第三者인지 여부", 法曹 2004. 6, 124면 이하; 宋景鎬, "破産管財人이 通情虛僞表示의 法律關係에 있어 보호되는 第3者에 該當하는지 與否", 裁判과 判例 13집, 2005, 292면 이하; 權英俊, "通情虛僞表示로 인한 法律關係에 있어서 破産管財人의 第3者性", 法曹 2007. 5, 45면 이하; 박재완, "도산법 분야의 최신 판례와 실무례", 人權과 正義 2008. 7, 31면 이하; 양형우, "파산관재인과 통정허위표시에서의 제3자", 人權과 正義 2008. 7, 67면 이하; 윤남근, "일반 환취권과 관리인·파산관재인의 제3자적 지위", 人權과 正義 2008. 7, 101면 이하; 지원림(주 36), 269-270면; 金上中, "2000년대 民事判例의 傾向과 흐름: 民法總則", 民事判例研究 XXXIII-(下), 2011, 46-48면 등.

39) 尹眞秀(주 37), 37면 이하 참조.

40) 權英俊(주 38), 88면은 파산채권자들 중 1명만 선의자가 있어도 모두가 보호받는다는 입장은 악의의 채권자까지 보호하는 부당한 결과를 가져오는 것으로서, 근본적으로 신뢰보호와 무관한 파산법상의 문제에 신뢰보호를 핵심적 요소로 하는 민법상 제3자 보호제도를 끌어들인 데에서 비롯된 것이라고 지적한다.

41) 대법원 2009. 5. 28. 선고 2009다4787 판결은 채권자대위권은 채무자의 제3채무자에 대한 권리를 행사하는 것이므로, 제3채무자는 채무자에 대해 가지는 모든 항변사유로 채권자에게 대항할 수 있다고 한다.

지 않는데,42) 개별 채권자 아닌 파산채권자 전체라고 하여 제3자에 해당한다고 볼 이유는 없다.

　　다른 한편 판례를 지지하는 견해는 압류채권자가 민법 제108조의 제3자에 해당한다면, 파산관재인을 압류채권자와 같이 취급하여야 한다고도 주장한다. 그러나 압류채권자와 파산관재인을 동일시할 수는 없다. 압류채권자는 허위표시에 의하여 특정 재산이 채무자의 책임재산에 속하는 것으로 믿고 적극적으로 이를 압류한 것인데 반하여, 파산의 경우에는 파산선고에 의하여 채무자의 재산 전체에 대하여 법률이 정하는 바에 따라 파산재산의 처분이 금지되는 압류와 같은 효력이 생기는 것일 뿐이다. 압류의 경우에는 압류된 재산이 채무자의 소유에 속하지 않는 것으로 판명되면 압류의 효력이 상실되게 되지만, 파산선고의 경우에는 허위표시에 의하여 채무자의 소유에 속한다는 외관을 가졌던 재산이 실제로는 파산채무자의 재산에 속하지 않는다고 하더라도 파산선고의 효력 자체에 영향을 주지는 않으며, 파산채권자는 파산자의 다른 재산으로부터 배당을 받을 수 있고, 이 점에서 파산채권자의 이익도 충분히 보호될 수 있는 것이다.

　　판례를 지지하는 설의 또 다른 논거는, 타인의 명의를 빌려 이루어진 대출은 대부분 탈법적이거나 비정상적인 대출인 경우가 많으므로, 명의를 빌려 준 사람에 대하여 아무런 책임을 부여하지 아니하는 것은 타당하지 않다고 주장한다. 그러나 이러한 이익형량 내지 사회정책적 고려만으로 선의의 제3자 보호의 기본 틀을 깨뜨려서는 안 된다. 이러한 주장은 통모허위표시의 당사자에게 일종의 제재를 가하겠다는 것과 마찬가지이지만, 처벌이나 제재는 사법(私法)에서 일반적으로 추구되지 않는 법 목적이므로,43) 이를 근거로 하여 결론을 이끌어내는 것은 바람직하지 않다.

　　다른 한편 위 2009다96083 판결은 파산관재인이 사기에 관한 제110조 제3항의 제3자에도 해당한다고 보았다. 그러나 학설상으로는 파산관재인이 제108조에서의 제3자에 해당한다고 보는 견해도 사기나 강박의 경우에는 피해자 보호의 관점에서 파산관재인의 제3자성을 부정하고 있었던 점에 비추어 보면,44)

---

　　42) 프랑스에서는 무담보의 일반채권자(créancier chirogrphaire)도 허위표시에 관하여는 허위표시의 당사자가 대항할 수 없는 프랑스 민법 제1321조 소정의 제3자라고 보고 있으나, 이는 결국 우리나라와 마찬가지로 압류채권자가 제3자에 해당한다는 것을 의미한다. Terré, Simler et Lequette, Droit civil Les obligations, 10e édition, 2009, no 551 참조.
　　43) 대법원 2010. 9. 30. 선고 2010다50922 판결 참조.
　　44) 梁彰洙(주 38), 458-459면 등.

이처럼 파산관재인을 제3자로 인정하는 범위를 넓히는 것은 문제가 있다.

결국 판례가 파산관재인을 허위표시에서의 제3자로 인정하는 것은 엄밀한 의미에서 민법 제108조에 근거한 것이라기보다는 신뢰보호와는 다른 견지에서 새로운 법리를 만들어낸 것이라고 보아야 할 것이다. 그러나 파산관재인은 파산자와 동일한 지위에 서게 되는 것이므로(the trustee stands in the shoes of the debtor), 파산자가 소송을 제기한 경우 피고가 주장할 수 있었던 항변의 제한을 받으며, 파산관재인이 부인권을 행사할 경우에만 더 우월한 지위에 서게 된다는 것이 파산법의 기본원칙이다.45) 따라서 위와 같은 판례는 이러한 파산법의 기본 원칙에도 어긋난다.

7. 소멸시효의 원용권자

종래 대법원의 판례는 소멸시효 완성의 효과에 대하여 이른바 절대적 소멸설을 따르고 있다고 하는 설명이 많았다. 그러나 근래 대법원의 판례는 소멸시효의 원용권자를 제한하여, 채권자대위소송의 피고는 원고인 채권자의 채무자에 대한 피보전채권이 시효로 인하여 소멸하였다는 항변을 할 수 없다고 한다. 그리고 최근의 대법원 2007. 3. 30. 선고 2005다11312 판결은, 구 토지수용법 제61조 제2항에 의한 이른바 절대적 불확지 공탁의 경우에 공탁자인 起業者는 공탁금출급청구권의 소멸시효를 원용할 수 없다고 하였다. 즉 채권의 소멸시효가 완성된 경우 이를 원용할 수 있는 자는 시효로 인하여 채무가 소멸되는 결과 직접적인 이익을 받는 자에 한정되는데, 구 토지수용법 제61조 제2항에 의하여 공탁이 간접적으로 강제되어 자발적이 아닌 경우에는 피공탁자의 공탁금출급청구권의 소멸시효가 완성되었다 할지라도 기업자는 그 공탁금을 회수할 수 없으므로, 공탁자는 독자적인 지위에서나 국가를 대위하여 공탁금출급청구권에 대한 소멸시효를 원용할 수 없다는 것이다.

기업자가 공탁금을 회수할 수 없다는 전제에서는 이 판결은 타당한 것이라고 하지 않을 수 없다.46) 나아가 이처럼 소멸시효의 원용권자를 제한하는 판례는 소멸시효의 원용이 필요한 근거를 변론주의에서 찾는 절대적 소멸설로는

---

45) 尹眞秀(주 18), 706면 참조. 이 점에 관한 미국의 판례는 In re Ostrom-Martin, Inc. 188 B.R. 245, 251(Bkrtcy.C.D.Ill.,1995); In re Segerstrom, 247 F.3d 218, 224(5th Circuit, 2001); Smith v. Arthur Andersen LLP, 421 F.3d 989, 1002 ff.(9th Circuit, 2005) 등 참조.

46) 尹眞秀(주 13), 339면 이하 참조.

설명할 수 없고, 상대적 소멸설로만 설명할 수 있다.47)

8. 유죄의 확정판결이 재심에 의하여 취소된 경우 국가배상청구권의 소멸시효와 지연손해금의 기산일

　　일단 소멸시효가 완성되었다 하더라도 채무자가 소멸시효의 항변을 제기하는 것이 신의성실의 원칙에 어긋날 때에는 이는 신의칙 위반 또는 권리남용으로서 허용될 수 없다는 점은 이전부터 주장되어 왔고, 오늘날은 학설상 일반적으로 인정되고 있다고 보인다.48)

　　대법원의 판례도 이러한 이론을 채택하여, 채무자가 시효완성 전에 채권자의 권리행사나 시효중단을 불가능 또는 현저히 곤란하게 하거나 그러한 조치가 불필요하다고 믿게 하는 행동을 하였거나, 객관적으로 채권자가 권리를 행사할 수 없는 장애사유가 있었거나, 또는 일단 시효완성 후에 채무자가 시효를 원용하지 아니할 것 같은 태도를 보여 권리자로 하여금 그와 같이 신뢰하게 하였거나, 채권자보호의 필요성이 크고 같은 조건의 다른 채권자가 채무의 변제를 수령하는 등의 사정이 있어 채무이행의 거절을 인정함이 현저히 부당하거나 불공평하게 되는 등의 특별한 사정이 있는 경우에 한하여 채무자가 소멸시효의 완성을 주장하는 것이 신의성실의 원칙에 반하여 권리남용으로서 허용될 수 없다고 판시하고 있다.49) 특히 근래에는 국가의 위법한 공권력 행사로

---

47) 상세한 것은 尹眞秀, "消滅時效 完成의 效果", 民法論攷 Ⅱ, 2008, 254면 이하(처음 발표: 1999) 참조. 일본 문헌 가운데 같은 취지의 것으로는 杉本和士, "時效における實體法と訴訟法", 金山直樹 編 消滅時效法の現狀と課題, 別冊 NBL No. 122, 2008, 63면 이하 참조. 그런데 金正晩, "소멸시효 원용권자의 범위", 사법연수원 논문집 제5집, 2008, 51면 이하는 절대적 소멸설이나 대법원 판례가 소멸시효의 원용이 필요한 근거를 변론주의에서 구하는 것은 변론주의의 내용인 주장공통의 원칙에 비추어 잘못이라는 상대적 소멸설의 비판에 대하여, 일본에서 논의되고 있는 권리항변이라는 개념을 끌어들여, 이러한 권리항변은 주장공통의 원칙에 대한 예외이고, 소멸시효의 항변도 이러한 권리항변에 속한다고 한다. 일본에서 이와 같이 주장하는 학설로는 金山直樹, 時效における理論と解釋, 2009, 268-269면(처음 발표: 1998)이 있다. 그러나 권리항변이라는 개념 자체가 일반적으로 인정되고 있는 것이 아닐 뿐만 아니라, 절대적 소멸설의 입장에서는 소멸시효의 완성으로 어떠한 권리가 인정된다고 할 수는 없을 것이다. 杉本和士, 위의 글, 65면은 권리항변이란 실체법상의 항변권(이행거절권)과 동일한 것이라고 주장한다.

48) 民法注解 Ⅲ, 1992, 409면 이하(尹眞秀)가 본격적인 논의를 시작하였다고 할 수 있다. 그러나 권영준, "소멸시효와 신의칙", 財産法硏究 제26권 제1호, 2009, 1면 이하는 소멸시효 남용론에 대하여 비판적이다.

49) 최근의 판례로는 대법원 2008. 9. 18. 선고 2007두2173 전원합의체 판결 등. 그러나 대법원

인한 인권침해를 이유로 하는 국가배상청구에서 국가의 소멸시효 주장이 신의
칙 또는 권리남용으로서 배척되는 경우가 많다.

　　그런데 이처럼 채무자의 소멸시효 주장을 신의성실의 원칙 위반을 이유로
하여 받아들이지 않게 되면, 경우에 따라서는 권리 발생 후 수십 년이 지나도
록 여전히 권리를 행사할 수 있게 되는 것이 또 다른 문제를 야기할 수 있다.
이 점이 중요한 쟁점으로 부각된, 대법원이 2011. 1. 13. 선고한 3개의 판결50)
을 살펴본다. 여기서는 모두 1970년대 또는 1980년대에 선고되었던 유죄의 확
정판결이 불법구금과 고문 등이 있었음을 이유로 재심절차에서 취소되어 무죄
로 확정된 경우의 국가배상청구가 문제되었다. 주된 쟁점은 소멸시효의 남용
과, 지연손해금의 기산일 두 가지였다.

　　위 각 사건들의 원심판결은 피고 대한민국의 소멸시효 주장에 대하여는,
대체로 과거의 유죄판결이 고문 등으로 조작된 증거에 기초하여 내려진 잘못
된 판결이라는 것을 밝히는 재심판결이 확정되기 전까지는 과거의 유죄판결이
잘못된 것임을 전제로 관여 공무원의 불법행위를 이유로 하여 피고를 상대로
국가배상청구의 소를 제기한다는 것은 일반인의 관점에서 보더라도 기대하기
어렵다는 점, 불법구금과 고문 등은 수사기관이 절대로 해서는 안 될 행위로서
그 불법의 정도가 매우 중한 점, 원고들이 유죄판결로 인하여 받은 불이익이
매우 컸던 점 등을 들어서, 피고의 소멸시효 항변은 신의성실의 원칙에 반한다
고 하였다. 그리고 위와 같은 불법행위로 인한 위자료의 지연손해금은 불법행
위 당시부터 발생한다고 판결하였다.

　　대법원은 소멸시효에 관하여는 피고 대한민국의 소멸시효 주장이 신의성
실의 원칙에 반하고 권리남용이라고 하는 원심 법원의 판단을 모두 받아들였
으나, 지연손해금 부분에 대하여는 이러한 경우에 위자료배상채무의 지연손해
금은 그 위자료 산정의 기준시인 사실심 변론종결 당일로부터 발생한다고 보
아 원심판결을 파기하였다. 즉 불법행위시와 변론종결시 사이에 장기간의 세월
이 경과되어 위자료를 산정함에 있어 반드시 참작해야 할 변론종결시의 통화
가치 등에 불법행위시와 비교하여 상당한 변동이 생긴 때에는 위와 같이 변동

　　2010. 9. 9. 선고 2008다15865 판결 등은 법률관계의 주장에 일정한 시간적 한계를 설정함으
　　로써 그에 관한 당사자 사이의 다툼을 종식시키려는 것을 취지로 하는 소멸시효제도에 있어
　　서는 애초 그 제도가 누구에게나 무차별적·객관적으로 적용되는 시간의 경과가 1차적인 의
　　미를 가지는 것으로 설계되었음을 고려하면, 법적 안정성의 요구는 더욱 선명하게 제기되므
　　로 소멸시효에 관하여 신의칙을 원용함에는 신중을 기할 필요가 있다고 하였다.
　50) 2009다103950; 2010다28833; 2010다53419.

된 통화가치 등을 추가로 참작하여 위자료의 수액을 재산정해야 하는데, 이러한 사정은 변론종결의 시점에서야 전적으로 새롭게 고려되는 사정으로서 변론종결시에 비로소 발생한 사정이라고도 할 수 있으므로, 불법행위시로부터 지연손해금을 붙일 수 있는 근거는 없다는 것이다.

　　먼저 대법원이 대한민국의 소멸시효 주장을 배척한 그 결론은 타당하지만, 이 경우에 반드시 신의칙에만 의존하여야 했는지는 다소 의문이다. 우선 재심에 의하여 무죄판결이 확정되기 전에도 피고인들이 그 유죄판결이 잘못된 것이라고 하여 국가배상청구를 하는 것이 법률적으로 가능한가? 대법원은 그러한 청구가 가능하다고 하는 것을 전제로 하고 있는 것으로 보인다.[51] 그러나 유죄의 확정판결이 있는 경우에 그 판결이 취소되지 않은 상태에서 그 판결 자체에 위법이 있다고 하여 국가배상책임을 물을 수 있는지는 의문이다. 대법원 2003. 7. 11. 선고 99다24218 판결은, 재판에 대하여 따로 불복절차 또는 시정절차가 마련되어 있는 경우에는 스스로 그와 같은 시정을 구하지 아니한 결과 권리 내지 이익을 회복하지 못한 사람은 원칙적으로 국가배상에 의한 권리구제를 받을 수 없다고 봄이 상당하다고 하였다. 다시 말하여 재판의 경우에는 이러한 불복절차가 있으면 불복절차에 의하여 권리구제를 받아야 하고, 그 절차에 의하지 않은 국가배상청구는 원칙적으로 허용되지 않는다는 의미로 이해할 수 있다. 그러므로 유죄의 확정판결이 있은 경우에도 재심 등에 의하여 구제절차를 밟지 않고 바로 국가배상을 청구하는 것은 받아들이기 어려울 것이다. 위 99다24218 판결은 재심도 그러한 시정절차에 해당한다고 보고 있다. 따라서 유죄판결이 취소되기 전에는 국가배상청구를 하는 데 법률상의 장애가 있으므로 소멸시효가 진행되지 않는다고 보아야 할 것이다.

　　그렇지만 공무원들이 고문이나 불법감금 등의 행위를 저지른 것 자체는 유죄판결의 취소와는 관계없이 국가배상청구가 가능하다고 볼 수 있다. 따라서 이 부분에 대하여는 소멸시효 남용의 이론이 적용될 수도 있을 것이다. 다만 이 경우에도 이러한 국가배상청구가 유죄판결을 받게 한 것 자체로 인한 국가배상청구와 밀접한 관계가 있다는 점에서 법률상 장애가 있다고도 볼 여지가 있다.

　　다른 한편 대법원이 위자료에 대한 지연손해금이 사실심 변론종결시부터 발생한다고 본 것은 다소 문제가 있다. 이제까지 불법행위로 인한 손해배상의

---

51) 이것이 일본의 판례와 통설이라고 한다. 설민수, "법관의 裁判業務와 관련한 損害賠償 責任에 대하여", 司法論集 제34집, 2002, 541면 이하 등.

지연손해금이 불법행위시부터 발생한다고 하는 것에 대하여는 별다른 의문이 제기된 적이 없었다.[52] 그런데 이 판결들은 그러한 원칙에 대하여 예외를 인정하고 있으나, 그 이유가 반드시 설득력이 있는 것은 아니다. 이 판결이 지적하고 있는 것처럼 불법행위시로부터 오랜 시일이 지났고, 그 사이에 통화가치도 심한 변동이 있었다면 이러한 사정을 고려할 필요성은 어느 정도 인정될 수 있다.[53] 그러나 지연손해금은 불법행위시부터 발생한다고 보더라도, 그러한 사정을 감안하여 위자료의 원금을 산정하는 것도 얼마든지 가능하다. 2010다 28333 판결의 원심은 그 사건에서 불법행위 당시와 현재의 통화가치 차이를 감안하고 불법행위시부터 지연손해금이 발생된다는 사정까지 고려하여 위자료를 산정한 것이므로, 지연손해금의 기산일을 불법행위 당시로 하더라도 이것이 과잉배상이 되지는 않는다고 보았다. 그런데 대법원은 원심의 이러한 판단에 대하여는 직접 언급하지 않고, 다만 변론종결시를 기준으로 위자료 원본 액수를 산정함에 있어 불법행위시로부터 변론종결시까지 배상이 지연된 사정을 참작하여 변론종결시의 위자료 원본을 증액 산정할 필요가 있다고만 하고 있다. 그러나 과연 원심의 방식은 잘못되었고, 대법원의 방식만이 타당하다고 할 수 있는지 의문이다.

다른 한편 소송법적인 측면에서도 위 판결들은 문제가 있다. 대법원은 이처럼 지연손해금의 기산일을 사실심 변론종결시로 보는 경우에는 위자료 원본을 증액 산정할 필요가 있다고 하여, 원고와 피고가 다같이 상고한 2009다 103950 사건에서는 위자료 원금에 관한 부분까지 같이 파기환송하였지만, 다른 두 사건에 관하여는 피고만 상고하였으므로 원고들 패소 부분은 대법원의 심판범위에 속하지 않을 뿐만 아니라, 원심이 인정한 위자료 원본액을 증액할 필요가 있다는 이유로 원심판결 중 원고들 패소 부분까지 파기하는 것은 불이익 변경금지 원칙 때문에라도 허용될 수 없다는 이유로 지연손해금 부분만을 파기자판하여 사실심 변론종결 이전 부분은 기각하였다. 그러나 대법원이 설시하고 있는 것처럼 이 사건들에서 원본의 액수와 지연손해금의 발생일이 밀접한 관계가 있다면, 원고들이 불복하지 않았다 하여도 원본 부분까지 같이 파기환송하는 것이 타당할 것이다. 종전의 대법원 판례는 금전채무불이행의 경우에

---

52) 이 사건 판결들 중 2010다53419 판결은 위자료 아닌 일실수입 상당의 손해에 대하여는 지연손해금의 기산일이 불법행위시라고 하였다.
53) 권영준(주 48), 34-35면도 이와 같은 점을 지적하고 있다.

발생하는 법정 지연손해금채권은 원본채권과는 별개의 소송물이고, 불이익변경
에 해당하는지 여부는 각 소송물별로 원금과 지연손해금 부분을 각각 따로 비
교하여 판단하여야 한다고 보았다.[54] 그러나 그와 같이 보아야 할 필연적인 이
유는 없을 것이다. 특히 이 사건에서 그와 같이 본다면 형평에 어긋남이 명백
하므로, 위의 판례들을 변경하여서라도 원고들을 구제하였어야 할 것이다.

〈追記〉

위 판결들에 대하여는 후속 논의가 있다. 한 논자는 위 판결들이 전원합의
체 아닌 소부의 판결을 통해 불법행위의 지연이자 기산일을 불법행위성립시가
아닌 사실심변론종결일로 변경함으로써, 종래 대법원 판결이 불법행위는 불법
행위성립일로부터 지연손해금을 가산하던 것과 다른 입장의 판결을 하였으므
로 판례에 저촉되는 재심사유가 있다고 주장한다.[55] 그러나 대법원 2011. 7.
21. 선고 2011재다199 전원합의체 판결은, 위 판결들과 같은 취지인 대법원
2011. 1. 27. 선고 2010다6680 판결(재심대상판결)이 종전 판례에 저촉된다고 하
여 제기된 재심사건에서의 판결인데, 종래의 판결들과 위 재심대상 판결은 서
로 다른 사안에서 불법행위로 인한 손해배상채무의 지연손해금의 기산일에 대
하여 원칙과 예외를 각각 선언하고 있는 것이므로 종래 대법원이 표시한 의견
을 변경한 때에는 해당하지 않는다고 하였다. 앞에서 언급한 것처럼 필자는 이
처럼 지연손해금의 기산일을 달리 취급하는 것에는 찬성하지 않지만, 그렇다고
하여 판례 저촉이라고까지는 할 수 없다고 본다.

Ⅳ. 물   권

1. 취득시효

가. 점유취득시효 완성 후 재진행의 요건

종래 부동산 점유취득시효에 관하여 판례는, 점유취득시효기간이 진행되던

---

54) 대법원 2005. 4. 29. 선고 2004다40160 판결. 같은 취지, 대법원 2009. 6. 11. 선고 2009다
　　12399 판결.
55) 오시영, "불법행위로 인한 손해배상채권 중 위자료 증액및 지연이자 기산일 변경이 판례변경
　　인지 여부 및 위반 시 재심대상인지 여부에 대한 연구", 민사소송 제15권 1호, 2011, 481면 이하.

중에 등기부상의 소유자가 변경된 경우에는 점유자는 점유취득시효완성 당시의 등기부상의 소유자에 대하여도 취득시효완성의 효과를 주장할 수 있지만, 점유취득시효가 완성되었다고 하더라도 그에 따른 등기를 하지 않고 있는 사이에 제3자가 그 부동산에 관한 소유권이전등기를 경료한 경우에는 점유자는 그 제3자에 대하여 취득시효완성의 효과를 주장하여 대항할 수 없다고 보고 있었다. 그리고 대법원 1994. 3. 22. 선고 93다46360 전원합의체 판결은 점유취득시효 완성 후 소유자의 변동이 있은 경우에도, 소유자가 변동된 시점을 기산점으로 다시 취득시효기간이 완성되는 때에는 점유자는 소유자에 대하여 취득시효의 완성을 주장할 수 있다고 보았다. 그런데 위 전원합의체 판결은 점유자가 점유취득시효 완성 후 소유권을 취득한 자에 대하여 새로이 취득시효를 주장할 수 있는 요건으로서, 그 소유권 취득 후 현재까지 소유자의 변동이 없을 것을 요구하고 있었다.

그런데 대법원 2009. 7. 16. 선고 2007다15172, 15189 전원합의체 판결은 위 96다46360 전원합의체 판결의 기본 이론은 그대로 재확인하면서도, 취득시효기간이 경과하기 전에 등기부상의 소유명의자가 변경된다고 하더라도 시효완성자는 그 소유명의자에게 시효취득을 주장할 수 있는데, 이러한 법리는 위와 같이 새로이 2차의 취득시효가 개시되어 그 취득시효기간이 경과하기 전에 등기부상의 소유명의자가 다시 변경된 경우에도 마찬가지로 적용된다고 하여, 그 한도 안에서는 위 전원합의체 판결 및 이를 따른 몇 개의 판결을 변경하였다.

종래의 판례가 제3자가 소유권을 취득한 시점이 점유취득시효 완성 전인가 후인가에 따라 달리 보는 점에 대하여는 종래부터 논란이 많았다. 그에 대하여 비판하는 견해는, 점유취득시효기간 완성 전의 부동산 취득자와 완성 후의 취득자를 달리 취급할 합리적인 이유가 없고, 더 오랫동안 점유한 자에게 시효취득을 인정하지 않는 것은 취득시효제도의 취지와도 맞지 않으므로 점유자가 그 기산점을 임의로 주장할 수 있도록 하여야 한다는 이른바 역산설이 주장되기도 하였다.[56)]

그렇지만 사견으로는 점유취득시효기간 진행 중에 소유권을 취득한 자와

---

56) 이를 지지하는 최근의 문헌으로 梁鎭守, "不動産占有取得時效 完成 후 不動産의 所有權을 取得한 第3者와 時效完成占有者의 關係", 民事判例研究 XXXII, 2010, 225면 이하, 265면 이하가 있다.

취득시효 완성 후에 소유권을 취득한 자를 달리 취급하는 데에는 합리적인 근거가 있다고 생각된다. 시효기간 진행 중에 소유권을 취득한 자는 점유자에 대하여 시효중단을 위한 조치를 취할 수 있는 반면, 취득시효 완성 후에 소유권을 취득한 자는 취득시효를 중단시킬 수 없기 때문이다. 만일 소유자가 취득시효를 중단시킬 수 있는 지위에 있지 않음에도 불구하고 취득시효의 완성을 인정한다면, 이는 소유자에게 방어수단이 없는 상태에서 점유취득시효를 인정하는 것이 되어 점유자와 소유자를 공평하게 다루는 것이라고는 할 수 없다.[57]

이와 같이 본다면 소유자의 변동이 있은 후 다시 20년이 경과하면 새로운 소유자에 대하여도 취득시효를 주장할 수 있다는 것도 쉽게 설명할 수 있다. 이 경우에 새로운 소유자가 소유권을 취득한 때로부터 새로 시효기간을 진행하게 한다면, 새로운 소유자로서도 그 취득시효를 중단시킬 수 있기 때문에 반드시 불합리하다고는 할 수 없는 것이다. 그렇다면 새로운 소유자가 소유권을 취득한 후 다시 시효기간이 진행되고 있는 동안에 소유자가 바뀐 경우라고 하여 취득시효의 완성을 부정할 이유는 없다. 이 경우에도 다시 소유권을 취득한 사람은 역시 취득시효를 중단시킬 수 있기 때문이다. 그러므로 대상판결이 이 점에 관하여 판례를 변경한 것은 타당하다.[58]

나. 시효취득자의 소유자에 대한 구상

앞에서 본 문제는 기본적으로 점유취득시효 완성 후 아직 이전등기를 마치지 않은 점유자와 소유자의 관계를 어떻게 볼 것인가 하는 점과 관련이 있다. 이 문제는 대법원 2006. 5. 12. 선고 2005다75910 판결에서 좀 더 명확하

---

57) 尹眞秀, "占有取得時效 完成 後 再進行의 要件", 法律新聞 2009. 8. 10(제3767호) 참조. 같은 취지, 정구태, "2차 점유취득시효기간 중 소유권이 변동된 경우 시효완성자의 법적 지위", 서강법학 제12권 1호, 2010, 293면. 판례반대: 송오식, "점유취득시효의 완성 후 소유명의가 변동한 경우 취득시효 가능여부", 法學論攷 제32집, 경북대학교, 2010, 469면 이하.

58) 진상범, "2차 점유취득시효기간 중 등기부상 소유명의자가 변경된 경우, 2차 시효완성자의 법적 지위", 사법 10호, 2009, 249면; 정구태(주 57), 301면 이하; 오영두, "취득시효완성 이후 새로이 개시되는 2차취득시효의 기산점과 요건에 관한 검토", 判例研究 제22집, 釜山判例研究會, 2011, 345면 이하 참조. 그런데 위 판결이 변경한 판결들 중 대법원 1999. 2. 12. 선고 98다40688 판결을 제외한 나머지는 과연 변경할 필요가 있었는가 하는 의문이 있다. 위 93다46360 전원합의체 판결 가운데 소유자의 변동이 없어야 한다는 부분은 방론에 불과하고, 대법원 1994. 4. 12. 선고 92다41054 판결, 대법원 1995. 2. 28. 선고 94다18577 판결 등은 단순히 위 전원합의체 판결의 주된 판시부분만을 인용하고 있을 뿐 소유자의 변동이 없어야만 한다는 점에 대하여는 직접 언급하지 않고 있기 때문이다. 오영두, 위 글, 351-2면도 이 점을 지적하고 있다.

게 드러난다. 위 판결은, 토지에 대한 점유취득시효 완성 후 아직 시효취득자 명의로 소유권이전등기가 마쳐지지 않은 상태에서 소유자가 그 토지에 근저당권을 설정하자, 시효취득자가 그 토지에 설정된 근저당권의 피담보채무를 변제하고 소유자에게 그 상환을 청구한 데 대하여, 이를 받아들이지 않았다.

위 판결에 대하여는 이러한 경우에도 제3자의 채무변제로서 구상권을 인정하여야 한다는 반대의 견해가 몇 개 주장되었다.[59] 그러나 사견으로서는 역시 구상권을 인정하여서는 안 된다고 생각한다.[60] 우선 제3자의 채무 변제를 이유로 하여 구상권을 인정하려면, 원칙적으로는 그 변제로 인하여 채무자가 이익을 얻었어야 할 것이다. 그런데 위와 같은 경우에 과연 채무자인 소유자가 이익을 얻었다고 할 수 있을까? 가령 점유자도 채무를 변제하지 아니하여 저당권자가 저당권을 실행하여 채권의 만족을 얻었다면, 소유자는 자신의 채무는 소멸하지만, 그 대신 부동산을 상실한다. 그런데 점유자가 채무를 변제한 경우에도 소유자의 상황은 크게 달라지지 않는다. 채무는 소멸하지만 마찬가지로 부동산을 상실하는 것이다. 그렇다면 점유자의 채무 변제에 의하여 소유자가 실질적으로 어떤 이익을 얻었다고는 할 수 없을 것이다.

만일 이처럼 저당권이 실행된 경우에, 점유자가 소유자에 대하여 저당권 실행으로 말미암아 자신이 소유권을 취득하지 못하게 된 데 대한 책임을 물을 수 있다면 달리 볼 여지가 있을 것이다. 그러나 과연 소유자에게 그러한 책임이 있을까? 이러한 경우에 소유자와 점유자는 유상계약관계에 있지 않으므로, 소유자가 매도인과 같은 담보책임(민법 제576조 제1항)을 질 아무런 근거가 없다.

좀더 근본적으로는 소유자가 점유취득시효 완성자에 대하여 부담하는 소유권이전의무의 성질을 따져 볼 필요가 있다. 즉 점유취득시효가 완성된 경우에 점유자가 소유자에 대하여 가지게 되는 이전등기청구권은, 점유자의 장기점유라는 사실상태를 이제 법적으로 영구히 정당화되는 상태로 고양한다는 취지를 실현하기 위하여 법률이 특별히 인정하는 순전히 수단적인 성질을 가지는 것에 불과하여, 통상의 채권채무관계와 같이 취급할 수는 없다고 보아야 할 것

---

59) 梁彰洙(주 38), 354면 이하; 이기용, "한국민법에 있어서 취득시효 완성의 효과", 民事法學 37호, 2007, 19면 이하; 崔復奎, "부동산점유취득시효 완성자의 채무변제와 구상권", 民事裁判의 諸問題 16권, 2007, 414면 이하; 孟俊永, "부동산 시효취득자에 의한 근저당권 피담보채무의 변제와 구상권", 裁判과 判例 제18집, 2009, 248면 이하; 康承俊, "2000년대 民事判例의 傾向과 흐름: 物權法", 民事判例研究 XXXIII-(下), 2011, 459면 이하 등.
60) 尹眞秀(주 18), 724면 이하 참조.

이다.[61) 대법원 1995. 7. 11. 선고 94다4509 판결도 부동산소유자와 시효취득자 사이에 계약상의 채권 채무관계가 성립하는 것은 아니므로, 부동산 소유자가 취득시효가 완성된 부동산을 제3자에게 처분하였더라도 시효취득자가 소유자의 채무불이행책임을 물을 수는 없다고 한다.

이 문제에 대한 필자의 잠정적인 생각은 다음과 같다. 즉 소유자는 점유취득시효기간이 완성되었다고 하여 곧바로 시효취득자에 대하여 적극적으로 완전한 소유권을 이전하여 줄 의무를 부담하는 것은 아니고, 시효취득자의 청구가 있으면 비로소 목적물을 청구 당시의 상태대로 이전하여 줄 의무가 생긴다는 것이다. 우선 점유취득시효기간이 완성되었는지, 다른 점유취득시효의 요건이 갖추어졌는지 등은 소유자로서는 쉽게 파악하기 어렵다. 그럼에도 불구하고 점유취득시효기간이 경과하였다는 것만으로 소유자가 소유권이전의무를 부담하고, 점유취득시효의 완성 사실을 알지도 못하고 있는 소유자에게 선량한 관리자의 주의의무(민법 제374조)를 부담시키며, 이를 다른 데 처분하면 바로 채무불이행책임을 진다는 것은 합리적이라고 할 수 없다. 적어도 점유자가 취득시효 완성을 주장하고, 그것이 밝혀져야만 소유자의 책임을 물을 수 있다고 보는 것이 합리적이다.

원래 점유취득시효는 점유자에게 적극적으로 권리를 취득할 수 있게 하는 제도라기보다는, 일정한 시간이 경과하면 점유자로 하여금 소유자의 반환청구에 대하여 반환을 거부할 수 있게 하기 위하여 인정된 것이었다고 보아야 할 것이다. 다시 말하여 취득시효가 점유자에게 소유권을 취득하게 하는 제도라기보다는 원래의 소유자의 권리행사의 장애사유라는 점에 더 중점이 있는 것이다.[62) 이 점에서는 취득시효가 소멸시효와 공통된 측면을 가지며, 소멸시효와 취득시효가 명확하게 분리된 것은 비교적 최근의 일이다.[63) 따라서 취득시효제도는 원래는 소유자의 권리행사에 대한 항변권적인 성질을 가졌던 것으로 이해할 수 있다. 프랑스 민법 제2247조(2008년 개정 전의 제2223조)나 일본 민법 제145조가 취득시효의 경우에도 당사자의 원용이 있어야 한다고 규정하고 있

---

61) 梁彰洙, "2005년도 民事判例 管見", 民法硏究 제9권, 2007, 295면(처음 발표: 2006).

62) 로마법상의 장기취득시효(longi temporis praescriptio)가 소유자의 소권만을 배제한 것인지, 아니면 점유자에게 실체적 권리를 부여하는 것인지는 분명하게 밝혀지지 않았다고 한다. 崔秉祚, 로마法·民法 論考, 1999, 402-403면; Jörs/Kunkel/Wenger, Römisches Recht, 4. Aufl., 1987, S. 179(Mayer-Maly) 등 참조.

63) 영미법에서는 전통적으로 취득시효(adverse possession)를 소멸시효에 해당하는 제소기간법(statute of limitation)의 일종으로 파악한다. 民法注解 V, 1992, 363-364면(尹眞秀) 등 참조.

는 것도 이러한 취지에서 이해할 수 있다.

이처럼 점유자의 주장이 있어야만 소유자의 이전의무가 발생한다면, 그 주장이 있기 전에는 소유자가 적법하게 소유권을 행사할 수 있고, 그 결과는 점유자가 받아들여야 하며, 소유자는 점유자의 주장이 있을 때의 상태대로만 목적물을 이전하여 주면 그것으로 충분하다고 할 것이다. 위 2005다75910 판결이, 시효취득자로서는 원소유자의 적법한 권리행사로 인한 현상의 변경이나 제한물권의 설정 등이 이루어진 그 토지의 사실상 혹은 법률상 현상 그대로의 상태에서 등기에 의하여 그 소유권을 취득하게 된다고 한 것도 이러한 의미로 이해할 수 있다.64)

종전의 판례는 취득시효가 완성된 후 그 취득시효를 주장하거나 이로 인한 소유권이전등기청구를 하기 이전에는 그 등기명의인인 부동산 소유자로서는 이를 제3자에게 처분하였다고 하더라도 불법행위가 성립하는 것은 아니라고 하고,65) 취득기간 만료를 원인으로 한 등기청구권이 이행불능으로 되었다고 하여 대상청구권을 행사하기 전에 등기명의자에 대하여 점유로 인한 부동산 소유권 취득기간이 만료되었음을 이유로 그 권리를 주장하였거나 그 취득기간 만료를 원인으로 한 등기청구권을 행사하지 않았으면 대상청구권을 행사할 수 없다고 보고 있다.66) 이러한 판례들은 위와 같은 관점에서 볼 때 합리적으로 설명할 수 있다. 나아가 위 가.에서 살펴본 취득시효 기간의 문제도 마찬가지이다. 즉 점유자는 점유자의 취득시효 주장 전에 이루어진 소유자의 처분의 효력을 감수하여야 하는 것이다.

2. 부합으로 인한 부당이득과 선의취득의 유추적용

대법원 2009. 9. 24. 선고 2009다15602 판결은 부합으로 인한 부당이득반환의무를 선의취득의 법리를 유추적용하여 배제할 수 있다고 하였다. 이 사건 원고는 소외 회사에게 철강제품공급계약을 맺고 소유권 유보하에 이를 위 회

---

64) 그런데 민법 제247조 제1항은 취득시효에 의한 소유권취득의 소급효를 인정하고 있어서 위와 같은 해석에 장애가 되는 것처럼 보인다. 그러나 위 규정은 점유취득시효에 관한 한 점유자의 점유가 소유자에 대한 관계에서는 점유개시시부터 적법한 점유가 된다는 의미로 제한하여 해석하여야 할 것이다. 民法注解 V, 416-417면(尹眞秀) 참조. 그런데 대법원 2004. 9. 24. 선고 2004다31463 판결은 방론이기는 하지만 반대의 취지로 보이는데, 다소 의문이다.

65) 대법원 1995. 7. 11. 선고 94다4509 판결 등.

66) 대법원 1996. 12. 10. 선고 94다43825 판결 등.

사에게 인도하였고, 위 회사는 피고로부터 건물 증축 및 신축공사를 도급받아 원고로부터 공급받은 철강제품을 위 공장건물의 골조공사 자재로 사용하였으며, 그에 따라 위 철강제품은 위 공장건물에 부합되게 되었다. 그 후 원고가 위 회사로부터 대금을 지급받지 못하게 되자, 위 건물의 소유자인 피고에게 부당이득반환청구를 하였다.

원심은 피고의 부당이득반환의무를 인정하였으나, 대법원은 원심판결을 파기하였다. 대법원은, 매매 목적물에 대한 소유권이 유보된 상태에서 매매가 이루어진 경우에는 매수인이 이를 다시 매도하여 인도하더라도 제3자는 유효하게 소유권을 취득하지 못하므로 제3자는 소유자의 반환 청구를 거부할 수 없고, 부합 등의 사유로 제3자가 소유권을 유효하게 취득하였다면 그 가액을 소유자에게 부당이득으로 반환하여야 한다고 보았다. 다만 제3자의 선의취득이 인정되는 때에는 제3자는 그러한 반환의무를 부담하지 않고, 매수인이 제3자와 사이의 도급계약에 의하여 제3자 소유의 건물 건축에 사용하여 부합됨에 따라 매도인이 소유권을 상실하는 경우에도 거래에 의한 동산 양도와 유사한 실질을 가지므로, 그 부합에 의한 보상청구에 대하여도 위에서 본 선의취득에서의 이익보유에 관한 법리가 유추적용된다고 판시하였다. 위 판결은 일반적인 법리로서 계약 당사자 사이에 계약관계가 연결되어 있어서 각각의 급부로 순차로 소유권이 이전된 경우 최초의 급부자는 최후의 급부수령자에게 법률상 원인 없이 급부를 수령하였다는 이유로 부당이득반환청구를 할 수 없다고 보고 있는데, 이는 이른바 삼각관계에서의 급부부당이득에 대한 대법원 2003. 12. 26. 선고 2001다46730 판결을 따른 것이다. 그렇지만 이 사건처럼 소유권유보부 매매에서 매수인이 목적물을 제3자에게 매도하거나 제3자를 위한 건축의 자재로 사용한 경우에는 그와 다르다고 하였다.

이러한 설시는 타당하다고 생각된다. 소유권 유보부 매매의 경우에는 매도인은 매수인에게 아직 완전한 소유권을 이전하여 준 것이 아니므로, 제3자는 매도인의 급부를 바탕으로 하여 소유권을 취득할 수는 없고, 따라서 삼각관계에서의 급부부당이득에 대한 판례의 법리가 적용될 수는 없다. 가령 원고-소외인-피고 사이에 순차 자재의 매매가 있었는데, 원고는 자재에 관하여 소유권을 유보하였고, 피고는 선의취득의 요건을 갖추지 못하였다면 원고가 유보된 소유권에 기하여 피고를 상대로 물권적 반환청구권을 행사할 수 있음은 물론이다.

그런데 부합에 기하여 피고가 자재의 소유권을 취득하였다면, 원고는 더 이상 물권적 반환청구권을 행사할 수는 없지만, 그 대신 부당이득반환청구권을 행사할 수 있어야 할 것이다. 이때 피고가 소외 회사와의 도급계약에 기하여 부합된 자재의 소유권을 취득하였다는 사정은, 원고와의 관계에서 부당이득의 반환을 거부할 수 있는 법률상의 원인이라고는 할 수 없다.[67]

다른 한편 피고가 소외 회사로부터 자재를 매수하였는데, 당시 자재가 원고의 소유임을 몰랐고, 모른 데 과실이 없었다면 피고가 선의취득을 하게 될 것이고, 이때에는 판례가 말하는 것처럼 피고의 선의취득에 의한 소유권 취득은 법률상 원인에 해당하므로, 원고의 부당이득반환청구는 부정되어야 할 것이다. 그런데 이 사건의 경우에는 피고가 소외 회사로부터 자재를 매수한 것은 아니고, 소외 회사가 수급인으로서 피고의 공장에 자재를 부합시켰다. 대법원은 이 경우에는 선의취득의 법리가 직접 적용될 수는 없지만, 이익상황이 매매의 경우와 유사하다는 점에서 선의취득의 법리를 유추적용한 것이다. 이에 대하여는 선의취득 제도는 무권리자로부터의 권리 취득을 허용한다는 점에서 예외적인 제도이고, "예외는 확대 적용되어서는 안 된다(singularia non sunt extendenda)"는 관점에서는 문제가 있다고 볼 여지도 있다.[68] 그러나 대법원의 이러한 판시는 수긍할 수 있다. 피고의 소유권 취득 원인이 매매인가 아니면 도급계약에 기한 부합인가에 따라 달리 취급한다는 것은 부당하기 때문이다. 이 판결은 독일에서의 논의를 참조하였던 것으로 보인다.[69]

3. 유치권과 압류

대법원 2005. 8. 19. 선고 2005다22688 판결은, 채무자 소유의 건물 등 부동산에 강제경매개시결정의 기입등기가 경료되어 압류의 효력이 발생한 이후에 채무자가 위 부동산에 관한 공사대금 채권자에게 그 점유를 이전함으로써 그로 하여금 유치권을 취득하게 한 경우, 그와 같은 점유의 이전은 목적물의

---

67) 그러나 박영규, "제3자에 의한 부합과 부당이득 반환의무자", 서울法學 제18권 1호, 2010, 219면 이하, 227면 이하는 이에 반대한다. 金載亨(주 13), 305-6면도 같은 취지이다.

68) 백경일, "예외법 확대적용 금지의 원칙", 財産法研究 제25권 3호, 2009, 30면은 선의취득에 대하여도 이러한 원칙이 적용된다고 보고 있다.

69) 이 판결에 대한 해설인 李丙儁, "소유권이 유보된 재료의 부합과 부당이득 삼각관계", 대법원판례해설 81호(2009 하반기), 89면 이하 참조. 金禹辰, "소유권유보부매매 목적물의 부합과 부당이득", 民事判例研究 XXXIII-(上), 2011, 481면 이하도 판례를 지지한다.

교환가치를 감소시킬 우려가 있는 처분행위에 해당하여 압류의 처분금지효에 저촉되므로, 점유자로서는 위 유치권을 내세워 그 부동산에 관한 경매절차의 매수인에게 대항할 수 없다고 판시하였다. 그리고 대법원 2006. 8. 25. 선고 2006다22050 판결은 이를 재확인하면서, 이 경우 위 부동산에 경매개시결정의 기입등기가 경료되어 있음을 채권자가 알았는지 여부 또는 이를 알지 못한 것에 관하여 과실이 있는지 여부 등은 채권자가 그 유치권을 매수인에게 대항할 수 없다는 결론에 아무런 영향을 미치지 못한다고 하였다.

종래 경매 실무상 부동산 유치권으로 인한 폐해가 많이 문제되었다. 즉 유치권은 등기부상 공시되지 않을 뿐만 아니라, 실질적으로는 유치권보다 먼저 성립한 담보물권자에 대한 관계에서도 우선변제를 받게 되어 거래의 안전을 해치고, 경매절차 내에서 처리되지도 아니하여 결국 유치권은 매수인(경락인)의 부담으로 돌아가게 되므로 낙찰가격을 떨어뜨리는 요인이 된다. 뿐만 아니라 실제로는 유치권이 존재하지 않음에도 불구하고 부동산 소유자와 짜고 유치권이 있다고 주장하는 가장유치권의 사례도 많아서 경매 절차에 장애가 되고 있다. 그리하여 실무자를 중심으로 유치권의 효력이 미치는 범위를 제한하여야 한다는 주장이 제기되었다.[70] 이러한 상황에서 대법원은 압류 후에 채무자로부터 점유를 이전받아 유치권을 취득하는 것은 압류의 처분금지효에 저촉된다고 하였다. 이처럼 압류의 처분금지효를 근거로 하고 있는 판례의 결론은 유치권의 부작용을 줄인다는 점에서 수긍할 수 있다고 생각된다. 그런데 위 판결들은 압류 후에 채권자가 점유를 취득한 경우에 관한 것인데, 압류 전에 점유를 하고 있던 사람이 압류 후에 채권을 취득한 경우에 대하여도 유치권의 주장을 불허하여야 한다는 주장이 있으나,[71] 판례는 이 점에 대하여는 언급하지 않고 있다.

다른 한편 대법원 2009. 1. 15. 선고 2008다70763 판결은 유치권이 근저당권설정 후 경매로 인한 압류의 효력 발생 전에 성립한 경우에는 위와 같은 판례가 적용될 수 없고, 이때에는 유치권자는 경매절차의 매수인에게 유치권으로 대항할 수 있다고 하였다. 이러한 경우에도 점유가 불법행위로 인한 경우에는 유치권의 성립을 부정하는 민법 제320조 제2항을 유추적용하는 방법에 의하여 유치권자의 대항력을 부정하여야 한다거나, 민사집행법 제91조 제5항[72]의 유치

---

70) 상세한 문헌의 소개는 이상태, "유치권에 관한 연구 — 대항력제한을 중심으로", 土地法學 제26-1호, 2010, 82면 이하 참조.

71) 車文鎬, "유치권의 성립과 경매", 司法論集 제42집, 2006, 398면 등.

72) 매수인은 유치권자에게 그 유치권으로 담보하는 채권을 변제할 책임이 있다.

권자를 제한하여 해석하여야 한다는 주장도 있다.[73] 그러나 저당권 성립 후 목
적물을 점유하게 되었다고 하여 그것만으로 그 점유의 적법성이 부정될 수는
없고, 민사집행법 제91조 제5항의 유치권자를 제한하여 해석할 수 있는 근거도
분명하지 않다.

4. 저당권에 기한 방해배제청구권

종래 저당권에 기한 방해배제청구권은 이를 인정하는 명문의 규정(민법 제
370조에 의한 제214조의 준용)에도 불구하고 별다른 관심의 대상이 되지 못하였
다. 그런데 대법원 2005. 4. 29. 선고 2005다3243 판결은 저당권에 기한 방해
배제청구가 가능함을 인정하였으나, 당해 사건에서는 방해배제청구를 받아들이
지 않았다.

그 후 대법원 2006. 1. 27. 선고 2003다58454 판결은 저당권자의 방해배제
청구를 정면으로 인정하였다. 이 사건에서 대법원은, 저당권자는 저당목적물의
소유자 또는 제3자가 저당목적물을 물리적으로 멸실·훼손하는 경우는 물론,
그 밖의 행위로 저당부동산의 교환가치가 하락할 우려가 있는 등 저당권자의
우선변제청구권의 행사가 방해되는 결과가 발생한다면, 저당권자는 저당권에
기한 방해배제청구권을 행사하여 방해행위의 제거를 청구할 수 있다고 하는
일반론을 설시하였다. 그리고 당해 사건에 관하여는, "대지의 소유자가 나대지
상태에서 저당권을 설정한 다음 대지상에 건물을 신축하기 시작하였으나 피담
보채무를 변제하지 못함으로써 저당권이 실행에 이르렀거나 실행이 예상되는
상황인데도 소유자 또는 제3자가 신축공사를 계속한다면 신축건물을 위한 법
정지상권이 성립하지 않는다고 할지라도 경매절차에 의한 매수인으로서는 신
축건물의 소유자로 하여금 이를 철거하게 하고 대지를 인도받기까지 별도의
비용과 시간을 들여야 하므로, 저당목적 대지상에 건물신축공사가 진행되고 있
다면 이는 경매절차에서 매수희망자를 감소시키거나 매각가격을 저감시켜 결
국 지당권자가 지배하는 교환가치의 실현을 방해하거나 방해할 염려가 있는
사정에 해당한다"고 판시하여 저당권자의 방해배제 청구를 받아들였다. 대법원

---

73) 이상태(주 70), 92면 이하; 朴庠彦, "抵當權 設定 후 成立한 留置權의 效力", 民事判例研究 XX,
2010, 333면 이하; 車文鎬(주 71), 404면 이하; 姜昊成, "민사집행과 유치권", 司法論集 제36
집, 2003, 87면 이하 등.

2007. 10. 25. 선고 2007다47896 판결, 2008. 1. 17. 선고 2006다586 판결 등도
저당권 침해에 대한 방해배제 또는 손해배상이 인정된다고 보고 있다.

　　일반적으로 저당권에 기한 방해배제청구가 가능함은 민법의 명문 규정상
의문이 없다. 그런데 어느 경우에까지 이를 인정할 수 있는가에 관하여는 특히
위 2003다58454 판결을 둘러싸고 논란이 벌어졌다. 위 판결을 비판하는 견해는
다음과 같이 주장한다. 즉 저당권이 설정되었더라도 그 저당목적물을 사용·수
익할 권능은 저당권설정자에게 귀속되므로, 저당목적물이 나대지인 경우에 저당
권설정자, 즉 토지소유자가 스스로 그 위에 건물을 신축하거나 또는 제3자에게
이를 허용하는 것은 특별한 사정이 없는 한 적법하고, 채무자의 채무불이행 상
황이 되더라도 그것이 위법하게 되지는 않는다고 한다. 그리하여 위의 사건과
같은 경우에는 방해배제청구의 상대방에게 저당권의 실행을 방해할 목적이 있
어야만 방해배제청구가 인용될 수 있다는 것이다.[74)]

　　그러나 민법 제362조, 제388조 제1호가 보여주는 것처럼, 저당권 설정자는
저당권자에 대하여 저당물의 가치를 유지할 의무를 부담하고, 또 제3자로서도
저당물의 가치를 훼손하여서는 안 된다. 따라서 저당목적물의 소유자 또는 제3
자가 저당물의 가치를 훼손하는 행위를 하는 때에는 저당권자는 그 방해배제
를 청구할 수 있을 것이다. 그런데 토지상의 건물 신축은 토지의 담보가치를
훼손하는 것임에 틀림없다. 위 2003다58454 판결과 같은 경우에는 저당권자가
저당토지상의 건물을 신축하는 것을 허용하였다고 할 수 있으나, 이는 그 신축
건물도 토지와 함께 공동담보가 되는 것을 전제로 한 것으로 보아야 할 것이
다.[75)] 따라서 신축 건물이 공동담보가 될 가능성이 없게 되었음에도 불구하고
저당권자가 건물의 신축을 용인하여야 한다고는 볼 수 없다. 이 점에서, 위 판
결은 동일인의 소유에 속하는 토지 및 그 지상 건물에 관하여 공동저당권이
설정된 후 그 지상 건물이 철거되고 새로 건물이 신축된 경우에 신건물을 위
한 법정지상권은 성립되지 않는다고 본 대법원 2003. 12. 18. 선고 98다43601
전원합의체 판결과도 공통되는 면이 있다.[76)] 실제적인 결과를 놓고 보더라도

---

74) 吳賢圭, "저당권에 기한 방해배제청구권과 건물신축행위의 중지청구", 民事判例研究 XXIX,
　　2007, 549면 이하; 梁彰洙(주 38), 376면 이하; 이준현, "저당권에 기한 방해배제청구권", 財
　　産法研究 제24권 2호, 2007, 80면 이하 등.
75) 이른바 담보지상권에 관한 대법원 2008. 2. 15. 선고 2005다47205 판결 참조.
76) 閔裕淑, "抵當權에 기한 妨害排除請求로서 抵當目的土地上의 建物建築行爲를 中止시킬 수
　　있는지 여부", 判例實務研究 Ⅷ, 2006, 346면 참조.

저당권이 실행되면 철거될 운명에 있는 건물의 신축을 계속하게 하여야 할 필요성도 없을 것이다.[77]

비판론은 방해배제청구의 상대방에게 저당권의 실행을 방해할 목적이 있으면 방해배제청구가 인용될 수 있다고 주장하지만, 일반적으로 물권적 청구권의 행사에 있어서는 상대방의 고의나 과실 등 귀책사유는 요건이 아니다. 물건에 대한 권능 내지 가능성이 실제로 실현되지 못하고 있다면 상대방에게 고의나 과실 등의 귀책사유가 없더라도 방해는 존재하는 것이고, 반대로 객관적으로 그러한 권능 내지 가능성이 실제로 실현되고 있다면 설령 상대방에게 고의나 과실 또는 방해의 목적 등이 있다고 하더라도 방해가 존재한다고 말할 수는 없는 것이다. 일반적으로 저당 목적물을 목적물 소유자나 그의 동의를 받은 제3자가 정상적으로 사용 수익하는 것은 저당권자도 당연히 전제를 하고 있는 것으로서, 그가 용인하고 있는 것이라고 볼 수 있다. 그런데 사용 수익의 목적이 저당 목적물의 담보 가치를 떨어뜨리기 위한 것이고, 그로 인하여 현실적으로 저당 목적물의 담보 가치가 떨어진다면, 이는 더 이상 저당권자가 용인하여야 할 정상적인 사용 수익이라고는 할 수 없고, 그 자체로 방해가 존재한다고 보아야 하는 것이다.[78] 이러한 점에 비추어 본다면 방해의 목적이라는 요건을 요구하는 것은 실질적인 의미를 가지지도 못한다. 대법원 2008. 1. 17. 선고 2006다586 판결은 방해의 목적이 있다고 보기 어려운 사안에서 저당권 침해로 인한 손해배상을 인정하였다.

종래 이러한 경우에 대비하기 위하여 저당권의 담보가치를 확보하기 위한

---

77) 尹眞秀(주 18), 726면 이하; 金載亨, "抵當權에 기한 妨害排除請求權의 認定範圍", 民法論 Ⅲ, 2007, 167면 이하; 金美京, "저당권에 기한 방해배제청구", 裁判과 判例 15집, 2007, 356면 이하 등. 이러한 경우에도 저당권자의 일괄경매청구를 허용하면 건물의 철거는 막을 수 있다는 주장이 있으나, 우리 법상 저당권설정자 아닌 제3자가 축조한 건물에 대하여 일괄경매청구가 가능하다고 볼 수 있는 근거가 박약하다. 뿐만 아니라 일괄경매청구가 가능하다고 하여 저당권자의 방해배제청구를 부정할 근거는 되기 어렵다.

78) 이처럼 저당권 침해에 대하여 방해의 목적을 요구하는 것은 저당권설정등기 후에 저당건물의 소유자로부터 점유권원을 설정받아 점유하는 자에 대한 저당권자의 방해배제청구권의 요건으로서 경매절차의 방해 목적을 요구하고 있는 일본 최고재판소 2005(平成 17). 3. 10. 판결(민집 59-2-356)을 참고한 것으로 보인다. 그런데 이에 대하여 일본의 학설은, 실제로는 이러한 주관적 요건은 저당부동산의 교환가치의 실현이 방해되어 우선변제청구권의 행사가 곤란하게 된다는 객관적인 여러 사정으로부터 판단될 수 있으므로 그러한 객관적인 판단과 중복되는 경우가 많을 것이고, 이러한 주관적 요건은 정상적인 임대차의 임차인은 방해배제의 대상이 되지 않는다는 취지를 명확하게 하는 의미를 가진다고 설명하고 있다. 田高寬貴, "抵當權に基づく妨害排除請求", 別册 ジュリスト No. 195, 民法判例百選 ①, 第6版, 2009, 178-179면 참조.

지상권(이른바 담보지상권)이 이용되기도 하였다.[79] 그러나 토지를 사용하기 위한 것이 아니라 순전히 저당권의 담보가치만을 확보하기 위한 지상권은 우리 민법이 인정하는 것이 아니어서 물권법정주의에 반하고, 이러한 지상권을 설정하기로 하는 계약은 통정허위표시에 해당하여 무효라고 보아야 할 것이다.[80]

V. 채   권

1. 하자보수보증 또는 이행보증보험과 구상

대법원 2008. 6. 19. 선고 2005다37154 전원합의체 판결에서는 아파트 도급계약의 도급인에게 하자보수보증을 한 건설공제조합에 대한 보증인의 구상권이 문제되었다. 대법원의 다수의견은 조합과 주계약상 보증인은 채권자에 대한 관계에서 채무자의 채무이행에 관하여 공동보증인의 관계에 있으므로, 그들 중 어느 일방이 변제 기타 자기의 출재로 채무를 소멸하게 하였다면 그들 사이에 구상에 관한 특별한 약정이 없다 하더라도 민법 제448조에 의하여 상대방에 대하여 구상권을 행사할 수 있다고 하면서, 이에 어긋나는 종전의 판례(대법원 2001. 7. 27. 선고 2001다25887 판결)를 변경하였다. 아울러 다수의견은 이행보증보험의 경우에 보험자와 보증인 상호간의 구상을 부정하였던 대법원 2001. 2. 9. 선고 2000다55089 판결 및 대법원 2001. 11. 9. 선고 99다45628 판결도 이 판결의 견해와 실질적으로 어긋난다고 하는 점을 지적하였다.

종래 이 문제는 주로 이행보증보험에서 많이 문제되었고, 위 대법원 2001. 2. 9. 선고 2000다55089 판결 등은 구상을 부정하는 근거로서, 보증보험계약과 주계약에 부종하는 보증계약은 계약의 당사자, 계약관계를 규율하는 기본적인 법률 규정 등이 상이하여 보증보험계약상의 보험자를 주계약상의 보증인과 동일한 지위에 있는 공동보증인으로 보기는 어렵다는 점을 들고 있었다. 그러나 이러한 판례에 대하여는 비판하는 견해가 대부분이었다. 즉 판례도 보증보험이

---

79) 판례는 그 유효성을 인정한다. 대법원 2004. 3. 29.자 2003마1753 결정; 2008. 1. 17. 선고 2006다586 판결; 2008. 2. 15. 선고 2005다47205 판결 등.

80) 尹眞秀, "저당목적물의 담보가치를 확보하기 위한 지상권의 효력", 법률신문 제3841호 (2010. 5. 17); 同, "抵當權에 대한 侵害를 排除하기 위한 擔保地上權의 效力", 高翔龍교수 고희기념 논문집, 2011, 게재예정 참조.

민법상 보증으로서의 성질을 가진다는 것을 부정하고 있지는 않은데, 구상에 관하여만 이를 부정할 이유는 없다는 것이었다.[81]

다수의견은 판례를 변경하는 이유로서, 만일 상호 구상을 부정한다면 채무를 먼저 이행한 쪽이 종국적으로 모든 책임을 지게 되므로 건설공제조합과 주계약상의 보증인이 서로 채무의 이행을 상대방에게 미루고 종국적인 책임을 지지 않으려고 할 것이고, 변제자대위만을 허용한다면 먼저 채무를 이행한 쪽이 채권자를 대위하여 상대방에게 채무 전액에 관하여 이행을 청구할 수 있게 되는 불합리한 결과가 생긴다고 한다. 이러한 다수의견의 견해는 충분히 설득력이 있다. 이 판결 선고 후에 발표된 견해도 대체로 위 판결을 지지한다.[82]

다른 한편 위 판결의 반대의견은, 조합 혹은 보증보험자의 책임은 주채무자는 물론 연대보증인까지도 현실적인 하자보수의무를 이행하지 아니한 경우에 비로소 현실화되는 채무이므로, 조합 또는 보증보험자는 연대보증인에 대하여 구상할 수 있지만, 연대보증인은 조합 또는 보증보험자에 대하여 구상할 수 없다고 주장한다. 그러나 당사자 사이에 이 점에 관한 특별한 약정이 없었다면 반대의견과 같이 해석하기는 어려울 것이다.[83]

2. 부진정연대채무자 중 1인이 한 상계의 효력

대법원 1989. 3. 28. 선고 88다카4994 판결은 부진정연대채무자 중의 1인이 채권자에 대한 반대채권으로 채무를 대등액에서 상계 하더라도 그 상계로 인한 채무소멸의 효력은 다른 부진정연대채무자에게 미치지 않는다고 판시하였고, 그 후의 대법원 1996. 12. 10. 선고 95다24364 판결; 2008. 3. 27. 선고 2005다75002 판결도 이러한 선례를 따랐다.

그런데 대법원 2010. 9. 16. 선고 2008다97218 전원합의체 판결은 이러한

---

81) 諸哲雄, "보증보험에 적용될 보증의 법리", 民事法學 제27호, 2005, 403면 이하; 愼鏞碩, "機關保證과 主契約上 保證人에 대한 求償權의 存否", 民事裁判의 諸問題 제14권, 2005, 148면 이하 등.
82) 최동렬, "보증보험자와 주계약상 연대보증인 사이의 구상관계", BFL 제31호(2008. 9), 120면 이하; 張德祚, "보증보험자의 공동보증인으로서의 지위", 기업법연구 제22권 4호, 2008, 473면 이하; 韓政錫, "建設共濟組合의 保證에서 共同保證人 相互間의 求償權", 民事判例研究 XXXI, 2009, 235면 이하; 김형천, "건설공제조합의 하자보수보증의 법적 성격 및 건설공제조합과 주계약상 보증인 사이의 구상권에 관하여", 判例研究 제21집, 2010, 397면 이하 등.
83) 韓政錫(주 82), 272면 참조.

판례를 변경하여, 부진정연대채무자 중 1인이 자신의 채권자에 대한 반대채권
으로 상계를 한 경우에도 채권은 변제, 대물변제, 또는 공탁이 행하여진 경우
와 동일하게 현실적으로 만족을 얻어 그 목적을 달성하는 것이므로, 그 상계로
인한 채무소멸의 효력은 소멸한 채무 전액에 관하여 다른 부진정연대채무자에
대하여도 미친다고 보아야 하고, 이는 부진정연대채무자 중 1인이 채권자와 상
계계약을 체결한 경우에도 마찬가지라고 보았다.

　　종래 판례가 부진정연대채무자 1인이 한 상계에 대하여 다른 부진정연대
채무자에 대한 절대적 효력을 인정하지 않고 있었던 데 대하여는 대다수의 학
설이 이를 비판하고 있었고,[84] 다수의견은 이러한 학설을 받아들인 것이다. 사
견으로도 상계는 채권의 만족을 가져오는 사유이기 때문에 절대적 효력을 부
정할 이유가 없다고 생각된다. 종전의 판례처럼 상계의 절대적 효력을 부정하
게 되면, 위 판결의 보충의견이 지적하는 것처럼, 채권자는 이중의 채권 만족
을 얻을 수 있게 되는 불합리가 발생한다.

　　다른 한편 대법원 1999. 11. 26. 선고 99다34499 판결은, 책임보험의 보험
자가 자신의 피해자에 대한 반대채권을 스스로 행사하여 상계를 한 경우에는
그 상계로 인한 손해배상채권 소멸의 효력은 피보험자에게도 미친다고 하였다.
종래 이 판결이 상계의 절대적 효력을 부정한 다른 판례들과는 저촉되는 것이
아닌가 하는 논의가 있었다.[85] 만일 책임보험의 보험자와 피보험자 사이의 관
계를 부진정연대채무로 본다면 그와 같은 의문이 있을 수 있다. 그러나 최근의
대법원 2010. 10. 28. 선고 2010다53754 판결은 책임보험의 경우에 피해자에게
인정되는 보험자에 대한 직접청구권은 보험자가 피보험자의 피해자에 대한 손
해배상채무를 중첩적으로 인수한 결과 가지게 된 것이고, 중첩적 채무인수에서
채무자와 인수인은 원칙적으로 주관적 공동관계에 있는 연대채무자라고 하였

---

84) 梁彰洙, "不眞正連帶債務者중 1人이 한 相計의 다른 債務者에 대한 效力", 民法研究 제2권,
　　1991, 139면 이하(처음 발표: 1989); 河良明, "不眞正連帶債務者 중 1人이 한 相計의 다른 債務
　　者에 대한 效力", 判例研究 1집, 1991, 171면 이하; 秦成哲, "不眞正連帶債務者 中 1인이 한 相
　　計의 다른 債務者에 對한 效力", 裁判과 判例 제4집, 1995, 107면; 金大貞, 債權總論, 제2판,
　　2007, 742면 등. 이 판결 선고 후의 재판연구관의 해설로는 민정석, "기업개선작업절차에서의
　　출자전환의 법적 성격 및 부진정연대채무자 중 1인이 한 상계 내지 상계계약의 효력", 사법
　　제15호, 2011, 303면 이하가 있다. 반면 판례를 지지하는 견해로는 李鴻薫, "不眞正連帶債務者
　　중 1人이 한 相計의 다른 債務者에 대한 效力", 대법원판례해설 11호(89년 상반기), 223면 이
　　하가 있다.
85) 李績甲, "責任保險에 있어서 直接請求權과 相計의 效力", 民事判例研究 XXIV, 2002, 234면
　　이하 참조.

으므로,86) 이러한 논란은 더 이상 의미가 없게 되었다.

그리고 이 사건에서는 기업개선작업절차에서 이루어진 출자전환의 법적 성질 및 채무소멸의 범위에 대하여도 의견 대립이 있었다. 다수의견은 이를 상계로 보아 신주인수대금만큼 소멸한다고 본 반면, 반대의견은 원고가 발행받는 신주의 시가 상당을 대물로 변제받고 그 나머지 금액은 면제한 것으로 해석함이 상당하다고 보았다.87) 기본적으로 이는 의사의 해석 문제인데, 출자전환은 일반적으로 상계로 보아 신주인수대금만큼 채무가 소멸하는 것으로 봄이 타당할 것이다.88)

3. 퇴직금 분할약정의 효력과 부당이득 및 상계의 제한

대법원 2010. 5. 20. 선고 2007다90760 전원합의체 판결은 퇴직금 분할약정의 합의가 무효인 경우에 생기는 법률문제를 다루고 있다. 위 판결의 다수의견은, 사용자와 근로자가 매월 지급하는 월급 등과 함께 퇴직금으로 일정한 금원을 미리 지급하기로 하는 퇴직금 분할 약정을 하였는데 그 약정이 구 근로기준법 소정의 퇴직금 중간정산으로 인정되는 경우가 아닌 경우에는 이러한 약정은 무효이고, 사용자가 근로자에게 퇴직금 명목의 금원을 지급한 것은 퇴직금 지급으로서의 효력이 없으며, 이때에는 근로자가 수령한 퇴직금 명목의 금원을 부당이득으로 반환하여야 한다고 판시하였다. 다른 한편 사용자가 위 부당이득반환채권을 자동채권으로 하여 근로자의 퇴직금채권과 상계하는 것은 원칙적으로 허용되지 않지만, 계산의 착오 등으로 임금을 초과 지급한 경우에 근로자가 퇴직 후 그 재직 중 받지 못한 임금이나 퇴직금을 청구하거나, 초과

---

86) 대법원 2009. 8. 20. 선고 2009다32409 판결은 중첩적 채무인수의 경우에는 채무자와 인수인은 원칙적으로 주관적 공동관계가 있는 연대채무관계에 있으며, 인수인이 채무자의 부탁을 받지 아니한 경우에는 부진정연대채무의 관계에 있다고 하였다.

87) 오시영, "부진정연대채무자 중 1인의 상계의 효력에 대한 고찰", 民事法學 제53호, 127면 이하는 소수의견을 지지한다.

88) 진상범, "기업개선작업(Workout)에서의 출자전환과 채무의 소멸범위", BFL 제32호, 2008, 103면 이하 참조. 또한 민정석(주 84), 310면 이하. 반면 李重基·김연미, "粉飾會計를 믿고 이루어진 信用提供에 대한 理事의 損害賠償責任", 民事判例研究 XXII, 2010, 760-761면은 이를 대물변제로 본다. 다른 한편 대법원 2003. 1. 10. 선고 2002다12703, 12710 판결; 2009. 11. 12. 선고 2009다47739 판결 등은 회사정리절차의 출자전환의 경우에는 신주발행의 효력발생일 당시를 기준으로 하여 정리채권자가 인수한 신주의 시가를 평가하여 그 평가액에 상당하는 채권액이 변제된 것으로 보아야 한다고 판시하였다.

지급한 시기와 상계권 행사의 시기가 근접하여 있고 근로자의 경제생활의 안
정을 해할 염려가 없는 때에는 초과 지급한 임금의 반환청구권을 자동채권으
로 하여 근로자의 임금채권이나 퇴직금채권과 상계할 수 있고, 다만 민사집행
법 제246조 제1항 제5호가 퇴직금 기타 급여채권의 1/2을 압류금지채권으로
규정하고 있고, 민법 제497조는 압류금지채권의 채무자는 상계로 채권자에게
대항하지 못한다고 규정하고 있으므로, 위와 같은 상계는 퇴직금채권의 2분의
1을 초과하는 부분에 해당하는 금액에 관하여만 허용된다고 보았다. 이러한 다
수의견에 대하여는 부당이득반환채권 자체가 발생하지 않는다는 대법관 2인의
별개 및 반대의견과, 부당이득반환채권 자체는 발생하지만, 이를 자동채권으로
하는 상계는 그 전체가 허용되지 않는다는 대법관 3인의 별개 및 반대의견이
있었다.

　　이 사건에서는 우선 부당이득의 성립을 인정할 것인가 하는 점이 문제된
다. 사적 자치의 원칙을 강조한다면, 당사자가 퇴직금이라는 명목으로 지급한
것이 퇴직금 지급으로서의 효력을 인정받지 못할 때에는 그 지급 자체가 무효
이고, 따라서 부당이득이 성립한다고 볼 수도 있을 것이다.[89] 그러나 노동법의
영역에서는 근로자의 보호를 위하여 당사자의 사적 자치가 많은 범위에서 제
한되고 있다. 사견으로는 퇴직금도 임금에 속하는 이상, 퇴직금 명목으로 지급
된 돈이 근로의 대가로 지급된 것이라면, 퇴직금으로서는 인정받지 못하더라도
임금으로서의 성질까지 부정할 수는 없을 것이다. 이 사건과 같은 경우에는 당
사자들이 원래의 임금보다 더 많은 돈을 주는 대신, 나중에 퇴직금을 청구하지
않기로 하는 특약이 있는 것이라고 볼 수도 있다. 그런데 나중에 퇴직금을 청
구하지 않기로 하는 특약이 무효라고 하더라도, 이미 지급한 임금으로서의 성
격 자체가 달라지는 것은 아니다.

　　그런데 이러한 경우에 퇴직금을 청구하지 않기로 하는 특약이 무효이고,
당사자들이 이를 알았더라면 돈을 지급하지 않았을 것이므로 원래의 임금보다
더 많은 돈을 주기로 하는 약정 내지 퇴직금 분할지급약정 그 자체가 무효이
고, 따라서 부당이득이 성립한다고 볼 여지도 있다. 이는 기본적으로 일부무효
의 문제인데, 대법원 2004. 6. 11. 선고 2003다1601 판결 등 확립된 판례는 법

---

89) 林相珉, "연봉제 하에서 월급에 포함된 퇴직금의 법적 성격", 재판자료 제118집 노동법 실
　　무연구, 2009, 179면 이하; 박순영, "퇴직금 명목 금원의 부당이득 성립 여부 및 상계의 허
　　부", 사법 13호, 2010, 358면 이하; 이동진, "月給에 포함된 退職金 지급의 효력과 相計制限의
　　範圍", 民事判例研究 XXXIII-(上), 2011, 99면 이하.

률행위의 일부가 강행법규인 효력규정에 위반되어 무효가 되는 경우에, 개별
법령이 일부무효의 효력에 관한 규정을 두고 있지 않을 때에는 나머지 부분을
무효로 한다면 당해 효력규정 및 그 법의 취지에 명백히 반하는 결과가 초래
되는 때에는 나머지 부분까지 무효가 된다고 할 수는 없다고 보고 있다. 퇴직
금 포기 약정을 무효로 보는 것은 근로자를 보호하기 위한 것인데, 그 때문에
퇴직금분할지급 약정 또는 더 많은 임금을 주기로 하는 약정 자체가 무효로
된다는 것은 근로자 보호의 취지에는 반하는 것이다. 이 점에서 대법관 2인의
반대의견이 타당하다.[90]

　　다른 한편 부당이득의 성립을 인정한다면, 이를 자동채권으로 하는 상계는
어느 범위에서 인정될 수 있는가? 부당이득반환청구권 자체가 성립할 수 있다
는 것을 전제로 한다면, 이를 자동채권으로 하는 상계는 그 전액에 관하여 인
정될 수 없다고 보아야 할 것이다. 다수의견이 원용하고 있는 초과지급된 임금
에 관한 이른바 조정적 상계의 법리[91]는 근로기준법이 규정하고 있는 임금 전
액, 직접 지급의 원칙에 대한 예외이므로, 제한적으로만 인정되어야 한다. 그런
데 종전의 판례는 근로자가 퇴직한 후에 그 재직 중 지급되지 아니한 임금이
나 퇴직금을 청구하는 경우에는 조정적 상계를 인정할 수 있다고 보고 있고,
이 사건 다수의견도 이를 원용하고 있다. 그러나 초과지급된 임금의 반환청구
권을 자동채권으로 하는 상계는 그 행사의 시기가 초과지급된 시기와 임금의
정산, 조정의 실질을 잃지 않을 만큼 합리적으로 밀접되어 있고 금액과 방법이
미리 예고되는 등 근로자의 경제생활의 안정을 해할 염려가 없는 경우에 한하
여 제한적으로 인정되어야 할 것이고, 근로자가 퇴직한 후라고 하여 별다른 제
한 없이 상계가 허용된다고 보는 것은 문제가 있다.[92] 특히 이 사건의 경우에

90) 같은 취지, 具泰會, "월급에 포함하여 지급된 퇴직금의 효력", 재판자료 제118집 노동법 실
　　무연구, 2009, 152면; 權昌榮, "연봉제와 퇴직금", 人權과 正義 2003. 8, 119면 등. 다른 한편
　　김홍영, "월급에 포함된 퇴직금 지급의 효력", 勞動法研究 24호, 2008, 209면 이하는 이 사건
　　과 같은 경우에 부당이득의 성립은 인정하면서도 불법원인급여에 해당하므로 반환청구는 할
　　수 없다고 보고 있으나, 불법원인급여에 해당한다고 보기는 어려울 것이다. 박순영(주 89),
　　376면 이하; 이동진(주 89), 110면 이하 참조.
91) 대법원 1993. 12. 28. 신고 93나38529 판결; 1995. 12. 21. 선고 94다26721 전원합의체 판
　　결 등.
92) 이 사건에 대한 재판연구관의 해설인 박순영, "퇴직금 명목 금원의 부당이득 성립 여부 및
　　상계의 허부", 사법 13호, 2010, 385-386면도 종전의 판례 중 이 부분에 대하여는 여러 가지
　　비판이 예상된다고 한다. 일본 최고재판소 1969(昭和 44). 12. 18 판결(民集 23-12-2495)은 대
　　법원 판례와 마찬가지로 조정적 상계를 인정하고 있지만, 근로자의 퇴직을 조정적 상계가 허
　　용되는 경우에 포함시키고 있지는 않다.

는 대법관 3인의 의견이 지적하는 것처럼, 퇴직금 명목의 지급이 단순한 착오에 의한 지급이라고는 할 수 없을 뿐만 아니라, 이 사건 원고 근로자들 중 일부의 경우에는 반환하여야 할 액수가 퇴직금의 1/2을 넘는 상당한 금액이므로, 근로자의 경제생활의 안정을 해할 염려가 없다고는 할 수 없을 것이다.[93]

　　이 사건 판결 후에 선고된 대법원 2010. 5. 27. 선고 2008다9150 판결은, 위 전원합의체 판결의 법리는 사용자와 근로자 사이에 실질적인 퇴직금 분할 약정이 존재하는 경우, 즉 임금과 구별되는 퇴직금 명목 금원의 액수가 특정되고, 퇴직금 분할 약정을 포함하는 근로계약의 내용이 종전의 근로계약이나 근로기준법 등에 비추어 근로자에게 불이익하지 아니하여야 하는 등, 사용자와 근로자가 임금과 구별하여 추가로 퇴직금 명목으로 일정한 금원을 실질적으로 지급할 것을 약정한 경우에 한하여 위와 같은 법리가 적용된다고 하였다.

4. 착오송금의 법률문제

　　근래 금융기관을 통하여 돈을 송금하려는 사람이 착오로 원래 의도하였던 사람이 아닌 다른 사람의 계좌에 송금한 경우를 흔히 볼 수 있다. 이러한 경우에는 여러 가지 문제가 발생한다.

　　먼저 이 경우에 송금의뢰인은 수취은행에게 반환청구를 하여야 하는가, 아니면 수취인에게 반환청구를 하여야 하는가? 이에 대하여 대법원 2007. 11. 29. 선고 2007다51239 판결은 수취은행에 대하여는 부당이득 반환청구를 할 수 없고, 수취인에 대하여만 반환청구를 하여야 한다고 판시하였다. 즉 현금으로 계좌송금 또는 계좌이체가 된 경우에는, 예금원장에 입금의 기록이 된 때에 송금의뢰인과 수취인 사이에 계좌이체의 원인인 법률관계가 존재하는지 여부에 관계없이 수취인과 수취은행 사이에는 계좌이체금액 상당의 예금계약이 성립하고, 수취인이 수취은행에 대하여 위 금액 상당의 예금채권을 취득한다고 한다. 위 판결은 그 이유로서, 계좌이체는 은행 간 및 은행점포 간의 송금절차를 통하여 저렴한 비용으로 안전하고 신속하게 자금을 이동시키는 수단이고, 다수인 사이에 다액의 자금이동을 원활하게 처리하기 위하여, 그 중개 역할을 하는 은행이 각 자금이동의 원인인 법률관계의 존부, 내용 등에 관여함이 없이

---

93) 이동진(주 89), 117면도 이 사건과 같은 경우에는 퇴직금에 대한 조정적 상계는 허용될 수 없다고 한다.

이를 수행하는 체제로 되어 있다는 점을 들고 있다.[94]

그리고 수취인 명의의 예금을 제3자가 압류 또는 가압류한 경우에 송금의 뢰인이 압류 또는 가압류채권자에 대하여 제3자이의의 소를 제기할 수 있는가에 대하여, 대법원 2009. 12. 10. 선고 2009다69746 판결은 이를 부정하였다. 즉 이러한 경우 이체의뢰인은 수취인에 대하여 위 금액의 부당이득반환청구권을 가지게 되는 것에 그치고, 위 예금채권의 양도를 저지할 권리를 취득하는 것은 아니므로, 수취인의 채권자가 행한 위 예금채권에 대한 강제집행의 불허를 구할 수는 없다는 것이다. 이 판결이 선례로서 인용하고 있는 대법원 2006. 3. 24. 선고 2005다59673 판결도 같은 전제에 섰던 것으로 보인다.

다른 한편 수취은행이 수취인에 대하여 상계를 한 경우에 관하여는 이를 유효하다고 한 하급심 판결례들이 있었다.[95] 그런데 대법원 2010. 5. 27. 선고 2007다66088 판결은 은행의 상계 주장이 권리남용에 해당된다고 하였다. 이 사건에서는 송금의뢰인인 원고가 착오 송금 사실을 알고 수취은행인 피고에 대하여 송금액의 반환을 요구하였으나 거부당하자, 수취인이 송금액의 반환에 대하여 이의 없다는 취지의 확인서를 작성·제출하게 하고 위 송금액의 반환을 요구하였지만 또다시 거부당하였다. 그러자 송금의뢰인은 수취인의 피고 은행에 대한 예금채권에 대하여 가압류결정을 받고, 수취인을 상대로 하여 부당이득금반환소송을 제기하여 승소판결을 받은 후 위 가압류를 본압류로 이전하는 채권압류 및 전부명령을 받았다. 그런데 피고 은행은 위 압류 및 전부명령을 송달받은 후에 수취인에 대하여 가지고 있는 채권을 자동채권으로 하여 수취인의 예금계좌에 입금된 예금채권과 상계한다는 통지를 하였다.

대법원은 이러한 경우 수취은행의 상계는 특별한 사정이 없는 한 유효하

---

94) 대법원 2010. 11. 11. 선고 2010다41263, 41270 판결은, 송금의뢰인이 계좌이체의 원인이 되는 법률관계가 존재하지 않는데도 불구하고 수취인이 모르는 사이에 계좌이체에 의하여 수취인에게 송금한 경우에, 수취인이 돈을 수령한 사실이 없고, 위 돈이 수취인 소유라는 인식이 없었더라도 송금의뢰인에게 부당이득 반환의무를 부담한다고 하였다. 학설상 이러한 경우에는 수취인에게 이른바 입금기장 거절권(Zurückweisungsrecht)을 인정하여 예금취득의 효력 자체를 수취인 및 압류채권자 등의 관계에서 소급적으로 부인할 수 있게 하여야 한다는 견해가 주장되고 있다. 정대익, "타인의 계좌 또는 지정하지 않은 수취인계좌로 이루어진 지급이체의 법률문제", 比較私法 제11권 4호(下)(2004), 276면 이하; 김상중, "송금인의 수취인 착오로 이루어진 계좌이체에 따른 반환관계", 高麗法學 제55호, 2009, 248면 이하 참조. 이에 대하여는 尹眞秀(주 13), 369면 주 164); 오영준, "송금의뢰인의 착오송금시 수취은행의 수취인에 대한 상계의 가부", BFL 제43호, 2010. 9, 99면 이하 등 참조.

95) 전주지방법원 2005. 9. 1. 선고 2005나1585 판결 등.

다고 하면서도, 당해 사건에 관하여는 그 상계가 신의칙에 반하거나 권리남용
에 해당된다고 하였다. 즉 송금의뢰인이 착오송금임을 이유로 거래은행을 통
하여 혹은 수취은행에 직접 송금액의 반환을 요청하고 수취인도 송금의뢰인의
착오송금에 의하여 수취인의 계좌에 금원이 입금된 사실을 인정하고 수취은행
에 그 반환을 승낙하고 있는 경우에는, 수취인 보호의 필요성은 크지 않고, 금
융기관은 공공적 역할을 담당하고 있으며, 착오송금 사실을 알고 있는 수취인
이 불법영득의 의사로 그 예금을 인출·사용하는 행위는 형법상 금지되어 있
는데,96) 수취인이 그 법적 상태를 교정하기 위하여 착오로 입금된 금원의 반
환을 승낙하고 있음에도 수취은행이 상계에 의하여 채권회수를 도모하는 것
은 일반적으로 공평·정의의 이념에 합당한 조치라고 보기 어렵다는 것이다.
그리하여 수취은행이 선의인 상태에서 수취인의 예금채권을 담보로 대출을
하여 그 자동채권을 취득한 것이라거나 그 예금채권이 이미 제3자에 의하여
압류되었다는 등의 특별한 사정이 없는 한, 수취은행의 상계는 송금의뢰인에
대한 관계에서 신의칙에 반하거나 상계에 관한 권리를 남용하는 것이라고 하
였다.

    위와 같은 대법원의 판결들은 대체로 수긍할 수 있는 것이라고 보인다.97)
먼저 수취은행에게 송금의뢰인에 대한 부당이득반환의무를 부담하게 할 수는
없다. 그렇지 않으면 수취은행이 송금의뢰인과 수취인 사이에 어떤 법률관계가
존재하는지 여부를 조사하여야 하는 부담을 지게 되어 신속한 자금 이동에 장
애가 된다. 그리고 수취인의 예금채권을 제3자가 압류 또는 가압류한 경우에는
송금의뢰인이 수취인에 대하여 가지는 부당이득반환청구권이 예금채권의 양도
를 저지할 권리에 해당한다고는 볼 수 없다.98)

    다른 한편 상계의 경우에는 무조건 은행의 상계가 무효라고는 할 수 없을
것이고, 다만 신의칙에 의한 제한이 어느 경우에 가능한가가 문제될 수 있을

---

96) 대법원 2005. 10. 28. 선고 2005도5975 판결. 같은 취지, 대법원 2010. 12. 9. 선고 2010도
    891 판결.
97) 尹眞秀(주 13), 376면 이하; 金昌模, "錯誤로 受取人을 잘못 지정하여 計座移替가 이루어진
    경우 預金債權이 成立하는지 여부", 民事判例硏究 XXXI, 2009, 449면 이하; 오영준(주 94),
    82면 이하 등.
98) 그런데 최근의 대법원 2011. 2. 10. 선고 2008다9952 판결은 예금채권에 대한 가압류명령의
    송달 이후에 새로 입금되는 예금채권에 대하여는 그 가압류결정의 문언에 비추어 가압류의
    효력이 미치지 않는다고 하였다. 가압류결정의 문언이 장래의 예금채권도 포함하는 것으로 명
    확하게 변경되지 않는다면, 착오송금의 경우에 가압류로 인한 분쟁은 상당히 감소될 것이다.

것이다. 그런데 위 2007다66088 판결의 경우에는 수취인이 명백하게 반환을 승낙하였고, 송금의뢰인이 수취인에 대하여 반환을 명하는 승소판결까지 받은 상태였다. 따라서 이러한 경우에는 수취은행의 상계가 신의칙에 반한다고 할 수 있을 것이다.99) 다만 이 판결도 수취은행이 선의인 상태에서 수취인의 예금채권을 담보로 대출을 하여 그 자동채권을 취득한 경우나 그 예금채권이 이미 제3자에 의하여 압류된 경우에는 수취은행의 상계를 허용하고 있다.100)

그러나 이처럼 수취은행의 상계가 무효라고 하여도 바로 송금의뢰인이 수취은행에 대하여 부당이득의 반환을 청구할 수는 없고, 위 판결의 경우와 같이 송금의뢰인이 수취인의 예금채권에 대하여 전부명령 등을 받아야 할 것이다.

앞으로는 이 판결이 적용될 수 있는 범위가 어디까지인지가 문제될 것으로 보인다. 즉 수취인이 반환을 승낙하지 않았지만 수취은행이 착오송금 사실을 알았던 경우에도 상계를 무효로 볼 것인가, 수취은행에게 중과실이 있었던 경우에는 어떠한가 하는 점이다. 사견으로는 앞의 경우에는 권리남용이 인정될 수 있으나, 뒤의 경우에는 쉽게 권리남용을 인정하기 어려울 것으로 보인다.101)

5. 인터넷 종합 정보제공 사업자의 명예훼손 책임

대법원 2009. 4. 16. 선고 2008다53812 전원합의체 판결은 인터넷 포탈 사이트를 운영하는 인터넷 종합 정보제공 사업자(이른바 포털)102)의 명예훼손책임을 다루고 있다. 이 사건에서는 원고가 사귀던 여자를 버려 그 여자가 자살하였다는 내용의 글을 그 여자의 어머니가 딸의 미니 홈페이지에 올렸고, 이것이 많은 화제가 되어 피고들이 제공하는 포털 사이트에 원고를 비난하는 글들이 올라왔으며, 이러한 사실들이 언론에 보도되자 그 기사들이 포털 사이트에도 게재되었다. 그러자 원고가 피고들을 상대로 하여 명예훼손 책임을 물은 것이다.

위 판결은, 우선 피고들이 보도매체로부터 제공받은 기사들 가운데 원고의 명예를 훼손하는 기사를 선별하여 뉴스 게시공간에 게재한 데 대하여는 위 기

99) 그러나 고영태, "원인관계 없이 이루어진 지급이체의 법률관계", 判例研究 제21집, 2010, 237-238면은 이와 다른 취지로 보인다.
100) 그 이유에 대하여는 오영준(주 94), 103-104면 참조.
101) 오영준(주 94), 103면 참조.
102) 이러한 사업자들을 일반적으로 인터넷 서비스 제공자(Internet Service Provider, ISP)라고 부르고 있다.

사를 최초로 작성한 해당 보도매체들과 함께 원고에 대한 공동불법행위자로서
손해배상책임을 부담한다고 하였다. 이는 대법관들의 일치된 의견이었다.

　　다음 일반인들이 위 포털 사이트에 올린 원고의 명예를 훼손하는 게시물
에 관하여 사업자들의 책임을 묻는 부분에 대하여는 다수의견과 별개의견이
나뉘었다. 다수의견은, 인터넷에서 타인의 명예를 훼손하는 게시물이 있더라도
그와 같은 사정만으로 곧바로 정보제공 사업자의 불법행위책임을 물을 수는
없지만, 위와 같은 게시물로 인하여 피해가 발생하지 않도록 상황에 따라 적절
한 관리를 하여야 할 주의의무가 있다고 하면서, 다만 인터넷 이용자들이 가지
는 표현의 자유를 위축시키지 않기 위하여는 그 관리책임은 제한적으로 인정
되어야 한다고 보았다. 구체적으로는 명예훼손적 게시물의 불법성이 명백하고,
사업자가 피해자로부터 구체적·개별적인 게시물의 삭제 및 차단 요구를 받은
경우는 물론, 직접적인 요구를 받지 않은 경우에도 그 게시물이 게시된 사정을
구체적으로 인식하고 있었거나 그 게시물의 존재를 인식할 수 있었음이 외관
상 명백히 드러나며, 또한 기술적, 경제적으로 그 게시물에 대한 관리·통제가
가능한 경우에는 위 사업자에게 그 게시물을 삭제하고 향후 같은 인터넷 게시
공간에 유사한 내용의 게시물이 게시되지 않도록 차단할 주의의무가 있다고
한다. 그리하여 이 사건에서는 피고들의 책임이 인정된다고 보았다.

　　반면 별개의견은, 인터넷 종합 정보제공 사업자에 대한 법적 책임은 표현
행위라는 법익과 개인의 명예라는 인격적 법익의 조화를 찾는 관점에서 그 한
계가 설정되어야 한다고 하면서, 명확성의 원칙과 비례의 원칙을 근거로 하여,
인터넷 종합 정보제공 사업자의 명예훼손 게시물에 대한 삭제의무는 특별한
사정이 없는 한 위 사업자가 피해자로부터 명예훼손의 내용이 담긴 게시물을
'구체적·개별적으로 특정'하여 '삭제하여 달라는 요구'를 받았고, 나아가 그
게시물에 명예훼손의 불법성이 '현존'하는 것을 '명백'히 인식하였으며, 그러한
삭제 등의 조치를 하는 것이 '기술적·경제적으로 가능'한 경우로 제한하여야
한다고 보았다. 다만 이 사건에서는 피해자로부터 삭제 요구가 있었는데도 피
고들이 이에 응하지 않았으므로 피고들의 책임이 인정된다고 하였다.

　　위 판결에 대하여는 많은 평석이 발표되었다.103) 이 사건에서는 기본적으

---

103) 재판연구관의 판례해설로는 이헌숙, "뉴스서비스와 제3자 게시물로 인한 포털의 책임 여
　　부", 사법 제9호, 2009, 247면 이하가 있다. 그 외에 문재완, "인터넷상의 명예훼손과 인터넷
　　포털사이트의 법적 책임", 공법연구 제38집 1호 2권, 2009, 53면 이하; 우지숙, "명예훼손에
　　대한 인터넷서비스제공자(ISP) 책임 기준의 현실적 타당성과 함의: 대법원 2009. 4. 16. 선고

로 표현의 자유와 인격권의 보호 두 가지 법익이 대립하고 있다. 국제적으로는 이러한 경우에 인터넷 서비스 제공자의 책임을 제한하려는 경향이 있다. 예컨대 유럽연합의 2000. 6. 8. 전자통상 지침(Directive on Electronic Commerce)[104] 제14조는, 인터넷 서비스 제공자는 그 서비스 수령자의 요청에 의하여 저장된 정보에 대하여는 제공자가 위법한 행위나 정보에 대한 구체적인 지식을 가지고 있지 않거나, 위법한 행위나 정보가 명백하다고 볼 만한 사실 또는 상황을 모르고 있을 때, 또는 서비스 제공자가 그러한 사실을 알게 되었을 때 즉시 그 정보를 제거하거나 이에 접근하지 못하게 하였을 때에는 회원국은 그 책임을 물을 수 없도록 하여야 한다고 규정하고 있다. 또한 동 지침 제15조 제1항은 유럽연합 회원국들은 인터넷서비스제공자에게 그들이 송신하거나 저장하는 정보를 감시할 일반의무를 부과해서는 안 되고, 실제적으로 불법적인 행위임을 드러내는 사실이나 정황을 찾아낼 일반의무를 부과해서도 안된다고 규정하고 있다.[105]

이 사건에서 문제되고 있는 것은 구체적으로는 사업자들이 명예훼손적인 게시물을 삭제하지 않은 것과, 사업자들이 보도매체로부터 제공받은 명예훼손적인 기사들을 선별하여 자신들의 뉴스 게시공간에 게재한 것이 불법행위가 되는 것인가 하는 두 가지이다. 우선 명예훼손적인 게시물을 삭제하지 않은 것에 대하여는, 위 판결의 다수의견과 별개의견은 모두 인격권의 보호를 함에 있어서도 표현의 자유를 존중하여야 한다는 점에서는 일치하고 있지만, 구체적인 표현의 자유 존중의 범위에 있어서는 차이가 있고, 원칙적으로는 피해자의 삭제 요구가 있어야만 삭제 의무가 발생한다는 별개의견이 좀더 표현의 자유를 중시하고 있다. 그러나 현행법의 해석론으로는 피해자의 삭제 요구가 있어야만 책임을 물을 수 있다는 별개의견의 근거는 찾기 어렵다고 보인다.[106]

2008다53812 판결에 대한 비판적 검토", Law & Technology 제5권 4호, 2009, 78면 이하; 시진국, "인터넷 종합 정보제공 사업자의 명예훼손에 대한 불법행위책임", 저스티스 2009. 12, 327면 이하; 최경옥, "사이버상의 표현의 자유와 포털의 책임", 東亞法學 제45호, 2009, 1면 이하; 이규홍, "제3자 게시 명예훼손물에 관한 포털사업자의 책임 법리", 헌법판례해설Ⅰ, 대법원헌법연구회, 2010, 414면 이하; 丁相朝, "명예훼손에 대한 포털의 책임", 서울대학교 法學 제51권 2호, 2010, 229면 이하; 추신영, "제3자의 게시물로 인한 인터넷 종합정보제공사업자의 불법행위책임", 인권과 정의 2010. 9, 73면 이하; 박원근, "타인의 명예를 훼손하는 뉴스기사·제3자의 게시물에 대한 포털사업자의 책임", 판례연구 제22집, 부산판례연구회, 2011, 201면 이하.
104) Directive 2000/31/EC of the European Parliament and of The Council.
105) 외국의 예에 대하여는 이헌숙(주 103), 314면 이하 참조.
106) 문재완(주 103), 73면 이하; 이규홍(주 103), 418면 이하는 별개의견이 명확성의 원칙과 비례의 원칙을 원용하는 데 대하여 의문을 제기한다. 별개의견을 지지하는 것으로는 丁相朝(주

다른 한편 다수의견뿐만 아니라 별개의견도 피고들이 보도매체로부터 제공받은 기사들 가운데 원고 관련 기사를 선별하여 뉴스 게시공간에 게재한 부분에 대하여는 별다른 제한 없이 불법행위책임을 인정하였다. 이는 이른바 발행인(publisher)과 배포자(distributer)를 구별하여 전자의 경우에는 넓게 불법행위책임을 인정하는 영미법적 사고를 받아들인 것이다.107) 독일에서는 이러한 경우 책임을 인정하는 근거로서 정보를 자신의 것으로 만들었다(Sich-zu-Eigen-Machen)고 설명하기도 한다. 위 판결은 포털의 여론 조성에 대한 영향력이 크다는 점을 중시한 것으로 보인다. 이러한 판례를 지지하는 견해가 많기는 하지만, 반대설도 있다.108) 반대설은 일반 인터넷 이용자도 일반적으로 문제된 기사 등이 제3자로부터 유래하였고, 인터넷 서비스 제공자의 역할도 그의 정보를 검증할 능력이 제한되어 있기 때문에 크지 않다는 것을 쉽게 알 수 있다는 점 등에 근거한 것으로 생각된다.109)

6. 기본권의 사인 사이의 효력

최근 대법원의 판례 가운데에는 이른바 기본권의 사인 사이의 효력 문제를 다루고 있는 것들이 있다.

가. 사립학교의 종교교육

대법원 2010. 4. 22. 선고 2008다38288 전원합의체 판결은 사립학교에서의 종교교육의 위법성 문제를 다루었다. 이 사건에서는 피고 학교법인이 기독교 정신을 건학이념으로 하여 설립·운영하는 고등학교에 재학 중이던 학생이, 학교에서 실시하는 종교행사와 종교수업을 거부하는 등의 사유로 인하여 퇴학처분을 받은 것이 불법행위에 해당하는가가 문제되었다. 또한 학교에 대하여

---

103), 257면 이하.

107) 설민수, "익명으로 이루어진 인터넷상 글쓰기에 대한 규제와 그 문제점", 사법논집 제48집, 2009, 327-328면도 같은 취지이다. 미국의 판례로는 예컨대 Stratton Oakmont, Inc. v. Prodigy Services Co., N.Y.S.2d, 1995 WL 323710(Supreme Court, Nassau County, New York) 참조. 문재완(주 103), 66면 이하; 박원근(주 103), 231-232면은 이 점에 관하여 판례를 지지한다.

108) 丁相朝(주 103), 241면 이하. 우지숙(주 103), 90면 이하도 판례에 대하여 비판적이다.

109) 독일의 학설 가운데 Spindler/Schmitz/Geis, TDG, 2004, §8 TDG Rdnr. 4 ff.(Spindler)는 이러한 선별 행위는 서비스 제공자가 그 불법성을 인식하였다는 점에 대한 근거는 될 수 있을 것이라고 한다.

감독권이 있는 서울특별시가 위와 같은 종교교육 등에 대하여 시정조치를 취하지 않은 것으로 인하여 배상책임을 부담하는가 하는 점도 문제되었다.

대법원의 다수의견은, 기본권 규정은 그 성질상 사법관계에 직접 적용될 수 있는 예외적인 것을 제외하고는 사법상의 일반원칙을 규정한 민법 제2조, 제103조, 제750조, 제751조 등의 내용을 형성하고 그 해석 기준이 되어, 간접적으로 사법관계에 효력을 미치게 된다고 보았다. 그런데 이 사건에서는 학교가 가지는 종교교육의 자유 및 운영의 자유와 학생들이 가지는 소극적 종교행위의 자유 및 소극적 신앙고백의 자유가 충돌하는데, 이처럼 두 기본권이 충돌하는 경우에는 이익형량과 함께 양 기본권 사이의 실제적인 조화를 꾀하는 해석 등을 통하여 이를 해결하여야 한다고 하였다. 그리하여 종립학교가 학생 자신의 신앙과 무관하게 입학하게 된 학생들을 상대로 종파교육 형태의 종교교육을 실시하는 경우에는, 그 종교교육의 구체적인 내용과 정도, 학생들에게 그러한 종교교육에 관하여 사전에 충분한 설명을 하고 동의를 구하였는지 여부 등의 구체적인 사정을 종합적으로 고려하여, 사회공동체의 건전한 상식과 법감정에 비추어 볼 때 용인될 수 있는 한계를 초과한 종교교육이라고 보이는 경우에는 위법성을 인정할 수 있다고 보았다. 그리하여 당해 사건에서는 학교가 실시한 종교교육의 위법성을 인정하였다. 그러나 서울특별시에 대하여는, 교육감이 시정·변경명령 권한 등을 행사하지 아니한 것이 객관적 정당성을 상실하였다거나 현저하게 합리성을 잃어 사회적 타당성이 없다고 볼 수 있는 정도에까지 이르렀다고 하기는 어렵다고 하여 배상책임을 부정하였다.

위 판결이 기본권의 사인간의 효력에 대하여 일반적인 판시를 하고, 사인간의 종교의 자유 충돌에 관하여 이른바 실제적인 조화 이론에 의하여 해결하려고 한 점 등은 매우 주목할 만하다. 이는 이 글의 앞 부분에서 언급한 것과 같이 대법원이 사법적극주의의 입장에 서서 적극적으로 헌법적 논변을 펼친 전형적인 예라고 할 수 있다. 그런데 우선 당해 사건의 경우가 과연 학생의 종교의 자유와 종립학교의 종교의 자유가 충돌하는 것이라고 볼 수 있는지 의심스럽다. 학생으로서는 자신이 원하지 않는 종교교육을 강제당한다면 소극적 종교행위의 자유 및 소극적 신앙고백의 자유를 침해당하는 것이 된다. 그런데 학교가 가지는 종교교육의 자유가 교육의 대상인 학생이 원하지 않는데도 불구하고 종교교육을 강제하는 것까지 포함한다고 볼 수 있을까? 학교가 가지는 기본권인 종교교육의 자유는 제1차적으로는 국가 기타 공권력에 대한 권리로서, 종교교육에 대하여 공권력이 간섭하는 것을 배제하는 것을 내용으로 하는 것이고, 사인에 대하여 상대방의 의사에 반하여서도 종교교육을 할 수 있다는 것까지 보장하는 것이라고는 할 수는 없다.110) 설령 이 사건에서 그러한 기본권의 충돌을 인정할 수 있다고 하더라도, 대법원이 설시하는 것처럼 학생이 가지는 소극적인 종교의 자유가 학교의 종교교육의 자유보다는 우선하여 보호되어야 할 것이다.111) 종교교육의 자유는 종교교육에 동의하는 학생들을 대상으로 하여서만 실시되어도 충분히 의미를 가지는 반면, 종교교육을 거부하는 학생에게 종교교육을 강제하는 것은 그의 소극적인 종교의 자유를 침해하는 것이기 때문이다. 특히 우리나라의 현행 고교평준화 제도 하에서는 학생의 고교 선택의 자유가 보장되지 않고 있기 때문에 더욱 그러하다.

그러므로 종립학교로서는 보편적인 교양으로서의 종교교육의 범위를 넘어서서 특정의 종교교리를 전파하는 종파교육 형태의 종교교육을 실시하기 위하여는 우선 그에 대한 학생의 동의를 받아야 하고, 일단 학생의 동의가 있은 경우에도 그 의사가 바뀐 경우에는 이를 존중하여야 할 것이다. 이 점에서 반드시 학생의 동의를 요하지 아니하는 것처럼 설시하고 있는 위 판결의 다수의견에는 다소 의문이 있다.112)

다른 한편 다수의견은 서울특별시의 책임을 부정하는 이유로서, 교육감의 장학지도나 시정·변경명령 권한의 행사 등이 교육감의 재량에 맡겨져 있다는

---

110) 헌법재판소 2005. 11. 24. 선고 2002헌바95, 96, 2003헌바9 결정은, 근로자가 노동조합의 조합원이 될 것을 고용조건으로 하는 단체협약상의 유니언 숍(union shop) 협정을 허용하고 있는 노동조합 및 노동관계조정법 제81조 제2호에 대하여, 유니언 숍 협정이 근로자의 노조가입을 강제하기는 하지만, 근로자에게 보장되는 적극적 단결권이 단결하지 아니할 자유보다 특별한 의미를 갖고 있고, 노동조합의 적극적 단결권은 근로자 개인의 단결하지 않을 자유보다 중시된다고 하면서, 결론에 있어서 위 조항은 위헌이 아니라고 하였다. 그러나 근로자 또는 노동조합의 단결권이 반드시 다른 근로자에 대한 단결 강제를 포함하는 것인지는 의문이다. 尹眞秀(주 19), 26면 이하 참조.

111) 宋基春, "宗敎學校에서의 宗敎敎育과 學生의 宗敎의 自由", 공법연구 제33집 1호, 2004, 332면 이하; 박종보, "사립학교에서 종교교육의 자유와 학생의 신앙의 자유", 法學論叢 제24집 3호, 한양대학교, 2007, 14면 이하; 임지봉, "사립고등학교의 종교교육의 자유와 청소년의 권리", 헌법학연구 제14권 4호, 2008, 244면 이하 등. 반면 정형근, "사립학교의 종교교육의 자유", 漢陽法學 제21권 3호, 2010, 198면 이하는 평준화정책에 의한 강제배정제도는 위헌적인 요소가 강하지만, 학교와의 관계에서는 반드시 학생의 신앙의 자유가 우선하여야 하는 것은 아니라고 보고 있다.

112) 그러나 위 판결에 대한 재판연구관의 해설인 문정일, "학생의 종교의 자유와 종립(宗立)학교의 종교교육", 사법 제13호, 304면 이하는 이러한 판시의 근거로서, 종립학교에서의 종교교육의 위법성 판단 기준에 대하여 사회적인 합의가 이루어졌다고 단정하기는 어렵다는 점에서 위법성 판단에 특히 신중을 기하여야 한다고 보고 있다.

점과, 교육감에게 그러한 권한을 부여한 취지와 목적에 비추어 볼 때 교육감이 그 권한을 행사하지 않은 것이 현저하게 합리성을 잃어 사회적 타당성이 없는 경우에 해당하여야만 위법성이 인정되는데, 이 사건의 경우에는 그에 해당하지는 않는다는 점을 들고 있다. 그러나 일반적으로는 교육감의 장학 지도나 시정·변경명령 권한의 행사 등이 교육감의 재량에 맡겨져 있다고 하더라도, 이 사건의 경우에까지 그렇게 볼 수 있는가 하는 점은 다소 의문이다. 오히려 박시환, 이홍훈, 전수안 대법관의 반대의견이 지적하고 있는 것처럼, 서울특별시 교육감은 종립학교가 학생들에게 선택권을 부여함이 없이 종교교육을 강행하고 있었다는 것을 알고 있었거나 또는 충분히 알 수 있었다는 점 등에 비추어 보면, 교육감의 시정·변경명령 권한의 행사에는 재량의 여지가 거의 없어지고 특별한 사정이 없는 한 이를 행사할 의무만이 남게 된다고 볼 여지가 있을 것이다.

나. 사적 단체 내에서의 남녀 차별

대법원 2011. 1. 27. 선고 2009다19864 판결에서는 서울 YMCA가 여성 회원들에게 총회원 자격을 부여하지 않은 것이 남녀차별로서 불법행위에 해당하는지가 문제되었다. 이 판결에서는 우선 기본권의 사인간의 효력에 관한 위 2008다38288 전원합의체 판결을 인용하면서, 사적 단체가 그 구성원을 성별에 따라 달리 취급하는 것이 일반적으로 금지된다고 할 수는 없지만, 사적 단체의 구성원에 대한 성별에 따른 차별처우가 사회공동체의 건전한 상식과 법감정에 비추어 볼 때 도저히 용인될 수 있는 한계를 벗어난 경우에는 사회질서에 위반되는 행위로서 위법한 것으로 평가할 수 있다고 하였다. 그리고 이 판단을 위하여서는 사적 단체가 일정 부분 공공적 영역에서 활동하며 공익적 기능도 수행하는지와 그러한 차별처우가 단체의 정체성을 유지하기 위하여 불가피한 것으로서 필요한 한도 내의 조치였는지 여부 등을 고려하여야 한다고 보았다.

그리하여 이 사건에서는 피고 서울 YMCA가 부분적으로 공공적 영역에서 활동하는 단체로서의 성격도 가지면서 그에 따른 사회봉사적 역할을 수행하여 왔고, 피고는 다른 단체로 대체될 수 없는 독자적인 정체성을 가지고 있으며, 원고들은 이러한 피고의 활동영역과 단체적 성격에 가치를 부여하여 총회원으로 가입을 희망하고 있다는 점에 비추어, 피고가 남성단체로 출발하였다는 연혁적 이유만으로 여성들을 차별 처우할 만한 합리적인 필요성이 없다고 보아, 적어도 피고가 스스로 불합리한 총회 운영에 대한 개선노력을 천명한 2003년

도 제100차 정기총회 이후에는 피고의 행위가 원고들의 인격적 법익을 침해하
여 불법행위를 구성한다고 판시하였다.

　　이 대법원 판결이 설시하고 있는 것처럼, 사법상 단체 내부의 문제는 기본
적으로 사법관계로서 기본권이 직접 미치는 영역이 아니지만, 기본권의 간접적
효력에 의하여 단체 내부의 문제라도 공서양속(민법 제103조)이나 불법행위의
성립요건에 관한 민법 제750조 등을 통하여 법원이 개입할 수 있는 것이다. 그
런데 이 사건과 유사한 문제는 사법상 단체가 특정인의 가입을 거부하는 것이
위법한가 하는 것이다. 일반론으로는 어느 단체가 중요한 경제적 또는 사회적
지위를 가지고 있고, 가입 희망자가 본질적인 이익의 추구를 위하여는 그 구성
원이 되어야 할 필요가 있을 때에는, 단체가 가입 희망을 받아들이지 않는 것
은 불법행위가 될 수 있다.[113]

　　이 사건에서는 이미 회원이 된 여성들에 대하여 총회원으로서의 자격을
인정하지 않고 있다는 점에서 가입 자체를 거부하는 것과는 다소 다르기는 하
지만, 기본적으로는 동일한 문제라고 할 수 있다. 그러므로 이 사건 판결이 피
고인 서울 YMCA가 공적 단체로서의 성격을 가지고 있고, 다른 단체로 대체
될 수 없는 독자적인 정체성을 가지고 있으며, 여성 회원인 원고들은 이러한
피고의 활동영역과 단체적 성격에 가치를 부여하여 총회원이 될 것을 희망하
고 있다는 점 등을 근거로 하여 불법행위의 성립을 인정한 것은 위와 같은 이
론에 비추어 볼 때 타당한 것으로 여겨진다.

　　〈追記〉

　　기본권의 사법상의 효력에 관하여는 대법원 2011. 9. 2. 선고 2008다42430
전원합의체 판결도 주목할 필요가 있다. 이 사건에서는 피고는 개인신상정보를
이용하여 특정 법조인 2명 사이에 개인정보 및 경력이 일치하는 경우 일정 점
수를 부여하여 합산하는 방법으로 인맥지수를 산출하고, 이를 이용하여 '가까
운 법조인 찾기', '두 사람의 관계 보기', '징검다리 인물 찾기' 등의 검색서비
스와, 변호사들의 승소율이나 전문성 지수 등을 알아볼 수 있는 서비스를 제공
하였다. 이에 변호사인 원고(선정당사자)가 위 서비스 제공의 금지청구를 하였
는데, 원심은 인맥지수 제공 서비스에 대하여는 금지청구를 받아들이지 않은

---

113) 尹眞秀(주 19), 45면 참조.

반면 승소율 서비스에 대하여는 금지청구를 인용하였다. 그러나 대법원은 인맥지수 서비스에 대하여는 금지청구가 받아들여져야 하고, 반면 승소율 서비스에 대하여는 금지청구를 받아들여서는 안 된다는 취지로 원심판결을 파기환송하였다.

대법원은 기본권의 간접적 효력에 관한 위 대법원 2010. 4. 22. 선고 2008다38288 전원합의체 판결을 인용하면서, 정보주체의 동의 없이 개인정보를 공개함으로써 침해되는 인격적 법익과 정보주체의 동의 없이 자유롭게 개인정보를 공개하는 표현행위로서 보호받을 수 있는 법적 이익이 하나의 법률관계를 둘러싸고 충돌하는 경우에는, 개인정보에 관한 인격권의 보호에 의하여 얻을 수 있는 이익(비공개 이익)과 표현행위에 의하여 얻을 수 있는 이익(공개 이익)을 구체적으로 비교 형량하여, 어느 쪽의 이익이 더욱 우월한 것으로 평가할 수 있는지에 따라 그 행위의 최종적인 위법성 여부를 판단하여야 한다고 보았다. 그리하여 인맥지수 서비스에 대하여는 인맥지수의 사적·인격적 성격, 그 산출과정에서의 왜곡가능성, 그 이용으로 인한 원고들의 이익 침해와 공적 폐해의 우려, 그에 반하여 그 이용으로 인하여 달성될 공적인 가치의 보호 필요성 정도 등을 종합적으로 고려하면, 피고의 인맥지수 서비스 제공행위는 원고들의 개인정보에 관한 인격권을 침해하는 위법한 것이라고 보았다.

그러나 피고가 승소율이나 전문성 지수 등을 제공하는 서비스를 하는 행위는, 그에 의하여 얻을 수 있는 법적 이익이 이를 공개하지 아니함으로써 얻을 수 있는 정보주체의 인격적 법익에 비하여 우월한 것으로 보여 원고들의 개인정보에 관한 인격권을 침해하는 위법한 행위로 평가하기는 어렵다고 하였다.

그런데 인맥지수 서비스 제공에 대하여는 이 또한 위법하지 않다고 하는 대법관 4인의 반대의견이 있었다. 그 주된 요지는, 이 사건 개인신상정보는 이미 불특정 다수인에게 공개되어 있는 정보이고, 사적이고 내밀한 영역에 대한 것이 아니며, 이러한 정보를 기초로 하여 산출된 정보도 기본적으로 피고의 표현의 자유와의 이익형량 관계에서 상대적으로 그 보호가치가 높다고 할 수 없다는 것이다.

이 판결의 다수의견과 반대의견의 차이는, 인맥지수 서비스가 법조인 간의 친밀도가 재판과 수사에도 영향을 미친다는 인식에서 출발한 것이므로 사법불신을 조장한다는 점을 얼마나 중요한 것으로 보았는가 하는 점에 있다. 반대의견도 그러한 점을 간과하고 있는 것은 아니지만, 그것만으로 피고의 인맥지수 서비스를 제한하기에는 충분한 이유가 되지 못한다는 취지이다.

사견으로는 인맥지수 서비스와 승소율 서비스는 모두 공개된 정보를 바탕으로 하여 만들어진 것으로서, 양자 사이에 본질적인 차이가 있는 것은 아니므로, 어느 것이나 금지할 수는 없다고 생각한다. 이러한 것을 알고 싶은 사람들이 공개된 정보를 바탕으로 하여 알아내는 것을 특별히 위법하다고 할 수는 없을 것인데, 제3자가 이러한 정보를 바탕으로 그와 같은 서비스를 제공하는 것을 달리 취급할 이유는 없다고 생각된다.

7. 제조물책임

제조물책임에 관하여 근래 선고된 대법원의 판결로는 비료의 표시상 결함에 관한 대법원 2006. 3. 10. 선고 2005다31361 판결과 의약품에 관한 대법원 2008. 2. 28. 선고 2007다52287 판결이 있다. 여기서는 후자에 관하여 살펴본다.

이 사건에서는 어떤 사람이 페닐프로판올아민(Phenylpropanolamine, PPA)을 함유하고 있는 감기약 "콘택 600"을 먹고 출혈성 뇌졸중으로 사망한 경우에, 감기약 제조업자가 이러한 위험이 없는 슈도에페드린 성분으로 감기약을 만들지 않은 것이 설계상의 결함이 있는가 하는 점과, 위 약의 위험성에 관하여 제약회사가 충분한 표시를 하였는가 하는 표시상의 결함이 문제되었다.

우선 설계상의 결함에 관하여 원심은, 과실책임에 관하여는 사망한 사람이 콘택 600을 복용한 시점인 2003. 12.경에는 콘택 600은 유통당시의 기술수준과 경제성 등에 비추어 기대가능한 범위 내의 안전성을 갖추지 못한 결함 있는 의약품이지만, 당시에는 피고들이 이를 알았거나 알 수 있었던 것은 아니라고 하여 책임을 부정하였다. 그리고 위 약은 제조물책임법이 시행된 2002. 7. 1. 전에 제조되어 공급되었으므로 제조물책임법은 적용되지 않을 뿐만 아니라, 적용된다고 하더라도 당시의 과학, 기술 수준으로는 결함의 존재를 발견하기 어려웠으므로, 제조업자가 당해 제조물을 공급한 때의 과학·기술수준으로는 결함의 존재를 발견할 수 없었다는 사실을 입증한 때에는 제조물책임법에 의한 손해배상책임을 면한다고 규정하고 있는 제조물책임법 제4조 제1항 제2호에 의하여 피고의 제조물책임은 면책된다고 하였다.

대법원은, 설계상의 결함이 있는지 여부는 제품의 특성 및 용도, 제조물에 대한 사용자의 기대의 내용, 예상되는 위험의 내용, 위험에 대한 사용자의 인식, 사용자에 의한 위험회피의 가능성, 대체설계의 가능성 및 경제적 비용, 채택된 설계와 대체설계의 상대적 장단점 등의 여러 사정을 종합적으로 고려하여 사회통념에 비추어 판단하여야 한다는 종래의 판례114)를 인용하면서, 다만 의약품은 정상적인 제조과정을 거쳐 제조된 것이라 하더라도 본질적으로 신체에 유해한 부작용이 있다는 측면이 고려되어야 한다고 보았다. 그리하여 위 약품이 제조자가 합리적인 대체설계를 채용하지 아니하여, 그 제조 및 공급 당시의 기술 수준과 경제성 등에 비추어 기대가능한 범위 내의 안전성을 갖추지 못함으로써, 이를 복용하였다가 피해를 입은 소비자에 대하여 불법행위책임을 부담하게 할 정도의 결함을 가지고 있다고 보기 어렵다고 보았다. 그러나 위 판결은 제조물책임 주장에 대하여는 원고들이 상고이유를 기재하지 않았다고 하여 따로 판단하지 않았다.

그리고 표시상의 결함에 대하여는, 대법원은 원심판결과 마찬가지로 콘택 600의 사용설명서에는 부작용으로 출혈성 뇌졸중이 표시되어 있고, 고혈압 환자, 출혈성 뇌졸중의 병력이 있는 환자, 심장애 환자에는 투여하지 말고, 다른 PPA 함유 의약품과 같이 복용하지 말라는 주의사항이 기재되어 있는 사실 등에 비추어 보면, 사회통념상 콘택 600에는 출혈성 뇌졸중의 위험에 대한 적절한 경고표시가 기재되어 있었다고 하여 표시상의 결함을 부정하였다.

그런데 우선 설계상의 결함에 대하여 본다면, 원심은 설계상의 결함 자체는 인정하면서도 이른바 개발위험의 항변을 인정하여 책임을 부정한 반면, 대법원은 결함 자체가 없다고 하면서도 원심 판결이 타당하다고 하고 있어서 다소 앞뒤가 맞지 않는다. 다른 한편 원심 판결은 일단 제조물책임법상의 설계상의 결함은 긍정하면서도 이른바 개발위험의 항변이 적용될 수 있다고 보았다. 그러나 우리나라의 제조물책임법은 설계상의 결함이나 표시상의 결함의 경우에는 제조업자가 합리적인 대체설계를 채용할 수 있었는가 내지 합리적인 설명·지시·경고 기타의 표시를 할 수 있었는가의 여부를 결함 유무의 판단에 있어 고려하고 있으므로, 이른바 개발위험의 항변은 이미 결함 유무의 판단에서 고려될 사항이고, 별도의 항변으로 인정할 필요가 없을 것이다.115)

114) 대법원 2003. 9. 5. 선고 2002다17333 판결; 2004. 3. 12. 선고 2003다16771 판결.
115) 尹眞秀, "한국의 제조물책임", 民法論攷 Ⅲ, 2009, 417-418면(처음 발표: 2002. 7) 참조. 서울고

그리고 표시상의 결함에 관하여는 일반적으로 부작용으로 출혈성 뇌졸중이 표시되어 있다는 이유만으로 그에 대하여 충분히 표시를 하였다고 볼 수 있는지는 의심스럽다. 이 사건에서 출혈성 뇌졸중으로 사망한 사람은 고혈압 환자, 출혈성 뇌졸중의 병력이 있는 환자, 심장애 환자의 어느 것에도 해당하지 않았다.

이 문제는 사실 인정에 관한 것이기 때문에 단정적으로 이야기하기는 어려우나, 문제된 의약품이 제조될 당시 국내외에서 PPA의 위험성에 대하여 지적이 있었던 점에 비추어 보면,116) 설계상의 결함이나 표시상의 결함은 인정될 여지가 있었을 것으로 보인다.117) 다만 이 사건에서 인과관계의 판단은 쉽지 않은 문제이다.118)

〈追記〉

대법원 2011. 9. 29. 선고 2008다16776 판결에서는 혈우병 환자들이 후천성면역결핍증(AIDS)에 감염된 것이 환자들이 공급받은 혈액제재가 후천성면역결핍증 바이러스에 오염된 때문인지가 쟁점이 되었다. 이 사건에서는 피고 제약회사가 제조한 혈액제재에 사용되는 원료인 혈액을 제공한 사람들 중 일부가 AIDS의 발병원인인 HIV 바이러스에 감염되었음이 밝혀졌다. 그리하여 AIDS에 감염된 사람들이 피고를 상대로 하여 손해배상청구소송을 제기하였는데, 원심은 위 혈액제재의 사용으로 인하여 원고들이 AIDS에 감염되었다는 점에 대한 입증이 이루어지지 않았다고 보아 원고들의 청구를 기각하였으나, 대

등법원 2006. 1. 26. 선고 2002나32662 판결; 서울중앙지방법원 2007. 1. 25. 선고 99가합104973 판결은 제조물책임법에서는 제조상의 결함으로 인한 제조물책임은 무과실책임으로, 설계상의 결함 또는 표시상의 결함으로 인한 제조물책임은 과실에 근거한 책임으로 규정하였다고 보고 있다.

116) 원심판결에 의하면 미국 FDA는 2000. 11. 6. 모든 의약품에서 PPA를 제거하도록 조치하고, 모든 제약회사에 대하여 PPA가 포함된 의약품을 시판하지 않도록 요청하였다고 한다.

117) 김제완, "제약산업과 제조물 책임", 사법 2호, 2007, 15면 이하, 23면 이하는 콘택 600의 설계상 결함과 표시상 결함이 모두 인정된다고 보고 있다. 반면 전병남, "감기약 콘택 600 제조물책임사건에 관한 민사법적 고찰", 의료법학 제10권 1호, 2008, 249면 이하는 이를 모두 부정한다.

118) 서울중앙지방법원 2006. 2. 7. 선고 2006나29855 판결 및 그 항소심인 서울고등법원 2007. 7. 11. 선고 2006나29855 판결은 동일한 감기약의 결함이 문제된 사안에서 설계상의 결함을 인정하면서도, 감기약 복용과 사망 사이의 인과관계 내지 감기약 복용 그 자체를 부정하여 원고의 청구를 기각하였다. 반면 김제완(주 117), 30면 이하는 인과관계가 인정될 수 있다고 본다. 미국에서는 PPA에 대한 제조물책임소송이 많이 제기되었는데, 대체로 원고측에 유리하게 판결 또는 화해가 이루어졌다고 한다. 尹眞秀, "製造物責任의 主要 爭點", 연세대학교 법학연구 제21권 3호, 2011 발간예정 참조.

법원은 원심판결을 파기하였다.

대법원은, 일반인들이 의약품의 결함이나 제약회사의 과실을 완벽하게 입증한다는 것은 극히 어려우므로, 환자인 피해자가 제약회사를 상대로 바이러스에 오염된 혈액제제를 통하여 감염되었다는 것을 손해배상책임의 원인으로 주장하는 경우, 제약회사가 제조한 혈액제제를 투여받기 전에는 감염을 의심할 만한 증상이 없었고, 그 혈액제제를 투여받은 후 바이러스 감염이 확인되었으며, 그 혈액제제가 바이러스에 오염되었을 상당한 가능성이 있다는 점을 증명하면, 제약회사가 제조한 혈액제제의 결함 또는 제약회사의 과실과 피해자의 감염 사이의 인과관계를 추정하여 손해배상책임을 지울 수 있도록 증명책임을 완화하는 것이 손해의 공평·타당한 부담을 그 지도 원리로 하는 손해배상제도의 이상에 부합한다고 하였다. 그리고 제약회사는 자신이 제조한 혈액제제에 아무런 결함이 없다는 등 피해자의 감염원인이 자신이 제조한 혈액제제에서 비롯된 것이 아니라는 것을 증명하여 추정을 번복시킬 수 있으나, 단순히 피해자가 감염추정기간 동안 다른 회사가 제조한 혈액제제를 투여받았거나, 수혈을 받은 사정이 있었다는 것만으로는 그 추정이 번복되지 않는다고 보았다.

종래 제조물책임에서는 이른바 역학적 인과관계(疫學的 因果關係)에 의하여 제조물의 유해물질과 그로 인한 손해 발생 사이의 인과관계 입증을 완화할 수 있는가가 자주 문제되었다. 역학적 인과관계란 역학(epidemiology)에 의한 조사 결과 ① 특정의 유해물질(인자)이 발병의 일정기간 전에 작용 또는 존재한 것이고, ② 유해물질과 발병률 사이에 용량반응의 관계가 존재하며, ③ 그 유해물질의 분포소장이 이미 관찰된 유형의 특성과 모순 없이 설명되고, ④ 그 유해물질이 질병의 원인으로서 작용하는 과정이 생물학적으로 모순 없이 설명된다면 유해물질과 건강피해 사이의 '통계적 연관성'이 인정되는 것을 말한다. 하급심 판결에서는 이러한 역학적 인과관계를 원용하여 제조물의 결함과 손해 발생 사이의 입증책임을 인정한 것들이 있었다.[119] 그런데 이 사건에서는 역학적 인과관계가 문제된 것은 아니었고, 이 판결은 환경오염소송에서의 이른바 개연성 이론에 의하여 인과관계를 인정한 것[120]과 같은 취지로 보인다.

---

119) 서울고등법원 2006. 1. 26. 선고 2002나32662 판결(고엽제); 2011. 2. 15. 선고 2007나18883 판결(담배). 尹眞秀(주 118) 등 참조.
120) 예컨대 대법원 1984. 6. 12. 선고 81다558 판결 등.

8. 불법행위를 이유로 하는 금지 및 예방청구

민법은 물권 외에는 권리의 침해에 대하여 그 배제 또는 침해의 예방을 청구할 수 있다는 명문 규정을 두지 않고 있다. 그런데 대법원 1996. 4. 12. 선고 93다40614, 40621 판결은, 인격권은 그 성질상 일단 침해된 후의 구제수단만으로는 그 피해의 완전한 회복이 어렵고 손해전보의 실효성을 기대하기 어려우므로, 인격권 침해에 대하여는 사전(예방적) 구제수단으로 침해행위 정지·방지 등의 금지청구권도 인정된다고 한 원심판결이 타당하다고 하였다. 위 판결은 인격권의 침해의 경우에 금지청구권이 인정되는 근거를 명확하게 밝히지는 않았다. 그런데 대법원 2005. 1. 17.자 2003마1477 결정은, 인격권으로서의 명예권은 물권의 경우와 마찬가지로 배타성을 가지는 권리이므로, 명예를 위법하게 침해당한 자는 손해배상 또는 명예회복을 위한 처분을 구할 수 있는 이외에 인격권으로서 명예권에 기초하여, 가해자에 대하여 현재 이루어지고 있는 침해행위를 배제하거나 장래에 생길 침해를 예방하기 위하여 침해행위의 금지를 구할 수도 있다고 하여, 인격권에 대하여 금지청구권이 인정되는 근거를 배타성을 가진다는 점에서 찾고 있다.

이처럼 인격권의 침해가 있으면 금지청구권[121]을 인정할 수 있다고 하는 판례는 일반적으로 지지를 받고 있다. 다만 그 근거로서는 인격권이 절대성 내지 배타성을 가진다는 점을 드는 경우가 많았다.[122] 그런데 이와는 달리 불법행위의 경우에는 절대권 내지 배타적 권리의 침해가 아닌 경우에도 금지청구권을 인정하여야 한다는 견해도 주장되었다.[123] 나아가 가해자의 고의나 과실이 없는 경우에도 금지청구권을 인정하여야 한다는 주장도 있다.[124]

그런데 대법원 2010. 8. 25.자 2008마1541 결정은 인격권과 같은 절대권의

---

121) 이를 가리키는 말로 유지청구권 등 여러 가지의 표현이 사용되고 있다.

122) 姜溶鉉, "誹謗廣告를 한 자에 대하여 사전에 廣告禁止를 명하는 判決 및 그 判決節次에서 명하는 間接强制", 대법원판례해설 25호(96년 상반기), 74면; 이균용, "헌법의 입장에서 본 명예의 침해에 의한 출판물의 출판 등 금지가처분에 관한 실무상의 문제", 저스티스 제89호, 2006. 2, 197-198면 등.

123) 권영준, "불법행위와 금지청구권: eBay vs. MercExchange 판결을 읽고", LAW & TECHNOLOGY 제4권 2호, 2008, 55면 이하; 趙弘植, "留止請求 許容 與否에 관한 小考", 民事判例研究 XXII, 2000, 44면 이하(환경침해의 경우) 등.

124) 金載亨, "제3자에 의한 債權侵害", 民法論 Ⅲ, 2007, 423면 이하(처음 발표: 2006) 등. 또한 김상중, "불법행위의 사전적 구제수단으로서 금지청구권의 소고", 比較私法 제17권 4호, 2010, 158면 이하, 특히 166면 참조.

침해가 아닌 불법행위의 경우에도 금지청구권이 인정된다고 보았다. 이 사건의 사실관계는 다음과 같다. 신청인(NHN)은 국내 최대의 인터넷 포털사이트를 운영하는 회사인데, 피신청인은 업링크 솔루숀(uplink solution)이라는 프로그램을 인터넷 사용자들에게 설치·배포하여, 인터넷 사용자들이 신청인의 포털사이트를 방문하면 그 화면에 신청인의 광고 대신에 피신청인의 광고가 대체 혹은 삽입된 형태로 나타나게 하였다. 그리하여 신청인은 피신청인을 상대로 위 프로그램의 제작, 사용, 판매 및 배포의 금지 등을 구하였고, 원심 및 대법원은 모두 이를 받아들였다.

　　대법원은 금지청구권을 인정하는 이유로서 다음과 같이 판시하였다. 즉 경쟁자가 상당한 노력과 투자에 의하여 구축한 성과물을 상도덕이나 공정한 경쟁질서에 반하여 자신의 영업을 위하여 무단으로 이용함으로써 경쟁자의 노력과 투자에 편승하여 부당하게 이익을 얻고 경쟁자의 법률상 보호할 가치가 있는 이익을 침해하는 행위는 부정한 경쟁행위로서 민법상 불법행위에 해당하는 바, 위와 같은 무단이용 상태가 계속되어 금전배상을 명하는 것만으로는 피해자 구제의 실효성을 기대하기 어렵고, 무단이용의 금지로 인하여 보호되는 피해자의 이익과 그로 인한 가해자의 불이익을 비교·교량할 때 피해자의 이익이 더 큰 경우에는 그 행위의 금지 또는 예방을 청구할 수 있다는 것이다.

　　이 결정이 인격권과 같은 절대권의 침해가 아닌 경우에도 불법행위를 이유로 하는 금지청구권을 인정한 것은 상당히 획기적이라고 할 수 있다. 그런데 이 결정은 불법행위의 경우에 금지청구권을 인정할 수 있는 이론적인 근거가 무엇인지, 부정한 경쟁 행위가 아닌 다른 불법행위의 경우에도 금지청구권이 인정될 수 있는지에 대하여는 명백한 태도를 보이지 않고 있다.[125] 외국에서는 일반적으로 물권과 같은 절대권이 아닌 경우에도 불법행위에 대한 금지청구를 넓게 인정하고 있다.[126]

　　생각건대 물권이나 인격권과 같은 절대권 침해의 경우에 한정하여 금지청구를 인정하여야 할 이유는 없고, 다른 불법행위의 경우에도 피해자의 구제를

---

125) 이 사건에서 신청인은 부정경쟁방지 및 영업비밀보호에 관한 법률('부정경쟁방지법')에 의한 금지청구권도 주장하였으나, 원심 결정은 피신청인들의 행위가 부정경쟁행위에는 해당하지 않는다고 보았다. 그런데 피신청인의 동일한 행위에 관한 형사사건에서 이 사건 결정 후에 선고된 대법원 2010. 9. 30. 선고 2009도12238 판결은, 피신청인의 행위가 부정경쟁방지법 위반인 부정경쟁행위에 해당한다고 하여, 무죄를 선고한 원심판결을 파기환송하였다.
126) 좀더 상세한 것은 이 사건 결정에 대한 평석인 김상중(주 124), 152면 이하 참조.

위하여 필요한 경우에는 금지청구를 인정하여야 할 것이다. 다시 말하여 위법
행위에 의한 손해가 발생하였거나 발생할 우려가 있는 경우에 그에 따른 구제
수단이 획일적으로 금전배상에 국한되는 것은 바람직하지 않고, 손해의 종류에
따라 원상회복이나 금지청구와 같은 다양한 구제수단이 인정될 필요가 있는
것이다.127) 그 이론적인 근거로서는 이른바 전체유추(Gesamtanalogie)를 들 수
있다.128) 전체유추란 서로 상이한 구성요건에 대하여 동일한 법률효과를 규정하
고 있는 몇 개의 법률규정으로부터 일반적인 법원칙(allgemeiner Rechtsgrundsatz)
을 도출하여, 이를 법률에 규정되어 있지 않은 다른 구성요건에 적용하는 것이
다. 그런데 금지청구권 내지 방해배제 또는 방해예방청구권과 같은 권리는 민법
제214조, 제217조 제1항, 부정경쟁행위에 관하여 금지청구를 허용한 부정경쟁방
지 및 영업비밀보호에 관한 법률 제4조, 특허법 제126조, 저작권법 제123조 등
에 규정되어 있으므로, 이들 규정을 유추하면 일반적인 금지청구권을 인정할 수
있는 것이다.

　　그런데 이러한 주장에 대하여는, 위 규정들도 대부분 절대권에 관한 것일
뿐만 아니라, 일반적으로 금지청구권을 인정하게 되면 절대권과 상대권의 구별
이 의미가 없어진다는 반론이 있을 수 있다. 그러나 절대권/상대권의 구별은
기본적으로 누구에 대하여 권리를 주장할 수 있는가 하는 단계에서 의미를 가
지는 것이고, 어떤 행위가 일단 위법한 것으로 평가된 경우에 그에 대하여 어
떤 구제수단을 인정할 것인가 하는 점은 절대권인가 아닌가에 따라 달라질 이
유는 없을 것이다. 다만 절대권의 침해에 대하여는 원칙적으로 금지청구권이
인정될 수 있는 반면, 그렇지 않은 경우에는 아래에서 보는 바와 같은 고려에
의하여 제1차적인 구제수단은 손해배상(금전배상)이고, 금지청구권은 손해배상
만으로는 구제가 충분하지 않을 때 인정된다는 차이는 있을 수 있다.

　　구체적으로 어느 경우에 금지청구권이 인정될 수 있는가? 이 판단을 위하
여는 다음과 같은 점을 고려하여야 할 것으로 생각된다. 즉 피해자(권리자)의
입장에서 볼 때에는 금전배상이 명백히 불충분한 반면, 가해자(의무자)의 입장
에서는 원상회복에 의하더라도 특별히 가혹하지 않으며, 나아가서는 그 집행에

---

127) 尹眞秀, "損害賠償의 方法으로서의 原狀回復", 民法論攷 Ⅲ, 2008, 90면 참조.
128) 權英俊(주 123), 61면 이하. 尹眞秀, "不動産의 二重讓渡에 관한 研究", 서울대학교 법학박
　　사학위논문, 1993, 201면 이하는 전체유추에 의하여 손해배상의 방법으로서 원상회복을 인정
　　할 수 있다고 본다.

있어서도 금전집행의 경우보다 편리하여야 한다는 것이다.129) 그런데 물권적 청구권을 유추한다면 가해자의 고의나 과실은 요건이 아니고, 따라서 이를 불법행위의 효과라고 설명할 수는 없는 것이 아닌가 하는 의문이 있을 수 있으나, 실제로는 이는 별로 문제되지 않는다. 금지청구권의 행사가 문제되는 단계에서는 상대방이 이미 손해의 발생 내지 발생 가능성을 충분히 인식할 수 있기 때문에 고의나 과실이 부정될 수 있는 경우는 생각하기 어렵다.130) 그리고 이처럼 불법행위의 효과로서 금지청구권이 인정될 수 있다면, 손해배상의 방법으로서 금전배상 아닌 원상회복도 해석상 당연히 인정될 수 있을 것이다.131)

9. 우편집배원의 직무위반으로 인한 손해배상 청구의 가부 및 그 범위

가. 판 례

우편법 제38조는 우편 배달의 잘못으로 인한 손해배상책임이 발생하는 경우를 등기우편물, 보험취급우편물, 현금추심취급 우편물 등으로 제한하고, 그 배상금액도 지식경제부령에 의하여 제한하고 있다. 또 제42조는 손해배상청구권자도 당해 우편물의 발송인 또는 그 승인을 얻은 수취인으로 한정하고 있다. 이러한 규정을 문언 그대로 따른다면 위 법이 정한 범위 외에는 우편집배원의 우편배달 잘못으로 인한 손해배상이 인정될 여지는 없을 것이다. 실제로 대법원 1977. 2. 8. 선고 75다1059 판결은, 우편법 제38조는 민법상의 채무불이행이나 불법행위로 인한 손해배상 및 국가배상상의 손해배상에 관한 규정에 대한 특별규정이므로 우편물 취급에 수반하여 발생한 손해는 국가배상법에 의한 손해배상 청구는 허용되지 않고, 또 원고 등은 우편물의 발송인 또는 그 승인을 얻은 수취인도 아니므로 동법 제38조 소정의 손해배상 청구권도 없다고 하였다.

그런데 대법원 2008. 2. 28. 선고 2005다4734 판결은 민사소송법에 의한 특별송달우편물에 관하여, 우편집배원의 고의 또는 과실에 의하여 손해가 발생한 경우에는 우편물 취급에 관한 손해배상책임에 대하여 규정한 구 우편법 제38조에도 불구하고 국가배상법에 의한 손해배상을 청구할 수 있다고 보았다. 이 사건에서는 소외인들이 부동산 소유권이전등기청구소송을 제기하였는데, 우

---

129) 원상회복의 인정 요건에 관한 尹眞秀(주 127), 90-91면 참조. 권영준(주 123), 65면 이하; 김상중(주 124), 165면 이하 등도 기본적으로는 같은 취지로 이해된다.

130) 金載亨(주 124), 432면; 김상중(주 124), 166면도 결과에 있어서는 같은 취지이다.

131) 김상중(주 124), 166-167면 참조.

편집배원이 특별송달에 의하여 송달되는 소장 부본 등을 실제 피고 아닌 소외인들의 부탁을 받은 다른 사람에게 교부하여, 소외인들이 자백간주에 의한 승소 확정판결을 받은 다음 부동산을 원고에게 매도하였고, 그 후 진정한 소유자가 추후보완항소를 제기하여 결국 원고가 이미 지급한 매매대금 상당의 손해를 입게 되었다. 이 판결은, 민사소송법상의 송달의 경우에는 우편집배원도 집행관 등과 함께 민사소송법 제176조에 정해진 송달기관이고, 특별송달우편물의 발송인은 송달사무 처리담당자인 법원사무관 등으로서, 소송당사자 등은 스스로 관여할 수 있는 다른 송달수단을 전혀 갖지 못한다는 점, 특별송달의 대상인 소송관계서류에 관해서 집행관, 법정경위, 법원사무관 등이 송달을 실시하는 과정에서 관계자에게 손해가 발생한 경우 특별히 국가배상책임을 제한하는 규정이 없다는 점 등에 비추어 보면, 소송관계서류를 송달하는 우편집배원도 민사소송법이 정한 송달기관으로서 집행관 등과 대등한 주의의무를 가진다고 보아야 하므로, 그에 위반하는 경우 국가가 지는 손해배상책임도 달리 보기는 어렵다고 하였다. 그리고 위 75다1059 판결은 특별송달우편물에 관한 것이 아니어서 이 사건에 원용하기에 적절하지 않다고 보았다.[132]

그리고 2009. 7. 23. 선고된 두 개의 대법원 판결에서는 손해배상의 범위가 주요한 쟁점이었다. 우선 2006다81325 판결에서는 자동차종합보험의 보험자인 원고 회사가 분납보험료를 납입하지 않은 보험계약자에 대하여 내용증명우편에 의하여 보험료납입의 최고와 정지조건부 해지의 의사표시를 하였는데, 우편집배원이 보험계약자가 우편물을 직접 수령한 것처럼 등기우편물 배달증원부를 허위로 작성하여 결국 해지의 효력이 인정될 수 없게 되었고, 그에 따라 원고 회사가 보험계약자에게 보험금을 지급하여야 하였다. 이에 원고가 국가를 상대로 보험계약자에게 지급한 보험금 등 상당액의 손해배상청구를 하였는데, 원심은 원고의 청구를 인용하였으나, 대법원은 원심판결을 파기하였다.

대법원은, 우편법 관계법령 등에서는 내용증명우편물에 담긴 내용의 중요도에 따라 우편요금 등에 차등을 두지 않고, 모두 동일한 요금과 수수료를 받고 그 우편물을 널리 공평하고 적정하게 처리하도록 하고 있고, 그 우편물에 담긴 의사표시가 도달되지 않거나 그 도달에 관한 증명기능이 발휘되지 아니

---

132) 대법원 2008. 3. 13. 선고 2007다49350 판결도 위 판결을 인용하면서 같은 취지로 판시하였다. 여기서는 위 75다1059 판결은 특별송달우편이 아닌 방법으로 발송된 약속어음이 망실된 사안에 관한 것일 뿐 아니라, 1977. 12. 31. 법률 제3090호로 개정되기 전의 우편법 제38조 제1항의 해석에 관한 것이어서 이 사건에 그대로 적용될 수 없다고 하였다.

할 경우 발생할 수 있는 손해의 발생 위험까지 감안하여 요금 등을 책정하는 것이 아니며, 우편물에 담긴 의사표시가 도달되지 않거나 그 도달에 관한 증명기능이 발휘되지 아니할 경우 발생할 수 있는 손해에 대해서까지 국가에 손해배상책임을 부담시키게 된다면, 결과발생에 대한 예견가능성의 범위를 넘어서는 것임은 물론이고, 한정된 인원과 비용의 제약 아래 대량의 우편물을 신속·원활하면서도 저렴한 비용으로 널리 공평하게 우편역무를 제공함으로써 공공의 복지증진에 기여하려는 구 우편법의 목적과 기능 및 그 보호법익의 보호범위를 넘어선다고 보았다. 따라서 우편역무종사자가 발송인 등에게 손해가 발생할 수 있다는 점을 알았거나 알 수 있었다는 등의 특별한 사정이 없는 한, 그의 직무상 의무 위반과 발송인 등이 제3자와 맺은 거래관계의 성립·이행·소멸 등과 관련하여 입게 된 손해 사이에는 상당인과관계가 있다고 볼 수 없다고 보았다. 다만 이 경우에 발송인 등이 정신적 고통에 대한 위자료는 통상손해로서 청구할 수 있다고 하였다.

　그리고 당해 사건에서는 이 사건 우편물에 담긴 원고의 보험계약 해지의 의사표시는 보험계약자의 2회 분납보험료 미납입을 조건으로 한 조건부 의사표시에 불과하므로, 보험계약자가 이 사건 우편물을 수령하였더라도 최고된 납부기일 안에 2회 분납보험료를 납입하지 아니하였을 것이라는 점이 인정되지 않는다면 우편집배원의 직무상 의무 위반과 이 사건 보험계약이 해지되지 아니한 것 사이에는 상당인과관계가 있다고 보기 어렵다고 하였다. 나아가 원고가 교통사고 보험금 등을 지출하는 손해를 입게 되었다고 하더라도 이는 특별한 사정으로 인한 손해인데, 우편집배원이 이러한 특별한 사정을 알았거나 알 수 있었다고 볼 수 없다고 하였다.

　다른 한편 2006다87798 판결에서는 압류 및 전부명령이 특별송달 과정에서 부적법하게 송달되어 결국 효력이 없게 된 경우에, 전부채권자가 국가를 상대로 그 전부금 상당의 손해배상을 청구할 수 있는가가 문제되었다. 대법원은 위 2005다4734 판결을 인용하면서, 특별송달우편물의 배달업무에 종사하는 우편집배원으로서는 압류 및 전부명령 결정정본 등과 같이 송달서류의 명칭이 기재된 송달서류에 대하여 적법한 송달이 이루어지지 아니할 경우에는 당사자가 불측의 피해를 입게 될 수 있음을 충분히 예견할 수 있고, 우편집배원이 압류 및 전부명령 결정정본을 부적법하게 송달한 직무상의 과실과 원고가 그 피압류채권을 전부받지 못하게 됨으로써 입게 된 손해 사이에는 상당인과관계가 있다고 하여, 이는 특별한 사정에 기한 손해인데 집배원이 그 불법행위 당시 그와 같은 사정을 알았거나 알 수 있었던 것이 아니라는 이유로 청구를 기각한 원심판결을 파기하였다.[133]

나. 손해배상청구의 가부

우선 판례가 이처럼 우편 배달의 잘못으로 인한 국가배상청구를 넓게 인정하고 있는 것은 우편법의 규정에는 어긋나는 것이 아닌가 하는 의문이 제기된다. 일본 최고재판소 2002(平成 14). 9. 11. 大法廷 판결(민집 56-7-1439)은 우리나라 우편법과 거의 같은 내용의 일본 우편법 규정이 위헌이라고 하였다. 위판결은 등기우편물에 관하여 우편업무종사자의 고의 또는 중대한 과실에 의하여 손해가 생긴 경우에 불법행위에 기한 국가의 손해배상책임을 면제하거나 또는 제한하고 있는 부분은 위헌이고, 특별송달우편물에 관하여 우편업무종사자의 경과실에 의한 불법행위에 기한 손해가 생긴 경우에 국가의 손해배상책임을 면제하거나 또는 제한하고 있는 부분은 위헌이라고 하였다. 우리나라에서도 우편법의 규정을 넘어서는 손해배상청구를 인정하기 위하여서는 위 우편법의 규정을 위헌이라고 하는 것이 가장 간명한 해결책이었을 것이다. 그런데 특별송달에 관한 위 2005다4734 판결 등 일련의 판례는 그 문언에 비추어 보면 위 최고재판소 판결을 참고한 것으로 보이는데, 위헌이라고는 하지 않은 채 바로 국가배상청구를 인용하였다. 이는 민사소송법상의 특별송달은 우편법에 대한 특별규정으로서 그에 따른 제한을 받지 않는 것이라고 본 것으로 이해된다. 이에 대하여는 이론의 여지가 없는 것은 아니지만, 가능한 해석이라고 생각된다.[134] 그런데 2006다81325 판결에서는 특별송달 아닌 내용증명우편물의 경우에도 정신적 고통을 이유로 하는 위자료의 배상 청구가 가능하다고 하였는데, 그 근거를 밝히지 않고 있다. 이 경우에는 위헌법률심판을 제청했어야 하는 것이 아닌가 하는 의문이 있다.

---

133) 이 판결 이전에도 대법원 2009. 5. 28. 선고 2008다89965 판결은 우편집배원의 과실로 특별송달의 방법에 의한 채권가압류결정이 적법하게 송달되지 아니하여 채권자가 가압류의 효력이 발생하였더라면 만족을 얻었을 채권에 대하여 만족을 얻지 못하게 된 것은 가압류결정의 부적법한 송달과 상당인과관계 있는 통상의 손해라고 하였다.

134) 제철웅, "우편물의 멸실, 훼손, 지연배달로 인한 국가의 손해배상책임", 판례실무연구 [X], 2011, 199면; 제철웅, "우편 배달 사고로 인한 국가의 손해배상책임", 民事判例研究 XXXIII-(上), 2011, 508면; 이상근, "우편역무종사자의 직무상 의무위반으로 인한 손해배상", 判例研究 제21집, 釜山判例研究會, 2010, 926-928면은 이러한 판례의 태도를 지지한다.

다. 손해배상의 범위

위 2006다87798 판결은 특별송달의 경우에는 압류 및 전부명령이 부적법하게 송달된 경우에 전부금 상당이 손해액이라고 인정하였다. 위 2008다89965 판결이 특별송달의 방법에 의한 채권가압류결정이 적법하게 송달되지 아니한 경우 채권자가 채권의 만족을 얻지 못하게 된 것이 손해라고 한 것도 같은 취지라고 할 수 있다.[135] 그런데 내용증명우편에 관한 2006다81325 판결은, 우편역무종사자가 내용증명우편물을 배달하지 아니할 경우 그 거래관계의 성립·이행·소멸이 방해되어 발송인 등에게 손해가 발생할 수 있다는 점을 알았거나 알 수 있었다는 등의 특별한 사정이 있어야만, 발송인 등이 제3자와 맺은 거래관계의 성립·이행·소멸 등과 관련하여 입게 된 손해배상을 청구할 수 있다고 하였다.

우선 위 2006다81325 판결이 보험계약자가 조건부 보험계약 해지의 의사표시가 담긴 내용증명우편을 수령하였더라도 최고된 납부기일 안에 분납보험료를 납입하지 아니하였을 것이라는 점이 인정되지 않는다면 우편집배원의 직무상 의무 위반과 이 사건 보험계약이 해지되지 아니한 것 사이에는 상당인과관계가 있다고 보기 어렵다고 한 것은 수긍할 수 있다고 생각된다.[136] 이 사건에서는 이 점만으로 원고의 청구를 기각할 수 있었을 것이다. 그런데 이 판결은 그에 그치지 않고 한 걸음 더 나아가, 우편집배원이 내용증명우편물을 배달하지 않을 경우 재산상의 손해가 발생할 것이라는 점을 몰랐고 알 수도 없었다면 재산상의 손해에 관하여는 배상책임이 없다고 한 것은 매우 주목할 가치가 있다.

민법 제393조 제2항은 특별한 사정으로 인한 손해는 채무자가 이를 알았거나 알 수 있었을 때에 한하여 배상의 책임이 있다고 규정하고, 제763조는 불법행위에 관하여 이 규정을 준용한다. 그런데 불법행위의 경우에도 예견가능성 유무에 따라 손해배상의 범위가 정하여진다는 점에 대하여는 다소 논란이 있다. 당사자 사이에 사전에 특별한 관계가 존재하는 것이 아닌 불법행위의 경우에는 예견가능성을 논하기 어렵다는 것이다.[137] 그러나 내용증명우편의 경우에

---

135) 위 2005다4734 판결에서는 우편집배원의 송달 잘못으로 인하여 선고된 사위 판결을 신뢰하고 부동산을 매수한 매수인이 지급한 매매대금 상당이 손해로 인정되었다.
136) 그러나 이상근(주 134), 949면 이하는 이러한 판시에 반대한다.
137) 李輔煥, "不法行爲로 因한 特別損害", 司法論集 제19집, 1988, 190면 이하; 梁彰洙, "損害賠

는 발송인과 우편업무를 담당하는 국가 사이에 우편물의 배달을 목적으로 하는 계약관계 내지 계약 유사의 법률관계가 존재하고 있다고 볼 수 있다. 따라서 이러한 경우에는 예견가능성의 원칙이 적용될 수 있다고 보인다. 설령 당사자가 채무불이행 아닌 불법행위 또는 국가배상책임의 적용을 주장하였더라도 이는 청구권이 경합하는 경우로서, 계약책임의 원칙이 불법행위책임에도 적용되어야 한다.[138]

　　문제는 위 2006다81325 판결에서 보험계약이 해지되지 않음으로 인하여 원고인 보험회사가 보험금 지급책임을 부담하게 된 것이 채무자가 알 수 있었던 사정인가 하는 점이다. 이 점에 관하여는 예견가능성 법리를 채택함으로써 민법 제393조의 성립에 영향을 주었다고 하는 영국의 Hadley v. Baxendale 사건 판결[139]에 대한 법경제학적 설명이 참고가 된다. 즉 Hadley 원칙이 예견가능성에 의하여 손해배상책임의 범위를 제한하고 있는 것은 두 가지 기능을 수행한다고 한다. 첫째, 채권자가 채무자에게 의존하는 수준을 선택할 수 있을 때에는 배상액을 제한함으로써 채권자가 지나치게 채무자에게 의존하는 것을 막고, 합리적으로 투자하도록 유인한다. 둘째, 채권자가 이행에 대하여 통상적인 경우보다 더 큰 이해관계를 가지고 있을 때에는 이를 채무자에게 알림으로써 채무자로 하여금 좀더 주의를 하게 한다.[140] 내용증명 우편 사건에 관하여 이러한 생각을 적용한다면, 우선 원고는 의사표시의 도달에 대하여 좀더 확실한 방법을 선택할 수 있었을 것이고, 이러한 방법을 선택하지 않았다면 그로 인한 부담을 원고가 진다고 하여 반드시 불합리하다고는 할 수 없다.[141] 다른 한편 피고로서도 배달하는 우편물의 중요도를 안 때에는 그에 따라 요금을 차등 징수할 수 있어야 할 것이다. 그런데 실제로는 그러한 길은 봉쇄되어 있고, 내용증명우편의 경우에는 내용에 관계없이 동일한 요금을 받고 있다. 위 2006다81325 판결이 이 점을 강조하고 있는 것은 이러한 의미로 이해될 수 있다. 따라서 이 경우에 판례가 보험금 지급에 대한 손해배상의무를 부정한 것은 타당하다고 보인다. 그러나 위 판결이 정신적 고통에 대한 위자료를 통상의 손해

　　償의 範圍와 方法/損害賠償의 內容", 民事法學 제15호, 1997, 214-5면; 姜信雄, "不法行爲로 인한 損害賠償範圍의 解釋論과 立法論", 企業法研究 제19권 1호, 2005, 323면 이하 등.

138) 李瑀渶, "영미불법행위법상의 예견가능성 법리", 판례실무연구 [Ⅹ], 2011, 135면 이하는 청구권 경합의 경우 손해배상의 범위에 관한 영미법의 논의를 소개하고 있다.

139) 9 Ex. 341, 156, E. R. 145(1854).

140) Thomas J. Miceli, The Economic Approach to Law, 2nd ed., 2009, pp. 114 ff.

141) 제철웅, 民事判例研究(주 134), 530면 이하도 같은 취지이다.

라고 본 것은 수긍하기 어렵다.[142]

　　다만 문제는 위 사건에서 우편집배원은 보험계약자가 우편물을 직접 수령한 것처럼 등기우편물 배달증 원부를 허위로 작성하였고, 그에 따라 허위공문서작성죄로 유죄판결을 선고받았는데, 이처럼 고의에 의한 불법행위인 경우에는 배상의 범위도 달리 보아야 하는가 하는 점이다.[143] Hadley 원칙의 근거에 비추어 본다면 고의의 불법행위의 경우에는 손해배상의 범위를 달리 하더라도 가해자에게 더 고도의 주의의무를 요구하는 것은 아니므로 그처럼 볼 수 있을 것으로도 생각할 수 있지만, 쉽게 결론을 내리기는 어렵다.[144]

　　다른 한편 특별송달 사건들의 경우에는 소송 당사자와 국가 사이에 직접적인 계약관계가 존재하지는 않는다. 그렇지만 이 경우에 손해배상의 범위는 이른바 규범목적론의 적용에 의하여 정해질 수 있을 것이다. 위 2006다87798 판결은, 국가배상책임에서 상당인과관계의 유무를 판단함에 있어서는 일반적인 결과 발생의 개연성은 물론 직무상 의무를 부과하는 법령 기타 행동규범의 목적 등을 종합적으로 고려하여야 한다는 종래의 판례를 인용하면서, 부적법한 송달이 적법한 송달처럼 취급되어 민사집행 절차 등이 진행되다가 후에 이것이 밝혀지면 당사자는 불측의 피해를 입을 수밖에 없고, 따라서 특별송달우편물의 배달업무에 종사하는 우편집배원으로서는 위와 같이 기재된 해당 송달서류에 대하여 적법한 송달이 이루어지지 아니할 경우에는 법령에 정해진 일정한 효과가 발생하지 못하고 그로 인하여 국민의 권리 실현에 장애를 초래하여 당사자가 불측의 피해를 입게 될 수 있음을 충분히 예견할 수 있다고 봄이 상당하다고 하였다. 다른 말로 표현한다면 송달에 관한 민사소송법 규정의 목적은 위와 같은 당사자의 피해를 막기 위한 규정으로 볼 수 있다는 것이다.[145]

---

142) 제철웅, 民事判例硏究(주 134), 532면 참조. 이상근(주 134), 943면 이하는 위 판결이 재산상 손해배상을 극히 제한하거나 배제하면서도 통상 인정되지 않는 위자료를 인정한 것은 어색하다고 비판한다.

143) 이상근(주 134), 952면은 그러한 취지로 보인다. 梁三承, "民法 第393條를 準用하는 民法 第763條의 意味", 誠軒黃迪仁博士華甲紀念 損害賠償法의 諸問題, 1990, 118면 이하는 가해자에게 경과실만이 있는 경우에는 통상손해만을 배상하도록 하되, 고의나 중과실이 있는 경우에는 그 비난가능성의 정도를 고려하여 최대한 특별 손해의 범위 내에서 재판관이 배상범위를 적절히 결정할 수 있도록 해야 한다고 주장한다.

144) 제철웅, 판례실무연구(주 134), 203-4면은 고의에 의한 의무위반이 있더라도 그로 인한 손해배상의 범위는 예견가능성의 범위 내에 있는 손해 또는 위반한 의무의 보호목적의 범위 내에 있는 손해에 한정하여야 한다고 주장한다.

145) 제철웅, 판례실무연구(주 134), 201-2면도 같은 취지이다.

이 점은 특별송달의 경우에 국가의 책임을 최초로 인정한 2005다4734 판결의 경우에는 더 명확하다. 이 사건에서는 우편집배원의 잘못으로 인하여 사위의 판결이 내려져서 이를 신뢰한 소송당사자 아닌 제3자가 손해를 입었는데, 이러한 경우에 송달에 관한 민사소송법의 규정이 이러한 제3자도 보호하기 위한 것이라고 본다면 쉽게 결론을 이끌어낼 수 있다.146)

Ⅵ. 친 족 법

1. 성전환자의 호적정정

대법원 2006. 6. 22.자 2004스42 전원합의체 결정에서는 여성에서 남성으로의 성전환수술을 받은 사람이 호적법 제120조147)에 의한 절차에 의하여 호적상 性의 기재를 여성에서 남성으로 정정할 수 있는가 하는 점이 문제로 되었는데, 위 결정의 다수의견은 이를 긍정하였다. 다수의견은 성전환자도 인간으로서의 존엄과 가치를 향유하며 행복을 추구할 권리와 인간다운 생활을 할 권리가 있고, 이러한 권리들은 질서유지나 공공복리에 반하지 아니하는 한 마땅히 보호받아야 한다고 하면서, 구체적인 사안을 심리한 결과 성전환자에 해당함이 명백하다고 증명되는 경우에는, 호적법 제120조의 절차에 따라 그 전환된 성과 호적의 성별란 기재를 일치시킴으로써 호적기재가 진정한 신분관계를 반영할 수 있도록 하는 것이 호적법 제120조의 입법 취지에 합치되는 합리적인 해석이므로, 성전환자에 해당함이 명백한 사람에 대하여는 호적정정에 관한 호적법 제120조의 절차에 따라 호적의 성별란 기재의 성을 전환된 성에 부합하도록 수정할 수 있도록 허용함이 상당하다고 하였다. 이 결정은 위 Ⅱ. 1.에서 언급한 것처럼 대법원의 사법적극주의를 잘 보여주고 있다.

그런데 위 판결의 다수의견이나 반대의견이 모두 언급하고 있는 것처럼,

---

146) 제적부가 면사무소 밖으로 유출되어 위조됨으로 말미암아 허위의 소유권이전등기가 이루어졌고 이를 신뢰한 원고가 손해를 입은 경우에 국가배상책임을 인정한 대법원 1994. 12. 27. 선고 94다36285 판결 참조.

147) 호적법 第120條(違法된 戶籍記載의 訂正): 戶籍의 기재가 法律上 許容될 수 없는 것 또는 그 기재에 錯誤나 遺漏가 있다고 인정한 때에는 利害關系人은 그 戶籍이 있는 地를 管轄하는 家庭法院의 許可를 얻어 戶籍의 訂正을 신청할 수 있다. 이 조문은 2008년 이후에는 가족관계의 등록 등에 관한 법률 제104조로 바뀌었다.

일반적으로 호적법 제120조에 의한 호적정정 절차는 호적 기재 당시부터 존재하는 잘못을 시정하기 위한 절차로 이해되고 있었다. 그러므로 이처럼 성전환자의 호적 정정을 인정하는 것이 과연 호적법 규정의 법문 범위 안에 있는 것인가가 문제된다. 다수의견도 성전환자에 대한 호적정정허가 결정이나 이에 기초한 호적상 성별란 정정의 효과는 기존의 신분관계 및 권리의무에 영향을 미치지 않는다고 보고 있는데; 그렇게 된다면 호적정정 허가 결정이나 호적상 성별란 정정은 일종의 창설적 효과를 가진다는 것이 되어, 일반적인 호적 정정이 단순히 확인적인 효과만을 가지는 것과는 다르다. 다수의견에 대한 김지형 대법관의 보충의견은 이러한 다수의견을 헌법합치적 해석으로 이해하고 있지만, 위 사건의 반대의견이 지적하고 있듯이 이는 유추라고 보는 것이 정확할 것이다.148) 그렇다면 그러한 유추가 허용될 수 있는가가 문제되는데, 개인적인 의견으로는 유추에 의하여 성별 변경을 허용한다고 하는 해결책을 지지한다. 보통의 사안에서라면 이와 같이 법에 중대한 변화를 초래할 수 있는 유추는 입법부의 몫으로 남겨두어야 할 것이다. 그러나 권력분립의 원칙을 준수하기 위하여 법원이 성전환자의 성별 변경을 허가하지 못한다고 한다면, 이는 인권 침해에 대한 구제를 거부하는 셈이 된다. 따라서 이런 예외적인 상황에서는 권력분립의 원칙이 한 발 물러서고, 인권 침해에 대한 효과적인 구제책 제공이 우선해야 할 것이다. 즉 이런 경우에는 성적 혼란으로 인해 극심한 고통을 겪은 성전환자에 대한 연민이 다른 고려 사항보다 우선시되어야 한다.149)

위 결정 이후 대법원의 예규인 성전환자의 성별정정허가신청사건 등 사무처리지침150)이 만들어졌다. 그런데 위 지침은 성별정정의 허가기준에 관하여 매우 엄격한 태도를 보이고 있다. 즉 정정 신청인이 대한민국 국적자로서 만 20세 이상의 행위능력자이고 혼인한 사실이 없으며, 자녀가 없어야 한다는 것이다.151) 그러나 이처럼 엄격한 기준이 필요한지는 의문이다.152)

---

148) 다수의견은 독일연방헌법재판소 1978. 9. 11. 결정(BVerfGE 49, 286)의 영향을 받은 것으로 보이는데, 그 사건에서 베를린 고등법원(Kammergericht)은 유추에 의하여 성전환자의 출생부 정정을 허용한 반면, 연방대법원은 이러한 유추는 허용되지 않는다고 하였다. 그러나 연방헌법재판소는 대체로 위 대법원 결정의 다수의견과 같은 논리에 의하여 출생부의 정정을 허용하였다.

149) 尹眞秀(金脩仁 譯), "성전환자의 인권 보호에 있어서 법원의 역할 — 한국과 독일·영국의 비교 —", 서울대학교 법학 제52권 1호, 2011, 310면 이하(영어 원문 처음 발표: 2008) 참조.

150) 제정 2007. 12. 10. 가족관계등록예규 제256호, 개정 2009. 1. 20. 가족관계등록예규 제293호.

151) 개정 전의 가족관계등록예규 제256호는 성별정정의 허가요건으로서 남자에서 여자로의 성전환(MTF)인 경우에는 신청인이 병역법 제3조에 따른 병역의무를 이행하였거나 면제받아

다른 한편 대법원 2009. 9. 10. 선고 2009도3580 판결은 남자에서 여자로 성전환 수술을 받았으나 아직 성별정정 허가를 받지 않은 사람도 강간죄의 피해자가 될 수 있다고 판시하였다.[153] 그러나 이러한 결론에는 의문이 있다. 성전환수술을 받은 사람이라 하여도 바로 법률적으로 성이 바뀌는 것은 아니라, 법원의 성별정정허가를 받고 그에 따라 실제로 가족관계등록부상 성별정정이 이루어져야만 성이 바뀐다고 보아야 할 것이다. 위 2004스42 전원합의체 결정도 성전환자에 대한 호적정정 허가 결정이나 이에 기초한 호적상 성별란 정정의 효과는 기존의 신분관계 및 권리의무에 영향을 미치지 않는다고 해석함이 상당하다고 하여 장래효만을 인정하였다.[154] 외국의 입법례도 대체로 그러한 태도를 취하고 있다. 그러므로 위와 같은 경우에는 강간을 한 사람을 강간죄의 기수범으로 처벌할 수는 없고, 다만 강간죄의 불능미수범으로 처벌하는 것이 타당할 것이다.[155]

〈追記〉

대법원 2011. 9. 2.자 2009스117 전원합의체 결정은, 혼인하였다가 이혼하였으며 미성년 자녀가 있는 남자가 여자로 성전환수술을 받고 성별정정허가신청을 한 사안에서, 성별정정이 허용될 수 없다고 보았다. 다수의견은 현재 혼인 중에 있는 성전환자는 전환된 성을 법률적으로 그 사람의 성이라고 평가할 수 없으므로 가족관계등록부의 성별정정도 허용되지 않지만, 현재 혼인 중이 아니라면 과거 혼인한 사실이 있다고 하더라도 성별정정을 불허할 사유가 되지 아니한다고 하였다. 그렇지만 성전환자에게 미성년인 자녀가 있음에도 성

야 한다고 규정하고 있었으나, 위 예규가 2009. 1. 20. 개정되면서 이 요건은 삭제되었다.

152) 국가인권위원회는 2008. 11. 5. 대법원에 대하여 위 사무처리지침을 개정할 것을 권고하였다. 그 내용은 위 지침상의 성별정정 허가요건 중 "성기수술", "만 20세 이상일 것", "혼인한 사실이 없을 것", "반대 성으로서의 삶을 성공적으로 영위할 것", "병역의무를 이행하였거나 면제 받았을 것", "범죄 또는 탈법행위의 의도나 목적이 없을 것", "신분관계에 영향을 미치거나 사회에 부정적인 영향을 주지 아니하여 사회적으로 허용된다고 인정될 것", "부모의 동의서를 제출할 것" 등의 요건은 인권침해 요소가 상당하므로 개정할 것을 권고한다는 것이었다. 그러나 이 권고 중에서 병역의무 이행 부분만 개정에서 반영되었다.

153) 郭炳勳, "성전환자가 강간죄의 객체인 '부녀'에 해당한다고 한 사례", 대법원판례해설 82호 (2009년 하), 705면 이하 참조.

154) 위 결정의 해설인 閔裕淑, "성전환자에 대한 호적정정의 가부(可否)", 대법원판례해설 60호 (2006년 상반기), 614면도 호적정정은 장래효를 가진다고 한다.

155) 윤진수, "性別訂正 許可가 있기 전의 性轉換者의 法的 地位", 家族法研究 제23권 3호, 2009, 11면 이하 참조.

별정정을 허용한다면 미성년자인 자녀는 정신적 혼란과 충격에 노출될 수 있으므로 성별정정을 허용할 수 없다고 하였다.

반면 박시환, 김지형, 전수안 대법관의 반대의견은, 혼인 중에 있다고 하더라도 사실상 별거를 하고 있거나 이혼 소송 중에 있는 등 성별정정을 허용하더라도 배우자와의 신분관계에 실질적인 변동을 초래할 우려가 크지 않은 경우에도 혼인 중에 있다는 사정만을 내세워 성별정정을 불가능하게 하여서는 안 되고, 성전환자에게 미성년 자녀가 있는 경우에도 성전환자와 미성년자인 자녀 사이에 이미 가족관계등록부의 성(性)과는 다른 실질적 가족관계가 형성되어 있다면, 미성년자인 자녀가 있다는 이유만으로 성별정정을 허용하지 않아서는 안 된다고 하였다. 이는 대법원 2006. 6. 22.자 2004스42 전원합의체 결정에서의 김지형 대법관의 보충의견과 같은 취지이다. 그리고 양창수, 이인복 대법관의 반대의견은, 성전환자의 미성년 자녀가 부 또는 모의 성전환으로 가혹한 사회적 차별과 편견을 받게 되는 상황이 우려되는 경우에는 이러한 사정을 하나의 중요한 요소로 고려하면 충분하고, 미성년자인 자녀가 있다는 사정을 당연히 성별정정을 허용하지 않는 절대적인 소극적 요건으로 설정할 것은 아니라고 하였다.

사견으로는 혼인 중에 있는 사람의 성전환으로 인한 성별정정 허가를 허용하게 되면 결과적으로 동성혼(same-sex marriage)을 허용하는 것이 되므로, 입법론적으로 동성혼 자체를 허용할 것인가 하는 점에 대한 찬반의 의견은 별론으로 하더라도, 대법관 3인의 반대의견이 들고 있는 것과 같은 특별한 사정이 있더라도 성별정정 허가를 하여서는 안 될 것으로 생각한다.156) 반면 성별정정 허가를 신청하는 사람에게 미성년인 자녀가 있다는 이유만으로는 성별정정을 불허할 사유가 될 수는 없다. 다수의견은 성별정정 허가로 인한 미성년자인 자녀의 정신적 혼란과 충격을 염려하고 있으나, 반드시 그러한 정신적 혼란과 충격이 뒤따를 것인지는 구체적인 상황에 따라 얼마든지 다를 수 있다. 또한 정신적 혼란과 충격은 성별정정허가 이전에 부 또는 모가 성전환수술을 받아 성전환이 더 이상 돌이킬 수 없는 기징사실(fait accompli)이 되었을 때 이미 발생하는 것이고, 성별정정허가로 인하여 추가적으로 생길 정신적 혼란과 충격이

---

156) 다만 독일연방헌법재판소 2008. 5. 27. 결정(BVerfGE 121, 175)은 성전환수술을 받은 기혼자가 신분등록부상 성의 정정을 허가받기 위하여는 배우자와 이혼하여야 한다는 성전환법의 규정은 위헌이라고 하였다.

있다고 하더라도, 그것이 성별정정 자체를 불허할 정도로 중요한 의미가 있다
고는 생각되지 않는다. 따라서 미성년인 자녀가 있다는 사정만으로 성별정정을
불허할 이유는 없고, 다만 성별정정으로 인하여 미성년자인 자녀가 특별히 중
대한 정신적 혼란과 충격을 겪게 된다는 등의 특별한 사정이 있는 경우에만
예외적으로 성별정정을 불허하는 것이 합리적이다.

이러한 논란은 기본적으로 성전환자의 성별정정에 관한 입법적 규율이 결
여된 데서 발생한다. 이 문제에 관하여는 명확한 입법적인 해결의 필요성이 절
실하다. 그리고 입법적인 해결에 있어서는 반드시 성전환 수술을 받은 사람에
게만 성별정정을 허용할 것인지 등에 관한 고민이 있어야 할 것이다.[157)]

2. 유책배우자의 이혼청구

대법원의 판례는 유책배우자의 이혼청구를 원칙적으로 허용하지 않고, 다
만 유책배우자의 상대방도 그 파탄 이후 혼인을 계속할 의사가 없음이 객관적
으로 명백한데도 오기나 보복적 감정에서 이혼에 응하지 아니하고 있을 뿐이
라는 등 특별한 사정이 있는 경우에 한하여 예외적으로 유책배우자의 이혼청
구가 허용된다고 보고 있다.[158)] 예컨대 대법원 2004. 9. 24. 선고 2004므1033
판결의 원심판결은, 유책배우자의 이혼청구라도 부부의 별거가 쌍방의 연령 및
동거기간에 비추어 볼 때 상당히 장기간에 이르고 부부간에 어린 자녀가 없는
경우에는, 상대방이 이혼으로 인하여 정신적·사회적·경제적으로 심히 가혹한
상태에 처하게 되는 등 이혼청구를 인용하는 것이 현저하게 사회정의에 반한
다고 할 만한 특별한 사정이 인정되지 않는 한, 유책배우자의 이혼청구라는 이
유만으로 당해 청구가 허용되지 않는다고는 할 수 없다고 하여 별거기간이 약
28년에 이른 유책배우자의 이혼청구를 받아들였다. 이는 아래에서 언급할 일본
판례와 같은 취지이다. 그러나 대법원은 이러한 원심판결은 잘못이라고 하여

---

157) 독일연방대법원 2011. 1. 11. 결정(BVerfG, 1 BvR 3295/07)은 동성애적 성향을 가진 성
　　전환자가 변경하려고 하는 성(性)과 같은 성을 가진 사람과 동성애자에게 허용되는 생활동
　　반자관계(Lebenspartnerschaft)를 맺기 위하여는 성전환수술을 받아 생식능력이 없어야 할 것
　　을 요구하는 성전환자법(Transsexuellengesetz)의 규정은 헌법에 합치되지 않는다고 하였다.
　　이 결정은 이 점에 관한 유럽 각국의 입법례를 열거하고 있는데, 성전환수술을 요구하는
　　나라는 소수(프랑스, 터어키)이고, 생식능력 결여를 요구하는 나라는 그보다 많다고 한다.
　　http://www.bverfg.de/entscheidungen/rs20110111_1bvr329507.html(최종 방문 2011. 10. 20).
158) 대법원 1987. 4. 14. 선고 86므28 판결; 1993. 11. 26. 선고 91므177, 184 판결 등.

파기환송하였다.

그런데 대법원 2009. 12. 24. 선고 2009므2130 판결은 종래 판례가 유책배우자의 이혼청구를 허용하였던 경우에 해당하지 않음에도 불구하고 이혼청구를 받아들였다. 이 사건의 원고는 가출하여 다른 남자와 동거하여 딸을 출산하였고, 원고와 피고의 별거기간은 전후 합하여 11년이 넘었다. 원심은 일본 판례[159]를 인용하면서, 부부의 별거가 쌍방의 연령 및 동거기간에 비추어 볼 때 상당히 장기간에 이르고 부부간에 어린 자녀가 없는 경우라면, 상대방이나 자녀가 이혼으로 인하여 정신적·사회적·경제적으로 심히 가혹한 상태에 처하게 되는 등 이혼청구를 인용하는 것이 현저하게 사회정의에 반한다고 할 만한 특별한 사정이 인정되지 않는 한, 유책배우자의 이혼청구라는 이유만으로 당해 청구가 허용될 수 없는 것은 아니라고 하여 원고의 청구를 인용하였다. 대법원은 상고를 기각하기는 하였으나, 그 이유는 원심판결과는 다소 달랐다. 즉 원고가 사실혼관계에서 기형아인 딸까지 출산하여 그 딸의 치료와 양육이 절실히 필요한 상황에 처하였다는 점, 원고의 가출에는 피고의 책임도 경합하였다는 점, 원고와 피고 사이의 부부공동생활 관계의 해소 상태가 장기화되면서, 현 상황에 이르러 원고와 피고의 이혼 여부를 판단하는 기준으로 파탄에 이르게 된 데 대한 책임의 경중을 엄밀히 따지는 것의 법적·사회적 의의는 현저히 감쇄(減殺)되고, 쌍방의 책임의 경중에 관하여 단정적인 판단을 내리는 것 역시 곤란한 상황에 이르렀다고 보이는 점, 피고의 혼인계속의사에 따라 현재와 같은 파탄 상황을 유지하게 되면, 특히 원고에게 참을 수 없는 고통을 계속 주는 결과를 가져올 것으로 보이는 점 등을 강조하였다. 대법원 2010. 6. 24. 선고 2010므1256 판결도 대체로 같은 취지인데, 이 사건에서는 부부의 별거 기간이 46년에 이르렀다.

위와 같은 새로운 판례를 어떻게 평가할 것인가? 위 2009므2130 판결에 대하여는 이는 반드시 유책배우자의 이혼청구를 받아들인 것은 아니고, 쌍방 유책임을 전제로 하여 혼인 파탄 여부에 대한 판단으로 우회한 것이라고 보는 견해가 있다.[160] 위 판례의 표현만을 볼 때에는 그러한 판단도 일리가 있다.

---

159) 最高裁判所 1987(昭 62). 9. 2. 판결(民集 41-6-1423).

160) 李善美, "有責配偶者의 離婚請求", 서울대학교 대학원 법학석사 학위논문, 2010, 47면 이하. 이인철, "이혼재판에서의 파탄주의 채택 가능성: 대법원 2009므2130 판결에 대하여", 人權과 正義 2010. 4, 135면은 대상 판결이 파탄주의를 명시적으로 채택하였다고 보기보다는, 구체적인 사건에서 구체적 타당성을 고려하여 유책배우자의 이혼청구와 파탄주의를 유연하게 채택

즉 판례는 유책배우자의 이혼청구를 제한적으로 허용하는 일본 판례를 따르고
있는 하급심 판결의 판시를 그대로 받아들이지는 않고, 그 대신 원고의 유책성
이 약하다는 점 내지 약해졌다는 점을 강조하고 있기 때문이다. 이는 다른 한
편으로는 위 2004년 판결과 저촉된다는 비판을 피하기 위한 것으로 보이기도
한다. 그러나 실질적으로 이러한 판결들이 유책배우자의 이혼청구가 받아들여
질 수 있는 폭을 넓혔다는 점은 부인하기 어려울 것이다.161)

    그런데 구체적으로는 어느 경우에 유책배우자의 이혼청구가 허용되는 것인
지 불분명하다. 현실적으로는 별거기간이 얼마나 장기간인가가 중요한 고려 요
소가 될 것으로 보인다. 예컨대 대법원 2010. 12. 9. 선고 2009므844 판결은 유
책배우자의 이혼청구를 인용한 원심판결을 파기하면서 위 2004므1033 판결을
인용하고 있다. 이 사건에서는 당사자들의 별거기간이 1년여밖에 되지 않았다.

3. 양육자의 지정

    종래 이혼한 부부 사이에 출생한 자녀의 양육자를 지정하는 기준에 대하
여 직접 판시한 대법원의 판례는 없었는데, 근래 이에 관한 판례가 나왔다. 이
들은 모두 원심판결을 파기환송하였다는 점에서 공통된다.

    대법원 2008. 5. 8. 선고 2008므380 판결162); 2009. 4. 9. 선고 2008므3105,
3112 판결; 2010. 5. 13. 선고 2009므1458, 1465 판결은 이 점에 관하여 다음과
같이 판시하였다. 즉 자의 양육을 포함한 친권은 부모의 권리이자 의무로서 미
성년인 자의 복지에 직접적인 영향을 미치므로, 부모가 이혼하는 경우에 부모
중 누구를 미성년인 자의 친권을 행사할 자 및 양육자로 지정할 것인가를 정
함에 있어서는, 미성년인 자의 성별과 연령, 그에 대한 부모의 애정과 양육의
사의 유무는 물론, 양육에 필요한 경제적 능력의 유무, 부 또는 모와 미성년인
자 사이의 친밀도, 미성년인 자의 의사 등의 모든 요소를 종합적으로 고려하여
미성년인 자의 성장과 복지에 가장 도움이 되고 적합한 방향으로 판단하여야
한다는 것이다.

하였다고 해석하는 것이 타당하다고 주장한다.
161) 민유숙, "2009년 분야별 중요판례분석(2) 가족법", 法律新聞 2010. 3. 11(제3824호), 12면.
    또한 이희배, "유책배우자의 이혼청구 허용이 신의칙·사회정의에 반하지 않는다는 사례", 法
    律新聞 2010. 3. 8(제3823호) 참조.
162) 각종 판례집 등에 게재되어 있지 않으나, 대법원 홈페이지의 판례속보란에서 찾아볼 수 있다.

위 각 사건에서 원심은 모두 현재 양육하고 있는 사람이 아닌 좀더 경제력이 있는 상대방을 양육자로 지정하였으나, 대법원은 현재의 양육상태에 변경을 가하여 현재의 양육자 아닌 부 또는 모를 자녀의 친권행사자 및 양육자로 지정하는 것이 정당화되기 위하여는, 그러한 변경이 현재의 양육상태를 유지하는 경우보다 자녀의 건전한 성장과 복지에 더 도움이 된다는 점이 명백하여야 한다고 보았다. 그리고 2008므380 판결과 2008므3105, 3112 판결은 자녀가 어린 나이로서 정서적으로 성숙할 때까지는 현재의 양육자인 어머니인 원고가 양육하는 것이 사건본인들의 건전한 성장과 복지에 도움이 될 것으로 보인다는 점을 근거로 들고 있다. 반면 2009므1458 판결은 어린 여아의 양육에는 어머니가 아버지보다 더 적합할 것이라는 일반적 고려만으로는 양육상태 변경의 정당성을 인정하기에 충분하지 않다고 하여 양육자를 아버지에서 어머니로 바꾼 원심판결을 파기하였다.

양육자 결정의 기준에 관하여는 국내에서는 주로 미국에서 발전된 '모 선호(maternal preference)'의 원칙, '제1차적 보호자 추정(primary caretaker presumption)'의 원칙, '근사성의 규칙(approximation rule)' 등이 소개되었다.[163] 그러나 이들 원칙에 대하여도 비판이 많을 뿐만 아니라, 어느 한 가지 원칙만으로 양육자를 결정할 수는 없다. 현재는 기본적으로 자녀의 최선의 복리(the best interest of the child)를 목표로 하여, 대법원 판례가 들고 있는 여러 가지 기준을 종합적으로 고려하여 양육자를 결정하여야 한다고 보는 것이 일반적이다.[164]

위 판례들은 되도록 현재의 양육상태를 유지하여야 한다는 계속성의 원칙을 중요하게 평가하고 있고, 부모 어느 일방의 경제적인 능력은 크게 고려하지 않고 있다. 다른 한편 미성숙 자녀는 어머니가 양육하는 것이 좋다는 고려도 어느 정도는 작용하고 있는 것으로 보인다. 물론 일반적인 '모 선호(maternal preference)'의 원칙은 미국에서도 평등원칙에 어긋난다는 이유로 더 이상 받아들여지지 않고 있다.[165] 그러나 아직도 현실적으로는 어머니를 양육자로 지정하는 경우가 더 많다.[166] 이러한 점을 가리켜 이 원칙은 다른 조건이 같을 때

---

163) 이현재, "子의 최선의 이익 — 미국을 중심으로 —", 民事法研究 제11집 2호, 2003, 91면 이하; 尹眞秀, "美國 家庭法院의 現況과 改善 論議", 家族法研究 제22권 3호, 2008, 45면 이하 등.
164) 崔鎭變, 離婚과 子女, 1994, 27면 이하; 金由美, "子女福利의 觀點에서 본 韓國 親權法", 서울대학교 대학원 법학박사학위논문, 1995, 82면 이하; 이현재(주 163), 118면 이하 등.
165) 이현재(주 163), 108면 이하; 尹眞秀(주 163), 51면 등 참조.
166) 朴正基, 金演, "이혼 후의 친권행사자 및 양육권자의 결정에 관한 실태조사연구", 家族法研究 제17권 2호, 2003, 38면 이하; 張準顯, "부모의 이혼에 따른 친권행사자 및 양육자 지정의

에는 결정표(tie-breaker)로서의 역할을 한다고 표현하기도 한다.[167]

4. 사실혼 배우자 일방이 사망한 경우 재산분할청구권의 인정 여부

판례는 재산분할에 관한 규정은 사실혼관계에도 준용 또는 유추적용할 수 있다고 하여, 사실혼 당사자 쌍방의 생존 중에 사실혼이 해소된 경우에는 일방이 다른 일방을 상대로 재산분할을 청구할 수 있다고 보고 있다.[168] 그런데 사실혼이 일방 당사자의 사망으로 인하여 종료된 경우에 관하여는 대법원 2006. 3. 24. 선고 2005두15595 판결이, 법률상 혼인관계가 일방 당사자의 사망으로 인하여 종료된 경우에도 생존 배우자에게 재산분할청구권이 인정되지 아니하고 단지 상속에 관한 법률 규정에 따라서 망인의 재산에 대한 상속권만이 인정된다는 점 등에 비추어 보면, 사실혼관계가 일방 당사자의 사망으로 인하여 종료된 경우에는 그 상대방에게 재산분할청구권이 인정된다고 할 수 없다고 판시하였다.

이 판결에 대하여는 찬반 양론이 있다. 찬성론은 사실혼이 쌍방 당사자의 생존 중에 파탄되어 해소된 경우에는 재산분할청구가 인정되는 반면, 사실혼이 일방의 사망으로 해소된 경우에는 타방 당사자에게 상속권뿐만 아니라 재산분할청구도 인정되지 않는다면 불균형이 있다고 할 수도 있지만, 이러한 불균형을 해소하기 위하여 사실혼이 일방의 사망으로 해소된 경우에 타방 당사자에게 재산분할청구를 인정한다는 것은 민법 체계의 정합성을 깨뜨리는 것으로서 해석론의 범위를 벗어난다고 주장한다.[169] 반면 반대론은 재산분할청구의 요건인 '이혼'은 신분변동에 필연적으로 수반되는 부부재산관계 청산이 필요하다는 점에 그 실질적 근거가 있고, 따라서 반드시 이혼이 아니더라도 사망에 의한 사실혼관계의 해소에 의하여 부부재산관계 청산의 필요성이 발생하였다면 재산분할청구권을 인정하는 것이 타당하다고 한다.[170]

판단 기준과 고려 요소", 대법원판례해설 제83호(2010년상), 686-689면 등 참조.

167) 金由美(주 164), 136면; 이현재(주 163), 110면 등.

168) 대법원 1995. 3. 10. 선고 94므1379, 1386 판결(공 1995상, 1612); 1995. 3. 28. 선고 94므1584 판결(공 1995상, 1752) 등.

169) 金時徹, "일방 당사자의 사망으로 인하여 사실혼관계가 종료된 경우 그 상대방에게 재산분할청구권을 인정할 수 있는지", 대법원판례해설 61호(2006 상반기), 487면 이하; 윤진수, "事實婚配偶者 一方이 사망한 경우의 財産問題", 저스티스 통권 제100호, 2007. 10, 31면 이하.

170) 박인환, "事實婚保護法理의 變遷과 課題", 家族法研究 23권 1호, 2009, 180면 이하; 김미경,

이 문제는 기본적으로 사실혼을 어떤 관점에서 볼 것인가에 달려 있다. 과거에는 사실혼 당사자가 법률 지식의 부족이나 기타 다른 사유로 인하여 법률혼을 하려고 해도 하지 못하는 것으로 보았고, 이 점에서 사실혼을 혼인에 준하는 이른바 準婚으로 파악하려는 견해가 많았다. 그러나 과연 현재 이러한 타의적인 사실혼 관계가 얼마나 있는지는 의심스럽다. 다시 말하여 현재의 사실혼 관계는 당사자의 자발적인 선택의 결과로 보는 것이 더 현실에 가깝다고 보인다. 따라서 법률혼의 효과를 그대로 사실혼에 대입하는 것이 반드시 당사자의 의사에 부합하는지는 신중하게 판단하여야 한다. 이론적으로도 사실혼의 생전 해소의 경우에 재산분할청구권을 인정하는 것은 이혼의 경우를 유추하는 것인데,[171] 사망으로 인한 사실혼 해소의 경우에 이러한 유추를 일반화하는 것은 법학방법론상 신중을 요하는 문제이다. 이러한 주장은 말하자면 유추의 결과를 다시 유추하는 것이다.

다만 이처럼 재산분할청구를 일반적으로 인정할 수는 없다고 하더라도, 사실상의 조합이나 사정변경의 원칙과 같은 일반적인 재산법상의 법리에 근거하여 생존 당사자의 보호를 꾀하는 방법은 모색할 필요가 있다.[172] 그러나 구체적으로 어느 경우에 어떤 범위에서 이를 인정할 것인가 하는 점은 어려운 문제이다.[173]

다른 한편 대법원 2009. 2. 9.자 2008스105 결정은 사실혼관계의 당사자 중 일방이 의식불명이 된 상태에서 상대방이 사실혼관계의 해소를 주장하면서 재산분할심판청구를 한 경우에, 위 사실혼관계는 상대방의 의사에 의하여 해소되었고, 그에 따라 재산분할청구권이 인정되므로, 사망한 사실혼 당사자의 상속인에 의한 수계가 허용된다고 판시하였다.

"사실혼 배우자에 대한 보호", 釜山大學校 法學研究, 제51권 4호, 2010, 75면 이하 등.

171) 池元林, "事實婚에 관한 약간의 비판적 고찰", 家族法研究 제22권 3호, 2008, 484-5면은 재산분할청구에 관한 제839조의2가 사실혼에 유추적용될 수 있다고 하는 점에 대하여 회의적이다.

172) 尹眞秀(주 169), 14면 이하; 이진기, "事實婚制度에 대한 批判的 接近", 家族法研究 제24권 3호, 2010, 307면 이하 등 참조. 이외에 공유물분할이나 부당이득 또는 명의신탁과 같은 법리의 적용을 주장하기도 한다. 박종용, "사실혼배우자의 보호", 가족법연구 제21권 3호, 2007, 152면 이하; 池元林(주 171, 481면 이하 등. 그러나 사실혼의 경우에 이러한 법리를 적용하기는 어렵다. 尹眞秀(주 169), 34면 참조.

173) 종전의 독일 연방대법원 판례는 이른바 혼인 외의 생활공동체(nichteheliche Lebensgemein-schaft)에 대한 재산법적 보호를 예외적으로만 인정하였으나, 근래에는 이를 넓히고 있다. 이동수, "사실혼관계의 해소와 재산분할에 대한 최근의 독일판례의 동향", 家族法研究 제24권 3호, 2010, 39면 이하 참조.

Ⅶ. 상   속

1. 제사주재자의 결정

대법원 2008. 11. 20. 선고 2007다27670 전원합의체 판결은 누가 민법 제 1008조의3에서 규정하고 있는 제사주재자가 될 것인가에 관하여 종래의 판례를 변경하였다. 이 사건에서는 소외 A가 처 및 처와의 사이에서 낳은 장남인 원고 등의 자녀와는 별거하고 다른 여자와 동거하면서 그 사이에서 피고들을 낳았고, 그 후 A가 사망하자 피고들이 A를 매장하였는데, 원고가 피고들을 상대로 하여 A의 유체를 인도할 것을 청구하였다.

종래의 판례는, 공동상속인 중 종손이 있다면, 그에게 제사를 주재하는 자의 지위를 유지할 수 없는 특별한 사정이 있는 경우를 제외하고는 관습법에 따라 종손이 제사주재자가 된다고 보고 있었다. 그런데 위 전원합의체 판결의 다수의견은, 관습 내지 관습법이라도 헌법을 최상위 규범으로 하는 전체 법질서에 반하여 정당성과 합리성이 없는 때에는 이를 법적 규범으로 삼아 법원(法源)으로서의 효력을 인정할 수 없는데, 상속인들간의 협의와 무관하게 적장자가 우선적으로 제사를 승계해야 한다는 종래의 관습은 가족 구성원인 상속인들의 자율적인 의사를 무시하는 것이고, 적서간에 차별을 두는 것이어서 더 이상 관습 내지 관습법으로서의 효력을 유지할 수 없게 되었다고 보았다. 그리하여 조리에 의하여 제사주재자가 정해져야 하는데, 그에 따르면 공동상속인들이 있는 경우에는 그 공동상속인들 사이의 협의에 의해 제사주재자가 정해져야 하고, 공동상속인들 사이에 협의가 이루어지지 않는 경우에는, 제사주재자의 지위를 유지할 수 없는 특별한 사정이 있지 않은 한 망인의 장남(장남이 이미 사망한 경우에는 장남의 아들, 즉 장손자)이 제사주재자가 되고, 공동상속인들 중 아들이 없는 경우에는 망인의 장녀가 제사주재자가 된다고 보는 것이 상당하다고 하였다. 그리하여 결국 원고가 제사주재자가 된다고 보아 원고들의 청구를 받아들였다.

이에 반하여 제1반대의견(대법관 박시환, 전수안)은 공동상속인들 사이에 협의가 이루어지지 않는 경우에는 다수결에 의해 제사주재자를 결정하여야 한다고 보았다. 그리고 제2반대의견(대법관 안대희, 양창수)은 이 사건에서 누구를 제사주재자로 볼 것인가와 관계없이, 망인이 유체를 처리하는 것에 관하여 생전에 종국적인 의사를 명시적으로 표명한 경우에는 상응하는 법적 효력을 가져야 하고, 설사 그 의사에 별다른 법적 효과가 없다고 하더라도, 일단 그 의사에 기하여 유체의 사후처리가 행하여진 후에는 유체의 소유권이 누구에게 귀속되는지에 상관없이 그 소유권은 그 한도에서 제한되어서 다른 특별한 사정이 없는 한 분묘를 파헤쳐 유체를 자신에게 인도할 것을 청구할 수 없다고 보았다.

마지막으로 제3반대의견(대법관 김영란, 김지형)은 민법 제1008조의 3에 정한 제사주재자란 제사용 재산을 승계받아 제사를 주재하기에 가장 적합한 공동상속인을 의미하고, 이에 관하여 공동상속인들 사이에 협의가 이루어지지 아니할 경우에는 법원이 여러 가지 사정을 병렬적·포괄적·종합적으로 고려하여 제사주재자를 정하여야 한다고 주장하였다.

우선 누가 제사주재자가 되어야 하는가에 관하여 따져 본다. 종손(嫡長子)이 원칙적으로 제사주재자가 된다고 하는 종래의 관습은 위 판결의 다수의견이 지적하는 것처럼 적서차별(嫡庶差別)의 요소가 있기 때문에 오늘날에도 그 효력을 인정하기는 어려울 것이다. 나아가 공동상속인들 사이에 협의가 이루어지면 그에 따라 제사주재자를 결정하면 된다. 그러나 그러한 협의가 이루어지지 않을 때 누구를 제사주재자로 볼 것인가는 쉬운 문제가 아니다. 다수의견은 적서를 불문하고 망인의 장남(장남이 이미 사망한 경우에는 장남의 아들, 즉 장손자)이 제사주재자가 되고, 공동상속인들 중 아들이 없는 경우에는 망인의 장녀가 제사주재자가 된다고 하지만, 이는 반대의견이 지적하는 것처럼 남녀차별적인 요소를 그대로 유지하는 것이라는 비판을 면하기 어렵다.[174] 그렇다고 하여 제1반대의견처럼 공동상속인들 사이의 다수결에 의하여 결정한다는 것도 지지하기 어렵다. 과연 이러한 문제가 다수결로 결정하기에 적절한가 하는 점도 문제이지만, 제1반대의견도 인정하는 것처럼 가부동수와 같은 경우에는 다수결의 원칙만으로는 해결될 수 없기 때문이다.

결국 이 문제는 제사주재자의 결정에 대한 종래의 관습법이 효력을 잃어서 법의 흠결이 생겼기 때문에 생겨난 깃으로서, 이때에는 법원이 여러 사정을

---

174) 전효숙, "제사주재자의 결정방법", 이화여자대학교 법학논집 제14권 3호, 2010, 317면 이하. 그러나 이진기, "제사주재자의 결정과 제사용재산", 고려법학 제56호, 2010, 88면 이하 등은 다수의견을 지지한다. 또한 宋景根, "제사주재자의 결정방법과 망인 자신의 유체·유골(遺體·遺骨)에 관한 처분행위의 효력 및 사자(死者)의 인격권", 대법원판례해설 77호(2008 하반기) 644면 이하 참조.

종합하여 결정하여야 한다고 볼 수밖에 없다.[175] 이는 법원의 당연한 책무이고, 만일 법에 제사주재자를 결정할 기준이 없다는 이유로 법원이 결정할 수 없다고 한다면 이는 법원이 그 책무에 속하는 사항에 대하여 재판을 거부하는 것이 된다. 제3반대의견은 이를 가리켜 조리라고 부르고 있으나, 구태여 조리라고 부를 필요도 없다. 이 점에 대하여 다수의견에 대한 보충의견은 제사주재자에 의한 분묘 등의 승계를 받아들인 1990년의 민법 개정 당시 입법자는 법원이 제사주재자를 결정할 수 있도록 하는 제도를 채택하지 않았다는 점과, 제사주재자의 결정은 가사소송사항으로 규정되어 있지 않다는 점을 들어 비판하고 있다. 그러나 제사주재자의 결정이 가사소송사항으로 규정되어 있지 않다고 하더라도, 법원이 누가 제사주재자가 되어야 하는가를 일반 민사 또는 가사사건의 재판상 필요한 한도 내에서 부수적으로 심사하는 것(Inzidentprüfung)이 허용되지 않는다고 볼 이유가 없다.[176] 물론 개별 사건마다 법원이 제사주재자를 결정하는 것은 경우에 따라 재판이 상충될 우려도 있으므로, 입법론적으로는 민법에 법원의 결정 권한을 명시하고, 가사소송법 등이 이를 가사소송사항으로 명확하게 하는 것이 바람직하다.

다른 한편 피상속인이 자신의 유체 처리에 관하여 의사를 표명한 경우에는 이에 대하여 어떤 의미를 부여할 수 있는가? 이 점에 대하여 다수의견은 피상속인의 의사를 존중해야 하는 의무는 도의적인 것에 그치고, 제사주재자가 무조건 이에 구속되어야 하는 법률적 의무까지 부담한다고 볼 수는 없다고 하였다. 생각건대 이러한 피상속인의 의사를 단순히 도의적인 의무 차원에서 다루는 것은 제2반대의견뿐만 아니라 제1반대의견도 지적하는 것처럼 그다지 만족스럽지 않다. 자기 자신의 유체를 어떻게 할 것인가에 관한 피상속인의 의사는 최대한 존중되는 것이 마땅할 것이다.[177] 그런데 이는 단순히 사자의 인격권을 인정하는 것만으로 해결될 수는 없다. 이러한 피상속인에 의한 매장장소의 지정 등은 유언사항에 해당하지 않아서, 피상속인의 의사가 피상속인의 사망 후에도 상속인을 구속할 수 있는 법적 근거가 명확하지 않기 때문이다. 다

---

175) 전효숙(주 174), 322면 이하; 정구태, "제사주재자의 결정방법에 관한 小考", 慶熙法學 제45권 4호, 2010, 85면 이하도 같은 취지이다.

176) 전효숙(주 174), 323면 이하.

177) 이 점에 대한 외국에서의 논의에 관하여는 이준형, "소유권에 기한 유체인도청구의 허용 여부", 의료법학 제11권 1호, 2010, 222면 이하; 권태상, "자신의 유체에 관한 사망자의 인격권", 法學論叢 제33권 2호, 단국대학교, 2009, 337면 이하 참조.

수의견도 이 점을 지적하고 있다.[178] 그러나 앞에서 본 것처럼 제사주재자가 누가 될 것인가를 법원이 여러 가지 사정을 종합하여 결정할 수 있다고 본다면, 유체의 처리에 관한 피상속인의 의사는 법원이 결정함에 있어서 가장 중요하게 고려하여야 할 사항일 것이다.

설령 다수의견과 같이 공동상속인들 사이의 협의가 이루어지지 않는 때에는 장남이 제사주재자가 된다고 보더라도, 피상속인의 의사에 따라 이미 매장이 이루어졌다면, 제사주재자라고 하여 유체를 자신에게 인도할 것을 청구하는 것은 권리남용으로서 허용될 수 없다고 보아야 할 것이다. 제2반대의견도 망인의 종국적인 의사에 법적 효력을 인정할 수 없다고 하더라도, 유체의 사후처리가 망인의 의사에 좇아 행하여졌다면, 유족의 소유권에 기하여 분묘를 파헤쳐 유체를 자신에게 인도할 것을 청구할 수는 없다고 보고 있다. 이 점에 대한 근거는 권리남용의 금지에서 찾을 수 있을 것이다.[179]

2. 한정승인과 상속채권자의 우선변제권

대법원 2010. 3. 18. 선고 2007다77781 전원합의체 판결에서는 한정승인이 있은 경우 상속채권자와 상속인으로부터 상속재산에 관하여 근저당권을 취득한 상속인의 채권자 사이의 우선관계가 문제되었다. 이 사건에서 상속이 개시된 것은 2002. 11. 7.이었고, 피상속인의 처는 2003. 4. 19. 한정승인신고를 하여 이 신고가 수리되었는데, 그 후 피상속인의 처가 상속재산인 이 사건 부동산에 관하여 소유권이전등기를 마친 다음 2003. 7. 28. 자신의 채권자인 피고에게 근저당권설정등기를 마쳐 주었다. 위 부동산에 대한 경매절차에서 근저당권자인 피고가 상속채권자인 원고에 우선하여 배당을 받을 수 있는가가 문제되었다. 원심은 한정승인에 있어서도 재산분리의 경우와 마찬가지로 상속재산과 한정상속인의 고유재산은 법률적으로 별개의 재산을 구성하게 된다고 보아, 특별한 사정이 없는 한 한정상속인의 채권자는 상속재산에 대하여 집행할 수 없고, 상속채권자로서는 한정상속인의 채권자들의 상속재산에 대한 집행이나 상속재산 환가절차에서의 배당요구에 대하여 제3자 이의의 소 또는 배당이의

---

178) 이진기(주 174), 63면도 같은 취지이다.
179) 그러나 宋景根(주 174), 682-683면은 이 사건의 경우에는 권리남용에 해당한다고 보기 어렵다고 한다.

의 소로써 이를 저지할 수 있다고 보았다.

그러나 대법원은 원심판결을 파기하였다. 대법원의 다수의견은 한정승인자로부터 상속재산에 관하여 저당권 등의 담보권을 취득한 사람과 상속채권자 사이의 우열관계는 민법상의 일반원칙에 따라야 하고, 상속채권자가 한정승인의 사유만으로 우선적 지위를 주장할 수는 없다고 하였다. 즉 상속채권자는 특별한 사정이 없는 한 한정승인을 한 상속인의 고유재산에 대하여 강제집행을 할 수 없지만, 민법은 한정승인자의 상속재산 처분행위 자체를 직접적으로 제한하는 규정을 두고 있지 않기 때문에, 한정승인으로 발생하는 위와 같은 책임제한 효과로 인하여 한정승인자의 상속재산 처분행위가 당연히 제한된다고 할 수는 없고, 한정승인만으로 상속채권자에게 상속재산에 관하여 한정승인자로부터 물권을 취득한 제3자에 대하여 우선적 지위를 부여하는 규정은 두고 있지 않으며, 민법 제1045조 이하의 재산분리 제도와 달리 한정승인이 이루어진 상속재산임을 등기하여 제3자에 대항할 수 있게 하는 규정도 마련하고 있지 않다는 것이다.

이에 대하여 반대의견은, 한정승인자의 상속재산은 상속채권자의 채권에 대한 책임재산으로서 상속채권자에게 우선적으로 변제되고 그 채권이 청산되어야 하므로, 그 반대해석상 한정승인자의 고유채권자는 상속채권자에 우선하여 상속재산을 그 채권에 대한 책임재산으로 삼아 이에 대하여 강제집행할 수 없다고 보는 것이 형평에 맞으며, 한정승인제도의 취지에 부합한다고 보았다.

생각건대 한정승인이 있으면 피상속인의 채권자인 상속채권자는 상속인의 고유재산에 대하여는 강제집행을 할 수 없게 되고 상속재산으로부터만 채권의 만족을 받아야 하므로, 그와의 균형상 상속인의 고유채권자는 상속재산으로부터는 만족을 얻을 수 없다고 보는 것이 한정승인제도의 취지에 부합할 것이다. 다시 말하여 상속인의 채권자는 상속재산에 대하여는 강제집행을 할 수 없고, 상속채권자는 그러한 강제집행에 대하여 제3자 이의의 소 또는 배당이의의 소로써 이러한 집행을 저지할 수 있다고 보아야 한다.[180] 이 판결의 다수의견은 이 점에 대하여는 명언하고 있지 않으나, 다수의견에 대한 보충의견은 한정승인으로 상속채권자가 상속재산에 대하여 한정승인자의 고유채권자보다 우선하

---

180) 대상판결의 1심과 원심에서의 공동 피고들 중 일부는 한정승인자인 B의 일반채권자들(가압류권자)이었고, 원심은 상속채권자에게 이들에 대하여는 우선적인 지위를 인정하였는데, 이들 피고가 상고하지 아니하여 판결의 이 부분은 그대로 확정되었다.

는 것은, 한정승인자의 고유채권자와 상속채권자가 모두 일반채권자인 한, 상
속채권자는 한정승인자의 고유재산에 대하여, 한정승인자의 고유채권자는 상속
재산에 대하여, 각 강제집행을 할 수 없다고 하는 것이 형평의 관점에서 정당
하다는 데서 파생하는 결과라고 설명하고 있어서 같은 취지로 이해된다.[181]

그런데 상속인의 채권자가 상속인으로부터 담보물권을 취득한 경우에도
이와 마찬가지로 보아야 하는가? 이 점에 관하여 프랑스 및 일본의 논의를 원
용하면서 그와 같이 주장하는 견해가 있다. 즉 한정승인의 효과에 있어서도 재
산분리에 규정된 제1052조를 유추하여, 상속재산은 청산이 계속되는 동안 상속
채권자의 책임재산이 되고, 상속인의 채권자는 이로부터 만족을 받을 수 없다
는 결론이 인정되어야 한다는 것이다.[182] 한정승인제도의 취지에 비추어 보면
그와 같은 견해에도 일리는 있다. 그러나 현실적으로는 다음과 같은 문제점이
있다. 즉 위 학설은 재산분리의 규정을 원용하고 있는데, 민법 제1049조는 재
산의 분리는 부동산에 관하여는 등기하지 않으면 제3자에게 대항하지 못한다
고 규정하고 있기 때문이다. 따라서 이러한 주장을 일관한다면, 한정승인의 경
우에도 등기가 되지 않은 이상 한정승인의 사실을 제3자에게 대항하지 못한다
고 볼 수밖에 없다. 다수의견에 대한 보충의견은 이 점을 지적하고 있다.

결국 문제의 핵심은 한정승인 사실이 공시될 수 있는가 하는 점에 달려
있다. 그런데 이것이 공시될 수 없다면 대상판결과 같은 결론은 불가피할 것이
다.[183] 대상판결의 반대의견도 한정승인자가 상속채권자의 강제집행이 개시되
기 전에 상속재산을 처분하여 그 소유권을 상실한 경우에는 상속채권자가 그
재산에 추급하여 강제집행할 수 없다고 보고 있다. 다만 한 가지 더 생각해 볼
것은 과연 이러한 경우에 한정승인 사실이 등기부상 공시될 수 있는 방법이
전혀 없는가 하는 점이다. 이 경우에 재산분리의 등기에 관한 민법 제1049조가
유추적용될 여지는 없을까?[184]

---

181) 박종훈, "한정승인과 상속채권자의 우선변제권", 判例研究 제22집, 釜山判例研究會, 2011,
754면 이하 참조.
182) 김형석, "한정승인의 효과로서 발생하는 재산분리의 의미", 家族法研究 제22권 3호, 2008,
523면 이하.
183) 같은 취지, 박종훈(주 181), 767면 이하.
184) 실제로는 민법 제1049조에 의한 상속재산 분리에 대하여도 부동산등기법상 등기할 방법이
마땅하지 않다는 지적이 있다. 郭潤直, 相續法, 改訂版, 2004, 202면 등 참조. 그러나 실무상으
로는 부동산등기법상 "처분의 제한"의 등기(제3조; 2011. 4. 12. 전면개정 전 제2조)로서 등기
되고 있다. 李晟補, "相續財産의 分離", 裁判資料 제78집, 1998, 164-165면 참조.

종래 한정승인제도는 상속포기제도에 비하여 별로 이용되지 않았다. 그러나 2002년 특별한정승인제도를 규정한 민법 제1019조 제3항이 신설되면서 한정승인제도의 이용이 빈번해지게 되었다. 이러한 상황에서는 입법적으로 한정승인제도를 개선할 필요가 있고, 더 나아가서는 한정승인제도를 폐지하고, 상속재산 파산 제도를 개선하는 것도 검토할 필요가 있다. 우리나라의 한정승인제도는 프랑스법을 받아들인 것인데, 프랑스에서는 과거에는 상인에 대하여만 파산이 인정되었고, 상인이 아닌 사람에게는 파산이 인정되지 않았던 역사적 배경이 있었다. 그러나 우리나라에서는 상속재산의 파산제도(채무자 회생 및 파산에 관한 법률 제299조, 제300조)가 인정되고 있으므로, 이와는 중복되면서 기능적으로 불완전한 한정승인제도를 존치할 필요가 있는지 다시 생각해 볼 문제이다.

3. 공정증서유언에서의 구수

대법원 2007. 10. 25. 선고 2007다51550, 51567 판결은 민법 제1068조에 규정되어 있는 공정증서유언의 요건인 "유언의 취지의 구수"에 관하여 다음과 같이 판시하였다. 즉 여기서 '유언취지의 구수'라고 함은 말로써 유언의 내용을 상대방에게 전달하는 것을 뜻하는 것이므로 이를 엄격하게 제한하여 해석하여야 하는 것이지만, 공증인이 유언자의 의사에 따라 유언의 취지를 작성하고 그 서면에 따라 유언자에게 질문을 하여 유언자의 진의를 확인한 다음 유언자에게 필기된 서면을 낭독하여 주었고, 유언자가 유언의 취지를 정확히 이해할 의사식별능력이 있고 유언의 내용이나 유언경위로 보아 유언 자체가 유언자의 진정한 의사에 기한 것으로 인정할 수 있는 경우에는, 위와 같은 '유언취지의 구수' 요건을 갖추었다고 보아야 한다는 것이다.

대법원 2008. 2. 28. 선고 2005다75019, 75026 판결도 같은 취지이다. 이 판결은 실질적으로 구수가 이루어졌다고 보기 위하여 어느 정도의 진술이 필요한지는 획일적으로 정하기 어렵고 구체적인 사안에 따라 판단하여야 하는데, 제3자에 의하여 미리 작성된 유언의 취지가 적혀 있는 서면에 따라 유언자에게 질문을 하고 유언자가 동작이나 한두 마디의 간략한 답변으로 긍정하는 경우에는 원칙적으로 유언 취지의 구수라고 보기 어렵지만, 공증인이 사전에 전달받은 유언자의 의사에 따라 유언의 취지를 작성한 다음 그 서면에 따라 유증 대상과 수증자에 관하여 유언자에게 질문을 하고 이에 대하여 유언자가 한 답변을 통하여 유언자의 의사를 구체적으로 확인할 수 있어 그 답변이 실질적으로 유언의 취지를 진술한 것이나 마찬가지로 볼 수 있으며, 유언자의 의사능력이나 유언의 내용, 유언의 전체 경위 등으로 보아 그 답변을 통하여 인정되는 유언 취지가 유언자의 진정한 의사에 기한 것으로 인정할 수 있는 경우에는, 유언취지의 구수 요건을 갖추었다고 하였다.185)

이러한 경우에 엄격히 본다면 유언의 취지를 구수한 것이 아니라고 하여 이러한 유언은 무효라고 볼 여지도 있다.186) 그러나 국내의 학설은 대체로 이를 유효하다고 보고 있다. 즉 유언을 하게 된 사정이 급박하여 유언자가 일일이 그 내용을 구수하기 어렵고, 유언의 내용이 장황, 복잡하여 유언자가 미리 내용을 정리해 두지 아니하면 내용의 일부를 빠뜨릴 우려가 있는 경우도 있을 것이므로, 필기가 구수보다 앞섰다는 이유만으로 그 유언을 무효라고 단정해서는 안 되고, '필기 → 낭독 → 구수'의 순서로 유언을 하는 경우에는 공증인의 낭독에 대하여 유언자가 긍정하는 정도로도 유언의 취지를 구수한 것으로 보아야 할 것이라고 한다.187)

이 문제는 유언의 요식성이라는 법이 요구하는 요건과, 유언자의 진의 존중이라는 필요 사이에 내재하는 긴장관계에서 유래하는 것이다. 그 한계를 어떻게 그어야 할 것인가는 선험적으로 답변할 수 있는 것은 아니며, 구체적인 사실관계에 따라 결론이 달라질 수밖에 없다. 그렇지만 위 판결의 사실관계와 같은 경우에는 유언자의 진의는 확보되었다고 보아 유언이 유효하다고 볼 수 있을 것이다.188)

---

185) 대법원 2008. 8. 11. 선고 2008다1712 판결도 같은 취지이다.

186) 박영규, "규정의 목적과 해석", 서울법학 제15권 2호, 서울시립대학교, 2008, 70면 이하.

187) 鄭甲柱, "公正證書에 의한 遺言의 方式", 判例月報 279호, 1993. 12, 16면 이하. 같은 취지, 安鍾赫, "유언공증", 辯護士 33집, 2003, 117면 이하; 安昌煥, "公正證書에 의한 遺言의 方式", 裁判實務 2집, 昌原地方法院, 2005, 289면; 洪承勉, "구수증서에 의한 유언에 있어서 유언취지의 구수", 대법원판례해설 60호(2006 상반기), 155면 등. 이는 일본의 학설 및 판례와 같다.

188) 尹眞秀(주 13), 400면 이하 참조. 유언의 방식 일반에 관하여는 김영희, "현행민법상 유언의 방식에 관한 연구", 家族法研究 제20권 2호, 2006, 117면 이하; 현소혜, "유언방식의 개선방향에 관한 연구", 家族法研究 제23권 2호, 2009, 1면 이하 참조. 자필증서유언의 방식에 관하여는 윤진수, "法律解釋의 限界와 違憲法律審査", 법철학의 모색과 탐구, 심헌섭 박사 75세 기념논문집, 2011, 503면 이하 참조.

Ⅷ. 결   론

지난 6년 동안 대법원은 중요한 의미를 가지는 수많은 판례들을 쏟아냈다. 여기서 다룬 것들은 그 중 극히 일부라고 할 수 있다. 이 중에는 종전에는 없었던 전혀 새로운 사항에 대하여 새로운 법리를 창설한 것들이 많다. 가령 연명치료 중단에 관한 대법원 2009. 5. 21. 선고 2009다17417 전원합의체 판결, 인터넷 종합 정보제공 사업자의 명예훼손 책임에 관한 대법원 2009. 4. 16. 선고 2008다53812 전원합의체 판결 등이 그 예이다. 또 종전에 일반적으로 받아들여지고 있던 이론이나 확립된 판례를 뒤집는 것도 있다. 교회의 분열에 관한 대법원 2006. 4. 20. 선고 2004다37775 전원합의체 판결, 제사주재자의 결정에 관한 대법원 2008. 11. 20. 선고 2007다27670 전원합의체 판결 등이 그에 해당한다.

이러한 전원합의체 판결이 아닌 것들도 모두 중요한 의미를 가진다. 예컨대 저당권에 기한 방해배제청구권에 관한 판례들은 앞으로 금융기관의 대출업무에 관하여 불가결한 지침이 될 것이다.

위와 같은 판례들은 모두 깊은 고심의 산물이다. 가령 연명치료 중단에 관한 위 전원합의체 판결에서의 여러 개의 의견은 대법관들이 그 사건을 재판함에 있어서 얼마나 마음의 부담과 고뇌를 느꼈을 것인가를 알 수 있게 한다. 이 글을 쓰면서도 판례가 다루고 있는 사안의 중대성과 대법원의 고심을 드러내 보려고 노력하였으나, 이러한 의도가 얼마나 성공하였는지는 미지수이다.

〈李容勳 大法院長 在任紀念 正義로운 司法, 2011〉

〈追記〉

1. 유죄의 확정판결이 재심에 의하여 취소된 경우 국가배상청구권의 소멸시효(Ⅲ. 8.): 대법원 2013. 12. 12. 선고 2013다201844 판결; 2014. 1. 16. 선고 2013다205341 판결은, 국가기관이 수사과정에서 한 위법행위 등으로 수집한 증거 등에 기초하여 공소가 제기되고 유죄의 확정판결까지 받았으나 재심사유의 존재 사실이 뒤늦게 밝혀짐에 따라 재심절차에서 무죄판결이 확정된 후 국가기관의 위법행위 등을 원인으로 국가를 상대로 손해배상을 청구하는 경우, 채무자인 국가의 소멸시효 완성의 항변은 신의성실의 원칙에 반하는 권리남용

으로 허용될 수 없지만, 채권자는 특별한 사정이 없는 한 그러한 장애가 해소
된 재심무죄판결 확정일로부터 민법상 시효정지의 경우에 준하는 6개월의 기
간 내에 권리를 행사하여야 하고, 다만 채권자가 재심무죄판결 확정일로부터 6
개월 내에 형사보상법에 따른 형사보상청구를 한 경우에는 형사보상결정 확정
일로부터 6개월 내에 손해배상청구의 소를 제기하면 상당한 기간 내에 권리를
행사한 것으로 볼 수 있다고 하였다. 그러나 유죄의 확정판결이 재심에 의하여
취소되기 전까지는 그러한 손해배상청구권의 주장은 확정판결의 기판력에 저
촉되므로, 손해배상청구권을 주장하는 데 대한 법률상 장애가 있고, 따라서 유
죄의 확정판결이 취소된 후에야 손해배상청구권의 소멸시효가 진행한다고 보
아야 한다. 미국 연방대법원이 1994. 6. 24. 선고한 Heck v. Humphrey 판결
(512 U. S. 477, 129 L. Ed. 2d 383)도 같은 취지로 이해할 수 있다.

  2. 유치권과 압류(Ⅳ. 3): 이 문제에 관한 그 후의 상황에 대하여는 民法論
攷 제6권에 실린 "유치권 및 저당권설정청구권에 관한 민법개정안" 참조.

  그런데 점유의 이전이 바로 압류의 처분금지효에 저촉되는 것이라고는 할
수 없으므로, 대법원 2005. 8. 19. 선고 2005다22688 판결이 압류의 처분금지
효를 근거로 압류 후 점유를 취득한 채권자가 제3자에게 유치권으로 대항할
수 없다고 한 것은 다소 비약이 있었다고 보인다. 이 점에서는 본문에서의 진술
을 바꾼다. 그러므로 그 후의 판례가 다시 유치권의 대항력을 제한하지 않고 있
는 것은 일단 궤도를 벗어났던 것을 다시 회복하려는 것으로 이해할 수 있다.

  3. 저당권에 기한 방해배제청구권(Ⅳ. 4): 주 80)에서 인용한 윤진수, "抵當
權에 대한 侵害를 排除하기 위한 擔保地上權의 效力"이라는 논문은 2012년에
발간된 '한국민법의 새로운 전개(고상룡교수고희기념논문)'에 발표되었고, 이 책
과 같이 발간된 民法論攷 제6권에 실려 있다.

  4. 성전환(Ⅵ. 1.): 서울서부지법 2013. 11. 19.자 2013호파1406 결정(법률신
문 홈페이지, http://www.lawtimes.co.kr/LawPnnn/Pnnpr/PnnprContent.aspx?serial=3945&ki
nd=-1. 다만 사건번호는 2030호파1406으로 잘못 표기되어 있다)은, 여성에서 남성으
로의 성별정정의 허가에 있어서 외부성기의 형성을 요구하는 것은 인간으로서
의 존엄성과 인간다운 생활을 할 권리 및 행복추구권을 침해하는 것이라고 하
여, 외부성기의 형성이 없어도 성별정정 허가를 할 수 있다고 하였다.

저자약력

서울대학교 법과대학 졸업(1977)
사법연수원 제9기 수료(1979)
육군 법무관(1979)
서울민사지방법원 판사(1982)
독일 함부르크대학교 및 막스플랑크 외국사법 및 국제사법 연구소 연수(1987-1988)
헌법재판소 헌법연구관(1990)
대법원 재판연구관(1992)
서울대학교 법학박사(1993)
수원지방법원 부장판사(1995)
서울대학교 법과대학 조교수, 부교수, 정교수(1997-)
미국 버지니아 대학교 객원연구원(2003-2004)
서울대학교 법학전문대학원 교수(2007-)
전 한국법경제학회 회장, 한국비교사법학회 회장, 한국가족법학회 회장, 한국민사법학회 회장
전 법무부 가족법개정특별위원회 위원장, 법무부 민법개정위원회 실무위원장, 부위원장
현 민사판례연구회 회장

民法論攷 VII

초판인쇄   2015년 5월 10일
초판발행   2015년 5월 20일

지은이   윤진수
펴낸이   안종만

편 집   김선민·이승현·한두희
기획/마케팅   조성호
표지디자인   김문정
제 작   우인도·고철민

펴낸곳   (주) 박영사
           서울특별시 종로구 새문안로3길 36, 1601
           등록 1959. 3. 11. 제300-1959-1호(倫)
전 화   02)733-6771
f a x   02)736-4818
e-mail   pys@pybook.co.kr
homepage   www.pybook.co.kr
ISBN   979-11-303-2533-0   94360
           978-89-6454-734-2(세트)

정 가   43,000원